व्यास विष्णु रूपाय

(उन्यास)

व्यास विष्णु रूपाय

निर्मल कुमार

वाणी प्रकाशन ग्रुप

भारतीय ज्ञानपीठ

वाणी प्रकाशन : भारतीय ज्ञानपीठ की पुस्तकों के एकमात्र प्रकाशक एवं वितरक

लोकोदय ग्रन्थमाला : ग्रन्थांक 1214

सजिल्द पहला संस्करण : 2015
सजिल्द दूसरा संस्करण : 2017
सजिल्द तीसरा संस्करण : 2026

वाणी प्रकाशन : भारतीय ज्ञानपीठ की पुस्तकों के एकमात्र प्रकाशक एवं वितरक

वाणी प्रकाशन

4695, 21-ए, दरियागंज, नयी दिल्ली-110 002
दूरभाष : 011-23273167, 23275710
ईमेल : sales@vaniprakashan.in
www.vaniprakashan.com

ISBN : 978-93-263-5446-2

मूल्य : ₹ 995

व्यास विष्णु रूपाय

(उपन्यास)

निर्मल कुमार

VYAS VISHNU RUPAYA

(Novel)

by Nirmal Kumar

आवरण : छायाचित्र : प्रज्ञ किसलय
मुद्रक : आर. टेक ऑफ़सेट प्रिंटर्स, दिल्ली-110 032

व्यास विष्णु रूपाय

निर्मल कुमार

भारतीय ज्ञानपीठ

लोकोदय ग्रन्थमाला : ग्रन्थांक 1214

ISBN 978-93-263-5446-2

व्यास विष्णु रूपाय
(उपन्यास)
निर्मल कुमार

प्रथम संस्करण : 2015
मूल्य : 850 रुपये

प्रकाशक : **भारतीय ज्ञानपीठ**
18, इन्स्टीट्यूशनल एरिया, लोदी रोड, नयी दिल्ली–110 003

मुद्रक : विकास क प्यूटर ऐंड प्रिंटर्स, दिल्ली

आवरण–छाया चित्र : प्रज्ञ किसलय
आवरण : चन्द्रकान्त शर्मा

VIYAS VISHNU RUPAYA
(Novel)
by Nirmal Kumar

Published by
Bharatiya Jnanpith
18, Institutional Area, Lodi Road, New Delhi-110 003
Ph. : 011-24698417, 24626467; 23241619 (Dariyaganj)
Mob. : 9350536020; e-mail : bjnanpith@gmail.com
sales@jnanpith.net; website : www.jnanpith.net

First Edition : 2015
Price : Rs. 850

व्यास कथा

महर्षि व्यास उन ज्ञानी ऋषियों में से एक हैं जो तीन तत्त्वों—ज्ञानी, ज्ञाता और ज्ञेय—की एकता को अपने व्यक्तित्व में सिद्ध कर चुके है। विवादों की नींव पर बसे धर्म तब नहीं थे। तब सत्य को कर्म बनाने वाली हृदयस्थ पवित्रता को धर्म कहते थे।

सृष्टि के कण-कण में व्याप्त निस्सीम सत्य के पृथ्वी के कण-कण में व्याप्त सीमित पार्थिव रूप को ऋत् कहते हैं। ऋत् सत्य का व्याकरण है, जो अमूर्त सत्य को समझने और मूर्त अभिव्यक्ति देने की क्षमता देता है। व्यास वह व्यक्तिगत-ऋत् है, जो मानवजाति के सच्चे स्वरूप—एक वंश एक उद्देश्य—को अभिव्यक्त करता है। वह यह भी जानता है कि ऋत् पृथ्वी पर परमात्मा का पार्थिव स्वरूप है, जो एक था, परमात्मा ने चाहा तो अनेक हो गया।

जिस अध्यात्मिक ऊँचाई पर महर्षि व्यास हैं वहाँ उन मनुष्यों की पहुँच नहीं जो विवादों को जन्म दे गये और मनुष्य के सामूहिक कल्याण का पथ त्याग, मनुष्यत्व के विनाश का मार्ग बना गये। धर्म का वह स्वरूप जो महर्षि व्यास ने देखा था हर शिशु-हृदय में आज भी है। उस झरने का रहस्य है, जो हर वयस्क हृदय के निर्जन वन में सद्योजात है।

कोई ज्ञान नहीं है जो व्यास-भाष्यों में प्रकट न हो चुका हो। मानव चरित्र का कोई स्वरूप नहीं जिसकी रूपरेखा 'महाभारत' में न हो। कोई उपन्यास नहीं किसी भाषा में जिसके कथानक और चरित्र 'महाभारत' में न हों।

'व्यास विष्णु रूपाय व्यास रूपाय विष्णवे!' यह एक ऋत् है जो काल में प्रकट हुआ और कालातीत सत्य हो गया। इस सत्य का अनुभव करके ज्ञानियों ने हर युग में उद्घोष किया—''नमोस्तु व्यास

विशाल बुद्धे!''

आदि काल से मानव जाति का कारवाँ चल रहा है ज्ञान के हीरो की तरह जगमगाते शिखर की ओर। महर्षि व्यास सच्चे हृदय में आशा जगाते हैं, ''कोई है जो ज्ञान का अज्ञान से विभाजन करके हृदयों को जोड़ता है। वह अज्ञान से विक्षिप्त हुए मस्तिष्क को भी सत्य का आधार देकर प्रज्ञा का उद्‌गम बना देता है।''

व्यास कथा नहीं लिखी जा सकती। श्रीविष्णु की कृपा हो जाए तो कथा हृदय में अज्ञात स्रोतों से प्रवाहित होने लगती है।

सत्यवती पराशर

महर्षि व्यास महर्षि पराशर और सत्यवती के पुत्र थे। ऋषियों का युग था। ऋषि ज्ञानी थे और निर्मल हृदय भी थे।

सत्यवती एक खेवट की पुत्री थी। एक आ यान के अनुसार वह छेदी वंश के राजा वसु और अप्सरा अदृका की पुत्री थी। गर्भिणी अप्सरा को एक शाप ने मछली बना दिया था। मछली उस खेवट के जाल में फँस गयी। खेवट ने मछली का पेट चीरा तो एक कन्या निकली। उसे पुत्री मान कर पाल लिया खेवट ने और सत्यवती नाम दिया।

सत्यवती के चरित्र में मानवी, अप्सरा, राजवंश और खेवटवंश के गुण इस तरह मिल गये कि इन चारों पर पराओं से अंश लेकर भी उसका चरित्र इन चार अभिमानो से मुक्त रहा। उसके चरित्र में ऊँच और नीच जातियों का भेद नहीं था। उसके बहुत से कर्म न मानव, न अप्सरा, न राजकुमारी न नाविका के कहे जा सकते है। उसे विधाता ने एक स्वतन्त्र, निर्भय और मौलिक नारी चरित्र दिया था—अपरा प्रकृति ही उसमे अवतरित हो गयी थी। भगवान विष्णु के अंशावतार व्यास को सत्यवती के गर्भ से जन्म लेना था। व्यास ऐसे ज्ञानी थे जिनमें ऊँच से मोह नहीं, नीच से घृणा नहीं थी। मानव थे किन्तु मानवजाति से भी तटस्थ थे।

एक दिन महर्षि पराशर को सत्यवती अपनी नाव में बैठाकर उस पार छोड़ने जा रही थी। दो थे नाव में—अपरा प्रकृति जो संसार और संसारी बन्धनों की रचेता है और संसार और संसारी बन्धनों से मुक्त ऋषि पराशर।

सत्यवती को भरपूर प्राकृतिक सौन्दर्य दिया था प्रकृति ने। सत्यवती पर दृष्टि पड़ते ही पराशर ने उसके आनन पर भोर का पवित्र, कोरी किरणों जैसा प्रकाश और नेत्रों में रात की, रसो का उद्रेक करती, कालिमा देखी।

अद्‌भुत थी सत्यवती! उज्ज्वल साँवला सलोना रंग, सफेद चोली, जिसे

सौन्दर्य-बल से विदीर्ण कर रहे थे उन्नत उरोज, और लाजभरी आँखें। पराशर की आँखों से मिलते ही आखों की लाज मद से भर गयी। रूप को प्रकृति की कला माननेवाली, रूप के गर्व से मुक्त, सत्यवती की गोल सुन्दर बाँहें चप्पू चला रही थी। किन्तु अब एक मुश्किल आ पड़ी थी—आँखें लाज को संभाले या मद को! मद का सागर ऋषि की आँखों से सत्यवती की आँखों की अटारी में चढ़ आया था। सत्यवती के लाजभरे अचेतन ने ल बी उँगलियों से चप्पू को कस के पकड़ लिया, मानो वह पवित्र माँ गंगा का आँचल हो, जो विप्लवी कामनाओं का सागर पार करा देगी। दोनों चुप थे। लेकिन चुप्पी में एक लय थी। नदी की धारो पर हवा जलतरंग बज रही थी।

सत्यवती के घने काले घुँघरियाले बाल ऐसे लग रहे थे पराशर को जैसे अनेक प्यासे भंवरे सहस्रदल कमल पर बैठे हो। नाव चलाते हुए हिलते सर के साथ सत्यवती के ल बे मोटे केशो की वेणी, काली नागिन की तरह, नाव की भूमि पर लहरा जाती थी।

युवा ऋषि पराशर का हृदय सौन्दर्योल्लास से हुलसित हो उठा। उनके हृदय में एक मन्त्र उपजा 'अग्निमीके पुरोहितं यज्ञस्य देवामृत्विजमे होतारं रत्नधातमम्॥' (हे अग्नि! सच्चे पथ पर ले चलनेवाले देव पुरोहित! मेरे हृदय में अकारण उल्लास को जागृत करनेवाले रत्न को स्थापित करने के लिए आपको प्रणाम करता हूँ।)

महर्षि पराशर संयमी ब्रह्मचारी थे, सौन्दर्य के ताप से ही पिघलने वाले युवक नहीं। पराशर मन्त्रदृष्टा थे। उनके अग्नि स बन्धी मन्त्र ऋग्वेद में 1/65-73 और सोम स बन्धी मन्त्र 9.97/31-44 है। इस भरे यौवन में ही उनके मन्त्र वेद पर परा में ऐसे प्रवाहित हो चुके थे जैसे रोज पर्वतों से उतर कर नया जल गंगा में मिल जाता है। वेदों का संकलन नहीं हुआ था, किन्तु वेद पर परा ऋषियों की पवित्र वाणी में प्रवाहित थी।

पराशर ज्योतिष (होरा) शास्त्र के प्रणेताओं में थे। उनकी रूचि केवल परम सत्य में सीमित नहीं थी। वे जीव विज्ञान के भी आदि शोधको में थे। उन्होंने भेड़ियों के स्वभाव का गहन अध्ययन किया था। पराशर ने प्राण को वश में करना सिखाया और राजा जनक जैसे ज्ञानी को भी कर्मों के फल का उपदेश दिया।

आज वे विवश से हो गये जब अपराप्रकृति ने उनके गोरे मुँह पर लाल गुलाल मल दिया। ईश्वर की इच्छा कुछ और हो गयी। युवती के कठोर यौवन ने उनके तपस्वी हृदय में अपने सौन्दर्य की नोक से रस के स्रोत खोल दिये।

ऋषि हृदय उल्लास की मस्ती से बौरा गया। वैराग्य ने ही आज संसार-द्वार खोल दिया।

सरस्वती की आँखें नहीं उठ रही थी। चंचल हो गयी थी मन के अथाह सागर में, दो मछलियों की तरह। लहरों को सहारा मान उन पर टिका ली सत्यवती ने आँखें।

पराशर का वासना से संघर्ष किशोरावस्था में शुरू हो चुका था। किन्तु वह संघर्ष मन में होता था। मन को वासना गुंजलक में ले लेती और कसती जाती। तब वैराग्य भाव अति बलवान हो गुंजलक खोल देता। किन्तु आज प्रेम मन में नहीं, हृदय में विप्लव कर रहा था। स्वयं ब्रह्म थे हृदय-दहर में और वे कुछ नहीं कह रहे थे। पराशर की आत्मा में उतरे ब्रह्म के तीनों रूप, सत्य शिव और सुन्दर, हृदय में थे। उन्होंने सत्य से पूछा, "मैं क्या करूँ?" सत्य ने कहा, "मैं सुन्दर हूँ।" सुन्दर से पूछा तो वह बोला, "मैं तु हें पुकार रहा हूँ इस सुन्दरी में।" शिवम् ने कहा, "सत्य ही प्रेम है।"

आँखें चुराए हुए भी सत्यवती चोरी-चोरी उन्हें ही देख लेती थी। ज्ञान कुछ नहीं जान पा रहा था। वे नारी हृदय को सरल समझते थे, घरोंदे जैसा, जिसे बालक और बालिका दोनों ने बनाया हो।

पराशर रूप से टकराकर चोट खा बैठे थे तो सत्यवती भी हृदय देकर घायल हिरणी जैसी असहाय हो चुकी थी। पहली नजर में ही पराशर के दमकते स्वर्ण वर्ण, कठोर संयम और व्यायाम से कसी देह ने सत्यवती का चित्त चुरा लिया था। सत्यवती की लज्जा थी जिस कारण पराशर सत्यवती के हृदय की दशा नहीं जान पाये।

ब्रह्मचर्य के मद से बौराये मतवाले नेत्र सत्यवती के नेत्रों से क्या टकराये भोली कन्या के जीवन में भूचाल आ गया। उससे आँखें मिलते ही आवेश के मारे पराशर की सुनहरी-काली जटा से, बांबी से निकलते नागों की तरह, दो लटाएँ छुटकर पराशर के मुँह पर आ गिरी। वह लटाओ को बार-बार पीछे जटा में घुसाते पर वे फिर खुलकर मुँह पर आ जाती। लटाओ के बार-बार निकल भागने से पराशर के हृदय का रहस्य भी सत्यवती के नारी हृदय से छुपा नहीं रहा।

पराशर के हृदय में सत्यवती के प्रति प्रेम उमड़ आया। पराशर उठे और सत्यवती के पास आकर बैठ गये। उसके हाथ से चप्पू लेकर नाव खेने लगे। इस आत्मीयता पर सत्यवती पहले तो विस्मित हुई फिर प्रेम में सब भूल गयी। वह चकित थी कि यह अपरिचित कैसे प्राणों से भी प्यारा हो गया इतनी-सी देर में!

पार्वती माँ तो जानती ही होंगी! कुछ भी तो लुकछिप कर नहीं हो रहा है।

तभी महर्षि को मछलियों की गन्ध आयी और उद्विग्न होकर मानो स्वयं से बोले, 'मछली की गन्ध!' सत्यवती सत्य बोलने के कारण ही सत्यवती थी। बोली, "ऋषिजी यह मेरी देह से आ रही है।"

बोल कर उठी और उनसे दूर नाव के दूसरे छोर पर जाकर बैठ गयी, ताकि उसकी मत्स्य-गन्ध ऋषि को उद्विग्न न करे। पराशर कुछ देर आँखें मूँद ध्यानमग्न रहे। फिर बोले, "क्या तुम अपरा-प्रकृति हो?"

सत्यवती को किसी ने आज तक इस नाम से नहीं पुकारा था। वह बोली, "आपको किसने कहा कि मेरा नाम अपरा है?"

उन्होंने कुछ प्रश्न और पूछे उसके जन्म स बन्धी, और होरा-ज्ञान से बताया, "तुम राजा वसु और अदृका अप्सरा की पुत्री हो। तु हारी माँ शापवश मछली बन गयी थी।"

सत्यवती का दर्पण जैसा साफ मुख हर्ष और ऋषि के प्रति श्रद्धा से खिल उठा। जलतरंग जैसा माधुर्य आ गया उसके सुर में, 'मेरे पिता यही कथा ले बैठते है।' मैं कहती हूँ, 'आप मेरे पिता है और मैं कुछ नहीं जानती।' उसके सुर में छुपी उदासी ने ऋषि के हृदय को छू लिया।

"कैसी कथा?" पराशर ने पूछा।

वह बोली, "सुनी सुनाई कथा!"

"फिर भी?"

"कहते है मैं मछली के पेट से जन्मी। मेरी असली माँ अदृका अप्सरा है और पिता राजा वसु। जब मैं गर्भ में थी, एक रात मेरी माँ घबरा गयी कि देवगण उसके मानव-स बन्धों को लेकर रूष्ट न हो जाएँ। मन शान्त न हुआ तो राजा वसु से मिलने चल दी कि कुछ शान्ति मिले। अधीरता के कारण वे अंधेरे में एक ऋषि से टकरा गयी। उन्होंने माँ की विनती नहीं सुनी और उन्हें श्राप दे दिया, 'मछलियों जैसी तीव्रता से जल में चलना चाहिए, भूमि पर नही। तु हें मछली होना चाहिए!" मेरी माँ उसी क्षण मछली बन गयी। मछली के गर्भ में पलकर मुझमें मछली की गन्ध बस गयी।"

महर्षि पराशर ने कहा, "ऋषि ने जैसा कहा वैसा हो गया। मैं कुछ कहूँ—देखूँ कुछ होता है क्या?" उन्होंने अपने तप और ज्ञान को सँजोकर ईश्वर से प्रार्थना की। वे प्रार्थना करते रहे। जब स्वर्गिक फूलों की गन्ध उनके हृदय से आने लगी तो वे सत्यवती के पास गये। अब सत्यवती की देह से भी वही दिव्य फूलों

की गन्ध आ रही थी जो उनके अपने हृदय से आ रही थी। दोनों विस्मय से एक-दूसरे को देखने लगे।

अपने सबसे बड़े दोष से मुक्ति पाकर सत्यवती को कृतज्ञता ने द्रवित कर दिया। वह उनके चरणों में साष्टांग लेट गयी। महर्षि ने उसे तुरन्त उठाया। स्पर्श करते ही उनके हृदय को प्रेम ने विह्वल कर दिया। नारी की कमनीय शक्ति का दमन करना उनके पवित्र हृदय को नहीं भाया। उन्होंने उसे अपने हृदय से लगा लिया। ऐसे ऋषि की भुजाओं में आते ही सत्यवती की बाँहों ने वरमाला बन उनके गले को घेर लिया। नाव को उसके ही सहारे छोड़ दिया प्रेम में बौराए प्रेमियों ने। नये खिले दिव्य फूलों के रस और गन्ध सत्यवती के आनन पर महक रहे थे। पराशर ने उस मतवाली गन्ध और रस को सत्यवती के होठों से चूम लिया।

दोनों अब पूर्ववत् नाव में बैठे थे। ऋषि के हाथ में पतवार थी और दोनों गुमसुम थे। सत्यवती के रतनारे तिरछे नयन, श्वेद कणों से रचे ऋषि के सुन्दर मुख से हट तो जाते थे पर बार-बार लौट आते थे। पराशर ऊँची जटाओं के कारण महादेव लग रहे थे। वे सत्यवती को नहीं देख रहे थे लेकिन उनका ध्यान सत्यवती की हर सिहरन पर था। पतवार चलाने के श्रम से हिलकर जटाओं से वे दो चंचल लटें फिर खुल गयी। मोहान्धकार में डूबे सत्यवती के नैनो से पूनम के चाँद जैसे ऋषि के मुख को दोनों लटें बार-बार आधा छुपा देती थी।

ऋषि ने बहुत यत्न किये किन्तु कौमार्य के तेज से निखरा सत्यवती की देह का सौन्दर्य और सौष्ठव कुछ कम नहीं था ब्रह्मचर्य के दम से दमकते उनके निर्दोष पौरूष से। आज प्रकृति द्वारा स्वयं पाले पोषे गये नारीत्व और पौरुष आमने-सामने थे। कैसे न पहचानते वे अपने एक ही उद्‌गम को, जो वंश रूपी उद्‌गम से प्राचीन और सच्चा था!

प्रेम ने उनके हृदय को विवश कर दिया, जैसे कस्तूरी मृग को उसकी ही गन्ध विवश कर देती है। ऋषि की तेजोमयी छवि वासना के तेज से मलिन नहीं हुई थी। ऋषि ने प्रणय निवेदन कर दिया। सत्यवती की लाज ने उसके मुखड़े और देह को गुलाबी और लाल रंग के कितने ही उन्मादों से मथा। पर नेत्र नाव की भूमि से ऊपर नहीं उठ पाये।

'नारी का सौन्दर्य कितना निर्दयी है!' ऋषि की बुद्धि अहंकार से बोली। पर दोनों के तेज से डरा हृदय फुसफुसाया, 'यह सच झूठा है!'

पराशर के प्रणय निवेदन में ऐसा भाव था जैसा उस बच्चे के स्वर में होता है जिसने पहली बार मेले में खिलौना देखा हो और अपनी निर्धन माँ से माँग रहा हो।

दूर लोग नदी के दोनों किनारों पर खड़े थे। पराशर को नहीं लगा कि वे पतित हो वासना की दुनिया में आ गये थे। उन्हें लगा तप ही था, जो कुछ अनोखा कर रहा था। तभी घने कोहरे ने नाव को अपने सीने में छुपा लिया। पराशर ने सत्यवती की कलाई को दृढ़ कामना से पकड़ लिया। फिर प्रगाढ़ आलिंगन किया, माथा चूमा, आँखें चूमी, सारे मुँह को चूमा। होठों की दोनों कलियों को चु बन में संकर्षित कर लिया। फिर सत्यवती को गोद में उठाकर नाव की गोद में लिटा लिया। घोर बादल घिर आये। तटों से सारे जन घर चले गये।

प्रकृति की पुत्री का अभिसार था। लजीली पुत्री को न अपना होश रहा न वस्त्रों का। प्रेम बौराया ऋषि था और सौन्दर्यसुधा पीकर उन्मक्त हुई सुन्दरी थी।

कुछ क्षण को सूरज निकला। सूरज की रोशनी, सफेद कोहरे से छनकर, तप्त अंगों को शीतल चाँदनी जैसी लगी। भीतर बने रूपहले कोमल उजाले ने, और दोनों के प्रेम में आए आवेग ने, दोनों की देह से निज को निकाल कर एक-दूसरे को दे दिया। दोनों देर तक एक-दूसरे में स्वयं को खोजते रहे। दोनों खोए रहे, विहार करते शची और इन्द्र जैसे। प्यासे आकाश की तरह, दोनों के प्यासे किशोर हृदय एक-दूसरे को अधरों के प्रेम रस से तृप्त करते रहे।

तभी घनघोर वर्षा होने लगी और चारों ओर जल ने धुआँधुआँ कर दिया। कोई नाव गंगा में नहीं रही। कोई व्यक्ति दोनों तटो पर नहीं रहा। प्रणय-सिंधु हृदय में, जल में उठती लहरों की उछाल से ऊँची, उछाल लेता रहा, दोनों आश्चर्यचकित थे—प्रणय-ज्वाला बुझाने से और तरुणा गयी थी।

धूप निकली, कोहरे के बादल छँटे तो सत्यवती को लाज आ गयी। वस्त्रों से स्वयं को ढ़क उसने मुँह फेर लिया।

पराशर को आश्चर्य हुआ क्यों आज नारी से प्रथम मिलन में ही वे पूर्णकाम हो गये! मन में कुछ देर पहले घनी घटाओ की तरह छाये वासना के मेघ छँट गये। वैराग्य भाव लौट आया। सत्यवती से फिर कभी न मिलने का निर्णय स्वत: कर लिया मन ने।

जाने लगे तो सत्यवती रोने लगी। वह एकमात्र स्त्री थी उनके जीवन में। उन्हें ऐसा भी लगा जैसे सत्यवती की आँखों से नहीं उनकी आँखों से गिर रहे थे सत्यवती के आँसू। किन्तु मन अपने विरुद्ध कठोर हो चुका था।

ऋषि के चेहरे पर अटल निर्णय देख वह बोली, ‘‘महर्षि कुछ समझ में नहीं आ रहा है। अभी कितना सुन्दर था जीवन। अभी इतना भयानक हो गया। इतनी-

सी देर में क्या हो गया। मुझसे कोई भूल हो गयी? दोनों हाथ जोड़कर आपकी प्रेयसी आपसे क्षमा माँगती है। नादान को क्षमा कर दीजिये।''

पराशर कुछ नहीं बोले।

सत्यवती फिर बोली, ''आप चले जाएँगे। आपकी सन्तान जन्म लेगी तो क्या उत्तर दूँगी अपने पिता को?''

''तुम उसे मेरी सन्तान कहना।''

''इस उत्तर से पिता प्रसन्न नहीं होंगे। समाज भी मुझे कुलच्छिनी कहेगा।''

''मैंने तु हारे साथ छल नहीं किया सत्यवती। तु हें वचन देता हूँ तु हारे बाद किसी अन्य स्त्री का वरण नहीं करूँगा। तु हारा भी वरण मैंने नहीं किया। विश्वास करो यह जो भी हुआ ईश्वरीय प्रेरणा से हुआ। मेरी बात में तु हें सन्देह हो तो सन्देह को दबाना मत। तु हारे बच्चे की महानता तु हारे सन्देह को मिटा देगी। वह अवश्य कोई महान आत्मा है। यह प्रणय लीला शायद उसी के लिए हुई है। तु हारे बच्चे से तु हारा नाम जगत में अमर होगा। यदि तु हें सन्देह रहा तो बच्चा अपने आचरण से तु हारे सन्देह को मिटा देगा। तुम धन्य होओगी पुत्र की भक्ति से।''

सत्यवती का दुख दूर नहीं हुआ। वह बोली, ''मुझे संसार में स मान के साथ जीना है। परिवार बसाना है। आप त्याग रहे है तो किसी अन्य पुरुष के योग्य होना है। मुझे वरदान दीजिए कि मैं आपकी सन्तान को जन्म देने के बाद पूर्ववत् कुमारी हो जाऊँ और कोई अन्य पुरुष अपने हृदय में मुझे स्थान दे। मैं कुमारी हुए बिना किसी और की नहीं हो सकती।''

''तुम सन्तान को जन्म देते ही पुनः कुमारी हो जाओगी।''

सत्यवती की नैतिकता प्रकृति के तीन गुणों के बीच हो रही सतत स्पर्धा में जिस गुण की जीत होती उसके अनुसार बदल जाती थी। निरन्तर जन्म लेती थी। जिस घड़ी सात्विक विजयी होता सत्यवती ऋषियों के सात्विक गुणों से भर जाती। जब राजसिक गुण विजयी होता तो कभी अप्सरा कभी मानवी गुण प्रमुख हो जाता। जब पराशर का उनके सौन्दर्य से मोहभंग हो गया तो उस अपमानित अवस्था में उभर आए तामसिक गुण को मुखर हो पराशर से पुनः कुमारी होने का वरदान प्राप्त करने में कोई लज्जा नहीं आयी। पराशर से यह कहने में भी लज्जा या संकोच नहीं हुआ कि कुमारी इसलिए होना चाहती थी कि किसी पुरुष के साथ घर बसा कर स मान के साथ रह सके। परिस्थिति कोई भी मोड़ ले ले, सत्यवती

सच्चा अपरा जीवन जीना जानती थी।

सत्यवती में न चपलता थी न अनृत न कामवश उछृंखल हुई चरित्रहीनता। उनमें वे गुण अपनी सीमा में बद्ध रहते जो अपरा प्रकृति को कभी प्रभंजना बना देते है कभी वसन्त ॠतु।

व्यास की दृष्टि में सत्यवती अपरा प्रकृति की अवतार थी और गंगा परा की। वे शान्तनु की इन दोनों पत्नियों को माँ मान उनकी आज्ञा का पालन करते रहे। यदि उनको कभी धर्मसंकट नहीं हुआ तो इस कारण कि परा प्रकृति और अपरा प्रकृति किसी मनुष्य को मानवीय मर्यादा के बाहर जाने को प्रेरित नहीं करती।

महर्षि व्यास कहते है, "मानव चरित्र की दो ही सनातन पर पराएँ है, परा और अपरा। इन दोनों को कृत्रिम आचरण से बँधे धर्मों ने बाँधा तो यह उन धर्मों की सीमा है। ऐसे भी मनुष्य हैं जो प्रकृति पर भी अपना धर्म लादने की धृष्ठता करते है। वस्तुतः मानवजाति के अज्ञानजन्य-इतिहास को न दोहरानेवाला मानव ही भविष्य का महामानव होगा। अपनी सात्विक प्रकृति को वह सत्य मानेगा। उस सत्य को कर्म में बदलने को वह धर्म मानेगा। संसार पर शासन करने की अपनी वासना पूरी करने के लिए वह प्रकृति को अपने धर्म की बेड़ियाँ नहीं पहनाएगा। अपनी आत्मा को अपने धर्म में दीक्षित नहीं करेगा। वह जानेगा कि धर्म का काम केवल इतना है कि वह संसारी मानव को मनुष्यत्व का रक्षक बना दे।

"मनुष्य की आत्मा धर्म से परे है। समग्र ज्ञान आत्मा में अन्तर्निहित है। जब धर्म मनुष्य के व्यक्तित्व में मनुष्यत्व का शासन स्थापित कर देता है तो जागृत आत्मा अपने ज्ञान के पंखों पर उड़ कर आकाश से भी परे उस सत्य को खोज लेती है जो कभी नहीं बदलता, जो सनातन सत्य है।

"मन के वश में हुआ मनुष्य पाप और अधर्म करता है। चंचल मन ही चंचल मस्तिष्क है। चंचल मस्तिष्क मनुष्य को क्षणिक संसारी सुखो के पीछे भटकाकर सत्य और प्रकृति से दूर कर देता है। उस सनातन सत्य का ध्यान नहीं करने देता जो चिरनूतन रहनेवाले अकारण उल्लास का अक्षय स्रोत है।

प्रकृति से प्रेरित मनुष्य न पाप करता है न अधर्म। प्रकृति ईश्वर की शक्ति है। वह जो भी करती है आत्मा के सुख के लिए। अपने स्वार्थ के लिए प्रकृति कुछ नहीं करती। प्रकृति का तिरस्कार करनेवाला मनुष्य अन्तरिक्ष में खो जाता है उन जीवों के बीच जो अप्राकृतिक हैं। अप्राकृतिक जीवों को भूत प्रेतादि नाम दिये हैं सभी स यताओं ने आदि काल से।"

सत्यवती ने प्रसव के समय गंगा में आश्रय लिया जहाँ जामुन, आम और

जंगली फलदार झाड़ियों से आच्छादित दो छोटे-छोटे द्वीप थे। इन द्वीपों से फल तोड़ने बचपन में वह और अन्य बच्चे आया करते थे। दोनों द्वीपों के बीच एक सपाट चट्टान थी। भोर हो रही थी। द्वीपों को निर्जन देख वह उस चट्टान पर जाकर लेट गयी। संयोग से वही एक भीलनी जंगली फल तोड़ रही थी। उसने उसकी दशा से जान लिया कि वह बच्चे को जन्म देने वाली है। उसने उसकी सहायता करनी चाही किन्तु सत्यवती को पराशर के शब्दों पर विश्वास था कि कोई दिव्य बालक उसकी कोख से जन्म लेगा। उसे न कोई कष्ट होगा न संकट उपस्थित होगा। कोई शक्ति उसे अपरा नाम से पुकार रही थी, ''यह सारा दृश्य जगत तुमसे जन्मा है। तुम अपरा प्रकृति हो। यह जगत तु हारी कला है। इसके सब प्राणी तु हारी सन्तान है। वे तु हें हानि नहीं पहुँचा सकते।''

शिशु ने जन्म लिया बिन विघ्न-बाधा के। वह नीलकमल की तरह सुन्दर था। केश रात से काले और माँ के केशों की तरह घुँघरियाले थे। उसकी आँखें विशाल और मछली के आकार की थी। आँखों का रतन गहरा काला और सफेदी नीलाकाश जैसी थी।

आकाश में विचरते देवर्षि नारद ने गंगा में दो द्वीपों के बीच एक नवजात शिशु को देखा और आनन्दविभोर हो गये। उन्होंने उसमें अपने आराध्य श्रीहरि के कुछ चिह्न देख लिये। त्रेतायुग के अन्तिम दिन थे। उन्हें तो प्रतीक्षा थी भगवान के सोलह कलाओं से पूर्ण अवतार के जन्म की। उन्हें आश्चर्य हुआ क्या भगवान ने एक अंशावतार पहले ही ले लिया!

कौतूहलवश वे नीचे उतरे। उन्होंने सत्यवती को देखा और पहचान गये। वह शिशु को प्रथम स्नान करा रही थी। उन्होंने घ्यान लगाया क्यों यह अकेली ही प्रजनन के सारे कर्तव्य पूरे कर रही है और सारी घटना उनकी समझ में आ गयी। उन्हें देखकर वह घबरा न जाय यह सोचकर वे छुप गये। उन्होंने प्रतीक्षा की नवजात के प्रति सारे कर्तव्य पूरे होने की।

उन्हें देखते ही सत्यवती उन्हें प्रणाम कर बोली, ''देवर्षि आप से कुछ नहीं छुपा है। आप क्या मुझे दंड देने आए हैं?''

''पुत्री! मेरा काम दंड देना नहीं है। न तुमने कोई अपराध किया है। वीणा है मेरे पास, दंड देनेवाला शस्त्र नही। कहो तो तु हारे तेजस्वी पुत्र के स्वागत में एक गीत गा दूँ।''

''गा दीजिए देवर्षि। आपकी कृपा होगी। यदि मेरे पुत्र का भाग्य अवरूद्ध हुआ तो आपके गीत से खुल जाएगा।''

शिशु का क्रन्दन रुक गया देवर्षि का गीत सुनकर। सत्यवती बोली, "आप तो मुझसे भी अधिक परिचित लग रहे हैं मेरे पुत्र को।"

"निस्सन्देह देवि! तु हारा पुत्र भगवान विष्णु का अंशावतार है।"

"सच देवर्षि?" प्रसन्न हो उसे चूमती हुई सत्यवती बोली, "आपसे कुछ भी नहीं छुपा है देवर्षि। कृपया मेरी चिन्ता का निवारण कर दीजिये! इसके लालन पालन का क्या प्रबन्ध करूँ?"

नारद बोले, "प्रबन्ध हो गया सत्यवती। ये जो सामने से भीलराज और उनकी पत्नी आ रहे है ये तु हारे पुत्र को तुमसे माँगेगे पालने को। तुम दे देना। वनदेवता ने इन्हें आदेश दिया है। तु हारा पुत्र परमज्ञानि होगा और सभी धर्मों का समन्वय करके सनातन सत्य को संसार में स्थापित करेगा।" इतना कहकर देवर्षि चले गये।

भील सरदार ने सत्यवती से वही कहा, "अपरा देवी! आपकी सन्तान को पालने का आदेश मुझे और मेरी पत्नी को दिया है वनदेवता ने।" सरदार की पत्नी ने हाथ फैलाए, "देवी अपने इस पुत्र को मुझे पालने का सौभाग्य दे दीजिये। जब आप चाहेंगी हम पुत्र आपको दे देंगे।"

सत्यवती पुत्र उन्हें सौपकर अपने पिता के पास आ गयी। उसने महाराज शान्तनु से दूसरा विवाह कर लिया। उसका दा पत्य जीवन महाराज शान्तनु के साथ सुखपूर्वक बीतने लगा।

देवर्षि नारद को कौतूहल हुआ कि क्यों भगवान विष्णु ने यह अंशावतार विचित्र परिस्थिति में लिया। इसमे कई बातें अनोखी थी। सत्यवती ने कौमार्य काल में ही शिशु को जन्म दिया। सत्यवती की कथा भी विचित्र थी—एक अप्सरा और राजा की पुत्री को पाला एक खेवट ने। कौमार्य में ही एक महर्षि के स पर्क से ईश्वर के अंश ने जन्म लिया। ऋषि ने गर्भाधान के बाद ही सत्यवती को छोड़ दिया। जब अपूर्व ज्ञान ही देना था जग को तो क्यों किसी महर्षि के घर जन्म नहीं लिया? क्यों अप्सरा, राजा, खेवट और भील चार चरित्रों का समन्वय कराया शिशु में?

सत्यवती की युवा पुत्र से भेंट

अठारह वर्ष बीत गये। पराशर को सत्यवती की याद नहीं आयी तो सत्यवती को भी पराशर की याद नहीं आयी। हर दिन भोर सर्वथा नयी होती है, जैसे सृष्टि का प्रथम दिन हो। ऐसा ही सत्यवती का जीवन था, जो बीत गया उसे याद करना उसके स्वभाव में नहीं था। महाराज शान्तनु उसके इस स्वभाव पर मोहित थे। न वह उदार थी न कृपण। वह किसी को कुछ देती तो वापस पाने की इच्छा न करती। जिसे मना कर देती वह मना बनी रहती। वह पिछले दिनों को याद न करती। हर दिन उसका रूप महाराज को नया लगता। वे खुशी से फूले न समाते। उन्हें गंगा की याद न सताती। वह सामान्य नारी की तरह उनके सहारे जीना पसन्द नहीं करती थी। समय उन दोनों के जीवन को एक-दूसरे से बाँधने में असमर्थ रहा। एक पत्नी द्वारा तजे जाने ने उन्हें जो पीड़ा दी थी उसकी पुनरावृति वे नहीं चाहते थे। वे अपने सात पुत्रों की पीड़ा भी भूल गये जिन्हें गंगा माँ ने जन्म देते ही डूबा दिया था। उनकी वेदना उसी दिन समाप्त हो गयी थी जिस दिन भीष्म ने उन पर यह रहस्य प्रकट किया कि उनके सातों मृत भाई और वे स्वयं वसु देवगण थे जिन्हें शापवश पृथ्वी पर जन्म लेना पड़ा था और उन्होंने गंगा माँ से प्रार्थना की थी कि वे माँ बनकर उन्हें जन्म दे और जन्म लेते ही मार दे क्योंकि वे न तो किसी मानवी के गर्भ से जन्म लेना चाहते थे न पृथ्वी पर जीना चाहते थे।

पिछले दिनों के कर्मों की कोई स्मृति सत्यवती ने नहीं सँजोई। यह गुण महाराज शान्तनु की आवश्यकता के अनुकूल था। वर्षों का हिसाब नहीं रखा सत्यवती ने महाराज शान्तनु के साथ, क्योंकि यह अपरा प्रकृति के स्वभाव के विरुद्ध था।

व्यास के जन्म के बाद एक वर्ष तक तो वह बच्चे को देखने भीलराज के घर जाती रही। अगले वर्ष सत्यवती का विवाह महाराज शान्तनु से हो गया। फिर नहीं जा सकी। बहुत-सी मर्यादाएँ निभानी पड़ती है एक महारानी को। पुत्र स्नेह तो अपरा प्रकृति की देन है। उन्होंने मन को मना लिया कि उनका प्रेम उनके पुत्र को

दूर से भी पालता रहेगा। सत्यवती ने भीलराज को अपने बच्चे का नाम कृष्ण द्वैपायन बताया था क्योंकि जिस चट्टान पर वह जन्मा था वह दो द्वीपों के बीच थी।

इस बार वह अपने माता-पिता के पास एक माह रहने के लिए आयी थी। उसने सैनिकों को पालकी सहित वापस भेज दिया और एक माह बाद आने का आदेश दिया। उसी दिन वह अपने मल्लाह जीवन के वस्त्र पहन अकेली अपने पुत्र से मिलने चल दी। सत्यवती ने वन में भीलों के बच्चों के साथ खेलते हुए एक बालक को देखा जो चेहरे के भोलेपन के कारण तेरह-चौदह वर्ष से ज्यादा नहीं दिखता था। किन्तु स्वस्थ देह और डीलडौल से लगभग अठारह का लग रहा था। देखते ही उसे पराशर ऋषि याद आ गये। वैसा ही बलिष्ट शरीर था। सूरत भी पराशर ऋषि जैसी थी। अन्तर बस इतना था कि ऋषि पराशर गोरे थे और यह सांवला सलोना। सत्यवती को विश्वास हो गया कि यह महर्षि पराशर का ही पुत्र है जो मेरी कोख से जन्मा था। इसे मुझसे माँ का लाड़ प्यार नहीं मिला। माँ पराप्रकृति ने ही मेरी दृष्टि इस पर डलवाई है। इससे स्पष्ट है कि माँ चाहती है कि मैं इसे देर से सही, कुछ दिन के लिए सही, माँ के वात्सल्य से परिचित कराऊँ।''

उसने लड़के को अपने पास बुलाया और पूछा, ''क्या तुम ही भीलराज के पुत्र हो?''

''नहीं!'' वह लड़का विनम्र किन्तु दृढ़ स्वर में बोला, ''मैं उन्हें नाना कहता हूँ।''

''फिर तुम किसके पुत्र हो? अपना परिचय दो।''

वह निश्चित स्वर में बोला, ''मेरी माँ का नाम सत्यवती और पिता का नाम महर्षि पराशर है।''

''तुम अपने माता-पिता से मुझे मिला सकते हो?''

एक क्षण उसने उन्हें विस्मय से देखा। फिर ग भीर स्वर में बोला, ''आप ही मेरी माँ है।''

सत्यवती अपना गुप्त सत्य सुनकर विचलित होने वाली नहीं थी। उल्टे वह प्रसन्न हुई दो कारणों से। एक तो यह कि पुत्र सत्यवादी है। दूसरा यह कि उसके सत्य ने परिचय की उलझन सुलझा दी। उसने पूछा, ''अपने पिता से मिला सकते हो?''

''मैं नहीं जानता पिताजी कहाँ है। मेरे सपने में कभी-कभी आते है। मुझे अपने कंठ से लगा लो माँ! सबकी माताएँ अनाथ समझ मुझे गले लगाती है। गले

लगाकर मेरी माता को मेरे हृदय में स्थापित कर दो आज।''

माँ ने पुत्र का बांहे फैलाकर आलिंगन किया। उसके गालों और माथे को चूमा। अपने वक्ष की धड़कनों को व्यास की धड़कनों से छुआ कर सत्यवती को आश्चर्य हुआ पुत्रवती होने का ऐसा सुख तो विचित्रवीर्य और चित्रांगद का हजारों बार आलिंगन करके भी नहीं मिला था। मेरा यह पुत्र कोई दिव्य आत्मा है। ''तु हारी माँ धन्य है तु हें पाकर मेरे यशस्वी पुत्र। चलो तु हारे घर चलते है।'' वह उसे भीलराज के घर ले चली।

मार्ग में वह बोला, ''माँ क्या महारानी को महारानी कहना राजघराने की शिष्टता है?''

''नहीं। माँ को माँ कहना तीनों लोकों की शिष्टता है।''

कुछ देर मौन चलता रहा कृष्ण द्वैपायन। फिर जैसे किसी तन्द्रा से चौककर बोला, ''माँ क्या आप जानती है आप साक्षात अपरा प्रकृति हैं? आपसे ही मुझे सब जीवों के प्रति प्रेम मिला है।''

''कही से भी मिले, वस्तुतः सारे गुण ईश्वर से ही मिलते हैं।''

''मुझे नाना के घर नहीं ले चलोगी माँ?''

सत्यवती को व्यास से कुछ भी छिपाना गलत लगने लगा। उसके ज्ञान और भद्रता उसे भा गए। किन्तु उसमें पुत्र का माता के प्रति अधिकार भरा प्रेम नहीं था— यह देखकर उसे ठेस लगी। सत्यवती में अपरा प्रकृति के गुण थे। उनमे एक था— नकारात्मक भावनाओं को उसकी आत्मा आत्मयज्ञ करके शून्य में विलीन कर देती थी।

पुत्र के प्रति अपने इतने संयत और पराए से बोल सुन सत्यवती के हृदय में एक हूक उठी। किन्तु उसे लगा अपनी इस हूक को पुत्र पर व्यक्त करके वह केवल अपने को विह्वल करेगी। इस हूक से कृष्ण द्वैपायन का माँ के प्रति प्रेम ज्वारभाटा बनकर नहीं उठेगा। अब वह यौवन की ओर तेजी से बढ़ रहा है। अब उसमें माँ के प्रति श्रद्धा होगी, प्रेम होगा। किन्तु वह उस लड़कपन से निकल चुका है जिसमें माँ का प्रेम ही बच्चे का सब कुछ होता है। वह बिना माँ का लाड़ प्यार पाए ही किशोर हो गया था। यह सत्य था। भले ही उसे अच्छा नहीं लग रहा था, किन्तु सत्य था। माँ विहीन बच्चे की, स्नेह विहीन बुद्धि उसमें पल्लवित हो चुकी थी।

अपरा प्रकृति की अवतार सत्यवती में परा प्रकृति जैसी भव्यता, शालीनता और कुछ न चाहनेवाला निस्पृह प्रेम नहीं था। ये गुण नहीं थे तो इन गुणों की

लालसा भी नहीं थी। उसके अपने गुण कुछ कम नहीं थे जो लालसा होती। परा प्रकृति तो निरन्तर सगुण ब्रह्म के वामाँग में रहने के कारण संसार की जटिलता से अनछुई रहती है। किन्तु अपरा प्रकृति को सांसारिक जीवन के सारे प्रतिकूल आघात झेलने पड़ते है। सत्यवती आकर्षक गुणों से परिपूर्ण इस कारण थी कि प्रतिकूल अनुभवों को झेलने का कोई भी धब्बा उस पर नहीं पड़ता था। धब्बा न पार्थिव सौन्दर्य से दमकती उसकी देह पर पड़ता था और न मन पर। कोई कलंक न लगे यह सतर्कता और संयम उसके स्वभाव में निहित थे। वह तूफानों और कड़ी धूपों में श्रम करने से कठोर हुए जीवन की निश्छल भावना, सुन्दर आचरण और नैसर्गिक आत्मस मान से स पन्न थी। हर तरह के मनुष्यों के बीच वह जी रही थी। किन्तु उनके आचरण, कठोरता और स्वभाव का एक भी छींटा उसने अपनी कमनीय, साँवली-सलोनी सूरत पर पड़ने नहीं दिया था। वह उनकी भी अपरा प्रकृति थी। उनके असर में बिगड़ने के बजाय उसने उनके वक्र चरित्र के आभूषण बना कर पहन लिए थे। इस कारण उसका रूप तेज छुरी जैसा कटीला और धारदार हो गया था।

वे सारे गुण जो पृथ्वी और आकाश में है सत्यवती में थे, क्योंकि अपरा प्रकृति होने के कारण वह स्वयं इन गुणों की उद्गम थी। जीवन जैसा भी होता गया उसे वह रोक नहीं सकती थी। केवल बदले जीवन के अनुकूल उसकी प्रकृति हो जाती थी। उस एक दिन जब वह पराशर की थी वह पूरी तरह हृदय और प्राण से पराशर की थी। पराशर द्वारा त्यागे जाने के बाद वह केवल अपने पुत्र की माँ थी। शान्तनु से ब्याहे जाने के बाद वह केवल शान्तनु की थी। सत्यवती की स्मृति भी शान्तनु मय हो गयी थी। भूले से भी पराशर की याद नहीं आती थी। शान्तनु के लिए सत्यवती को अपना मन नहीं बदलना पड़ा था। सत्यवती की प्रकृति ही जीवन की बदलती परिस्थितियों के अनुकूल हो जाती थी। बीते जीवन की कोई भी घटना सत्यवती में जीवित न रहती। ये परिवर्तन नैसर्गिक रूप से स्वयं हो जाते। सत्यवती को कुछ नहीं करना पड़ता था। अपरा प्रकृति होने के कारण, सत्यवती की देह और स्वभाव पर पिछले जीवन का कोई निशान नहीं रह पाता था।

कल के अनुभवों की धूल को धोकर नित नूतन हो जाने का हुनर आकाश और पृथ्वी में है। कारण यह है कि वे अपरा प्रकृति हैं। सत्यवती के चेहरे पर उसके जीवन की कोई भी बीती घटना भाव बनकर उभर नहीं पाती थी। कोई मलिनता नहीं रहती थी कटु अनुभवों की। विलासी जीवन जीने की गदराई और

प्रमादी परिपक्वता नहीं थी। श्रद्धा से भरा कृष्ण द्वैपायन अपनी माँ को देख रहा था। वे देखने में भी किशोरी थी।

माँ के मुख पर कोई भी भाव ऐसा नहीं था, जो पुत्र कृष्ण द्वैपायन से अस बद्ध हो या उसे उद्वेलित करे। उसे ऐसा लग रहा था जैसे उसके अलावा उसकी माँ का और कोई नहीं है। उसे यह महसूस नहीं हो रहा था कि उसकी माँ उसके प्रति अपना कर्तव्य पूरा करने में असमर्थ रही थी। न कोई ऐसा भाव था कि उसे लज्जा थी कि अपने पुत्र का लालन पालन स्वयं नहीं किया। सत्यवती केवल वह कर रही थी जो प्राकृतिक था किन्तु नकारात्मक भावों से रिक्त था। उसके पुत्र के मानसिक विकास पर उसकी माता के असाधारण जीवन का कोई विषाक्त प्रभाव नहीं पड़ा था। पुत्र का यह शोभनीय संयम देख सत्यवती का हृदय खुशी से भर आया।

पुत्र ने प्रश्न किया था, ''मुझे नाना के घर नहीं ले चलोगी माँ?'' सत्यवती ने मन ही मन उसे एक महीने बाद उसके नाना के घर ले जाने का निर्णय किया था। किन्तु पुत्र का प्रश्न सुन तुरन्त निर्णय बदल गया। वह बोली, ''चलो अभी चलते है। तु हारे नाना भीलराज से मिल लूँ।''

कृष्ण द्वैपायन ने कहा, ''ऐसा क्यों लग रहा है कि आप सदा मेरे साथ रही। आज आपने जो पूर्णता मेरे अतीत को दी है उसके बराबर मैं आपको कुछ नहीं दे सकता। यही वचन दे सकता हूँ कि जब भी आप मुझे याद करेगी मैं कही भी हूँगा आऊँगा। जो भी आदेश देंगी बिना कोई प्रश्न किये पालन करूँगा।''

माँ बोली, ''अपरा प्रकृति की चार बुद्धियों के बीज सब मनुष्यों में है। उन्हें विकसित किये बिना ज्ञानीजन भी संसार में सत्य का शासन स्थापित नहीं कर पाते। अपरा का अपूर्ण विज्ञान और तर्क सीख कर दुर्जन संसार पर शासन कर रहे है और मानव स्वभाव को विकृत करते जा रहे है। अपरा की चार बुद्धियों के बीज तु हारे चित्त में भी है। मेरा पहला आदेश है, उन्हें विकसित करना।''

''माँ ये चारों बुद्धियाँ—धी, मेधा, प्रज्ञा और ऋत भरा—स्वत: विकसित हो गयी है मुझमें। अतीन्द्रिय ज्ञान भी सुलभ है। अनेक मन्त्र भी कंठस्थ है। किन्तु गुरुविहीन रहा। संस्कृत लिखना-पढ़ना नहीं सीख पाया।''

''इतना ज्ञान कैसे प्राप्त किया?''

''जो जानता हूँ वह स्वत: मुझमे प्रकट हुआ है।''

सत्यवती हैरान रह गयी, क्योंकि ये परा प्रकृति के गुण है। ये गुण सत्यवती में

नहीं थे। "ठीक है! तु हें शीघ्र लिखना-पढ़ना सिखाएगा कोई।" कुछ अस्थिर स्वर में पूछा,"तु हारे पिताजी कहाँ रहते है?"

माँ को अस्थिर करना उसे अच्छा नहीं लगा। उसने निश्चय किया कि वह हमेशा माँ के सामने अपरा-पुत्र में सीमित रहेगा। बोला, "पता नही। एक भेड़िये ने उनपर आक्रमण करके उन्हें लँगड़ा कर दिया था। उनकी सेवा के लिए मैंने उनके साथ रहना चाहा पर वे नहीं माने।"

सत्यवती की आँखें भर आयी। आश्चर्य हुआ, क्यों पुत्र से मिलकर माँ परा के गुण उनमें प्रकट हो रहे है। मुँह फेर आँसू पोछ कुछ रोष भरे स्वर में कहा, "मैंने यह नहीं पूछा।"

"पिताजी निर्दोष थे। फिर भेड़ियों ने उन पर आक्रमण क्यों किया? उनकी आत्मा ने एक भेड़िये की आत्मा में आत्मबलि देकर भेड़िये की आत्मा से पुनर्जन्म लिया। तब से भेड़ियों का वह वंश श्वान बन गया है—मनुष्य का मित्र और सत्यनिष्ठ सेवक। भेड़ियों के एक वंश को श्वान बना पिताजी बैकुण्ठ चले गये होगे। अब मेरे सपने में नहीं आते।"

सत्यवती की आँखें फिर भर आयी। आँसू पोछ बोली, "बहुत बोलना अच्छा नहीं होता कृष्ण। संवरण करो। संवरण से चरित्र उन्नत होगा।"

'पुत्र का मन तरस रहा है माता-पिता के साथ रहने को।' यह विचार तेजी से सत्यवती के मन में आया और चित्त एकाग्र हो गया इस योजना पर कि कैसे इसका लालन-पालन वसिष्ठ और अरुंधती के घर हो। वे इसके प्रपितामह है। वे अवश्य इसके हृदय की रिक्तता को भर देंगे।

माँ को चुप देख पुत्र ने कुछ और समझा। माँ के हाथ को प्यार से अपने हाथ में लेता हुआ वह बोला, "मैंने कहा ना माँ जब भी याद करोगी कहीं भी हूँगा आपके पास आ जाया करूँगा। यह मेरा वचन है आपको।"

माँ कहना चाहती थी पर कह न सकी यह सोचकर कि बालक विह्वल न हो जाए—'तेरा रूप मुझे मोहे लिए जा रहा है। मैं इस सुख को कैसे थामू हृदय में कि इतना सुन्दर और समझदार पुत्र विधाता ने मुझे दिया। यह तो कोई ईश्वर की माया हो गयी है मेरे साथ। इसे समझने में मुझे अपनी अपरा बुद्धि नहीं लगानी है वरना मैं पागल हो जाऊँगी, जो भी हो रहा है इसे दैव गति से होने देने में ही हित है। जब ईश्वर ऐसा कर रहे है तो इस पर सोच-विचार क्या करना! क्या यह पर्याप्त नहीं है मेरे लिए कि यह मेरा पुत्र है।'

ऐसी ही उलझनों में फँसी सत्यवती बार-बार अपने सुन्दर पुत्र को देखती।

दो द्वीपों के बीच चट्टान पर जन्मा यह अनोखा पुत्र जानता है कि मैं अपरा हूँ। यही मैं भी जानती हूँ। मानव स्वभाव, पशु स्वभाव और यह सृष्टि मुझे हमेशा खुली पुस्तक से लगे है। सृष्टि का कोई रहस्य मेरे लिए कभी रहस्य नहीं रहा। ये अनेक तरह के स्त्री पुरुष, पशु, पक्षी सब मुझे चिर परिचित से लगते है। इतने विविध चरित्रों के अन्तर और उनमें बसा ईश्वर का एक ही अटल विश्वरूप मुझे एक रंग बिरंगी माला और उसमें पुरे एक धागे जैसे लगते है।

मैं चाहती हूँ कि इनके रहस्यों को एक ही सत्य के अनेक रूप दिखाते हुए मेरा पुत्र इन्हें अग य से ग य बना दे, जिससे जीव एक-दूसरे से डरना और लड़ना छोड़ दे और स्वयं को एक ही परमात्मा की सन्तान समझ प्रेम से रहने लगे। क्या ऐसा स भव कर देंगे सबके प्रभु भगवान विष्णु ? मुझे अच्छा नहीं लगता जब लोग एक-दूसरे को बिना जाने ही शत्रु मान लेते है और हत्या करते है। क्या मेरा यह विद्वान पुत्र कोई शास्त्र लिखेगा जो सब मानवो को अपना परिचय भाई-भाई के रूप में देगा ?''

पृथ्वी पर विद्यमान समग्र जीवन की समस्याएँ मूर्त होकर सत्यवती के सामने आने लगी। सारी समस्याएँ आप ही आ रही थी आप ही सुलझ भी रही थी। हृदय कह रहा था। ''ये जितने भी पेड़, पहाड़, नदी, सागर, प्राणी, मनुष्य, सूरज, चाँद, सितारे, हवा पानी, अग्नि आदि चराचर वस्तुएँ हैं ये सब अपरा प्रकृति की ही लीला है। अपरा ईश्वर की ही शक्ति है जो उनकी सृष्टि-चाह को मूर्त रूप देती है। मैं अपरा हूँ।''

सत्यवती ने पुत्र से पूछा, ''कृष्ण द्वैपायन यह बताओ क्या तु हें कहानियाँ अच्छी लगती हैं ?''

''हां माँ बहुत अच्छी लगती हैं। मैं अपने साथियों को कहानियाँ सुनाता हूँ।''

''तु हें कहानियाँ बनानी आती है ?''

''नही माँ! मैं जो सुनाता हूँ वह घटना कही न कही घट रही होती है या घट चुकी होती है। मुझे कोई कहानी गढ़नी नहीं पड़ती। ब्रह्माजी ने इतने विविध चरित्र रच रखे हैं कि उनकी कथा सुनाते-सुनाते बूढ़ा हो जाऊँगा। कहानियाँ बनानी नहीं पड़ेंगी।''

''तुम इन कहानियों को लिखते क्यों नही ?''

''कहा तो आपसे अभी लिखना नहीं आता। सुनाकर सब खो जाती है। मेरे मित्र मेरी कहानियाँ सुनकर कुछ दिनो में भूल जाते है।''

''चिन्ता मत करो। तु हें कोई शीध्र लिखना सिखा देगा।''

"कहानियाँ जब आती है तो एक के ऊपर एक आती है। उन सबमें जोड़ होते है मेरी पिछली कहानियों के। वे नाम और घटनाएँ मेरे मित्र भूल जाते है मगर मेरे हृदय में सबके स बन्ध जुड़े रहते है। नई कहानी समझाने के लिए बार-बार पहले सुनाई कहानियाँ फिर सुनानी पड़ती हैं।"

मा ने पूछा, "क्यों उसमें क्या कठिन है जब तुम कहते हो कि तु हें पात्र और घटनाएँ याद रहते है?"

"मैंने नहीं कहा मैं जो सुनाता हूँ वह उस घड़ी संसार में कही न कही घट रहा होता है। पुरानी घटनाएँ फिर से सुनाने में वे घटनाएँ छुट जाती हैं जो उस समय घट रही होती है। कथा में जो सत्य तत्त्व है उसे ज्यों का त्यों लिखने से कथा की सच्चाई बनी रहती है। वह सच्चाई ही तो कहानी को सत्य का स्पर्श देती है। यही सत्य तो ब्रह्माजी हर मनुष्य के जीवन में रख देते है। सत्य को कर्म बनाने से सत्य एक से दो हो जाता है, सत्य और धर्म।"

"सत्य एक से दो क्यों हो जाता है?"

"कर्म संसार में किया जाता हैं। एक में अनेक का भ्रम हो जाना ही संसार है। मनुष्य के हृदय में, ब्रह्माजी के अद्‌भुत ज्ञान के कारण, एक के दो बनते हैं, स्त्री पुरुष। मानव हृदय में दो बना यह काँटा बड़े काम का है। यदि दोनों प्रेम में एक हो जाएँ। तब इस काँटे से संसार के अनेक काँटे बीनता है ज्ञानी। उसे संसार केवल एक सत्य परमात्मा का अनेक बना भूलभुल्लैया दिखता है। संसार के सारे काँटे द्वैत के रूपान्तरण है। हृदय के द्वैत कांटे से संसार के सारे द्वैत को बीन देता है ज्ञानी। तब ज्ञानी जान जाता है कि अद्वैत है परमात्मा। संसार परमात्मा की परछाईं है। परमात्मा के बिना संसार नहीं है। संसार के बिना परमात्मा है। इस कारण केवल-परमात्मा को न एक कहो ना दो। वरना गणित की भूलभुल्लैया में फँसकर रह जाता है मनुष्य। अद्वैत परमात्मा सत्य है। उस सत्य को जो कर्म में अभिव्यक्त करता है उसका कर्म ही धर्म बन जाता है। बस इतना ही मनुष्य का कर्तव्य है। शेष सब परमात्मा करता है। उस सत्य के बिना जो अद्वैत है द्वैत से भरी कहानी मन का मैल है।"

माँ ने कहा, "कहानी तो अच्छी और बुरी दोनों तरह की होती है।"

"घटना घटते हुए सुनाता हूँ तो सारी कहानियाँ अच्छाई में ही अपना अन्त करती है।"

माँ बोली, "सच्चाई और अच्छाई ही नहीं, सुन्दरता भी होती है जीवन में। जो तीनों को एक साथ नहीं देखता वह वास्तविक जीवन को कथा में नहीं लिख

सकता। तीनों गंगा, यमुना और सरस्वती की तरह संगम बनाएँगी तु हारी कहानियों में तो तु हारी कहानियाँ चिरकाल तक पढ़ी जाएँगी।''

भीलराज का घर आ गया। सत्यवती को वर्षों बाद देखकर भीलराज और उनकी रानी को हर्ष हुआ और दुख भी। हर्ष इस कारण कि इतने वर्ष बाद भी सत्यवती वैसी ही लग रही थी। मानो ये सारे वर्ष उनके दायें-बायें से निकल गये थे। उनकी देह पर अपनी छाप छोड़ते हुए नहीं निकले थे। सत्यवती के अंगों में काल का जैसे आना जाना नहीं था। वे वैसी ही लग रही थी जैसी वे कुमारी काल में थी। पति-पत्नी सत्यवती को देखकर दुखी इसलिए थे कि महारानी के साथ आयी हवा ने उन्हें बता दिया कि वे अपना पुत्र ले जाएँगी। पुत्र उनका था। जिसका पुत्र था उसे देते हुए भी कलेजे पर पत्थर रखना पड़ा भीलराज और उनकी पत्नी को। ऐसा जी लगानेवाला, प्यारी-प्यारी ज्ञान की बातें करने वाला, रोज नयी-नयी कहानियाँ सुनाने वाला और कोई कहाँ था!

वसिष्ठ का एकमात्र वंशज

मालिन रोज आश्रम में आती थी पूजा के फूल देने। एक दिन उसने अरुंधती से कहा, ''ऋषि माता! आपके आश्रम में बच्चे ही बच्चे हैं। पर आपकी कुटिया को सूनी देखकर कलेजा कटता है।''

''ऐसे वचन मत बोलो बहन! जिस तपोवन में नित्य ब्रह्मऋर्षि वसिष्ठ का तप चल रहा हो वहाँ के तो हर पत्ते, हर पक्षी में ब्रह्म विराजते हैं।''

''मेरी भूल क्षमा करो ऋषिमाता। मेरा अर्थ यह नहीं था। मैंने तो कई बार गोधुलि में मुरलीमनोहर को लौटते हुए देखा है आपकी गायों बछड़ों के साथ। फिर भी मेरा कलेजा कटता है आपके किसी बालक को बछड़ों के साथ लौटते देखने को। आपकी कोख से इतने पुत्रों को जन्म लेते देखा! पर यह भी दिखाया विधि ने— जितने फूल खिले बैरियों ने नोच डाले। आपके हर प्रसव में दाई के साथ रही। आप तो ज्ञानी हो, जाने कैसे कलेजे पर पत्थर रख लिया! मैं नहीं रख पायी। महर्षि वसिष्ठ जैसा तेजस्वी तो कोई नहीं। उन्होंने भी शोक नहीं किया। मौन होते चले गये। ऋषि माता! मैं कुछ आपसे कहना चाहती हूँ पर कह नहीं पाती। कहूँ आप कहो तो?''

''कह न वैजयन्ती! जो भी कहना चाहे।''

''ऋषिमाता! सच मानियों मेरे कहे को। मैंने एक भील युवक को देखा है कई बार। बालकों के साथ गंगा तट पर खेलते हुए। कभी गिल्ली डंडा, कभी कबड्डी, कभी लुकछिपाई। सत्रह-अठारह का होगा। उसे पहली बार देखते ही मुझे पराशर याद आया। ऐसा ही तेजस्वी जैसा पराशर। सूरत भी वैसी ही। पराशर गोरा था यह सांवला है। माता रे माता! जो तेज उसके चेहरे से निकलता है वसिष्ठ जी से कम नहीं है गुरुवाईन! नहीं नहीं ऋषिमाता! हम लोग ऐसे ही बोलते हैं ना, मुँह से निकल पड़ा। मेरा हृदय कहता है वह आपका कोई स बन्धी है और यों ही उमर गँवा रहा है अज्ञानी छोरो के संग। उसे क्यों नहीं पाल लेती अपने बच्चे की तरह? बहुत शान्ति मिलती है दूसरे का बच्चा पालकर। मेरी भाभी के छह बच्चे

हुए बचा एक नहीं। एक दिन उसकी पड़ौसन मर गयी। वह उसका बच्चा माँग लाई। तब से घर में रौनक रहती है। वह भी खुश रहती है।

''एक मछेरन से मैंने उस बालक के बारे में पूछा था, किसका लड़का है। कह रही थी किसी मछेरन से जनमा, एक ऋषि का। मछेरन ने लोकलाज से उसे छोड़ दिया जंगल में। कहते है उसे भेड़ियों ने पाला। अब भीलराज श्रीमन्त के घर रह रहा है। ऐसी ज्ञान की बातें करता है और ऐसी ऐसी कहानियाँ सारे गाँव को सुनाता है कि भीलराज उसे एक घड़ी को भी आँखो से ओझल नहीं होने देता। पता नहीं भीलराज उसे पाल रहा या वह पाल रहा है भीलराज को।''

''होगा कोई! एक सूरत के कई होते है। ऐसी बातें नहीं सुनानी चाहिए ऋषिकुल मे। ऋषियों की शुभ्र पर परा है—जो छिन गया उसका दुख नहीं करते। जो मिल गया उसका गर्व नहीं। उन दिनों को भूल जा जब मेरी कुटी में बच्चे बोलते थे कोई मोर की तरह कोई कोयल की तरह... ''अरुंधती की रूलाई फूट पड़ी? ''क्यों उन बातों की याद दिलाती है?''

''भाग्य का खेल देखकर रहा नहीं गया ऋषिमाता! कैसे चुप रहूँ इतना दारूण दुख देखा इन आँखों से? इतने पुत्र हुए। एक तो रह जाता। अब खुशी की ही तो बात कर रही हूँ ऋषिमाता। सुनो, उसकी आँखो की ज्योति ऐसी लगती है जैसे भगवान की कुटिया में जलता दीया। क्षमा करें तो एक बात आप ही जीभ पर आ जाती है जब भी देखती हूँ। हो न हो पराशर का पुत्र है। कैसे है क्यूं है यह सब पता नही।''

''जो मुँह में आया बोल देती है!''

''पराशर मेरी गोद में खेला है ऋषि मा! ऐसे ही नही! मुझे उसकी सूरत ही नहीं एक-एक अंग याद है। याद नहीं क्या? सारे अंग धोए हैं उसके कई बार। लड़ा भी है वह मुझसे। और लड़कर मेरी ही गोद में आकर सोया है। मैं नहीं जानती क्या यह उसका ढंग था मुझसे क्षमा माँगने का। बड़ा हो गया, ऋषि हो गया, तो हृदय थोड़े ही बदल जाएगा! मैं जानती हूँ वह मछेरन, भीलनी, मालिन किसी से भी प्रेम कर सकता है। उसमे भेदभाव नहीं है। उसे प्रेम है स्त्री जाति से। वह साथ-साथ ब्रह्मचर्य और स्त्री के प्रेम को पाल सकता है। दोनों के साथ सच्चा रह सकता है।''

''अब तू बहुत बोल चुकी वैजयन्ती! अब चुप हो जा।''

वैजयन्ती को तो चुप कर दिया ऋषि मा अरुंधती ने। किन्तु बात ने उथलपुथल मचा दी। रोकना कठिन हो गया तो पति वसिष्ठ से अरुंधती ने कहा इस युवक के

बारे में। किन्तु उन्होंने उसे मालिन का उनके वंश से लगाव और आँखों का भ्रम समझ टाल दिया।

इस बात को छह माह हो गये। मगर यह बात रह-रहकर उनके हृदय को उठा देती। अकसर जब कोई न होता और वे सोए होते। अरुंधती से यह बात सुनने से बरसों पहले भी उनसे किसी भील ने कुछ ऐसा ही कहा था पराशर और किसी नाविक की पुत्री के बारे में। भील लोगों में कहावत है पृथ्वी लोक में कुछ नहीं छुपता। कहीं-न-कहीं किसी न किसी को भनक लग जाती है। संसार बिना द्वार का घर है। इसकी छते भी बोलती है और धरती भी। ऊपर से झूठ भी आकर मिल जाता है। कहानी ऐसी हो जाती है कि झूठ मानों तो झूठ लगती है सच मानो तो सच। इसमें झूठ ऐसे मिल गया था कि विश्वास के न टिकने के लिए फिसलन बहुत थी। झूठ ने कथा में मिलकर कथा को अनहोनि कर दिया था। कहानी यह हो गयी थी कि रति के तुरन्त बाद नाविका को प्रसव पीड़ा होने लगी। वह नदी में उतर गयी। दो बड़े पत्थर थे उन पर नाविका ने बांहे टिका ली प्रसव वेदना के मारे और बच्चा गंगा में गिर गया। वह रोने लगी। तो एक युवक पानी में से उठा। वह वही बच्चा था जो इतनी सी देर में जवान हो गया। जवान ने नाविका को प्रणाम किया और यह कह कर चला गया, ''माँ! जब भी आप याद करोगी मैं आ जाऊँगा।''

कथा गल्प थी वसिष्ठ की दृष्टि में। वे जानते थे अध्यात्मिक सत्य प्राकृतिक सत्य का उल्लंघन नहीं करता। प्राकृतिक तल और अध्यात्मिक तल एक-दूसरे का खंडन नहीं करते। ब्रह्म ही प्रकृति होकर प्राकृतिक सत्य हो जाता है, और अध्यात्मिक होकर अध्यात्मिक सत्य हो जाता है।

प्रकृति का उल्लंघन अतिप्राकृतिक तत्त्व, भूत प्रेत, राक्षसादि, के मायावी कर्म करते है। वे कहते थे कि मायावी तत्त्व विश्वास के नहीं, अन्धविश्वास के सहारे प्रचलित रहते है समाज मे। वे अन्धविश्वास को नहीं पालते थे मन में, न दूसरो के अन्धविश्वास को प्रोत्साहित करते थे। वसिष्ठ अन्धविश्वास का मंडन नहीं करते थे तो खंडन भी नहीं करते थे। उनका कहना था ''असत् के पैर नहीं होते। असत् का खंडन करने वाला ज्ञानी नहीं जानता कि वह असत् को पैर दे रहा है।''

एक वर्ष तक वे स्वयं को रोकते रहे। इस कथा का परीक्षण स्थल पर जाकर करने का उत्साह उन्हें बार-बार होता पर वे उसे रोक देते। किन्तु अब उत्कंठा कुछ ज्यादा ही प्रबल हो गयी थी। उत्कंठा इस बालक का मुख देखने की थी जिसका तेज मालिन को प्रभावित कर गया था। इसके साथ उनके अपने जन्म की

कथा भी जोर डालने लगी। उनकी कथा में भी कोई अप्राकृतिक बात नहीं थी। ईश्वर का ही सहारा था। उन्हें कुछ याद थे वे दिन जब अकेली माँ उर्वशी का मातृत्व उन्हें पालता था। माँ की वेदना, सतीत्व और तप इतने सच्चे थे कि जब वे रोते तो उनके बाल हृदय को बहलाने के लिए माँ के मुख से निकले शब्दों ने ही उनकी शिक्षा आर भ कर दी थी। कोई आश्चर्य नहीं कि इस बालक को भी ईश्वर की ऐसी ही कृपा पाल रही हो।

वसिष्ठ को बाँस की टोकरी से निकालकर, पालपोष कर बड़ा करनेवाले ऋषि मन ने उन्हें भारी हृदय से उनके माता-पिता, ऋषि मैत्रवारुणी और उर्वशी, को सौंपा था। दोनों पक्षों को प्राकृतिक अधिकार था, ऋषि मन को शिशु न देने का और मैत्रवारुणी और उर्वशी को शिशु लेने का। हृदय दोनों के प्रेम से धड़क रहे थे। उन्हें देते हुए ऋषि मन और उनकी पत्नी की आँखों से झरते प्रेम के आँसुओं ने सच्चे गृहस्थजीवन का आधा ज्ञान बालक वसिष्ठ को करा दिया था। शेष पवित्र गृहस्थ जीवन का ज्ञान माता-पिता उर्वशी-मैत्रवारुणी के पवित्र हृदय से लगते ही, उसी क्षण, हो गया था।

उन्होंने बहुत सोचा। यह स भावना निर्णायक रही—हो सकता है यह पराशर का पुत्र हो, जिसकी सूचना वैजयन्ती के मुँह से विधाता ने ही दी हो। हमारे वंश की गृहस्थ मार्ग से मोक्ष पाने की पर परा को पारितोषिक दे रहे हों नारायण! अरुंधती के हृदय का सूनापन भी निर्णायक था। रातदिन निर्जन वन में गूँजती ध्वनि जैसी अरुंधती की मौन चीत्कार उनके हृदय में निर्मम विधि-लेख में परिवर्तित होती रहती थी। किन्तु अब कही विधि की निस्सीम करुणा भी आशा की कलियों को सींचने लगी थी। जैसे भगवान सोच रहे हों कि इनका एक पुत्र भी बच जाता तो इनके गृहस्थ-जीवन में फूल खिलते रहते। 'हमारे पुत्रों के साथ अज्ञानियों और ज्ञानियों दोनों ने अन्याय किया। उससे विचलित होकर, अन्याय करनेवालों के प्रति कोई दुर्भावना हमारे सन्तान दुख से दुखते हृदयों में नहीं आयी। यह विधाता की असीम कृपा के बिना संभव नहीं था। अब फिर शायद विधाता ही हम पर कृपा कर रहे है पराशर के पुत्र की सूचना देकर। मुझे उपेक्षा नहीं करनी चाहिए। दो दिन लगेगे। नाव में जाना और वापस आना ही तो है।'

जिस नाव में वे बालक कृष्ण द्वैपायन को देखने जा रहे थे उसके खेवट ने बताया कि वह बालक अब जंगल में भीलराज श्रीमन्त के घर नहीं रहता। वह अब धीवरराज के घर में रहता है। संयोगवघ कृष्ण द्वैपायन के परदादा वसिष्ठ उसी नाव में आये जिसमें वर्षों पहले उनके पौत्र पराशर आये थे। अन्तर सिर्फ

इतना था कि उस दिन इस नाव को सुन्दरी सत्यवती खे रही थी, और आज एक अधेड़ उम्र का मल्लाह। उसने उन्हें यह भी बताया—"महारानी सत्यवती इन दिनों अपने पिता के घर आयी हुई हैं।

महर्षि वसिष्ठ नाव से उतरकर, धीवरराज के घर पहुँचे। वे शिशु को देखना चाहते थे। महर्षि वसिष्ठ को बस यह पता था कि युवक जो वहाँ पल रहा है उसका ललाट दिव्य तेज से चमकता है। वह अपने सांवले रूपरंग और विचित्र कहानियों से मल्लाहों और भीलों को मोह लेता है। यह मल्लाहों के लिए आश्चर्य की बात थी कि वह सत्यवती को माँ कहता था। यह पहेली मल्लाहों के लिए अनबुझ थी। उन्होंने इस ओर से घ्यान ही खीच लिया था यह सोचकर कि इससे महाराज शान्तनु को दुख न हो।

बालक को देखते ही महर्षि वसिष्ठ ने प्रश्न किया, "बालक तुम कौन हो?"

"नित्य शुद्ध, बुद्ध, मुक्त आत्मा।"

"आत्मा क्या होती है?"

"पहले बोलता था। अब मेरा ज्ञान बोलता नही।"

"तु हारे पिता का क्या नाम है?"

"महर्षि पराशर।"

"तु हें किस गुरु ने शिक्षा दी?"

"किसी ने नहीं। मेरे हृदय में ज्ञान अपने आप आया है महर्षि प्रपितामह!"

ऐसे बालक की चिन्ता, सबके प्रति संवेदना रखनेवाले, प्रेम को ही ज्ञानमार्ग समझने वाले महर्षि वसिष्ठ को न होती तो और किसे होती!

वसिष्ठ और कृष्ण द्वैपायन को एक-दूसरे से परिचित कराने की आवश्यकता नहीं पड़ी। पहली दृष्टि पड़ते ही दोनों ज्ञानियों ने एक-दूसरे को पहचान लिया। वसिष्ठ यह भी पहचान गये कृष्ण द्वैपायन के हावभाव से कि यह पराशर पुत्र है। उन्होंने उससे इस स बन्ध में कोई बात नहीं की। कुछ था इस किशोर में जिससे उन्हें विश्वास हो गया कि यह किशोर उनके वंश का ही दीपक है। उनकी प्रज्ञा ने यह भी कह दिया कि ज्ञानियों में भी न्यारा है उनका यह प्रपौत्र। संसार ने यह खुशी देर में दी तो क्या! कृष्ण द्वैपायन की सूरत देखकर यह लग ही नहीं रहा था ब्रह्मर्षि को कि उनका जीवन दारुण दुखों में कटा था। दुख याद थे लेकिन इतने दूर चले गये थे कृष्ण द्वैपायन को देखकर कि उनका होना न होने के बराबर हो गया था। वसिष्ठ को लग रहा था कि उनके सारे पुत्र जीवित होकर उनके पोर-पोर में बस गये।

महर्षि वसिष्ठ ने अन्तिम प्रश्न पूछा, "धर्म क्या है?"

किशोर ने उत्तर दिया, "जीवन के हर कर्म में सत्य को प्रकट करना धर्म है।"

वसिष्ठ मन ही मन प्रसन्न हुए यह सोचकर कि धर्म की इतनी स्पष्ट और छोटी परिभाषा सुनाकर तो यह बालक सामान्यजन को भी इस संसार में कर्तव्य सुलभ करा देगा। उन्होंने पूछा, "मनुष्यत्व क्या है?"

"हर मनुष्य के हृदय में व्याप्त ईश्वर का क्षणभंगुर रूप।"

"किन भावनाओं में यह स्वयं को अभिव्यक्त करता है?"

"प्रेम, प्रेम पर विश्वास, क्षमा, करुणा, जीवो को आत्मवत् समझना।"

"यह क्षणभंगुर क्यों है?"

"क्योंकि मनुष्यत्व नाम की ये कोमल भावनाएँ जरा से आघात से टूट जाती है।"

"ईश्वर तो अमर है। जरा से आघात से भी टूट जानेवाली क्षणभंगुर भावनाएँ कैसे अमर ईश्वर का स्वरूप हो सकती है?"

कृष्ण द्वैपायन ने एक बार वसिष्ठ जी की ओर देखा और फिर आँखें मीच कर उत्तर दिया, "जो मनुष्य संकट में शरण देता है, उस पर ही कृतघ्न मनुष्य समर्थ हो जाने पर अत्याचार करते है। मनुष्यत्व प्रेम, करुणा और क्षमा आदि गुण हैं। ये गुण चोट खाकर मानव हृदय में मर जाते है। किन्तु संकटग्रस्त लोगों के प्रति जब भी उसी हृदय में प्रेम करुणा, क्षमा दोबारा जगती है, उतनी ही सच्ची होती है जितनी पहली बार थी। आघात याद होते हुए भी यदि मनुष्यत्व जगता है तो मनुष्यत्व को पिछले कटु अनुभव की छाया मलिन नहीं किये होती। मनुष्यत्व में ईश्वर का ही गुण है क्योंकि मनुष्य लाख विश्वासघात और अधर्म करें तो भी ईश्वर के गुण मलिन नहीं पड़ते। मनुष्यत्व ईश्वरत्व का अंश है। यही कारण है कि मनुष्यत्व को पृथ्वी पर विद्यमान ईश्वर माना जाता है। क्षण ंगुर होकर भी मनुष्यत्व के गुण अमर है, क्योंकि यह टूट-टूट कर भी बार-बार जन्म लेता है, और हर बार उतना ही स्वच्छ और पवित्र होता है।"

वसिष्ठ बोले, "तुमने आँखें क्यों मीच ली बोलते हुए?"

"आप सर्वज्ञ परमात्मा समान हैं मुझ अज्ञानी के लिये। आपके सामने ज्ञान की बात कहते हुए, अपने आप आपके प्रति श्रद्धा से मिच गयी।"

वसिष्ठ को अच्छा लगा यह देखकर कि उनका एकमात्र वंशज अभिमानी नहीं है। उन्होंने पूछा, "परमात्मा मनुष्य में कितने रूपों में रहता है?"

''दो—आत्मा और मनुष्यत्व।''

''परमात्मा एक है। फिर वह दो रूपो में क्यों रहता है मनुष्य में?''

''क्योंकि परमात्मा आकाश में रहता है और मनुष्य पृथ्वी पर। पृथ्वी प्रकृति का रूप है। मनुष्य में प्रकट होते ही परमात्मा दो हो जाता है क्योंकि प्रकृति में कोई भी तत्त्व दो से कम नहीं होता, जैसे मनुष्य दो है स्त्री और पुरुष। अगर केवल आत्मा का अनुसरण करे मनुष्य तो वह प्रेमविहीन हो जाएगा। जिस मनुष्य की आत्मा और मनुष्यत्व अपने लिए नहीं एक-दूसरे के लिए जीते है उसी में प्रेम प्रकट होता है। जो लोग केवल आत्मा को पृथ्वी पर सत्य मानते है, मनुष्यत्व को पृथ्वी पर दूसरा सत्य मानकर, एक-दूसरे में इन दो सत्यों को समन्वित नहीं करते वे प्रेम नहीं कर पाते।''

महर्षि वसिष्ठ मानते थे मनुष्यत्व और आत्मा को एक-दूसरे के लिए जीना सिखाना आवश्यक है। इन दोनों की एकता से मनुष्य की समस्त प्राकृतिक शक्तियाँ—इन्द्रियाँ, अन्तःकरण, पंचतत्त्व, तन्मात्राएँ—स्वतः सत्य की ओर प्रवाहित होने लगती हैं, जैसे नदियाँ समुद्र की ओर।

जब उन्होंने अपने आने का कारण बताया तो सत्यवती को मनमाँगा भविष्य प्राप्त हो गया पुत्र के लिए। लेकिन जब देने की बारी आयी तो उसके आँसू ऐसे निकले कि रोके नहीं रूके। उसे अनर्गल से जन्में इस भय ने विमूढ़ कर दिया कि अब उसका ज्ञानी पुत्र उसका नहीं रहेगा। इसके ऊपर ज्ञानियों का अधिकार हो जाएगा। महर्षि वसिष्ठ ने उसे तरह-तरह से समझाया कि ज्ञान माँ के प्रेम को दूर नहीं करता। व्यास ने भी बड़े प्यार से कहा, ''माँ तु हें माँ नहीं कहूँगा तो परमात्मा तक मेरी राह कैसे बनेगी! तु हें माँ नहीं कहूँगा तो ईश्वरी भी मुझे पुत्र नहीं मानेगी। कोई माँ नहीं आएगी मुझे पुत्र कहने। स्त्रियों के बीच जो उन्हें महिमामयी बनाने वाली ज्ञान की हवा चलती है वह सब स्त्रियों को मेरे विरुद्ध कर देगी।''

''माँ के हृदय में प्रेम प्रकृति के नियमों पर चलता है। ज्ञानियों का प्रेम ज्ञान की मर्यादा में चलता है। मुझे प्रकृति के नियमों पर चलनेवाला प्रेम चाहिए, जो मोह को भी अपने साथ रहने देता है। ऋषिकुल में मेरा पुत्र मुझे भूल जाएगा। वहाँ पल कर तो पुत्र का प्रेम पुत्र की आत्मा का प्रेम हो जाएगा, मुझ प्रकृति का नहीं रहेगा। पुत्र से भेंट के लिए भी ऋषिकुल की मर्यादा सीखनी पड़ेगी। ब्रह्मर्षि मेरे प्रेम को ज्ञानी पुत्र के पास आते हुए डर लगने लगेगा।''

माँ की आँसुओं से भरी आँखों में पुत्र को प्रेम की अनर्गल भाषा ऐसी दीख रही थी जैसे बन में भय से चौकड़ी भरते हरिण। उसे इतना विह्वल देख अपना

आँसुओं से भीगा मुख माँ के आँचल में छुपाते हुए कृष्ण द्वैपायन ने कहा, "पहले ही नहीं कहा था माँ, जब भी याद करोगी कही भी हूँगा, तु हारे पास आऊँगा। तुम जो आदेश दोगी पालन करूँगा। तुम मना करोगी तो इनके साथ भी नहीं जाऊँगा।"

माँ ने रोते हुए उसे हृदय से लगा लिया। आँसुओं को कंठ में ही पीकर बोली, "मैंने ऐसा नहीं कहा। मेरे साथ तेरा भविष्य नहीं बन सकता। तेरा भविष्य इनके साथ ही बनेगा। मगर तनिक मुझे रो लेने दे। तू कुछ देर उधर चला जा।"

"नही जाऊँगा माँ! तुझे रोती छोड़कर कही नहीं जाऊँगा।"

माँ ने उसे भींच कर कलेजे से लगा लिया। उसका मुह चूमती हुई बोली, "मेरा सांवरा सलोना कृष्ण। मेरा तोता! मेरा पटबीजना!" इतना कहकर, कलेजे से भींच- भींचकर सत्यवती का आवेग कुछ कम हुआ। हाथ जोड़कर महर्षि वसिष्ठ से बोली, "महर्षि पुत्र देने से पहले इसकी आँखों में अपनी आँखों से काजल निकाल कर लगा लूँ? आपकी आज्ञा हो तो? मेरे अज्ञानी मन को ढाढ़स बँधाने के लिए मुझे यह उपचार कर लेने दीजिये। अपने आँसुओं से भीगा काजल इसकी आँखों में लगा दूँगी तो ज्ञान की भूलभुलैया में यह मुझे नहीं भूलेगा। मेरी माया ज्ञानियों के हाथों लुटना नहीं चाहती। मुझ अज्ञानी का मोह ही मेरा सत्य है।" इतना कहकर सत्यवती का हृदय भर आया और वह ब्रह्मर्षि की तेजस्वी आँखों से अपनी आँखें फेर कर आँसू गिराने लगी। ब्रह्मर्षि वात्सल्य भाव से अभिभूत हो गये। माँ का स्नेह देख उनकी भी आँखें भर आयीं।

सत्यवती ने वही किया जो कहा। आँसुओं से भीगा अपनी आँखों का काजल निकाल कर कृष्ण द्वैपायन की आँखों में लगाया और उसे अकेला वसिष्ठ जी के पास छोड़ स्वयं वन में चलती चली गयी। वह नहीं चाहती थी कि पुत्र को मंगलमय पथ पर जाते देख उसके सामने उसके आँसू निकले। अब वह प्रसन्न थी। कुरुवंश की महारानी! अप्सरा की बेटी! मल्लाहों की गौरव-शालिनी पुत्री! सब निकल गये थे अब हृदय से। अब वह केवल चिरनूतन अपरा प्रकृति थी, जो हर दुख को पूरी तरह जीकर नयी हो जाती है। उसे आश्चर्य नहीं था। यह रोना धोना! अब पुत्र से वियोग के दुख का एकाएक चले जाना—इनमे कोई भी असत् नहीं था।

कृष्ण द्वैपायन वेदों का व्यास करके भी, घोर तप से ब्रह्म को प्राप्त करके भी, माँ सत्यवती को कभी नहीं भूले। माँ के आदेश का कभी उल्लंघन नहीं किया। कभी यह भी नहीं विचारा कि आदेश उचित है या अनुचित। जिसकी माँ स्वयं

अपरा प्रकृति हो उसकी अन्तर्दृष्टि को महाभारत लिखते हुए मानव चरित्र के सभी अच्छे बुरे रंग दिख जाए तो इसमे आश्चर्य ही क्या!

महर्षि व्यास कहते हैं "ब्रह्म ने जब चाहा संसार हो जाय तो परा प्रकृति ब्रह्म से प्रकट हुई और परा से अपरा। अपरा प्रकृति को स्थूलीकरण के कई सोपान उतरने पड़े तब संसार बना। अपरा प्रकृति में केवल नारी के समग्र विविध चरित्र नहीं पुरुष के भी समग्र विविध चरित्रों के बीज सुरक्षित है। तभी तो "जो महाभारत में है वह हर कही है। जो महाभारत में नहीं है कही नहीं है।"

ज्ञानीजन कहते आए हैं कोई भी चरित्र, कोई भी कथानक विश्व के किसी उपन्यास में नहीं है जिसके अंकुर महाभारत में न हो।

वर्षों बाद जब व्यास महाभारत और अठारह पुराण लिख चुके थे, वेदों और उपनिषदों के भाष्य भी लिख चुके थे, कु भ के मेले में काग भुशुंडी प्रवचन कर रहे थे और व्यास श्रोताओं के बीच बैठे सुन रहे थे। "सृष्टि की पाँच शक्तियों—काम, धर्म, धन, शासन, समाज—को लेकर धूर्तों ने एक जाल बनाकर सृष्टि पर डाल रखा है। यह जाल ही सृष्टि अर्थात् अपरा प्रकृति का रक्त चूसकर उसे अधमरी किये हुए है। यह जाल शासन व्यवस्था है। इससे जुड़े हुए धूर्तजन सारे प्रभावशाली पदों पर आसीन होकर मानवजाति पर शासन कर रहे हैं। यह जाल संसार कहलाता है और ये धूर्तजन संसारी। संसारी मनुष्यत्व से पोषित होकर मनुष्यत्व का ही नाश करते रहते हैं। ईश्वर चाहता है कि पृथ्वी पर मनुष्यत्व और आत्मा मिलकर शासन करे। ये दोनों समन्वित होते ही नरनारायण हो जाते हैं। मनुष्यत्व नाजुक है। आत्मा को संसार में रूचि नहीं है। किन्तु जब ये दोनों एक-दूसरे के लिए जीते हैं तो दोनों की शक्ति इतनी बढ़ जाती है कि सारी बुरी शक्तियाँ मिलकर भी इनका कुछ नहीं बिगाड़ पाती।"

श्रोता व्यास सोचने लगे, 'मेरी माता अपरा प्रकृति है। उनकी रोती आँखों के गीले काजल से जोत पाये बिना, मेरे लिए कठिन था इस संसार में पाए जाने वाले मनुष्यों के चरित्रों के सारे नमूने 'महाभारत' में प्रकट करना।'

प्राचीन काल से ऋषि-मुनि कहते आये हैं, "जिन धागो से संसार जाल बना है उनके आधे ही रखे हैं ब्रह्माजी ने नारी और पुरुष मे। इसलिए कि वे संसारी जाल के आधे धागों के बीच ज्ञान और प्रेम के सच्चे धागे डाल दें। संसार में रहते हुए भी, प्रेम और ज्ञान के धागे जो प्रेमयोगी अपने व्यक्तित्व में डाल लेते है, उन्हें

संसारगति नहीं बाँध पाती।

"मूर्ख लोग अपने ज्ञान और प्रेम के धागे दुष्टों को दे देते है और बदले में दुष्टलोग उन्हें अपनी धूर्तता के धागे दे देते हैं। मूर्ख लोग समझते है कि धूर्तों से धूर्तता के सारे धागे लेकर वे धूर्तता को नष्ट कर देंगे। मूर्खों को पता नहीं कि जो संसारजाल की धूर्त बनावट को धूर्तता के धागों से बुनना जान जाता है वह मकड़े की तरह उसी जाल में स्वयं फँस जाता है जो वह बुनता है।

"आधुनिक नारी और पुरुष ने यह जानने की चेष्टा नहीं की कि ब्रह्माजीने मनुष्य-चरित्र में आधा संसार क्यों रखा। वे विज्ञान की सहायता से अपने चरित्र में उपलब्ध आधे संसार को पूरा संसार बनाने में लग गये हैं। वे नहीं जानते कि आधे संसार को पूरा करते ही, उनका मनुष्यत्व और अध्यात्म ज्ञान व्याकृत से अव्याकृत हो जाता है। वे पूरे संसारी होकर ज्ञान और प्रेम-पथ के यात्री नहीं रह पाते। वे संसार चक्र में बार-बार जन्म लेकर भटकते रहते हैं। इस संसार जाल से निकलकर वे ही अपनी मानव योनि को सफल करते हैं, जो अपने व्यक्तित्व में उपलब्ध आत्मा और मनुष्यत्व इन दो तत्त्वों को एक-दूसरे के लिए जीना सिखाते हैं। ऐसे ज्ञानी स्त्री पुरुष संसार जाल को ज्यों-का-त्यों छोड़कर पार निकल जाते है। वे केवल आत्मा और मनुष्यत्व को एक-दूसरे में समन्वित करके संसारजाल से मुक्त हो जाते हैं।

"इस कारण ही मनुष्य को ब्रह्माजी ने आधा संसारी बनाया है। मनुष्य का अभिमान उसे प्रेरित करता है—'अधूरे संसारी से पूरा संसारी हो जा। पूरा संसारी होकर तू संसार को जीत सकता है। तुझे भगवान ने संसार पर राज करने के लिए बनाया है।' किन्तु जिस जिसने अपने अभिमान की बात मानकर संसार को जीता वह संसार चक्र में फँस गया। संसार को जीतकर संसार पर राज वही कर पाया जिसने सत्य को कर्म में परिवर्तित किया। ऐसा ज्ञानी योगी आत्मा और मनुष्यत्व को एक करके पहले संसार जाल से बाहर निकल आता है। संसार पर उन्ही चक्रवर्तियों ने शासन किया जो संसार जाल से बाहर निकल आये।"

नेमिषारण्य में स्त्री-ऋषियों के मेले में सती अनुसूया प्रवचन कर रही थी। वहाँ भी व्यास स्त्रियों के बीच बैठे ध्यान से प्रवचन सुन रहे थे। "नारी क्यों नहीं सोचती कि वह पूरे संसार को छोड़कर अघूरे संसार, अपने घर, को अपनी कल्पना का सुन्दर और सच्चा संसार बनाए। बाहरी संसार पूरा संसार है। इस पूरे संसार की अनुकृति अपने घर को न बनाये। इसकी मृग-मरीचिका में फँस कर ही नारियाँ अपना सुन्दर, सच्चा आधा-संसार खो देती हैं। जिस बाहरी पूरे संसार

की अनुकृति वे अपने घर को बनाती है वह घर न घर रह पाता है न संसार बन पाता है। उन्हें कुछ नहीं मिल पाता। शायद ऐसों के कारण यह कहावत बनी है 'आधी छोड़ पूरी को धावे, आधी रहे न पूरी पावे।''

''पुरुष और नारी में ईश्वर ने इसलिए आधा संसार रखा है कि दोनों अपने आधे-आधे संसार को एक-दूसरे से जोड़े नहीं, एक-दूसरे में विलीन कर दें, दोनों अपनी अपनी आत्मा का एक-दूसरे में विलय करके। अपने आधे-आधे संसारो के एक-दूसरे में विलीन कर देने से, पति-पत्नी दोनों में इतना सत् आ जाता है कि उनका घर सत्यालोक बन जाता है। बाहरी संसार दोनों का कुछ नहीं बिगाड़ पाता। दोनों में यह सत्स बन्ध बना रहे तो संसार उन्हें दास नहीं बना सकता। पूर्ण संसार अपनी धूर्तता से उनके निजी सुन्दर संसार को नहीं उजाड़ता। उल्टे उन्हें आदर्श युगल मानकर उनका स मान करता है।

''यह रहस्य जाने बिना ही आधुनिक नारी और पुरुष पूरा संसार अपने अपने चरित्र में विकसित कर लेते है। प्रत्येक के व्यक्तित्व का आधा संसार जैसे ही पूरा संसार बनता है वे बाहरी संसार के हाथों के खिलौने बन जाते हैं।

''नारीत्व और पुरुषत्व में सत् है, जो उनके आधा संसार बने रहने तक ही रहता है। पूरा संसार बने नारी पुरुष में, नारी में से नारीत्व का सत् और पुरुष में से पौरुष का सत निकल भागता है। तब उनके चरित्र और रूप में न रहस्य रह पाता है न आकर्षण। केवल एक-दूसरे को स मोहन से अपने वश में करने की कृत्रिम चेष्टा रह जाती है उनमें।

''उनका रूप सुन्दर यूनानी मूर्तियों जैसा हो सकता है। किन्तु नारीत्व की कमनीयता, विश्वास और प्रेम जगाने वाली नैसर्गिक लज्जा, पूर्ण संसार बनी नारी के व्यक्तित्व से उतर जाती है, जैसे मोती से पानी उतर जाता है। इसी तरह पुरुष में से नारी को अपने प्रेम, ज्ञान और बल से संरक्षण और निर्भयता प्रदान करनेवाला पौरुष उतर जाता है, जैसे मोती से पानी।

''आधा संसार बने रहकर नारी और पुरुष संसार में सच्चा यश और सुख अर्जित करते है। केवल सच्चे पुरुष और नारी केवल एक-दूसरे के हृदय में बसे रहकर प्रेम की चरम उपलब्धि प्राप्त कर सकते है। एक-दूसरे के हृदय से निकल जाने का भय उन्हें सच्चे दा पत्य पथ पर चलाए रखता है। संसार उनके हृदयों से इस भय को निकाल देने में लगा रहता है, जो पति-पत्नी युगल या प्रेमी प्रेमिका युगल संसार की इस चाल में आ जाते है वे किसी और के हृदय में भी बस नहीं पाते। ऐसे अस्थिर लोगों के हृदयों में संसार बस जाता है। ऐसे पुरुषों और स्त्रियों

में अन्य नारियों और पुरुषों को लुभानेवाली चंचलता जाग जाती है जो उन्हें विनाश के पथ पर धकेल देती है।

भारत के प्राचीन वैज्ञानिक मेघातिथि वैज्ञानिकों को प्रवचन कर रहे थे। व्यास वैज्ञानिकों के बीच बैठे सुन रहे थे।''कोई भी वैज्ञानिक संसार का पूर्णज्ञान प्राप्त करने की चेष्टा न करें। जो करेगा वह स्वयं मूढ़, पागल या धूर्त संसारी होकर रह जाएगा। मनुष्य में परमपिता ब्रह्मा ने आधा संसार रखा है। पूर्ण संसारी बना मनुष्य संसार का हित नहीं कर सकता। संसार का पूर्ण ज्ञान पाकर मनुष्य इन तीन में से एक हो जाता है—मूढ़, पागल या धूर्त।

''आधुनिक वैज्ञानिक, राजनीतिज्ञ और अर्थशास्त्री संसार का पूर्णज्ञान पाने की कोशिश में अपने मनुष्यत्व और आत्मा से स बन्ध तोड़ देते है। जिनमें मनुष्यत्व नहीं है वे ईश्वरत्व को नहीं समझ सकते, क्योंकि मनुष्यत्व जिस पूर्ण का अंश है वह पूर्ण ईश्वरत्व है।

आधुनिक लोग वैज्ञानिकों और डॉक्टरों को ईश्वर समझने लगे है। उन्हें कौन बताए कि जो मनुष्यत्व में श्रद्धा खो देते है उनकी इन्द्रियाँ भी उनका कहना नहीं मानती। वे अपना जीवन भी मनुष्य की तरह नहीं जी सकते। जिनमें मनुष्यत्व का नाश हो जाता है उन्हें ईश्वर से डर लगने लगता है। जो ईश्वर से प्रेम नहीं कर पाते, उन्हें ही ईश्वर से डर लगता है। वे ईश्वर को ही अव्याकृत करने के लिए ईश्वर का अपमान करने लगते है, क्योंकि वे जानते है कि जहाँ ईश्वर का अपमान होता है वहाँ वे नहीं रहते।

''क्या आप नहीं देखते कि जो भी आधुनिक वैज्ञानिक उन्नत प्रयोगशालाओं द्वारा प्रमाणित ज्ञान को पूर्ण ज्ञान मानकर अपना लेते है उनका मस्तिष्क संतुलन खो देता है। ज्ञान से जो शान्ति और सुख प्राप्त होता है वह उन्हें विज्ञान से प्राप्त नहीं होता, क्योंकि आधुनिक वैज्ञानिक निस्पृह होकर भौतिक पदार्थों का विज्ञान प्राप्त नहीं करते। वे दो तरह का विज्ञान खोज रहे है। एक वह विज्ञान जो प्रकृति माता को ईश्वर के निस्वार्थ प्रेम से निकालकर अपनी दासी बनाना चाहता है। वे मातृद्रोही हैं।

''दूसरा विज्ञान है गुप्त-विज्ञान। पृथ्वी को सशक्त करने के लिए प्रकृति ने अमूल्य खनिज पदार्थ पृथ्वी की मिट्टी में मिला रखे है। धनवान देशों के शासक ए पीरिसिस्ट (ऐन्द्रिक)—वैज्ञानिकों को धन का लालच देकर पृथ्वी की मिट्टी से उन अमूल्य पदार्थों को अलग करके निकलवा रहे है। इससे पृथ्वी दुर्बल हो

रही है और दैविक आपदाएँ बढ़ गयी है। आयस्टीन या बोधायन जैसे सत्यनिष्ठ वैज्ञानिक होते तो विज्ञान का दुरुपयोग पृथ्वी को नष्ट करने के लिए कभी न करते। किन्तु ऐंद्रिक–वैज्ञानिक भोग प्राप्त करने के लिए ईश्वर, प्रकृति माता और आत्मा का अपमान कर रहे हैं क्योंकि वे जानते हैं कि अन्ततः ये ही तीन सत्य है। ये परमसत्य उनके बीच नहीं रहता जो उसका तिरस्कार करते है। ये आदिकाल से व्याकृत है और सभी मनुष्यों ने इनकी पूजा की है। अब ऐन्द्रिक वैज्ञानिकों ने इनका अपमान इस उद्देश्य से किया है कि ये व्याकृत से अव्याकृत हो जाएँ। अज्ञानी ही इन्द्रियों को सत्य का आधार मानते है और ऐन्द्रिक सुखों से ऊँचे सुख को असत्य मानते हैं। ऐसे नास्तिक ऐन्द्रिक ज्ञान से उपर के ज्ञान को ज्ञान नहीं मानते। इन्होने आधुनिक मानव को इतने ऐन्द्रिक सुख दे दिये हैं कि आधुनिक बुद्धिजीवी भी ईश्वर, प्रकृति माता और आत्मा को असत्य कहते है। ए पीरिसिस्ट वैज्ञानिक कहते है कि ईश्वर, प्रकृति माता और आत्मा आँखों को दिखाई नहीं देते, कान को सुनाई नहीं देते, नाक उन्हें सूँघ नहीं सकती, जीभ स्वाद नहीं ले सकती, त्वचा उन्हें छू नहीं सकती—इस कारण उनका अस्तित्त्व ही नहीं है।

''ये सारे गुण भोग्य वस्तु के हैं। ईश्वर, प्रकृति माता और आत्मा में ये गुण नहीं होते। इससे स्पष्ट है कि किसी नास्तिक ने नास्तिकता का प्रचार करने के लिए सत्य की यह परिभाषा बनायी है। वैज्ञानिकों को यह गुप्त विज्ञान लोभी शासकों को प्राप्त नहीं कराना चाहिए, क्योंकि यह ब्रह्मांड को ही नष्ट कर देनेवाला विज्ञान है।

''विकसित देशों के कुछ महत्त्वाकांक्षी राजनीतिज्ञ वैज्ञानिकों को अपना दास बनाकर उनसे ग्रहों नक्षत्रों को भी अपने नियन्त्रण में लाने वाले यन्त्र और शस्त्र बनवा रहे हैं। उनकी महत्त्वाकांक्षा है चाँद सितारों सहित समस्त सृष्टि को अपने आधीन करने की। सत्तामद ने उनके मस्तिष्क को अविवेकी कर दिया है। वे विज्ञान से महाविनाशकारी शस्त्र प्राप्त करना चाहते हैं ताकि वे ईश्वर को मजबूर कर दे अव्याकृत हो जाने के लिये, और ब्रह्मांड पर स्वयं शासन करने लगें। ऐसा करने में उनका दर्प ब्रह्मांड को ही शून्य में विलीन कर सकता है। ऐसे लोगों को परमात्मा नहीं रोकेगे। यह भूल जाओ कि ईश्वर मानवजाति की रक्षा करने आयेगे। यदि विश्व का मानव समाज अपने ऐसे लोभी शासकों को नहीं रोकेगा, तो ऐसे मूर्ख लोभियों को चुनकर सत्ता में बैठाने के अपराध में मानव जाति भी उनके साथ नष्ट हो जायगी, क्योंकि जो परमात्मा मनुष्य की रक्षा करते मनुष्य से मिले अपमान के कारण उसकी दुनिया से स्वयं ही अव्याकृत हो जायेंगे।

''विज्ञान को ज्ञान समझने वाले नर–नारी मनुष्यत्व खो देते हैं। ऐसों का चरित्र मानव चरित्र नहीं रहता। उनमें न प्रेम रहता है न ज्ञान।'' निर्लज्जता घृणा और कुण्ठा स्वतः अन्तःकरण से उठ–उठकर आती प्रबल लहरों से लड़ता–लड़ता उनका मनुष्यत्व थककर सो जाता है। जिसका मनुष्यत्व सो जाता है उसमें जीवन के प्रति संवेदना नहीं रहती। उसे महाविनाश का खेल रोचक लगने लगता है।

''भारत के पुराण ऐसे राक्षसों के वृत्तान्त से भरे हुए हैं जो ईश्वर को चुनौती देते थे। पश्चिमी राजनीतिज्ञों और वैज्ञानिकों की काली करतूत महाविनाश लीला की पुनरावृत्ति करा रही है।

''आधुनिक वैज्ञानिकों का एक दावा स्पष्ट कर रहा है उनकी बदनीयत को। उनका दावा है—''हम ब्रह्मांड का एक गणितीय मॉडल बना रहे हैं। हम इसे आवश्यक नहीं समझते कि हमारा मॉडल असली ब्रह्मांड जैसा हो।'' कोई विद्वान उनसे प्रश्न करने का साहस नहीं करता कि यदि नकल असल से नहीं मिलती तो नकल–नकल भी नहीं मानी जाती। स्पष्ट है कि आधुनिक विज्ञान असली ब्रह्मांड की जगह अपने रोबोट ब्रह्मांड को रखने का षड्यन्त्र रच रहा है। अध्यात्मिक सत्य से जन्मीं अपरा प्रकृति की जगह रोबोट को स्थापित करना चाहता है। विज्ञान ने प्रकृति को समझने की चेष्टा इक्कीसवीं शताब्दी में छोड़ दी क्योंकि प्रकृति अध्यात्मिक तत्त्व है, जिसे केवल मनुष्य की आत्मा जान सकती है, तर्कबुद्धि नही। अध्यात्म ज्ञान जो नहीं जानते वे नहीं चाहते कि अध्यात्मिक ज्ञान वाले उन्हें पदार्थ जगत में उलझा मान कर आगे बढ़ जाए। इसलिए ये बार–बार ऐसे विवाद में उलझाकर अध्यात्मिक ज्ञान की खोज में चलते मानवजाति के कारवां को रोके रखते हैं।

''पश्चिम वाले डिसकर्सिव बुद्धि के माहिर है, जिसके अर्थ है विषयको छोड़कर विषय से सरकते–सरकते विषय को ही गाायब कर देनेवाली तार्किक बुद्धि–कला। ये कभी अध्यात्मकों सीधे नहीं नकारेगे। ये बात को इस तरह चलाएँगे कि स्वयं आपको यह भ्रम हो जाए कि अध्यात्म को ज्ञान की दुनिया कब की नकार चुकी है।''

''ऐन्द्रिक वैज्ञानिकों द्वारा इन्द्रिय भोगों से उन्मक्त हो परमात्मा को अव्याकृत करने की जो धृष्ठता की है उस जैसी ही धृष्ठता को निर्मूल कर दिया था किसी अज्ञात ऋषि ने पाँच हजार वर्ष पहले। ईशोपनिषद के सोलहवें मन्त्र का आपकी आत्मा उच्चारण करके, ऐन्द्रिक वैज्ञानिकों द्वारा बताये गये तप को करके आप

ऐन्द्रिक वैज्ञानिकों के इस अभिमान को निर्मूल कर सकते है। सूर्य जब अति प्रचंड हो गये और उनका तेज प्राणी न सह सके तो अज्ञात ऋषि ने एक मन्त्र का जाप किया और प्राणियों का कष्ट दूर हो गया।

"पूषन्नेकर्षे यम सूर्य-सूर्यप्राजापत्य व्यूह रश्मीन् समूह।
तेजो यत्ते रूपं कल्याणतमं तत्ते पश्यामि यो असावसौ पुरुषः अहमस्मि॥"

इस मन्त्र का अर्थ है :

"हे भक्तों और ज्ञानियों के आराध्य सूर्यदेव आप अपनी इन तेजस्वी किरणों को अपने में समेट लीजिए। मैं परमात्मा के अत्यन्त कल्याणमय दिव्य स्वरूप को ध्यान में देख रहा हूँ जो आपकी किरणों को मुझे जलानेवाला तेज दे रहा है। वही है वही है अत्यन्त कल्याणदायी परमात्मा। मैं वही परमात्मा हूँ। आपकी किरणें मुझे जला नहीं सकती। इन्हें समेट लीजिए।"

वसिष्ठ–चरित्र में सत्य शिव सुन्दर

वसिष्ठ ऋषि का ऋषिकुल 400 एकड़ में फैला हुआ था। उसमें हजारों शिक्षार्थी पढ़ते थे। उनके तप से प्रसन्न होकर देवताओं ने उन्हें स्वर्ग में समस्त देवों का भरण–पोषण करनेवाली गाय कामधेनु की बछिया नन्दिनी दे दी थी। उनके गृहस्थ–जीवन के कर्तव्य पूरे करने में महत्वपूर्ण साधन थी नन्दिनी। वसिष्ठ ऋषि ऋषियों में भी महान थे। औरों से मिली अकारण शत्रुता और दुखों पर उन्होंने, बिना मनुष्यत्व और हृदय की कोमलता खोये, विजय पायी थी। इस अद्‌भुत गुण के कारण वे परमपूज्य माने जाते थे। समर्थ होकर भी उन्होंने बदला नहीं लिया, क्योंकि बदले और क्रोध को वे मूर्खों की वासना मानते थे।

कितने भी अतिथि आ जाएँ, अकेली नन्दिनी आतिथ्य की समस्त वस्तुएँ और दुर्लभ भोजन प्रस्तुत कर सबका स मानपूर्वक आतिथ्य करा देती थी। महर्षि विश्वामित्र भी आए एक दिन अनेक ऋषियों के साथ। अरुंधती और वसिष्ठ को कोई कठिनाई नहीं हुई सभी अतिथियों को सन्तुष्ट करने में। विश्वामित्र को अपने इस दिव्य गुण के कारण नन्दिनी बहुत पसन्द आयी। उन्होंने वसिष्ठ से नन्दिनी को माँग लिया। वसिष्ठ दे न सके। उन्होंने न देकर न कोई अपराध किया न विश्वामित्र का अपमान। विश्वामित्र किसी से कुछ माँगते नहीं थे। किन्तु उनका स्वभाव था कि वे कुछ माँगे तो उन्हें मिल जाए। कोई इनकार कर दे तो उन्हें अपमान महसूस होता था।

वसिष्ठ नन्दिनी देने या न देने को स्वतन्त्र थे। विश्वामित्र अत्यन्त ज्ञानी ऋषि थे, किन्तु ऋषि होने से पहले एक प्रतापी राजा थे। वे वसिष्ठ की स्वतन्त्रता को नहीं समझ सके। उनके इन्कार को अपने स्वभाववश अपना अपमान मानकर भुला न सके। धीरे–धीरे पल कर वह शत्रुता का ज्वालामुखी बन गया।

उन्हें वसिष्ठ की नन्दिनी प्राप्त करने की जिद हो गयी। नहीं मिली तो विश्वामित्र ने उनके अनेक पुत्रों की हत्या करा डाली। वसिष्ठ ने क्षमा की सीमा ही पार कर दी, किन्तु प्रतिशोध की अग्नि को अपने हृदय पर आधिपत्य नहीं करने

दिया। चरित्र को आत्मा के अनुकूल ढालने में वसिष्ठ अद्‌भुत थे। जिन पूर्वजों के चरित्र का बहुत प्रभाव पड़ा व्यास पर उनमें वसिष्ठ और मैत्रवारुणी प्रमुख है।

द्वापर वह युग था जब लोग प्रकृति की शक्तियों से संसारी शक्तियों का निर्माण करना सीख गये थे। त्रेतायुग तक आर्यत्व मनुष्यत्व का मापदंड रहा था। लोग आर्य कर्मों को मानवीय कर्म मानते थे। सीता के स्वयंवर में रावण को निमन्त्रित न करने का यही कारण था। अनार्य बुद्धि वालों से आर्य स बन्ध नहीं रखते थे। आर्य गुणथे निस्वार्थता, आत्मोत्सर्ग, प्रेम, मैत्री, भ्रातृत्व, करुणा, क्षमा, वीरता आदि। स्वार्थ, कुटिलता, लोभ, ईर्ष्या, द्वेष, घृणा, भय, प्रतिशोध, विश्वासघात, मद, कामान्धता, क्रोधान्धता, मोहान्धता आदि को अनार्य कर्म माना जाता था।

अनेक पुत्र गँवाने की पीड़ा असीम थी जो ब्रह्मर्षि वसिष्ठ को महाक्रोधी बना सकती थी। किन्तु वसिष्ठ ने अद्‌भुत तप से मन के सन्ताप पर विजय पायी। वे मानव जाति के गौरव है, जो दर्शाते हैं कि मनुष्य पूर्ण क्षमा अपने चरित्र में विकसित कर सकता है। वे क्रोध पर विजय प्राप्त कर सके। वसिष्ठ और अरुंधती द पति के दुख की कोई सीमा नहीं थी जब उनके अन्तिम बचे पुत्र शक्तिमुनि की भी हत्या हो गयी। किन्तु हत्यारे के प्रति उन्होंने क्रोध को अपने हृदय पर हावी नहीं होने दिया।

किन्तु उनके पौत्र पराशर अपने क्रोध पर विजय प्राप्त न कर पाए। उन्होंने यज्ञ की अग्नि प्रज्वलित करके राक्षसों को नष्ट करने का निश्चय कर लिया। जब तक करुणामूर्ति ब्रह्मर्षि वसिष्ठ उन तक पहुँचे वे सैकड़ों राक्षसों को होम कर चुके थे। ब्रह्मर्षि वसिष्ठ ने जाकर उन्हें रोकते हुए कहा, ''वत्स क्रोध मूर्खों की वासना है। क्रोध तप से अर्जित पुण्यों को और गुणों को नष्ट कर देता है। क्रोध अन्धकार की वासना है, जो मनुष्य इसे धारण करता है वह अन्धकार का सेवक हो जाता है। ब्रह्माजी द्वारा विरचित राक्षस या किसी भी जाति-प्रजाति को कोई समूल नष्ट नहीं कर सकता। राक्षसों की वृत्ति तामसिक है। वे अपनी वृत्ति का पालन कर रहे है। तुम ऋषि होकर अपनी सात्विक वृत्ति क्यों तज रहे हो ?''

पराशर समझ गये। यज्ञ को वही रोक चले गये।

पराशर अकेले भ्रमण करते रहना पसन्द करते थे। उन्हें माता-पिता के लाड़ प्यार से भी वैराग्य हो गया था। पराशर किसी एक जगह टिकते नहीं थे। चैतन्य होने के बाद वे दादा वसिष्ठ का आश्रम छोड़ परिव्राजक हो गये थे। वनों में और बस्तियों में घूमते रहते। गाँवों और नगरों में जब मन में आता समूहों को उपदेश देने लगते। उन्हें ज्योतिष विद्या का ज्ञान था। एक बार जब वे एक वन से गुजर रहे थे

उनपर भेड़ियों ने आक्रमण कर दिया। वसिष्ठ ने सुना तो उन्हें वनों में ढूँढ़ते रहे। एक गुफा में पराशर मिले। उन्हें भीलों की सहायता से बैलगाड़ी में आश्रम ले आए। ठीक होते ही पराशर फिर घर छोड़कर चल दिये। उनका कहना था कि भेड़ियों ने उन्हें खाना नहीं आत्मसात् करना चाहा था, क्योंकि उनका और भेड़ियों का पारस्परिक बन्धु-भाव कई जन्मों से चला आ रहा था।

कृष्ण द्वैपायन, अरुंधती और वसिष्ठ

ऋषियों का मोक्ष–चिन्तन दा पत्यजीवन के त्याग को अनिवार्य नहीं मानता था। प्रत्येक ज्ञानाभिलाषी को स्वतन्त्रता थी कि वह चाहे परिवार में रह कर ज्ञान प्राप्त करें चाहे संन्यास लेकर। वसिष्ठ–अरुंधती द पत्ति ने दर्शा दिया कि सन्यास की तरह ही गृहस्थ रहकर भी क्रोधादि मत्सरों पर विजय प्राप्त की जा सकती है। और दोनों मार्गों से मोक्ष प्राप्त किया जा सकता है।

भारत की संस्कृति अद्‌भुत रही। भारत में शरण पाने के बाद शरणार्थियों ने कृतघ्नता की तो भी भारतीयों ने प्रतिशोध में रक्त बहाकर धरती को उद्विग्न नहीं किया। शरणार्थी कृतघ्नता को बुद्धिमानी मानना भूल गये। हिंसा को गर्व की वस्तु मानना भूल गये।

आत्मयज्ञ से भारत के अतीतकालीन महापुरुषों और महान नारियों जैसा गौरवशाली चरित्र प्रत्येक मनुष्य सरलता से बना सकता है। दुर्गणों को एक–दूसरे से निष्प्रभ करने से सदगुण बनते है।

कृष्ण द्वैपायन ने ऋषिकुल में आने के बाद एक माह में ही संस्कृत लिखना और पढ़ना सीख लिया। परदादा परदादी के पास आकर उनके वात्सल्य से अपने जीवन के सारे रिक्त कोने भर लिए। वयस्क होकर भी, बच्चों जैसे रूठने और मनवाने के खेल वे महर्षि वसिष्ठ और अरुंधती के साथ खेलते रहते। वे भी परपौत्र के साथ ॅाल में अपने दुख भरें अतीत को भूल गये। मारे गये पुत्रों द्वारा रिक्त किए गये उनके जीवन के कोने भी भरने लगे।

एक दिन व्यास रूठकर आश्रम छोड़ भागे जा रहे थे। महर्षि वसिष्ठ उनके पीछे जाते हुए उन्हें पुकार रहे थे, ''लौट आओ निर्मलहृदय कृष्ण!''

अरुंधती भी उनके पीछे आ रही थी, ''आ जाओ निर्मल हृदय! सोचो अपने कृष्ण के बिना कैसे रहेंगे हम? यह तो बताते जाओ।''

कृष्ण द्वैपायन ने दूर से ही उत्तर दिया, ''नहीं रह सकते तो मुझे पुत्र कहकर

पुकारो! मैं तुम्हें माँ, पिताजी कहता हूँ! पुकारो, नहीं तो वन में जाकर खो जाऊँगा। आज कैसे हो गया मैं निर्मल हृदय? रोज-रोज कहते हो—तंग करता है।"

"तंग करनेवाला न कहें तुझे तो और क्या कहें! बता तू अब भी हमे तंग नहीं कर रहा है भागकर? जब देखो भाग जाने की धमकी देता रहता है। तू वह काम करता है जो तुझे करने को देती हूँ? कान खोलकर सुन ले! मेरा कहना नहीं मानेगा तो बेटा नहीं कहूँगी। वह ग्रन्थ लिखना शुरू किया जो महर्षि परशुराम ने कहा था?"

"जब भी मुझसे अप्रसन्न होती हो बस यही पूछती हो, 'वह ग्रन्थ लिखना शुरू किया जो महर्षि परशुराम ने कहा था?' मुझे नहीं पता किससे कहा था और क्यों कहा था! किसी और से कहा होगा। मैं तो वन में पला। न माँ ने पाला न पिता ने। शिक्षा किसने दी? किसी ने नहीं। फिर ग्रन्थ कैसे लिखूँ? क्यों लिखूँ? ग्रन्थ में क्या लिखूँ, यह बताता है कोई?" यह कहकर उसका आवेश जाता रहा। स्वर कोमल हो गया। बोला, "कैसे कहूँ माँ तुम्हारे लाड़ ने मेरे मन को बच्चे जैसा बना दिया है। जी करता है तुमसे खूब लड़ूँ और खूब रोऊँ!"

"चल ऐसा ही सही। तू जी भर के लड़ ले और जीभर के रो ले। मैं कुछ नहीं कहूँगी।" कृष्ण द्वैपायन सच ही सुबकने लगा। अरुंधती से देखा न गया। उनका हृदय धड़कता रहा, मानो कृष्ण द्वैपायन के हृदय में।

एक दिन अरुंधती ने वसिष्ठ से जाकर कहा, "कृष्ण द्वैपायन कह रहा है तुम मन्त्र जानती हो। मेरे पिताजी को मन्त्र से बुलाओ। मैं उसे समझाकर हार गयी। शायद वह चाहता है कि आप उसे पुत्र कहें। आप कह दीजिए ना। प्रपौत्र को पुत्र कहा ही जाता है।"

वसिष्ठ बोले, "अपने निषाद नाना से भी यह पुत्र ही कहलवाता था। इसे पुत्र कहलाने की जिद क्यों है? अठारह वर्ष का है। कोई बच्चा नहीं। विद्वान भी है। मगर खेल ऐसे खेलता है जैसे तीन वर्ष का बालक।"

अरुंधती, "इसीलिए तो मैं इसे निर्मल हृदय कहती हूँ स्वामी! इसे माँ का वात्सल्य नहीं मिला, क्योंकि सत्यवती दूसरा विवाह करके चली गयी। मालिन कह रही थी कि भीलराज श्रीमन्त ने इसे पाला।"

वसिष्ठ, "भीलराज तो इसे देवता की तरह पूजते थे। उन्होंने इसके लालन पालन में कोई कसर नहीं रखी।"

अरुंधती, "स्वामी पूजा की होगी उन्होंने। किन्तु बच्चा तो प्रेम से पलता है।

पूजा कराने का अ यस्त हो गया है, इसी कारण तो बार-बार रूठकर बाहर भाग जाता है। मगर कितनी सुन्दर बात है। इतने बड़े होकर भी इसके बच्चों की तरह रूठने ने हमारे हृदयों में रोकर सोये वात्सल्य को जगा दिया! किस तरह बच्चों के खेल खेलता है हमसे! कितना निर्मल हृदय है इसका!''

''किन्तु इसे अठारह वर्षीय युवक की तरह जीना तो सिखाना ही होगा।''

अरुंधती सोच में पड़ गयी। कुछ देर बाद बोली, ''कहीं ऐसा तो नहीं कि यह हमारे जीवन से बच्चों का दुख दूर करने को बच्चों जैसे रूठने का नाटक कर रहा हो। हमने अपने पुत्रों का दुख तो भुला दिया किन्तु उनकी सूरत नहीं भुला सके। एक-एक की सूरत याद है मुझे।'' कहते-कहते देवि अरुंधती रोने लगी।

वसिष्ठ पास आ गये और उनका हाथ स्नेह से दबाते हुए बोले, ''नाटक नहीं हो सकता, क्योंकि इसका बचपन भी प्यासा रहा माता-पिता के वात्सल्य का। हो सकता है ईश्वर हम तीनों की आवश्यकता की पूर्ति कर रहे हों। हमें एक-दूसरे का साथ देकर।''

अरुंधती ने आँसू पोंछ कर पूछा, ''स्वामी क्या गृहस्थ संन्यासी को दोष लगता है मृत सन्तान की सूरत याद करने से और रोने से?''

वसिष्ठ बोले, ''मैं तुमसे अधिक तो नहीं जानता। बच्चों को याद करके रोने से दोष क्यों लगेगा? दोष लगता यदि हम हृदय में दुर्भावना रखते उनके प्रति जिन्होंने हमें दुख दिया। हमने तो संयम बरता कि कोई भाव हृदय में ऐसा न उदित हो जिससे हृदय की निर्मलता मैली हो।''

''सूरत याद आती है तो आँसू उमड़ने लगते हैं। पता ही नहीं चलता कि निर्मलता रो रही है या दोष।''

''अँधेरा हो जाता है हृदय में या गंगा के फेन जैसा उजाला?''

''आँसू उमड़ते है तो अँधेरा है या उजाला कुछ पता नहीं चलता।''

''अगर दूषित भाव होता तो पता चल जाता। जब हृदय को ही पता नहीं तो तुम चिन्ता मत करो प्रिये!''

''ईश्वर की कृपा देखिए स्वामी कि जब पुत्र नहीं रहे पौत्र पराशर भी नहीं रहा तो ईश्वर ने हमे प्रपौत्र दे दिया जिसके अस्तित्त्व से हम अनभिज्ञ थे। जब यही ईश्वरेच्छा है तो अब प्रपौत्र को पुत्र कहने में कोई दोष नहीं।''

वसिष्ठ और कृष्ण द्वैपायन

वे झाड़ी के पास गये तो देखा कि कृष्ण द्वैपायन सो चुका है। महर्षि वसिष्ठ ने उसे गोद में उठाया। कृष्ण द्वैपायन का चेहरा और स्वभाव अठारह वर्ष की आयु में भी बच्चे जैसा भोला और मासूम था। बस वह आकार में उतना ही बड़ा था जितने वसिष्ठ। उन्होंने उसे गोद में उठाया और भीतर कुटिया में ले जाकर भूमि पर पड़ी चटाई पर लिटा दिया। लिटाते ही उसकी नींद टूट गयी। बाहर भागता हुआ झाड़ी तक पहुँच गया और वहीं से बोला, ''पहले पुत्र कहो, नहीं तो झाड़ी में सोऊँगा।''

अरुंधती ने द्वैपायन को रोका, ''सोने को कौन कहता है! हम कह रहे है दिन में नहीं सोते। सारा आश्रम तुझे हमारा ही पुत्र कहता है।''

वसिष्ठ बोले, ''तू है ही हमारा पुत्र!''

जिद मानी गयी देख कृष्ण द्वैपायन को लज्जा आ गयी और वह हंसता हुआ और भी दूर जंगल में भाग गया।

कुछ देर बाद कृष्ण द्वैपायन खिलखलाता हुआ भागा-भागा वापस आया और अरुंधती के गले में बांहे डालकर उल्लास भरे स्वर में बोला, ''माँ! मेरी प्यारी माँ!'' उसकी बच्चों जैसी गतिविधि से हैरानी होती कि इतना ज्ञान उसने कैसे प्राप्त कर लिया! उसकी बालसुलभ चेष्टाओं में कोई बनावट नहीं थी। आश्चर्य के अलावा कुछ नहीं कर सकते थे कि इतना बड़ा ही नहीं, इतना विद्वान होकर भी यह बच्चा कैसे रह गया।

''पहले तुम क्यों रूठे अब मैं रूठूंगी तुमसे। हटो मेरे गले से!''

पराशर भी बाहर से आकर उनके गले में ऐसे ही बांहे डाल लाड़लड़ाया करता था। तब तक उसे घूमने की आदत नहीं पड़ी थी! माँ के सुखभरे आँसुओं सेदेवी अरुंधती का आँचल भीग गया।

कृष्ण द्वैपायन पीछे से गर्दन छोड़ सामने आकर उनकी गोद में बैठ गया और बोला, ''मैं तो झूठमूठ रूठा था। तुम सच रूठ जाती हो। खेल-खेल में क्यों ऐसा

करती हो माँ? क्या तु हें अच्छा नहीं लगता कभी-कभी केवल वह करना जो हृदय कहता है? तुम सत्यनिष्ठ हो। मेरा क्या, मैं तो जंगल में पला अनार्य हूँ।''

''जंगल में पले या बस्ती में मनुष्य को तो मनुष्य जैसा ही आचरण करना चाहिए। जंगल में पलने वाले क्या हाथो पर चलते है?'' फिर उसकी ओर प्यार से देखती हुई बोली, ''तू इतनी बड़ी-बड़ी ज्ञान की बातें करता है और बच्चों जैसी बाते भी करता है। जानता है सत्यनिष्ठा क्या होती है?''

कृष्ण द्वैपायन कुछ क्षण चुप रहकर बोला, ''केवल सत्य को कर्म में उतारना सत्यनिष्ठा है। सत्य जिस मनुष्य का कर्म हो जाय वह मनुष्य सत्यनिष्ठ हो जाता है।''

अरुंधती वसिष्ठ की ओर मुँह कर हँसती हुई बोली, ''महर्षि देखिए! यह कैसा पढ़ा-पढ़ाया तोता आ गया हमारे घर में। इसे क्या पढ़ाएँगे हम!''

देवी अरुंधती को अपनी कुटी से ऋषिकुल तक पहुँचने में देर हो गयी। शिष्य और शिक्षक सभी सन्ध्यादि कर्मों में लग गये थे। वे विद्यार्थियों की भोजन व्यवस्था देखने आयी थी। वे यह निरीक्षण नियमित करती थी।

लौट कर उन्होंने कृष्ण द्वैपायन से पूछा, ''तुमने सन्ध्या की?''

''कर ली माँ!''

महर्षि वसिष्ठ बोले, ''आज की तरह तुम ऋषिकुल छोड़कर घर चले आया करोगे तो आचार्यगण तु हें दंड देंगे।''

कृष्ण द्वैपायन बोला, ''अच्छा! तब तो दंड नहीं देगे जब मैं केवल आपसे पढ़ूँगा?''

''ऐसा कोई नियम नहीं है ऋषिकुल का। तु हें आचार्य लोग पढ़ाएँगे और मैं भी पढ़ाऊँगा।''

कठोर आदेश सुनने की आदत नहीं थी क्योंकि भीलराज और नाना के घर सब उसकी विद्वता के प्रशंसक थे। वसिष्ठजी का कठोर आदेश सुन आँखो में आँसू भर आए।

ब्रह्मर्षि अप्रसन्न हो बोले, ''बच्चों की तरह रोना तु हें शोभा नहीं देता। तुम वयस्क हो चुके हो। तुम इस तरह फिर रोए तो मैं तु हें किसी अन्य ऋषि के गुरुकुल में भेज दूँगा।''

कृष्ण द्वैपायन ने कहा, ''गुरुवर जैसा आपका आदेश! किन्तु मैं क्या करूँ मेरी समझ में केवल आपकी दी हुई शिक्षा आती है!''

महर्षि बोले, ''ऋषिकुल का आचरण सीखो। तु हें वहीं रहना होगा अन्य विद्यार्थियों के साथ। इस कुटिया में नहीं।''

वह कुछ कहने जा रहा था कि वसिष्ठ पहले ही बोल उठे, ''बाल हठ त्याग दो। भविष्य में आज्ञा की अवहेलना मत करना। विद्यार्थियों को मेरी शिक्षा 'योगवसिष्ठ' में संकलित है। वही शिक्षा भगवान श्रीराम को दी थी। उसे ध्यान से पढ़ लेना। तुमसे भी दो वर्ष छोटे थे राम जब उन्होंने इस शिक्षा से उस शिक्षा को स्थायित्व दिया था जो स्वत: उनके हृदय में कलियों की तरह फूट रही थी। ज्ञान हर मानव हृदय में स्वत: प्रकट होता है। किन्तु स्थायी तब होता है जब शिक्षार्थी वही ज्ञान गुरु के मुख से सुनता है।''

उनकी ग भीरता से सहमकर कृष्ण द्वैपायन ऋषिकुल चला गया।

उस रात वसिष्ठ ने पूछा, ''महर्षि परशुराम ने कहा था कि तुम बड़े होकर कोई ग्रन्थ लिखोगे? कुछ लिखना शुरू किया?''

''एक साथ बहुत सारी बातें आ जाती है जब भी कथा लिखने बैठता हूँ। इतनी जल्दि मैं नहीं लिख पाता।''

वसिष्ठ ने पूछा, ''मन्त्रों के भाष्य लिखते हुए भी क्या ऐसा होता है?''

''नहीं! इसलिए वह मैं स्वयं लिखता हूँ।''

''तो तुम वह कथा कैसे लिखोगे जो लिखना चाहते हो?''

''वह कथा गणेश जी से लिखवाऊँगा। मैं बोलता जाऊँगा वे लिखते जाएँगे। वे बहुत जल्दि लिखते हैं।''

''गणेशजी को बुलाओगे कैसे?''

''स्तुति से। जैसे आपको बुलाता हूँ?''

''गणेश जी तु हारी बात मानेंगे क्यों?''

''नहीं मानेगे तो उनके चरणों में लेट जाऊँगा। उनकी सेवा करूँगा। उनको मोदक खिलाऊँगा माँ से बनवाकर, अच्छे-अच्छे। वे भोले-भाले बालक है। कभी-कभी हम दोनों लुकछिपैया खेलते है। प्रसन्न हो जाएँगे। फिर लिख देंगे।''

''दाढ़ी मूछ के रोएँ आने लगे। अब भी बात-बात पर मचल जाना, जिद करना अच्छा लगता है क्या, इतने बड़े होकर? कब खेलते हैं गणेश जी तु हारे साथ आकर?''

''नहीं बताऊँगा। वह मेरी और उनकी बात है। किसी से नहीं कहनी है। उन्होंने कहा है। उनकी अवज्ञा नहीं कर सकता। वे भगवान हैं।''

''और मैं कौन हूँ तु हारा?''

"पिताजी!" कहता हुआ वह कूदकर उनकी गोद में बैठ गया। महर्षि सतर्क हो गये थे उसका उछलना देखकर। मगर उन्हें आश्चर्य हुआ कि उसके उछलकर गोद में बैठते हुए उन्हें ऐसा लगा जैसे कोई छोटा-सा बच्चा कूद कर बैठा हो।

उन्होंने कृष्ण का मुँह चूमते हुए पूछा, "अच्छा बताओ तुम इतने उछलते-कूदते क्यों हो?"

"बचपन जोर मारता है, इसलिए ऐसा करना पड़ता है। नहीं करूँगा तो वात्सल्यभाव दबा रह जाएगा। दबकर हृदय में ग्रन्थि बना लेगा। फिर मैं वह कैसे लिखूंगा जो मुझे लिखना है। मेरा लड़कपन थोड़ा-सा सह लीजिये न पिताजी! मुझ पर यह कृपा कर दीजिए । फिर तो चाहूँगा तो भी लड़कपन नहीं कर सकूँगा। हँसी कहाँ रह जाएगी तब।"

"क्यों क्या हो जाएगा तु हें? यह तब और कब क्या है?" अरुंधती बोली।

"बहुत काम करना है मुझे। मुँह से कैसे कहूँ? यदि कर सका तो आप स्वयं ही जान जाओगी। मैं नहीं कह सकता।"

"किसने यह काम सौंपा है तु हें?"

"परमपिता ब्रह्माजी ने।"

वसिष्ठजी को लगा उन्होंने कुछ ज्यादा ही डाँट दिया। कुछ नरम होकर पूछा, "क्या तुम अकसर रो पड़ते हो मेरे अनुशासन के कारण?"

"नहीं, कभी-कभी। किन्तु आपके सामने नहीं रोता। जंगल में रोकर आ जाता हूँ?"

"पिताजी कहूँ या दादाजी! क्या कहूँ! मैं खेल आऊँ? मैं थक गया हूँ आपके प्रश्नों का उत्तर देते-देते!" उन्हें चुप देख वह उनके चरणों में बैठ गया और नेत्र ऊपर कर अनुनय भरी दृष्टि से उन्हें देखने लगा। महर्षि वसिष्ठ के चेहरे पर हल्की-सी मुस्कान देख उसे उनकी आज्ञा समझ कृष्ण द्वैपायन भाग गया गुरुकुल के बच्चों के साथ खेलने।

साँझ के समय लौट कर हाथ, पैर, मुँह धोकर संध्या की। फिर महर्षि वसिष्ठ के चरणों में बैठ गया। महर्षि का हृदय खिल उठा उसके सहज विनीत आचरण से। उनकी इच्छा हुई वह उठे नहीं, वहीं बैठा रहे। वे अपने ज्ञान और तप के फल मौन ही उसे देते गये। इस दिव्य दान से उसके सारे प्रश्न मिट गये। शान्त होकर उसे नीद आ गयी। उसका सिर उनके घुटनों पर टिक गया और नीद गहरी हो गयी।

देवि अरुंधती जब आयी तो आहट से वह उठ गया और उनके पास चला

गया उनका स्पर्श पाने को। वसिष्ठ बाहर चले गये नन्दिनी को देखने।

उसे लाड़ के लिए पास आया देख अरुंधती ने उसे कंठ से लगा लिया। फिर उसकी आँखें देख पूछा, "रोए थे ?"

"आँसू तो सूख गये थे। फिर कैसे जाना ?"

"पता तो चल जाता है सूखे आँसुओं से।"

"मुँह भी धो लिया था।"

"रोई आँखें बोलती है।"

ब्रह्मर्षि वसिष्ठ नन्दिनी को देख वापस आ गये। देवी अरुंधती के लाड़ भरे शब्द सुन उनके हृदय में हूक-सी उठी यह सोचकर कि कृष्ण द्वैपायन उनसे लाड़ की अपेक्षा करना बन्द तो नहीं कर देगा आज की डाँट के बाद। जो भयभीत करे इस बालक को, मेरी उस शिक्षा में कोई तो कमी है जो अरुंधती की शिक्षा में नहीं है।

उन्होंने हँसते हुए पूछा, "अच्छा जब गणेशजी से लिखवाओगे वे पूछेंगे क्या लिखूँ तो क्या कहोगे ?"

"मैं कहूँगा जो आपकी प्रज्ञा देखती है वही लिख दीजिए प्रभु।"

"फिर वह तो उनकी पुस्तक होगी, तु हारी नहीं।"

"किसी की हो उससे क्या! लोगों को उनका सत्य मिल जाएगा पढ़ने को। वह तो मेरी बुद्धि से बहुत ऊँचा होगा!"

"गणेशजी पुस्तक नहीं लिखते।"

कृष्ण द्वैपायन सोच में पड़ गया। महर्षि वसिष्ठ के दोबारा कहने पर बोला, "फिर मैं उनसे कहूँगा मेरी प्रज्ञा में जो है वह लिखिये भगवान।"

"वो कहेंगे अपनी प्रज्ञा में आया ज्ञान स्वयं लिखो।"

"मैं कहूगा मैं आपकी तरह जल्दी नहीं लिख सकता भगवान, आपको सुना सकता हूँ।"

महर्षि कुछ सोच में पड़ गये यह सोचकर कि ऋषिपुत्र होकर यह अपनी इस कमी को दूर क्यों नहीं करता। उसे कुछ शिक्षा देना उचित समझ उन्होंने कहा,"इस संसार की सब अच्छी और बुरी बातें ऋषियों की दृष्टि में अन्ततः क्ष य होती है। इस संसार के सत्य और असत्य दोनों अन्ततः असत् होते है। ऋषि की पहली उपलब्धि है संसारी दृष्टि से मुक्त हो जाना। संसारी दृष्टि अपने-पराये सच्चे-झूठे, अच्छे-बुरे, सुन्दर-कुरूप में भेद करती है। ऋषि की दृष्टि सबमें एक ही आत्मा को देखती है। भेददृष्टि के शासन से मुक्त होती है ज्ञानदृष्टि। संसारी का मन

बलवान होता है ऋषि का हृदय। मन भेद बुद्धि को सत्य मानता है, हृदय नहीं।'

मन के भेदाग्रह पर उन्हें विश्वास कभी नहीं था, तब भी नहीं जब वे बच्चे थे। इस भेदाग्रह पर वे विश्वास न करके हृदय पर विश्वास करते थे। यह बात उन्होंने बाद में जानी थी कि जब मन अपनी संकल्प और विकल्प शक्तियों में आत्मयज्ञ करके उनसे मुक्ति पा लेता है तो मन सत्यनिष्ठ हो आत्मा का दर्पण हो जाता है।

उस रात महर्षि वसिष्ठ को पौत्र पराशर की याद आती रही। वे सोचने लगे, पराशर की आत्मा ने मन की संकल्प और विकल्प शक्तियों में आत्मयज्ञ करके मन की दोनों शक्तियों को निष्चेष्ट कर दिया था। अपनी शक्तियों को खोकर पराशर का मन आत्मा का निश्चल दर्पण हो गया था। मन को अपना निश्चल दर्पण बनानेवाली आत्मा जो भी शुभ भविष्यवाणी करती है किसी दुष्ट के बारे में वह शुभ घटित हो जाता है। वे सोचने लगे क्या इसके अर्थ यह हैं कि उस दुष्ट के बुरे कर्मों का फल उसे नहीं मिलेगा? सोचकर वे इस निष्कर्ष पर पहुँचे कि भविष्यवाणी से मिला सुख मिलने तक कर्मफल टला रहेगा। उसके बाद बुरे कर्मों का फल मिलेगा। उसके बुरे कर्म बिना बुरा फल दिये नष्ट हो सकते है सिर्फ एक दशा में—जब उसे यह अध्यात्म ज्ञान हो जाए कि पाप का अस्तित्त्व आत्मा और चेतना के तल पर नहीं होता।

वसिष्ठ पाप विषय पर देर तक चिन्तन करते रहे। बुरे कर्म का अध्यात्मिक तल पर अस्तित्त्व नहीं होता। मानव व्यक्तित्व में पार्थिव तल के अलावा अध्यात्मिक तल भी होता है। वहाँ केवल मनुष्य की आत्मा अपनी शक्ति चेतना के साथ रहती है। मनुष्य जो बुरे कर्म करता है उसकी सूचना उसकी आत्मा और चेतना को नहीं होती। चेतना को सतर्क रहना चाहिए कि उसे कोई पाप की सूचना दे भी तो वह उस पर चिन्तन न करें। चिन्तन करने पर पाप की आग अध्यात्मिक तल पर भी लग जाती है। यह आग चेतना के सहज विश्वास को नष्ट करती है कि अध्यात्मिक तल सदा निष्पाप रहता है। ऐसे व्यक्ति की चेतना को हताशा घेर लेती है। उसे लगता है कि अब वह कभी भी इस पाप से मुक्त नहीं हो सकेगा। किन्तु यदि उसकी चेतना उस पाप में आत्मयज्ञ करे जो उससे चिपट गया है तो चेतना और अध्यात्मिक तल फिर से पापविहीन हो जाते है। वे इस निष्कर्ष पर पहुँचे कि पाप का चिन्तन चेतना कभी न करें, क्योंकि चेतना आत्मा की शक्ति है। चेतना का काम है केवल वह चिन्तन करें जो आत्मा उससे करने को कहे। आत्मा काल देश से परे है जहाँ न पाप होता है न बुरे कर्म। आत्मा कभी पाप का चिन्तन नहीं

करती।

वे आगे सोचने लगे पाप से मुक्ति मनुष्य के पार्थिव व्यक्तित्व को भी मिल जाती है यदि केवल उसकी बुद्धि पाप को नष्ट करने का उपाय करे, जो भी पाप मनुष्य करता है, पाप स्वयं उसकी चेतना के तल पर नहीं आ पाता। चेतना स्वयं नीचे के तल पर उतर कर पाप को कुरेदती है। तब पाप उससे भी चिपट जाता है। काल देश से परे आत्मा के तल पर दुष्कर्म को चेतना ले जासकती है अपने चिन्तन में रखकर। ऐसी चेतना उस आत्मा से द्रोह करती है जिसकी वह शक्ति है। आत्मा की शक्ति होकर जो चेतना आत्मा से द्रोह करती है वह उन्मक्त है। द्रोही चेतना पाप की जकड़ से मुक्त हो सकती है चिपटे हुए पाप से, यदि चेतना से चिपटे पाप में चेतना नहीं आत्मा आत्मयज्ञ करे।

अपरा प्रकृति काल देश के भौतिक वातावरण में अपनी चौबीस विकृतियों का उपयोग कर सृष्टि के सभी पदार्थों की रचना करती है, किन्तु स्वयं कालदेश में नहीं रहती। पृथ्वी, अन्तरिक्ष, स्वर्ग नर्क कालदेश में स्थित है। अपरा, परा, आत्मा और चेतना काल देश से परे रहते हैं। ये काल देश में आ सकते है। चेतना कालदेश में आती है कौतुहलवश और पाप को देखकर उसे जानने की चेष्टा करती है। पाप तभी उससे चिपट जाता है। चेतना को अपने लिए कुछ नहीं करना चाहिए, केवल आत्मा के आदेश का पालन करना चाहिए।

चेतना पाप के संकर्षण से तभी मुक्त होती है जब आत्मा पाप में आत्मयज्ञ कर उससे पुनर्जन्म लेती है। आत्मा के पुनर्जन्म लेते ही पाप का स्पर्श आत्मा से छूट जाता है।

बुरे कर्म का निवारण बुद्धि सोचे, चेतना नहीं, क्योंकि बुद्धि कालदेश के अन्तर्गत है, चेतना नही। चेतना कालदेश से परे है, जो कुछ भी जीवन में बुरा है उसका चिन्तन केवल बुद्धि करे, चेतना कदापि न करे। बुरे कर्म का चिन्तन करने वाली चेतना आत्मा की आज्ञाकारिणी नहीं दुराग्रही है। बुराई से लिप्त चेतना आत्मा को भी भटका देती है।

अगले दिन उन्होंने शिष्यों को पाप विषय पर यही उपदेश दिया। व्यास के चिन्तन की पाप विषयक गुत्थी उस दिन इस प्रवचन ने खोल दी। आगे चल कर जब उन्होंने 'जय' ग्रन्थ लिखाया गणेश जी को तो यह प्रवचन युद्ध स बन्धी अनेक कथाओं को लिखाने में उनके बहुत काम आया।

स्वप्न में पिता पराशर

व्यास ने अपने पिता महर्षि पराशर को कभी नहीं देखा था। शिष्य वैश पायन ने दूर अरुणाचल की यात्रा से लौट कर उनके पिता द्वारा लिखे दो मन्त्र दिये, जिन्हें उनके दूसरे शिष्य जैमिनी ने ऋग्वेद में संकलित कर लिया। इसके बाद व्यास उदास हो वन में चले गये और देर तक भटकते रहे। फिर थककर वे एक द्रुम की छाया में सो गये। उन्होंने स्वप्न देखा उनके पिता, लंगड़ाते हुए, कहीं जा रहे है। वह उनके पीछे भागते है, "क्या हुआ पिताजी ?"

व्यास उतने ही बड़े दिखे स्वयं को जितने हो चुके थे। पराशर उन्हें झिड़कते हुए बोले, "तू क्यों मेरे पीछे भाग रहा है ? मुझे एक भेड़िये ने काट लिया है। मेरी आत्मा को उसकी आत्मा से आत्मसात होकर भेड़ियों के इस वंश को मनुष्यों का मित्र बनाना है।"

पराशर मुँह नहीं दिखाते। मुँह छिपाए हुए हैं व्यास जानना चाहते है कि वे क्यों मुँह छुपाये हुए है। व्यास रोते हुए कहते है, "मैं नहीं जाऊँगा। मुझे आशीर्वाद नहीं देंगे !" पराशर उनके सरपर हाथ रखते है, "तू मेरा आत्मज है। पिता का आशीर्वाद तेरे साथ है ! क्यों माँग रहा है ?"

व्यास को लगता है पिता रो रहे है। व्यास कहते है, "पिताजी आपका मुँह मैंने कभी नहीं देखा। अपना मुँह दिखा दीजिए ।" पराशर मुँह के बजाय अपना पाँव आगे कर देते है। व्यास कोई जड़ी उनके पांव पर लगाते है। घाव इतना बड़ा है कि पिता की वेदना उन्हें सुबक सुबक कर रूलाती जा रही है। रोने में मुँह देखने की बात भूल जाते है।

पराशर कहते है, "अब चला जा। मुझे बहुत दूर जाना है।" मगर कहते-कहते वे स्वयं लेट जाते है।

कुछ दिन बाद, फिर एक रात व्यास के स्वप्न में आते हैं उनके पिता महर्षि पराशर। पराशर ऋषियों को उपदेश दे रहे है। किसी कारणवश उन्हें छुप कर

सुनना पड़ रहा है। उन्हें पता नहीं उन्हें क्यों छुपकर सुनना पड़ रहा है। महर्षि पराशर कह रहे हैं— ''भारत की ज्ञान पर परा दूसरे देशों से भिन्न है। अन्य देश मानते हैं कि ज्ञान बाहर से आता है। भारत के ज्ञानी कहते हैं ज्ञान भीतर से आता है।''

व्यास की आँख खुल गयी। वे विचार करने लगे यह स्वप्न क्या सांकेतिक है? इस प्रश्न के साथ व्यास का विचार-प्रवाह खुल गया। आवश्यकता है आत्मा में निहित ज्ञान के अनावरण की, क्योंकि इसे अज्ञान ने ढँक रखा है। अज्ञान विषय पर भी भारत की मान्यता भिन्न है। अज्ञान केवल बौद्धिक नहीं होता। चरित्र भी ज्ञानी या अज्ञानी होता है। दर्शन उन पूर्व मान्यताओं को कहते है, जिन पर किसी व्यक्ति या समाज का ज्ञान टिका होता है। पूर्व मान्यताओं के बिना अध्यात्मिक ज्ञान तो क्या विज्ञान भी स भव नही।

व्यास को अच्छा लगा देखकर कि उनके मस्तिष्क में चिन्तन स्वत: चल रहा है। उन्हें उत्साह हुआ और उन्होंने वसिष्ठजी से निवेदन किया कि वे विद्यार्थियों को पढ़ाने की आज्ञा चाहते है। उनके चेहरे पर आत्मविश्वास को उदीप्त देख ब्रह्मर्षि ने आज्ञा दे दी। उस दिन व्यास का विद्यार्थी जीवन समाप्त हो गया और शिक्षक जीवन शुरू हो गया।

व्यास ने पहली शिक्षा दी, ''आत्मा में ज्ञान और अज्ञान दो शक्तियाँ साथ-साथ रहती है। ज्ञानशक्ति आत्मा में सोए ज्ञान को जगाती है। अज्ञानशक्ति उस ज्ञान में अज्ञान को मिलाकर ज्ञान को नष्ट कर देती है। मनुष्य में ज्ञानशक्ति का उदय तप, संयम और आध्ययन से होता है। अज्ञानशक्ति का उदय नहीं होता; यह सदा जगी रहती है। किन्तु अज्ञान का जगे रहना ज्ञान के जगने जैसा नहीं होता। यह ऐसा ही है जैसा अपराधियों का अपराध करने के लिए रात भर जगे रहना। अज्ञानशक्ति अपराधवृत्ति से संयुक्त हो जाती है। अज्ञान शक्ति अध्यात्म तो क्या सांसारिक धन स पदा और शासन का भी उचित संचालन नहीं कर सकती। इन्हें छीन सकती है या चुरा सकती है। अज्ञानशक्ति में ईर्ष्या है और ज्ञान की तृष्णा है, जो ज्ञान ज्ञानशक्ति संयम और साधना से प्राप्त करती है, उसे प्राप्त करने में असमर्थ अज्ञानशक्ति उस ज्ञान को निगल लेती है। संसार में दरिद्रता, दुख और अपराध मनुष्यों की अज्ञानशक्ति के कर्म है।

''केवल आत्मज्ञान मनुष्य की आत्मा में निहित स्वतन्त्रता, प्रेम और अकारण उल्लास को जागृत करता है। ये जिसमे जगते है उसे सच्चा सुख प्राप्त होता है। अज्ञानशक्ति मनुष्य को सुख के भ्रम में रखती है, सुख दे नहीं सकती। उसे

प्रतिदिन किसी नयी खोज की सूचना देकर सुख की निरन्तरता का भ्रम रचती रहती है। क्षणिक सुखों के हिडोलों में झुला-झुलाकर उसकी सच्चे सुख की प्यास को ही मार देती है।

''विज्ञान द्वारा विरचित सुख से मोहित रहती है अज्ञानशक्ति। अज्ञान शक्ति मनुष्य को इस अन्धविश्वास से बाँधे रखती है कि क्रोध, मद, लोभ, मोह, ईर्ष्यादि से बंधे रहने पर एक दिन सुख प्राप्त होगा। किन्तु यह आशा कभी पूरी नहीं होती। अज्ञानशक्ति की पहचान यह है कि यह भौतिक स पदा और शक्ति के अर्जन और संचय को ही जीवन का परमलक्ष्य मानती है। अज्ञानशक्ति वाले लोग ज्ञानशक्ति वाले लोगों की भौतिक स पदा और शक्ति को छीन लेते है, किन्तु उनकी ज्ञान स पदा और शक्ति को न छीन पाते है न लूट सकते है।

''बहुत से देशों और धर्मों ने अपने लोगों में अज्ञानशक्ति को ही ज्ञानशक्ति का स्थान दे रखा है। वे ज्ञानशक्ति वाले देशो और समाजों को लूटते हैं। वे अपनी स्त्रियों की ज्ञानशक्ति को आतंकित करके सुला देते हैं, और उनकी अज्ञानशक्ति को जगाते है। ऐसी स्त्रियाँ उनकी अज्ञान शक्ति के अज्ञान तिमिर में उनके साथ खो जाती है। पीढ़ी दर पीढ़ी चला आ रहा अज्ञानशक्ति का यह प्रपंच इतना प्रबल हो जाता है कि ऐसे मनुष्यों की आत्मा प्रमादी हो जाती है। प्रमादी आत्मा अपनी ज्ञानशक्ति को जगाने की चेष्टा ही नहीं करता। वह अज्ञानशक्ति को ही ज्ञानशक्ति समझ उसके पीछे चलती रहती है जन्म-जन्मान्तरों तक। प्रमादी आत्मा की ज्ञानशक्ति अज्ञानशक्ति की दासी हो जाती है।

''वह ज्ञानी है जिसकी आत्मा ईश्वर नामक परम सत्य में आत्मयज्ञ करके अपने में निहित सत्य को जागृत रखती है। केवल आत्मा में जगे सत्य में यह शक्ति है कि वह ज्ञानशक्ति को अज्ञान शक्ति की दासी न बनने दे। केवल आत्मा में जगा सत्य आत्मा को परम सत्य की प्राप्ति करा सकता है। अन्यथा अज्ञानशक्ति ज्ञानशक्ति को अपने मायाजाल से मूर्च्छित कर, ज्ञान में अज्ञान मिलाकर ज्ञान को अनर्गल में बदल देती है। अज्ञानशक्ति के मायाजाल में फँसी आत्मा परमात्मा से मुँह फेर लेती है। अज्ञानशक्ति के प्रपंच में फँसी प्रकृति पुरुष से पीठ फेर लेती हैं।''

कृष्ण द्वैपायन और अरुंधती

महर्षि वसिष्ठ ने एक दिन कृष्ण द्वैपायन से पूछा, "क्यों गणेशजी से लिखा रहे हो अपनी पुस्तक? अब वयस्क हो गये हो। स्वयं क्यों नहीं लिखते? उन्हें क्यों कष्ट देते हो?"

"पूज्य आचार्य! युवा होने पर मेरे ज्ञान में अवश्य वृद्धि हो गयी किन्तु लिखने की गति नहीं बढ़ी। मेरी प्रज्ञा बहुत तेज चलती है, ऋत भरा बुद्धि उससे भी तेज। बहुत जल्दी-जल्दी आते हैं कथाओं के दृश्य भी मेरी आँखों के आगे। इतनी जल्दी मैं नहीं लिख सकता।"

उन्होंने पूछा, "आजकल क्या देखते हो जो लिखा रहे हो?"

युवा कृष्ण द्वैपायन के आनन पर दिव्य शान्ति थी किन्तु अन्तःकरण में वेदना। वेदना से भरे आँसुओं को धैर्यपूर्वक रोकते हुए बोले, "सर्वत्र भगवानविष्णु को देखता हूँ। वे जन्म लेने वाले है पृथ्वी पर।"

"ऐसा कैसे हो सकता है? मेरे जीवन काल में ही तो राम अवतार होकर पृथ्वी पर आए थे। इतनी जल्दी अवतार नहीं लेते भगवान।"

कृष्ण द्वैपायन ने विनय से सर झुकाकर कहा, "प्रभो! त्रेतायुग की समाप्ति निकट थी जब आप जन्मे थे। इस कारण द्वापरयुग में भी आप हैं।"

कुछ दिन बाद ही वसिष्ठ ने व्यास से कहा, "वत्स! तुमसे सुनने के बाद मुझे भी अब निश्चय को गया है कि भगवान अवतार लेने वाले है पृथ्वी पर। अब मुझे बताओ और क्या देखते हो तुम?"

"श्रीकृष्ण धर्मयुद्ध में खड़े है और अर्जुन को अध्यात्मज्ञान दे रहे है। ज्ञान दान के बीच वे अपना विराट स्वरूप दिखाते है। उनके विराट स्वरूप ने अर्जुन को डरा दिया है। वे प्रवचन कर रहे हैं। उसको सुनकर तो मेरे ज्ञानचक्षु खुल रहे हैं। कुछ आपने खोल दिये, कुछ भविष्य में होने वाले ये दृश्य खोल रहे हैं।"

वसिष्ठ बोले, "तुमने सुना जो भगवान ने कहा? क्या तु हें कुछ अंश याद है

जो सुना?''

''प्रभो अक्षर-अक्षर मस्तिष्क पर छाया है।''

''वत्स उस उपदेश का अक्षर-अक्षर लिख कर मुझे दिखाओ।'' वे अपनी उत्कंठा दिखाकर कृष्ण द्वैपायन की स्मृति में हलचल नहीं मचाना चाहते थे। इस लिए इस वाक्य को मुँह में ही रोक लिया। कहना चाहते थे आज ही सारा लिखकर मुझे दिखाओ, किन्तु नहीं कहा।

अगले चार दिन बीत गये। कृष्ण द्वैपायन ने कुछ नहीं दिखाया। वसिष्ठ ने बुलाकर पूछा, ''क्या याद नहीं आ रहा है? स्मृति में जो भी टुकड़े बचे हो उन्हें ही लिख लाओ।''

कृष्ण द्वैपायन बोला, ''उस रात और अगले दिन लिख लिया था।''

वसिष्ठ उत्कण्ठित हो गये, बोले, ''तो मुझे क्यों नहीं दिया?''

''आचार्य बहुत जल्दी-जल्दी लिखा था। शुद्ध लिख रहा हूँ। पूरा हो जाने पर आपको दिखाऊँगा।''

अब वसिष्ठ जैसे धैर्यवान भी अधीर हो गये। क्यों न होते, उनके आराध्य की वाणी थी! उन्हें भय हुआ वह खो न जाय। वे बोले, ''अभी लेकर आओ वह अशुद्ध लिखा हुआ ही। मुझे तुरन्त दिखाओ।''

उन्हें अधीर देख कृष्ण द्वैपायन गुरुकुल से भागे-भागे गये वृन्दाकुंज में जिसे उन्होंने अपना अध्ययन कक्ष बना लिया था। हाँफते हाँफते लौटे और आचार्य वसिष्ठ को भोजपत्र पर लिखा ग्रन्थ दे दिया। वह ग्रन्थ 'भगवद्गीता' था। उसे लेकर आचार्य अपने गुरुकुल स्थित कक्ष में चले गये और एक सप्ताह तक न अन्न लिया न जल न बाहर निकले। देवी अरुंधती आयी और द्वार थपथपाया मगर कोई उत्तर नहीं मिला तो कृष्ण द्वैपायन को वही बाहर बैठा, आचार्य की देखरेख सौंप कर, गुरुकुल में शिक्षा के कर्म में लग गयी। अब उन्हें पति का दायित्व भी पूरा करना था।

एक सप्ताह बाद जब आचार्य बाहर आए उनके आनन पर नवजीवन था और अंगो में नवस्फुर्ति। उन्होंने कृष्ण द्वैपायन को कंठ से लगाया और अस्फुट स्वर में बोलते गये, ''वत्स! भगवान की यह वाणी अक्षरशः उतार कर तुम नहीं जानते तुमने कितना उपकार किया है मुझ पर। इसे जब तु हारे ग्रन्थ में संसार के लोग पढ़ेंगे तो मानव मात्र जाग जाएगा!''

''आचार्य। मैंने तो वह लिखा जो बोला भगवान श्रीकृष्ण ने। मैं भी उपकृतों में हूँ।''

"तु हारा महत्त्व है क्योंकि यह तु हारी स्मृति में रहा। तुम धन्य हो वत्स!"

"इसे मैं गणेशजी से ग्रन्थ में लिखवाऊँगा तो क्या गणेश जी भी इसी तरह आशीर्वाद देंगे जैसे आपने दिया मुझे गले लगाकर?"

"अवश्य वत्स! अपने ग्रन्थ का क्या नाम रखा है तुमने?"

" 'जय' आचार्य!"

महर्षि वसिष्ठ के ऋषिकुल जाने के कुछ देर बाद जब अरुंधती देवी कृष्ण द्वैपायन के पास आयीं तो वह ध्यानमग्न हो एक हरिणी को देख रहा था जो अपने शावक से लाड़ लड़ा रही थी। उन्होंने कुछ श्लोक दिये थे आचार्य व्यास को भोजपत्र पर अपनी सुन्दर लेखनी से उतारने के लिये। लिखने का अ यास छोड़, हरिण में ध्यान बँटाए देख, डाँटने वाली थी कि उन्हें मनोयोग से हरिणी को लाड़ लड़ाते हुए व्यास का देखना अच्छा लगने लगा। वे युवा आचार्य को कुछ नहीं कह सकी।

कृष्ण द्वैपायन का ध्यान टूटा। माँ की आँखों में आँसू देखे। आँसू पोंछते हुए बोला, "माँ रोओ मत! तुम रोओगी तो तारे आ जाएँगे जमीन पर तु हें चुप कराने। तारे तु हें अपनी माँ कहते है। मैं कहता हूँ तो कहते है कि तुम उनकी माता हो मेरी नहीं।" वे पूछते है, "कब भेजोगे हमारी माँ को?"

आँसू आँचल से पोछ परदादी ने पूछा, "क्यों?"

"क्योंकि तुम अरुंधती नक्षत्र हो, तारों की माँ!"

"तूने क्या कहा?"

"मैंने कहा, कभी नहीं।"

"ऐसा नहीं कहते। वे भी तो बच्चे हैं।"

"वो जिसके बच्चे हैं उनकी माँ वहीं होगी। तुम मेरी माँ हो। देख लो मेरे साथ ही रहना।"

अरुंधती कुछ देर उसे देखती रही। फिर बोली, "तूने क्यों बाँध लिया मुझे प्रेम से? मुझे लगता है मेरे सारे पुत्र तुझमें है।"

कृष्ण द्वैपायन बोला, "यह सत्य तो है माँ। भगवान श्रीकृष्ण वीर अर्जुन से कह रहे थे, 'न जायते न मृयते वा।' "

"फिर तो तू, तेरे पिताजी और मैं सदा यही रहेंगे।"

"हाँ माँ।" कृष्ण द्वैपायन प्रसन्न होकर बोला "कितना अच्छा लगता है न माँ सदा पृथ्वी पर रहने की बात करना!"

''हाँ! किन्तु सत्य तो नहीं है।''

डबडबाई आँखों से देखते हुए उसने पूछा, ''फिर सत्य क्या है?''

''सत्य तो यही है कि मुझे एक दिन तुझे छोड़कर जाना पड़ेगा।''

कृष्ण द्वैपायन रोक न सका और रूलाई छूट पड़ी। उसका रोना सुनकर महर्षि वसिष्ठ दौड़े-दौड़े आए और पूछा, ''क्यों रोते हो?''

सुबकते हुए वह बोला, ''पिताजी माँ कहती है कि एक दिन मुझे छोड़कर चली जाएँगी।''

वसिष्ठ अरुंधती को बाहर ले गये और बोले, ''इतनी बुद्धिमान होकर भी तुमने उससे झूठ कह दिया!''

''झूठ तो कुछ नहीं कहा स्वामी।''

''उसका हृदय उसकी आत्मा का यन्त्र है उसकी धी-बुद्धि का नहीं। आत्मा की मृत्यु नहीं होती। उसका हृदय इस कारण मृत्यु को सत्य नहीं मानता।''

''मगर यह यथार्थ छुपाएँगे तो उसका विकास अवरूद्ध हो जाएगा।''

वसिष्ठ मुस्कराए और बोले, ''तु हारी धी-बुद्धि उसके हृदय पर जोर जबर्दस्ती करके उससे मनवाना चाहती है कि मृत्यु सत्य है। वह केवल देह को जानती है। किन्तु कृष्ण द्वैपायन का हृदय रो रहा है कि उससे झूठ को सत्य मनवाया जा रहा है। उसके हृदय को मानने दो कि मनुष्य आत्मा है इसलिए उसकी मृत्यु नहीं होती। तुम अपनी धी-बुद्धि को बस इतना बता दो कि मृत्यु केवल धी-बुद्धि के लिए सत्य है, व्यास के हृदय के लिए नहीं। इसके हृदय को मृत्यु से परिचित मत कराओ अन्यथा यह मृत्यु देखने लगेगा चारों ओर।''

एक दिन अरुंधती ने कहा, ''माँ की ममता मुत्यु और अमरता का चिन्तन नहीं करती। वह अपनी जीवित या मृत सन्तान की स्मृति ममता में सँजोकर रखती है। ममता न संसार से ऊपर जाती है न संसार से नीचे।''

''ममता गुण है, ममत्व अज्ञान है न माँ!''

अरुंधती बोली, ''हाँ! अच्छा है कि तु हें यह याद है। यह अन्तर हमेशा याद रखना। ममत्व वस्तुओं के मोह से जन्म लेता है। किन्तु ममता परा प्रकृति का गुण है, जो माँ में भी प्रकट होता है।''

कृष्ण द्वैपायन ने कहा, ''कभी कभी शीत ऋतु की रात में मुझे कोई क बल उढ़ा जाता है। सुबह को देखता हूँ मेरे सूती ओढ़न पर क बल पड़ा है। तुरन्त यही भान होता है कि तु हें रात शीत वायु के किसी झोंके ने उठाया होगा। तु हारी ममता

को मेरी सुध आयी होगी। तुम मुझे क बल उढ़ाने आयी होगी। क्यों कभी ऐसा नहीं लगता कि आचार्य आए होंगे उढ़ाने? पराप्रकृति का मन्त्र जपते-जपते ही मुझे नींद आ जाती है। तुम पराप्रकृति हो माँ?''

''हर माँ परा प्रकृति है। मेरा जीवन तु हारे आचार्य की सेवा करने में और तु हें पालने में बीत जाए—बस इतनी सी आकांक्षा है। यदि किसी रात पुत्रों की स्मृति सोने नहीं देती तो मुझे उनकी सूरते याद आती है। उनका अन्त याद नहीं करती।''

''क्यों नहीं करती?''

''पाप का चिन्तन करूँगी तो नश्वर पाप अमरशक्ति चेतना का बल पा जाएगा और मेरे चिन्तन को अमर लगने लगेगा। चेतना आत्मा की शक्ति है, और आत्मा काल देश से परे है। वहाँ न पाप होता है न बुरे कर्म। आत्मा और चेतना, अमर होने के कारण, जिसका चिन्तन करेंगे वह उनके अमर लोक में पहुँच जाएगा। मुझे दोष लग जाएगा अमर अध्यात्मिक लोक को नश्वर पाप से मैला करने का।''

''तो क्या अगर कोई हमारे साथ अन्याय करे—तो उसका चिन्तन भी मनुष्य न करे?''

''मनुष्य करे, उसकी बुद्धि भी करे, अन्याय का निवारण करके हृदय को शान्ति दे। बुद्धि भी प्राकृतिक है मनुष्य भी। दोनों नश्वर है। नश्वर-नश्वर पर विचार करें तो न्याय का मार्ग निकल आएगा। किन्तु अमर आत्मा और उसकी अमर चेतना चिन्तन करेगे हत्या पर तो हत्या जो नश्वर देह की हुई है अनन्त लगने लगेगी चेतना को। मस्तिष्क का सन्तुलन ही बिगड़ जाएगा यदि हत्या अमर और अनन्त लगने लगेगी चेतना को। ऐसी चेतना को तो सारी सृष्टि में आग लगाकर भी शान्ति नहीं मिलेगी। इतना ही नहीं, प्रतिशोध, क्रोध, दुख, हिंसा की ज्वालाएँ चेतना में आकर चेतना का विस्तार पा जाएँगे, अनन्त हो जाएँगे।''

कृष्ण द्वैपायन चकित रह गया। शान्ति का वही अजस्र स्रोत उसके हृदय में भी खुल आया जो प्रमातामह के हृदय में न जाने कितने वर्षों के ध्यान और सत्य-चिन्तन करने से खुला था। यह बाद में उनके काम आया जब महाभारत में हजारों योद्धाओं की हत्या का विवरण लिखते हुए भी उनके हृदय में अनन्त शान्ति रही। उनकी चेतना अनन्त पीड़ा से विचलित नहीं हुई। उन्हें तीव्र इच्छा हुई इतनी अद्‌भुत प्रमातामह के जीवन के बारे में जानने की। वे बोले, ''यदि उचित समझे माँ तो मुझे अपनी कहानी सुनाइए। आपका वर्णन इतना निष्पक्ष और सत्य के निकट

होगा कि मुझे कथा में सत्य लिखना आ जाएगा।''

''तू बहुत विनम्र है। साथ ही इतना प्यारा कि मुझे अपने से भिन्न नहीं लगता। तुझे सुनाती हूँ वह कहानी जो मैंने आज तक किसी को नहीं सुनाई।''

कुछ देर चुप्पी रही। चुप्पी ने कहानी के लिए उपयुक्त से माँ बनाया। आगे वे बोलने लगी :

''चन्द्रभागा नदी के किनारे पिता के साथ उनके आश्रम में रहती थी। मेरे पिता ऋषि मेघातिथि वायुयान बनाते थे कई तरह के—कुछ इन्दिता अग्नि से चलते थे, कुछ वायु और विद्युत के योग से, कुछ अग्नि और जल के योग से। उनके वायुयान स बन्धी 'मेघातिथि सिद्धान्त' का उपयोग कर और लोग भी वायुयान बनाते थे। (इन विमानों का वर्णन ऋग्वेद 1/11रु 1-8, 1/9/8, 1/13/4; यजुर्वेद 23/5-12; अथर्ववेद 20/26/5,20/41/21, 20/69/10; तैत्तालीस संहिता 1/4/20/1 में है।)

''पिताजी काम करते रहते थे, मैं खेलती रहती थी गोल छोटे-छोटे पत्थरों से। पिताजी मुझे परा प्रकृति कहते थे। सूर्योदय के समय वे नित्य परा प्रकृति की स्तुति करते थे। मुझे कुछ याद है उनकी स्तुतिः 'अहं ब्रह्मस्वरूपिणी। मत्त प्रकृतिपुरुषात्मकं जगतः। शून्यं शून्यं च।' पिताजी कहते थे सब आत्माओं की माता परा ममतामयी और निर्विकार है। पिताजी जब भी मुझे चुप, ग भीर या कुछ सोचते हुए देखते थे, मेरा जी हल्का करने को कोई कथा सुना देते थे। उनमें एक कथा पराप्रकृति की थी जो मुझे बहुत अच्छी लगती थी। मैं चाहती थी वे रोज वही कथा सुनाए।

''वह कथा थी : पहले जब कुछ नहीं था तो केवल ब्रह्म था। वह खेलता रहता था एक अनेक का खेल। अपने में से अनेक आत्माओं को प्रकट करता। वे शून्य में भागती और ब्रह्म उन्हें ढूँढ़-ढूँढ़कर लाता और जब सब थक जाते तो उन्हें अपने में समेट लेता। एक दिन आत्माएँ नहीं मिली। तब ब्रह्म के हृदय में उनके प्रति ममता जग गयी। ब्रह्म के वामांग में स्थित हृदय में उपजी ममता एक नारी का रूप लेकर अलग हो गयी, जिसकी आँखों से अश्रुधारा रुकने का नाम नहीं ले रही थी। वह दिव्य नारी ही परा प्रकृति थी।

''उस नारी को चिन्ता हुई कि उन बच्चों के शरीरों को पैर टिकाने को धरती चाहिए, देह गरम रखने को अग्नि चाहिए, साँस लेने को वायु चाहिए, जीवित रहने को भोजन चाहिए। उसने चाहा कि आत्माओं को ज्ञान हो जीवन का। उनके चाहते ही आत्माओं को शरीर मिल गये। शरीर मिलते ही उन्हें शीत और भूख

सताने लगे। तब एक नारी परा के भीतर से निकली। वह अपरा प्रकृति थी। उसने उन सब वस्तुओं की रचना कर दी जो जो वस्तुएँ परा प्रकृति बोलती गयी। इस तरह सारी सृष्टि बन गयी।''

कृष्ण द्वैपायन को बहुत अच्छा लग रहा था। उनका कहानी सुनाना बहुत रोचक था। उनसे कृष्ण द्वैपायन में रोचक ढंग से कथा लिखने के अनेक संस्कार पड़े। अवाक कथा सुनते रहे और कौतुहल और उमंगों से भर गये। उन्हें नीद आ गयी। उन्होंने इतना जान लिया था कि उनके स्वभाव के अनुसार अब नींद ही उनके व्यक्तित्व को इस नये ज्ञान के साथ समन्वित कर सकती थी।

जब कृष्ण द्वैपायन की नीद खुली अरुंधती ऋषिकुल जा चुकी थी पढ़ाने के लिए।

अब कृष्ण द्वैपायन ने स्वयं भी अपने 'जय' ग्रन्थ का कथा अंश लिखना शुरू कर दिया। रोज देवी अरुंधती से वे उनके जीवन का कोई प्रसंग सुनते। उनका सुनाने का रोचक ढंग ही था जो उन्हें अपना ग्रन्थ उसी तरह लिखने को प्रेरित करता था।

एक दिन उन्होंने पूछा, ''माँ जब आपसे आचार्य की पहली वार्ता हुई तो वे आपको कैसे लगे ?''

''अभद्र ! अभद्र वे नहीं थे। मैं मूर्ख थी जो उनकी सरलता को अभद्रता समझ बैठी।''

कृष्ण द्वैपायन की रूचि चरम सीमा पर पहुँच गयी। उत्कंठा को संयत कर वे बोले, ''कहानी की तरह विस्तार से सुनाओ माँ।''

अरुंधती ऋषि थी। वे प्रपौत्र के हृदय में उठे इस सरल प्रश्न को टालकर उसके कोमल मन को झूठी कल्पना करने का अवसर नहीं देना चाहती थी। इससे उसका अपना ग्रन्थ 'जय' भी दूषित हो जाता। कथा का सत्य होना उनकी दृष्टि में सर्वाधिक महत्वपूर्ण था।

उन्होंने सुनाना शुरू किया। ''युवावस्था में आचार्य मनाली में रहते थे। वे इतने प्राचीन मन्त्र गाते थे जो कोई नहीं जानता था। कंठ बहुत सुरीला था। सब उन्हें ढूंढ़ते रहते थे। दुर्लभ संगीत और ज्ञान के कारण वे सारे क्षेत्र में प्रसिद्ध थे। ऊपर से कविता भी लिखते थे। जन स मेलनों में मन्त्रों के साथ अपनी कविताएँ भी गाया करते थे। एक रात मैंने भी इन्हें एक जनस मेलन में अपनी कविता गाते हुए सुना। लोगों ने खूब प्रशंसा की। और इनकी इतनी कविताएँ सुनी कि ये थक गये। ये उठकर बाहर आ गये। मैंने इनकी थकान देख ली। मेरा हृदय इनकी दशा देख

परेशान हो गया। मुझे लगा ये बहुत थक गये है। पर मैं इनसे कुछ नहीं बोल सकी। ये मेरे देखते ही देखते विपासा नदी में अपनी नौका खेते-खेते दूर चले गये। मैं खड़ी देखती रह गयी। मुझे बहुत रोनी आयी कि वे इतने थक गये और मैं उनके लिए कुछ भी न कर सकी। मैं रोती रही। न जाने क्यों मुझे ऐसा लगा अब कभी ये मेरे सामने नहीं आएँगे। मैं इन्हें कभी नहीं देख पाऊँगी।''

''आपको क्यों लगा कि फिर कभी देख नहीं पाओगी?''

''ऐसा सबको लगता होगा। पता नहीं क्यों लगता है ऐसा।''

''तब मेरे ब्रह्मर्षि परदादा देखने में कैसे थे?''

''मैंने देखा और देखती ही रह गयी और रोने लगी। उनकी सुन्दरता के कारण रोनी नहीं आयी थी। बहुत सोचा तो लगा पिछले जन्मों का मेल होगा जिसने रूलाया। पिछले जन्म में ऐसे ही चले गये होगे और फिर नहीं आये होगे।''

''आपका जन्म-जन्म का साथ है माँ? सफेद दाढ़ी के बीच उनका मुखमंडल मुझे तो इतना पवित्र लगता है, जैसे बसन्ती सफेद बादलों से घिरा चन्द्रमा! उनकी आँखें कितनी बड़ी है। वर्ण ऐसा खिलता है कि घूप क्या खिलती होगी। मेरा वर्ण मेघ जैसा क्यों है माँ?''

''मैं क्या जानू भगवान की लीला! तु हारा वर्ण अलग है। बहुत सुन्दर है। तु हारा सावन के मेघ जैसा प्यारा उनका घूप जैसा निर्मल चमकीला। तुम भगवान श्रीहरि जैसे लगते हो तो वे देवाधिदेवमहादेव से। मुझे माँ कहकर पुकारने वाले पुत्र मेरी कामना है ज्ञान तु हारा ऐसा खिले जो दुनिया को सत्य की अभिव्यक्ति बना दे।''

''मुझे आचार्य और आचार्य माँ की देह का गोरा वर्ण दिव्य लगता है। सुन्दर नौ के नौ वर्ण लगते हैं।''

''नौ वर्ण कौन से?''

''दो वर्ण काला और गोरा और सात इन्द्रधनुष के। देखो गायों में कोई काली है कोई गोरी। काली कोयल क्यों इतना सुन्दर गाती है माँ? चिड़ियों में सारे रंग मिल जाएँगे आपको। इसे छोड़ो! अपनी कहानी आगे सुनाओ माँ।''

''एक दिन हमारे आश्रम में ऋषि मरीचि आये अपनी पत्नी सुरभि के साथ। मेरे माता-पिता उनके साथ बाते कर रहे थे। मैं आँगन में गाय दुह रही थी। मैंने मरीचि ऋषि को यह कहते हुए सुना, ''देखना वसिष्ठ की प्रसिद्धि एक दिन गगन को छुएगी। इसे संसार दूसरा वृहस्पति कहेगा। अभी से इतना गुणवान और सुशील

है! और जरा भी अभिमान नहीं। जब गुण खिलेंगे तब देखना। भगवान विष्णु का कैसा प्रेमभरा मधुर गुणगान करता है! विष्णु भगवान से शत्रुता रखनेवाले राक्षस भी शत्रुता भूल उनके भक्त हो गये है।' फिर उनकी पत्नी सुरभि ने भी प्रशंसा कीं' वसिष्ठ की कविताएँ पढ़कर मुझे अपेक्षा थी कोई प्रौढ़ कवि होगा। एक दिन कवि स मेलन में द्वार पर एक युवक से पूछा, 'कवि वसिष्ठ भी आए है क्या?' वह युवक बड़ी विनय से प्रणाम करके बोला, 'श्रद्धेय माँ! एक वसिष्ठ मैं हूँ। दूसरा होगा तो अन्दर होगा।' मैं अन्दर गयी। कवि स मेलन शुरू होते ही लोग वसिष्ठ को सबसे पहले सुनने को उतावले हो गये। आखिर उन्हें बुलाना पड़ा। देखा तो हृदय खिल गया उसकी विनम्रता से। स्वयं वसिष्ठ था किन्तु नहीं चाहता था कि मुँह पर उसकी प्रशंसा हो। मेरे हृदय ने पुण्यभूमि को प्रणाम किया। ऐसा सुर य-सुन्दर, गुणवान, निराभिमानी भारत में ही हो सकता है! चरित्र भी सुन्दर, सूरत भी सुन्दर, कोई अभिमान नहीं!''

व्यास ने कहा, ''जब गुण इतने सुन्दर तो आपने उन्हें अभद्र क्यों कहा?''

अरुंधती बोली, ''इसलिए कि एक दिन जब वे हमारे आश्रम में आये, केवल मैं थी। बिना जान-पहचान के, सीधे मेरे पास आकर बोले, ''मुझसे विवाह करोगी?'' मुझे उनका ऐसी ग भीर बात मुझसे करना, मेरे माता-पिता से नहीं भाया। कवि होकर भी इतने हल्के ढंग से जन्म-जन्मान्तरों की बात करना, दो आत्माओं को एक करने वाली बात करना अच्छा नहीं लगा। मुझे क्रोध आ गया। क्रोध में कह दिया, 'नहीं!' मेरे क्रोध के उत्तर में इन्हें जरा भी क्रोध नहीं आया। चुपचाप उठे और चले गये। उनका यह पौरुष मेरे हृदय पर ऐसा चढ़ा कि अगले दिन मैं इन्हें ढूंढ़ती जगह जगह फिरी। मुझे अब लग रहा था कि ये और मैं जन्म-जन्म से पति पत्नी रहे है। मेरे आँसू बहते रहे। जब साँस आनी मुश्किल हो गयी इस असह्य कल्पना से कि मेरी ना सुनने के बाद किसी अन्य लड़की के सामने यह प्रस्ताव रखा होगा और उसने स्वीकार कर लिया होगा तो मैं कैसे जीउंगी?

''ढूँढ़ते-ढूँढ़ते तीसरे दिन जाकर ये मुझे मरीचि ऋषि के आश्रम में मिले। चिन्ताग्रस्त प्रेम के कारण मैं ऐसी अविवेकी हो गयी कि बड़ों की लाज छोड़ इन्हें कुटिया के बाहर ले गयी। उत्तेजना में न जाने कैसे इन्हें उठाकर ले तो आयी पर अब उत्तेजना ने साथ छोड़ दिया। मेरी साँस फूल गयी लाज के मारे यह सोचकर कि कैसे बोलूँ! भला हो बसन्त ऋतु का। बसन्त ऋतु थी। बुरास के लाल फूलों पर मेरी दृष्टि पड़ी। बुरास के दहकते गुच्छों ने मेरा साहस बढ़ाया। एक बुंरास वृक्ष के नीचे इन्हें ले गयी और बोली। वही अस य वाक्य मुँह से निकला जो इन्होने

कल कहा था, "मुझसे विवाह करोगे ?"

"ये मुस्कराये। बहुत अबोध और मोहिनी थी मुस्कराहट। जैसे सारी दुनिया मिल गयी हो। और सूरज, चाँद, सितारो भरा आकाश भी। शालीन दिखने के इस अवसर को भी चूक गये। आँखें कह रही थी, कामना पूरी हो गयी। अब रहा क्या माँगने को।"

फिर भी इन्होने पूछा, "तु हारा हृदय कह रहा है न ?"

मैंने कहा, "हृदय भी, मस्तिष्क भी, आत्मा भी। आज तीन दिनों से लग रहा है धरती मैं हूँ तुम स्वर्ग।"

"फिर ?"

"फिर हमारा विवाह हो गया उसी वसन्त, चैत्र शुक्ल प्रतिपक्ष को। हमे अनुपम आशीर्वाद मिला भगवान विष्णु से। उन्होंने कहा, "अनन्त काल के लिए साथ रहोगे। कोई शक्ति तु हारी एकता को नहीं तोड़ पाएगी।" तु हारा जब विवाह होगा उस दिन इस आशीर्वाद को याद करना। भगवान से प्रार्थना करना। भगवान तु हें भी पत्नी के साथ ऐसी त्रिविध एकता प्राप्त हो। सच्चा दा पत्य जीवन केवल दैहिक और मानसिक एकता नहीं लाता। आत्माओं में अद्वैत स्थापित कर देता है।"

मेरे पिताजी ने सब उपस्थित अतिथियों के हित के लिए भगवान विष्णु के आशीर्वाद को स्पष्ट करते हुए कहा था, "सृष्टि के सारे रहस्य पुरुष और स्त्री में बँटे है। इनका स बन्ध रहस्यमय है। वे रहस्य भटकाते है जब तक अद्वैत स्थपित नहीं होता दोनों में। विवाह बन्धन नहीं मुक्ति है दो आत्माओं की।"

"मरीचि ऋषि बोले थे, 'जो भी संकट आते है दा पत्य जीवन में वे उनके अद्वैत को नष्ट करने के लिए आते है। वे एक-दूसरे को ही संकट का कारण समझ एक-दूसरे को दोष देने लगते है। दोष हो तो भी एक-दूसरे को दोष न देना। दोष किसमे नहीं होता। गुणो को देखोगे केवल तो अमर प्रेम पा जाओगे।"

मार्कंडेय बोले थे, "जो भी कारण बन जाएँ दोनों में द्वैत स्थापित करने के उनको दोनों की इन्द्रियाँ, मन, बुद्धि, चित्त, अहंकार अपनी मूर्खता जाने। उनमें सामर्थ नहीं है प्रेम को जानने की। जैसे ये सत्य को नहीं जान सकते, ये प्रेम को भी नहीं जान सकते।"

व्यास बोले, "आपका विवाह तो सारे संसार में आदर्श विवाह माना जाता है।"

अरुंधती ने कहा, "भगवान विष्णु ने सौ वर्ष बाद स्वयं प्रकट होकर कहा,

'ब्रह्मर्षि वसिष्ठ आप सप्त ऋषियों में एक होंगे। देवी अरुंधती नक्षत्र बन उनके निकट रहेगी। नव-विवाहितों को इनका दर्शन शुभ होगा।' उसी शुभ अवसर पर भगवान श्रीविष्णु ने इन्हें ब्रह्मर्षि नाम से पुकारा।''

कृष्ण द्वैपायन ने पूछा, ''क्या मैं भी अपनी पत्नी के साथ ऐसी त्रिविध एकता प्राप्त कर सकूँगा?''

अरुंधती ने कहा, ''तू तो पहले से ही ब्रह्म से सायुज्यता प्राप्त है व्यास विष्णुरूपाय!''

''मैं कृष्ण द्वैपायन हूँ। व्यास क्यों कहती हो माँ?''

हँसती हुई देवी अरुंधती बोली, ''आर्यावर्त का जो यह घेरा है इसमें आदिकाल से ज्ञान जागृत है। यहाँ दूर-दूर बनो, पर्वतों, ग्रामों में ऋषियों की वाणी में ज्ञान व्याकृत होता रहा है। आर्यावर्त में वे जगह-जगह ज्ञान से भरे श्लोक बोलते रहे है। वे सब श्लोक अपने-अपने क्षेत्र में आज भी बोले जा रहे है। उन सबको कौन सब दिशाओं से आकर्षित करके आर्यावर्त के हृदय भारतवर्ष में लायेगा? यह आकर्षण शक्ति तेरी आत्मा में है। तुझमें वह अद्‌भुत आसक्ति है जो हर बन्धन और हर दोष से मुक्त है। तूने तो मुझे और महर्षि जैसे अनासक्त योगियों को भी अपनी आसक्ति से खींच लिया। हम तेरे बिना अब रह नहीं सकते। कैसी आसक्ति है तेरी बावरे जो अनासक्ति भी है, जिसमें कहीं जोड़ नहीं है।''

कृष्ण द्वैपायन बोला, ''मुझे व्यास क्यों कहा माँ?''

''तुझे व्यास कहा क्योंकि तू ही वह व्यास बनेगा जो आर्यावर्त की परिधि मे, हर दिशा में व्यास बन परिधि के दो बिन्दुओं को स्वयं से ऐसे जोड़ेगा कि तू केन्द्र बन जाएगा परिधि का और परिधि पर बने हर बिन्दु का। तेरी अद्‌भुत ज्ञानासक्ति सारे ज्ञान को सब दिशाओं से खींचकर तुझमे ले आएगी। फिर तुझसे जनजन में यह सनातन सत्य फैलेगा। यह सनातन सत्य सबके कर्मों में व्यक्त होकर धर्म बनेगा- ऐसा धर्म जो प्रत्येक मनुष्य की आत्मा का स्वभाव होगा। सबकी आत्माएँ स्वतन्त्र रूप से सत्य का उद्‌घोष करेंगी किन्तु स्वतन्त्र रूप से बोलते हुए भी सब के हृदय में एक ही सत्य उदघोषित हो।''

कृष्ण द्वैपायन ने पूछा, ''यह कैसे स भव है माँ?''

अरुंधती ने उसकी आँखों में विस्मय से देखा और बोली, ''माँ की परीक्षा! तू स्वयं बताएगा यह कैसे स भव है। बोल!''

सावन के मेघ जब बरस लेते हैं, कभी कभी आकाश पर सुनहरी बिजली मधुर ध्वनि करती करती छितराए बादलों में से किसी एक में विलीन हो जाती है।

ऐसा ही कुछ हुआ जब अरुंधती की तेजस्वी वाणी कृष्ण द्वैपायन के हृदय में विलीन हो गयी।

कृष्ण द्वैपायन ने अरुंधती के आदेशानुसार सनातन धर्म की व्या या की, "जैसे एक मीठे आम का एक टुकड़ा खाकर कोई शेष टुकड़े कई लोगों को खिलाए तो उसे विश्वास रहता है कि सबको उसका स्वाद वैसा ही लगा होगा जैसा उसे लगा। सत्य की यही समरसता सनातन धर्म है। सत्य को व्यवहृत करने वाले लाखों लोगों को अनुभूति हो जाती है कि उनका धर्म एक है। सत्य को जो व्यवहृत नहीं करते वे धर्म पर लड़ते है। उन्हें धर्म के रस का अनुभव नहीं होता।"

वेदों का संकलन

देवी अरुंधती और ब्रह्मर्षि वसिष्ठ जैसे खुले आकाश तले, कृष्ण द्वैपायन की प्रतिभा ऐसी खिलती चली गयी जैसे निरभ्र रात में चाँदनी।

कृष्ण द्वैपायन देखते ही देखते पूर्ण यौवन को प्राप्त हो गये। उनके भी शिष्य हो गये। सत्य की प्यास और बढ़ गयी युवा कृष्ण द्वैपायन में। सत्य को कर्म में प्रकट करना ही उनका धर्म था। ब्रह्मर्षि और देवी अरुंधती से सुने अनेक पूर्ववर्ती ऋषियों के मन्त्र उनकी ऋत भरा बुद्धि और चेतना को ऐसे उद्वेलित कर देते जैसे घोर वर्षा भरी नदियों को बेचैन कर देती है। नदियों को अपनी चेतना नहीं रहती। आकाश से बरसता जल जिस ओर ले जाए उसी ओर नदियाँ चल देती है।

एक दिन कृष्ण द्वैपायन को पौ फटे से पहले सपना दिखाई दिया कि माँ सरस्वती उनके आश्रम में आयी है और वे चरण पकड़े उनसे रुकने का आग्रह कर रहे हैं पर वे नहीं रुक रही है। न उन्हें आरती वन्दना का अवसर दे रही है। आश्रम में घूमकर तुरन्त लौट आती है और बाहर जाते हुए कृष्ण द्वैपायन को इशारे से कोई बात समझा रही है। किन्तु वे समझ नहीं पा रहे हैं। बस इतना उन्हें लग रहा है कि कोई रहस्य की बात है। इतने में सरस्वती अपने राजहंस पर विराजित हो जाती है। कृष्ण द्वैपायन व्यथित हृदय लिए उनके पीछे भाग रहे है "माँ! माँ!" पुकारते हुए। किन्तु वे नहीं रुकती। राजहंस उड़ जाता है। कृष्ण द्वैपायन राजहंस का एक पैर पकड़ लेते है और उसके साथ उड़ने लगते है। हंस चोच से उन्हें काटता है और पैर छुड़ाने की कोशिश में पंखों से प्रचंड वायु उत्पन्न करता है। वायु अपने बल से उनका हाथ छुड़ा देती है। वे आकाश से गिरते हैं।

आँख खुली तो कृष्ण द्वैपायन ने स्वयं को गंगा के तट पर सूखी बालू में पड़ा पाया। उन्होंने देह छूकर देखा कही कोई हंस की चोच का निशान नहीं था। किन्तु हंस का एक पंख उनकी मुट्ठी में बन्द था और वे आश्रम से एक मील दूर पड़े थे। सरस्वती माँ के इशारे जो वे स्वप्न में नहीं समझ रहे थे अब पूरी तरह स्पष्ट थे। माँ ने उन्हें आदेश दिया था मन्त्रों को संकलित करने का।

अगली सुबह उन्हें तीव्र चिन्ता होने लगी कि ये मन्त्र कहीं लिखे हुए नहीं मिलते। ये अभी तो आज के ऋषियों की वाणी में हैं, कल जब ये नहीं रहेंगे और ये किसी ग्रन्थ में संकलित नहीं होंगे तो खो जाएँगे। यह अद्भुत ज्ञान जो जनता को अज्ञानान्धकार में डूबने से बचाए हुए है, कल खो जाएगा जब वे नहीं रहेंगे जिन्हें आज ये मन्त्र याद हैं।

उन्होंने सोचा सत्य का सर्वाधिक विश्वसनीय स्थान उन प्राचीन ऋषियों के हृदयों से बढ़कर दूसरा नहीं हो सकता जिन्होंने संसार के समस्त सुख त्याग कर गहन वनों में चिन्तन और तप किया। जो ऋचाएँ उनकी वर्षों मौन रही वाणी में घोर तपस्या के बाद स्वतः प्रस्फुटित हुई वे सत्य थीं। वे मन्त्रदृष्टा थे।

कृष्ण द्वैपायन को धुन लग गयी उनका संकलन करने की। अनेक शिष्य उनके पास आने लगे थे जिनके समक्ष वे उन अद्भुत सत्यों को प्रकट करते थे जो उनकी प्रज्ञा में आ जाते थे। कभी कृष्ण द्वैपायन की चेतना, कभी ऋत भरा बुद्धि और कभी प्रज्ञा ऐसे मन्त्र बोल देती थी कि कृष्ण द्वैपायन स्वयं चकित सोचते रह जाते कि क्या कोई हवा आयी है इस मन्त्र के रचेता से उनके पास इस मन्त्र को लेकर या यह मन्त्र उनके ही हृदय में कमल की तरह खिल आया है।

एक दिन उनका शिष्य पैला भोजपत्र पर कुछ ऋचाएँ बहुत सुन्दर अक्षरों में लिख कर लाया। वे सभी गूढ़ मन्त्र थे। पहला था: ''ईशावास्यमिदं सर्वम्॥ दूसरा था पूर्णस्य पूर्णमिदम्॥'' उन्होंने पैला से कहा, ''तु हें जितने मन्त्र मैंने आज तक सुनाए वे याद है?'' पैला ने कहा, ''नही गुरुदेव!'' कृष्ण द्वैपायन ने आदेश दिया, ''इन दो मन्त्रों में दो रहस्यमय सत्य व्याकृत है। इन दो सत्यों पर क्रमवार और अधिक प्रकाश डालने वाले और भी मन्त्र मिलेंगे।'' किसी भी दिशा में जाओ और जो भी मन्त्र मिल जाएँ उन्हें वस्त्रों पर लिखकर ले आओ। इसी तरह उन्होंने वैश पायन, जैमिनी, गौतम, सुमन्तु और सुकाम आदि अनेक शिष्यों को सभी दिशाओं में दौड़ा दिया। एक बार कुछ भोजपत्र मन्त्रों को लिखकर लाते हुए फट गये। तब से प्रत्येक शिष्य नौ हाथ कोरा सफेद वस्त्र अपने साथ ले जाने लगा मन्त्र लिखकर लाने को।

कृष्ण द्वैपायन को प्राचीन ऋषियों के मन्त्र कितनी भी दूरी से पुकारे उन्हें चिन्ता नहीं थी। वे बेचैन हो जाते उन प्राचीन ऋषियों तक पहुँचने को जिनकी चेतना ने प्राचीन मन्त्रों को सँभाल कर रख रखा था। उस मन्त्र को वे ले आते ऐसे सुरक्षित, जैसे निर्जन में झरते फूलों को पृथ्वी थाम लेती है।

शिष्यों की सं या बढ़ती गयी। कृष्ण द्वैपायन का विवाह जाबालि ऋषि की पुत्री पिंजला से हो गया। उन दिनों लोगों को प्राचीन ज्ञान के खो जाने का भय सताने लगा था। सारा ज्ञान मौखिक था। वह ज्ञान भारत के दूर-दूर बसे गाँवों, शहरों और जंगलों में रह रहे अनेक ज्ञानियों की स्मृति में बिखरा पड़ा था। लोग चिन्ता कर रहे थे कि कलियुग आने वाला है। उससे पहले ज्ञान को एक स्थान पर संकलित नहीं किया गया तो ज्ञान की यह विपुल स पदा खो जायगी। बहुत से ज्ञानी जिनकी स्मृति में बहुमूल्य श्लोक संकलित थे स्वर्ग सिधार चुके थे। बहुतों को मन्त्रों का संकलन असाध्य लगने लगा था।

सभी प्रबल स्मृति वाले शिष्य थे। सत्य को जानने की जिज्ञासा विकट थी। यौवन की उत्ताल तरंगे साथ थी। दिन रात इस कार्य में लगे रहते कृष्ण द्वैपायन के साथ पैला, जैमिनी, सुमन्तु, गौतम, वैश पायन, सुकाम और शुकदेव जैसे विद्वान शिष्य। सबके सब मानवजाति को ज्ञानी बनाने के लक्ष्य को अपना सर्वस्व दे देने का संकल्प किये हुए थे। कोई अड़चन उनके लिए अड़चन नहीं थी। ऊँचे पर्वतों के पार, घने बनो में मार्ग बनाते हुए, हिंसक पशुओ की पर्वाह किये बिना, संसार से विरक्त, ज्ञान साधना में लगे जिस किसी ज्ञानी, ध्यानी ऋषि के पास एक प्राचीन मन्त्र होने की भी सूचना मिल जाती इनमें से कोई महीनो की यात्रा करके भी पहुँच जाता, केवल वह मन्त्र लेने के लिए।

उन युवा ऋषियों का सर्वस्व ज्ञान ही तो था। मन्त्रों को प्राप्त करने के लिए वे कठिन प्रयत्न से विरक्त नहीं हो सकते थे। ये मन्त्र ही तो वह अमूल्य निधि थे जो हमारे आदि ऋषियों की मेधा, प्रज्ञा या ऋत भरा बुद्धि में प्रकट हुए थे, उस काल में जब पवित्र भाव और आचरण वाले मनुष्यों और देवताओं के बीच आना जाना था। उनकी कठिनाई अवर्णीय थी तो उनके साहस की भी कोई उपमा नहीं थी। उनके बलिदान भी उनके साहस की तरह प्रशंसा के मोह से रिक्त थे।

उन मन्त्रों को वर्गों में विभाजित करने के लिए उन्होंने एक बन में घुसने का दृष्टान्त दिया। "समझ लो तुम एक बन में घुस रहे हो। धीरे-धीरे इस बन की विशेषताएँ दृष्टि के सामने प्रकट होती है, जैसे कौन से वृक्ष इसमें सर्वाधिक हैं कौन से वन्य पशु इसमें मिले। कौन से पक्षी बसेरा किए हुए है। कितने झरने है। कोई नदी बीच से बहती है या नहीं। कोई स्रोत ऐसा है या नहीं जिसका उदगम नहीं मिलता, आदि आदि। सत्य के गहन बन में इसी तरह ऋषियों ने प्रवेश किया। यही कारण है कि इन मन्त्रों में एक क्रम है, सत्य के बढ़ते चरणों के चरणचिह्न हैं। इस क्रम के अनुसार हमे इनको ग्रन्थो के रूप में संकलित करना है। इस तरह कि

हर मन्त्र अगले मन्त्र की कुंजी हो। इन मन्त्रों का क्रमवार अध्ययन करने से अनेक मन्त्रों में कोई एक सत्य पूरी तरह व्याकृत हुआ मिलेगा। ऐसे मन्त्रों कोजो वन की गहराई की तरह सत्य की गहराई को शनैः-शनैः प्रकट करते है आरण्यक नाम से तुम संकलित कर सकते हो, जो मन्त्र किसी यज्ञ के विधान को क्रमवार समझाते है उन्हें उस यज्ञ के नाम से संकलित करना है। जो स्तुति मन्त्र है उन्हें भी देवता-वार संकलित करना है।''

सभी शिष्यों द्वारा लाये गये मन्त्रों को विभाजित किया गया। सबसे पहले ऋग्वेद में उन मन्त्रों को संजोया गया जिनमें देवताओं की स्तुति थी प्रत्येक देवता की स्तुति इतनी श्रद्धा से की गयी थी मानो वही परब्रह्म हो। यह पूर्ण श्रद्धा का भाव बहुत सहायक रहा अनेक देवताओं के प्रति भक्ति को परब्रह्म की भक्ति में उत्तीर्ण करने मे। इस तरह यह द्वन्द्व ही मिट गया भारतीय ज्ञान-पर परा से कि ईश्वर एक है या अनेक। वह एक भी है अनेक भी। सत्य यह है कि वह सं याओं के संकीर्ण गणित में सीमित हुई बुद्धि में आ नहीं सकता, जो उसे एक कहते है वे भी उतने ही अँधेरे में फँसे हुए है जितने वे जो उसे अनेक कहते हैं। सं या के खेल से उपर उठनेवाला उसे जान सकता है क्योंकि ईश्वर अद्वैत है, किन्तु एक नही।

गेय मन्त्रों को सामवेद नाम से संकलित किया गया। जैमिनी को संगीत का अच्छा ज्ञान था और सुमन्तु का कंठ बहुत सुरीला था। उसका कंठ भावो की विभिन्नता को अलग-अलग व्यक्त करने में निपुण था। विपरीत भावो (जैसे करुण-रौद्र, प्रेम-वियोग, भक्ति-बीभत्स, वीर-भयंकर, शृंगार-वात्सल्य, अद्‌भुत-हास्य) को बिना सुर बदले गा सकता था। सप्तम से प्रथम सुर पर उसका कंठ बीच के सुरो को छोड़ता हुआ पहुँचने की क्षमता रखता था। बिना श्रोता में कोई राजसिक भाव जगाए, वह घण्टो आनन्द, भव्य, करुण, शान्त आदि सात्विक भावों को पूरी तन्मयता से गा सकता था। विभाव (किसी भाव का कारण), संचारी भाव (क्षणिक अनु-भाव जो प्रमुख भाव में विघ्न नहीं डालते), आल बन, उद्दीपन के अन्तरों का जैमिनी और सुमन्तु दोनों को पर्याप्त ज्ञान था। सत्य का स्वरूप व्यक्त करने वाले, दार्शनिक मन्त्र उपनिषद् कहलाये। इन्हें वेदों के अन्त में जोड़ा गया।

वैदिक ऋषियों की प्रज्ञा में जो मन्त्र अवतरित हुए थे उन्हें संकलित करना और गुण व उपयोग के आधार पर चार वेदों में विभाजित करने का महान कर्म कृष्ण द्वैपायन ने शुरू किया। पैला, वैश पायन, जैमिनी, गौतम, सुमन्तु और सुकाम जैसे अनेक शिष्यों को इस काम में लगा कर, उन्होंने सनातन सत्य को

व्यवहार में प्रयुक्त करनेवाला सत्य बनाया। परम सत्य और सांसारिक सत्य के बीच की खाई को पाट दिया। संसार यात्रा में भी उन्हीं मन्त्रों को सहायक बताया जो उर्ध्वलोकों की प्राप्ति में सहायक होते है। इस तरह द्वापर में भी सत्युग और त्रेता की तरह ही भारत के गांवो और शहरों में प्रतिदिन भोर होते ही वातावरण मन्त्र ध्वनि से पवित्र होने लगा। परम सत्य और व्यवहारिक सत्य के भेद को दूर करने वाले अनेक गुरु मानवजाति को दिए व्यास पर परा ने।

अपने शिष्यों वैश पायन, पैला, शुकदेव, जैमिनी आदि को उन्होंने चारों दिशाओं में दौड़ा दिया इस आदेश के साथ कि जहाँ भी प्राचीन मन्त्र किसी को याद हो वे लिखकर ले आएँ। कृष्ण द्वैपायन भी हिमालय की ओर स्वयं यह कार्य करने चल दिये। वाराणसी, प्रयाग, हरिद्वार, ऋषिकेश और स पूर्ण हिमालय से मन्त्र एकत्रित करने का काम उन्होंने अपने हाथों में ले लिया।

इस तरह उन्होंने पवित्र मन्त्रों का संकलन कराया, और उनका चार वेदों में विभाजन किया। फिर उनके भाष्य लिखकर उन्हें जनजन के लिए सरल और स्पष्ट किया। वेदों से छाँटे गये मन्त्रों के आधार पर मीमांसा दर्शन की नीव डालने वाले जैमिनी ऋषि को यह कार्य करते हुए एक यात्रा में जंगली हाथी ने कुचल कर मार डाला।

तब अरुंधती से कृष्ण द्वैपायन ने कहा, ''माँ आपने एक दिन कहा था कि मैं व्यास और केन्द्र दोनों बनू आर्यावर्त में बिखरे मन्त्रों का। चारों दिशाओं में बिखरे मन्त्र खिंचकर मेरे हृदय में भर जाएँ। लाखों वर्षों से मन्त्रदृष्टा ऋषि जन्म ले रहे है आर्यावर्त मे। दूर-दूर न जाने कहाँ कहाँ उन मन्त्रों के ज्ञाता पड़े होगे। आपके आशीर्वाद से, इस कार्य को करने में मेरे शिष्य और मैं सफल हो गये है।

देवि अरुंधती प्रसन्न होकर बोली, ''वत्स! लोग तु हें वेद व्यास के नाम से जाने!''

खोए व्यास को खोजती अरुंधती

"जो सूर्य की तरह सत्य को प्रकाशित करता है, जीवों को रक्तपात से रोकता है, परिचितों और अपरिचितों की हर तरह से सहायता करता है, जिससे वार्ता करके सब जीवन-संघर्ष में सफल हो जाते है, जो प्रकृति की तरह अटल है, बदलता नहीं, आत्मा की तरह अकारण उल्लास का स्रोत है, वह कृष्ण द्वैपायन कहाँ है ? मेरा वेद व्यास!" पथ पर राह चलते हुए से पूछ रही थी अरुंधती देवी।

किसी को कुछ पता नहीं था। लोग उनके प्रेमविह्वल आनन को देख आनन्दमग्न हो रहे थे। बेसुधी में अरुंधती की भव्यता और उभर आयी थी, जैसे ऊँचे पर्वतो पर शुद्ध जल की वर्षा नदियों के जल को और भी उजला कर देता है। ऐसा लग रहा था मानो अरुंधती समाधिस्थ अवस्था में चल रही हों। लोग धन्य हो रहे थे उन्हें इस तरह मार्ग चलतों से बात करते देख। एक युवक ने घोड़े से उतर कर उनके चरणों में प्रणाम किया और उनसे कहा, "जगजननी! कहीं भी गये हो कृष्ण द्वैपायन वेद व्यास, मैं ढूँढ़कर लाऊँगा उन्हें।"

अरुंधती उसके पास आ गयी। कुछ देर प्रेमविह्वल आँखों से उसे देखा। उसे कंठ से लगाया और बोली, "तू ही तो है कृष्ण द्वैपायन! मुझे छल रहा है। मेरी आँखें धुँधला गयी है बावरे! पर इतनी नहीं कि तुझे पहचान न सकूँ।"

फिर समाधि टूट गयी तो उस अश्वारोही से बोली, "तुम मत जाना अश्वारोही मेरे कृष्ण द्वैपायन को ढूँढ़ने! तु हारी माँ को दुख होगा। वह मुझे स्वार्थिनी कहेगी।"

दो महीने बाद कृष्ण द्वैपायन व्यास जब दूर हिमालय से लौटे तो लोगों ने बताया "प्रेम विह्वल अरुंधती माँ तु हें ढूँढ़ती फिर रही थी।"

व्यास को यह आशा नहीं थी कि माँ जैसी तपस्विनी भी उनके कारण वात्सल्य-वियोग में बौरा जाएँगी। स्वयं को उन्हें दुख देने का अपराधी मान उनके डर के मारे व्यास र भावन में छुप गये।

अरुंधती परम ज्ञानी थी। उनकी अतीन्द्रियाँ भी जागृत थी। व्यास को उन्होंने

इतना खोजा था, किन्तु अतीन्द्रियों की सहायता नहीं ली थी। देवी अरुंधती ने गृहस्थ जीवन केवल सामान्य मानवी शक्तियों के सहारे जीया था। अतीन्द्रियाँ उनकी सहेलियाँ थी। आत्मा ने कभी उनकी सहायता नहीं ली थी। उनकी आत्मा अतीन्द्रियों से और अन्तःकरण से भी वैराग्य ले चुकी थी। अद्‌भुत था उनका और महर्षि वसिष्ठ का ज्ञान जिसने प्रेम का वह एकत्व जान लिया था जो पूर्णज्ञान से भी ऊपर है, जो पूर्ण ज्ञान को मलिन नहीं करता, वरन पूर्णता और अपूर्णता के द्वैत से मुक्त कर देता है। एक चमत्कार ही था उनका तप, ध्यान और ज्ञान कि उनकी और उनके पति महर्षि वसिष्ठ की आत्माएँ एक प्रेमात्मा में बदल, एक प्रेमात्मा होकर ब्रह्म में इस तरह विलीन हो चुकी थी कि वे जब चाहते दो शरीरों की तरह व्यवहार करते और जब चाहते, देह क्या अन्तःकरण से भी विरक्त हो, परब्रह्म में विलीन हो जाते। उनका कहना था कि मोक्ष स्वर्ग से भी ऊपर कोई लोक नहीं है जहाँ से मुक्त आत्माएँ कही और आ जा नहीं सकती, या स्वेच्छा से कुछ नहीं कर सकती। वसिष्ठ अरुंधती के हृदयों की वैराग्य दशा इतनी सध चुकी थी कि कभी–कभी जब वे वैराग्य को त्याग देते तो वैराग्य की कोई मौलिक अवस्था स्वतः उनका वरण कर लेती। स्वयं को पवित्र रखने के लिए उन्हें न वैराग्य की आवश्यकता रह गयी थी न संसारी मलिनता से बचने की। उनका आत्मरमण आनन्द निर्झर हो गया था जिसमें निरंतर नहाते हुए न वे एक थे न दो। उनका एकत्व गणित का एकत्व नहीं था। यह एकत्व दोनों ने नक्षत्र बनने से पहले ही प्राप्त कर लिया था।

जब व्यास र भावन में छुप रहे थे तो अरुंधती को अनुभव हो गया कि कृष्ण द्वैपायन व्यास घर लौट आया है। अभी व्यास के साथ पुराना नाम कृष्ण द्वैपायन भी चल रहा था। उनके विशाल वंश के दो ही दीप बचे थे। दोनों उनके आश्रम में उजाला किये हुए थे। अनासक्त होते हुए भी उनका एक–दूसरे से प्रेम योग–वियोग से ऊपर की स्थिति थी, जिसके साक्षी केवल सदासत्य ब्रह्म थे।

अरुंधती–वसिष्ठ युगल उन तपस्वियों में नहीं थे जो संसारी प्रेम स बन्धों से रिक्त हो जाते है। उनके संबध अपने प्रियजनो से प्रगाढ़ थे। उनके हित में ही नहीं, समग्र जीवों की मंगलकामना में मगन था उनका प्रेम। अपने प्रियजनों से किसी सुख की इच्छा नहीं थी। उनके प्रति प्रेम से जो उजाला उनके हृदय में हो जाता वही उनके प्रेम के लिए पर्याप्त था। न आसक्ति की कोई डोर थी न अपेक्षा की। वे याद करे न करे उसका उनपर कोई प्रभाव न पड़ता। नकारात्मक भावनाओं और स्वत्व से निकले बन्धनों से सर्वथा मुक्त था उनका प्रेम।

वे र भावन में गयी। प्रेम से भरी ऐसी दृष्टि व्यास ने उनकी आँखों में देखी कि व्यास को प्रेमी अग्रजों के भय से छुपना छिपाना बच्चों का खेल लगने लगा। उस निस्वार्थ, निष्काम, निश्छल प्रेम भरी एक दृष्टि ने ही व्यास को उस प्रेम से परिचित करा दिया जो मोह से भी गाढ़ा है मगर चिपकता नहीं।

गृहस्थ मार्ग से वसिष्ठ-अरुंधती की मुक्ति

स्त्रीपुरुष का सच्चा प्रेम ही गृहस्थ-जीवन का मोक्ष-मार्ग है, जो दोनों को दुखों से मुक्त कर, अमर प्रेम को स्वप्न से उठाकर उनके जीवन का यथार्थ बना देता है। व्यास के पूर्वज महर्षिवसिष्ठ और अरुंधती के सच्चे प्रेम ने उन्हें इतनी शक्ति दे दी कि अपार विपत्तियाँ आने पर भी उनके पग धर्मपथ से नहीं डिगे। उन्होंने संसार से प्राप्त शस्त्रों—प्रतिशोध, क्रोध, घृणा, ईर्ष्या, द्वेष, भय, हिंसा, धूर्तता, विश्वासघात आदि—का उपयोग नहीं किया। सच्चे प्रेम के कारण कठिन परीक्षा लेनेवाला संसार चक्र उन्हें बदल नहीं पाया। उन्होंने संसार के कटु यथार्थ को मीठे झूठ से कभी नहीं ढँका। संसार-गति को उन्होंने सत्य मानकर कभी भी उसके आगे घुटने नहीं टेके। संसार गति का सहारा लेकर जिन्होंने उनके हृदय को झुकाना चाहा वे स्वयं उनके आगे झुके। संसार-गति से उनकी सत्य-गति को तोड़ने पर जो कटिबद्ध थे उन्हें पश्चाताप हुआ। वे पराजित हुए और संसार-गति की निस्सारता को पहचानकर उन्होंने भी धर्मपथ अपना लिया। वसिष्ठ-अरुंधती की सन्तान को नष्ट करके जो हंसे थे वे स्वयं अपनी क्रूरता पर लज्जित हो गये।

महर्षिवसिष्ठ और अरुंधती पति-पत्नी की जोड़ी ने गृहस्थयोग से मुक्ति मार्ग प्रशस्त किया। यह कितना कठिन था इसका अनुमान लगाना भी उतना ही कठिन है। जितने सुन्दर वे दोनों थे उतनी सुन्दर घटनाएँ उनके जीवन में नहीं घटी। महर्षि विश्वामित्र को उनसे ऐसी भयानक डाह हो गयी कि वे उन्हें अकारण दुख देते ही चले गये। किन्तु एक दिन उनके जीवन में आया जब उनकी संसार-गति की वीभत्सता ने उनके ही हृदय को असहाय और दुर्बल कर दिया। वे जान गये कि संसारगति के सहारे मिली जीत एक दिन स्वत: पराजय बन जाती है।

विश्वामित्र-वसिष्ठ का बैर भी नष्ट हो चुका था। उन्होंने वसिष्ठजी को याद दिलाया था कि हिमालय में निषद पर्वत पर देवदार के घने बन में भगवान ब्रह्मा ने संसार-गतिकी वास्तविकता का अनुभव उन दोनों को कराया था यह कह कर, "सुनहरे बादलों से बने स्वर्ण जैसी निस्सार है संसारगति।" महर्षि विश्वामित्र

'योग वसिष्ठ' ग्रन्थ भी तब तक पढ़ चुके थे, जिसमें उन्होंने श्रीराम को स्पष्ट किया था कि क्यों सच्चे प्रेमपथ पर चलने वाले पति-पत्नी के गृहस्थ जीवन को संसारगति नहीं कहा जा सकता। पहले विश्वामित्र को आपत्ति थी गृहस्थ द पत्ती अरुंधती-वसिष्ठ की महानता को स्वीकार करने में, क्योंकि वे गृहस्थ जीवन को पवित्र नहीं मानते थे। योग वसिष्ठ पढ़ने के बाद उनकी समस्त शंकाओं का निवारण हो गया था।

गृहस्थ जीवन की पवित्रता का उपदेश वसिष्ठजी से सुनने के बाद ही श्रीराम को वैराग्य की आवश्यकता महसूस होनी बन्द हुई थी। इस उपदेश से पहले श्रीराम को गृहस्थ मार्ग को मोक्ष मार्ग मानने में असुविधा हो रही थी। उन्हें वसिष्ठ जैसे ज्ञानी के उपदेशों को सुनकर भी भरोसा नहीं हो रहा था कि उन्हें वैराग्य लेने की आवश्यकता नहीं है।

प्रेमऋषि नारद कहते है, ''नास्तिक वह है जो भगवान का नाम बार-बार लेता है किन्तु ईश्वर के प्रेम, दया, क्षमा, सत्य, शिव, सुन्दर आदि गुण अपने चरित्र में विकसित नहीं करता। ईश्वर के गुण जिस मनुष्य में पाता है, उस मनुष्य का ही नाश करता है। जिसमे राक्षसों के गुण पाता है उसे अपना गुरु मानता है नास्तिक। ईर्ष्या, द्वेष, घृणा, क्रूरता, झूठ, लोभ, अन्धी-कामुकता नास्तिक के गुण है।''

प्रेमऋषि नारद यह भी कहते हैं कि सच्चे प्रेम का वर्णन नहीं हो सकता। दुष्ट पुरुष कवियों की सुन्दर पंक्तियाँ सुनाकर सुन्दरियों को अपने अनुकूल कर लेते है। किन्तु उसके बाद अपने झूठे अश्लील प्रेम से सुन्दरियों के प्रेम को अपवित्र करके घृणा में बदल देते है। सत्य का पथ और धर्म का पथ दो है किन्तु दोनों से उपलब्धि एक ही है—सच्चा प्रेम।

ब्रह्मर्षि वसिष्ठ ने व्यास को यह अन्तिम उपदेश दिया था : ''संसार में विद्वानों का एक ऐसा समाज सदा रहा है जिसकी बुद्धि ईश्वरप्रदत्त-प्रतिभा से ईर्ष्या करके नास्तिक हो जाती है। नास्तिक भावों का उद्गम है कारणशरीर, जो सूक्ष्मशरीर से भी सूक्ष्म है। असत्य, अनृत और ईष्यादि मनुष्यत्वनाशी कर्मो से बनता है कारणशरीर। कारणशरीर के कर्म ईश्वरप्रदत्त गुणो के उल्टे होते है। ईश्वर में अनादि और अनन्त प्रेम है तो कारणशरीर में ईर्ष्या जो न अनादि हो सकती है न अनन्त। कारणशरीर आत्मा को और मनुष्य के सद्गुणों को ढँक लेता है और मृत्यु के बाद भी आत्मा से अलग नहीं होता। ईश्वर अनिर्वचनीय है तो कारण शरीर अनिर्वाच्य है। ईश्वर मायापति है तो यह माया है।

''ईश्वरप्रदत्त-प्रतिभा से ईर्ष्या करने वाला विद्वान नास्तिक होता है। ऐसे विद्वानों की बुद्धि उन्हें देशद्रोह, भाषा-द्रोह, संस्कृति-द्रोह, धर्म-द्रोह करना सिखाती है। नास्तिक विद्वान समाज और शासन की शक्ति अधर्म की सेवा में लगवाकर सत्य और धर्म विरोधी कर्म करता है।''

अरुंधती के पिता ऋषि मेघातिथि ने पुत्री को विवाह के समय नास्तिक विद्वानों के तीनविकार बताए थे—वे स्त्री को धन समझते है, और उससे सदा सशंकित रहते हैं। नास्तिक विद्वान सच्चे विद्वान को सच्चे विद्वान से लड़वाकर संसार में सत्य की शक्ति को क्षीण करते है। तीसरा विकार है शासकीय सुरक्षा की आवश्यकता। नास्तिक विद्वान उपरोक्त पाप करने के कारण भयग्रस्त रहते है और राजा को प्रसन्न करते है इस आशा में कि राजा उनकी रक्षा हेतु कुछ सैनिक नियुक्त कर दे।

वसिष्ठ और अरुंधती को जीवन में जो भी दुख मिले, उन्होंने उन सभी दुखों पर, बिना हृदय की कोमलता खोये, विजय प्राप्त की। यह लगता ही नहीं था कि उनके जीवन में इतने दारूण दुख थे। इस द पति ने परमहंस गति गृहस्थ जीवन में प्राप्त की।

देहावसान के बाद वसिष्ठ सप्तऋषियों में एक हुए और अरुंधती सदा उनके निकट रहनेवाला अरुंधती नक्षत्र हो गयी।

ऋषि जाबालि

क्रोध के लिए प्रसिद्ध जाबालि ऋषि और उनकी पत्नी हिन्द्रालिनी की पुत्री पिंजला का विवाह महर्षि व्यास से हुआ था। एक दिन जब ऋषि जाबालि तप कर रहे थे तो उनपर एक चिड़िया ने बीट कर दी। उन्होंने चिड़िया को क्रोध से देखा और वह भस्म हो गयी। फिर एक दिन उन्होंने एक स्त्री पर क्रोध किया जिसने उन्हें भिक्षा देने में देर कर दी। उस स्त्री ने उनसे कहा, ''पूज्य ऋषि मैं चिड़िया नहीं जो आपके क्रोध से भस्म हो जाऊँ। मैं पतिव्रता हूँ। मेरी तपस्या, मेरे ध्यान का केन्द्र, मेरे तप का फल केवल मेरा पति है। वही मेरा सोम और सूर्य है। मैं आपसे बात अवश्य कर रही हूँ किन्तु मेरे नेत्र आपको पहचान नहीं पाएँगे यदि आप फिर कभी मेरे द्वार पर आये, क्योंकि इनमें केवल एक पुरुष की छवि बसी है। इसे अविनय न समझ लीजिएगा, क्योंकि मैं अपने पति की योगिनी हूँ। मेरी दृष्टि में केवल एक पुरुष है। वही मेरा ब्रह्म है।''

जाबालि ऋषि स्त भित रह गये। किसी ने आजतक उनके मुँह पर इतनी निर्दोषिता और पवित्रता के साथ उनके दोष नहीं गिनाये थे। विचित्र बात यह थी कि श्राप देने में तत्पर उनके मन में कोई उत्साह या साहस नहीं था उसे श्राप देने का। उन्होंने पूछा, ''चिड़िया वाली घटना तु हें कैसे पता चली?''

''पति पूजा से मुझे वह दिव्यदृष्टि प्राप्त हुई है कि मेरी दृष्टि से दूर घटी घटना भी मुझे दिख जाती है।''

यह सुनकर जाबालि का क्रोध जाता रहा। वर्षों बाद उनके चेहरे पर सौ यता प्रकट हुई। उन्होंने उस स्त्री से ज्ञान की भिक्षा माँगी तो उसने कहा, ''ऋषिवर अभी तो मैं पति की सेवा कर रही हूँ। आप मुझपर क्रोध करके अपनी हानि कर चुके है, इसका मुझे दुख है। आप बाजार जाइये। वहाँ एक बहेलिया आया है। वह आपको पहला ज्ञान देगा। फिर आपको माता-पिता की सेवा करने की प्रेरणा होगी। वे अकेले असहाय और अति वृद्ध हैं। आपने उन्हें अकेला असहाय छोड़कर संन्यास ले लिया था। जब आप उनकी सेवा कर लेंगे तो आपको

सांसारिक सदाचार का ज्ञान होगा। उसके बाद आप तपस्या करेंगे। वह आपको फलेगी।''

जाबालि को वह बहेलिया बाजार में मिला। वैसा ही हुआ जैसा उस स्त्री ने कहा था। सच्चे मन से जाबालि ने माता-पिता की सेवा की तो उनका दुख और सन्ताप चला गया। माता-पिता स्वर्ग सिधार गये। उनका हृदय माता-पिता की सेवा में ऐसा तल्लीन हो गया था कि उनके वियोग में जाबालि रात भर उन्हें याद कर रोते रहे। रोते हुए उन्हें ज्ञान हुआ कि जिन्होंने जन्म दिया उनके प्रति प्रेम, श्रद्धा और सेवा से ही संसार का सच्चा ज्ञान मनुष्य को होता है। अन्यथा संसार उसे छल लेता है। वे यह भी जान गये कि संसार का सच्चा ज्ञान ही मनुष्य को संसार से निवृत्त करता है। संसार से जो भाग जाता है उसे संसार पकड़े रहता है।

नारद, वसिष्ठ और याज्ञवल्क आदि अनेक ज्ञानियों ने कहा है, संसार का सच्चा ज्ञान संसार के प्रति अपना कर्तव्य पूरा करने से होता है। संसार में सत्य का शासन दृढ़ करने के लिए सत्य को कर्म बनाना अनिवार्य है, जो मनुष्य अपने सत्यनिष्ठ कर्म से संसार को उस संसार से अधिक सुन्दर छोड़कर जाता है जिस संसार में वह आया था उसे संसार अपने बन्धन से मुक्त कर देता है।

ऋषि जाबालि में आए परिवर्तन से प्रसन्न होकर गाँव वालों ने अपने गांव का नाम जाबालि के नाम पर जबलपुर रख लिया। आज वही गांव जबलपुर नाम का शहर है।

ऋषि जाबालि का दर्शन भारत के अध्यात्मिक ज्ञान धारा से हटकर था। वे इन्द्रियों के दमन को इन्द्रियों पर विजय समझते है। व्यास ने कहा इन्द्रियों पर विजय इन्द्रिय दमन से नहीं मिलती। इन्द्रियों पर विजय उसे मिलती है, जो इन्द्रियों को मन, बुद्धि, चित्त या अहंकार का दास नहीं बनाता केवल अपनी आत्मा का दास बनाता है। आत्मा ईश्वर का अंश है। इस कारण इन्द्रियों को आत्मा का दास बनाने वाला स्वत: ईश्वर से प्रेम करने लगता है।

वनस्पति विज्ञान और जीव विज्ञान के क्षेत्र में भी जाबालि ने कुछ आविष्कार किये। वे इन विषयों पर भी खोज कर रहे थे कि पंचभूत किस अनुपात में मिलाने से मानव शरीर बनता है? क्या पंचभूतों का असमान मिश्रण एक मनुष्य को अच्छा और दूसरे को दुष्ट बना देता है?

डार्विन के पूर्वज कहे जा सकते है जाबालि ऋषि। उन्होंने डार्विन से पहले कहा था कि एक ही जीवनशक्ति अनेक शाखाओं में बँटकर मनुष्य, पशु, पक्षी, कीट पतंग और वनस्पति हुई है।

जाबालि ऋषि के हृदय परिवर्तन की चेष्टा

एक दिन सौती उग्रश्रवा और वैश पायन ऋषि जाबालि के पास गये, महर्षि व्यास के प्रति उनका विद्वेष छुड़वाने के लिए।

उन्हें सुनकर जाबालि ऋषि बोले, ''मेरा क्रोध अब वैसा नहीं रहा। एक पतिव्रता ने अपने सत् से मेरा चरित्र ही बदल दिया। किन्तु व्यास पर मुझे क्रोध आता है और दया भी। इतना ज्ञानि होकर भी वह अपनी माँ सत्यवती में अन्धश्रद्धा क्यों रखते है?''

सौती और वैश पायन हतप्रभ रह गये। उनकी वाणी ही जाबालि से विरक्त हो गयी। फिर भी उन्होंने स्पष्ट कहा, ''गुरु व्यास समस्त वासनाओ को जीतकर अपने वश में कर चुके है। उन्हें कोई वासना अपने वश में नहीं कर पाती। वे सब वासनाओं से काम ले सकते हैं, किन्तु कोई वासना उनसे काम नहीं ले सकती।''

जाबालि ने फिर दृढ़ता से कहा, ''महाभारत चरित्र निर्माण करने वाला अनुकरणीय ग्रन्थ नहीं है।''

सौती उग्रश्रवा ने कहा, ''हमारे गुरु महर्षि व्यास ने 'जय' नामक 24000 श्लोकों का अध्यात्मिक ग्रन्थ बनाया था। उनका उद्देश्य भारतियों का चरित्र निर्माण ही है। बाद में उन्होंने इसमें 76,000 श्लोक और जोड़े। उन्होंने बोले और हमने लिखे। उनमें कथानक, चरित्र-चित्रण, शैली, भाषादि सब महर्षि व्यास द्वारा रचित है। ये सब कथाएँ और घटनाएँ हमारे गुरु के मुख से सुनकर ही हमने लिखी है।''

वैश पायन ने कहा, ''पहले 24000 श्लोक गणेशजी ने गुरुजी के मुख से सुनकर लिखे थे। बाद के 76000 श्लोक महर्षि बोलते गये, हम लिखते गये।''

''फिर लोग क्यों कहते है कि व्यास ने केवल 24000 श्लोक लिखे, शेष 76000 हजार तुमने लिखे है। तुमने इसमे अवश्य अपनी ओर से भी कुछ जोड़ा होगा?''

''नहीं ऋषिवर।''

"जहाँ तुम भूल जाते होगे वहाँ अवश्य अपनी ओर से जोड़ देते होगे ?"

नही ऋषिवर! हम अपने गुरु का बोला हुआ एक भी वाक्य नहीं भूले है आज तक। हमारी स्मृति बहुत प्रखर है। हमें चारों वेद और सारे उपनिषद कंठस्थ है। लोगों को अवश्य भ्रान्ति हुई है।'

"76000 श्लोकों में लिखा क्या है ?"

"पहले 'जय' नाम से यह एक अध्यात्मिक ग्रन्थ था, जिसे गुरुजी ने गणेश जी से बोलकर लिखवाया था। एक लाख श्लोकों के इस ग्रन्थ का नाम अब 'महाभारत' है। छियत्तर हजार श्लोकों में गुरुवर ने भारतवर्ष के लोगों के यथार्थ जीवन को जैसा देखा वैसा लिखाया। यह कथा है मैत्री, शत्रुता और युद्ध की। अन्धविश्वासो की और विश्वासों की। यह एक समुद्र है महर्षि के अनुभवों का। वे चाहते है कि लोग अपने वास्तविक चरित्र को उस सत्य के आलोक में परखे जो महर्षि ने 'जय' में लिखा, और देखे कि हम भारतीयों का यथार्थ जीवन कितना सत्य पथ से हट गया है और सत्यपथ पर आने की चेष्टा करे। महाभारत उनके सत्य से पतन की कथा है। इसे सत्य मान लेगे तो जीवन इतना ही अर्थहीन हो जाएगा जितना महाभारत के अन्त में हो गया।"

"भारत के तत्कालीन इतिहास और वास्तविकता को दर्शाने वाले इन छियत्तर हजार श्लोकों को जोड़ने से 'जय' ग्रन्थ 'महाभारत' नामक ग्रन्थ हो गया। इस तरह आर्यावर्त के यथार्थ और आदर्श दोनों का ग्रन्थ बन गया है। यथार्थ जीवन और आदर्श जीवन के बीच की दूरी का सजीव चित्रण है 'महाभारत'। नाम परिवर्तन भी 'जय' से 'महाभारत' गुरुदेव की सहमति से ही किया।"

"यदि नाम बदलने में तु हारे गुरु की सहमति थी तो यह उनकी त्रुटि है। 'जय' नाम अच्छे चरित्र का स्मरण कराता है, जबकि 'महाभारत' नाम उस युद्ध में हुए अनावश्यक नरसंहार का स्मरण कराता है।"

सौती : "महर्षि व्यास का उद्देश्य यही था कि लोग समझे कि महाभारत के नायकों के चरित्रों में क्या कमी रही जिस कारण अधिकांश वीर मारे गये और जो बचे उन्हें भी सुख न मिल सका। उन्होंने यह भी बताना चाहा कि मनुष्य को जीवन के हर कर्म में सत्य का अनुसरण करना चाहिए।"

जाबालि: "तु हें यह बात नायकों के मुँह से कहलानी चाहिए थी। तब भावी संतति आत्मयज्ञ करके अपने चरित्र से झूठे अभिमान आदि दुर्गुणों को दूर करती जिनके कारण इतने वीरों की जाने गयी। भारत वीरो से रिक्त हो गया। विजय का सुख नहीं मिला। आर्य अनार्यों से पराजित होने लगे। भारत की सन्तति ने पूर्वज

आर्यों के विनाश से शिक्षा नहीं ली। आज अभिमानी, अदूरदर्शी योद्धाओं का अनुकरण कर रहे है अधिकांश लोग।''

वैश पायन : ''ऋषिवर सारा महाभारत का घटनाक्रम और कथा प्रवाह यह कह रहा है कि केवल सत्य और सद्गुणों की विजय होती है इस संसार में भी। महाकाव्य में स भाषण से कम, कथा प्रवाह से अधिक पाठक को ज्ञात होता है मनुष्य के आदर्श गुण क्या हैं।''

क्रोध को दबाते-दबाते भी जाबालि को क्रोध आ गया, ''लेखक जो लिखना चाहता है अक्सर यथार्थ उसका उल्टा निकलता है। तु हें अनुभव के आधार पर यह कह रहा हूँ। तुम जानते भी हो सामूहिक बुराइयाँ कैसे दूर की जा सकती है?''

वैश पायन, ''जी ऋषिवर! हर मनुष्य की आत्मा आत्मबलि दे अपने समग्र चारीत्रिक दोषों में। और दोषों को आदेश दे कि वे भी एक-दूसरे में आत्मबलि दे। दोष न तो परस्पर जुड़कर संगठित हों, न परस्पर लड़े। इसका फल यह होगा कि दोष एक-दूसरे को निष्प्रभ और तटस्थ कर देगे। इस आत्मयज्ञ को रोज करने से भारतीयों की चारित्रिक कमजोरियाँ दूर होती चली जाएँगी और एक दिन विवेक उनके चरित्र का मेरुदंड बन जाएगा।''

जाबालि: ''जिस दिन ऐसा चरित्र बन जाएगा भारतीयों का उस दिन भारत विवेक और मनुष्यत्व से भरा एक आदर्श देश हो जाएगा।''

लौटकर सौती उग्रश्रवा ने महर्षि व्यास से कुछ संकोच के साथ पूछा, ''आत्मा द्वारा अपने दोषों पर आत्मबलि देने से क्या कायाकल्प हो जाएगा महात्मन्?''

व्यास बोले, ''हाँ! सभी दोषों से मुक्त हो जाएगी आत्मा। अतीत के पापों से मुक्त होकर आत्मा इस संसार में अपना जैसा चरित्र बनाना चाहेगी बना सकेगी। क्या तुम नहीं चाहते कि तु हारा चरित्र कोरा हो जाए, अतीत के दुष्कर्मों से मुक्त? तभी तो तु हारा ज्ञान स्वतन्त्र होगा सत्य को और मनचाहे चरित्र के गुणों को अपने कर्मों में खिलाने को।''

सौती ने फिर पूछा, ''क्या आत्मबलि से मेरे चरित्र से सारे पाप धुल जाएँगे और मेरी आत्मा शुद्ध और पवित्र हो जाएगी?''

व्यास बोले, ''ज्ञान से भी और आत्मबलि से भी अनन्त जन्मों के पाप भूसे के ढ़ेर की तरह एक क्षण में जलकर नष्ट हो जाएँगे। आत्मा निष्कलंक और पवित्र हो जाएगी।''

"यह प्रक्षालन मनुष्य के भीतर कैसे होता है प्रभु?"

व्यास ने कहा, "आत्मबलि से आत्मा प्रवेश पा जाती है अपने दोषों में, जो आत्मा लड़ती है अपने दोषों से वह तो दोषों को उल्टा सशक्त करती है। भारतीय अद्वैत दर्शन दोषों को नष्ट करने का सबसे सरल तरीका बताता है—आत्मा अपने दोषों से स बन्ध विच्छेद कर ले। अपने दोषों और दुष्कर्मों को दोहराने से वे आत्मा से चिपट कर उसके प्रकाश को ढ़क लेते है और आत्मा को अपना प्रकाश दिखना बन्द हो जाता है। आत्मा में जो प्रकाश है वह सत्य का प्रकाश है। उस प्रकाश के ढ़के जाने के कारण आत्मा को दुष्कर्म जिधर चाहते है उधर को हाँक देते हैं। उनमें आत्मा आत्मबलि देकर ही प्रवेश प्रवेश कर पाती है। अपने दुष्कर्मों में आत्मा के प्रवेश करते ही दुष्कर्म आत्मा के आधीन हो जाते है। दुष्कर्म आत्मा से चिपट नहीं पाते, और आत्मा उन्हें भीतर से नष्ट कर देती है।

"याद रखना आत्मा पवित्र होती है। दोष उसमें बाहर से प्रवेश करते है, भोलेपन या अज्ञान के कारण। दोषों में आत्मयज्ञ करके और उनसे पुनर्जन्म लेकर आत्मा स्वयं को दोषों से अलग कर लेती है। आत्मबलि देते ही आत्मा का और आत्मा की चेतन शक्ति का आत्मा में प्रविष्ट दोषों से कोई स बन्ध नहीं रहता। आत्मा और उसके दोषों के बीच द्वैत आ जाता है।

"आत्मा से पृथक होते ही दोषों में चेतना का आवागमन बन्द हो जाता है, क्योंकि चेतना केवल आत्मा का गुण है। दोषों में शक्ति नहीं रहती आत्मा को जबर्दस्ती अपने पीछे चलाने की।

"आत्मबलि आत्मा का दोषों से स बन्ध तोड़ती ही नहीं केवल, दोषों में प्रवेश भी करा देती है आत्मा का। अपने दोषों और दुष्कर्मों में प्रविष्ट आत्मा से सर्वथा पृथक हो जाते है उसके पिछले दोष और दुष्कर्म। दोषों में प्रवेश पाने के बाद आत्मा दोषों को आदेश दे कि वे एक-दूसरे से न तो लड़े न परस्पर संगठन बनाएँ। केवल एक-दूसरे पर आत्मबलि दे और एक-दूसरे से पुनर्जन्म ले। दोषों में प्रवेश करने के बाद आत्मा का आदेश मानना पड़ता है दोषों को, क्योंकि यह एक अटल अध्यात्मिक नियम है कि जिन दोषों में भी आत्मा आत्मबलि देकर प्रवेश करती है उन दोषों को आत्मा यदि आदेश देती है 'एक-दूसरे पर आत्मबलि दो और एक-दूसरे पुनर्जन्म लो' तो उन दोषों को आत्मा का वह आदेश मानना पड़ता है। भौतिक नियम टाले जा सकते है किन्तु अध्यात्मिक नियम अटल है। दोष जब एक-दूसरे पर आत्मबलि देते है और एक-दूसरे को पुनर्जन्म देते हैं तो इन दो क्रियाओं को करने में वे सब दोष निस्तेज, निष्क्रिय जड़ पदार्थों में बदल

जाते है और नष्ट हो जाते हैं।

"दोषों का, दुर्गुणों का या बुरी आदतों का स्वतन्त्र अस्तित्त्व नहीं मानता अद्वैत दर्शन। दोष केवल तब तक विचलित करते हैं आत्मा को जब तक आत्मा इन्हें अज्ञानवश उपयोगी शक्ति समझ इनका उपयोग करती है। दोषों से अलग होते ही आत्मा जान जाती है कि सारी शक्ति केवल स्वयं आत्मा में है, आत्मा से बाहर किसी भी वस्तु में शक्ति नहीं है। दोषों में प्रवेश करते ही आत्मा का स बन्ध दोषों से पूरी तरह टूट जाता है, और वे आत्मा को विचलित नहीं कर पाते। इनमे प्रवेश करते ही आत्मा का अपने दोषों से स बन्ध टूट जाता है और आत्माअपने अध्यात्मिक स्वभाव को प्राप्तकर लेती है। वहाँ दोषों का आवागमन नहीं होता। दोषों और दुर्गुणों को आत्मा का आदेश मानकर एक-दूसरे पर आत्मबलि देनी पड़ती है। यह एक अध्यात्मिक नियम है, जो उन्हें मानना ही पड़ता है।

"भौतिक जगत में आत्मा का प्रवेश ही मनुष्य के लिए दुखदायी है, क्योंकि चेतना केवल आत्मा में है। इन्द्रियाँ और मन, बुद्धि, चित्त, अहंकार भी चेतन तत्त्व नहीं हैं। ये तभी तक चेतन जान पड़ते है जब तक आत्मा इनसे स्वयं को स बद्ध रखती है। मानव व्यक्तित्व में जो भौतिक तत्त्व हैं वे अचेत है। संसार की सारी बुराई भी उस मनुष्य को विचलित नहीं कर सकती जिसकी आत्मा बुराई के भीतर आत्मयज्ञ करके प्रवेश कर जाती है क्योंकि ऐसी आत्मा से बुराई चिपट नहीं पाती।"

सौती, वैश पायन, शुकदेव ने नैमिषारण्य, संगम, काशी आदि स्थानों में ऋषियों को और सामान्य जनों को महाभारत की कथा सुनाई और उन्हें बताया कि इस कथा में अनुकरणीय केवल अध्यात्मिक अंश है। इसकी कथा और द्वेषपूर्ण घटनाएँ संसारी जीवन में अनुकरणीय नहीं है।

महर्षि व्यास ने धार्मिक मेलों में और नगर नगर घूम कर प्रवचन दिए, जिनका सार था, "महाभारत में जो इतिहास है उसे दोहराना नहीं है। हमें विरासत में स्वार्थ, शत्रुता, अज्ञान और क्रूरता से भरा चरित्र मिला है। हमें अपने बैरी चरित्र को आत्मयज्ञ की सहायता से शून्य में विलीन करना है। तब इसकी जगह स्वत: उन्नत चरित्र हर उस मनुष्य में प्रकट होगा जिसे आत्मयज्ञ में विश्वास है और जो विश्वास करके आत्मयज्ञ करता है।" हमें वह चरित्र प्राप्त होगा जो आधुनिक ज्ञानी मानवों को भी पसन्द आयगा। हमे ऐसा चरित्र चाहिए जो परस्पर शत्रुता हो जाय तो शत्रुता को दृढ़ न करे। प्रेम, सहयोग, संवेदना और मैत्री को, एकमात्र चेतन वस्तु, आत्मा अपना आचरण बनाये। ये शक्तियाँ आत्मा की अपनी शक्तियाँ

है और आत्मा से ही जन्म लेती है। आत्मयज्ञ का उपयोग कर ऐसा करने से एक क्षण में हमारा चरित्र नकारात्मक से सकारात्मक हो सकता है।

''कुरू वंश के वीरों और वीरांगनाओं की आत्माओं ने भौतिक जगत को सत्य मानकर इतनी शत्रुता जागृत कर ली थी अपनी आत्माओं में कि सभी वीर नष्ट हो गये। आत्मा ने अज्ञानवश आपस में वैर भाव को सत्य मानकर भारतीयों का विनाश किया है। वैर भाव सत्य नहीं होता। अध्यात्मिक प्रेम सत्य होता है। शारीरिक प्रेम यथार्थ है। यह केवल सन्तानोत्पत्ति के लिए है और पति-पत्नी के बीच होना चाहिए। इसे निरंकुश करने से अधर्म और अज्ञान का प्रसार होता है।

''भारतीयों को वर्तमान स यता नहीं अपनानी है, वर्तमान स यता को स यता सिखानी है।''

सारे देश में व्यास की रचनाओं का प्रसार शिष्यों ने किया। ऋषियों के अलावा उन्होंने राजाओं को और जन-सभाओ को इस विषय पर भाषण दिये कि कैसे वे अपने वर्तमान चरित्र का आत्मयज्ञ विधि से त्याग करके स्वेच्छा से अपना चरित्र ऐसा बना सकते है जो सभी जीवों से मैत्री भाव रखे। किन्तु हमारे मैत्रीभाव का कोई शत्रु शोषण न कर सके। कोई शत्रु मैत्री भाव के बहाने भारत में घुसकर हम पर राज्य न कर सके।

चरित्र निर्माण के लिए उनके उपदेश का सार यह होता था, ''आत्मा का स बन्ध दोषों से उसी क्षण टूट जाता है जिस क्षण आत्मा दोषों में आत्मबलि देकर प्रवेश कर जाती है। भीतर प्रविष्ट होकर आत्मा उन दोषों से कहे कि एक-दूसरे पर आत्मबलि दो। दोषों को आत्मबलि देनी पड़ेगी। दोष जड़ पदार्थ होते है। केवल सदगुण सनातन होते है। इस कारण दुर्गुण और दोष आत्मा द्वारा आत्मबलि देते ही, आत्मा से पृथक होते ही, नष्ट हो जाते है। वे केवल हमारी अच्छाई सच्चाई और सुन्दरता पर परजीवी होकर ही जी सकते है। उन परजीवियों को अकेला छोड़ दो। अकेले पड़ कर वे दुर्गुण आप नष्ट हो जाएँगे।

''कितने भी पुराने हो दोष सब शून्य से आते हैं शून्य में ही चले जाते हैं और आत्मा दोषविहीन हो जाती है। हर मनुष्य अपने मन पसन्द शुभ गुणों में आत्मयज्ञ करके उन्हें अपने चरित्र के स्थायी गुण बना सकता है। मानव चरित्र में गुणों को ऐसे प्रतिष्ठित किया जाए जिससे सब भारतीयों में इस लोक में विजयी होकर जीने की योंग्यता आ जाए। विदेशी जातियाँ आकर हममें फूट न डाल सके। इस तरह यथार्थ जीवन और आदर्श जीवन के बीच दूरी मिटती चली जाएगी और एक दिन पूर्णतः मिट जाएगी। पृथ्वी और स्वर्ग दोनों लोकों की नागरिकता हर

मनुष्य के मानस को इस कारण ही विधाता ने दी है कि वह अपनी इस दोहरी नागरिकता के बीच की दूरी को मिटाकर एक चरित्र बनाए जिसमें पृथ्वी का तप हो और स्वर्ग के फल।''

किन्तु भारत के लोग आत्मयज्ञ को समझकर व्यवहार में न ला सके। उन्होंने दुर्गुणो को नष्ट करने का मार्ग पकड़ लिया। इससे दुर्गुण चरित्र में और भी दृढ़ हो गये। फिर भी वे दुर्गणों के नाश करने के प्रयत्न करते रहे और इसे अस भव देख हताश होते गये।

महर्षि व्यास ने जनसमूहों से कहा, ''आत्मयज्ञ से जीवन को सार्थक करने की पर परा भारत में विकसित हुई, किन्तु भारत की सन्तान ने इसका उपयोग नहीं किया। जिस दिन वे आत्मयज्ञ विधि से दुर्गुणों और बुराइयों का नाश करने लगेंगे भारत अपने खोए गौरव को प्राप्त कर लेगा।

''विदेशी चिन्तन मानता है कि बुराई का एक देवता है जो ईश्वर से द्रोह करके ईश्वर का शत्रु हो गया। भारतीय संस्कृति की मान्यता इससे सर्वथा विपरीत है। अगर विदेशी इसे मान्यता देते है तो दे, हमे नहीं देनी है। विदेशी अच्छी चेतना और बुरी चेतना के बीच द्वंद्व की कल्पना करके अपनी आत्माओं को इन विपरीत चेतनाओं की रणभूमि बनाए हुए है। वे नहीं जानते कि यह प्रपंच उनकी अज्ञानशक्ति ने रच रखा है। उन्हें अपनी अज्ञानशक्ति के प्रपंच से मुक्ति तभी मिलेगी जब वे अपनी आत्मा में सोए हुए सत्य को विकसित करने का साहस करेंगे।

''उन्हें आवश्यकता है पापवृत्ति से मुक्ति पाने की। यह मुक्ति केवल आत्मयज्ञ से मिलती है। आत्मयज्ञ का परोक्ष उपदेश श्रीकृष्ण गीता में दिए हैं जब वे कहते है 'अनन्त जन्मों के पापों को ज्ञान की अग्नि एक क्षण में नष्ट कर देती है।''

''मनुष्य के शत्रु केवल उसके दुष्कर्मों का लेखा अपनी स्मृति में रखते है। इसी तरह पुलिस भी मनुष्य के अपराधों का लेखा रखती है। जो अपराधी नहीं है उनका लेखा पुलिस नहीं रखती। जो भी कर्म मनुष्य करता है उनमे दुष्कर्मो और शुभ कर्मों को संसार अलग अलग कर देता है। जो उससे प्रेम करते है वे उसके दुष्कर्मों को नहीं देखते। जो उसके दुष्कर्मों को याद रखते है, वे उससे ईर्ष्या, लोभ, क्रोध, मद, काम, प्रतिद्विन्द्विता, प्रतिशोध, भय, घृणा या अज्ञान वश वैर रखते हैं। न्यायालय भी मनुष्य के दुष्कर्मों पर गौर करते है।

इस तरह मनुष्य का एक दुर्जन रूप उससे वैर रखने वालो में रहता है। उसका सज्जन रूप उससे प्रेम करनेवालों में रहता है। उसका बुरा रूप उसे अधोलोक की ओर और अच्छा रूप उर्ध्वलोक की ओर खिंचता है। जो केवल उसकी बुराइयाँ

देखते है उनके विचारों और अविश्वास की शक्ति मूलाधार से सुषु ना में प्राणों के साथ उर्ध्व दिशा में चढ़कर उसके आत्मविश्वास को तोड़ देती है और उनके यथार्थ स्वरूप को अपने पूर्वग्रह से पोत कर काला कर देती है। मनुष्य को सामान्य जीवन जीने के लिए भी इस शक्ति को मस्तिष्क की ओर नहीं जाने देना है। यदि मनुष्य इसे रोकने के लिए अपना बल लगाये तो रोक नहीं पाता। किन्तु यदि उसकी आत्मा इस शक्ति पर आत्मबलि दे और इससे पुनर्जन्म ले तो यह नष्ट हो जाती है।

''अनन्त काल से संचित हो रहे दुर्गुणों और दुष्कर्मो को क्षणों में नष्ट करने वाला आत्मयज्ञ जनजन को सिखाओ। इन्द्रधनुष के सात रंगों जैसे है चरित्र के दुर्गुण। इनका वास्तव में कोई अस्तित्त्व नही। ये रंग सच्चरित्रता की धूप से ही बनते है और सच्चरित्रता की धूप में ही विलीन हो जाते है। बुराई, पाप, झूठ और अधर्म का स्वतन्त्र अस्तित्त्व नहीं है सृष्टि मे। ये अच्छाई की विकृतियाँ हैं। प्रकृति हर शिशु को सच्चरित्र देकर ही संसार में भेजती है। उसमे जन्मी दुश्चरित्रता के रंगों में आत्मयज्ञ करने से ये शून्य में विलीन हो जाते हैं, और इनसे बँधी शक्तियाँ मुक्त होकर अपने प्राकृतिक रूप सत्य और शुभ को प्राप्त हो जाती है।

''न्यायालय, शासन और चिकित्सा व्यवसायों में लगे लोग जनता को आत्मयज्ञ द्वारा दोषों को दूर करना और सत्य को चरित्र बनाना सरलता से सिखा सकते है। बुराइयों से लड़ने के प्रचलित किन्तु असफल मार्ग ने लोगों को एक-दूसरे से दूर कर दिया और भारत देश बिखरता चला गया।

''धर्म के स्वरूप को समझ कर, सब लोग मिलकर पानी, अन्न, घर, शिक्षा आदि समस्याओं का हल करना चाहेंगे तो समस्याएँ बहुत जल्दी हल हो जाएगी। जो तरीके असफल करते है उन्हें ही बार बार आजमा कर भारतीय अपनी ऊर्जा नष्ट करना छोड़ दे। आत्मयज्ञ की आसान और सफल विधि को अपनाएँ।''

व्यास और पत्नी पिंजला

व्यास की पत्नी पिंजला की आत्मा निर्मल थी। किन्तु पिता जाबालि उनके गुरु थे जिनका चिन्तन भारत के सनातन अद्वैत दर्शन के विपरीत था। इस कारण पिंजला के विश्वास व्यास के विश्वासों के विपरीत थे। निष्पक्ष सत्य की खोज व्यास ने पिंजला में उदित करनी चाही पर कर न सके। इस कारण उनका दा पत्य जीवन बहुत सुखी नहीं रहा।

पिता का क्रोधी स्वभाव पिंजला को मिल गया। आत्मा में नित्य नूतन होकर प्रकट होने वाले सत्य को जीवन में व्यवहृत करना पिंजला नहीं जान सकी। उसकी आत्मा अज्ञानी देह में आत्मयज्ञ करके देह में अज्ञान की जगह ज्ञान को स्थापित करना नहीं जान पायी। सगे स बन्धियों और मित्रों का चरित्र समझने में वह अपनी आत्मा में बसे सत्य का उपयोग नहीं कर सकी। सुनी सुनाई बातों को ही जीवन का सत्य मानती रही। इस कारण मानसिक स्वतन्त्रता प्राप्त नहीं कर पायी।

व्यास काम क्रोध, मद, लोभ, मोह, ईर्ष्या, द्वेष, प्रतिशोध, भय, घृणा, विश्वासघात, परनिन्दा आदि मत्सरों से मुक्त थे। गृहस्थ जीवन है ही ऐसा विकट कि निष्कपट प्रेमी के हृदय में भी अनार्य भावनाएँ प्रतिक्रिया स्वरूप प्रकट हो सकती है। व्यास इस कमी से भी मुक्त थे। बुद्धि से प्रखर विद्वान 'नमोस्तुते व्यास विशालबुद्धे' का जापकर अपनी बुद्धि को नास्तिक होने से बचाते थे। विकृत भावनाओं से मुक्ति पाने के इच्छुक 'निर्मल हृदय' कह कर उनका स्मरण करते थे। व्यास ने कभी नहीं कहा कि उनमें कुछ आश्चर्यजनक शक्तियाँ हैं। किन्तु लोगों में व्यास के प्रति आश्चर्य भाव रहता था। उनकी प्रज्ञा उन्हें सचेत रखती थी –'व्यास एक महासागर हैं।' उनके प्रति आश्चर्य भाव का उद्दीपन होना ही ज्ञानोदय के लक्षण मानते थे लोग। किन्तु पिता की शिष्या पिंजला पति से कुछ नहीं सीखना चाहती थी। व्यास के व्यक्तित्व को समझना न जाबालि के वश में था न उनकी पुत्री पिंजला के वश में। व्यास कहते थे, 'जितना भोली समझ में बुद्धि की बात

आ जाए बस उतना ही ज्ञान प्राप्त करा सकती है धी-बुद्धि। उससे आगे धी-बुद्धि उलझ जाती है और उलझा देती है। सरल बुद्धि को विकृत करने वक्रबुद्धि और विपर्ययबुद्धि आ जाती है, धी-बुद्धि की सहायता करने का बहाना बनाकर। इनकी बातों को अतिप्राकृतिक शक्तियों का विनाश-जाल समझ तुरन्त त्याग देना चाहिए। इसका आकर्षण त्यागने के बाद ही मनुष्य में धी-बुद्धि के बाद मेधा, फिर प्रज्ञा फिर ऋत भरा बुद्धियाँ विकसित होती है। इनके बाद अध्यात्मबुद्धि उतर आती है। यह ऋषियों की कृपा है कि यदि मानवता बुद्धि के इस विकास क्रम को अपना ले तो पागलपन रोग से मानवजाति मुक्त हो सकती है।

केवल आत्मा के लिए सर्वज्ञता स भव है। वह भी केवल तब जब साधक का हृदय शान्त और निर्मल हो, और वह जानता हो कि अध्यामज्ञान बुद्धि से प्राप्त होने वाली वस्तु नहीं है। अध्यात्मज्ञान केवल ईशकृपा से प्राप्त होता है। मन की संकल्प-विकल्प शक्तियाँ, बुद्धि में ज्ञान का लोभ, अहंकार में ज्ञान को बलात् जकड़ लेने का आवेश, मनुष्य को विक्षिप्त कर देते है। मन, बुद्धि और अहंकार अन्तःकरण के सतही स्वरूप है। अन्तःकरण की गहराई चित्त है।

चित्त की ज्ञानावस्था को व्यास 'घोर, शान्त और मूढ़' बताते थे। जब चारों अन्तःकरण शान्त, घोर और मूढ़ हो जाएँ तब अध्यात्मिक ज्ञान के जागरण की स्थिति बनती है। आधुनिक विद्यार्थियों को उलझन होने का कारण है यह है कि भारत को छोड़कर समग्र विश्व का चिन्तन मानता है मन, बुद्धि, चित्त, अहंकार और इन्द्रियों को ज्ञान होता है। भारत के ज्ञानी आदि काल से कहते आये हैं कि ये मानसिक उपकरण केवल भौतिक जगत का उपयोगी ज्ञान प्राप्त कर सकते है; अध्यात्मिक ज्ञान केवल आत्मा को होता है। आत्मा का ज्ञान सिद्ध मनुष्य के मन, बुद्धि, चित्त, अहंकार में इस तरह झलक सकता है जैसे मानसरोवर की नीली झील में कैलाश पर्वत झलकता है।

मधुर भावनाओं का निर्झर था व्यास का हृदय।

जब जाबालि पिंजला के गुरु थे उस समय जाबालि के विचारों में वह क्रान्तिकारी परिवर्तन नहीं आया था जो माता-पिता की सेवा करने के बाद उदित हुआ। तब पिंजला का भी कौमार्यकाल था। उसके विचार वही होते जो उसके अभिमानी और क्रोधी पिता के होते। व्यास के हृदय में पत्नी के प्रति प्रेम,उसके कठोर वचन सुन, उसके प्रति उदासीनता में बदलता चला गया।

व्यास के काम-विमोह ने पिंजला के कठोर मन में पति के प्रति विद्रोह को और भी दृढ़ कर दिया। मन और हृदय में अब एक-सा नकारात्मक भाव रहने

लगा। मन के विद्वेष ने हृदय के प्रेम और सहज ज्ञान को दबा दिया। मन ने आत्मा के प्रकाश को अपने काले अंधेरे से ढ़क दिया। ज्ञानी पति की छवि को मलिन और दूषित कर दिया।

विचित्र संयोग था कि पूर्ण काम–विरति भी अभी ही आनी थी। व्यास पत्नी के प्रति अपने कर्तव्य का पालन करना चाहते थे, किन्तु व्यास को काम विरक्ति इतनी उग्र हुई कि किसी भी तरह वे पिंजला की प्रसन्नता के लिए काम में प्रवृत्त न हो पाते। इस विरक्ति का उल्टा ही असर पिंजला पर पड़ रहा था। उन्हें व्यास की काम पर पूर्ण विजय गृहस्थ जीवन के सन्दर्भ में दा पत्य प्रेम की पूर्ण पराजय लगती थी।

एक दिन वन से लौट कर व्यास ने पिंजला को एक घटना सुनाई। घटना उन्हें विचित्र लगी थी। ताल में नहाती सुन्दरियों ने पिता से रूठ घर छोड़कर जाते सोलह साल के तरुण शुकदेव को देखकर अपने उघड़े अंगों को नहीं ढ़का। किन्तु उनके पीछे पुत्र–प्रेम के कारण विह्वल भाग कर आते महामुनि व्यास को देख अंग ढ़क लिये। जब व्यास ने उनसे कारण पूछा तो उन्होंने कहा कि शुकदेव के नेत्र निष्पाप है।

इसे सुनकर पिंजला के हृदय में सन्देह–ग्रन्थि और भी कस गयी।

पिंजला के हृदय में रह–रहकर सन्देह का लावा उठकर हाथों पैरों को पसीने से तर कर देता। किसी भी सरोवर में नहाती सुन्दरियों को देखकर उनके प्रति तीव्र ईर्ष्या देह को ताप से सुखाने लगती। सुन्दरियों के लजाने के हावभाव उकसाने के हावभाव लगने लगते। महर्षि व्यास के प्रति पिंजला का हृदय जितना विद्रोह करता उतना ही पुत्र शुकदेव के पवित्र यौवन की कल्पना करके प्रेम और श्रद्धा से भर आता।

तब तक बहुत देर हो चुकी थी जब द्वेषनिद्रा से जगे पिता जाबालि ने उन्हें पति के प्रति सन्देह को निर्मूल समझ तज देने को कहा। तब उन्हें पिता भी पुरुष होने के कारण पुरुष का पक्ष लेने के दोषी लगने लगे। पिंजला के कठोर मन को सन्देह सत्य की कुंजी लगता था। पिंजला को मानसिक हानि भी साथ–साथ हो रही थी। आगे पड़ा जीवन विषाद और हताशा से भरा दिखने लगा। सन्देह उद्‌दंड हो पिंजला की आत्मा को विचलित करने लगा। साथ ही पिता के प्रति कुछ क्रोध भी जग गया क्योंकि उन्होंने ही युवावस्था में पुत्री पिंजला को पति के प्रति सन्देहग्रस्त करके उसके दा पत्य जीवन के रसो को फीका किया था।

नियोग के अलावा कोई भी दोष पति के चरित्र में पिंजला ने कभी नहीं पाया

था। नियोग भी व्यास ने केवल माँ की आज्ञा का पालन करने के लिए किया था। केवल नियोग के आधार पर पिता का पति व्यास के चरित्र में छिद्र करना उन्हें पिता का अनुचित कर्म लगने लगा। किन्तु मन फिर भी पति के प्रति कठोर का कठोर रहा। पति को दंड देने का मार्ग मिल गया हो जैसे पिंजला को, उसका मन उन परिचितों के चरित्र के प्रति श्रद्धा व्यक्त करने लगता जो व्यास की दृष्टि में दुर्जन थे।

इन असत्यों ने पिंजला के मन की विश्वास शक्ति पर आधिपत्य कर लिया और उनका सच्चा हृदय झूठे मन के आगे हार मान बैठा। किसी मायावी षड्यन्त्र की तरह, झूठ का एक चक्र पिंजला के मन को अपने पाश से बाँध कर उसकी ऊर्जा को अनर्गल बातों और कर्मों में व्यर्थ करने लगा।

यौवन के दिनों में महर्षि व्यास ने पत्नी पिंजला की संकीर्ण और नकारात्मक भावनाओं और विचारों की जानकर अनदेखी की थी यह सोचकर कि वह भोली है। उसे यह पता नहीं कि ये नकारात्मक भावनाएँ हैं। उसे यह शिक्षा देना कि ये बुरी भावनाएँ हैं, उसके भोलेपन में पाप को रोपने जैसा हो जाएगा। व्यास को अपने निर्णय पर बहुत विश्वास था। बहुत बाद में वे जान पाए कि पिंजला के भोलेपन में व्यक्त हुई बुराइयों को अनदेखा करके उन्होंने बहुत बड़ी भूल की थी।

तब पिंजला का चरित्र प्रत्यक्ष था। अपने चरित्र का कोई दोष उसने छुपाकर नहीं रखा था। जहाँ उसके दोष सबके सामने प्रकट हो जाते थे वही उसके गुण भी सबके सामने प्रकट हो जाते थे।

पिंजला जहाँ संन्यासी ऋषियों में काम को दुर्गुण समझती थी, वही गृहस्थ ऋषियों में पति-पत्नी के बीच काममय प्रेम को मुक्तिमार्ग भी मानती थी। व्यास ज्ञानमार्ग पर चलते हुए ग्रन्थ पर ग्रन्थ लिखते जा रहे थे। उनकी काम से पूर्ण विरक्ति पिंजला के जी को जलाती थी। उन्हें यह उनका अपने प्रति घोर अन्याय लगता।

पिंजला प्रतीक्षा करती जा रही थी कि कभी वे सुर य दिन लौट कर आएँगे जो उन दोनों ने विवाह के बाद केवल एक-दूसरे के होकर काटे थे। उन दिनों व्यास का ज्ञान न जाने कहाँ जाकर छुप गया था। कभी ज्ञान का चर्चा न होता। केवल प्रेम होता दोनों में और कुछ नहीं। न कैवल्य की चिन्ता थी न देश की न परदेश की।

वह आस लगाये हुए थी कि एक दिन व्यास लिखना बन्द कर देंगे और उसके होकर रहेंगे, केवल उसके। फिर से वे ही सुर य दिन और रूपहली रातें

होगी, और वे एक-दूसरे की बाँहों में लोक परलोक, शुभकर्म और दुष्कर्म की चिन्ता से मुक्त जाएँगे। इस आशा में इस ओर उसका ध्यान भी न जाता कि कई बरस बीत गये। देह से यौवन की धूप उतर गयी और साँझ आ गयी है। उसकी स्मृति में आर भ के वे ही दिन रहते जब वे एक-दूसरे को रात भर जगाये रखते थे। जन्म से दीक्षित, ज्ञानमार्ग के यात्री, विवाह के बाद व्यास पिंजला को पाकर ज्ञानमार्ग को भूल पिंजला में डूबे रहते थे। लोग कहते उन्हें उनके परदादा ऋषि मैत्रवारुणी का स्त्री-प्रेम स्वभाव में मिला है। कुछ लोग व्यास और पिंजला की जोड़ी की तुलना अगस्त और लोपामुद्रा की कामप्रेमी जोड़ी से करते।

वे पत्नी से पति की प्रणय चेष्टा के प्रति लाज की आशा करते थे। उनका पत्नी का लज्जा में सिमटा और लाज से अनुप्राणित नित्यकुमारी रूप पसन्द था। वे जानते थे कि नित्य लज्जाशील लगना संसार को सत्य मानने वालो के लिए कठिन है। ऐसे विवाहित जोड़े के लिए कठिन है जो कामक्रीड़ा के चिन्तन को नारी पुरुष के सच्चे प्रेम का प्रतीक समझता है। किन्तु लज्जा भाव उन युगलों के लिए स्वाभाविक है, जो केवल देहों को नहीं, अपनी आत्माओं को भी प्रेम में एक कर देना चाहते है। देह में काम कर्मबंध की गिरहे डालता है। आत्माओं में प्रेम का उद्दीपन काम-कर्मबन्ध की गिरहे खोल देता है।

व्यास जानते थे कि यदि प्रेमी नारी पुरुष दोनों कामक्रीड़ा के बाद अलग-अलग हृदय में आत्मा के प्रेम का चिन्तन करे तो दोनों में नित्य-कौमार्य जागृत हो जाएगा। आत्मा का प्रेम देह के काम कर्मबंध का नाश कर देह को पुनः कौमार्य से भर देगा। दोनों की देह अनन्त प्रेम की ओर बढ़ती महसूस करेगी। कामजनित क्षणिक निर्लज्जता उनकी देहों पर अपनी छाप नहीं डाल पाएगी। आत्मा में जगा प्रेम नित्य-कौमार्य देता है देह को, क्योंकि आत्मा काल से परे है। आत्मा पर काल अपना कोई चिह्न नहीं डाल पाता। केवल देह का प्रेम देहों की नग्नता को अश्लील करता है अपने विकृत मनोभावों से जो काम के साथ बिना बुलाए आ जाते है।

अब व्यास ज्ञानसाधना और ग्रन्थ लिखने में पिंजला को भूले रहते और वह श्रद्धा से उनकी सेवा करती रहती। उसके हृदय को न जाने कैसे यह विश्वास हो गया था कि उनके पति जैसा ज्ञानी और कोई नहीं है, उसके पिता भी नही। उसे मानो देवो ने कह दिया था कि उसका प्रेमी ऐसे ग्रन्थ लिख रहा है जिनसे मानव जाति धन्य हो जाएगी और इस मृत्युलोक के दुख दूर हो जाएँगे। न जाने कैसे इसी आस के

सहारे यौवन की सारी तूफानी राते पिंजला ने अकेली शैया पर तप मानकर काटी थी। वे शैया पर अकेली सोती रहती और अगर सो न पाती तो भी पति व्यास के लेखन में विघ्न न डालती। छुपकर रात में उठ कर देख आती कि कही उन्हें किसी वस्तु की आवश्यकता तो नहीं! रातरात भर दीये के प्रकाश में व्यास लिखते रहते। वह उनके चेहरे पर आते-जाते भावों से कुछ देर अनुमान लगाती कि क्या प्रसंग लिख रहे है इस समय, और फिर बिन आहट किए जाकर सो जाती। पिंजला को लगता ईश्वर उनसे मानव जाति के हित में बलिदान चाह रहे है।

यौवन की उमंगों और कामनाओं के विप्लव आते और ऐसे ही चले जाते। वर्षाऋतु आती तो उमड़ते घुमड़ते मेघ पिंजला के हृदय में मोहक थापो से प्रणयपीर छेड़, असहाय उत्तेजित अवस्था में छोड़, चले जाते। पिंजला पीठ दीवार से लगाये, तिरछे कटीले नैनों से मेघों को निस्पृह भाव से देखती रह जाती। न मेघों को उलाहना देती न आँसू गिराती इस भय से कि पति के महान कार्य में बाधा पड़ेगी। जब हृदय अधीर हो जाता तो पति के पास दबे पांव जाकर बैठ जाती और जिन भोजपत्रों पर काट छांट देखती उन्हें नये भोजपत्रों पर साफ-साफ उतार देती। व्यास उसकी व्यथा और सेवा का मर्म जानते थे, किन्तु उसकी काम-वेदना का उपचार नहीं कर सकते थे, क्योंकि उनके प्राण देवी सरस्वती के इशारों पर नाच रहे थे।

सरस्वती जब, ज्ञान में डूबाकर चैतन्य किए गये शब्दो की वीणा व्यास के हृदय में छेड़ती, वे उन्हें लिखने से पहले कुछ देर के लिए स्तब्ध रह जाते। फिर हाथ स्वत: लिखने लगते। व्यास कुछ और कर भी नहीं सकते थे। चुप रहते, उनकी आहट से कही देवी की वीणा के स्वर खंडित न हो जाएँ! भव्य रचनाओ को जन्म देती, सरस्वती के कमंडल से सीधे व्यास के हृदय में टपकती रस से भरी वैराग्य की बूँदें, तपते हृदय की ज्वाला से सूख न जाएँ—इस आशंका से आतुर व्यास की उंगलिए उन शब्दों को लिखने लगती। वे चकित रह जाते अक्सर अपने लिखे को पढ़कर। कभी-कभी तो एक एक श्लोक को माथे से छू लेने को जी करता। उन्हें विश्वास न होता कि यह उनकी धी, मेधा, प्रज्ञा और ऋत भरा बुद्धि से जन्में शब्द है। कभी लगता सरस्वती उनके हृदय पर लिख रही है सुरों की कलम से। कभी कोई अंश ब्रह्मा के मानस पुत्रों या प्राचीन ऋषियों द्वारा लिखाया गया लगता। कभी लगता ये मौलिक भाव और विचार महादेव के ही हो सकते है। कभी श्रीविष्णु लेखक लगते जो उनसे ऐसे लिखा रहे है कि उन्हें भ्रम रहे कि भगवान नहीं वे स्वयं लिख रहे है।

पिंजला का यौवन ईश्वर के आसरे निकल गया। उन्हें विश्वास रहा कि जब व्यास ईश्वर का काम पूरा कर लेगे तो ईश्वर अवश्य उन्हें केवल पिंजला के लिए छोड़ देगे। अद्भुत अटूट विश्वास था पिंजला को व्यास पर। उसे पता ही नहीं चला कि उसके अति क्रोधी स्वभाव के कारण ही व्यास का प्रणय और अभिसार फीके पड़ चुके है।

भोली पिंजला ने कभी आयु का हिसाब नहीं रखा था। उसके हृदय में प्रेम तरंगे जवान थी। उसी हिसाब से व्यास भी सिर्फ बाहर से हिम केशधारी हो गये थे, किन्तु पिंजला के हृदय संसार में वे उतने ही युवा थे जितनी युवा पिंजला के हृदय में प्रेम की तरंगे थी।

अब पिंजला को भी पता चल गया कि व्यास का ज्ञान ही नहीं प्रेम भी निष्काम हो गया है। व्यास को जो ज्ञान हुआ वह पिंजला को हुए ज्ञान से भी ग भीर और दारुण था। व्यास को ज्ञात हुआ कि उनको ईश्वर ने यौवन में भी निष्काम प्रेम ही दिया था, जो भी प्रणय–लीला उन्होंने खेली थी पिंजला के साथ वह मूलतः निष्काम थी, जो पिंजला से अत्यधिक प्रेम के कारण, पिंजला के सुख के लिये, सकाम हो जाती थी। पत्नी के प्रति कर्तव्यपूर्ण करने का संकल्प, गृहस्थ ज्ञानियों में भी इतना दृढ़ नहीं था जितना ज्ञानियों के ज्ञानी व्यास में था। ईश्वर ने वेदों और उपनिषदों के गूढ़ अध्यात्मिक ज्ञान को ही नहीं, संसार भर के ज्ञानियों द्वारा अर्जित समग्र ज्ञान को पौराणिक कथाओ में व्यक्त कर, सत्य धर्म का उद्गम मानव हृदय में खोलने के लिए महर्षि व्यास को भेजा था। भविष्य में विवादी धर्मों द्वारा मानवजाति को विभ्रमित करने का पूर्वाभास उन्हें था। अतः उन्होंने प्रत्येक मनुष्य के हृदय में ही सनातन सत्य का उद्गम खोल दिया, जिससे अज्ञानियों को भी किसी से सत्य और धर्म का स्वरूप समझने की आवश्यकता न रहे।

व्यास को यह पता नहीं था कि एक दिन उनके भारत में नेताओं की ऐसी नस्ल जन्म लेगी जो अपने स्वार्थ, मद और लोभ में अधर्म को धर्म मानेगी और धर्म को अधर्म। नेताओं की यह नस्ल सबको समान समझने वाली भारतीय धर्म चेतना को ही भारतीयों का शत्रु मान भारत से निष्कासित कर देगी। नेताओं की वह छिछोरी, अज्ञानी और ओछी नस्ल विदेशों से आयातित ऐसी धर्म चेतना के लिए द्वार खोल देगी जो बलपूर्वक धर्म परिवर्तन करानेवाले उन्माद को धर्म समझती है।

व्यास ने हर मानव हृदय में छिपी सत्य की जोत को प्रकट करने वाली कथाएँ लिखी, जिन्हें सुनने मात्र से मानव हृदय में सत्य पर पड़ा आवरण हट जाय। उन्होंने लोगों का आह्वान किया कि धर्म वह वस्तु है, जो जीवन की हर परिस्थिति में, हर

मानव हृदय मे, उस परिस्थिति में छुपे सत्य को प्रकट कर देता है, जो राजनीति राष्ट्रीय संकट में भी संकीर्ण धर्मों को प्रोत्साहित करे, उस राजनीति के मर्मज्ञ सबसे उपयुक्त पात्र है तत्काल राष्ट्र की सीमा के बाहर खदेड़े जाने के लिये। जो राजनीतिज्ञ सामान्य बुद्धि की अवहेलना करे और देश के लोगों में भेदभाव करे, कुछ को विशेष सहूलियतें दे शेष से मुँह फेर ले, उसे राज करने का अधिकार भगवान नहीं देते, उसके सत्ता लोलुप अनुचर देते है। सत्य को साहसपूर्वक, बिना हानि लाभ की चिन्ता किए, बिना भय या अभिमान के, अपने कर्मों में प्रकट करना ही राजनीति–धर्म है। मनुष्य का हर सत्कर्म धर्म होता है। जो कर्म धर्म नहीं होता वह अधर्म होता है।

व्यास को जरा भी अभिमान नहीं था कि ईश्वर ने उन पर इतना विश्वास किया है कि उनसे महाभारत में ही मानव चरित्र के समग्र रूप प्रकट करा दिए। एक दिन जब उन्हें इस सत्य का बोध हुआ तो उन्होंने गर्व से नहीं, उल्लास से प्रेरित होकर कहा, ''मानव चरित्र के समग्र रूप जो 'महाभारत' में चित्रित किए गये है वे देश विदेश में मिल जायेंगे। जो चरित्र 'महाभारत' में चित्रित नहीं है उन चरित्रों को मौलिक चरित्र–रचेता ब्रह्माजी ने रचा ही नहीं है।''

पिंजला के अधीर मन ने अपना रंग दिखा दिया; भगवान की चुगली पिंजला के हृदय से कर दी। पिंजला से कह दिया कि उसे छलने वाला और कोई नहीं भगवान श्रीकृष्ण स्वयं है। भगवान ने उसे छला है, व्यास को केवल भगवद् भक्ति देकर। प्रेम की पराकाष्ठा, भक्ति, दे दी, जिससे व्यास का ध्यान केवल भगवान में लगा रहे। पत्नी के लिए कुछ नहीं दिया। पिंजला के मन में आयी इस अश्रद्धा ने उसके सारे व्यक्तित्व को उथल पुथल दिया। उसका स्वभाव कठोर और क्रूर हो गया। उसे पुत्र शुकदेव का भी, चिर षोढ़श वर्षीय युवक रह कर भी, नारी के प्रति आसक्त न होना अपने वंश के लिए अशुभ और अप्राकृतिक लगने लगा।

पिंजला के मन ने उसे सुझाया कि भगवान ने उसके पुत्र को भी निष्काम प्रेम देकर उसे एक बार नहीं दो बार छला है। पौत्र का मुख भी वह कभी नहीं देख सकेगी। हताशा ने पिंजला के हृदय में पति के प्रति ऐसे कटु भाव भर दिए जो यौवन रहते स्वप्न में भी नहीं आये थे।

पति व्यास और भगवान श्रीकृष्ण के प्रति यह अनुचित बैर पालने का परिणाम अच्छा नहीं हुआ। स्वयं पिंजला की प्रकृति विकृत होने लगी। उसमे लोभ रहने लगा। उसे यह भ्रम हो गया कि उसके घर में जो तपस्वियों का रूखा–

सूखा भोजन बनता है वह इसलिए कि श्रीकृष्ण उसे कुछ नहीं देना चाहते। उसके पति की सारी ऊर्जा अपनी भक्ति में लगवाकर वे उसे रूचिकर भोजन भी उपलब्ध नहीं कराना चाहते। उसे षट्व्यंजनों का लोभ सताने लगा। वह व्यास से कुछ न कहती और सुन्दर और स्वादिष्ट भोजन के लिए उसकी तृष्णा उसकी आत्मा का दमन करने लगी। तृष्णा और भी उग्र हो गयी। अब उसे व्यास से रमण के स्वप्न आने लगे। वह उन काम भावनाओं का दमन करती। वृद्धावस्था में उदित होने के कारण उसे कामभाव अत्यन्त अशोभनीय लगता। पर बना रहता।

प्रेमभावना की तरह शालीन नहीं था काम भाव। सुधबुध छीन लेता। पिंजला की दिनचर्या में विस्मृति विघ्न डालने लगी। कभी दाल चूल्हे पर रखकर भूल जाती। कभी लगता पूरा भोजन बना चुकी। व्यास को भोजन करने के लिए बुलाकर लाती तो हैरान रह जाती। सारा समय तो निकाल दिया साफसफाई में और खाना बनाया कल्पना में।

यही अच्छा था कि संस्कार क्रोधादि विकारों से दूषित नहीं हुए थे। विकार विक्षिप्त न कर दे और उससे धर्म न छीन ले, यह सोचकर पिंजला धीरे-धीरे क्रोध को वश में करने लगी। क्रोध के साथ मद भी वश में आने लगा। उसका श्रीविष्णु के प्रति कोप भी जाता रहा। यह भ्रम भी दूर हो गया कि उसका सबकुछ लेकर भी श्रीकृष्ण ने छलपूर्वक उसे कुछ नहीं दिया।

व्यास का दा पत्य जीवन सफल नहीं था। दा पत्य जीवन प्रेम का घर था जिसमें घुसकर धुरन्धर ज्ञानी व्यास भी चक्कर में पड़ गये। इसमें न खिड़की थी न दरवाजे, न फर्श था न छप्पर, फिर भी यह चारों और से बन्द था। इसमें किसी तरह व्यास घुस तो गये मगर भीतर न मस्तिष्क का अद्वितीय उजाला काम आ रहा था न गोपियों के विरही प्रेम का सुवसित अंधेरा। हर अनुभव अनूठा था। अपने सारे ज्ञान को लेकर चले थे गोपियों जैसा अगाध प्रेम करने, किन्तु ऐसे अनुभव होने लगे जो इतने ल बे जीवन में पहले कभी नहीं हुए थे।

पिंजला के मन को वृद्धावस्था में पाप-अधर्म-अज्ञान-असत्य के चक्र में जकड़ा देख अब व्यास को अपनी भूल सताने लगी। वे सोचते उन्हें पिंजला की संकीर्ण भावनाओं और विचारों को यौवन में ही सुन्दर भावनाओं और सच्चे विचारों से निष्प्रभ कर देने की कला सिखानी चाहिए थी। अब पिंजला के मन में बसा असत्य और बुद्धि और भावनाओं में बसा असत्य परस्पर मिल कर ग्रन्थियों में बदल चुके थे। अब पिंजला को उनसे मुक्त कराने की कोई युक्ति विशालबुद्धे व्यास ढूँढ़ नहीं पा रहे थे।

व्यास का स्वप्न था कि वे और पिंजला इतने सफल और यशस्वी युगल बने जितने उनके प्रपितामह और प्रमातामह वसिष्ठ–अरुंधती। उस स्वप्न को पूरा न होता देख व्यास को विषाद रह रह कर घेर लेता। इस हानि के लिए वे पिंजला को दोष न देते। इसे प्रारब्ध समझ व्यास ने इसका दुख करना छोड़ दिया।

पिंजला के सन्देहों और कटु स्वभाव से तंग व्यासदेव का जीवन नीरस हो गया। उम्र के दूसरे पड़ाव तक पहुँचते ही व्यास गृहस्थ जीवन जीते हुए भी कामादि से विरक्त हो गये थे। किन्तु पिंजला के और अपने बीच निष्काम दैहिक, मानसिक और बौद्धिक प्रेम को चरम तक ले जाना उनका लक्ष्य बना रहा। उनका मानना था कि यदि स्त्री और पुरुष युगल अपनी भौतिक बुद्धि को धी से मेधा, मेधा से प्रज्ञा, प्रज्ञा से ऋत भरा में विकसित करले तो दो आत्मा रहते हुए भी एक प्रेमात्मा में उत्तीर्ण हो सकते है। तब प्रपंची मन उनकी एकता को तोड़ नहीं पाएगा।

पिंजला स्त्री–पुरुष युगल को विवाह करके एक–दूसरे तक सीमित वासना को गृहस्थ धर्म और संन्यास को मोक्षमार्ग मानती थी। इस सिद्धान्त को भी मानती थी कि युगल को केवल वानप्रस्थ तक साथ रहना चाहिए। उसके बाद एक–दूसरे को त्यागकर दोनों को अलग अलग मोक्ष प्राप्त करना चाहिए।

व्यास स्त्री–पुरुष के अध्यात्मिक प्रेम को मोक्षमार्ग मानते थे। इसी उद्देश्य की पूर्ति के लिए उन्होंने पिंजला से विवाह किया था, और इस मार्ग में अटूट श्रद्धा रखने वाले जैमिनी को अपना एक प्रमुख शिष्य बनाया था।

वैदिक ऋषियों ने स्त्री–पुरुष के सच्चे प्रेम को ब्रह्मप्राप्ति का गृहस्थ मार्ग माना था। यह वेदों का मोक्ष प्राप्त करानेवाला पूर्वमीमांसा मार्ग था। वेदों के संहिता और ब्राह्मण अंग, आरण्यक और उपनिषद् इस लक्ष्य की प्राप्ति में सदैव सहायक रहे।

इन दो के अलावा एक मार्ग और था—प्रस्थानत्रयी। इसे संन्यासी और गृहस्थ दोनों अपना सकते थे, अपनी आत्मा को ब्रह्म जैसा पूर्ण स्वाधीन और ज्ञानी बनाने के लिये। प्रस्थानत्रयी को अपनाने वाले साधक उपनिषद्, गीता और ब्रह्मसूत्र का मनन कर मन की गिरहे खोलने में सफल हो जाते थे। वे आत्मयज्ञ द्वारा मन से भी प्रपंच छुड़वाकर, मन को आत्मा का सच्चा दर्पण बना लेते थे। मन–दर्पण में पहले योगी की आत्मा अपने ज्ञान से ब्रह्म से अपनी दूरी का सही आंकलन कर लेती थी। फिर आत्मा को ब्रह्म में विकसित करना आत्मा का एकमात्र कर्म रह जाता था।

ऋषियों का ज्ञान ज्ञान की भोर से उन्नत होता पूर्णता की ओर तेजी से बढ़ रहा था। हृदय की आँखों को चारों ओर मार्ग ही मार्ग मिल गये थे, जिनमें प्रत्येक मार्ग आत्मा को ब्रह्म से सायुज्यता प्राप्त करा सकता था।

मोक्ष की परिभाषा आत्मा की पूर्ण स्वाधीनता है। स्वाधीनता मनमानी करने को नहीं कहते। मनमानी करना भी उतनी ही पराधीनता है जितनी दूसरे के आधीन होना। मन पराधीन रहता है जब तक उसे आत्मा के पीछे चलना नहीं आता। वेद केवल आत्मा को चेतन तत्त्व मानते हैं। आत्मा अज्ञानग्रस्त ईश्वर है। जब आत्मा अपने में छुपे प्रेम, सत्य शिव या सुन्दर को कर्मों में व्याकृत करती है तो उसका अज्ञान दूर होता है। जब अज्ञान के बन्धन टूट जाते हैं तो आत्मा ही ब्रह्म हो जाती है।

पिंजला में परिवर्तन इतना विकट आ गया कि वह जरा-सी बात पर अप्रसन्न हो जाती। क्रोध आ जाने पर पति व्यास और पुत्र शुकदेव पर भी बरस पड़ती। असह्य क्रोध और अपनी सच्चरित्रता का अभिमान पिंजला को पिता से मिले गुण थे। क्रूद्ध हो जाने पर वे पिता के पास चली जाती और पिता के पास जाने के लिए पति से आज्ञा लेना आवश्यक नहीं समझती थी। प्रसन्न होने पर बहुत अच्छा भोजन पति और पुत्र के लिए बनाती, रूष्ट होने पर बहुत रूखा सूखा।

अपनी इन गतिविधियों के कारण व्यास को पिंजला अब भी वह अबोध बालिका लगती जिसका क्रोध भी भोलेपन से भरा था। रूठ कर चले जाने पर उन्हें पिंजला बहुत याद आती। उसके सब दोष एक निर्दोष तपस्वी बाला के गुण लगते। किन्तु उमर बढ़ जाने पर भी जब पिंजला में कोई अन्तर नहीं आया तो उन्हें चिन्ता हुई। उन्होंने पत्नी से ज्ञान की गहन समस्याओं पर वार्तालाप करके, घर-गृहस्थी की समस्याओं से अलग, कुछ समझाने का प्रयत्न किया तो वे असफल हो गये। उन्हें बहुत निराशा हुई जब उन्होंने देखा कि पिंजला में ज्ञान प्राप्त करने की कोई उमंग ही नहीं रह गयी थी। घरगृहस्थी के कामों में बहुत रूचि थी। कुटिया को दिन में तीन बार बुहारती, फूलों से सजाती और सुगन्धित करती। अत्यन्त परिश्रमी थी। इसे ही स्त्री का धर्म मानती थी।

पिंजला का सन्देह उनकी तपोनिष्ठ, कामजयी देह में स्थित महान गुणों को नकार देता तो व्यास को बहुत कष्ट होता। उनके जीवन को काम वासना से सर्वथा मुक्त देखकर भी पिंजला का सन्देह कम नहीं हो रहा था। पिंजला को अपनी काम-उद्दीपन क्षमता पर गर्व था। पिंजला इस बात से भी दुखी रहती थी कि व्यास

से उन्हें पुत्र क्यों नहीं हुए। पुत्र शुकदेव को भी उन्होंने पाला भर था। जन्मे थे शुकदेव उनसे नहीं अप्सरा घृताची से। शुकदेव बाल्यावस्था से वैरागी थे। उनकी मुनि-गरिमा तब भी दिखती जब वे गोद में होते या पालने में। शुकदेव माँ को अधिक लाड़ प्यार नहीं करने देते थे। पिंजला में दुलार भी इतना ही अधिक था जितना पतिप्रेम। उसे मन मसोस कर रह जाना पड़ता था।

पत्नी से अकारण मिली इस पराजय के कारण व्यास के कोमल हृदय में एक कसक बस गयी। उन्हें कटु अनुभव हो गया कि पत्नी सच्चे योगी पति के चरित्र के सत्य को उल्टा ही पढ़ती है। पिजला को अन्धविश्वास था नारी के कामपाश पर, जिसे वह अमोघ शक्ति समझती थी, जिसके आगे सच्चे योगी का दृढ़ चरित्र भी कच्ची मिट्‌टी का ढेला था।

पिंजला को पति-पत्नी के प्रेम में विश्वास था शुरू के दस वर्षों में जब व्यास का प्रेम अपनी आँखों से उन्हें ओझल नहीं होने देता था। उसके बाद व्यास ग्रन्थ लिखने लगे और पिंजला की सुध कभी-कभी आती थी उन्हें। उनका प्रेम भी पिंजला से अध्यात्मिक होता। पिंजला की आत्मा तीव्रता से महसूस करती उनकी आत्मा के प्रेम को। वह आशा करती कि यह अध्यात्मिक प्रेम शरीर में उतरेगा। किन्तु महर्षि व्यास का प्रेम उनके ग्रन्थों के पवित्र विषयों की तरह निष्काम रहता।

पिंजला को तब प्रतीक्षा रहने लगी उस दिन की जब वे ग्रन्थ पूरे हो जाएँगे। उन्हें लगता कि तब वे दिन फिर लौट आएँगे और आर भ के दस वर्षों की तरह वे दोनों केवल एक-दूसरे के होकर रहेंगे।

''कर्मगति के कारण, वे अपने पति के हृदय से नारी जाति के प्रति कोमलता को मिटाने में लग गयी थी। वे पति के इस गुण को दुर्लभ न समझ सकी कि उनके पति में नारी के प्रति अत्यन्त सुन्दर भावनाएँ सदा रहती थी, किन्तु किसी के प्रति कामाकर्षण नहीं था। उनकी स्थूल काम वासना पूरी तरह उत्तीर्ण हो चुकी थी परम तत्त्व सत्यशिव सुन्दर को जानने, शब्दों में अभिव्यक्त करने और सब जीवों को उसका अनुभव कराने मे।

पिंजला यह नहीं समझ सकी कि पति की वासना जिसके स्थूल रूप गन्ध, रस, रूप, स्पर्श उन्हें पसन्द थे, अब केवल शब्द क्यों बन गये। वे यह नहीं समझ सकी कि स्थूल वासना का यह कायाकल्प ऐसा ही था जैसा सागर के जल में होता है, जब वह तेज घूप में धूम्र बन आकाश में रहने लगता है। नारी के प्रति कामासक्त न होने को वे अपने नारीत्व का अपमान समझने लगी थी।

व्यास का सच्चा चरित्र और सच्चा ज्ञान मिलकर भी पिंजला का सन्देह दूर

नहीं कर सके। फिर भी वे प्रसन्न थे कि ईश्वर ने नारी को अजेय बनाया है। यह विड बना ही थी कि संसार में किसी को भी, सिवाय पिंजला के, उन पर सन्देह नहीं था। पिंजला का सन्देह, पशुओं को दागने वाले लोहे के तपाये यंत्र की तरह, उनसे चिपट गया था। उनका तपस्वी जीवन भाग्य और दुर्भाग्य के द्वैत से ऊपर जा चुका था। पत्नी का सतत सन्देह पति को काम से सर्वथा विरक्त करके भी सन्देहग्रस्त रहता।

कभी-कभी महर्षि व्यास को पत्नी की सतत सन्देह ग्रस्तता पर क्रोध आता तो पिंजला सहम जाती। मुँह से क्षमायाचना कभी न करती, किन्तु उनकी सेवा में विशेष तत्परता दर्शाती। उस दिन भोजन में किसी न किसी स्वादिष्ट पकवान को बनाकर, वह जता देती कि वह बहुत भयभीत है। तब महर्षि व्यास की अप्रसन्नता कपूर की तरह उड़ जाती। वे तरह-तरह से पिंजला को भय मुक्त करने की चेष्टा करने लगते।

पति को मनाकर उनका महामुनि व्यास के चरित्र पर सन्देह फिर ज्यों-का-त्यों लौट आता। वे जानती थी कि महर्षि व्यास उर्ध्वरेता हो चुके थे। नियोग के लिए उन्हें उर्ध्वरेता से अधोरेता होने में बहुत कष्ट हुआ था। किन्तु पिंजला को चरित्र के इन सूक्ष्म सत्यों का ज्ञान नहीं था। इस कारण सन्देह जकड़े रहता।

महर्षि व्यास अपने सरल और निश्छल प्रेम से पिंजला के क्रोध को दूर कर देते थे। सन्देह को सत्य का स्थान नहीं देना चाहिए मस्तिष्क में। किन्तु पिंजला का सन्देह क्षणिक नहीं स्थायी हो गया था। व्यास को चिन्ता होने लगी कि सन्देह का स्थायीत्व पिंजला को जन्म-जन्मान्तर के लिए भटका न दे। अब उसे पति की माता सरस्वती के चरित्र को भी जानने की उत्सुकता होने लगी थी।

पिंजला को यह पता करने में कोई कठिनाई नहीं हुई कि उनकी सास सत्यवती नाव खे रही थी अकेली और उनकी नाव में अकेले यात्री थे व्यास के पिता। उन्हें पता चला कि उनके महान पिता महर्षि पराशर सत्यवती के यौवन पर ऐसे रीझे कि संवरण न कर सके और तत्काल समागम कर लिया। न उन्हें दिन के प्रकाश में विलास करते हुए लज्जा आयी, न दोनों तटों पर ऋषियों की उपस्थिति उन्हें रोक पायी। उन्होंने मन्त्र से कोहरा कर दिया काम को तृप्त करने के लिए। यह जानकर पिंजला की दृष्टि में व्यास और छोटे पड़ गये। महर्षि पराशर भी छोटे पड़ गये। पिंजला की श्रद्धा श्वसुर के प्रति भी नष्ट हो गयी।

पिंजला को व्यास के प्रपितामह मैत्रवारुणी और अप्सरा उर्वशी की कथा का भी पता चला तो उनकी श्रद्धा पति में और भी कम हो गयी। वे समझ गयी कि

वंश में ही खोट है। महर्षि व्यास पत्नी के हृदय से माता सत्यवती के प्रति अश्रद्धा दूर करने का जब भी प्रयत्न करते, पिंजला को लगता उसे सत्य से डिगाने का प्रयत्न किया जा रहा है। ऐसा नहीं कि पिंजला को पति के निर्मल हृदय और योग्यता का अनुभव नहीं था। किन्तु ज्ञान और अज्ञान जिसके मानस में एक-दूसरे से जुड़ जाते है उसके व्यक्तित्व में ज्ञान-अज्ञान की शैया होकर रह जाता है।

सास सत्यवती पिंजला की दृष्टि में स्वेच्छाचारिणी थी। उनका पराशर से पुनः कौमार्य प्राप्त करने का वरदान माँगना भी उनके मायावी चरित्र का प्रमाण था। अब सत्यवती राजा शान्तनु की पत्नी थी। यह कल्पना पिंजला के मन में सत्य हो गयी कि सत्यवती ने महाराज शान्तनु को पुनः कौमार्य प्राप्त कर अवश्य मोहा होगा जैसे उन्होंने महर्षि पराशर को मोहा था।

व्यास को चोट लगी पिंजला की जिद से और उनके समझाने पर भी माता सत्यवती के प्रति अश्रद्धा न त्यागने पर। वे माता सत्यवती के अतिरिक्त शान्तनु की प्रथम पत्नी गंगा को भी माता मानते थे। व्यास अनोखे थे ऋषियों में भी। वे गृहस्थ और संन्यास दोनों वृत्तियों को नीचे छोड़ और ऊपर उत्तीर्ण हो चुके थे। उनकी इस उर्ध्वगति को पिंजला नहीं समझ सकी, अपनी हठी-सन्देहग्रस्तता के कारण।

व्यास शान्तनु की प्रथम पत्नी गंगा को परा प्रकृति का और अपनी माता सत्यवती को अपरा प्रकृति का अवतार मानते थे। इसी दृष्टि से गंगा द्वारा महाराज शान्तनु के सात पुत्रों को जन्मते ही गंगा में डुबाकर मारने को वे वसुओं को दिए गये वचन का पालन मात्र समझते थे। परा प्रकृति ब्रह्म की तरह निर्विकार हैं। वे ब्रह्म का आदि नारी रूप है जो आत्माओं को देह देते ही करुणार्द्र हो गया था। परा प्रकृति में प्रेम, करुणा, क्षमा, वात्सल्य आदि सभी गुण बीज रूप में है। वे प्रस्फुटित तभी होते है जब पराप्रकृति पदार्थ बनने हेतु एक सोपान और स्खलित होकर अपरा रूप धारण करती है। सात्विक, राजसिक और तामसिक तीनों गुण केवल अपरा में होते है, परा में नहीं।

महर्षि व्यास के काम का कायाकल्प विष्णु भक्ति में हो गया। इस कारण गूढ़ से गूढ़ वेद मन्त्र उन्हें प्रेमगीत की तरह सरल लगने लगे। वे भव्य और अति गूढ़ विचारों की भी सरल व्या या करने में सक्षम हो गये। कामभावना का भव्यभावना में कायाकल्प होने के बाद ही महर्षि व्यास ने अद्‌भुत व्या याएँ लिखी, वेदों और उपनिषदों की।

पिंजला के तर्क उस नैतिकता से जन्में थे जो शरारती बच्चों को सुधारने के लिए माता-पिता उपयोग में लाते हैं। सत्य को कर्म बनाने वाले व्यास को

महाभारत और पुराण लिखते हुए नैतिकता की कितनी उलझने सुलझानी पड़ी थी, इसका आभास भी नहीं था पिंजला को। व्यास आत्मग्लानि से अभिभूत हो जाते कि उनकी जीवन संगिनी उस तर्क की कसौटी पर उन्हें हीन मान उनके प्रति विद्वेष को पाले हुए थी जो धर्म के शिखर पर असंगत हो जाता है। उन्होंने पत्नी को अपने से अभिन्न मान प्रेम किया था। इस कारण पत्नी के उनके प्रति हीन भाव उन्हें ऐसे लगते जैसे उनके अपने हीनभाव हो अपने प्रति। पिंजला के हीन भाव उनके हृदय में अन्तर्द्वन्द्व छेड़े रखते।

उनके आहत हृदय में कभी-कभी क्रूर, कठोर और भत्सर्ना भरे शब्दों का आवेग जोर मारता। उनका हृदय क्रोधाग्नि में जलता रहता, क्योंकि वे उनमे नहीं थे जो श्राप देकर क्रोधाग्नि को शान्त कर लेते थे। उनकी सत्यनिष्ठा को ऐसा करना कायरता लगता। वे ऋषि थे किन्तु श्राप को अनुचित कर्म मानते थे। वे इसे अपना धर्म मानते थे कि पिंजला के हीन भावों के उद्‌गम को ही एक दिन उन्नत भावो का उद्‌गम बना दें।

पिंजला के मस्तिष्क में वस्तुस्थिति का ज्ञान प्राप्त करने की क्षमता नहीं थी। इस कारण उन्हें पत्नी से मौन अपमान और सन्देह मिलते रहते। हृदय को यह पीड़ा छूती रहती। उन्हें याद आती अगस्त ऋषि और उनकी पत्नी लोपामुद्रा की एक-दूसरे के प्रति काम में अपने प्रेम को अभिव्यक्त करने की अद्‌भुत क्षमता। वे सोचते यह गुण उनमें होता तो पिंजला के भावी जन्म सुखप्रद रहते।

एक दिन पिंजला ने साहस करके अपने मनोविकार का वर्णन व्यास से कर दिया। व्यास ने पिंजला की सत्यवादिता की प्रसंशा की और विकारों के कारण आए हीनताभाव से मुक्ति दिलाई। उन्होंने कहा, ''प्रिये! प्राकृतिक भावनाओं का दमन अप्राकृतिक कर्म है। इससे स्वभाव अप्राकृतिक हो जाता है। प्रकृति ब्रह्म से भिन्न तत्त्व नहीं है। अप्राकृतिक मार्ग ब्रह्ममार्ग से उल्टा मार्ग है। प्रकृति के मार्ग पर चलने वाले आगे जाकर स्वतः ब्रह्ममार्ग पर आ जाते है। अप्राकृतिक मार्ग पर चलने वाले अतिप्रकृति के मार्ग पर आ जाते है, जो राक्षसों, पिशाचों और दानवों का मार्ग है। प्रकृति किशोरावस्था तक हम मनुष्यों को सत्य के मार्ग पर चलाती है। यौवन में प्रकृति का स्थान आत्मा ले ले तो शुभ है, अन्यथा प्रकृति के स्थान पर अतिप्रकृति आ जाती है।

''यौवन आने पर, अन्तर्यात्रा में एक दोराहा प्रकट हो जाता है। एक राह अतिप्राकृतिक की ओर ले जाती है और दूसरी आत्मा की ओर। जो अज्ञानी है वे अतिप्राकृतिक और प्रकृति में अन्तर नहीं कर पाते। उन्हें अतिप्राकृतिक मार्ग

चिरपरिचित प्राकृतिक मार्ग का ही अगला मोड़ लगता है। उनका विश्वास अपनी आत्मा में नहीं जागृत हो पाता। अतिप्राकृतिक मार्ग प्रेत मार्ग, राक्षस मार्ग, दैत्य मार्ग आदि मार्ग हैं। सभी अतिप्राकृतिक मार्ग मनुष्य को सत्य से हटाकर असत्य की ओर ले जाते है।

"अति बलवान और शक्तिशाली होने के लोभ में कुछ मनुष्य, प्राचीन काल से, अतिप्राकृतिक मार्ग पर चले है। वे शक्ति तो पा जाते है किन्तु उनमें विवेक नहीं रहता, जो शक्ति मनुष्य के विवेक के वश में न रहे वह दुर्गतिकारिणी शक्ति है। मनुष्य को ऐसी शक्ति की कामना या सिद्धि नहीं करनी चाहिए, जो बिना किसी भी वस्तु का लोभ किये, आँखें खोलकर चलते है, ऐसे मनुष्य अन्तर्यात्रा में मिले अतिप्राकृतिक और अध्यात्मिक, इन दो पथों में केवल अध्यात्मिक पथ को चुनते हैं।

"प्रत्येक शरीर में मनुष्यत्व और आत्मा दोनों रहते है। इस संसार में आत्मा से अधिक बलवान और मनुष्यत्व से अधिक विवेकी कोई नहीं है। प्रिये! अपने हृदय में रहने वाले अनन्त के इन दोनों यात्रियों के बीच अखंड मैत्री करा लो, ऐसी मैत्री करा लो कि ये दोनों अपने हित के लिए नहीं केवल एक-दूसरे के हित के लिए कर्म करने लगे। यही सनातन धर्म है। सभी मनुष्यों का ईश्वर द्वारा निर्धारित मार्ग है। केवल यह मार्ग मनुष्य को इस लोक में और परलोक में सुख देता है। इसके अतिरिक्त कोई भी धर्म मनुष्यत्व का धर्म नहीं है। मनुष्यत्व को सत्य का मार्ग उसकी आत्मा दिखाती है। मनुष्यत्व बहुत कोमल है। जीवनपथ पर उसे अनेक दुख आकर घेरने लगते है। उन सब दुखों का सामना मनुष्यत्व करे तो विकृत हो जाता है। आत्मा करे तो उसका ज्ञान बढ़ता जाता है और मनुष्यत्व निर्भय होकर खिलता जाता है। याद रखो निर्भय मनुष्यत्व को करना है और मनुष्यत्व को निर्भय केवल तु हारी आत्मा कर सकती है। अपने हृदय में विद्यमान मनुष्यत्व की सभी कठिनाइयों, भयों और समस्याओं को यदि मनुष्य की आत्मा अपने ऊपर ले ले, मनुष्यत्व को उनसे जूझने न दे, तो ऐसा मनुष्य इस संसार को ही नहीं परलोक को भी जीत लेता है। ऐसे मनुष्य की आत्मा का ज्ञान बढ़ता जाता है और मनुष्यत्व निर्भय होता जाता है। ऐसी आत्मा जान जाती है कि वही ब्रह्म है।"

पिंजला के हृदय में यह ज्ञान सहज ही उतर गया। इस ज्ञान को पाकर उसका हृदय व्यास के प्रति अतीव प्रेम और कृतज्ञता से भर गया। वह बोली कुछ नहीं, पर उसका रोम-रोम प्रफुल्लित हो बोल रहा था।

इसके बाद पिंजला प्रत्येक सत्र के आर भ में ब्रह्मचारियों और ब्रह्मचारिणियों

को यह कथा सुनाने लगी : ''सृष्टि से पूर्व ब्रह्म के अतिरिक्त कुछ नहीं था। अकेले एक अनेक का खेल खेलते हुए ब्रह्म से अनेक आत्माएँ प्रकट हो गयी। अपने इतने सारे बच्चों को देख प्रेम से भर गये ब्रह्म। प्रेम ने उन्हें दो बना दिया—ब्रह्म और परा प्रकृति। परा को देखकर आत्माएँ 'माँ' कहते हुए परा से चिपट गयी। चिपटते ही उनमें प्रत्येक को देह मिल गयी। देह पाते ही बच्चे भूख से रोने लगे। परा का हृदय करुणा से भर गया और परा से अपरा प्रकट हो गयी। अपरा ने सब बच्चों को वक्ष से लगा लिया। अपरा के असं य स्तनों से सब बच्चे दूध पीने लगे। जब उनकी भूख शान्त हो गयी और बच्चे सो गये तो अपरा ने उन्हें लिटाने की इच्छा की। तुरन्त पृथ्वी बन गयी। अपरा ने बच्चों के ऊपर एक क्षत्र की कामना की तो क्षितिज से क्षितिज तक आकाश प्रकट हो गया।

''सोते बच्चों के पास बैठी अपरा बच्चो के कुशल मंगल को लेकर घोर चिन्तन में पड़ गयी। प्रकाश की चिन्ता की तो अग्नि, सूर्य, चन्द्र, तारे प्रकट हो गये। साँस की चिन्ता करते ही हवा चलने लगी। इसी तरह चौबीस तत्त्व बन गये—पंच महाभूत, पंच तन्मात्राएँ, पंच ज्ञानेन्द्रियाँ, पंच कर्मेन्द्रियाँ और अन्तःकरण चतुष्टय।

''यह सारा जगत ब्रह्म से प्रकट हुआ पर ब्रह्म का एक कण भी नहीं लगा इसके बनने में।''

कोई पूछता, ''वह कैसे ?''

''जैसे जीवन के एक कण से गर्भ में पूरा शिशु बन जाता है। इस वैवर्त-विधि से ही सारी सृष्टि बनी है। ब्रह्म पूर्ण था। उससे पूर्ण सृष्टि बन गयी—'पूर्णस्य पूर्णमिद पूर्णात् पूर्णमुदच्यते।' केवल ब्रह्म पहले था और अब भी केवल ब्रह्म ही है।''

एक दिन पिंजला बीते निजी जीवन की कटुता को ले बैठी, ''याद कीजिये आपने मुझे अ बा अ बालिका से अपने नियोग की बात छुपाई थी। फिर भी मैंने जान ली थी।''

महर्षि व्यास कई बार इस बिन्दु पर सत्य पत्नी को बता चुके थे। किन्तु जब भी वह चिढ़ जाती तो इसी बिन्दु को शुरू से फिर स्पष्ट करने को उन्हें विवश कर देती।

महर्षि व्यास बोले, ''विधुमुखी मुझे तुम आत्मा समझो, स्वयं को परा प्रकृति। यह जो वनस्पति, पृथ्वी, आकाश, वायु, अग्नि, जल, तथा हमारी इन्द्रियाँ और उनके विषय है, यह सब अपरा प्रकृति है। यह संसार स्त्री का मायावी और

विकृत रूप है। यही कारण है कि इसमे स्त्रीत्व के गुण नहीं है। इस कमी के कारण ही संसार स्त्री के साथ न्याय नहीं करता। इसलिए ज्ञानियों ने स्त्री को संसार से दूर रहने का प्रवचन दिया है, जिससे नारी की मौलिक प्रकृति, जो परा प्रकृति है, नारी में बनी रहे। संसारी लोग नारी को अपने अपमानजनक व्यवहार से अपरा प्रकृति के तल पर गिरा देते है। परा रहते हुए स्त्री महालक्ष्मी रहती है। कोई भी अभाव उसे नहीं होता। परा रहते हुए वह अपरा को आदेश दे सकती है कि वह उसके घर से सभी अभावों को दूर कर दे। अपरा को पराप्रकृति के स्वभाव वाली नारी का आदेश मानना पड़ता है। किन्तु जो स्त्री परा से गिर कर अपरा हो जाती है अपरा उसकी अवहेलना करने लगती है। अपरा इस संसार की और इसके पदार्थो की स्वामिनी है। यह संसार अपरा प्रकृति का पूर्णरूप है। अपरा प्रकृति ने स्त्री में संसार का आधा रूप प्रकट किया है। स्त्री संसार पर विजय प्राप्त कर सकती है यदि अपने अर्द्ध–संसार रूप को पूर्ण संसार रूप न होने दे। संसार को जानने की चेष्टा न करें। अपने अर्द्ध–संसार रूप को साहस पूर्वक संसार में इस विश्वास के साथ प्रकट करें कि यह संसार नारी में प्रकट हुए अपने अर्द्ध रूप को अपना सच्चा रूप मानता है और अपने पूर्ण रूप को अपना झूठा रूप।

पिंजला ने भंवे टेढ़ी करके पूछा, ‘‘नारी के साथ यह अन्याय क्यों किया अपरा प्रकृति ने ?’’

व्यास ने कहा, ‘‘अपरा ने अन्याय नहीं किया। संसार की अभावग्रस्त रहने की आदत है। संसार को कितना भी मिल जाय वह अभावग्रस्त ही रहता है। यही हाल संसारियों का भी है। उन्हें कितना भी धन और संसारी स मान मिल जाय लालसा बनी रहती है और पाने की। अपरा चाहती है कि संसार के स्वभाव की नीचता, लोभ और धूर्तता नारी के सौ य और सुन्दर स्वभाव को अपने जैसा संकुचित और विकृत न कर दे। तुम स्वयं देख लो कि संसार को अपनाकर या संसार से टक्कर लेकर, जो स्त्रियाँ अपने अधूरे संसारी गुणों को बढ़ाकर संसार की तरह पूरा कर लेती है उनके स्त्रीत्व को संसार नष्ट कर देता है। स्त्रीत्व के गुण है कोमल स्वभाव, लज्जाशीलता और आत्मस मान। स्त्रीत्व के गुण जिस स्त्री में नहीं रहते उसमे संसारीगुण भर आते है। उन्हें चाहे संसार की सारी वस्तुएँ मिल जाएँ वे अभावग्रस्त ही रहती है। वह देखने में अद्वितीय सुन्दरी हो तो भी किसी पुरुष का हृदय नहीं जीत पाती। पूर्ण–संसार अपने में विकसित करने वाली स्त्रीजैसे ही बोलती है या कोई कर्म करती है कुरूपता उसकी वाणी और कर्मों से

बाहर निकल आती है, जैसे दूध उबलकर पात्र से बाहर निकल बहने लगता है। नारी के जीवन में सुख तभी आता है जब वह अपने अधूरे संसारी गुणों को अधूरा ही रखती है। उन्हें अधूरा रखती है तो संसार और राजा उससे डरते है और उसमे परा या अपरा प्रकृति की छटा देखकर उसका स मान करते हैं।''

पिंजला ने पूछा, ''तो क्या नारी की अपरा प्रकृति संसार के स पर्क में विकसित नहीं होती, विकृत, हो जाती है, अप्रकृति या अतिप्रकृति हो जाती है? क्या स्त्री संसार को अपने में प्रवेश करने दे तो स्त्री नहीं रहती, संसार की तरह माया बन जाती है?''

व्यास ने कहा, ''तुम मेरे कथन को सही समझ गयी हो। जैसे ही तुम इस वस्तुस्थिति को हृदयंगम कर लोगी तुम जान जाओगी कि पति-पत्नी एक-दूसरे का अकेलापन कामकेलि से केवल कुछ क्षणों के लिए दूर कर सकते हैं। सदा के लिए अकेलेपन को दूर करने का मार्ग है संसारी सत्य, अर्थात् ऋत्, को जान लेना। संसारी सत्य, ऋत्, को जो नारी नहीं जानती उसे संसार के अधर्मी, धूर्त, अज्ञानी लोग संसार के अधर्म, असत्य और अनऋत् से आकर्षित और उत्तेजित करके, भ्रष्ट और विक्षिप्त करके पाप पथ पर अकेली छोड़ देते है। संसार के ऋत् को समझते ही पति-पत्नी एक हो जाते है। संसार में शान्ति स्थापित हो जाती है। धूर्त, स्वार्थी अज्ञानियों का राज्य समाप्त हो जाता है। तब संसार को ज्ञानी चलाते है।''

पिंजला की रूचि जाग गयी इस सत्य को जानने में। उसने पूछा, ''संसार के ऋत् को नारी कैसे जाने?''

व्यास बोले, ''नारी हो या पुरुष, दोनों में अर्द्ध-संसार है। ज्ञानीजन कभी भी इसे पूरा नहीं करते। इस आधे को पूरा करना बहुत आसान है। संसार के माया जाल को जानने के लिए इस मायाजाल को ओढ़ लेना ही पर्याप्त है। काम, क्रोध, मद, लोभ, मोह, झूठ, प्रतिशोध, विश्वासघात, भय, घृणादि दुर्गुण पूर्ण संसार को नर्क में बदल देते है। जो संसार के दुर्गुणों को जान लेता है ये दुर्गुण उसके भी दुर्गुण बन जाते है। वह संसार के माया-जाल में फँस जाता है। संसार को जानने से किसी का कल्याण नहीं होता। संसार जिस ऋत् पर बसा है उसे जानने से संसार को कल्याणकारी सुख का धाम बनाया जा सकता है। मनुष्य अपनी आत्मा में प्रकटे सत्य को कर्म में व्यक्त करे, इस संसार मे। ऐसा करने वाले को संसार का ऋत् ज्ञात हो जाता है। वह संसारी पुरुष या नारी जैसा स्वार्थी, नीच और धोखेबाज नहीं होता।

"अपनी प्रकृति में बसे आधे-संसार को अज्ञानी लोग भी पूरा-संसार बना सकते है। इसके लिए ज्ञान की आवश्यकता नहीं होती। संसारी मनुष्यों में व्याप्त अनृत, असत्य, धूर्तता, दुष्टता, विश्वासघात, ईर्ष्यादि का अनुसरण करके संसार को आसानी से जाना जा सकता है। किन्तु पुरुष हो या नारी पूर्ण संसारी होकर सुख और शान्ति खो देता है। ऐसा मनुष्य संसार का सम्राट होकर भी अपरा प्रकृति में उपलब्ध सुख का अनुभव नहीं कर पाता।"

पिंजला ने कहा, "मुझे तो यह बताइए कि पति-पत्नी प्रेम मार्ग से मोक्ष कैसे प्राप्त करें।"

व्यास ने उत्तर दिया, "पति-पत्नी की आत्माएँ निष्काम प्रेम से अनन्त काल के लिए एक हो जाती है। एक-दूसरे की नश्वर देह से सुख पाने की कामना को जीत लेने के बाद ही आत्माओं में एक होने की प्रेरणा जन्म लेती है। दोनों में एकत्व इच्छा बनी रहेगी तो द्वैत भी बना रहेगा। जब दैहिक एकत्व की कामना नहीं रहती तो अध्यात्मिक एकता की प्रेरणा होती है। दोनों की आत्माएँ एक-दूसरे पर आत्मबलि देंगी और एक-दूसरे से बार-बार पूनर्जन्म लेगी तो दोनों की आत्माएँ एक हो जाएँगी। परपितामह द पति वसिष्ठ-अरुंधती ने अपनी दो आत्माओं को एक किया था।"

व्यास ने कभी नहीं चाहा कि पिंजला वैसी हो जैसी पत्नी वे चाहते थे। उन्होंने पिंजला को वैसा ही स्वीकार कर लिया था जैसी वह थी। किन्तु पिंजला व्यास में उस पति को खोजती रही जैसा पति वह चाहती थी। जब पिंजला ने भी व्यास को वैसा ही स्वीकार कर लिया जैसे वे थे तो दोनों की आत्माओं को एकत्व प्राप्त हो गया।

इस ज्ञानवार्ता से पिंजला और व्यास के जीवन से दा पत्य जीवन की सारी कुंठा दूर हो गयी। पिंजला को तपस्या से ब्रह्मज्ञान प्राप्त करने की प्रेरणा हो गयी।जीवन के अन्तिम दिनों में पिंजला ने संन्यास लिया और गंगोत्री की ओर तप करने चली गयी।

महाभारत की प्रसिद्धि और व्यास

कभी-कभी रंगमंच के कलाकार और निदेशक आकर उन्हें दिन भर घेरे रहते और रात को भी रुकने की इच्छा करते। किन्तु जाना पड़ता था इसलिए मन मसोस कर जाते, क्योंकि उनके शिष्य पैला, जैमिनी, मरीची, वैश पायन उन्हें रुकने के लिए प्रोत्साहित न करते, जो न मानते उनके लिए शिष्यों ने तरीके ढूँढ़ लिए थे। वे उन्हें आश्रम से दूर ले जाकर बाहरो-बाहर घर के लिए रवाना कर देते थे। इसका कारण यह था कि वे नहीं चाहते थे कि वे महर्षि व्यास से ही महाभारत का नाटकीकरण भी करा लें। शिष्यों को भय था कि यदि रंगमंच वाले महर्षि व्यास से नाटकीकरण करा लेगे तो उन नाटकों को देख उनके गुरु को बहुत दुख होगा कि नाटकीकरण ने उनके संवाद की हत्या कर दी।

व्यास का संवाद 'महाभारत' में सिर्फ इतना था कि मानवों के बीच युद्ध में विजय और पराजय दोनों मनुष्यत्वनाशी है। नाटकीकरण कराने वाले 'महाभारत' को बुराई पर अच्छाई की विजय की कथा बनाना चाहते थे। उनका उद्देश्य था धनोपार्जन। यह तभी सिद्ध हो सकता था जब इसे लोगों की इच्छा के अनुकूल बनाया जाय। लोगों की इच्छा तभी तृप्त होती जब इसे बुराई पर अच्छाई की विजय के रूप में प्रस्तुत किया जाता।

रंगमंच वाले पांडवों को अच्छाई की शक्ति बना देना और कौरवों को बुराई की शक्ति बना देना चाहते थे। यह सत्य था कि अच्छाई पांडवों में ज्यादा थी कौरवों की अपेक्षा। किन्तु एक को अच्छा और दूसरे को बुरा कहने से यह युद्ध भी देवासुर युद्ध की अनुकृति हो जाता। वे चाहते थे कि यह मानवों के बीच संघर्ष के रूप में प्रसिद्ध हो। इसमें जो वीरों का नाश हुआ उसका गुणगान न हो। व्यास का सन्देश था कि मानवों में युद्ध को हमेशा विनाशक के रूप में देखा जाए। वही उन्होंने दर्शाया था अन्त में पांडवों के वंश का भी नाश दर्शा कर। उन्होंने इसी सत्य को मृत्यु के उपरान्त भी दर्शाया था यह लिखकर कि मृत्यु के बाद सभी कौरव स्वर्ग गये।

व्यास के न करने पर रंगमंच वालों ने नाटकीकरण कर लिया और कथा को बुराई पर अच्छाई की विजय के रूप में वे 'महाभारत' के नाटक रूप का गाँव-गाँव शहर-शहर में अनेक नाटक मंडलियाँ मंचन करने लगी। नाटक बहुत लोकप्रिय हो चले क्योंकि वे झूठ पर सच्चाई की और बुराई पर अच्छाई की विजय दिखाकर जनता की इच्छा को तृप्त कर रहे थे।

झूठ पर सच की विजय कराने के तरीके तो महर्षि व्यास ने वेदों और उपनिषदों के भाष्यों में लिख रखे थे, क्योंकि झूठ और सच तो प्रत्येक मनुष्य के मन में भी रहते है और झूठ पर सच की विजय प्रत्येक व्यक्ति अपने भीतर ही कर सकता है।

मनुष्यों के दो दल जब परस्पर लड़ते है तो बहुत हिंसा होती है। युद्ध का समर्थन व्यास नहीं करते थे। उन्होंने देखा था कि महाभारत में पांडवों को छोड़ भारत के लगभग सभी वीर मारे जा चुके थे। सत्य की विजय मनुष्य के रक्त से कराकर भारत को ऐसा मूल्य चुकाना पड़ा था जिसकी तुलना नहीं की जा सकती। पांडवों को विजय तो मिल गयी थी, किन्तु विजय का सुख नहीं मिला था। पांडवों के प्रतापी पुत्रों, अभिमन्यु और घटोत्कच, की युद्ध में मृत्यु हुई थी। पांडवों के शेष सभी सोए हुए पुत्रों को अश्वत्थामा ने मार कर ऐसा जघन्य अपराध किया था जो हर किसी ने अक्ष य माना। कहते है कि आज तक अश्वत्थामा पृथ्वी पर भटक रहे है। पांडव दुख से भरे कुन्ती और पांचाली सहित सशरीर स्वर्गारोहण के लिए निकल पड़े। किन्तु मार्ग में युधिष्ठर को छोड़कर सब मर गये। इसके आगे कथा ही रुक गयी।

व्यास मनुष्यों में एक दल को सत्य और दूसरे को झूठा कहना नहीं चाहते थे। उनका कहना था कि कि हर कथा अनेक व्यक्तिगत कथाओं का समूह होती है। वह सार्थक तब होती है जब हर व्यक्ति अपने हृदय में असत्य के ऊपर सत्य की, दुष्टता के ऊपर अच्छाई की और गन्दे आचरण के ऊपर सुन्दर आचरण की विजय कराये। ऐसा करने से हर समाज में सत्य शिव और सुन्दर स्वत: विजयी हो जाते है।

जब दो दल लड़ने के लिए आमने-सामने होते हैं, प्रत्येक दल अच्छे और बुरे लोगों का मिलाजुला संगठन होता है। इसलिए यह नहीं कहा जा सकता एक दल अच्छे लोगों का है और दूसरा बुरे लोगों का। कोई दल जीते, जीत उस दल के अच्छे और बुरे लोगों के संगठन की होती है। अच्छाई-बुराई, सत्य-असत्य जुड़ जाएँ तो बुराई अच्छाई को दबा देती है और असत्य सत्य को। इस कारण

महाभारत को अच्छाई की बुराई पर और सत्य की असत्य पर विजय कहना असत्य का प्रचार होगा।

गणतन्त्रों को महर्षि व्यास का उपदेश था कि राजनैतिक दल न बनाये। हर व्यक्ति अपने सत्य, अच्छे और स्वच्छ कर्मों के आधार पर चुनाव लड़े। जिनके कर्म में अच्छे, सच्चे और स्वच्छ गुण अधिक होगे उन्हें ही जनता चुनेगी। इस तरह उनमे अधिक गुण वाले लोग मिल कर सरकार बना ले, जो सरकार में शामिल नहीं होगे वे भी सच्चे, अच्छे और स्वच्छ होंगे। वे विपक्ष बना लें। इस तरह हर चुनाव में विजयी पार्टी नयी होगी और विपक्ष भी। दोनों अस्थायी होगी। पार्टियाँ स्थायी नहीं होगी तो पार्टियों के स्वार्थ राष्ट्रहित का उल्लंघन नहीं करेंगे। जनहित के काम होगे, मनुष्यत्व की हत्या नहीं होगी।

राजनैतिक दलों का स्थायित्व ही उन्हें भ्रष्टाचारी संस्थाएँ बना देता है। विजयी दल और पराजित दल हर बार नये होंगे तो समाज की शान्ति को नष्ट करने वाले भ्रष्टाचारी दलों और राजनीतिज्ञों का अस्तित्त्व ही देश की राजनीति नहीं रहेगा।

व्यास को हताशा घेर लेती यह देखकर कि महाभारत झूठे कारणो से प्रसिद्ध हो गया था। मानव मन ने अति धूर्तता से अपने प्रक्षालन का काम अपने ऊपर से टाल दिया था। महाभारत से पहले लोग अपने मन पर विजय प्राप्त करने का प्रयत्न किया करते थे। महाभारत के बाद विश्वभर में लोगों के मन ने उन्हें बहका दिया। मन संयम, श्रम और प्रक्षालन करके अपने को सत्य का वास नहीं बनाना चाहता। मनुष्य मन में सत्य की जोत न जलने लगे, इसके लिए मानव मन ने पैतरा ही बदल लिया। हर मनुष्य का मन अपने को सच्चा और दूसरे के मन को झूठा कहने लगा।

महाभारत के बाद हजारों वर्ष बीत गये और भारत के लोग यही भूल गये कि हर मनुष्य को अपने मन पर आत्मा की जीत करानी है। जब मनुष्य का मन उसकी आत्मा से लड़ने लगता है तो उसकी आत्मा मन से लड़ती नहीं सो जाती है। और उस व्यक्ति का सर्वनाश कर देता है उसका मन। हर मनुष्य को यह समझना है कि उसके मन का सच्चा रूप है आत्मा और परमात्मा की छवि दिखाने वाला दर्पण हो जाना। किन्तु मन के अन्दर यह दुष्कामना जगा देता है संसार कि वह आत्मा का स्थान ले और इस शरीर के माध्यम से प्रकृति के सारे रस ले। संसार की इस सीख को ग्रहण करते ही मन आत्मा से लड़ने लगता है। संसार उसमें दुष्टता, झूठ और गन्दगी की जड़ डाल देता है। इससे मन जो दर्पण था दर्पण नहीं

रहता। दुष्ट, झूठा और गन्दा होकर आत्मा को ललकारता है। आत्मा अच्छाई, सच्चाई और निर्मलता की जड़ है। वह मन से लड़ती नही। मन आत्मा से लड़ना चाहता है, क्योंकि वह ललकारने मात्र से आत्मा के तल पर उठ आता है। उसके बाद मन की जीत निश्चित हो जाती है, क्योंकि आत्मा किसी से नहीं लड़ती।

मनुष्य का कर्तव्य है कि वह आत्मा से प्रार्थना करे कि वह उसकी रक्षा करे। वह आत्मा को बताये कि वह मन पर आत्मबलि दे। मन आत्मा को खा नहीं सकता, आत्मबलि देकर आत्मा मन के उदर में चली जाएगी और मन आत्मा को पुनर्जन्म देने को बाध्य हो जाएगा, क्योंकि आत्मा अमर है और मन उसे अपने भीतर सह नहीं पायेगा। पुनर्जन्म देने में दुष्टता मर जाएगी और मन फिर से केवल दर्पण रह जाएगा, आत्मा और परमात्मा का। इस तरह मनुष्यत्व और आत्मा रह जाएँगे मनुष्य मे। ये क्रमशः अर्जुन और कृष्ण के प्रतिरूप है। ''जिस पक्ष में अर्जुन धनुर्धर और कृष्ण है उस पक्ष की विजय निश्चित है।''

रंगमंच वाले अच्छाई और बुराई की सनातन लड़ाई दिखाकर मन और इन्द्रियों का मनोरंजन करने लगे। इस तरह अल्प समय में ही लोगों का मन, आत्मयज्ञ करने के बजाय, लोगों के मनोबल का नाश करने वाले सतत् मनोरंजन की रंगशाला बन गया।

महाभारत के बाद भारत की राजनीति दुष्टता, झूठ और गन्दगी की विजय कराने वाली राजनीति हो गयी। जो विदेशी भारत को जीत कर यहाँ के शासक बने वे न स्वयं सुख से रह पाये न भारतीयों को सुख से रहने दिया।

जो स्थान परा प्रकृति अर्थात् गंगा के पुत्र भीष्म को मिलना चाहिए था वह स्थान भी विवाह में स्वार्थी शर्तें रखकर उनके पिता धीवरराज ने सत्यवती के भावी अयोग्य पुत्र के लिए ले लिया। भारत का इतिहास महाभारत के बाद बिगड़ता ही चला गया और अन्ततः भारत से ईर्ष्या और शत्रुता करनेवालों के हाथो में चला गया। जब स्वतन्त्रता मिली तो भारत के दो टुकड़े कराकर। उस दुर्भाग्य को रोका जा सकता था। पर नेताओं के सत्य से रिक्त मन ने और वर्गों के बीच परस्पर भय और अविश्वास से भरे मन ने, ऐसा नहीं होने दिया। स्वदेशी राज्य आया तो शुरुआत हुई बेईमानी से भरे कोटा परमिट राज से। जो बँटवारा धर्म के नाम पर हुआ था उसे सबोटेज किया, उस झूठे मन के कहने में आकर जिसने बँटवारे के दौरान ही सा प्रदायिक दंगे कराये थे। यह किसी ने नहीं सोचा कि झूठे मन में आत्मा की आत्मबलि और पुनर्जन्म ही एकमात्र मार्ग है मन से दुष्टता के बीजों

को नष्ट करने का। वही झूठा मन हमसे सा प्रदायिक दंगे और सा प्रदायिक सौहार्द साथ-साथ कराकर हमसे ही छलकर रहा है आज भी।

लोगों का मन सुनना नहीं चाहता था, व्यास के महाभारत लिखने का उद्‌देश्य। उनके मन उसे असत्य पर सत्य की विजय मान चुके थे। व्यास ने सोचा जो बात मनुष्य सुनना नहीं चाहते उसे गंगा को सुना देने से गंगा उचित अवसर पर उनका उद्‌देश्य जन साधारण की चेतना में प्रसारित कर देगी। तट पर बैठे व्यास गंगा की लहरो से कहने लगे, ''माँ मैंने वेदों और उपनिषदों पर जो भाष्य लिखे उन्हें बहुत कम लोगों ने पढ़ा। जिन्होंने पढ़ा उनमें से बहुत कम मुझसे चर्चा करने आये। उनमे मैंने आर्यों का जीवनदर्शन लिख दिया था। पर उसे विद्वानों ने परलोक विषयक मानकर मुझसे चर्चा करनी उचित नहीं समझी। कभी-कभी मैंने गंगा में खड़े होकर भुजा उठाकर भी नहाने आते जाते लोगों से कहा भी कि सत्य पथ और धर्मपथ क्या है तो वे मुझे मेरी बात में रुचि लेते नहीं लगे।

''लोग समझे मैंने अच्छाई और बुराई के बीच अनन्त काल से चले आ रहे युद्ध की कथा लिखी थी। मैंने ऐसी कथा नहीं लिखी थी, क्योंकि इससे तो बुराई अच्छाई के स्तर की चीज हो जाती है। अच्छाई की समकक्ष नहीं है बुराई। अच्छाई का अस्तित्त्व है, बुराई का अस्तित्त्व नहीं है। बुराई मनुष्य पैदा करता है और अच्छाई का उल्टा कहकर अच्छाई के साथ जोड़ देता है। मनुष्य की मूर्खता और धूर्तता ने अच्छाई-बुराई को, लिखने और बोलने में साथ-साथ रखकर, अस्तित्त्वहीन बुराई को कर्मभूमि में ही नहीं बुद्धि और मन के तल पर भी अस्तित्त्व दे दिया है। दोनों को अलग-अलग रखो। कुछ समय में ही बुराई मर जाएगी। दोनों को साथ-साथ लिखने और बोलने से मस्तिष्क दोनों को जोड़ देता है। मस्तिष्क द्वारा जोड़े जाने से दोनों जीवन के लिए सत् हो जाते है, क्योंकि जीवन मस्तिष्क का कहना मानता है। इस तरह जो असत् है वह सत् का स्तर पा जाता है। विपरीतों को जोड़ना ही सत् और असत् को बराबर कर देता है और झगड़ा शुरू हो जाता है।

''सत् है, असत् नहीं है—यह सृष्टि का सत्य है। सत् का असत् से कोई झगड़ा नहीं है। एक है और दूसरा नहीं है। जो नहीं है उसका जो है उससे झगड़ा ही कहाँ है?

''लोग समझते है कि मैंने महाभारत में बुराई के ऊपर अच्छाई की विजय दिखायी है। ऐसा मेरा कोई लक्ष्य नहीं था। मैंने यथार्थ जीवन चित्रित किया था। यह दर्शाने को कि जीवन दिशाविहीन हो गया है, अनर्गल हो गया है, ऐसे में

बुराइयाँ समाज में सफल होने लगती है। द्वापर को दोष देना गलत है, द्वापर की त्रेता से तुलना करके। कुछ लोगों ने यह गल्प प्रसिद्ध कर दिया है कि मनुष्यों के चरित्र में विकार युग के कारण आता है। काल का कोई चरित्र नहीं होता जिसके अनुसार मनुष्य संवरे या बिगड़े। युग काल का एक खंड होता है। युगों का अपना चरित्र नहीं होता, मनुष्यों का चरित्र होता है।

''मैंने तो महाभारत में अपने समय के वर्तमान का यथार्थ दर्शाया था और कंस और जरासंध के दारूण और बीभत्स कर्म सब मनुष्यों की चेतना तक पहुँचाने का प्रयत्न किया था। युग कोई भी हो, केवल इच्छाशक्ति चाहिए और तप चाहिए, प्रत्येक मनुष्य मनुष्यत्व के उच्च स्तर पर उठ सकता है। मेरा महाभारत लिखने के पीछे उद्देश्य था जो यथार्थ मैंने देखा था वह बदले और भारतीयों का चरित्र मनुष्यत्व में विकसित हो। यथार्थ चरित्र आदर्श चरित्र में बदल सकता है यदि मनुष्य अपने कर्मों में उस सत्य को प्रकट करने लगे जो उसकी आत्मा में है। व्यवहृत सत्य ही धर्म है। समाज का संविधान ऐसा होना चाहिए जो सत्य के सूक्ष्म से भी सूक्ष्म रूप को भी देख सके और जीने के लिए प्रेरित कर सके। और शासन का विधान ऐसा हो जो सूक्ष्म सत्य को व्यवहृत करने वालो के उन्नत हृदय को, समाज के आदर्श के रूप मे, समाज में स्थापित करे। यदि ऐसा न किया गया तो केवल भव्य चिन्तन, बिना भव्य कर्मों के, कभी भी समाज को ऊँचे नैतिक स्तर पर नहीं ला सकेगा। यह कहना गलत है कि सामान्य जनता भव्य चरित्र नहीं जी सकती। जी सकती है यदि शासकों में केवल सत्य हो, सत्य-असत्य दोनों नहीं।

''संविधान की धाराएँ और देश का कानून इतना विकसित होना चाहिए कि उच्च स्तर के सत्य को कर्म बनाने वालों को महान कह सके। इसके बिना कोई भी देश महान लोगों को उत्पन्न नहीं करेगा। धीरे धीरे वहाँ नीच कर्म महान समझे जाने लगते हैं। व्यवहार में जो सत्य का महानतम स्तर व्यवहृत किया जा चुका हो देश में, उसे कानून श्रेष्ठ कर्म का मापदंड मानकर स्थापित करे। तभी लोगों को उत्साह होगा उच्चतम सत्य को कर्म बनाकर देश के जीवन में व्याकृत करने का। ऐसे मापदंड श्रेष्ठता सिद्ध करने योग्य हर क्षेत्र में स्थापित किये जाने चाहिए। तभी समाज का नैतिक स्तर उठेगा। अन्यथा फिल्में समाज में नीच स्तर के आचरण को मानव चरित्र का मानक बनाये रखती है। ऐसे देश का नैतिक स्तर गिरता जाता है।

''सत्य ईश्वर का गुण है। नागरिकों को इस गुण का अनुकरण करने के लिए उत्साहित करना चाहिए। यदि मनुष्य ईश्वर के इस सुन्दर गुण को अपनी प्रज्ञा

और ऋत भरा बुद्धि का उपयोग कर यथार्थ नहीं करेगे, तो धी–बुद्धि दुर्गुणों को यथार्थ कर देगी पृथ्वी पर।

''अज्ञानवश पृथ्वी पर अधर्म धर्म कहे जाने लगे है। जनतन्त्र के चुने हुए शासक अधर्म को नहीं रोकते, क्योंकि उन्होंने असत्य और प्रवंचना को राजनीति का धर्म बना रखा है। भ्रष्टता को शासन शक्ति का सहारा देकर पनपा रहे है। राजनैतिक दलों में सत्ता में बने रहने की घोर लालसा जन्म ले बैठी है। वे अपने दल को जिन तरीकों से मजबूत कर रहे है उनसे देश कमजोर हो रहा है। यह चरित्र की विकृति अकेली ही जनतन्त्र का नाश कर देगी अगर रोकी न गयी। पौरूष और स्त्रीत्व का भी नाश कर देगी। कर्मवीर सत्ता का लोभ नहीं करते। वे सत्य को कर्म में उतारते है, सत्ता में चाहे वे रहे न रहे। कर्मवीर ऐसी शक्ति को जन्म देते है जिसका आधार सत्य होता है।

''वर्तमान में भारत का शासन असत्य का खेल होकर रह गया है। सत्य सबसे शक्तिशाली होने के साथ संवेदनशील भी है। सत्य का कोई स्वार्थ नहीं होता सिवाय देश के हित के। सत्य को बड़े तप से ज्ञानियों ने भारत में अव्यक्त से व्यक्त किया था। सत्य का अपमान किया। रोगी जनतन्त्र और उसके शासकों ने। उन्होंने उच्च पदों पर बैठकर असत्य कर्म किए और असत्य वचन बोले। सत्य वहाँ नहीं रहता जहाँ सत्य में शासकों की श्रद्धा नहीं होती। इस कारण भारत का सत्य व्यक्त से अव्यक्त हो गया है। असत्य निर्लज्ज हो राष्ट्र पर छाया हुआ है।

''अपने मन और बुद्धि को शान्त और संयमित करे, क्योंकि आपको कलियुग में सत्य का शासन स्थापित करना है। जो सत्यधर्म मानव जाति का कल्याण कर रहे थे उनकी जगह निर्लज्जता राजनीति का धर्म बन गयी है। आवश्यकता है कि मानवजाति सत्य को कर्म में व्यक्त करना फिर से सीखे।

''महाभारत के युद्ध में अभिमान और अधर्म के कारण लाखों वीर इस भ्रान्ति में थे कि वे अपने धर्म का पालन कर रहे है। वे यह न समझ सकें कि सत्यपथ पर चलना ही धर्मपथ पर चलना है। सत्य पथ पर चलता हुआ मनुष्य धर्मपथ पर भी उसी समय चल रहा होता है। लोगों के धर्म अलग अलग हो सकते है, किन्तु सत्य अलग नहीं हो सकता।''

व्यास और शुकदेव

कालप्रदत्त वृद्धावस्था को निर्मल-हृदय व्यास बहुत पीछे छोड़ आए थे। काल जितना बूढ़ा कर सकता था उससे भी आगे जो वृद्धता है, जिसे ज्ञान कहते है, उस वृद्धता को व्यास यौवन में ही प्राप्त कर चुके थे। उनके हृदय में दिव्य एकाकीपन प्रवेश कर चुका था। उस एकाकीपन को शुकदेव नहीं जान सकते थे, क्योंकि कोई पुत्र अपने पिता के हृदय को नहीं जान पाता।

शुकदेव, अद्वितीय ज्ञानी पुत्र, भी अपने प्रति पिता के प्रेम को मोह समझते थे। महाज्ञानी होकर भी वे यह नहीं जानते थे कि उनके पिता का लौकिक प्रेम भी अलौकिक हो चुका था, मनवांछित वृद्धता (ज्ञान) को प्राप्त करके। शुकदेव के प्रति उनका प्रेम अब भी उनके रोम-रोम को उद्वेलित करता था, किन्तु यह उद्वेलन अलौकिक था। इसकी भव्यता को शुकदेव, चिरषोढ़स अवस्था के होने के कारण, समझ नहीं पाते थे। वे अभिज्ञ थे इस सत्य से कि पिता में उनके प्रति ममत्व का उदगम ज्ञानी पिता की आत्मा थी, देह नहीं। मन में जगा ममत्व मोह है, किन्तु आत्मा में किसी अन्य आत्मा के प्रति जगा ममत्व प्रेम है। नित्य शुद्ध बुद्ध आत्मा विकारी ममत्व से मुक्त होती है। व्यास की आत्मा पूरी तरह स्वाधीन थी। पर प्रेम को स्वाधीनता-पराधीनता से क्या लेना देना था। एक आत्मा में दूसरी आत्मा के प्रति प्रेम जगना विरल घटना है। आत्मा में जग जाए तो प्रेम उतना ही द्वैतविहीन होता है जितना सिद्धात्मा का ब्रह्म प्रेम। इसलिए दिखाई नहीं देता।

महामुनि शुकदेव को ब्रह्मज्ञान अनायास ही प्राप्त हो गया था, जो वस्तु अनायास ही प्राप्त हो जाती है उसका महत्त्व अनायास ही समझ में नहीं आता। महामुनि शुकदेव को पूर्ण विश्वास नहीं हुआ कि जो उन्हें प्राप्त हो चुका है वही वह जगत प्रसिद्ध, अद्‌भुत, दुर्लभ तत्त्व ब्रह्म है। विश्वास के अभाव में उनके मन को शान्ति न मिली। उनके चित्त की चंचलता अवश्य शान्त हो गयी। क्षणभंगुर भोगों के सुख से उनका मन फिर गया।

एक दिन उन्होंने इन स बन्ध में अपने पिता व्यासदेव से प्रश्न किया, "प्रभु

संसार की उत्पत्ति कैसे होती है?'' पिता ने इस जिज्ञासा का जो उत्तर दिया जा सकता था वह दे दिया। शुकदेव ने सोचा, 'यह तो मैं भी जानता था।' उन्हें उत्तर से शान्ति नहीं मिली। उनकी दशा जानकर पिता ने उनसे कहा, ''महाराज जनक से जाकर यह प्रश्न करो। वे तु हारी जिज्ञासा को अवश्य शान्त कर देगे।''

महामुनि शुकदेव राजा जनक के महल पहुँचे। वहाँ जनक ने उन्हें महल के बाहर ही सात दिन तक रुकवाये रखा। जब उन्होंने देखा कि शुकदेव शान्त और प्रसन्नचित्त रहे और उनके व्यवहार का बुरा नहीं माना तो उन्होंने उन्हें महल में भीतर ले लिया मगर फिर सात दिन बिना मिले अकेला छोड़ दिया। इस उपेक्षा से भी शुकदेव को शान्त और निर्विकार देखकर वे उनसे मिले। किन्तु इस बार भी उनसे बात किए बिना उन्हें रनवास में घूमने की स्वतन्त्रता प्रदान कर चले गये। फिर सात दिन बीत गये। तब जनक शुकदेव से मिले और उनके प्रश्न का उत्तर दिया, ''यह संसार मनुष्य के संकल्प से उत्पन्न होता है और संकल्प का नाश होते ही नष्ट हो जाता है।''

शुकदेव ने जनक से कहा, ''मैंने यह बात पहले ही विवेक से जान ली थी। पिताजी ने भी यही बात कही। आप भी यही उत्तर दे रहे है। शास्त्र भी यही कहते है। यदि यही अविचल सत्य है तो इस सत्य का उपदेश आप मुझे इस विधि से दीजिए कि यह मेरे हृदय में बस जाए और और मुझे शान्ति मिल जाए।''

जनक ने कहा, ''मुने! परम सत्य के विषय में जो भी जाना जा सकता है वह आप जान चुके है। प्रमाण यह है कि आपकी बुद्धि विषयवासना से पूरी तरह विरक्त हो चुकी है। इस भ्रम को त्याग दीजिए कि आपको कुछ और जानना शेष है।''

महामुनि शुकदेव को चिंता होने लगी कि उनके पिता की मुक्ति में पुत्र स्नेह बाधा डाल देगा। पिता का अपार स्नेह उनके लिए असह्य हो गया। पिता को छोड़कर वे परिव्राजक हो गये। महामुनि व्यास इस बार पुत्र-प्रेम से विह्वल हो उनके पीछे-पीछे नहीं गये, जैसे पहले एक बार गये थे। वे पहचान गये थे शुकदेव के वैराग्य को, जिसमें भगवद् प्रेम के साथ पिता के प्रेम को जगह नहीं थी। शुकदेव जानते थे कि उनकी आत्मा केवल परमात्मा से प्रेम कर सकती है, किसी अन्य आत्मा से नहीं।

शुकदेव का विचार था कि आत्मा किसी अन्य आत्मा से प्रेम नहीं कर सकती; मोहग्रस्त हो सकती है या उसे मोहग्रस्त कर सकती है। किन्तु व्यास जानते थे कि दो आत्माएँ भी एक-दूसरे से ऐसा ही प्रेम कर सकती हैं जैसा प्रेम एक

आत्मा ब्रह्म से करती है। शुकदेव प्रेम की उन सीढ़ियों को नहीं जानते थे, जिन पर महामुनि व्यास चढ़े थे।

शुकदेव को अद्‌भुत ब्रह्मज्ञान था। वे ब्रह्म को अद्वैत मानते थे। वे मानते थे कि ब्रह्म का वर्णन करो या ईश्वर का, उसे 'एक' मानने वाले ब्रह्मज्ञान पाने के बजाय गणित में उलझ कर एक-दूसरे से लड़ने लगेगे। 'एक' सं या है; और कोई भी सं या हो वह अद्वैत ब्रह्म का वर्णन नहीं कर सकती, ब्रह्म को केवल सीमित कर सकती है। जो ब्रह्म को सीमित कर दे वह ज्ञान अज्ञान होता है।

अद्वैत शब्द ने भारतीय दर्शन को गणित के पाश से मुक्त रखा है। शुकदेव के हजारो वर्ष बाद पश्चिम के तीन स प्रदायों ने ईश्वर को एक कहा और तीनों आजतक सं या एक के झमेले में फँसे हुए है। वे इस कारण ही एक-दूसरे के प्रति हिंसा को अपने धर्म का हिस्सा बना बैठे हैं। तीनों ने अपने इस आविष्कार पर बहुत गर्व किया कि उनका ईश्वर एक है। गणित को दर्शन में महत्व देते ही पहला दोष उनकी चेतना में गणित यह ले आया कि वे इस बात पर ही गर्व से भर गये कि उनका ईश्वर अनेक नहीं एक है। वे उन मनुष्यों की हत्या करने लगे जो कहते थे कि ईश्वर अनेक रूपों में है। ईश्वर एक होने से बड़ा नहीं हो जाता, अनेक रूपों में होने से छोटा नहीं हो जाता। ईश्वर का ईश्वरत्व बढ़ नहीं जाता एक होने से और घट नहीं जाता अनेक होने से। अगर मनुष्य की बुद्धि में ईश्वर की शान को घटाने या बढ़ाने की सामर्थ्य होती तो मनुष्य ईश्वर से भी बड़ा होता।

कोई भी ईश्वर भक्त ऐसे प्रश्न नहीं करेगा ईश्वर के स बन्ध में। प्रेम ईश्वर को थोड़ा बहुत जान सकता है, बुद्धि नहीं। शुकदेव उन भक्तों में थे जो कहते थे कि ईश्वर मनुष्य को जान सकता है मनुष्य ईश्वर को नही। जब ईश्वर की इच्छा होती है तभी मनुष्य को ईश्वर अपने बारे में कुछ बताता है। जब भक्त के प्रेम से ईश्वर प्रसन्न होता है तो उसे दर्शन दे देता है किसी रूप में जिसमें वह चाहता है। वह अपना पूर्णरूप किसी को नहीं दिखाता क्योंकि मनुष्य की बुद्धि में सामर्थ्य नहीं है उसके पूर्ण रूप के दर्शन करके अपना बौद्धिक सन्तुलन बनाए रखने की।

पश्चिम में लोगों ने बिना किसी आधार के पूर्व निश्चय कर लिया कि ईश्वर एक है। उसके बाद वे एक-दूसरे से और भी घृणा करने लगे क्योंकि पश्चिम के तीनों धर्मों के भगवान अलग-अलग है। तीनों धर्म भगवान का स्वरूप एक-दूसरे से भिन्न बताते हैं। पश्चिम वालों में बहुत युद्ध हुए है इस बात पर। पश्चिम का प्रत्येक धर्म यह कहता है कि मानव जाति का भगवान एक है। पश्चिम का प्रत्येक धर्म साथ ही यह भी कहता है कि उसका भगवान ही भगवान है और शेष दो धर्मों

के भगवान कुछ और हैं, भगवान नहरं।

महर्षि व्यास ने पश्चिम वालों के इस रक्तपात से हजारों साल पहले यह कहा था कि हर मनुष्य उससे प्रेम करे जिसे वह भगवान समझता है। ऐसा करने से उसे भगवान के गुणों का अनुभव होगा। वह पाएगा कि सबके भगवान के गुण एक से हैं।

इसका फल यह हुआ कि भारत में ईश्वर की सं या पर या स्वरूप पर झगड़े नहीं हुए। भारत के बाहर तीनों धर्मों ने अपरिमित ईश्वर को एक की सं या से बाँध दिया। ईश्वर स्वतन्त्र है। स्वतन्त्र ईश्वर को बाँधना अधर्म है। अधर्म ने ही ईश्वर की सन्तान से ईश्वर की सन्तान की हत्याएँ करवाई।

भारत के ऋषिजन गणित के आदि आचार्य थे। उस युग में भी जब अन्य लोग गिनती नहीं जानते थे भारत के ऋषि ज्यामिती, अंकगणित, बीजगणित आदि में ग्रन्थ लिख चुके थे। ऋषिगण सं या के दोष और गुण दोनों से परिचित थे। वे गणना को केवल भौतिक पदार्थों के ज्ञान में हितकर मानते थे, ईश्वरीय ज्ञान में गणना को विष मानते थे। यही कारण है कि उन्होंने ईश्वर को एक न कहकर अद्वैत कहा। अद्वैत एक से अधिक और एक से कम दोनों से परे है। अद्वैत से अपरिचित बहुत से आधुनिक गणिताचार्य गणित से बाहर के सत्य को, जिनमें ईश्वर भी है, नहीं जान पाते।

वे नास्तिक भी इसी झगड़े के कारण हो गये है कि वे कहते है कि जब ईश्वर एक है और आसमान में रहता है तो वह अवश्य ही हुब्बल–दुर्बीन में दिख जाना चाहिए था जिसमें सौर मंडल से आगे के ऊर्त बादल भी दिख जाते है; यह भी दिख जाता है कि सृष्टि में हमारे सौर मंडल जैसे असं य सौरमंडल है। उनका तर्क है जब ईश्वर इस दुर्बीन में नहीं दिखता तो सत्य यह है कि ईश्वर है ही नहीं।

पश्चिम के तीनों स प्रदाय अपने अपने ईश्वर के स्वरूप बताने लगे जो एक–दूसरे से भिन्न थे। इस लिए उनके बीच ईश्वर एक से तीन हो गये। अपने अनुयायियों को अपने कब्जे में रखने के लिए उनमें से एक धर्मगुरु ने वादा किया, 'हमारे धर्म में दीक्षित हो जाने मात्र से तु हें स्वर्ग मिल जाएगा। भगवान तु हारा कर्म लेख नहीं देखेगा, क्योंकि उसके और मेरे बीच यह तय हो चुका है कि जिनको स्वर्ग में रखने की सिफारिश मैं करूँगा उन्हें ईश्वर स्वर्ग में रखेगा, उनके अलावा और किसी को नहीं। अन्य सभी धर्म वालों को भगवान नर्क में रखेगा।''

दूसरे दो धर्मों के गुरुओं ने भी अपने अनुयायियों से यही वादा किया। अन्यथा उनके अनुयायी भी, बिना शुभकर्म किये स्वर्ग मिलता देख लालच में

पहले धर्मगुरु के अनुयायी हो जाते। ईश्वर को एक कहने मात्र से पश्चिम के तीनों स प्रदायों में विवाद बहुत नीचे स्तर पर उतर आया। इससे परेशान होकर पश्चिम के अनेक स भ्रान्त और शिक्षित लोग यह मानने लगे है कि ईश्वर होता ही नहीं।

भारत में ईश्वर को एक कहकर सं या से नहीं बाँधा गया। इस तरह भारतीय दर्शन और धर्म में गणित नहीं घुस सका। गणित हृदयों को तोड़ता है। दर्शन और धर्म हृदयों को जोड़ते हैं। ऋषियों ने कहा, ''जो हृदयों को एक-दूसरे से अलग करें वह धर्म नहीं अधर्म है। गणित धर्मों से झूठे वादे कराता है। भारत ऐसा देश है जहाँ जन्में हर धर्म ने साहस किया सत्य कहने का : ''किसी धर्म में दीक्षित होने से स्वर्ग नहीं मिलता। केवल शुभ कर्मों से मिलता है स्वर्ग।''

ब्रह्मज्ञान से परिपूर्ण थे शुकदेव। किन्तु अपने पिता के प्रेम को नहीं जान सके, क्योंकि पुत्र पिता के प्रेम को प्रेम नहीं समझता मोह समझता है। महामुनि व्यास का पुत्र-प्रेम पूर्णज्ञान के कमल में खिला कमल था। प्रेम पथ पर प्रथम पग भी प्रेम है और अन्तिम पग भी। वहाँ प्रेम ही आदि है और अन्तविहीन अंत भी।

ब्रह्माजी ने पिता के प्रेम को पुत्र से छिपाकर न रखा होता तो श्रीराम पिता के प्रेम को पितृ स्नेह न समझते। वे जान जाते कि उनके पिता का प्रेम प्राण विसर्जन करने वाला प्रेम है, जो रो धोकर शान्त नहीं होगा; उनका वनगमन पिता के प्राण ले लेगा!

महामुनि शुकदेव की आत्मा ब्रह्म में स्थित हो गयी तो वे संशयविहीन हो गये। मेरुगिरी के शिखर पर वे कई वर्षों तक समाधिस्थ रहे। उनके शोक, भय और श्रम सभी नष्ट हो गये। प्रारब्ध क्षीण होते ही ब्रह्म में समा जाते, किन्तु उन अमर जनों में विधाता द्वारा चुन लिए गये जो सदा पृथ्वी पर रहते हैं भटके हुए को राह दिखाने के लिए।

स्कन्दपुराण का कथन है : ''अन्य महात्माओं ने व्यासदेव के ज्ञानाकाश से टुकड़े लेकर अपने अपने दर्शन बनाये, जैसे प्रकृति के प्रांगण में चार दीवारें उठा-उठाकर करोड़ों लोग अपने-अपने घर बना लेते है। ज्ञान के निस्सीम आकाश तो व्यास है।''

ऐसे अनोखें व्यास की सुध लेने की पीर और किसे होती अगर श्रीकृष्ण को नहीं।

व्यास की ज्ञान-व्यथा और देवर्षि नारद

कई वर्ष बीत गये। इस बीच व्यास वेदों का संकलन और विभाजन कर चुके थे। वेदों और उपनिषदों के भाष्य भी लिख चुके थे। महाभारत और अठारह पुराण भी लिख लिए थे।

ज्ञानीजन कहने लगे थे कि व्यास ज्ञानमार्ग से मोक्ष प्राप्त कर चुके है। कभी भी देह त्याग सकते हैं। किन्तु उनकी सही दशा कोई नहीं जानता था। वे ज्ञान की अग्नि में जल रहे थे। उनका ज्ञान महाविनाशकारी युद्ध महाभारत को नहीं रोक पाया था। न समाज के लोगों की उन्नति का मार्ग प्रशस्त कर पाया था। देश और समाज के प्रति उनके कर्तव्य पूरे नहीं हो पाए थे। यदि यह उनकी ज्ञानमार्ग से मोक्ष प्राप्ति थी तो मोक्ष पाकर भी व्यास के हृदय को शान्ति नहीं मिल रही थी।

व्यास को हृदय में निष्काम ज्ञान की ज्वाला जलती महसूस होती। क्योंकि निष्काम ज्ञान के उस धरातल पर कोई उत्तीर्ण होने को तैयार नहीं था जहाँ वे पहुँच चुके थे। वे उद्विग्न रहते किस तरह लोगों को प्रेरित करें उस निष्काम ज्ञान को जीवन में व्यवहृत करने के लिए, जिसे प्राप्त किए बिना मानव जाति के मानव कृत दुख दूर नहीं होते।

व्यास जान गये थे कि मानव जाति के दुखों में अधिकांश दुख मानवकृत थे। विशाल जनसमूह व्यास के उपदेश 'व्यक्तिगत इच्छाओं से मुक्ति' की सराहना तो करता था, किन्तु उस निस्वार्थ आत्मयज्ञ को करने को तैयार नहीं होता था जो व्यक्तिगत इच्छाओं से मुक्ति दिलाता है। व्यास जान चुके थे व्यक्तिगत इच्छाओं से मुक्ति पाकर ही मानव जीवन संसारी उलझनों से मुक्त रहता है। उनका यह ज्ञान बहुत कम लोग व्यवहृत करते थे। अधिकांश लोग व्यक्तिगत इच्छाओं से मुक्त होने को जीवनेच्छा से और जीवन के रसों से विरक्ति समझ इस मार्ग को नहीं अपनाते थे। वे व्यास के इस अनुभव को नहीं स्वीकार कर रहे थें कि व्यक्तिगत इच्छाओं से मुक्त होकर ही मनुष्य समाज के नैतिक स्तर को उन्नत कर सकता है।

इस निष्काम ज्ञान को व्यास यौवन में ही प्राप्त कर चुके थे। उसके बाद मृत्यु

पर्यन्त उन्हें असहयोगी मानव समूह के साथ पृथ्वी पर जीवन काटना था। देहमुक्ति होने तक शेष जीवन एक असहाय मनुष्य की तरह काट रहे थे। अधिकांश समय समाधिस्थ रहकर ज्ञान के शिखर पर अकेले ही कटता था। उनकी स्थिति उस पक्षी जैसी हो गयी थी जो उड़ना सीख कर घोंसला छोड़ चुका था। किन्तु जिस आकाश में उड़ना था उसकी वायु संकीर्ण मानवीय इच्छाओं के विष से विषाक्त थी। उनका वह अनमोल ज्ञान सारे वायुमंडल को शुद्ध कर सकता था। किन्तु मानव क्यों सहयोग करते ? वे अपनी आत्मा के प्रकाश में नहीं जीना चाहते थे। वे अपने अज्ञानी मन के कृत्रिम उजाले में जीना चाहते थे। वे स्वीकार नहीं करना चाहते थे अपने जीवन के इस अनुभव को कि मन में इच्छाओं का कृत्रिम उजाला ही समाज के वायुमंडल को विषाक्त करता है।

उन्होंने जान लिया था कि शेष जीवन पृथ्वी पर केवलज्ञानी को निष्काम ज्ञान के शिखर पर अकेले काटना पड़ता है। ऐसे ज्ञानी का दुख अनोखा होता है, क्योंकि वह उस ज्ञान को बल या छल से नहीं फैला सकता। ज्ञान की प्रकृति है कि वह तभी फैलता है जब सामान्यजन उसे व्यवहार में लाते हैं।

अध्यात्मिक ज्ञान के अनमोल तेज के आगे न्यूक्लीयर तेज शतांश भी नहीं है। ज्ञान का तेज प्राप्त करने के बाद लौटाया नहीं जा सकता। वह व्यर्थ भी नहीं किया जा सकता। ज्ञान का अप्रयुक्त तेज ज्ञानी को रोज स्वयं पीना पड़ता है। यह तेज औरों में बँटे तो खिलता है, स्वयं पीना पड़े तो असहनीय हो जाती है यह अनुभूति कि वह अपने ज्ञान से मानवजाति का हित नहीं कर पाया।

ज्ञान ईश्वर में या सत्य में रहता है। दिव्य शक्तियाँ ज्ञानी व्यास को प्रेरित करती रहती संसार में भी अध्यात्मिक ज्ञान को प्रतिष्ठित करने को। व्यास को इस कारण संसारियों से स पर्क करना पड़ता। किन्तु व्यास के अन्तःकरण में उदित अपार ज्ञान-पौरुष को रोज संसारी लोग विवश-पौरुष में बदलते रहते। संसारी पुरुष उनसे बचने लगे थे उन दिनो जब उनमे सबके प्रति मैत्रीभाव उदित रहता था और कभी अस्त नहीं होता था। अध्यात्मिक अज्ञान में जीने वाले उन्हें अकारण अपमानित करने, लांछित करने और असफल करने में कोई कसर न छोड़ते। यह अज्ञानियों का स्वभाव होता है कि वे ज्ञानी का अपमान करके सुख पाते हैं। व्यास ज्ञान को भावी पीढ़ियों के लिए छोड़ना चाहते तो ज्ञान को सुरक्षित रखने में अज्ञानी कोई सहयोग न देते। अज्ञानी जान गये थे कि व्यास क्रोध और प्रतिशोध से मुक्त हैं, इस कारण और भी उद्दंड हो गये थे।

संसारियों के विरोध का कारण यह था कि व्यास का अध्यात्मिक ज्ञान सभी

मनुष्यों को समान मानता था। किन्तु स्वार्थी लोग शेष मनुष्यों पर शासन करना चाहते थे। वे सबकी समानता से डरते थे। वे पदार्थों से स पन्न जीवन जीकर और सामान्य जन को दरिद्र रखकर ही अपने को बड़ा महसूस कर सकते थे। वे नहीं चाहते थे कि निर्धन लोग अध्यात्मज्ञान प्राप्त करके, बिना धन के ही, चरित्रबल के कारण उनसे भी ऊँचा स्थान समाज में प्राप्त कर ले।

सांसारिकता में प्रवीण लोग प्रेरणाविहीन विद्वानो को पद–पुरस्कार–धन देकर अपना चाटुकार बना लेते। ऐसे चाटुकार व्यास से डरते थे कि वे उनका पोषण करने वालों को प्रभावित न कर लें। उनका प्रयत्न यही होता कि व्यास का ज्ञान उनके स्वामियों तक न पहुँचे क्योंकि व्यास मौलिक थे। वे डरते थे कि अद्‌भुत ज्ञानी, निर्लोभी व्यास समाज के अग्रणी न बन जाय। वे चाहते थे कि ज्ञान जो व्यास व्याकृत कर चुके थे प्रचार के अभाव में लुप्त हो जाए। अल्पज्ञों का ज्ञान से द्रोह ही कारण था कि भारत में ज्ञानियों और जनता के विचार विपरीत रह गये। ज्ञानियों को यह अवसर नहीं मिला कि वे अपने विचार विशाल जन समूहों तक पहुँचा सकें। यह कारण बना संसार के इतिहास की इस सबसे बड़ी विड बना का कि वह भारत जहां ज्ञानियों ने मनुष्य की सर्वतोमुखी और स पूर्ण स्वतन्त्रता का आविष्कार किया, उस स्वतन्त्रता का शतांश भी भारत के निन्यानवें प्रतिशत लोगों तक मध्यम वर्ग के ज्ञानियों ने नहीं पहुँचने दिया। इस घोर स्वार्थपरता का फल यह हुआ कि भारत की जनता को विगत एक हजार वर्षों में राजनैतिक स्वतन्त्रता और धार्मिक स्वतन्त्रता के अर्थ किसी अल्पज्ञ ने नहीं समझाये। अल्पज्ञों ने अपना सारा ज्ञान भारत के महाज्ञानियों से प्रस्पिर्धा करने में; उनके स्थान पर स्वयं को आसीन करने के लिए षड़यंत्र रचने में और चाटुकारिता सीखने में खर्च कर दिया।

अपने गहन ज्ञान की अग्नि में अकेले दमक रहे थे व्यास। व्यर्थ जा रहा ज्ञान उनके मस्तिष्क और हृदय को अपने तेज से भर रहा था। किन्तु इस तेज को प्राप्त करके अकेले धारण किये रखने में उन्हें कष्ट हो रहा था। किसी विधि भी मन को शान्त नहीं कर पा रहे थे। वे अपने पिता पराशर और दादा शक्तिमुनि की तरह सुखशान्ति के लिए व्यथित रहते।

एक दिन अकस्मात् उनकी भेंट देवर्षि नारद से हो गयी। सबके हृदय की दशा जानने वाले नारदमुनि से व्यास के हृदय का हाल कैसे छुपता! व्यास आँसू नहीं बहा रहे थे, किन्तु उदासी इतनी घनी थी कि प्रेमयोगी नारद का कोमल हृदय द्रवित हो गया। आँसू निकल आये।

नारद ब्रह्मा के प्रथम मानसपुत्र हैं। नारद की आयु का हिसाब लगाना कठिन

था। उनका ज्ञान और प्रेम अद्‌भुत था। उन्हें काल नहीं छू सकता था। वे सदा एक सुकुमार किशोर रहते है। जिस स्तर पर वे रहते हैं उस स्तर पर काल का आना जाना नहीं है। ऐसे विशिष्टो में विशिष्ट नारद फिर भी इतने सरल हैं कि जो भी उनसे निश्छल प्रेम से मिलता है उसके ही वे परम सखा हो जाते हैं।

प्रेमयोगी नारद की आँखों में अपने प्रति प्रेम के आँसू देख महर्षि व्यास की आँखों से भी अश्रु बहने लगे। कुछ देर दोनों के अवरुद्ध कंठों से कोई बोल न निकल सके। अश्रु प्रवाह कुछ रुका तो देवर्षि नारद उनके सर पर हाथ रखकर बोले, ''तु हें इतना दुर्बल तो मैंने कभी नहीं देखा सखा! कौन–सा दुख है जिसका उपचार तुम जैसा अद्‌भुत ज्ञानी भी नहीं कर सका?''

''देवर्षि आप रो रहे है। आपकी स वेदना से मेरे हृदय को बल मिल गया तो मैं भी रो दिया।'' यह कहकर व्यास नारद के आँसू पोंछने लगे।

देवर्षि बोले, ''प्रेम के आँसुओं की गति निराली है, यह आपसे अधिक कौन समझेगा! ये तो कभी भी बहने लगते है, सुख में भी दुख में भी। प्रेम कभी रुकता नहीं, कभी सोता नहीं, कभी आनन्द से रिक्त होता नहीं। तुम मेरे सुहृद हो! तु हारी उदासी बहुत थी इसलिए आँसू निकल आये।''

''क्या कहूँ देवर्षि! जो भी ज्ञान के प्रसार के लिए कर सकता था कर चुका। किन्तु समाज में जो शक्तिशाली बन गये है वे नहीं चाहते कि जनता को अध्यात्मिक ज्ञान प्राप्त हो। वे डरते हे कि अध्यात्मज्ञान पाकर वे उनसे बराबरी न करने लगें। उन्हें अपनी प्रभुता चाहिए, भारत की स प्रभुता नहीं। वे चाहते है कि सामान्यजन सच्चे ज्ञान से दूर रहें। वे जानते है कि अध्यात्मिक ज्ञान निर्धन लोगों को धनवानो और शक्तिशाली लोगों से भी उच्च स्तर पर ले आएगा, उनका आत्मबल जगाकर। मैं ज्ञान का प्रसार करता रहा हूँ किन्तु समाज को जिन्होंने अपना दास बना रखा है ऐसे समाजाधिपति संसारी अज्ञान का प्रसार कर लोगों के लोभ, अभिमान, मोह को बलवान करते जाते है। देखता हूँ मेरे प्रवचनों के बाद भी लोगों का अज्ञान हरा भरा रहता है। कही भी तो ज्ञान पहुँचा नहीं लगता।''

देवर्षि बोले, ''ज्ञान का पथ है ही ऐसा। बरसों की साधना से तो ज्ञान प्राप्त होता है। हो जाता है तो दूसरों को बाँटने की इच्छा बलवती हो जाती है। दूसरो में बाँटों तो सुनने वाले बहुत कम मस्तिष्कों में उजाला कर पाता है। मस्तिष्क में उजाला हो जाय तो हृदय को अपना अंधेरा खटकने लगता है। मस्तिष्क से हृदय की दूरी बहुत ल बी है मुनिवर! सत्य शिव सुन्दर तीन विकट ज्ञानियों को संतुष्ट करना पड़ता है। एक की बुद्धि प्रखर है तो दूसरे की भावना तीसरे की अनुभूति।

बुद्धि को सन्तुष्ट करने के लिए उलझे विचारों को सुलझाना पड़ता है। विचार कितने ही सुलझा लो हृदय को विचार नहीं समझा पाते। ज्ञान को जब तक प्रेम की भाषा न आये, ज्ञान हृदय को नहीं समझा पाता। हृदय भी समझ जाए तो एक घड़ी ऐसी आती है जब देह की सामान्य समझ व्याकुल हो जाती है जानने को। देह समझती है केवल अनुभूति से, न ज्ञान से न भावना से। अनुभूति ही है जो देह के पोर-पोर को, स्नायुओं, धमनियों को, देह के ओर छोर को ज्ञान सिन्धु में नहला देती है। जब तक देह तृप्त नहीं होती जीवन प्यासा रहता है। जीवन तृप्त न हो तो जीवन की अमरता और आत्मा की अमरता में द्वैत बना रहता है। धरती पर मिले जीवन का ऋण चुकाये बिना आत्मा की अमरता को अकारण उल्लास नहीं हुलसाता। ज्ञान को अनुभूति बनने के लिए संगीत हो जाना पड़ता है। संगीत हो जाने के लिए ज्ञान के अक्षरों का पानी पानी हो जाना और फिर हृदय के पानी से एक हो जाना आवश्यक है।''

व्यासमुनि का हृदय गदगद हो गया, ''आपने मेरी कठिनाई सरल कर दी देवर्षि। समझ नहीं आता कि किस विधि आपको प्रणाम करूँ कि मेरी कृतज्ञता की आपको अनुभूति हो जाए।'' और वे दंडवत् प्रणाम में धूलि में लेट गये।

नारद बोले, ''वह कह ही नहीं पाया जो कहना चाहता था।''

व्यास ने पूछा, ''वह क्या देवऋषि ?''

तीनों देवियाँ अदृश्य रूप से इन दो परम ज्ञानियों का वार्तालाप सुन रही थी। देवर्षि के मुँह पर बालसुलभ सरल हँसी देख वे अचं भित हो गयी। देवऋर्षि ने व्यास से कहा, ''बात तो आत्मा के जागने की है महर्षि। आपकी आत्मा न जगी तो आपमें ब्रह्म नहीं जगेगे। प्रेम भावना जब तक अकेली रहना न सीख ले, जब तक समस्त क्लिशित भावनाओं का विसर्जन न कर ले, तब तक आत्मा में जोत स्वत: नहीं जगती। ज्ञान की जोत जगानी पड़ती है, प्रेम की जोत स्वत: जगती है। आत्मा में स्वत: जोत नहीं जगती तो ब्रह्म पास बैठे हुए भी नहीं दिखते।

''एक बात और है महामुनि। भक्ति का फल तत्काल मिले यह बंधन नारायण को स्वीकार नहीं। बन्धन स्वीकार करना उनका स्वभाव नहीं। इस संसार में कर्म बुद्धि से करना होता है, जो प्रेम भावना से संसारियों में ज्ञान का प्रसार करते हैं उन्हें संसारी लोग आहत करने लगते है। जिन इने गिने व्यक्तियों को संसार में रहते हुए भी दिव्य तत्त्व प्रेम प्राप्त हो जाता है उनके प्रेम को आहत करते हैं संसारी लोग। वे प्रेम वापस ईश्वर को भिजवा देते है यह कहकर, 'प्रभु! प्रेम स्वर्गिक तत्त्व है। पृथ्वी पर इसे पाल नहीं सका मैं।'

"कैसी वस्तु है प्रेम इसका पता संसारियों को तब चलता है जब वे संसार में कभी-कभी जन्म लेने वाले जन्मजात प्रेमी को भी प्रेम से रिक्त कर देते है। नरक जैसा जीवन जीने के इतने अ यस्त हो चुके है संसारी लोग कि प्रेम को संसार में स्थापित करना ही नहीं चाहते। उनका अभिमान प्रेम के आगे साँस भी नहीं ले पाता। प्रेमविहीन जीवन जीकर वे स्वयं अपने दुर्भाग्य की रचना करते है, और दोष ईश्वर को देते है। उनका उद्धार ईश्वर से क्षमा याचना कर सकती है। वे क्षमा माँगे इस भूल के लिए कि उन्होंने प्रेम जैसा संसार में जीने का सुन्दरतम् सहारा, अभिमान के बहकाए में, ईश्वर को वापस कर दिया।

"संसारी बुद्धि जितनी कुटिल है उतनी ही मूढ़ भी। इसके जाल में फँसा हुआ मनुष्य बहुमूल्य वस्तुओं को फेंक कर ठींकरे जोड़ने लगता है। धूर्तता और मूर्खता एक ही वस्तु है और अज्ञान के दो रूप हैं।"

इतना कहकर नारद चले गये।

नारद को व्यास कृत महाभारत और पुराणों को पढ़कर इस प्रश्न ने चिन्तन में डाल दिया कि व्यास को क्यों नश्वर संसारी जीवन को सत्यपथ पर चलाने की उतनी ही उत्कंठा है जितनी आत्मा को सत्यपथ पर चलाने की? क्यों उन्होंने युधिष्ठिर जैसे सत्यव्रती को राजसूय यज्ञ में एक नेवले के परोक्ष आचरण से यह चेतावनी दिलाई कि उन्हें दानशील होने का अभिमान हो गया है?

दूसरा प्रश्न उनके मन में यह था कि ऋषिगण ज्ञानपथ से ब्रह्म में अपनी आत्मा का विलय करके शान्ति पा गये थे। क्यों व्यास को ज्ञानपथ पर शान्ति नहीं मिली? उन्होंने उन्हें प्रेमपथ पर चलकर आत्मा को कलुषित भावनाओं से मुक्त होने की राय तो दे दी, किन्तु अब उन्हें चिन्ता हो रही थी कि इस पथ से भी उन्हें शान्ति न मिली तो वे क्या करे कि उन्हें शान्ति मिले।

नारद श्रीविष्णु के तीसरे अवतार होकर भी स्वयं को उनमें विलीन नहीं करना चाहते थे। उनका तप इस ध्येय की प्राप्ति के लिए था कि वे सदा श्री विष्णु की भक्ति कर सकें और उन्हें सदा उनका सान्निध्य प्राप्त होता रहे। उनके दर्शन जब वे चाहे करके उनके सौन्दर्य और प्रेम का अनुभव कर सके। भगवान श्रीविष्णु का सौन्दर्य और प्रेम चिरनूतन है। प्रतिक्षण नये हो जाते है। उनका रूप और प्रेम काल से परे है। वह काल के प्रभाव से नहीं बदलता, क्योंकि जहाँ श्रीविष्णु है वहाँ काल का प्रवेश नहीं। श्रीविष्णु के सौन्दर्य और प्रेम का नया होते जाना काल में घटित होने वाली घटना नहीं है। वह उनके अनन्त अमर जीवन से अविराम, स्वतः प्रकट होने वाली कला है।

देवर्षि नारद को आभास हुआ कि व्यास भी उनकी तरह श्रीविष्णु के प्रेमी है, जो श्रीविष्णु के अवतार होकर भी श्रीविष्णु से अनन्त काल तक प्रेम का स बन्ध बनाये रखना चाहते है। तत्काल उन्हें ऋषि मैत्रवारुणी और अप्सरा उर्वशी की प्रेम कहानी याद आ गयी। ध्यान करते ही उन्हें यह भी ज्ञात हो गया कि व्यास भगवान विष्णु के अंशावतार है।

देवर्षि नारद की समझ में यह रहस्य आ गया कि व्यास में वसिष्ठ जैसी सत्यनिष्ठा और मैत्रवारुणी जैसी प्रेमनिष्ठा के होने में पूर्वजों के तप भी सहायक रहे थे। व्यास को वैराग्य और गृहस्थ जीवन का अद्‌भुत समन्वय भी वसिष्ठ का प्रपौत्र होने के कारण वंश से ही मिल गया। व्यास के पूर्वज मैत्रवारुणी की कहानी भी अद्‌भुत थी। वह एक अप्सरा और एक मानव के बीच हुए सच्चे प्रेम की अद्वितीय कथा थी।

व्यास को प्रेमपथ पर चलने का क्या उपदेश दे जो उन जैसे ज्ञानी को उनके लक्ष्य तक पहुँचा दे? उनके पूर्वजों के चरित्र को विस्तार से जाने बिना किसी निष्कर्ष पर पहुँचना नारद को कठिन लगने लगा। व्यास कोई साधारण मनुष्य तो थे नहीं स्वयं भगवान श्रीविष्णु के अंशावतार थे। देवर्षि नारद बैकुंठ में बहती गंगा के तट पर बैठे-बैठे इस चिन्तन में डूबे हुए थे।

विपुल चेतना और अशान्त हृदय

अथाह ज्ञान प्राप्त करके और उसे सबके हित के लिए व्याकृत करके भी व्यास के हृदय को शान्ति नहीं मिल रही थी।

व्यास भावना को मानव जीवन की पूर्ण अभिव्यक्ति मानते थे, बुद्धि को नहीं। भले ही भावना दृढ़ता छोड़ द्रवित हो जाती हो, और बुद्धि दृढ़ बनी रहती हो। वे मानते थे कि भावना में दृढ़ता आती है जब चरित्र दृढ़ हो जाता है। इसके विपरीत बुद्धि में दृढता आ जाती है मात्र तर्क को सत्य का स्रोत मान लेने से। एक चरित्रहीन व्यक्ति की बुद्धि भी तर्क पर अड़ सकती है। यदि परमसत्य/परमात्मा तर्क से प्राप्त किया जा सकता तो मुक्ति प्राप्त करना बहुत सरल हो जाता।

बुद्धि के पथ पर अबाध चलकर व्यास ने पाया था कि अपनी चरम सीमा पर पहुँचकर जब बुद्धि को आगे की राह नहीं मिलती तो वह हठी और अभिमानी हो जाती है।

तब व्यास को प्रेरणा हुई थी नकारात्मक भावनाओं पर विजय प्राप्त करने की। उनकी आत्मा ने नकारात्मक भावनाओं पर विजय प्राप्त की थी उन पर आत्मबलि देकर। आत्मबलि से उनकी नित्य शुद्ध बुद्ध मुक्त आत्मा को नकारात्मक भावनाओं—जैसे भय, घृणा, क्रोध, हिंसा, प्रतिशोध, विश्वासघात, निन्दा आदि—पर आधिपत्य प्राप्त हो गया था। उसके बाद आगे का मार्ग सरल हो गया। उन्होंने पाया कि नकारात्मक भावनाएँ प्रेम की विकृतियाँ है। उन्होंने पाया जैसे इन्द्रधनुष के सात रंग धूप से जन्म लेते है और धूप में ही विलीन हो जाते है, वैसे ही नकारात्मक भावनाएँ प्रेम से जन्म लेती है और प्रेम में ही विलीन हो जाती है। उनकी आत्मा ने अपनी समस्त नकारात्मक भावनाओं को आदेश दिया, "तुम सब भी एक-दूसरे पर आत्मबलि दो और एक-दूसरे से पुनर्जन्म लो।" समस्त नकारात्मक भावनाएँ विलीन हो गयी। अकेली प्रेम भावना रह गयी।

बहुत पहले वे अनुभव कर चुके थे कि आत्मा को आत्मयज्ञ संसारजाल से मुक्त करता है, नकारात्मक भावनाओं को एक-दूसरे से निष्प्रभ करने में। जितनी

वे निष्प्रभ होती है उतनी ही प्रेम भावना निरभ्र होती है। जब आत्मा में केवल प्रेमभावना रह जाती है तो वह स्वाधीन हो जाती है। प्रेम आत्मा को अनुभव करा देता है कैसे आत्माएँ एक ब्रह्म से प्रकट हुई और उसी से सायुज्यता प्राप्त कर धन्य हो जाती है। बुद्धि आर भ से अन्त तक किसी उद्देश्य, मन्तव्य या संकल्प से बँधी रहती है। तर्कबुद्धि जन्मजात वन्दिनी है, न मनुष्य को संसार से मुक्ति दिलाती है न स्वयं तर्कजाल से मुक्त हो पाती है।

व्यास ऐसे ऋषि थे जिनमे परा और अपरा दोनों प्रकृतियाँ विकसित थी। दोनों में न प्रतिद्वंद्विता थी, न भेदभाव। महर्षि व्यास में मानव चरित्र की सभी उर्ध्व दिशाएँ विकसित थी, उड़ते गरुड़ के खुले स्थिर पंखों की तरह। किन्तु उनकी गति पंखों से ऊपर थी। यही कारण है कि वे महाभारत में नीच से नीच और उच्च से उच्च मानव चरित्र का निस्पृह भाव से चित्रण कर सकें। नीच मनुष्य का चित्रण करते हुए भी उनकी संवेदना उसके प्रति लुप्त नहीं होती थी। संवेदना के अर्थ यह नहीं थे कि आधुनिक कथाकारों की तरह नीचता को उच्चता सिद्ध करते और मानव चरित्र को पहेली बनाते। मानव चरित्र के पैमाने सनातन थे—मनुष्य सत्य आचरण से, आत्मोत्सर्ग से और ईश्वर के चरित्र को अनुकरणीय मानकर ही महान होता है।

व्यास ने अपने द्वारा रचित सभी चरित्रों के प्रति तटस्थ भाव बनाये रखा। विश्वप्रसिद्ध अनेक महान कथाकारों का दोष रहा है अपने द्वारा रचित नीच चरित्रों को महान दर्शाने का। इस दोष से गुस्ताव लाबर्ट, दोस्तोयेवस्की और टाल्सटाय जैसे महान उपन्यासकार भी मुक्त नहीं है। इससे जो हानि हुई मानवमात्र को वह स्पष्ट है। आज 2015 की पीढ़ी मानवीय दोषों और गुणो में अन्तर भूल गयी है। यह चरित्रहीन को वास्तविक और चरित्रवान को कृत्रिम चरित्र समझने लगी है। पश्चिम के उपन्यासकार अब मनुष्यत्व से परिपूर्ण व्यक्तित्व को यथार्थ नहीं मानते। यह पतन घातक है और पश्चिमी मानस में सत्य का स्थान ले बैठा है।

व्यास अपने पात्रों के प्रति तटस्थ रहे, क्योंकि महर्षिव्यास अपरा से परा में और परा से निर्गुण ब्रह्म में सरलता से उत्तीर्ण हो जाते हैं। थोड़े से शब्दों में ही उद्दात से उद्दात और नीच से नीच व्यक्ति के चरित्र का सार प्रस्तुत कर देते है। उन्होंने अपने उद्दात और नीच चरित्रों को यथार्थ के धरातल पर प्रस्तुत किया है, इस तरह कि गुण और दोष को मानव चरित्र के अभिन्न अंग मानने की भूल मानवजाति न करे।

व्यास ने 'महाभारत' के अन्त में कौरवो और पांडवों दोनों को स्वर्ग में स्थान

देकर भी, दोनों की असमानता को नष्ट नहीं होने दिया। न सद्‌गुण और दुर्गुण का मूल्यांकन करके अपने हृदय को ऊँच-नीच की भावना से संकुचित होने दिया।

भगवान श्रीकृष्ण को अपने महाकाव्य का एक पात्र बनाकर उन्होंने यह सावधानी नहीं बरती कि वे साधारण मानवो से भिन्न नजर आएँ। यदि श्रीकृष्ण फिर भी सबसे अलग दिखते है तो इसलिए कि वे महर्षि व्यास की परम सिद्ध लेखनी के लिए भी अनिर्वचनीय, अद्‌भुत और अनुपम हैं।

श्रीकृष्ण का चरित्र धरा पर ईश्वर की छटा है। महर्षिव्यास बिन कहे स्पष्ट कर देते है कि उनसे सामान्य कर्म कराकर, और उनमे सारे सामान्य जनों जैसे गुण भर कर भी श्रीकृष्ण को सामान्य नायक नहीं बनाया जा सकता। यही उनकी भक्ति की विजय है कि जितना वे उन्हें सामान्य नायक दर्शाते है उतना ही उनका कृष्णप्रेम श्रीकृष्ण को ऐसा मानव सिद्ध कर देता है जैसा दूसरा नहीं हुआ, जो अद्वितीय है। पाठक स्वयं पहचान लेता है कि यह व्यक्ति ईश्वर के अलावा और कुछ नहीं हो सकता।

व्यास उन्हें अन्य पात्रों के स्तर पर ही रखते है, पृथ्वी पर हो रहे जीवन समर मे। कृष्ण का भगवत्व और मनुष्यत्व एक-दूसरे में इस तरह समाए हुए है कि जो पाठक उन्हें मनुष्य समझे उसे वे ईश्वर लगते है और जो ईश्वर समझे उसे मनुष्य लगते है।

देवर्षिनारद का व्यास को प्रेम प्रवचन

नारद को चिन्ता हुई व्यास की, क्योंकि व्यास ने अथाह ज्ञान तो प्राप्त कर लिया था, किन्तु हृदय प्रेम में खिल नहीं पाया था। वे उनसे मिलने आए और बोले, ''आप विलक्षण है महामुनि! ज्ञानमार्ग से मोक्ष प्राप्त कर चुके है। प्रेम भावना को भी नकारात्मक भावनाओं से मुक्त कर चुके है। अधिकांश मनुष्य तो किसी एक मार्ग से मोक्ष प्राप्त कर सबकुछ पा जाते हैं। लगता है आपके हृदय में ज्ञान से आगे की प्रेम-पीर उदित हो गयी है।''

''देवर्षि मैं आश्चर्य विमूढ़ हूँ। ज्ञान प्राप्त कर लिया। प्रेम को भी स्वतन्त्र कर लिया विपरीत भावनाओं से। पर हृदय को शान्ति नहीं मिलती। ज्ञान की अग्नि मेरे तनमन को जला रही है। मोक्ष तो मोह-ग्रन्थि को खोलकर ही प्राप्त हुआ होगा! कृपया मुझे मार्ग दिखाइए। मैं क्या करूँ?''

नारद मुस्कराते हुए बोले, ''पर आपमें तो मोह-ग्रन्थि नहीं है। आप में तो प्रेम है जो सबको प्राप्त नहीं होता। प्रेम ग्रन्थि नहीं होता। प्रेम पर तो कोई विजय नहीं पा सका महामुनि! प्रेम भी क्या कोई विजय पाने की वस्तु है! प्रेम को हरा दिया तो शून्य में चले जाएँगे। अशनाया पकड़ लेगी। प्रेम की ऐसी वेदना होगी जो केवल वेदना होगी, प्रेम-अमृत नही।''

''देवर्षि! प्रेम ने मेरे ज्ञान चक्षु को भारी कर दिया। कुछ दिखाई नहीं देता। मुझे समझाइए मेरी यह दशा कैसे हो गयी? आँसू नहीं रुकते! यह वेदना मेरे हृदय को फाड़ ही डालेगी क्या?''

नारद मधुर शान्त स्वर में बोले, ''महर्षि! प्रेम को आपने नकारात्मक भावनाओ से अलग कर लिया, किन्तु व्यवहार में नहीं लाये। प्रेमतत्त्व अनूठा है। केवलज्ञान के पहले भी प्रेम है और केवलज्ञान के बाद भी। ज्ञान प्राप्ति के बाद उमड़ा प्रेम ही तो ज्ञान के बोझ से मुक्त करता है आत्मा को। ज्ञान तब ज्ञानी में समा जाता है। ऐसा ज्ञानी जब शंकाओं का समाधान करता है तो उसका ज्ञान सरलता से श्रोता में उतर जाता है। आनन्द निर्झर से झरते ज्ञान में भीगता है ज्ञानी तो स्वयं ज्ञेय

भी हो जाता है। वह जान जाता है कि ज्ञानी, ज्ञाता और ज्ञेय तीनों एक तत्त्व है। अन्यथा ज्ञानी–ज्ञाता–ज्ञेय का त्रिकोण बन्दीगृह बन जाता है।''

''ज्ञान के बाद हुआ प्रेम क्यों ज्ञान से पूर्व उमड़े प्रेम से भिन्न है ?''

''ज्ञान के बाद उदित हुआ प्रेम ऐसा तत्त्व है जो बन्धन और मुक्ति दोनों से परे है। जिसे यह प्रेम प्राप्त हो जाता है उसके कोमल हृदय से निकल प्रेम के कच्चे धागे ज्ञानी को भी बांध लेते है। ज्ञानी को ही नहीं परमात्मा को भी बाँध लेते है। ज्ञानी ही नहीं परमात्मा भी प्रेम के इस कारागार से मुक्त होना नहीं चाहते। आपका कृष्णप्रेम सुदृढ़ हो चुका है। मुझे लगता है यह अपने कच्चे सूत से श्रीकृष्ण को किसी भी दिन बाँध लेगा।

''अनेक ईश्वरप्रेमी भक्त युगों से विरह वेदना में जल रहे हैं। उनमें प्रत्येक को यह अभिमान बाँधे हुए है कि वही एकमात्र सच्चा प्रेमी है श्रीकृष्ण का। सौभाग्य से आपमे भक्तों का यह अभिमान नहीं है। आप निराभिमानी को श्रीकृष्ण से सायुज्यता प्राप्त करते देख कर उन्हें भान हो जाएगा कि उनका भक्त–अभिमान ही बाधा है। वे अभिमान को प्रेम के ताप से गलाने लगेंगे। तब उन्हें भी श्रीकृष्ण से सायुज्यता प्राप्त हो जाएगी। श्रीकृष्ण से सायुज्यता प्राप्त कर आप उन भक्त–अभिमान से विमोहित भक्तो का भी उद्धार कर देंगे।''

''देवर्षि !'' व्यास ने विस्मय से पूछा, ''जो विरह वेदना सह रहे हो उन्हें अभिमान कैसे हो सकता है ?''

नारद हँसे, ''लगता है आपको मन की शक्ति से कभी लड़ना नहीं पड़ा। प्रेममार्ग से पूर्णज्ञान प्राप्त करने में मन पर भी विजय प्राप्त करनी पड़ती है। तभी भक्त अभिमान से मुक्त हो पाते हैं। आपको मन पर विजय पाना शेष है। मन के संकल्प और विकल्प इन दोनों अभिमानों से मुक्त होना है। तब आप निर्मल हृदय हो जाएँगे। महामुनि ! प्रेमपथ पर भी काँटे है। प्रेम के पथ का काँटा है अभिमान।

''आपके मन और हृदय दोनों का अभिमान रहित निर्मल सौन्दर्य राधारमण को भा गया है। तभी मुझे प्रेरणा हो रही है कि आपको प्रेरित करूँ कि प्रेम पथ से भी आप मुक्ति प्राप्त करे। हृदय और मन में प्रेम के साथ उग आए प्रेमाभिमान नाम के काँटों को बीनने की विद्या तभी प्राप्त होगी जब प्रेम को व्यवहृत करेंगे। जिन नकारात्मक भावनाओ पर आपने विजय पा ली है, वे एक बार और आपके सामने आएँगी। उसके बाद वे कभी भी आपके पथ पर नहीं आएँगी। आपको अपने प्रेम को प्रेमाभिमान, प्रेम में ईर्ष्या, क्रोध, द्वेष, प्रतिशोध, निंदा, प्रिय पर कोप, दोषारोपण आदि विकारों से मुक्त कराना होगा। इस तरह आप निर्मलहृदय

के साथ निर्मल मन भी हो जाएँगे।

"प्रेमपथ ज्ञानपथ से भी कठिन है। यहाँ तलवार की धार पर चलना है बिना पैरो को ज मी किए। वासनाओं का दमन नहीं करना है। वासनाओं को जीना है बिना प्रेम को मैला किए। वासनाओं को जीकर निष्पाप करना है। भगवान तब अपने प्रेमाभिमानी भक्तो को, आपके माध्यम से, प्रेमाभिमान-कारागार से मुक्त करेंगे।"

"वे भक्त प्रेम में अभिमानी कैसे हो गये देवर्षि?"

"उनका अभिमान भी उतना ही बड़ा हो गया जितना उनका श्रीकृष्ण प्रेम। एक-दूसरे का प्रेम देख प्रसन्न होने के बजाय उन्हें डाह होने लगी। डाह प्रेम को सीधी राह पकड़ने ही नहीं देती। प्रेम को अभिमान की उल्टी सीधी गलियों में भटका देती है। आपको सीधी राह से जाते देख उनके प्रेम की अभिमान ग्रन्थी खुल जायगी। अभिमान हिमखंड की तरह पिघल कर उनकी आत्मा से अलग हो जाएगा। तब उनकी आत्माएँ भी निर्मल हो जाएँगी और उनको भी श्रीकृष्ण प्राप्त हो जाएँगे।"

व्यास उनकी बात से परेशान हो गये। बोले, "दोहरे तप से ज्ञानवृद्धि तो होगी नही। जब सबको केवल ज्ञानमार्ग पर्याप्त रहा है मोक्ष पाने के लिये, मुझे क्यों पर्याप्त नहीं रहा? ज्ञान, भक्ति या कर्म तीनों में कोई एक पथ पकड़ ले मनुष्य तो इस मायावी संसार से मुक्त हो जाता है। मैंने ज्ञानमार्ग से मुक्ति प्राप्त करनी चाही तो मुझे ज्ञानमार्ग से परम शान्ति क्यों नहीं मिली? क्यों प्रेम मार्ग से भी मुक्ति प्राप्त करनी पड़ेगी? क्यों ज्ञान की अग्नि ने मेरे हृदय को अशान्त किया?"

देवर्षि नारद ने कहा, "महर्षि यह तो मेरा अनुमान मात्र है। आपको कृष्ण-विरह में तड़पता देख मेरे हृदय में हुआ कि आकर आपसे कहूँ कि कृष्ण विरह को कृष्णप्रेम में बदल लीजिए आपको परमशान्ति मिल जायगी। मुझे भगवान ने नहीं भेजा है यह बताने के लिए। मैं तो यही जानता हूँ भगवान की विशेष कृपा आप पर है। आप पर अधिक कृपालु होने के कारण उन्होंने आपको अपना काम भी सौंप दिया है। महर्षि आपके अत्यधिक ज्ञान से निकली यह ज्ञानाग्नि भी शान्त हो जाएगी यदि आप प्रेम करने लगेंगे। आप कृष्ण-विरह की ग्रन्थि में तड़पने के बजाय जब कृष्ण-मिलन का यत्न करेंगे तो प्रेमाभिमानियों को भी प्रेम-अभिमान की ग्रन्थि खोलने का मार्ग सूझ जाएगा। इस तरह सब उन्नत आत्माओं को अपना-अपना लक्ष्य प्राप्त हो जाएगा। आपके ज्ञान की अग्नि को प्रेमरस तृप्त करेगा और उनकी अभिमान-अग्नि को प्रेमरस बुझा देगा।"

व्यास बोले, ''देवर्षि क्या विरह अग्नि में तपने मात्र से प्रेम को पूर्ण ज्ञान नहीं हो सकेगा?''

नारद बोले, ''आप प्रेम पथ पर प्रेम का ज्ञान प्राप्त करना चाहते है? या प्रेम करके, प्रेमपथ पर काँटे बनकर उगी कलुषित नकारात्मक भावनाओं को नष्ट करके ज्ञान और चाहत दोनों को मोक्षमार्ग बनाना चाहते है? यदि आप चाहत को मोक्षमार्ग बनाना चाहते है तो आपको ईर्ष्या, लोकनिन्दा, सन्देह, तिरस्कार, उपेक्षा, विश्वासघात, प्रतिशोध भय, घृणादि कलुषित भावनाओं की अग्नि को बुझाना होगा। इन सब अग्नियों का ताप बुझकर प्रेम की सहयोंगिनियों में बदल जाना होगा। तब ये आपकी चाहत की कवच बन जाएँगी।''

व्यास ने कहा, ''देवर्षि मुझे तो बस वह मार्ग बताइए जो मेरे लिए उपयुक्त हो।''

''प्रेम तप न करे तो भी मोक्ष आपको होगा, क्योंकि आप ज्ञान पथ से मोक्ष पा चुके है। मेरी समझ से आपके लिए सबसे उपयुक्त होगा श्रीकृष्ण से प्रेम और मिलन की चाह। इस पथ पर श्रीकृष्ण ही समस्त राक्षसी शक्तियों को अपने और अपने भक्त के बीच से हटा देते है। आप श्री कृष्ण विरह अग्नि में जलने के बजाय, मिलन-आस की मधुर छांव तले चल कर भगवान से सायुज्यता प्राप्त करें।''

व्यास बोले, ''मोक्षमार्ग तो एक ही होगा, चाहे ज्ञान के रास्ते प्राप्त किया जाय चाहे प्रेम के रास्ते।''

''नहीं महर्षि! प्रेममार्ग दूसरे रास्ते से निर्वाण की और ले जाता है, ज्ञान के रास्ते नही। जब आप दोनों रास्तों से निर्वाण प्राप्त कर लेगे तो आप कलियुग में भ्रमित लोगों को भी इस भ्रम से मुक्त कर सकेंगे कि कलियुग पाप की वृद्धि करता है। आप तो जानते ही है महामुनि युग कोई प्राणी नहीं जिसका अपना स्वभाव हो। मिथ्याचारियों ने यह अन्धविश्वास पैदा कर दिया है कि कलियुग असत्य और अधर्म का साथ देता है। वे समझते हैं कि इस तरह कलियुग उनकी मुट्ठी में आ जाएगा। उसका उपयोग से जैसा चाहे कर सकेंगे।''

महामुनि व्यास की आत्मा प्रेम के आत्मयज्ञ में एकाग्र हो गयी। एक दिन वह आया जब यह भेदज्ञान समाप्त हो गया कि कौन मूलतत्त्व है—आत्मा या प्रेम। निजत्व की संकीर्णता से मुक्त होकर व्यास प्रेम के कारण सर्वव्यापी होते चले गये । तब उन्हें आश्चर्य हुआ वह अन्तर देखकर जो बुद्धि से सर्वव्यापी होने और भावना से

सर्वव्यापी होने में है।

हृदय ने व्यास का साथ जीवन भर दिया था और उन्हें सच्चे मार्ग पर लगाये रखा था। मन की मनमानी नहीं चलने दी थी। मन ने कितनी ही बार उन्हें उकसाया था क्रोध करने को। किन्तु हर बार अपने हृदय को क्रोध की आहट से कांपता देख उन्होंने क्रोध को होने से रोका था। अब हृदय-स्थित उनकी आत्मा केवल प्रेम मार्ग से चलकर मुक्ति का द्वार खोलने में तल्लीन थी। प्रेम मार्ग से ईश्वर तक जाते पगचिह्नों का वर्णन वे श्रीमद्‌भागवत् में साथ-साथ करते गये। उन्हें प्रेमपथ पर अनेको अद्‌भुत अनुभव हुए। उन्होंने जाना प्रेम की पीड़ा जब सघन हो जाती है तो अकारण उल्लास में बदल जाती है।

प्रेम कल्पतरु की तरह हृदय में उग आया। जो अस भव लगता था वह वास्तविक हो गया। प्रेमी जीवन ऐसी भाव भूमि पर आ गया कि विरह का अस्तित्व ही नहीं रहा।

व्यास की प्रेमपीर विरही की प्रेमपीर

देवर्षि नारद की प्रेरणा से प्रेमपथ अपनाते ही महामुनि व्यास का हृदय विरह वेदना से भरा रहने लगा। वेदों और उपनिषदों के भाष्य लिखने का अद्‌भुत कर्म करने के बाद उभरी प्रखर ज्ञान की अग्नि अवश्य शान्त हो गयी थी। श्रीमद् भागवत लिखने के बाद हृदय में केवल प्रेम रह गया। नकारात्मक भावनाएँ समाप्त हो गयी।

उन्हें अपने जैसे केवल प्रेम में खोए लोगों के साथ रहने की तीव्र इच्छा होने लगी। पर ऐसे लोग कहीं न मिले। वर्षों पहले, श्रीकृष्ण वृन्दावन छोड़कर चले गये थे, रोती हुई गोपियों को यह ढाढ़स देकर कि वे फिर आएँगे, और फिर कभी नहीं आ सके थे।

व्यास कृष्ण के विरह में बौराई गोपियों के दर्शन करने वृन्दावन चले गये। गोपियों की अवस्था को वे न विक्षिप्त कह सके, न क्षिप्त, न चैतन्य। उनके हृदय प्रेम-विदग्ध भी नहीं थे। अनन्त काल की अज्ञाननिद्रा से जगे, प्रेम में रचे बसे थे गोपियों के हृदय। प्रेम की ही अनेक दशाएँ थी जो झुरमुटों, कुजों से भरे तुलसीवन में रहने वाली गोपियों में रहती थी। वे कृष्ण को एक क्षण को भी भुला न पाती। अनन्य प्रेम ने अति सरल कर दिया था उनके हृदयों को। यह तो कल्पना में भी नहीं था उनकी कि कृष्ण ने उनसे छल किया। उनकी कल्पना में भी अब यह बात नहीं आती थी जो पहले पीछा नहीं छोड़ती थी, कि उनका हृदय चुराकर कृष्ण ने उन्हें विरह दुख दे दिया। अब उन्हें अपने प्रेम की वेदना में अनिर्वचनीय सुख मिलने लगा था।

पहले वे स्वयं को निष्कपट, प्रेम की आन निभाने वाली, कृष्ण से सच्चा प्यार करने वाली प्रेयसियाँ समझती थी। कृष्ण को नटखट छलिया, रसिया कहती तो थी पर ऐसे हैं कृष्ण यह नहीं मानती थी। कहती थी, प्रेम के अद्‌भुत आवेग के कारण उनमे प्रेम के सब रंग प्रकट हो जाते है। कृष्ण इन सब दोषों से अनछुए है। इतने वर्षों से कृष्ण प्रेम में डूबी रहकर उन्हें यह विश्वास हो गया था कि ऐसा प्रेम एक ही ओर नहीं हुआ करता। निश्चय ही कृष्ण को भी उनसे ऐसा ही अनन्य प्रेम

है। अगर वे नहीं आये तो इस कारण कि नहीं आ सके होंगे। व्यास उनके प्रेम के ये अनेक रंग देख प्रेम में और गहरे डूबते चले गये।

गोपियाँ जान गयी थीं कृष्ण भगवान के अवतार हैं। उन पर सारी दुनिया के दुख दूर करने का दायित्व है। उन्हें महाभारत के युद्ध को दिशा दिखानी पड़ी है सत्य की विजय के लिये। उन्हें कृष्ण से अब कोई अपेक्षा नहीं थी कि वे उनकी सुध ले। कोई रंज नहीं था कि प्रेम भरे हृदय को आने का वचन देकर भी वे नहीं आये।

गोपियों के घरबार छूट चुके थे। वे बन में ही रहती थी। कन्दमूल और वन के फल खाकर जीवन यापन कर रही थी। अक्सर गोकुल वाले, कभी बरसाने वाले, कभी अन्य गाँवों के लोग उन्हें दूध अनाज, मधु आदि दे जाते थे। वे भी जिन्हें पहले गोपिये कलंकिनियाँ लगती थी, अपना रोष खो चुके थे। गोपियों पर क्रोध करके वे हार चुके थे। अब वे कहने लगे थे, "उन पर क्या क्रोध जिन्हे अपनी ही सुध नहीं, जिनके हृदय बालिकाओं जैसे निष्पाप हो गये है! ये तो प्रेम-जोगिनियाँ है जिनकी असली जगह बैकुंठधाम है। न जाने कितने दिन भाग्य में और बदा है इनके दर्शन करना!"

इन जोगिनों के होने मात्र से फसलें दूनी होने लगी थी। गायें ज्यादा दूध देने लगी थी।

व्यास वृन्दावन से लौट आए। और श्रीमद्‌भागवत को पूरा करने में लग गये। श्रीमद्‌भागवत लिखने के बाद उनका हृदय प्रेम के मधुर भावो से भरा रहने लगा। उनके हृदय में किसी के प्रति भी नकारात्मक भावनाएँ नहीं रही। दुर्जनों के प्रति क्षमा, करुणा आदि भाव रहने लगे। उनका हृदय दुर्भावनाओं के पाश से मुक्त हो गया। ज्ञानिजनों में प्रसिद्ध हो गया कि व्यास ने ज्ञान और प्रेम दो मार्गों से मोक्ष प्राप्त कर वह उच्च स्थान प्राप्त कर लिया जो कोई भी प्राप्त नहीं कर सका।

व्यास हिमालय में समुद्र तल से नौ हजार फीट ऊँचे व्यास-शिखर पर रहने लगे।

देवर्षि नारद के स्वप्न और धर्म-चिन्तन

बैकुण्ठ में बहती गंगा के किनारे व्यास के अद्‌भुत व्यक्तित्व में ज्ञान और प्रेम की गिरहे सुलझा रहे थे देवर्षि नारद जिससे ज्ञान प्रेम में गिरह न डाले और प्रेम ज्ञान मे। इस कार्य में उनकी सहायता करने महर्षि व्यास के पूर्वजों के जीवन की घटनायें उनके दिव्य नेत्रों के आगे आने लगी। उनके पूर्वज ऋषि मैत्रवारुणी के जीवन की घटनाएँ प्रकट होने लगी तो देवर्षि नारद को नीद आ गयी। शीतल, सुखद, वैजयन्ती के फूलों से सुवसित हवा चल रही थी। वे वीणा एक ओर रख वे गंगा की रेती में ही सो गये।

स्वप्न में मानव स यता की विविधता और विकास की कथा के दृश्य प्रकट होने लगे। देवर्षि ने संसार की समस्त स यताओं—भारत, यूनान, मिश्र, मेसोपोटामिया, चीन आदि—को स्वप्न में देखा। इनसे हजारों वर्ष पहले की यक्ष-संस्कृति भी स्वप्न में चलचित्र की तरह आयी। यक्षो को ईश्वर मानकर मनुष्य उनकी पूजा करते दिखे। ईश्वर के तीन रूप तो वही थे ब्रह्मा-विष्णु-महेश। ईश्वर के नारी रूप भी वही थे सरस्वती-लक्ष्मी-पार्वती-दुर्गा-काली-पराप्रकृति-अपराप्रकृति। अन्तर केवल यह था कि आदिस यता में उन्हें यक्ष यक्षिणी मानकर उनकी पूजा होती थी।

यक्षो का जीवन था निर्दोष आनन्द। स्त्री-पुरुष मधुपान, प्रेमक्रीड़ा और नाच गाने में मस्त रहते थे। उनमे पापवृत्ति नहीं थी। राग रंग के रसिया होते हुए भी भोलापन उनका प्रथम गुण था। वे भोलेपन को मानव आचरण का केन्द्र बनाकर आनन्दमग्न रहते थे। उनकी संस्कृति स पूर्ण भारत में फैली हुई थी। वे भोलेपन को ही मानव का आधार गुण मानते थे। शत्रुता, छल कपट, विश्वासघात, हिंसा, लोभ, मद, चोरी, क्रोध, ईर्ष्या आदि कर्म उनके स्वभाव में नहीं थे। स्वर्ण हीरे रत्नादि के सौदर्य से उन्हें प्रेम था। उनके लोभी न होने के कारण जो भी धन स पदा मनुष्य चाहते यक्ष देवता उन्हें आसानी से दे देते थे। उन्हें न अभाव का पता था न संचय का।

यक्षो के भाई राक्षस स्वभाव में यक्षो के उल्टे थे। दोनों अलग-अलग नगरियों में रहते थे। यक्षों की राजधानी अलकापुरी थी जहाँ उनके राजा कुबेर रहते थे। राक्षसों के राजा बड़े बड़े दिग्गज राक्षस रह चुके थे, जैसे हिरण्याक्ष और हिरण्यकशिपु, महिषासुर और रक्तबीज आदि। पहले वे यक्षों के साथ भाई जैसा बर्ताव करते थे। किन्तु उनके ईर्ष्या रोग ने यक्षों की सारी जीवन शैली नष्ट कर दी। वे यक्षों से जो भी माँगते थे यक्ष उन्हें प्रसन्नतापूर्वक दे देते थे। किन्तु ईर्ष्या ने उनके लिए यह बात असह्य कर दी कि यक्षों का जीवन खुशियों और प्रेम से भरा है जबकि उनका अपना जीवन अभाव, दुःख और मद, क्रोधादि से ग्रस्त है। उन्होंने ईर्ष्या से अंधे होकर यक्षों पर आक्रमण कर दिया और अनेक यक्षों की हत्या कर दी। यक्षिणियाँ भोले यक्षों के बिना जी न सकी। इस तरह यक्ष-स यता और संस्कृति नष्ट हो गयी।

फिर देवर्षि ने चिन्तन किया इन स यताओं से हजारों साल पहले के भारत का। तब भी भारत में वेद मन्त्रों जैसे ही मन्त्र गूंजते थे। उन मन्त्रों का संगीतबद्ध उच्चारण प्रातः किया जाता था। "प्रकृति ब्रह्म है। भोर ब्रह्म है। रात्रिब्रह्म है। ऋतुएँ ब्रह्म है। अन्न ब्रह्म है। विज्ञान ब्रह्म है। दर्शन ब्रह्म है। अध्यात्मज्ञान ब्रह्म है। प्रेम ब्रह्म है। ग्रह नक्षत्र और संसार ब्रह्म है। पवित्र विचारों, भावनाओं, कामनाओं में रहने वाला सत्य ब्रह्म है। संसार के समस्त भौतिक पदार्थों के शुद्ध स्वरूपो में ऋत् बनकर ब्रह्म रहता है। ब्रह्म ही सदाचार है। पृथ्वी के अन्न और स्वर्ण आदि पदार्थों का निर्लिप्त भाव से सेवन करना उनके ब्रह्मचर्य की परिभाषा थी। लोभ, क्रोध, मद, ईर्ष्या अब्रह्म है।" उन्होंने चिन्तन किया प्राचीन राजाओं, पृथु, बेन, मान्धाता, शिवि, हरिश्चन्द्र, ऋषभदेव, भगीरथ आदि का।

फिर यक्ष-संस्कृति का अवसान के दृश्य उनके स्वप्न में आये। राक्षसों की ईर्ष्या उसका अन्त करने लगी।फिर राक्षस-स यता का अन्त किया ब्रह्मज्ञानी राजाओं ने। ब्रह्म के ज्ञाता गुरुओं ने ही जाना और बताया कि सृष्टि, ब्रह्म का अंश नहीं, ब्रह्म का वैवर्त है। वे मन्त्र हजारों साल बाद व्यास द्वारा ही लिपीबद्ध किए गये। सच्चिदानन्द ब्रह्म का एक मूल गुण आनन्द है। यक्ष-संस्कृति ईश्वर को आनन्दमय मानती थी।

यक्ष संस्कृति और राक्षस संस्कृति ये दो भाइयों की संस्कृतियाँ होकर भी साथ-साथ नहीं रह सकी। यक्ष प्रेम और सौहार्द के साथ राक्षसों के साथ रहते थे। किन्तु राक्षस लूट मार करके दूसरों को दुख देकर जीने को ही जीना मानते थे। उन्होंने पहले औरों को लूटा मारा । फिर अपने भाई यक्षों को मारने लूटने लगे। अन्त यह

हुआ कि दोनों संस्कृतियाँ नष्ट हो गयी। तब ईश्वर ने मनुष्य की रचना की। राक्षसों का गुण जोर जबर्दस्ती से खुशियाँ छीनकर जीना अभी और जीवन में खप नहीं पाया था। जब तक यह गुण नष्ट होकर अशनाया में विलीन न हो जाए तब तक नवजीवन के निर्माण में इसका उपयोग करते जाना ब्रह्मदेव की विवशता थी। अत: उन्होंने मनुष्य की रचना की और उसमें आनन्दमग्न रहने वाली यक्ष प्रवृत्ति के साथ राक्षसों की हिंसा, काम न करना और दूसरों के सुख लूट कर और भी दुखी जीवन जीने वाली प्रवृत्ति भी रख दी। विधाता ब्रह्माजी ने सोचा कि एक ही देह में जब यक्ष और राक्षस दोनों प्रवृत्तियाँ रहेगी तो मनुष्य की आत्मा अवश्य ही राक्षस प्रवृत्ति में आत्मयज्ञ करके उसको जड़ से उखाड़ फेंकेगी। फिर केवल आनन्द प्रवृत्ति रहेगी। केवल आनन्द पृथ्वी पर मिल भी जाए तो मनुष्य ऊब जाएगा। अत: उसमे ईश्वर प्रणिधान, ईश्वरप्रेम, सच्चा प्रेम करने की, सत्य का ज्ञान प्राप्त करने की और सत्य को कर्म बनाने की प्रवृत्तियाँ भी प्रबल हो जाएगी। तब पृथ्वी पर दुष्टता, हत्या, लूटमार, हर तरह की हिंसा मनुष्य स्वभाव से निकल अशनाया में वापस जाकर विलीन हो जायेगी। तब पृथ्वी को ही स्वर्ग बनाने का ब्रह्मा जी का संकल्प पूरा हो जाएगा और वे भी कृतार्थ हो जाएँगे।

ब्रह्माजी के प्रति बालक जैसा प्रेम का आवेग उनके प्रथम मानस पुत्र देवर्षि नारद के हृदय में उठा। उन्होंने वही गंगा की रेत में उन्हें साष्टांग प्रणाम किया।

अभी रात थी। नारद पुन: रेत में लेट गये। सोने का इरादा करते ही कुछ ही क्षणों में उन्हें पुन: गहरी नींद आ गयी। वे अब स्वप्न में प्रसन्न थे यह देखकर कि भारत में ऋषियों ने पूर्व से प्रचलित किसी भी धर्म के विनाश को कभी लक्ष्य नहीं बनाया। उनका मानना था कि पूर्व चिन्तन और धर्म का विनाश करने से जन मानस उद्‌भ्रान्त हो जाता है। ऋषियों में हजारों वर्षों तक प्रतीक्षा करने का धैर्य था। वे सत्य को मात्र बौद्धिक तुष्टि कराने वाला तत्त्व नहीं मानते थे। वे जानते थे कि सत्य को कर्म बनाने से धर्म में कुरीतियों और अन्धविश्वास नहीं प्रवेश कर पाते।

फिर देवर्षि नारद ने उस युग को स्वप्न में देखा जब मनुष्य ने कृत्रिम-ईश्वर के आधीन करके मनुष्यत्व का विनाश करना शुरू कर दिया। मनुष्य की प्रकृति विकृत और हिंसक होने लगी। मनुष्यों में ही कुछ में राक्षसो के कुछ में देवताओ के गुण प्रकट होने लगे।

देवर्षि ने देखा किसी भी देश का हित उस देश से बाहर जन्में धर्म नहीं कर रहे थे। किसी देश में जन्में किसी भी धर्म को जब किसी अन्य देश पर लादा जा रहा था तो उसका उद्‌देश्य केवल उस देश के वासियों की धन-स पदा को लूटना

और उन्हें दास बनाना था। ऐसे लोग कभी सत्य और धर्म का लूट मार के साथ-साथ प्रसार करने का ढोंग करते पर सफल नहीं हो रहे थे। तब उन्होंने उस मनुष्यत्व को ही मार दिया जिसे सत्य-धर्म की आवश्यकता होती है।

स्वप्न में भी उनका स यक् चिन्तन चल रहा था। धर्म एक जाति के हजारों साल से सत्य, शिव, सुन्दर पर हो रहे चिन्तन को कर्म में बदलता है। धर्म पवित्रता और शुचिता का सर्वथा निजी अनुभव है। इसका आयात या निर्यात नहीं किया जा सकता। इसलिए एक देश में जनमा धर्म उस देश की संस्कृति, दर्शन और विश्वास का अंग है। वह किसी अन्य देश की संस्कृति, दर्शन और विश्वास का अंग न होने के कारण उसका विकास नहीं कर सका।

भारत के ऋषिगण मनुष्य पर विदेशी धर्म लादने को मनुष्यत्व के विनाश का कारण मानते थे। वे अपने धर्म का भी प्रचार नहीं करते थे। वे संसार में केवल मनुष्यत्व को दृढ़ करने के लिए उन लोगों को उपदेश देते थे जो उनके पास संसार में जीने का ढंग जानने के लिए जाते थे। वे किसी सत्य का प्रचार नहीं करते थे। अध्यात्मिक सत्य केवल उनको बताते थे जिनमे इसे समझने की योग्यता पाते थे। उन्होंने अपने ज्ञान का उपयोग मनुष्य का स्वयं में विश्वास जगाने के लिए किया। जिसकी आत्मा में आत्मविश्वास जाग जाता है उसमे स्वधर्म की उत्पत्ति होती है। जब वह ऐसे लोगों के आगे स्वधर्म प्रकट करता है जो स्वयं भी स्वधर्म पर चल रहे हो तो वे सब जान जाते है कि यद्यपि स्वधर्म हर हृदय में निजी धर्म बनकर प्रकट होता है, स्वधर्म सभी हृदयों में एक सा है। इस तरह स्वधर्म सारे समाज का धर्म हो जाता है।

अन्त में उनका ध्यान मैत्रवारुणी पर लग गया। ऋषि मैत्रवारुणी के चरित्र के प्रकाश में व्यास के चरित्र की मु य विशेषता स्पष्ट हो गयी—व्यास की दृष्टि में मनुष्य का असत्य से दूर रहना और सत्य को कर्म में प्रकट करना उतना ही महत्त्वपूर्ण है जितना आत्मा को क्रोध, लोभ, घमंड, भय और मूढ़ता के बंधनो से मुक्त करके ब्रह्म से सायुज्य कर लेना। जैसे नदियों का सारा आवेग पूर्ण स्वाधीनता पाकर समुद्र में शान्त हो जाता है, इस तरह ही आत्मा की तड़प स्वाधीनता और चरम आनन्द के लिए ब्रह्म से सायुज्य होते ही तृप्त हो जाती है। इस तरह ही मनुष्यत्व ईश्वरत्व की ओर बढ़ता बढ़ता ईश्वर में जाकर शान्त हो जाता है।

प्रात: उठने पर देवर्षि के मस्तिष्क के सभी प्रश्न शान्त थे। वे जान गये कि अनोखे प्रेमी व्यास के व्यक्तित्व में आर्य चरित्र के उच्च गुण समन्वित हो गये हैं। इन गुणों

के समन्वय से उनमे सत्य प्रकट हुआ और जब सत्य को उन्होंने जीवन में व्यवहृत किया तो कर्मरूप लेकर उनका सत्य ही धर्म बनकर प्रकट हुआ। इस मार्ग ने उन्हें एक पूर्ण और सच्चा मानव बना दिया है। उन्हें वह विलक्षण प्रतिभा प्राप्त हो गयी है जिसने उन्हें महान दार्शनिक, कवि, मनोचिकित्सक, सत्य और धर्म की अद्‌भुत कथाओं का लेखक और प्रकृति के सनातन धर्म का ज्ञाता बना दिया है। वे निश्चय ही अपने चरम लक्ष्य तक पहुँचेंगे।

देवर्षि नारद को व्यास चरित्र का सारा रहस्य स्पष्ट हो गया। वे स पूर्ण व्यास को जानकर ऐसा ही महसूस करने लगे जैसे अपने आराध्य श्रीविष्णु का पृथ्वी पर दर्शन कर रहे हो। वे समझ गये कैसे महर्षि व्यास ने इस लोक की अच्छी बुरी सभी बातों को लेकर, सैकड़ों परस्पर सर्वथा भिन्न, मानव चरित्रो की कथा 'महाभारत' लिख दी। वे यह भी समझ गये कि कैसे कथा लिखते लिखते व्यास एक अन्य महाकाव्य—भगवद्‌गीता—को 'महाभारत' का अंश बना बैठे। वे समझ गये क्यों महाभारत जैसा मानव जीवन की स पूर्ण कथा सुनाने वाला कोई दूसरा महाकाव्य नहीं लिखा गया और क्यों गीता जैसा अपने में पूर्ण दार्शनिक महाकाव्य दूसरा नहीं हुआ। कैसे व्यास इन दो महाकाव्यों का एक ही महाकाव्य बनाकर इस काव्य सिद्धान्त से भी पार निकल गये कि एक महाकाव्य में दूसरा महाकाव्य नहीं समा सकता।

पहली बार देवर्षि नारद को वह अकेली पुस्तक पढ़ने की इच्छा हुई जिसने संसार भर के मनस्वियों को युद्ध, शान्ति, राजनीति और घरेलू सब तरह की परिस्थितियों में उत्पन्न होने वाली समस्याओ के रूप और समाधान दे दिए। ज्ञानी हृदयों को भी शान्ति दे दी और आत्मा को कर्म मार्ग से निर्वाण जैसा लक्ष्य प्राप्त करना सिखा दिया। कैसे अकेले व्यास वह महर्षि बने जो ज्ञानमार्ग से मोक्ष प्राप्त करने के बाद उनका कहना मानकर अब प्रेम मार्ग से मुक्ति प्राप्त करने में लग गये है। उन्होंने मोक्ष प्राप्त करके भी उसमे प्रवेश नहीं किया, और सच्चे प्रेमियों के हितार्थ प्रेम मार्ग से दोबारा मोक्ष प्राप्त करने में लग गये। ऐसा मुक्त पुरुष और कौन होगा जो ज्ञानमार्ग से पूर्ण स्वाधीनता प्राप्त करके भी उसे त्याग दे और प्रेमियों के लिए मोक्ष पथ बनाने के लिए प्रेम का निर्वाण पथ बनाने में लग जाए! देवर्षि नारद श्रद्धा और प्रेम से भर गये व्यास के प्रति जो इस काम के लिए पृथ्वी पर रुक गये कि प्रेमी मनुष्यों को अपने स्वभाव के अनुकूल निर्वाणपथ मिल जाए। इसके लिए प्रेमपथ पर उगे कांटे आदि व्यवधान दूर करके सच्चे प्रेमियों के लिउ प्रेमपथ सरल कितनी भी बड़ी उपलब्धि हो किसी की देवऋषि नारद प्रसन्न

होते थे। उनका प्रेम सर्वथा निर्मल था। उनका यह गुण ही उन्हें त्रिदेवों, त्रिदेवियों, देवताओं, दानवों, राक्षसो, मनुष्यों के बीच प्रिय बनाए रखता था। इस समय नारद इस बात से बहुत प्रसन्न थे कि मैत्रवारुणी-उर्वशी, वसिष्ठ-अरुंधती जैसे युगल पृथ्वी पर रह चुके थे, जिन्होंने केवल मोक्ष को लक्ष्य नहीं बनाया। मोक्ष से पहले अपने संसारी जीवन को सत्य शिव सुन्दर की अनुकृति बनाया। उन्होंने मृत्युलोक के जीवन को भी उतना ही महत्व दिया जितना मोक्ष को। उन्होंने यह प्रयत्न किया कि पृथ्वी पर सुख शान्ति हो और कर्तव्यनिष्ठ शासक हो, जो जन साधारण की सेवा और सुरक्षा करें, उन पर शासन नहीं। ऐसे शासक हो जो दुर्जनों का निरोध करते हो और सज्जनों का उत्साहवर्द्धन।

ऋषि मैत्रवारुणी

मैत्रवारुणी के समय में वेद संकलित नहीं हुए थे, ऋषियों को कंठस्थ थे। चकराता, ऋषिकेश, कुल्लू, मनाली में जगह जगह तपोवन थे। भोर होते ही वेद मन्त्र सुनाई देने लगते थे। अक्सर चकराता के विशाल और घने बनो में ऋषि मैत्रवारुणी पैदल भ्रमण करते रहते थे। चलते-चलते वे प्रकृति की छटा को देखने में निमग्न हो रुक जाते या किसी पत्थर पर बैठ जाते। कभी कुल्लू मनाली के किसी वन में आवास करते। वे अपने लिए आश्रम बना कर रहना पसन्द नहीं करते थे।

प्राकृतिक दृश्यों को देखना ईश्वर उपासना था उनके लिये। पर्वतों पर पड़ी मौन बर्फ, देवदारों के निर्जन सूनसान को चौंकाकर गुँजाने वाले विशाल गरूड़ों के कलरव, मानसरोवर जाते हंसों और सारसों की सफेद और काली-धवल पंक्तिये उन्हें कभी 'मौन' को, कभी 'अज्ञात' को चीख चीख कर पुकारती हुई अपनी आत्मा महसूस होती। मोर और कोयल आदि पक्षी अपनी ध्वनि से कभी प्रेम की सुर य-पीड़ा को जगाते, कभी रहस्य के प्रति श्रद्धा से भर देते। जब हवा चलती तो बांझ के विशाल प्राचीन वृक्षों में उन्हें अपने ऋषि पूर्वजों के स्वर सुनाई देते।

ऊँचे पर्वतों से, झर झर झरते झरने वनों के एकान्त में उनकी आत्मा को पुकारते से लगते। कभी वनों में झींगुरों के स्वर उन्हें परमपिता ईश्वर के गूँजते स्वर लगते।

कभी कही बैठे-बैठे उनकी समाधि लग जाती और घण्टों लगी रहती। उन्हें गड़रियाँ देखते तो देखते रह जाते। उनकी समझ में न आता, ऋषि मैत्रवारुणी एक ही मुद्रा में मूर्ति की तरह घंटों क्यों बैठे रहते है। उन्होंने ऋषि मैत्रवारुणी को 'देवता की ध्वनि' नाम दे दिया था। यह वे भी नहीं जानते थे कि उन्हें यह नाम क्यों दिया। शायद इसलिए दिया कि उनका स्थिर बैठे रहना लोगों को ईश्वर की याद दिला देता था।

प्रकृति के विशाल प्रांगण में वनों मे, पर्वतों, चरागाहों, झरनों, स्रोतों को देखते मैत्रवारुणी चलते रहते। उनका सिद्धान्त था, 'चरैवति!' कितने ही र य स्थल थे जो उन्हें खूब भाते थे। किन्तु कहीं भी कुटिया बना कर रहने का मन न होता। अजनबी लोग सोचते 'मैत्रवारुणी गरुड़ देवता तो नहीं जिसके पंख खो गये और उन्हें ढूँढ़ता फिर रहा है।' ऊँचे पर्वत की सुन्दरियों को जल भर कर लौटते हुए वह मिल जाते तो उन्हें जल की गगरिये सर पर विशेष श्रम से थामनी पड़ जाती। उनके नारीत्व के तेज से दमकते गोरे ललाटों पर पसीने की बूंदे उभर आती। उन्हें आश्चर्य होता किसी जल स्रोत के उदगम में जंगली केशर तो नहीं उग आयी, जिसके पानी में नहा कर यह देवता जैसा पुरुष चला आ रहा है। उन्हें अपना रूप और सजधज व्यर्थ जाते लगते, क्योंकि मैत्रवारुणी के झुके नेत्र उन्हें देखने के लिए कभी ऊपर न उठते। पुरुषो को उनका रंग खान से निकले ताजे सोने जैसा दिखाई देता। कोई उन्हें सूर्यदेव समझता। उसे लगता आकाश से उतर, केशर घुले पानी में तैर कर सूर्यदेव आ रहे हैं।

बनो के बड़े-बड़े वृक्षों को काटने आये वनों के व्यापारियों को ऋषि मैत्रवारुणी अपने व्यवसाय में बाधक लगते, क्योंकि वे एक पेड़ काटने के बदले उनसे चार पेड़ लगाने को कहते। उन्होंने उन्हें 'भटके ऋषि' के नाम से प्रसिद्ध कर दिया। कौन उन्हें क्या कहता है, इसकी मैत्रवारुणी को परवाह नहीं थी! व्यापारी कहते, ''मैत्रवारुणी ऋषि को कोई काम तो है नहीं। उनका कोई गुरुकुल भी नहीं है जहाँ वे बच्चों को ज्ञान देते। हमें भी हमारा काम नहीं करने देते।'' कोई पूछता, ''इतनी सुन्दर और भव्य आकृति होते हुए भी वे राजा के दरबार में क्यों नहीं जाते? राजा उन्हें मन्त्री बना लेगा।'' कोई कहता, ''कंठ कितना सुरीला है! जब मन्त्र पढ़ते हैं तो सुनकर आँखें भर आती है। हमे व्यस्तता के कारण ईश्वर से दूर रहना अपराध लगने लगता है।'' व्यापारियों को पता नहीं था कि ऋषि मैत्रवारुणी राजा के मन्त्री वन जाते तो दरबार में उनका दम ही घुट जाता।

ऋषि मैत्रवारुणी को न किसी राजा से सरोकार था न किसी साहूकार से। वे जानते थे वन के कन्दमूल, फल और पुष्ट करने वाली औषधियाँ कहाँ उगती है। जब से होश संभाला प्रकृति को ही उन्होंने माँ जाना था। उनसे वार्तालाप होता उनका। वही उन्हें बताती कहाँ कन्दमूल मिलेंगे जो उन्हें पुष्ट और सुड़ौल रखेंगे। वही किसी बन, उपत्यका, पर्वत में उन्हें कही घास की शैया मिल जाती जहाँ थक जाने पर वे सो जाते। लोग आश्चर्य करते वे घने वनों में कैसे असुरक्षित सो जाते है! उन्हें क्या कभी ठंड नहीं लगती? वन्य पशु उनसे मित्रों जैसा व्यवहार करते।

आज के चकराता और कुल्लू मनाली के आसपास लगभग तीन सौ मील का वनप्रदेश उनका घर था।

ऋषियों में ब्रह्म सत्य बनकर व्याकृत हुआ था। वही ब्रह्म ऋषि मैत्रवारुणी के हृदय में सुन्दरम् होकर व्याकृत हुआ था। वे स्वयं भी अति सुन्दर थे, और सौन्दर्य को ही ब्रह्म मानते थे। वे सुन्दरम् ऋषि के नाम से भी जाने जाते थे।

ऋषि मैत्रवारुणी के नाम के साथ वारुणी शब्द शायद इसलिए जुड़ा हुआ था कि वे सब बाधाओं को सरलता से पार कर जाते थे। कोई भी वस्तु जो वे चाहते उन्हें आसानी से प्राप्त हो जाती। इतनी सुन्दर छवि थी उनकी कि कोई भी उनके मार्ग में बाधा डालने की सोच नहीं पाता था। उर्वशी नाम की अप्सरा ने र भा अप्सरा से कहा, ''कामदेव भी यदि अपने अद्वितीय रूप से ऊब जाएँ तो अपना रूप बढ़ाने की विधि जानने इन्हीं के पास आएँगे। मगर देखो तो कितने अभिमानी है एक नजर मुझ पर डालते भी नहीं।''

र भा ने कहा, ''लगता है अपना हृदय हार चुकी हो इन पर।''

उर्वशी का मुँह लाज से लाल हो गया। यह सच था। उर्वशी अपने प्रेम को छुपा नहीं पा रही थी। मैत्रवारुणी को उर्वशी अपना हृदय दे चुकी थी। वे उसका हृदय चुराकर न जाने कब ले गये थे, उर्वशी को भी पता नहीं था। उसे भय था कि जिस दिन नैन मिल गये वह उनके वश में हो जाएगी। उर्वशी नैन मिलाते हुए डरती थी क्योंकि उसे भय था कि मैत्रवारुणी इतने सुन्दर है, अनेक अप्सराएँ उनसे प्रेम करती होगी। वह उन्हें चाहने वाली अप्सराओं और मानवियों में से एक होना नहीं चाहती थी। उसका प्रेम केवल देह का नहीं आत्मा की गहराई को जगा देने वाला प्रेम था। वह अप्सरा योनि से उनके साथ सच्चे प्रेम के सहारे मोक्ष प्राप्त करके भवचक्र से मुक्ति चाहती थी ताकि अनन्त काल तक वे प्रेम के मोक्ष में रहे। उर्वशी दिन रात प्रभु से प्रार्थना करती कि मैत्रवारुणी को उसके साथ दो शरीर और एक आत्मा बना दे।

जो संसारी धन, संसारी यश और संसारी सत्ता पाने के उद्देश्य से घूमने को ही सार्थक घूमना कहते है, उन अज्ञानी संसारियों को निस्सन्देह ऋषि मैत्रवारुणी का इतने विशाल, ऊँचे नीचे क्षेत्र में घूमते रहना निष्प्रयोजन लगता था। वे व्यापारी क्या जाने कि जिन विशाल वृक्षों को कटवाकर, वास्तुकारों और शिल्पियों की सहायता से, वे नगरो की शोभा बढ़ा रहे थे, राज दरबार से भी स मानित हो गये थे, उन वृक्षों को ऋषि मैत्रवारुणी वनदेवी का सौन्दर्य मानते थे। उन वृक्षो के कटने से उन्हें दुख होता था। उन्होंने जब अधिक विरोध किया तो वृक्षो को कटवाने

वाले ठेकेदार और श्रमिक अपनी पत्नियों और बच्चों के साथ उनके पास आये और हाथ जोड़कर बोले, ''हे सौन्दर्य ऋषि! यदि वृक्ष नहीं काटेंगे तो हम परिवार का भरण पोषण कैसे करेगे ? राजा के आदेश का पालन कैसे करें ? हम गृहस्थों को भगवान ब्रह्माजी का यही आदेश है कि हम सन्तान उत्पन्न करें जिससे यह पावन भरतक्षेत्र सुसंस्कृत मनुष्यों से सुशोभित हो। राजा चाहते है बहुत सारे बच्चे उनके राज्य में जन्म लें जिससे नये-नये ग्राम और नगर बने और महाराज के महलों की चर्चा देवेन्द्र के दरबार में मरूदगण करे। गृहस्थ यज्ञ करें। देवगण पृथ्वी की सुन्दर बस्तियों, बगीचों और महलों को देखने देवियाँ सहित पृथ्वी पर आयें। उनके आने से मनुष्यों की स पदा और यश चार गुने बढ़ जाते है। हमारे देवता इतने प्रसन्न हो जाएँ कि समय पर वरुणदेव हमारे खेतों को जल से भर दे। जब फसल पकने लगे तो सूर्यदेव तपते हुए ध्यान रखें कि कितनी तपन अन्न के पौधे, हमारे बच्चे और गृहिणियाँ सह सकते है। हे नाथ! देवों और मानवों के सहयोग को ही सृष्टि का आधार बनाया है परमपिता ब्रह्मा ने।''

वह त्रेता युग था। लोग जानते थे सत्य केवल मस्तिष्क में रखने वाला विचार और हृदय में रखने वाली भावना नहीं है। सत्य को मानस और इन्द्रियों द्वारा प्रकट किया जाना सत्यकर्म है। सत्यकर्म के बिना मनुष्य पृथ्वी, नगर और ग्राम को, घरों और राजदरबारों को विकृत कर देगे। तब राजा-प्रजा सबका जीवन अशान्त हो जाएगा। न विवाह-संस्कार शोभा पाएँगे, न जातकर्म, न उपनयन संस्कार। इन सबकी शोभा सत्यकर्म है, मानव द्वारा अपनी कर्मशक्ति से दोहन किया हुआ सत्य। सत्य ही पवित्रता का जनक है। सत्य-आचरण से शुचिता जन्म लेती है, जो काम को पवित्रता से महका देती है। अन्यथा काम-क्रीड़ा पापिन हो जाती है और निर्लज्जता और झूठ को घरो में ले जाकर बसा देती है। उन घरों में रहने वाले गृहस्थों के कर्म त्रिदेवों को हवि नहीं हो पाते। उनके मस्तिष्क उनके असत्य कर्मों को ढोते-ढोते भारी हो जाते हैं।

वे भूल जाते है कि प्रकृति और युग चाहे जब बदलें मनुष्य में प्रकट हुआ सत्य एक क्षण में बदल देता है किसी भी युग को सत्‌युग में। ऐसे व्यक्ति के जीवन में नित अकारण उल्लास रहता है, केवल सच्चे प्रेम की वेदना रहती है, शुचिता और पवित्रता रहते है। यही सतयुग है।

जब जनता अपने हृदय में सत्य की उपलब्धि कर लेती है तो राजनीतिज्ञ जनतन्त्र को राक्षसशाही में नहीं बदल पाते। ऋषि मैत्रवारुणी सुन्दर जीवन की लौ को अमर सुन्दर जीवन में विलीन करने के समर्थक थे। उन्हें सुन्दरम्-मोक्ष की

चाह थी। वे पृथ्वी को ही एक अनोखा स्वर्ग बनाने में व्यस्त थे। नये नगर बन रहे थे। वनों से हजारों वर्ष पुराने देवदारों को काटा जा रहा था। मैत्रवारुणी इसके विरुद्ध अकेले संघर्ष कर रहे थे। वे अकेले बन स पदा की रक्षा करते इधर-उधर घूमते रहते। संसार से विमुख किन्तु संन्यास के लिए अपरिपक्व वानप्रस्थियों को अकर्मण्य जीवन की आदत पड़ गयी थी। मैत्रवारुणी ने उन्हें भी वानप्रस्थ मार्ग दिखाया।

मैत्रवारुणी गड़रियों, लकड़हारों और किसानो के बच्चों को कहानियाँ सुनाने लगते तो बच्चे कहानियों से प्रसन्न हो उनसे गांव में ही रुक जाने का आग्रह करते। मैत्रवारुणी बस्ती में नहीं रहते थे। परन्तु बच्चों का मन रखने के लिए गाँव के बाहर बन में रात काट लेते थे।

उनकी एक कहानी थी जो जितनी सरल थी उतनी ही गूढ़ भी थी। उसे बड़े भी सुनने के लिए उन्हें राह चलते रोक लेते। वे किसी को निराश नहीं करते थे। वहीं मार्ग के किनारे किसी पेड़ के नीचे बैठ जाते और सुनाने लगते। थोड़ी ही देर में बहुत से लोग वहाँ इकट्ठे हो जाते। कहानियाँ थी : पहले न स्वर्ग था, न मोक्ष धाम। सब देवता, मनुष्य और भगवान पृथ्वी पर ही रहते थे। सब पृथ्वी को अपने-अपने कर्म से सुन्दर, शिव और सत्य की अनुकृति बनाने में लगे रहते थे। सब मनुष्यों की प्रज्ञा को विदित था कि सत्य शिव और सुन्दर किसे कहते है। जब किसी मनुष्य को संशय होता उसका निवारण देवता कर देते थे। जब कोई नयी रचना किसी मनुष्य की बुद्धि या मन में आती तो वह भगवान से कहता। भगवान उसे हितकर समझते तो उसकी सृष्टि कर देते अन्यथा उसे विसर्जित कर देते।

'इस तरह पृथ्वी पर जब सत्य शिव और सुन्दर स्थापित हो गये तो पृथ्वी बहुत हल्की हो गयी और आकाश में जाकर एक स्वर्ग बन गयी, जो मनुष्य पृथ्वी पर रहते थे वे भी देवता बन गये। फिर एक नयी पृथ्वी की रचना हुई और उसमे भी उसी तरह देवता, मनुष्य और ईश्वर थे। उसके भी मनुष्यों ने जब सत्य शिव और सुन्दर को सिद्ध कर लिया तो वह पृथ्वी भी हल्की हो गयी और आकाश में जाकर स्वर्ग बन गयी। इस नयी पृथ्वी के मनुष्यों को पिछली पृथ्वी वालों के अनुभव का लाभ प्राप्त था अत: उन्होंने सत्य शिव सुन्दर को बेहतर सिद्ध कर लिया। इस पृथ्वी को आकाश में पहले स्वर्ग से ऊँचा स्थान मिला। इस तरह सात पृथ्वियाँ उत्तरोतर ऊँचा स्वर्ग बन कर स्थित हो गयीं।

इसके बाद हमारी वर्तमान पृथ्वी आयी तो इसके मनुष्यों को वह सारा ज्ञान प्राप्त था जिसे पाकर पिछले मनुष्यों ने सात स्वर्ग बनाये थे। इन्हें अभिमान हो गया

कि हम देवताओं और ईश्वर से कम नहीं है। इनके अभिमान के कारण पहले भगवान पृथ्वी छोड़कर मोक्ष से ऊपर एक लोक रचकर चले गये। देवगण अपनी अपनी योग्यता के अनुकूल स्वर्गों में चले गये। तबसे पृथ्वी पर मनुष्यों के अभिमान परस्पर प्रतिस्पर्धा करने लगे। मनुष्यों को ज्ञान शक्ति सरस्वती ने सुझाया : ''तु हें अ यास है सत्य शिव सुन्दर को कर्म द्वारा सिद्ध करने का। जो औरों से बेहतर सिद्धि करें वे देवताओं द्वारा रिक्त किए गये स्थानों पर योग्यतानुसार आसीन हो जाएँ।''

जो सचमुच योग्य थे उनसे पहले ही, जो अभिमानी थे वे पदों पर जा बैठे। अभिमानी इतनी अधिक सं या में थे कि कोहराम मच गया। तब सब ने मिलकर न्यायाधीश नियुक्त किया यह निर्णय करने को कि उनमे श्रेष्ठ कौन-कौन हैं जो देवताओ के आसन पर बैठने की क्षमता रखते हो। उनके निर्णय से थोड़े से अभिमानी चुन लिए गये, किन्तु अभिमानियों का अपार समूह असन्तुष्ट हो गया। पहली बार मनुष्यों में क्रोध और हिंसा ने प्रवेश किया। फिर तो दुर्गुणों की लाईन लग गयी। लोभ, मोह, ईर्ष्या, आत्मप्रवंचना, झूठ बोलना, घृणा, भय, प्रतिशोध, विश्वासघात, द्वेष सब अभिमानियों में बस गये। पिछले मनुष्यों ने सत्य, शिव और सुन्दर को कर्म बनाया था। उन शुभ कर्मों से ऋत् संसार का धर्म और आदर्श बन गया था। अभिमानियों ने ऋत् को अपमानित किया और अनृत को उसकी जगह धर्म और आदर्श बना दिया है। इन परिवर्तनों ने मानव समाज को बदल दिया और असत्य और अनृत का अनुयायी बना दिया।

ऋषि मैत्रवारुणी और वानप्रस्थी

चकराता, कुल्लू, मनाली में बहुत से वानप्रस्थी रहते थे। ऋषि मैत्रवारुणी का कहना था कि प्रकृति के परा रूप को जाने बिना ब्रह्म को नहीं जाना जा सकता। वे जगत को मिथ्या कहने की अपेक्षा, मिथ्या जगत के पीछे विद्यमान अमूर्त–सत्य परा प्रकृति को जगत का सत्य कहना पसन्द करते थे।

एक दिन उन्होंने वानप्रस्थियों से कहा, ''आप परा प्रकृति की साधना करे। उनकी शरण ले। जैसा सच्चा मार्ग–निर्देशन परा प्रकृति कर सकती है आप लोगों का वैसा और कोई नहीं कर सकता। परा प्रकृति का ज्ञान आत्मा को परम सत्य तक ले जाने वाली पहली सीढ़ी है। वानप्रस्थ इसके लिए सबसे उपयुक्त अवस्था है। उस अवस्था में मनुष्य अपरा के खेलों से विरक्त हो लेता है। अब वह परा की भक्ति करे और परा का ज्ञान प्राप्त करें। परा करुणामयी माँ है जो आत्माओं को अपनी सन्तान मानती है। वानप्रस्थ देह की वृद्धावस्था है, किन्तु आत्मा का शैशव काल है। आप सबकी आत्माएँ परा को अपनी माता माने जो चिर युवा है। वह आत्माओं की चिन्ता करती है, और सबके प्रति वात्सल्य और करुणा आदि भावों से भरी है। आपकी आत्माओं को शान्ति और सुख मिलेगा परा माता की गोद में। आप देह के दुखों को भूल जाएँगे। आपका ध्यान केवल अपनी आत्मा की प्रसन्नता में होगा और परामाता का भी। परा की शरण लेना सबसे उपयुक्त साधन है ब्रह्म से सायुज्यता प्राप्त करने का।''

एक अन्य दिन कुछ गणराज्यों के वानप्रस्थी राजनीतिज्ञों की धूर्तता को लेकर परेशान थे। मैत्रवारुणी बोले, ''विड बना यह है कि सत्ता में स्थापित राजनीतिज्ञ केवल यह चाहते है कि उनके दल की सत्ता बनी रहे। उनका देशप्रेम क्षीण हो जाता है। उनको ईश्वर से भी प्रेम नहीं रहता। संसार भर के गणतन्त्रों के शासक परस्पर मिलकर या झगड़कर भी एक–दूसरे का साथ देते है अपनी सत्ता बनाये रखने में। परिस्थितिवश उनमें राजशाही जग जाती है। वे विश्व के जनसमूह को नेताओं पर आश्रित गरीब प्रजा से अधिक कुछ नहीं समझते। साम–दाम–दंड–भेद

नीति का उपयोग जनतन्त्रों के अधिपति अब जनता के विरुद्ध करते है उनका मत पाने के लोभ में। वे प्रलोभन और जोर जबर्दस्ती दोनों तरीकों से लोगों के व्यक्तित्व को अपने पक्ष में मोड़ते हैं। यह प्रकृति विरोधी कर्म है, इस कारण ऐसे मनुष्य से प्रकृति संवेदना शक्ति ही छीन लेती है। प्राकृतिक शक्तियाँ मनुष्य में तभी तक प्राकृतिक ढंग से कार्य करती है जब तक मनुष्य इनका उपयोग प्राकृतिक नियमों के अनुसार करता है। जो मनुष्य प्राकृतिक शक्तियों को धोखा देता है उससे प्रकृति उसकी प्राकृतिक शक्तियाँ छीन लेती है।''

उन्हें वानप्रस्थियों को देखकर कष्ट होता था, क्योंकि वे नीरस से ऐसे लोग लगते जिनकी चेतना सो गयी हो। एक दिन बहुत वानप्रस्थियों को इकठा देख उन्होंने पूछा तो पता चला कि उनका वार्षिक उत्सव है। वानप्रस्थियों ने बताया कि वे वसन्त पंचमी को वानप्रस्थ दिवस के रूप में मनाते हैं। एक वानप्रस्थी बोला, ''हम ऊब गये है मुनिवर अपने जीवन से। हमने सोचा था कि व्यवसाय और परिवार से अलग होकर हम अपनी आत्मा का साक्षात्कार कर लेंगे। किन्तु सब कामो से छुट्टी पाकर तो जीवन व्यर्थ जा रहा है। आलस छाया रहता है। परा प्रकृति में ध्यान नहीं लगता। हृदय खोया रहता है। खाने और सोने के अलावा कुछ नहीं सूझता।''

एक और वानप्रस्थी स्वयं को बीच में बोलने से न रोक सका और बोला, ''ऋषिवर! बस मृत्यु की प्रतीक्षा में दिन कट रहे है। वानप्रस्थ दिवस मनाते हैं तो आशा होती है कि हमें शायद अर्थपूर्ण वानप्रस्थ जीवन जीना आ जाए।''

मैत्रवारुणी बोले, ''जीवन जीना इतना कठिन क्यों हो गया?''

वार्ता को अर्थपूर्ण करने के उद्देश्य से तीसरे वानप्रस्थी ने हस्तक्षेप करते हुए प्रार्थना की, ''ऋषिवर! क्या करे साँस लेना ही कठिन हो जाता है इस आयु तक पहुँचते-पहुँचते। अग्नि तत्त्व ही जैसे बुझ जाता है देह मे। कोई उपाय आप जानते हो वृद्धावस्था के कारण कठिन हुए जीवन को सरल करने का तो हमें बता दीजिये।''

उनके बीच बैठकर ऋषि बोले, ''मानव जीवन की सबसे बड़ी शक्ति चेतना है। अपने बाहर मनुष्य समय को तेजी से भागता हुआ महसूस करता है। बहुत से मनुष्यों को प्रौढ़ अवस्था में स्वयं को पाकर यह पश्चाताप होता है, 'यौवन देखभाल में ही निकल गया! हम उसका समुचित उपयोग नहीं कर सके!' तब दुख के मारे वे वानप्रस्थी हो जाते है। दुख तो है ही जीवन में सबके। किन्तु दुख

को हृदय में स्थान नहीं देना चाहिए। दुख को हृदय में स्थान देकर आप वानप्रस्थी नहीं हो सकते। वानप्रस्थी वह है जो वानप्रस्थ-जीवन को आत्मा का शैशव मानकर जीये।

''जीवन में प्रतिदिन ऐसे क्षण आते है जब जागते हुए भी हम अपनी चेतना का उपयोग नहीं करते। उन क्षणों में 'समय' स्वयं हमारे जीवन की कहानी को आगे बढ़ा देता है, बिना हमारी चेतना से पूछे। समय जो छेड़छाड़ करता है हमारे जीवन के साथ वह एक शक्ति बन जाती है जो हमारे स्वभाव और चरित्र को बदल कर जड़वत् कर देती है। हमारे जीवन-पौधे के साथ जो जोर जबर्दस्ती समय करता है, उसकी ही सहायता से, समय, कुछ समय बाद, हमारे स्वभाव को हमसे बिना पूछे कड़वा कर देता है, ऐसा कि हमारी देह ही हमारे स्वभाव के साथ रहना नहीं चाहती।''

मैत्रवारुणी बोले, ''अपने जीवन को चलाने का काम समय को मत सौपिये। समय तो जड़ पदार्थ है वह चेतन आत्मा को मार्ग नहीं दिखा सकता। चेतना से कहिए, 'चेतना मेरे जीवन की योजना बनाओं मेरी आत्मा के कल्याण के लिए। यह जीवन आत्मा को मिला है इसलिए कि जीवन और चेतना आत्मसात होते रहे, जिससे आपकी आत्मा की रूचि बनी रहे आपके जीवन में। ऐसा करके आत्मा और भी उच्च स्तर पर उत्तीर्ण हो जाएगी। उस स्तर परमात्मा की चेतना शक्ति आत्मा में प्रेमशक्ति बनकर प्रकट हो जाती है।

''जब चेतना का कायाकल्प प्रेमशक्ति में हो जाता है तो आत्मा और जीवन में एक बार फिर वसन्त ऋतु आती है। आत्मा के सब दुख दूर हो जाते हैं। प्रेम जब आत्मा में इस तप से जगता है तो वह प्रेम अन्त तक रहता है। आत्मा में इस तप के कारण जगा प्रेम उस प्रेम जैसा अस्थायी नहीं होता जो यौवन के साथ आता है और थोड़े से दिनों में चला जाता है। तप से जगा प्रेम मनुष्य को ब्रह्म से सायुज्यता प्राप्त करा देता है।''

एक हताश वानप्रस्थी ने पूछा, ''ब्रह्म से सायुज्यता प्राप्त हो भी गयी तो आत्मा को आवागमन से मुक्ति मिल जाएगी। इससे ज्यादा तो कुछ नही?''

मैत्रवारुणी बोले, ''ब्रह्म से सायुज्यता मिल गयी तो सब कुछ मिल जाएगा। किसी अन्य वस्तु की इच्छा ही नहीं रहेगी प्रियमित्र, अकारण उल्लास जब रोम-रोम में भर जाएगा। ब्रह्म ऐसा मित्र है जो गले लगते ही अपना सबकुछ आपको दे देगा, आपका कुछ नहीं लेगा। फिर आपको वानप्रस्थ अपने जीवन का सर्वोत्तम हिस्सा लगने लगेगा। यौवन का मोह छुट जाएगा। बचपन का मोह भी

छुट जाएगा। इस तरह आप बच्चों में अपना बचपन ढूँढ़ना बन्द कर देंगे।''

ऋषि मैत्रवारुणी को लगा ब्रह्म सायुज्यता का अनुभव उनमें से किसी को भी न होने के कारण वे इसके सुख से अपरिचित थे। सायुज्यता में कोई आकर्षण नहीं था उनके लिए।

मैत्रवारुणी उनसे बोले, ''वह बच्चा जो कभी आप थे वह आज भी आपके हृदय में रहता है। समय की कितनी चीजें आप चुराये बैठे है, और ऊपर से कहते है जीवन नीरस हो गया। चोरी करेंगे तो जीवन नीरस नहीं होगा तो और क्या होगा ? समय की समस्त वस्तुओं को अपने वानप्रस्थ जीवन से निकाल दीजिए तो आपसे वानप्रस्थ भी छुट जाएगा। वानप्रस्थ छुट जाने पर ही आप जानेंगे चेतना देकर प्रेम पा जाना उस व्यक्ति के सुखद अनुभव जैसा है जिसे कांच देकर बदले में हीरा मिल गया हो। सुखद अनुभव है कांच देकर बदले में हीरा पा जाना, लेकिन इतना सुखद नहीं जितना चेतना देकर प्रेम पा जाना। चेतना की पूर्णता अत्यधिक चेतना नहीं है। चेतना का प्रेम में कायाकल्प हो जाना चेतना की पूर्णता है।''

''यह अस भव है!'' कोई चिल्लाया।

'' ब्रह्म से मिलन वह समयहीन घटना है जो अस भव को स भव कर देती है।''

''अगर वह घटना इतनी विलक्षण है तो उसका वर्णन क्यों नहीं है पुस्तकों मे?''

''क्योंकि उस घटना को काल नहीं देख सका। पुस्तकों में वही वर्णित है जिसे काल ने देख लिया।'

''यह कैसे संभव है कि कोई घटना घटे और काल उसे न देख पाये।''

''आत्मा और ब्रह्म दोनों काल से परे है। दोनों के मिलन का साक्षी काल नहीं हो सकता।''

किसी ने पूछा, ''काल के बाहर कैसे रहता है आत्मा ?''

मैत्रवारुणी बोले, ''आत्मा की अटारी बहुत ऊँची है। वहाँ तक समय पंछी उड़ नहीं पाता। ब्रह्म की अटारी तो आत्मा की अटारी से भी ऊँची है।''

''वानप्रस्थी क्या करें ?''

''चेतना का आश्रय छोड़ दो। चेतना बहुत दुख देती है। केवल प्रेम का आश्रय लो।''

एक व्यक्ति बोला, ''थोड़ा और स्पष्ट कर दीजिए ऋषिवर!''

“समय के बाहर जीना सिखेगा आत्मा तभी पंख मजबूत होंगे। बहुत ऊँचे उड़कर जाना है आत्मा को ब्रह्म की अटारी तक। वहाँ काल नहीं होता, देश भी नहीं।”

एक चतुर वानप्रस्थी की तर्कबुद्धि भेद भरे स्वर में बोली, “फिर तो वहाँ पंख भी नहीं जा सकते। पंख भी तो देश के ही रूप है।”

मैत्रवारुणी हँसते हुए बोले, “तुमने ठीक कहा। ब्रह्म तक आत्मा की पंखहीन उड़ान ले जाती है। पंखहीन उड़ान है चेतना का प्रेम में बदल जाना।”

उसने पूछा, “न मिले ब्रह्म तो ?‘

“इतने प्रश्न करोगे तो ब्रह्म तक पहुँचोगे कैसे ? यह सारी यात्रा आशा और विश्वास पर ही तो टिकी है। सन्देह रहेगा ब्रह्म के मिलने में तो यात्रा ही न हो सकेगी। माँ पर भी तो विश्वास किया था जब आपकी माँ ने आपको चलना सिखाया था। हाथ पकड़ कर चला रही थी और आपके हाथ छोड़ दिये थे अचानक। अगर विश्वास न होता कि वह चोट नहीं लगने देगी तो बचपन में चलना कैसे सिखते !”

एक और व्यक्ति ने कहा, “महात्मन् मैत्रवारुणी ! हमने कभी नहीं चाहा कि हम चिड़चिड़े स्वभाव वाले हो जाएँ, फिर भी यौवन के जाने के बाद अपने आप हो गये है चिड़चिड़े। हम नहीं चाहते थे कि हम भीतर से उदास और रिक्त रहे, फिर भी हो गये। हमारे बिना कुछ किये हमारा स्वभाव कटु हो गया। वृद्धावस्था द्वारा स्वभाव में लाये गये अशुभ, असुन्दर और अनृत परिवर्तनों को कैसे पलट कर शुभ, सुन्दर और ऋत् किया जाय, जैसा स्वभाव बचपन से यौवन तक रहता है?”

मैत्रवारुणी ने उत्तर दिया, “सांसारिक जीवन में खोए युवाजनों के जीवन को अध्यात्मिक ज्ञान से आलोकित करो, जिससे वे जो भी कर्म करें वे सत्य के कर्म में रूपान्तरण हों। वानप्रस्थ जीवन इस तरह बिताने के बाद ही मोक्ष प्राप्त करने वाला संयम तुममें जन्म लेगा। युवाजन को अपने ज्ञान से सत्य का मार्ग दिखाने मात्र से आप ब्रह्म की सेवा कर लेंगे। जो संसारी सुखों में खोए युवाजनों की, वृद्धमहिलाओं और अबोध पशुओं की सेवा करता है उसकी चेतना चैतन्य हो जाती है। ऐसा करने से आपका स्वभाव चिड़चिड़ा नहीं होगा।

“बुराई का ज्ञान प्राप्त कर ले चेतना तो इससे आत्मा का विकास नहीं होता, क्योंकि बुराई का ज्ञान आत्मा को प्रकाशित नहीं करता। आत्मा को केवल अध्यात्मिक ज्ञान प्रकाशित करता है, जैसे सत्य और ऋत् का ज्ञान, अच्छाई का,

प्रेम का और सौन्दर्य का ज्ञान। यही कारण है कि ऋषि संसार की सूचनाओं को ज्ञान नहीं कहते। विज्ञान और गणित, अर्थशास्त्र और राजनीतिशास्त्र को ज्ञान नहीं मानते, विद्या और अविद्या की श्रेणी में रखते है। जो आत्मा का तेज बढ़ाता है, आत्मा को अकारण उल्लास से भर देता है वह अध्यात्मिक ज्ञान है। केवल अध्यात्मिक ज्ञान को ज्ञान माना है मुक्त आत्माओं ने।''

एक अन्य दिन मैत्रवारुणी वानप्रस्थियों से बोले, ''चेतना को समय की हवा लग जाए तो उसमे छिद्र हो जाते है। दाग-धब्बे पड़ जाते है। साधारण मनुष्य की चेतना साध्वी नारी जैसी नहीं होती जो हर परिस्थिति में पवित्र रहे। अपनी मैली चेतना को विलीन करने का केवल एक ही तरीका है, आत्मयज्ञ। आत्मा अपनी बलि दे मैली चेतना पर और उससे पुनर्जन्म ले। तब मैंली चेतना विलुप्त हो जाएगी और एक कोरी चेतना आत्मा से ही प्रकट हो जाएगी।''

एक ने हताशा प्रकट की, ''समय बलवान है। वृद्धावस्था में समय चेतना पर लिखता है, चेतना समय पर नहीं लिख पाती। जो समय लिख देता है वही मनुष्य को करना पड़ता है। विवशता है, क्या करे!''

मैत्रवारुणी बोले, ''सजग रहिये जिससे समय आपकी चेतना पर अक्षर न लिखे। आपकी चेतना समय पर अपने अक्षर लिखे। चेतना वह बात समय पर लिखकर जगत में प्रकट करे जो सत्य है। जो वह कहना चाहती है खुलकर, निर्भय होकर कहे। आत्मा अपनी चेतना का साहस बढ़ाये। चेतना अपने में व्याप्त आत्मा के ज्ञान, आदेश और सुरूचि के बीज समयरूपी भूमि में रोप दे। समय के गर्भ से फूटकर जब वे बीज फसल बन लहलहाएँगे तो उस उन्नत आत्मा के प्रभाव से पूरी मानव जाति में नवजीवन संचरित होगा। आपकी चेतना समय को वह न करने दे जो आपकी चेतना को करना चाहिए। आपकी चेतना स्वयं आपके चरित्र को और स्वभाव को सुन्दर बनाये। समय के भरोसे रहोगे तो याद रखो यह वृद्धावस्था का चरित्र और स्वभाव कुरूप बना देगा समय।

''समय और चेतना, ये दो तत्त्व ऐसे है कि यदि चेतना समय पर अपना चैतन्य लेख नहीं लिखती तो समय, जो जड़ है, चेतना पर अपना जड़ता लाने वाला लेख लिखने लगता है। जब चेतना समय पर अपना लेख लिखती है तो जीवन उन्नत होता जाता है। तब वृद्ध आयु भी जीवन को रोगी और शिथिल नहीं कर पाती। जब हम समय को चेतना पर लिखने देते है तो हमसे सत्यपथ छूट जाता है। समय चैतन्य तत्त्व नहीं है। आपका कर्तव्य है कि आपकी चेतना हमेशा शुभ करें। शुभ करके ही चेतना समय पर सुन्दर भविष्य का लेख लिख सकती है।

तब समय की सारी जड़ शक्तियाँ सुन्दर भविष्य के निर्माण में लग जाती है। चेतना निष्क्रिय हो गयी तो समय चेतना पर अपना यह जड़ लेख लिख देगा, 'अब तुम वृद्ध हो गये हो। दिन पर दिन तु हारी शक्तियाँ कमजोर होती जाएँगी और एक दिन तु हें निर्जीव छोड़कर चली जाएँगी। उस दिन के लिए पहले से तैयार रहो।'

"क्षमा, करुणा, प्रेम, निस्वार्थ परोपकार आदिपरा के और ब्रह्म के गुण है। उन्हें परा और ब्रह्म ने हमारी चेतना में मनुष्यत्व के गुण बना कर रख दिया है। ब्रह्म इस संसार में मनुष्यत्व के गुण बन कर रहता है। उन गुणो को ही हमे संसार में कर्म करके फैलाना है।"

एक वानप्रस्थी ने कहा, "किन्तु संसार तो माया है। इसमें अच्छा करो या बुरा सब माया है।"

मैत्रवारुणी बोले, "संसार माया है तो इसके अर्थ ये नहीं कि हम जो चाहे संसार में करे यह सोचकर कि संसार स्वयं असत्य है, माया है। हमें तय करना है कि जीवन में आयु प्रमुख है या चेतना। आयु प्रमुख हो गयी तो चेतना आयु के अनुसार दुर्बल होती चली जाएगी। स्मृतिनाश, चिड़चिड़ापन, क्रोध, अप्रेम, कृपणता आदि रोग चेतना को दुर्बल करते चले जाएँगे। इससे चेतना सिकुड़ने और संकीर्ण होने लगती है। दुख दे समाज चेतना को और उसके स्वामी, आत्मा का अपमान करें तो चेतना से सहा नहीं जाता। चेतना व्याकृत से अव्याकृत होने लगती है। चेतना दिव्य तत्त्व है। वह समय/काल का शासन अपने ऊपर सहन नहीं करती। व्यसनों और दुर्गुणों के बन्धन में बँधे शासकों का शासन भी सहन नहीं करती चेतना। हर समाज को जान लेना चाहिए कि यदि समाज अपने योग्यतम चैतन्य लोगों के हाथों में शासन नहीं सौंपेगा तो उस शासन में उत्पात होते रहेंगे। समाज बच्चों को सुरक्षा दे। किन्तु उनकी नयी उमर को उनकी चेतना से ऊपर स्थान न दे। उन्हें यह बताये कि श्रेष्ठ वह है जिसकी आत्मा सत्य को आचरण में उतारती है। अन्यथा बच्चों की चेतना में असत्य बस जाएगा और समाज बिखर जाएगा।"

एक अन्य वानप्रस्थी ने विषय से बाहर प्रश्न किया, "सभी महत्व चाहते हैं। किन्तु महत्व का उपयुक्त पात्र कौन है?"

मैत्रवारुणी बोले, "पूर्वजों ने महत्व चैतन्य को दिया, फिर चाहे चैतन्य आत्मा बालक नचिकेता की हो या वृद्ध वाल्मिकी की।"

प्रश्नकर्ता ने फिर पूछा, "वैज्ञानिक, अर्थशास्त्री या गणितज्ञ भी तो चैतन्य होते है।"

मैत्रवारुणी ने स्पष्ट किया, ''वैज्ञानिक, अर्थशास्त्री या गणितज्ञ को चैतन्य नहीं माना जा सकता, क्योंकि जिनकी आत्मा चैतन्य नहीं है वे भी गणितज्ञ और अर्थशास्त्री हो सकते है। विज्ञान भौतिक जगत के पदार्थों को जानकर उनका दोहन करने की विधि सिखाता है। विज्ञान से मनुष्य के चैतन्यतत्त्व की वृद्धि नहीं होती। आत्मज्ञान का जिनमें अभाव है उन्हें चैतन्य नहीं कहा जा सकता।''

कुछ दिन बाद मैत्रवारुणी ने वानप्रस्थियों से कहा, ''संसारियों को सच्चा संसार बनाने के लिए सत्यपथ पर लगाइये। अपने सच्चे अनुभवों से उन्हें राह दिखाना आपका कर्तव्य है। उन्हें इस अंधविश्वास से मुक्त करिये कि संसार जंजाल है, पाप और अन्याय का आगार है। संसार को सुन्दर बनाने, शुभ बनाने और सच्चा बनाने की प्रेरणा संसारियों को देते रहना आपका कर्तव्य है। संसारियों को वानप्रस्थियों के अनुभवों की उतनी ही आवश्यकता है जितनी संन्यासियों के उपदेश की। स्वयं को संसार से तटस्थ रखकर, संसार में सत्य का शासन स्थापित किये रखने में युवाजन का पथ आलोकित कीजिए।

''अकर्मण्यता त्याग कर वानप्रस्थी संसार से विरक्ति का सदुपयोग करें। संसार में लिप्त युवाजन को चिन्ता, भय, घृणा, विश्वासघात, ईर्ष्या, प्रतिशोध आदि नकारात्मक भावनाओं से मुक्त होना सिखाये। उन्हें संसारी जीवन में सच्चा लौकिक सुख प्रतिष्ठित करना सिखाएँ।''

मैत्रवारुणी ने गृहस्थों को गृहस्थ-जीवन का पालन करके मोक्ष प्राप्त करना सिखाया। उन्होंने वानप्रस्थियों को कहा, ''संसार को माया मानकर त्यागे नहीं।'' उन्होंने ज्ञानियों को बताया,''यदि आप संसार में सत्य का शासन लागू करने के लिए कुछ नहीं करेंगे और सीधे मोक्ष की ओर निकल जाएँगे तो मातृभूमि का ऋण चुकाए बिना मोक्ष नहीं प्राप्त कर सकेंगे।''

मन मछेरा हृदय मछली

ठेकेदार व्यापारियों ने मैत्रवारुणी का कहना नहीं माना तो उन्होंने उन्हें शाप नहीं दिया। मैत्रवारुणी ने स्वयं श्रम करके एक क्यारी बनाई और उसमे देवदार बाँझ, साल, बुंरास की पौध उगायी। एक वृक्ष कोई ठेकेदार कटवाता उसकी जगह वे स्वयं चार पौधे लगा देते। तब ठेकेदारों को लज्जा आयी और चेतना भी। उन्होंने भी अपनी-अपनी क्यारियाँ बना ली। इस तरह एक वृक्ष काटने के बदले चार वृक्ष उगाने की पर परा पड़ गयी।

एक सुन्दर फूलों से लदे वृक्ष को, जिसे अभी कुछ देर पहले देखा था, फिर से देखने की रूचि ही बहुत थी मैत्रवारुणी को पाँच सात मील से वापस खींच लाने के लिये। उसे कुछ देर देखकर वे फिर चल देते। कही किसी वृक्ष पर बैठा कोई पक्षी जिसे नेत्रों ने देखा था किन्तु नेत्र हृदय को दिखाना भूल गये थे, नेत्र ही वापस खीच लाते हृदय को दिखाने के लिए, जिससे सौन्दर्य ऋषि का हृदय भी उसे देख ले।

उन्हें मन से कोई सरोकार नहीं था। मन में लालसा होती है, सौन्दर्य के प्रति श्रद्धा नहीं। यह देख उन्हें मन की लालसा से असुविधा होती। मन कोई दृश्य देख कर याद करता तो वे उसे फिर से देखने वापस न जाते। उन्हें बन्धन-सा लगता। वे सौन्दर्य प्रेमी थे किन्तु ऐसे कि उनका मन लोभवश सौन्दर्य का संचय न करें। वे देखते और चल देते। मन को तृप्त करने में नेत्र और हृदय को बहुत देर रुकना पड़ता था। इससे दोनों को बेचैनी होती थी। हृदय और नेत्रों की मैत्री भी निष्प्रयोजन थी। दोनों को अकारण उल्लास सौन्दर्य देखने को प्रेरित करता। दोनों में संचयवृत्ति नहीं थी। सुन्दर दृश्यों का संग्रह करने का स्थान न तो हृदय में था न नेत्रों में। सुन्दर अनुभवों का संचय करना भी दोनों को भार लगता था। और मन था कि हर सुन्दर अनुभव का रस लेते हुए भी इस चिन्ता में डूबा रहता कि इस रस को कैसे संचित करे। मन का संसार बहुत बड़ा था, हृदय का छोटा-सा। हृदय को सौन्दर्य की एक झलक देखकर ही तृप्ति हो जाती थी। यही हाल नेत्रों का था।

देखने को इतना था और प्रकृति इतनी सुन्दर और उदार थी! पल-पल नयी हो जाती प्रकृति। हर भोर नयी लगती। मन हृदय से पूछता, नया क्या है आज की भोर में, कल भी तो भोर ऐसी ही थी। हृदय और नेत्रों को अन्तर दिखता था। मगर जब मन पूछता तो अन्तर बताना कठिन हो जाता।

इन्द्रियों का राजा मन ऐसे ही नहीं था। उसमे संचय करने की अपारशक्ति थी जो न हृदय के पास थी न नेत्रों के। आत्मा मन से स बन्ध नहीं रखती थी, क्योंकि संचय की प्रवृत्ति लोभ को उकसाती और लोभ चरित्र को विकृत कर देता।

एक माह पहले मैत्रवारुणी के नेत्रों और हृदय ने एक सुन्दरी देखी थी। उसकी छवि हृदय और नेत्रों में उतरी ही थी कि मन ने खींचकर उसे अपने में बसा लिया। मन उसकी नहाती छवि को सद्यःस्नाता बनाकर अब भी उसे नहाते हुए देख रहा था। उसके उरोज दो खिले कमल के फूल थे जो हिल-हिलकर मन के अथाह जल को उद्वेलित कर रहे थे। केले के पेड़ जैसे सुर य दो जघन मन को बार-बार अथाह में खींच रहे थे। उसे याद करके उनके कंठ, जीभ और मुख के रस सूख जाते थे। मन उस सुन्दरी का रोगी हो गया था और हृदय और नेत्रों को वह अद्‌भुत रूप दिखा कर हृदय की पवित्रता को अपनी लालसा से जोड़े ले रहा था।

प्रतिपल बदल रहे क्षणभंगुर दृश्य मन को दिखाने का काम प्रकृति ने नेत्रों को सौंपा है। प्रकृति मन को चेताए रखना चाहती है कि वह संसार और संसारियों को देख भर ले। न स्वयं उनके बन्धन में बँधे न उन्हें अपने बन्धन में बाँधे। सारा प्रेम ईश्वर को समर्पित कर दे। सुन्दरी से प्रेम करने की लगन हो तो पुरुष की आत्मा केवल उसकी नश्वर देह से नहीं, उसकी अमर आत्मा से प्रेम करें। ऐसे प्रेमी युगल को हर जन्म में वही जीवन-साथी मिलता है। प्रेमी-युगल की प्रेम-यात्रा जहाँ इस जन्म में समाप्त होती है अगले जन्म में वहाँ से आगे दो आत्माओं की पूर्ण एकता की ओर बढ़ती है। इस तरह दो आत्माओं का प्रेम दृढ़तर होता जाता है और एक दिन दोनों की आत्माओं को एक-दूसरे से सायुज्यता प्राप्त हो जाती है। दोनों का लय एक-दूसरे में हो जाता है।

मन को परा प्रकृति ने मार्ग दिखाया था कि स्त्री पुरुष युगल प्रेमियों की दो आत्माओं से एक हुई इस आत्मा को अब केवल ब्रह्म से सायुज्यता प्राप्त करनी रह जाती है।

ब्रह्म से सायुज्यता प्राप्त कराने के लिए मन को अपनी मानसिक वासना का

त्याग कर निश्चल मानसिक दर्पण हो जाना पड़ता है। दो से एक हुई आत्माओं के प्रति स्वामी भक्ति का यही अन्तिम कर्म मन को करना है। मन को मानसिक निश्चल दर्पण होकर, स्त्री–पुरुष प्रेमियों की दो से एक हुई आत्मा की और परमात्मा की छवि अपने में बसा लेनी है। दो से एक हुई आत्मा मन में आत्मयज्ञ करके मन को मानसिक वासना से मुक्त करें। इस तरह मन स्वच्छ मानसिक दर्पण बन जाता है, जिसमें दो से एक हुई आत्मा की स्थायी छवि बस जाती है। आत्मा के स्वामी परमात्मा की स्थायी छवि भी स्वच्छ मन–दर्पण में स्वतः बस जाती है। इन दोनों की स्थायी छवि मन में बस जाए तो मोक्ष दूर नहीं रहता। मन का कर्तव्य पूरा हो जाता है और प्रेमी औ प्रेमिका की एक हुई आत्मा को परमात्मा से सायुज्यता प्राप्त हो जाती है।

दैववश पराप्रकृति से प्राप्त इस शिक्षा को सदा याद रखने वाले ऋषि मैत्रवारुणी का मन, इस सत्य का अ यास न होने के कारण, उस सुन्दरी की अद्भुत रूप से दीप्त देह को अपना प्रेम सौप बैठा। उनका मन अब उनके हृदय और नेत्रों को भी उस रूपसी की देह में लगवा कर रूप रस से तृप्त कर रहा था। परा प्रकृति से प्रेम का जो प्रेम–धर्म उनके मन को मिला था उस धर्म से उनका मन विचलित हो गया।

मैत्रवारुणी और उर्वशी

एक माह हो गया था उन्हें उस सुन्दरी के दर्शन किए। वे स्वयं को रोके रहे। आज मुश्किल हो गया रुकना। नहीं रुक सके तो चल दिए सौन्दर्य-दर्शन को, ऋषि मैत्रवारुणी। उस सरोवर के निकट पहुँचते-पहुँचते सूर्यदेव उदित हो गये। नहाकर घूप में खड़ी सुन्दरी अपने भीगे केश, भीगे वस्त्र और उन्ही से ढँका भीगा बदन सुखा रही थी। मोतिया रंग के झीने और भीगे वस्त्रों से झलक कर उसका दिव्य रूप ऋषि के हृदय को ले उड़ा। ऐसा कभी नहीं हुआ था। ऋषि चित्र लिखित से रूपसी को देखते रहे। सुध लौटी तो सुन्दरी के स मुख जा बोले, ''मेरा हृदय क्यों चुराया तुमने?''

गर्दन मोड़कर केशों को झटकते हुए वह धीरे से बोली, ''चुराने की चीज थी चुरा ली।''

मैत्रवारुणी की जीभ पर जैसे ताले पड़ गये। मुश्किल से एक अपराधी-स्वर निकला, ''चुराया तो लौटा भी दो।''

वारुणी को प्रेम का अनुभव नहीं था और पास चतुर वाक् कला नहीं थी। जैसा अनुभव कर रहे थे वैसा ही जाकर उस सुन्दरी से कह दिया।

तिरछे नैनों से उन्हें आहत करती हुई वह बोली, ''क्यों मुझपर अपनी दृष्टि डाली आपने ऋषिवर! स्त्री का रूप झूठा संसार जाल है! अब अपने तपोबल से मुक्त हो जाइये। आपने रूप की चोरी की तो क्या असहाय रूप आपके हृदय की भी चोरी न करे? यह कहाँ की रीत है! जैसा किया फल तो मिलेगा ही। धर्म तो सबका है। ऋषियों के लिए अलग हो तो बता दीजिए।'' उसकी भाव भंगिमा में न क्रोध था न समर्पण। ऐसी निर्दोष वाणी थी कि ऋषि को लगने लगा सारी भूल तो उन्होंने की है।

''तुम सत्य कह रही हो। भूल मेरी ही थी। हृदय चोरी हो गया मेरी ही भूल से। तुम सहायता कर दो अगर कर सको तो। फिर से यह भूल नहीं होगी, यह वचन है मेरा।''

"वचन का क्या करूँ मैं? मेरी अपनी सुध छीन ली आपने।" सुन्दरी अभिनय नहीं कर रही थी। वह अप्सरा उर्वशी थी, जिसे चिर कुमारी और चिर किशोरी रहने का वरदान प्राप्त था। चिर कौमार्य और कैशोर्य प्राप्त होने के कारण उसका स्वभाव भी अनुभवविहीन बालिका का था। ऐसी ही सरल मोहक वाणी थी।

मैत्रवारुणी को लगा वह अभिनय कर रही है। बोले, "अब वापस भी कर दो। क्यों इतना तंग कर रही हो! मुझे कुछ नहीं सूझ रहा है, मैं क्या करूँ! एक ऋषि को असहाय करना स्त्री का धर्म नहीं हैं।"

उनके प्रति संवेदना और अपनी असहाय स्थिति के प्रति विवशता के आँसू उसकी रतनारी, आँखों से ढुलक पड़े। पहले जल से अब आँसुओं से भीगकर फैले काजल से भरी, बड़ी-बड़ी आँखों से ढुलकते आँसू ऋषि को इतने सुन्दर लगे कि उनके हृदय ने उनसे कहा, 'ऐसे ही काली रात से हवा पर ओस ढुलकती होगी!' वे बोले, "मैं सुन्दरम की साधना करता हूँ। सत्यपथ से नहीं, सुन्दरम-पथ से ब्रह्म तक पहुँचना है। आध्यात्मिक और शारीरिक सौन्दर्य का अन्तर मेरा हृदय नहीं जानता। अन्तर जानता तो सुन्दर देह के वश में न आता। सच मैंने कुछ नहीं किया।"

"ऋषिजी! आपको दोष नहीं दे रही हूँ। फिर झूठ क्यों बोल रहे है? इतनी आत्मीयता हो गयी मेरे हृदय को आपसे कि ऐसा लगता है आपके झूठ बोलने का पाप मुझे लग गया है।"

रोष में ऋषि बोले, "झूठ बोलने का आरोप लगा रही हैं आप मुझ पर। मैंने सत्य बोला। सत्य बोलने पर भी आप नहीं मानती। यह तो न्याय नहीं है।"

"अच्छा बताइए एक माह पहले भी आप आए थे? फिर इतने दिन क्यों लगाये आने मे। जरा भी दया नहीं आयी? सोचा ही नहीं होगा कि कोई तड़प रही होगी।"

चोरी पकड़े जाने से ऋषि का मुख लज्जा से लाल हो गया और नेत्र झुक गये।

जरा भी दया न दिखाते हुए वह बोली, "देह ही तो सुन्दर है। आपको अध्यात्मिक सौन्दर्य चाहिए। फिर आज क्यों आये कस्तूरी मृग वाले! आज भी न आते।" उसकी आँखो में फिर आँसू भर आये।

मैत्रवारुणी की समझ में आ गया कि सुन्दरी सत्य कह रही है। उनके मुख से निकले वचन भी सच्चे है। फिर इसे क्यों झूठे लग रहे है?" आप सत्य कह रही

है। सत्य यह है कि एक माह पहले आपको देखने के दिन से मेरा हृदय खोया हुआ है। पता नहीं आपने चुराया, खो गया या कहीं चला गया। आपकी छवि मेरे मन में छोड़ गया।''

''ऋषिवर! दोषी मैं हूँ आपकी। एक माह पहले जब आप मुझे देख रहे थे मैं आपको देख रही थी। आपके सौदर्य ने तभी मेरा हृदय निकाल लिया था वक्ष से। अच्छा हुआ जो हृदय आसानी से निकल गया। निकल न पाता तो मेरे प्राण ले लेता आपका सौदर्य। आपका तो केवल हृदय मेरे पास है। मेरी आत्मा आपके वश में हो गयी है। मेरी आत्मा को छोड़ दीजिए !'' उर्वशी रोने लगी।

''क्ल्याण हो! रोओ मत! मेरी सहायता करो। तुम मेरे हृदय को अपने रूप जाल से निकाल दो तो मुझे भी आत्मा को आत्मा से अलग करना आ जाएगा।''

उर्वशी समझ गयी कि ऋषि एकदम भोले है और चल रहे है टेढ़े मार्ग पर—सौन्दर्यमार्ग से ईश्वर को प्राप्त करने। उसे उनसे श्राप का भय नहीं रहा। वह अब निश्चिन्त हो स्थिति का रस लेने लगी। उसका मन उनका भोलापन देख उनसे और खेलना चाह रहा था—चाहत के मारे दो प्रेमियों का खेल। किन्तु उसे अच्छा नहीं लगा उन्हें तंग करना। प्रेम में अपनी बेबसी प्रकट करके उन्हें सच्चा प्रेम देने और उनसे सच्चा प्रेम पाने के इरादे से वह बोली, ''मैं नारी नहीं अप्सरा हूँ। उर्वशी मेरा नाम है। सच्चा प्रेम समर्पित है। आप भी सच्चा प्रेम दें—स्वेच्छा हो आपकी!''

ऋषि लोग अप्सराओं पर मोहित हो जाते थे। यहाँ बात ही और हो गयी! अप्सरा ऋषि को सच्चा प्रेम दे बैठी। आस भी कर बैठी सच्चा प्रेम पाने की। जितनी वो रीझी थी ऋषि पर उतने ही ऋषि भी उस पर रीझे हुए थे। उर्वशी अप्सराओं में अप्सरा थी। बिना जाने नेत्र तिरछे हो गये और नैनो से तीर चलने लगे। बोली, ''ऋषिवर! आप सुन्दरम्-पथ के पथिक है। प्रेम से डरते है। कैसी अनहोनी है! तैरना चाहते है। पानी से डरते हैं।''

''क्या अर्थ है इस बात का?''

''उपासना करते हैं भरपूर सौन्दर्य सगुण ब्रह्म की। उसी सगुण ब्रह्म की एक नश्वर रूपरेखा से डरते हैं। रूप की सौगन्ध आप ठुकरा कर चले गये तो बहुत पछताएँगे। सच्चा प्रेम करने वाली दूसरी अप्सरा नहीं मिलेगी। सौन्दर्य-पथ है तो सौदर्य से प्रेम करके ही आगे बढ़ा जा सकता है। सत्यपथ पर चले होते तो परम सत्य को पा जाते। सौन्दर्य-पथ पर सच्चे प्रेम को ठुकरा कर, आप परम सुन्दर

ब्रह्म को ज्ञान की आँखों से नहीं जान सकते। सौदर्य के भीतर तो जानने की कोई वस्तु मिलेगी ही नही।''

ऋषि मैत्रवारुणी को फिर उसने अपनी ज्ञान भरी बातों से निरुत्तर कर दिया। उन्हें उर्वशी अब केवल अद्वितीय सुन्दरी ही नहीं अत्यन्त बुद्धिमती, और सुसंस्कृत भी लगने लगी। उनमे उसके प्रति प्रेम के साथ श्रद्धा भी घनी हो गयी। वे किंकर्तव्यविमूढ़ से खड़े रह गये। उर्वशी भी नेत्र झुकाये खड़ी रही। ऋषि के भोलेपन और निष्कपट हृदय के प्रति उर्वशी का हृदय हर्ष से बार-बार हुमक-हुमक कर आता रहा।

देवता उसे बहुत चाहते थे परन्तु हर देवता को उससे अस्थायी प्रेम होता। वह प्यासी थी जीवन भर रहने वाले प्रेम की। देवताओं को प्रेम के लिए रोज नयी अप्सराएँ मिल जाती। उन्हें किसी एक से हृदय के अटूट स बन्ध बनाने की बात सूझती ही नहीं थी।

सुख और आनन्द अपार है स्वर्ग मे, जिनका रस अनेक कल्पों तक लेते लेते ही देवताओं की देवयोनि समाप्त हो जाती है। वे पुनः मनुष्य योनि में जन्म पा जाते थे। यही विधि का विधान है कि हर जीव को अवसर मिले कि वह सारे कर्मबन्ध काट कर मोक्ष प्राप्त करे, जिससे फिर पतन न हो। मोक्ष सभी कामनाओं, ज्ञान, कर्म और प्रेम की पूर्णता है। मोक्ष अकारण उल्लास है, अनन्त ज्ञान है, अनन्त स्वाधीनता है। कर्म करने की ऐसी कुशलता है मोक्षवासियों में कि उन्हें कर्मबन्ध नहीं होता। उनसे कभी भी दुष्कर्म नहीं होता।

ऋषि को कुछ न बोलते हुए और गहरी सोच में डूबे देख, एक सच्चे पुरुष के प्रति उर्वशी के हृदय में सच्चा प्रेम करने की कामना और दृढ़ हो गयी। उसने सोचा, हूँ तो अप्सरा किन्तु वास्तव में देवों के मनोरंजन की साधन मात्र हूँ। उसकी आत्मा में सच्चा प्रेम करके प्रेम मार्ग से मोक्ष पाने की भावना जग चुकी थी। उसने युक्ति से अपने प्रेम को आगे बढ़ाने के लिए पूछा, ''ऋषिवर! चेतना के तीन रूप है सत्यचेतना, सुन्दर चेतना और शुभचेतना। तीनों में कौन-सी चेतना श्रेष्ठ है?''

प्रश्न सुनकर ऋषि का असमंजस टूट गया। वे बोले, ''तीनों श्रेष्ठ है। प्रत्येक में तीनों समाई रहती है। एक प्रमुख रहती है शेष दो गौण। जिसे जो चेतना भाए उसी मार्ग से वह ब्रह्म को प्राप्त कर लेता है।''

उर्वशी बोली, ''अनर्गल चेतना या अपशब्दों से भरी चेतना क्या चेतना नहीं होती?''

''अज्ञान, विभ्रम या क्रोध की स्थिति में चेतना ऐसी हो जाती है। ऐसी चेतना

को माँ सरस्वती ने अभिव्यक्ति नहीं दी। इस कारण ज्ञानीजन इसे अभिव्यक्त करने की चेष्टा नहीं करते। इसमे आत्मयज्ञ करके इसे उसी अशनाया में विलीन कर देते है जिससे यह आती है।''

उर्वशी बोली, ''मेरी दशा आपसे बात करके विचित्र हो गयी है। मेरे से चला नहीं जा रहा है। मुझे लगता है मैं पग उठाऊँगी तो गिर पडूँगी। पास ही मेरा घर है। मुझे सहारा देकर मेरे घर तक छोड़ देगे क्या ऋषिवर! आपका ऋषित्व भंग तो नहीं हो जाएगा मेरा स्पर्श करके!''

''नहीं! सहारा देने से ऋषित्व भंग क्यों होगा!'' भोले ऋषि उर्वशी से बोले। उर्वशी दायाँ हाथ उनके बाँए कन्धे पर रखे धीरे-धीरे चलने लगी। कुछ दूर वे चुप चलते रहे। उर्वशी सोचने लगी कैसे ऋषि के भोलेपन को बिना ललकारे उनके मन में अपने प्रति प्रेम जगाऊँ? उसका स्पर्श पाते ही ऋषि के कन्धों और कानों में बिजली कौंध चुकी थी। एक क्षण में बिजली सभी इन्द्रियों में फैल गयी। उर्वशी को दुख हुआ प्रेम के मारे ऋषि के तप पर आघात न हो जाए। वह भयभीत हो काँप उठी। उसे कुछ नहीं सूझ रहा था प्रेम को मारे या तप को। उसने प्रेम और तप पर छोड़ दिया अब जो भी जीत जाए। उसे चक्कर आ गया और वह गिर पड़ी।

मैत्रवारुणी ने उसके मुँह पर जल छिड़का। सुन्दरी की चेतना लौटी। उसने आँखें खोलकर उठने की चेष्टा की पर उठ न सकी, और बोली, ''ऋषिवर अब मैं स्वस्थ हूँ। अकेली घर जा सकती हूँ।'' ऋषि को जाता न देख बोली, ''हृदय वापस नहीं मिला इसलिए नहीं जा रहे है? लीजिये आपका हृदय वापस कर रही हूँ।'' उसने मुट्ठी अपने वक्ष के आगे बाँधी और उनके हृदय के पास ले जाकर खोल दी।

उर्वशी का यह भोलापन ही पाश बन गया। इसने ऋषि को बाँध लिया। वे द्रवित हो बोले, ''तुम उठ कर जाओ तो मैं जांऊ! मार्ग में तु हें पड़ा छोड़कर कैसे जाऊँ?''

वह उठी और चल दी। न उनकी ओर देखा न प्रणाम किया, क्योंकि भरोसा नहीं था। उन्हें देखकर मन बहक जाए! मगर मन के हठ के आगे उसकी न चल सकी। मन दुख से भर गया इस सुन्दर अवसर को छोड़ते हुए। अब उसके मन ने उसके हृदय को जाल बनाकर फाँस लिया। मन ने हृदय को लपेटकर चक्र की तरह घुमाया और ऋषि की ओर फेक दिया। उर्वशी कुछ दूर लड़खड़ाकर चली और फिर गिर पड़ी। यह देख मैत्रवारुणी उसके पास गये। सदाचार के सभी

प्रयत्नों पर अपनी अप्सरा योनि को विजय पाते देख उसने लज्जा के मारे आँखें नहीं खोली। हृदय से आँसू निकले और बन्द पलकों से बाहर निकल आए।

ऋषि मैत्रवारुणी तो पहले ही उसके भोलेपन के आगे हृदय हार चुके थे। अब उनका हृदय अप्सरा में एक सच्चा मानुषी चरित्र देख मुग्ध हो गया। ऋषि का तपोनिष्ठ हृदय कैसे अपना बचाव करता जब छलना जैसा कुछ भी नहीं था इस अप्सरा में। अचानक उनके प्रेम ने निश्चय कर लिया इस सदाचारी अप्सरा के साथ घर बसाने का।

उस अद्‌भुत सुन्दरी को बाँहों में उठा कर, उससे मार्ग पूछते हुए वे उसके घर पहुँचे और उसे शैया पर लिटा दिया। घर में देखने लगे कोई हो तो उर्वशी को उसे सौंपकर चले जाएँ। गृहस्थ होने के निर्णय के बाद उनकी दशा बौराये मनुष्य जैसी हो गयी। चेतना अर्द्धसुप्त हो चली। प्रेम ने हृदय के किसी अग य कोने से उठ साँस को अवरुद्ध कर दिया।

''कोई है?'' उन्होंने आवाज दी।

उनके आवाज देते ही वह बोली, ''अकेली रहती हूँ ऋषिवर!''

ऋषि गये नहीं। उनकी दशा भी उससे छुपी न रही। उर्वशी ने सोचा सच्चे प्रेम का निर्णय मैं पहले ही कर चुकी थी। वह बोली, ''ऋषिवर! मुझे क्षमा करें यदि मुझसे कोई धृष्ठता हो रही है। आप मुझे अभयदान दे तो मैं आपसे कुछ कह देना चाहती हूँ।''

''उर्वशी! आप निस्संकोच कहें। मैं शाप नहीं देता। आपको अभयदान देता हूँ।''

उर्वशी बोली, ''ऋषिवर मैं साधारण अप्सरा नहीं हूँ। मेरे हृदय में आपका स्पर्श करते ही एक मानवी जन्म ले बैठी है। वचन देती हूँ आज से मेरा हर पग एक सदाचारी मानवी का होगा जो आपके प्रेम में जीवन भी वार देगी। मैं आपके प्रेम में उन्मक्त अवश्य हूँ किन्तु मेरा उन्माद शुभ्र उन्माद है, जो सच्चे प्रेम से जन्मा है। ऐसा उन्माद नहीं है जो छल से आपको प्राप्त करे। आप अपने आश्रम में जाकर मेरे प्रस्ताव पर विचार कर लीजिये। यदि आप भी गृहस्थ ऋषि होने को तैयार हो तो मैं पूर्ण निष्ठा से आपसे ऐसा प्रेम करूँगी जो दुनिया में किसी ने न किया होगा। आपसे केवल आपसे प्रेम करूँगी चाहे आप मुझे ठुकराएँ चाहे स्वीकार करे।''

मैत्रवारुणी बोले, ''मेरा हृदय निर्णय कर चुका है। यदि आप मेरी पत्नी होना चाहती है तो बताइए मेरा वचन पर्याप्त है या आप विधिवत् विवाह चाहती है?''

उर्वशी का आनन प्रसन्नता से खिल उठा। वह उठकर खड़ी हो गयी और उनके चरण छूकर बोली, "मेरे लिए आपका वचन पर्याप्त है मेरे स्वामी।"

ऋषि बोले, "मुझे भी आप वचन दे।"

उर्वशी उनकी आँखों में देखती हुई बोली, "मेरी देह, मन और आत्मा आपको अपना खेवनहार मानते हैं। आज से अपनी अप्सरा-स्वतन्त्रता का त्याग कर आपके पग से पग मिलाकर चलने का प्रण लेती हूँ। ईश्वर करे जीवन भर अपना वचन निभाऊँ। मुझे आशीर्वाद दीजिए मेरे भरतार!"

ऋषि उसके मुँह पर पवित्र और सच्चे भावों को श्रद्धावश मूक देखते रहे।

"अब मुझे ले चलिए ऋषिवर जहाँ भी चाहें। मैं आपकी हो गयी।"

ऋषि ने उसे गोद में उठा लिया। उर्वशी बोली, "प्राणेश्वर मैं चल सकती हूँ।"

"मेरी दुल्हन हो। यहाँ और कोई नहीं है। न कहार है न बराती। बस इतना ही मेरा प्रबन्ध है। मेरी गोद ही तु हारी पालकी हो सकती है।"

उसने लाज के आवेग में हथेलियों से मुँह ढँक लिया। जब उसने मुँह से हथेलियाँ हटाई, उर्वशी की लाज से रक्तवर्ण हुए मुख ने ऋषि के हृदय में अपने को छुपा लिया।

वह अति धीमे स्वर में बोली जिसे ऋषि ने नहीं सुना, "ईश्वर से प्रार्थना करती हूँ यही पालकी मिले जीवन भर!" कुछ दूर एक मन्दिर था। वहाँ अर्धांगिनी सहित ईश्वर के छः रूपों को नमन किया दोनों ने। फिर कोई अनुष्ठान शेष नहीं रहा।

वृक्षों के बीच छुपे एक द्रुम में ऋषि मैत्रवारुणी और अप्सरा उर्वशी मचलती कामनाओं के आलिंगन में बँध गये। न जाने देह के किन-किन कोनों से बावरा प्रेम बिजलियों की तरह बलखाता निकल आया। कामना के घोर अँधेरे से भरे वक्ष पर चढ़ प्रणय-विद्युत चमकने लगी। जैसे सावन की पहली झड़ी हो। विप्लवी रात हो। बिजलियाँ चमक रही हो। सब कल्पनाएँ थी कुछ आँखों में कुछ हृदय में।

एक अप्सरा के लिए पतिव्रत धर्म धारण करना अत्यन्तपावन कर्म था। शायद ऐसे पवित्र उजालों पर ही सामान्य लोगों के प्रेम का उजाला टिका होता है!

ऋषि ने उसे चूम कर उसके मुखड़े की श्वेत आभा और गालों की लाली को दूना कर दिया। स्त्री के स्पर्श से मुक्त रहा था उनका जीवन। जब सदाचारिणी

पत्नी साथ हो तो पृथ्वी और स्वर्ग में कौन स्वर्ग है कौन पृथ्वी कोई नहीं बता सकता।

रमण के कोमल सुरभित क्षणों में डूबे काँपते स्वर में उर्वशी बोली, "आपको देखकर चकित रह गयी थी आज के बाद चन्द्रमा को चन्द्रमा कहूँ या कुछ और। हृदय ने राह दिखाई बता कर कि तुम मेरे हृदय के चन्द्रमा हो, चन्द्र देव गगन के।"

ऋषि बोले, "एक ऋषिके जीवन में ऐसी घटना कोई ईश्वरीय लीला ही हो सकती है। ईश्वर करे कि यह उनकी ही लीला हो, क्योंकि अब तु हारे बिना नहीं रह सकूँगा।"

"मेरा प्रेम गहरा नहीं है। बस रूप जितना गहरा है। डरती हूँ एक दिन जब रूप नहीं रहेगा तो क्या प्रेम भी नहीं रहेगा! किन्तु इसका उपाय मैंने ढूँढ़ लिया है। प्रेम की ज्वाला से अपनी आत्मा को जगाना अभी से शुरू कर दूँगी। वृद्ध होने से पहले देह में जगा प्रेम अपनी ज्वाला से आत्मा में प्रेम की जोत जला देगा।"

मैत्रवारुणी उर्वशी को अपनी आँखों से चकराता के वनों का सौन्दर्य दिखाने ले गये। रात हो गयी तो उर्वशी ने कहा, "मुझे वहाँ ले चलिए जहाँ आप रात को सोते है।"

वह स्थान उर्वशी की कल्पना से कही अधिक सुर य और मनोहर था। द्रुमों, लताओं और फूलों से घिरा। पदम के दो एक-दूसरे की ओर झुके वृक्षों के ऊपर लताओं ने चन्दोवा बना रखा था। वृक्षों से लटकता एक झूलना था। वह झूलना ही सौन्दर्य ऋषि की शैया थी।

प्रेमतप करती करती उर्वशी अप्सरा से प्रेम जोगन हो गयी। उसने स्वेच्छा से अपनी अप्सराओं वाली, अनेक पुरुषों को मोहित करने वाली बुद्धि, आत्मयज्ञ करके त्याग दी।

वह प्रेम करके जान गयी थी कि केवल पुरुष नहीं प्रत्येक नारी भी अर्धनारीश्वर है। यदि कोई स्त्री अपने प्रेमी से तन, मन, आत्मा से एक हो जाती है तो उसका नारीत्व अर्धनारीश्वर हो जाता है।

उसे प्रेम ने यह ज्ञान भी दे दिया कि जो पुरुष केवल अपने पौरुष को विकसित करता है वह अपने व्यक्तित्व में अपनी उस स भावना को यथार्थ नहीं करता जो उसे त्रैलोक्य पति से सायुज्यता प्राप्त करा सकती है।

उर्वशी ने अपने प्रेम में छुपे सुन्दरम् की साधना की और उसके प्रेम में सच्चे

प्रेम की कोपलें फूट आयी।

वह युग सत्यग्राही ऋषियों का युग था। वे सत्य के दूसरे मुखड़े सौन्दर्य, तीसरे मुखड़े शिव और चौथे मुखड़े प्रेम के उपासक थे। वह भारतीय ज्ञानोदय का स्वर्णिम युग था। हृदय में सत्य था। परमात्मा के तीन और रूप प्रेम, शिव और सुन्दर सरलता से सत्य से समन्वित हो जाते थे।

मैत्रवारुणी का मानना था कि सुन्दरम् में ही परमात्मा के प्रेम, शिव और सत्य रूप भी निहित है। सुन्दरम् के साथ यदि प्रेम में शिव और सत्य की प्राप्ति न की तो सुन्दरम् भी प्राप्त नहीं होता। ऐसा व्यक्ति कटु सत्य को बोलने की क्षमता को ही ईश्वर की प्राप्ति समझ अहंकार को प्राप्त हो जाता है। ऐसे साधक की मेधा केवल कटु सत्य के लिए खुली होती है और सत्य के ही तीन अन्य रूपों, प्रेम, शिव और सुन्दर, के लिए बन्द रहती है। वह आलसी हो जाता है। यदि यह कमी ईश्वरवादियों में न होती तो धरा पर हर मनुष्य को लगता कि ईश्वर उसके साथ चल रहा है। । मैत्रवारुणी का युग परमात्मा के इन चार रूपों के प्रति ससंज्ञ था।

सुन्दरम ऋषि मैत्रवारुणी की आत्मा का प्रकाश था। उनके मन को भटकाने वाला अँधेरा नहीं। उन्होंने जाना था कि जिस सुन्दरता में सत्य, प्रेम और शिव नहीं है उसमे सत्य भी नहीं होता। ऐसा व्यक्ति अपने सत्य को प्रेम की सुन्दर और शुभ भेट बनाकर अन्य मनुष्यों को नहीं दे सकता। वे रस को शिव तत्त्व मानते थे। उनका जीवन दर्शन था : 'जो मनुष्य अपने कर्म से शुचि रस की अनुभूति कराता है वह ईश्वर भक्त है। जो व्यक्ति सत्य को कर्मों में व्याकृत करता है ईश्वर भक्त है। जो व्यक्ति किसी भी कर्म को करते हुए यह नहीं भूलता कि उसका कर्म मनुष्यों की आत्मा में निहित सुन्दर–अनुभूति को जगाए वह ईश्वर भक्त है। जो व्यक्ति शुद्ध प्रेम भावना को अपने कर्मों में व्याकृत करता है वह ईश्वर भक्त है।'

वे कहते थे कि ज्ञान की सुविधा सभी को प्राप्त हो। सभी शुद्ध मन्त्रोच्चारण कर सके। यह सुविधा ही घर घर के द्वार ज्ञान के लिए खोल देगी। जो व्यक्ति सत्य की अनुभूति को कर्म नहीं बना सकता वह स्वतन्त्र नहीं है। सारे समाज का यह धर्म है कि उसे सत्य को अपने कर्मो में व्यवहृत करने की स्वतन्त्रता उपलब्ध कराए। विदित सत्य यदि कर्म में व्याकृत न हो तो व्यक्ति का और समाज का उत्थान नहीं हो पाता। जो जाति सत्य शिव सुन्दर को कर्म में व्यवहृत नहीं करती वह दासता की ओर चली जाती है।

वे जन जन को और राजाओं को उपदेश देते कि सब सत्य को अपने हर कर्म में प्रकट करें। सत्य को विश्वास का आधार माने। वर्ण–व्यवस्था समाज और

राष्ट्र को दुर्बल कर देगी। राष्ट्र को सत्य-धर्म के नाम पर संगठित करें, क्योंकि धर्म सत्य का व्यवहृत रूप है। सत्य को आधार बना कर राजा राष्ट्र को संगठित करे तो उसके हर कर्म से धर्म प्रकट होगा। सत्य को आधार बनाये तो राष्ट्र चिर नूतन रहेगा।

बढ़ती दूरी

ऋषि मैत्रवारुणी और उर्वशी गंगा किनारे कुटिया बना कर रहने लगे।

उर्वशी के अद्वितीय रूप में और उसके सतीत्व में अभिमान प्रकट हो गया। उसे पता ही नहीं चल सका कि कैसे अभिमान रूप और सतीत्व में आकर बस गया।

उसका परिणाम यह हुआ कि मैत्रवारुणी उर्वशी के रूप से ऊबने लगे। रूप उर्वशी में प्रकटे अभिमान के कारण बहुत परिचित लगने लगा। वे सत्यनिष्ठ थे। अभिमानी अप्सरा उर्वशी ने जब देखा कि उसके रूप में ऋषि की रूचि नहीं रही तो उसके मन में बदले की भावना जग गयी। अभिमान उसे ऋषि के रूप से ऊबाने लगा। देवराज इन्द्र के बुलावे पर उसने स्वर्ग जाना फिर शुरू कर दिया। वह फिर से नृत्य और संगीत में रम गयी।

यह चौथा वर्ष था उनका एक ही कुटिया में रहते हुए। वह माँ बनने वाली थी। इस कारण इन्द्र सभा में जाती हुई शर्माने लगी थी। इन्द्रदेव और अन्य देवताओं को भी यह बात नहीं भा रही थी कि मनुष्य से गर्भित उर्वशी उनकी सभा में आये। देवराज ने देवताओं की अरूचि देख उर्वशी को अपने उत्सवों में आमन्त्रित करना बन्द कर दिया।

उर्वशी ऋषि मैत्रवारुणी के साथ कुटिया में रहने लगी। किन्तु अब ऋषि मैत्रवारुणी का हृदय उसे देख जलने लगा था। उन्हें उसका प्रेम कृत्रिम और झूठा लगने लगा। वे उससे कतराने लगे। उन्हें उसके होठ, सन्देहवश, अनेक देवताओं के चूमने से लाल हुए लगने लगे। उसकी देह से देवताओ की देह पर लगे गन्धराज की गन्ध आने लगी। यह उनकी कल्पना में उठते सन्देह थे, क्योंकि उर्वशी उनसे प्रेम करने के बाद से केवल उनकी होकर रह रही थी।

दोनों में दूरी इतनी बढ़ गयी कि उर्वशी प्रतीक्षा में रहती कि कब ऋषि उसे कुलटा कह कर तिरस्कृत करे और वह गंगा में जाकर प्राण विसर्जित कर दे। परन्तु ऋषि बहुत सुसंस्कृत प्रेमी थे। वे उससे कुछ न कहते। वे इस मर्यादा का

निर्वहन करते कि उर्वशी अप्सरा से एक सती साध्वी, पतिव्रता, ऋषि पत्नी होने की आशा करना अप्राकृतिक है। उसके अप्सरा-चरित्र को मानवी मूल्यों से आँकना भी भूल है। दैववश वे यह भी भूल गये कि उन्होंने उससे सच्चा प्यार किया था। उन्हें लगने लगा उन्होंने उसके रूप पर रीझकर उससे विवाह किया था। न जाने कैसे उनके हृदय ने रूप को तोलना सीख लिया था। जिस हृदय ने रूप को तोला हो वह प्रेम को भी तोलने लगता है ओर तोलते ही प्रेम को खो देता है।

इतना सब जानते हुए भी उनका हृदय दु:सह कल्पनाओं से भर उठता जब भी उनकी पत्नी उर्वशी स्वर्ग से आये निमन्त्रण पर देवताओं की सभा में जाती। उर्वशी मानवश यह सत्य न कह पाती कि जबसे ऋषिपत्नी बनी वह अपनी अप्सरा-स्वतन्त्रता का त्याग कर चुकी है। केवल अपनी कला का प्रदर्शन करती है। अपनी कला भी मानवों या देवताओं को समर्पित नहीं करती, देवाधिदेव महादेव को समर्पित करती है। कला प्रदर्शन करने से पहले प्रार्थना में कहती, "त्वदीयं वस्तु नटराजनि त्वमेव समर्पया।" फिर भी ऋषि के हृदय में धधकती ईर्ष्या की ज्वाला को वह शान्त न कर सकी। उनकी ईर्ष्या को शान्त करने के लिए उनसे सत्य कहना, उसे ईर्ष्या की अग्नि में सच्चरित्रता की आहुति देने जैसा लगा। अपनी सत्यनिष्ठा का प्रमाण देना उसके हृदय को अपमानजनक कर्म लगने लगा।

वह चुप रहती। उसके चुप का उल्टा ही अर्थ ऋषि की मोहग्रस्त आत्मा लगाती। वे सोचते, 'उर्वशी के प्रेम में मेरे प्रति सत्यनिष्ठा बस तीन वर्ष रही। अब फिर वही अप्सरा-ढीठता आ गयी है। इसका चरित्र पहले जैसा हो गया है। उर्वशी मेरे हृदय को मुझमे निष्ठा दर्शाकर जीतना अपने अप्सरापन का अपमान समझती है। वह मुझमें अनुरक्त नहीं है। सुकुमार देवगण इन्द्र सभा में अपनी ओर उसके नैनों के फिरने की राह देखते होगे।

मौन दूरी ने उनके बीच प्रेम की गुत्थी को और भी उलझा दिया। स्वतन्त्र, निरन्तर भ्रमण करने वाले ऋषि का मन कहाँ ईर्ष्या के मारे भयानक हुए सांसारिक जीवन में लगने वाला था। एक दिन अपने विवाहित जीवन से हताश हुए युवा ऋषि मैत्रवारुणी कुटिया छोड़ ऐसे गये कि वह उन्हें ढूँढ़ न पाई ।

ऋषि जाने लगे तो उसका हृदय फटने लगा। वह बन में चली गयी। जिस पथ से ऋषि जाने वाले थे, उसी पथ पर खड़े आम के एक पेड़ पर बैठी, पत्तों के पीछे छुपकर, वह देखती रही उन्हें आते हुए और पथ से जाते हुए, और आँसू गिरते रहे। एक बार तो उन्हें दूर जाते देख, बहुत शोर भरी रूलाई उसके कंठ से निकली। मुह में अपना आंचल ठूँस कर उसने रूलाई की आवाज को दबा दिया।

उर्वशी को मनुहार करके उन्हें रोकना अपने सच्चे प्रेम का स्वयं अपमान करने जैसा लगा। उसने पहली बार सच्चे प्रेम की गरिमा को जाना था। इस गरिमा को अब छोड़ने को वह तैयार नहीं थी, भले ही ऋषि उसे छोड़कर चले जाएँ; भले ही वियोग पीड़ा के मारे उसके प्राण निकल जाएँ।

मैत्रवारुणी वन में गये तो उनका ध्यान लगना ही बन्द हो गया। ध्यान लगाते तो उर्वशी का सच्चा प्रेम उनके ध्यान को विचलित कर उर्वशी के पास ले जाता। वे उर्वशी को त्याग कर काम पर विजय प्राप्त कर चुके थे। अब काम का आवेग नहीं था। किन्तु उर्वशी को छोड़कर वन जाने की बात जब उन्होंने उर्वशी से पहली बार कही थी, उस समय उर्वशी के नेत्रों में प्रेम स्वप्न के भंग होने की आहट के कारण जो वेदना प्रकट हुई थी वह भूल जाना ऋषि के वश के बाहर हो गया। प्रेम पीड़ा से भरे उर्वशी के नेत्र कभी उनके नेत्रों के आगे रहते कभी पीठ पीछे। उर्वशी के नेत्र उन्हें चारों ओर बनो, पर्वतों और घाटियों में दिखते। ईश्वर का ध्यान लगाए हुए भी उर्वशी की आँखें उनके ध्यान में उभर आती और उनकी ध्यानस्थ आँखो से टकरा जाती।

पहले तो उन्हें सन्देह हुआ उर्वशी अप्सरा अवश्य जादू जानती है और जादू के सहारे उन्हें अपने मैले आँचल से बाँधे रखना चाहती है। तीव्र क्रोध चढ़कर उनकी मति पर छा गया। ध्यान में आये इस विघ्न को उन्होंने उर्वशी की तप भंग करने वाली कोई जादुई चाल समझा। उनका क्रोध बढ़ता ही गया। इतना बढ़ गया कि उन्हें लगने लगा कि इसको न रोका तो यह उनके रोके नहीं रुक सकेगा, क्योंकि यह उनका पूर्वसंचित तप ही है जो रोज उनके क्रोध में बदलता जा रहा है। यह क्रोध उर्वशी तक जाता हुआ उन्हें महसूस न होता। उर्वशी उनके ध्यान में बाँकी चितवन और भोले प्रेम से सुरभित रूप की सम्राज्ञी बनी उभरती। जहाँ-जहाँ उनके प्रेम ने अभिसार किया था, कभी फूलों के बीच, कभी निरभ्र चाँदनी में, कभी वर्षा के उमड़ते बादलों तले—वे स्थान भी उनके ध्यान में उभरने लगे। किन्तु उन स्थानो पर जहाँ तकरार हुई थी, वे अकेला ही पाते अपने को। वे ध्यान में ही उसे वहाँ ढूँढ़ते, पर उर्वशी ढूँढ़े न मिलती।

मैत्रवारुणी ऋषि थे, मिथ्या दोष स्त्री को देकर जीना उन्हें नहीं आता था। उन्हें अपना तप और ज्ञान छलावा लगने लगा। कुछ समय में ही उनका सारा तप उर्वशी के प्रति अपने क्रोध, ईर्ष्या, प्रतिशोध, मद, सन्देह आदि राक्षस-भावों को

शान्त करने में लग गया। उनकी आत्मा उन कटु भावों में आत्मबलि देती और आत्मबलि के फलस्वरूप उनमे प्रवेश पा जाती। उन्हें आश्चर्य हुआ यह देखकर कि प्रत्येक हिंसात्मक भाव का एक अलग हृदय था। उन्हें आश्चर्य हुआ उनके एक हृदय में उर्वशी के प्रति प्रत्येक दुर्भावना ने अपना अलग हृदय बना लिया था, जैसे एक ही वृक्ष पर अनेक बया पक्षी अपने घोसलें बना लेते है।

पहली बार उन्हें पता चला कि उनके हृदय में जो अनन्त स्थान था सारा स्थान नकारात्मक भावनाओं ने घेर लिया था। प्रत्येक नकारात्मक भावना ने अपने लिए उनके हृदयाकाश में एक अलग हृदय बना लिया था। नहीं था तो उर्वशी के प्रति उनमें अब भी जो प्रेम था उसके रहने के लिए कोई हृदय नहीं था उनके हृदयाकाश में। उन्हें अपने हृदयाकाश में उर्वशी दर-दर भटकती दिखाई देती।

एक रात वे उर्वशी के चरित्र के प्रति दुश्चिन्ताओं में डूबे रहे। प्रातः गंगा के किनारे उन्हें भ्रम हुआ मानो उनकी नकारात्मक भावनाओं ने उनके उर्वशी के प्रति प्रेम को कुचल कुचल कर हृदयाकाश से निकालकर विरान हृदयों के निस्सीम वीराने में फेंक दिया था। उस वीराने में उनका प्रेम बाघ द्वारा आधे खाये हरिण की तरह पड़ा था। उसे मृत्यु ने भी नहीं उठाया था केवल इसलिए कि वह वेदना सहे। वहाँ उनके हृदय जैसे अनेक प्रेम में सन्देह करने वाले हृदय व्यर्थ साँसें ले रहे थे। उन्हें जीवन और मृत्यु दोनों ने त्याग दिया था।

मैत्रवारुणी को तप और आत्मोत्थान का एक और ही पावन स्थल लगने लगा वह विरान हृदयों का वीराना। वहाँ पड़े प्रत्येक हृदय ने पहले किसी से सच्चा प्रेम किया था, फिर प्रेम पर सन्देह किया था। सन्देह ने प्रत्येक हृदय को आधा खाकर छोड़ रखा था। शुरू में सच्चा प्रेम करने के कारण देवता मैत्रवारुणी के आह्वान पर आ जाते थे। किन्तु अब उनके पुकारने पर भी कोई देवता न आता।

मैत्रवारुणी अपने हृदय के इस विनाश को देख घबराये नही। जितना भी धैर्य और संयम उनमें शेष रह गया था उसको एकत्र कर वे एक ही काम में लग गये—प्रत्येक हिंसात्मक भावना में आत्मयज्ञ करके उसके प्रभाव से अपने हृदय को मुक्त करना। इस आत्मयज्ञ में उनकी आत्मा किसी एक दुर्भावना से कहती, 'मैं तुममे आत्मबलि देती हूँ, तुम मुझे खा नहीं पाओगी क्योंकि मैं सदा सर्वत्र अमर आत्मा हूँ। मुझे कोई भी वस्तु मार नहीं सकती। तुम सब मिलकर मेरा एक अंश भी नष्ट नहीं कर सकती। आत्मबलि के फलस्वरूप मैं आत्मा तु हारे गर्भ में आ गयी हूँ। मुझे पुनर्जन्म दो। चाहो भी तो तुम मुझे अपने में रोके नहीं रख सकती। यह तु हारी विवशता है क्योंकि अपने गर्भ में किसी भी आत्मा को, सिवाय ब्रह्म

के, कोई नहीं रोके रख सकता। तुम अशनाया में चले जाओ। वही तु हारा स्थान है। तु हारा अस्तित्त्व नहीं है सृष्टि में। मेरी मूर्खता ने तु हें अशनाया से उठाकर अपने हृदय में स्थान दिया था। अब वह मूर्खता जा चुकी है। मुझे तु हारी कोई आवश्यकता नहीं है। मैं तु हें आदेश देता हूँ कि तुम उसी अशनाया में विलीन हो जाओ जहाँ से तु हें मेरी आत्मा ने मूर्खतावश उठाकर अपना संगी बनाया था।''

सभी हिंसक भावनाएँ उनके वीरान पड़े हृदय को छोड़कर विलीन हो गयी। अभी भी उनके मन में कुछ कोहराम था प्रेम में अनास्था और उर्वशी के अप्सरा चरित्र में सन्देह का।

अब भी यदाकदा उन्हें देवराज इन्द्र की सभा से नृत्य संगीत स मेलनों के निमन्त्रण आते रहते थे। लगभग पाँच मानव वर्षों के बाद उन्हें निमन्त्रण प्राप्त हुआ। एक धनवान यक्ष का भेष धर कर मैत्रवारुणी, सुरों के सुरीले रसों से भरी और रूपरंग से दमकती संध्या के समय इन्द्रसभा में पहुँचे। वह प्राचीन युग था जिसमें देवताओं, ऋषियों, और मनुष्यों के बीच उत्सवों में आना जाना था।

विरह की मारी उर्वशी

उर्वशी ने इस दुख को भी तप बना दिया कि मैत्रवारुणी उसे त्याग कर चले गये। उसका प्रेम ऐसा नहीं था जो प्रेमी के दूर हो जाने से क्षीण हो जाता। मैत्रवारुणी के प्रति उर्वशी का प्रेमघृणा में नहीं बदला, न बदले की भावना में। उसके सूक्ष्म शरीर में रहने लगा। सूक्ष्म शरीर में अपना तप पूरा करके कारण शरीर में चला गया। सच्चे प्रेम में उर्वशी का विश्वास क्षीण नहीं हुआ।

वह त्रेता युग था। तब अप्सराओं और ऋषियों में प्रेम हो जाता था। उर्वशी और ऋषि मैत्रवारुणी का प्रेम सुन्दरम् और सत्यम् के बीच हुआ प्रेम था। सौन्दर्य और सत्य एक ही तत्त्व परमात्मा के दो रूप हैं। सुन्दरम् और सत्यम् का एक-दूसरे में विलय आध्यात्मिक तल पर नित्य घटने वाली सामान्य घटना है। महान सन्तों, ज्ञानियों, साहित्यकारों, संगीतकारों के जीवन में यह होता रहता है। किन्तु परम तत्त्व परमात्मा के दो रूपों, स्त्री पुरुष, के बीच दैहिक, मानसिक और अध्यात्मिक प्रेम किसी बड़े उद्‌देश्य की पूर्ति के लिए ही होता है।

उर्वशी रोज रात को अकेली पति के विरह में रोती रहती। उसके गर्भ में मैत्रवारुणी का पुत्र पल रहा था। शिशु गर्भ में बढ़ता गया। दिन के समय गर्भिणी उर्वशी पति को बन बन ढूँढ़ती, ताकि उनका पुत्र उन्हें सौंप कर मृत्यु की राह देखे। प्रेम की जगहँसाई न हो। किन्तु ऋषि-पति नहीं मिले।

उसने ऋषि की प्रतीक्षा में गर्भ की अवधि पूरी कर ली।

शीत ऋतु थी! बर्फऔर चाँदनी के उजाले मिल गये थे। रात दमक रही थी। उर्वशी अकेली कुटी में पड़ी प्रसव पीड़ा से छटपटाती रही। प्रसव पीड़ा इतनी हुई कि वह चेतना शून्य हो गयी। भोर की बिदा होती चाँदनी में उर्वशी की चेतना लौटी। उसे अपनी पवित्र देह के गर्भगृह में विचित्र आनन्दभरी वेदना की अनुभूति हुई। दूसरे ही क्षण शिशु के कोमल-क्रंदन से कुटिया का कोना कोना गूँज उठा।

फिर जैसे कुटी ने ही माँ बन उर्वशी को मार्ग दिखाया, कैसे गर्भनाल से शिशु को अलग करे, फिर कैसे जल से शिशु का जन्माभिषेक करे, कैसे उसके प्यासे होठों को अपने स्तन से लगाकर उसे आश्वस्त करे कि जिस संसार में उसे भेजा है उसमे भी उसकी चिन्ता करके अपनी करुणा निभाई है प्रभु ने एक माँ बनकर।

शिशु को माँ की गन्ध से यह आभास हो रहा था कि जिसके स्तन से तू दूध पी रहा है उसका उदर ही तेरा आवास रहा था। दो सौ इक्यानवें दिन जिस देह की भीनी गन्ध में वह जीया था, वही भीनी गन्ध उस दूध में थी जो उसके कोमल अस्तित्त्व मे, फूल जैसे मुख में, और गहन घोर और मूढ़ अन्तर में उतर कर उसे सान्त्वना दे रहा था। ऐसी शान्ति उसे गर्भ के एकान्तवास में भी मिलती थी जब माँ कोई ऐसी वस्तु खाती जो उसके अबोध मुख में रहने वाले आंगिरस को सरस लगती।

उर्वशी को कोई प्रयत्न नहीं करना पड़ा शिशु की और अपनी देह को पुष्ट रखने में। बन से पौष्टिक फल, कन्दमूल और औषधियाँ चुन लेती थी। मानो प्रकृति स्वयं उसके साथ जाती, क्योंकि उन्हीं फलों, कन्दमूलों और औषधियों पर उसका हाथ पड़ता जो उसके और शिशु के लिए हितकर थे।

जब शिशु एक वर्ष तीन माह का हो गया तो एक रात उसका हृदय उद्वेलित हो गया कमल जैसे गौर वर्ण वाले अपने सुन्दर बालक को बेसुध सोता देखकर। उर्वशी तो इन्द्र के दरबार की नर्तकी थी। मैत्रवारुणी के बिना कुछ कहे चले जाने से वह चिन्ता में पड़ गयी थी। वह ऋषिपुत्र को गन्धर्व नहीं बनाना चाहती थी।

अपने शिशु का दूध जैसा वर्ण, बड़ी बड़ी तेजस्वी आँखें और बालसुलभ कर्मों में भी ज्ञान की छटा देखकर उसे अनुमान हो गया कि उसका पुत्र ऋषियों में भी अद्‌भुत ऋषि होगा। किन्तु उसकी चिन्ता बनी रही कि यदि उसने पाला तो वह अप्सरा पुत्र कहलाएगा। कोई ऋषि उसे उसके ज्ञान के अनुरूप स मान नहीं देगा। उसका हृदय क्रन्दन कर उठा इस आशंका से कि कही उसके पुत्र को अपनी योग्यता के अनुरूप आदर न पाने के कारण कुण्ठित जीवन न जीना पड़े। उसने निश्चय किया कि उसका पुत्र किसी ऋषि के घर पले। इसके लिए वह अपने हृदय के टुकड़े को कभी नहीं बताएगी कि वह उसकी माता है। यह निश्चय दृढ़ करते करते उसके आँसू शिशु पर गिरने लगे। शिशु उसे देखने लगा। उसे भय हुआ कहीं इस अद्‌भुत बालक को ज्ञान न हो जाए कि वह क्यों रो रही है।उसने रूदन को निर्ममता से दबा दिया।

किन्तु किस ऋषि को दे? कौन मानेगा उसकी कहानी को सच? यह ऋषिपुत्र पिता के साथ न होने के कारण ऋषिपुत्र नहीं माना जाएगा। जिस संस्कृति में इसका लालन–पालन होना चाहिए उसमें नहीं हो सकेगा।

वह इस चिन्ता से बेचैन हो उठी कि अगर किसी ऋषि ने अपने आश्रम में उसके शिशु को ज्ञान देने हेतु स्वीकार न किया तो उसका शिशु ज्ञानविहीन ऋषिपुत्र रह जाएगा। 'न जाने इसे कितने दु:ख भोगने पड़ जाएँ मेरे गर्भ से जन्म लेने के कारण।' वह सोचने लगी यहाँ गंगा के किनारे दोनों तटों पर ऋषियों के आश्रम है। अपना मनोरथ पूरा करने को उसे एक युक्ति सूझी, 'यदि मैं यत्न पूर्वक इसे टोकरी में रख नदी में बहा देती हूँ तो कोई न कोई ऋषि टोकरी को गंगा से निकाल लेगा और बच्चा ज्ञानी ऋषि के घर पलेगा। इसे वह जीवन मिल जाएगा जिसका यह अधिकारी है।'

बड़े प्यार और यत्न से रोती आँखों को बार बार पोछते हुए उसने वन से बाँस लाकर एक टोकरी बुनी। फिर उसमें कोमल वस्त्र रखा जिससे टोकरी शिशु को न चुभे। फिर उसने बच्चे को अन्तिम बार हृदय से लगाकर प्यार किया और हिचकियों के बीच कारण बताया कि क्यों उसकी माँ को उसे गंगा में प्रवाहित करना पड़ रहा था। बच्चा छोटा होकर भी उसे ज्ञान–दीप्त आँखो से देखता रहा, जैसे उसकी विवशता समझ रहा था। टोकरी बन्द होने तक वह माँ को एकटक देखता रहा और नहीं रोया।

सूर्योदय से पहले वह टोकरी को गंगा तट पर ले गयी। श्रद्धा से हाथ जोड़ और शीष नवाकर बोली, "गंगा माँ तु हें सौंप रही हूँ अपनी एकमात्र स पत्ति और अपना हृदय भी। रक्षा करना माँ! स्वयं अपने पुत्र के प्राण संकट में डाल रही हूँ और इसकी रक्षा आपसे माँग रही हूँ। मेरी विवशता आप से छिपी नहीं है। आपकी शक्ति और करुणा अपार है। आपके उपकार का बदला कोई नहीं दे सकता। प्रण करती हूँ कि यदि मेरे पति न लौटे तो किसी पुरुष से नारी पुरुष वाला स बन्ध नहीं रखूँगी जीवन भर। बहुत छोटा है मेरा बच्चा। फिर भी मुझे आशा है रोकर आपकी ममता को उद्वेलित नहीं करेगा। मेरी बिनती सुन लो माँ महारानी! कोमल लहरों के आघात से मेरे बच्चे को ऐसे ले जाना कि उसे लहरे झूले जैसी लगे। ऐसी जगह ले जाना माँ जहाँ कोई ऋषि स्नान कर रहे हों। वे इसे पालकर ज्ञानी और सुसंस्कृत कर दे, यही कामना है। ऋषि पुत्र है, यह भी ऋषि बने!" फूट–फूट कर रोते हुए टोकरी को चूमकर बन्द किया और लहरो पर छोड़ दिया। फिर गंगा के किनारे–किनारे भागती रही, टोकरी को आँखो से

ओझल नहीं होने दिया। टोकरी तेजी से बहने लगी तो वह तैर कर उसके पास जाने के लिए उतरी। पर फिर पानी से बाहर निकल आयी। उसे भय हुआ कि जब कोई ऋषि उसे टोकरी से निकालेंगे तो उसकी आकुलता देख जान जाएँगे कि यह उसका पुत्र है।

उर्वशी गंगा से बाहर निकल दौड़ने लगी। टोकरी दृष्टि से एक क्षण को भी ओझल न हो—सारा ध्यान केवल इस बात पर था। दूसरा तट, पाट चौड़ा होने के कारण, बहुत दूर हो गया था। बस आकृतियाँ दिख रही थी। सूरत नहीं पहचानी जा रही थी। उसने देखा एक युवा ऋषि जिनके केश और दाढ़ी काली थी टोकरी को जल से निकाल रहे थे। ऋषि ने बच्चे को टोकरी से बाहर निकाला और हृदय से लगा लिया। वह देखती रही दूर दूसरे तट से। आँसुओं का प्रवाह न रुका न उसने रोकने की चेष्टा की। आँसू निर्बाध बहते रहे ममता की गति से।

ये ऋषि मन थे। उन्होंने देखा बालक रो नहीं रहा था। न भय था उसके चेहरे पर न हर्ष। वह आँखें खोले बड़ी बड़ी कृतज्ञ आँखों से अपने उद्धारक को देख रहा था जैसे प्रणाम कर रहा हो। ऋषि को निश्चय हो गया यह ऋषि पुत्र है। ऋषि मन ने बच्चे का नाम मन्य रख उसे अपना पुत्र मान लिया।

उर्वशी का तापसी जीवन

कुछ वर्षों बाद ऋषि मैत्रवारुणी को सन्तान प्रेम वापिस ले आया। विरहिन उर्वशी कीर्तन और व्रत उपवास में दृढ़ता से लग चुकी थी। उन्होंने अपनी सन्तान के विषय में पूछा। उसने कहा, ''वह एक तेजस्वी बालक था जिसे मैंने गंगा माँ को सौंप दिया कि कोई ऋषि इसे पाल ले। मेरी आँखों के आगे एक ऋषि ने उसे टोकरी से निकाल कर हृदय से लगा लिया।''

वह उनसे दो शब्द भी न बोल सकी प्रेम के। न अपनी विवशता प्रकट कर सकी। न उनसे रुकने की अनुनय कर सकी। हृदय की बात को बोलने का अवसर ही नहीं मिला। हृदय की बात हृदय में ही रह गयी। ऋषि के चेहरे पर पुत्र की चिन्ता थी। ऋषि मैत्रवारुणी तुरन्त चले गये।

वह यह न जान सकी कि वे अपने पुत्र को खोजने गये थे। जब सुख की कोई आशा न रही थी,कुछ दिन बाद उर्वशी को नाचने का निमन्त्रण मिला इन्द्र देव से। उर्वशी को पता चला कि वहाँ मैत्रवारुणी भी आएँगे।

मैत्रवारुणी को देखकर उर्वशी को ऐसा लगा जैसा किसान को लगता होगा जिसने वर्षा की आस तज दी हो और अगली भोर घटा घिर आयी हो। प्यासे मोर की तरह नाची उर्वशी। सभा में देवता, गधर्व और यक्ष थे। उर्वशी ऐसी नाची जैसे बिजली तड़पती है घटा मे। मैत्रवारुणी चकित थे। पहली बार उन्हें लगा उनकी कल्पना झूठी थी। उर्वशी का विरह अपनी बरसों की वेदना प्रकट कर रहा था नृत्य में। उर्वशी की आँखें थी कि दरस के प्यासे दो नैन, जो देह से भी बिछड़ गये हो।

नाचता तन विरह में जलते पपीहे की तरह पुकार रहा था, 'पिया! ओ पिया!' किन्तु आशा जग गयी थी। जैसे कोई मोर तड़पता रहा हो बादलों की गरज सुनने को। बादल आषाढ़ भर न आय हो, सावन भी बीत गया हो। आकाश सूना पड़ा हो। उतरते भादों अचानक मोर ने बादलों की गर्ज सोते हुए सुनी हो। कूक निकली हो मोर के हृदय से, ''मेह हो! मेह हो! आ गये! बादल आ गये!''

हृदय भर आया, उर्वशी की आँखें भी भर आयी—कैसे न रखते प्रेम की लाज मैत्रवारुणी जो कभी एक तरुणी के प्रेम की पुकार पर छा गये थे उसके जीवन में।"

घुँघरू बज रहे थे। पर हृदय में दुख-सुख के इतने तूफान उठ रहे थे कि उर्वशी सह न सकी और कटे पेड़ की तरह गिर गयी। जीवन के घुँघरूओं को जो डोर बाँधे हुए थी टूट गयी। साँसों के घुँघरू टूट कर बिखर गये।

सेवकों ने तुरन्त शव को हटा दिया। इन्द्रदेव ने बहुत मदिरा पी ली थी। उन्होंने उर्वशी की मृत्यु पर दो शब्द कहे और चले गये।

देवराज के सभा से जाते ही स्वर्ग में रात हो गयी। सारे देव, गन्धर्व, यक्ष एक क्षण में जैसे हवा में विलीन हो गये।

आधी रात का समय था। मैत्रवारुणी को स्वर्ग में कोई भी घर के बाहर नहीं मिला। कहार भी नहीं। उर्वशी के शव को कंधे पर डालकर मैत्रवारुणी धनवन्तरी के महल ले गये। धनवन्तरी बोले, "क्या हुआ इन्हें ?"

मैत्रवारुणी ने कहा, "आचार्य! देह ठंडी हो गयी है। सच्चे प्रेम को ईश्वर निराश नहीं करते। मैंने कर दिया वह पाप। मुझे विश्वास है मेरी प्रेम-तपस्विनी को ईश्वर मरने नहीं देगे। कृपया आप उपचार कर दीजिए ।" ऋषि के नेत्रों में आँसू भर आए।

धन्वंतरी बोले, "शोक त्याग दीजिए ऋषिवर। इनकी देह को देखकर कह सकता हूँ कि इनकी मृत्यु नहीं हुई है। स्वर्ग में मृत्यु तो होती है। किन्तु स्वर्ग में शव नहीं होते। आयु पूर्ण होने पर देह विलुप्त हो जाती है। और इनकी देह विलुप्त नहीं हुई।"

धनवन्तरी ने परीक्षण करके बताया कि अत्यन्त चिन्ता, दुर्बलता और परिश्रम के कारण उर्वशी अचेत हो गयी है। किन्तु गहन मूर्छा में न गयी तो चेतना लौट आएगी भोर होने तक। फिर उन्होंने पथ्य तैयार करके पिला दिया। भोर की लाली क्या छाई क्षितिज पर कि उर्वशी के नेत्र खुल गये। उर्वशी की चेतना लौट आयी। तब धनवन्तरी ने आपत्ति की अप्सरा उर्वशी को पृथ्वी पर ले जाने के मैत्रवारुणी के प्रस्ताव पर। उन्होंने कहा, "ये इतनी कृश और चिन्ताग्रस्त है कि इन्हें आप पृथ्वी पर इस दशा में ले गये तो इनकी मृत्यु हो सकती है। आप इन्हें कम से कम एक माह यही छोड़ दीजिए और आप चले जाइये। इनके पास न रहिये। चिन्ता और कृशता आपकी कल्याण कामना करते करते उर्वशी पर उतरी है। आप इन्हें अपनाएँगे तो भी इस मानसिक दशा में इन्हें लाभ नहीं होगा। इन्होने

अप्सरा होकर भी मानवी के पतिव्रत धर्म का इतनी श्रद्धा से पालन किया है कि इनकी अप्सरा प्रकृति बहुत क्षीण हो चुकी है। इनमें अप्सरा प्रकृति प्रबल होती तो ये इस उपचार से ही स्वस्थ हो जाती।''

मैत्रवारुणी बोले, ''इस समस्या का हल कैसे होगा आचार्य ?''

''इनके कठोर संयम, सच्चे प्रेम और प्रेमी से तिरस्कृत होकर भी उसके प्रति प्रेम को दृढ़ करने का चर्चा स्वर्ग में चारों ओर है।''

मैत्रवारुणी के हृदय से सारे अनास्था और सन्देह के कोहरे छँट गये। उन्हें विश्वास हो गया कि एक अप्सरा भी एक मानव से सच्चा प्रेम कर सकती है।

धनवन्तरी उनमे उभरे तीव्र प्रेम भाव से अत्यन्त प्रभावित हो बोले, ''आप प्रेम भावना को उर्वशी के प्रति कर दें। लज्जा न करे। प्रेम पथ पर चलने वालों की बात तो निर्गुण ब्रह्म भी मान जाते हैं।''

उर्वशी और इन्द्र

अप्सरा उर्वशी की मूर्छा जब टूटी तो धनवन्तरी के महल में स्वयं को पाया। कुछ सेवक सेविकाएँ उन्हें घेरे हुए उनका उपचार कर रहे थे। किन्तु मैत्रवारुणी नहीं थे। उन्होंने चारो ओर जमा भीड़ में मैत्रवारुणी को एक क्षण में ढूँढ़ लिया। वे नहीं थे। वे धनवन्तरी के आदेशानुसार जा चुके थे। किन्तु उर्वशी ने सोचा मेरे स्वामी मुझे मूर्छित छोड़कर चले गये, क्योंकि मैं अप्सरा हूँ और वे ऋषि।

स्वस्थ होने के बाद उर्वशी इन्द्रदेव के पास गयी। उन्हें स्वस्थ देख इन्द्रदेव प्रसन्न हुए और बोले, ''उस दिन आप नृत्य करते करते निष्प्राण हो गिर पड़ीं। मैं तो त्रुटिवश कुछ और समझ बैठा था। आपको जीवित देख मुझे बहुत प्रसन्नता हो रही है। उस दिन आपका नृत्य अद्‌भुत था। मैं आपको कोई उपहार देना चाहता हूँ। जो चाहिए माँग लिजीये उर्वशी।''

उर्वशी का हृदय देवराज के स बोधन से प्रसन्न हो गया। उन्हें विश्वास हो गया कि स्वर्गलोक ने उनके प्रेम को सच्चा मान लिया है।

''मुझे कुछ नहीं चाहिए महाराज! बस मुक्ति चाहती हूँ।''

''निर्वाण? मोक्ष?''

''नही महाराज! मैं नाच गाना छोड़ने की आज्ञा चाहती हूँ। मुझे अपने स्वामी का विश्वास पुनः प्राप्त करना है। जो उनकी प्रेम भावना को भाये वही जीवन अपनाना चाहती हूँ। मैं ऐसा तप करना चाहती हूँ जिससे हम दोनों की आत्माएँ एक प्रेमात्मा में बदल जाएँ।''

इन्द्रदेव को कौतूहल था इस प्रेमकथा का अन्त क्या होगा! वे इसकी स्वाभाविक गति को छेड़ना नहीं चाहते थे। वे स्वर्ग के राजा सही पर सतीत्व धर्म से ऊपर नहीं मानते थे स्वयं को। अहिल्या का सत् दूषित कर उन्हें ज्ञान हो गया था कि देवताओं के ज्ञान में भी वृद्धि होती है, सत्य को कर्म बनाने से, क्योंकि सत्य से ऊपर देवता भी नहीं है। अब वे मानने लगे थे कि सच्चे प्रेम में हस्तक्षेप करना देवताओं का कर्म नहीं है। अन्य देवता भी मनमानी करने के पुराने स्वभाव को

पीछे छोड़ चुके थे और अपने स्वभाव को सत्य के अनुसार नियन्त्रित करने लगे थे। अब वे मनुष्यों से कई गुना अधिक विवेकी, धैर्यवान और न्यायप्रिय हो चुके थे। ऋषि मुनियों ने भी अपने शाप देने के स्वभाव पर विजय प्राप्त कर ली थी।

इन्द्रदेव ने पूछा, ''यह कैसे स भव है कि दो आत्माएँ सच्चा प्रेम करके दो से एक प्रेमात्मा में बदल जाएँ?''

उर्वशी बोली, ''ऐसे ही महाराज जैसे सगुण ब्रह्म से प्रेम करके भक्त की आत्मा ब्रह्म से सायुज्यता प्राप्त कर ब्रह्म हो जाती है।''

इन्द्रदेव ने फिर आपत्ति की, ''यह अस भव हैं। ब्रह्म से सायुज्यता प्राप्त करना सर्वथा भिन्न है। एक आत्मा का दूसरी आत्मा से सायुज्यता प्राप्त करना बहुत कठिन है।''

उर्वशी बोली, ''देवराज शास्त्र स्पष्ट कहता है कि दो आत्माओं का परस्पर सच्चा प्रेम दोनों आत्माओं को समस्त संकीर्णताओं से मुक्त कर देता है। आत्माओं का संकीर्णता से मुक्त हो जाना ही मोक्ष है। इसी मार्ग से सावित्री सत्यवान मोक्ष गये है। अनेक सतियाँ मोक्ष गयी है। यदि यह मार्ग सच्चा मार्ग न होता तो प्रेमियों को प्रेम मार्ग से मोक्ष प्राप्ति की आशा भी न होती। यह आश्वासन ईश्वर प्रदत्त है। महर्षि अत्रि से अनन्य प्रेम करके यदि सती अनुसूया मोक्ष प्राप्त कर सकती है तो मैं क्यों अपने पति ऋषि मैत्रवारुणी से अनन्य प्रेम करके सायुज्यता प्राप्त नहीं कर सकती?''

देवराज बोले, ''केवल पति से सही, किन्तु शृंगारी प्रेम करके कोई युगल कैसे मोक्ष प्राप्त कर सकता है?''

''महाराज केवल अपने पति के प्रति सच्चे प्रेम का सतीत्व धारण करके सती अनुसूया ने ब्रह्मा विष्णु महेश को सतीत्व के बल से तीन बालको में बदल दिया था। जो सतीत्व भगवान के तीनों रूपों को बालकों में बदल सकता है उससे अधिक उपयुक्त नारी का मोक्षमार्ग और क्या हो सकता है? लोपामुद्रा महर्षि अगस्त्य की प्रचंड वासना को समर्पित पत्नी का धर्म निभाकर ही उनके साथ मोक्ष गयी। जिस ज्ञानी ने भी सतीत्व की इस सामर्थ को नष्ट करना चाहा वह स्वयं नष्ट हो गया। यह तो आप जानते ही है। पूर्वकल्पो में भी रावण राम और सीता हुए है, आने वाले कल्पो में भी होगे और सतीत्व की विजय होती ही रहेगी। सतीत्व ही शिव-मार्ग है नारी के लिए मोक्ष प्राप्त करने का।''

इन्द्रदेव बोले, ''मैंने यह भी देखा है कि वह स्त्री जो सतीत्व धारण नहीं करती और अनेक पुरुषों से प्रेम करती है वह स्त्री उन पुरुषों का खिलवाड़ होकर

रह जाती है। उसकी आत्मा का विकास नहीं होता। तुमने मैत्रवारुणी ऋषि से प्रेम करके देवताओं का त्याग कर दिया। मानवियों की तरह तुमने एक पतिव्रता, सती-नारी होने का निर्णय ले लिया है। देवता जो तु हारे सखा थे उन्हें तुमने परपुरुष मान लिया है। किन्तु यदि ऋषि मैत्रवारुणी को किसी अन्य स्त्री से भी प्रेम हो गया तो ईर्ष्यारोग लग जाएगा तु हें। ईर्ष्या हृदय से सारे रसों को जला डालती है और सतीत्व को अर्थहीन कर देती है। तब तुम न इधर की रहोगी न उधर की।''

''इतने क्रूर वचन न बोलिए इन्द्रदेव! कही आपको एक सती के प्रेम पर सन्देह करने का दोष न लग जाए।''

इन्द्रदेव बोले, ''तु हें ईर्ष्या के सन्दर्भ में सती का उदाहरण अच्छा नहीं लगा। विद्वानो की मौलिक विद्वान से ईर्ष्या का उदाहरण लेते है। बड़ा विद्वान जितना सत्य जानता है उससे आगे का सत्य जानने के लिए तप करता रहता है। छोटे विद्वान इसलिए छोटे है कि सत्य को जानने के लिए तप नहीं करते। वे सत्य जानने के लिए कठोर तप करने वाले विद्वानों का थोड़ा-सा ज्ञान लेकर, उस ज्ञान को जनता के किसी स्वार्थ भरे झूठ से जोड़कर,जनता की बुद्धि भ्रष्ट कर देते हैं। अज्ञानी जनता के अज्ञान को अपने अज्ञान का समर्थन देकर इस भ्रम में डाल देते हैं कि वे और जनता सत्य के अधिक निकट है और सच्चा विद्वान सत्य से दूर है। वे केवल अपनी ईर्ष्या को तृप्त करने के लिए पूरे देश को अभिमान और अज्ञान के अँधेरे में डूबा देते है। जनता को भ्रमित करके झूठ के सहारे भारत की सैंकड़ों पीढ़ियों का जीवन व्यर्थ करा चुके है। आगे भी कराते रहेगे अगर रोके न गये, क्योंकि ईर्ष्या ऐसा रोग है कि बढ़ता ही जाता है। भारत का हाल यही हो गया है। ईर्ष्यालु अज्ञानी गिरोह बनाकर जनता को भी मौलिक ज्ञान प्राप्त नहीं करने देते। देशवासी नास्तिक भी हो जाते है यदि देश, संस्कृति और भाषा को स पन्न करने वाले मौलिक विद्वानों को उनका नेतृत्व करने का अवसर नहीं मिलता। चलो इस चर्चा को यही छोड़ देते है। तुम मुझे यह बताओं तुम इतनी ज्ञानी कैसे हो गयी ?''

उर्वशी बोली, ''ऋषि मैत्रवारुणी की पत्नी होकर। देवराज मेरे पति उन विरल ज्ञानियों में है जो गृहस्थ मार्ग से मोक्ष प्राप्त करने में लगे है। गृहस्थों को सत्य के थोड़ा-सा भी और निकट लाना कितना कठिन है, आप जानते है। वही यह कठिन काम कर सकता है जो गृहस्थ-मार्ग से स्वयं सत्य के निकट धीरे-धीरे बढ़ रहा हो। अनेक विद्वान ब्रह्म को बस इतना जानते है कि वह अनिर्वचनीय है। यह नहीं बता पाते कि ब्रह्म को कितना जाना उन्होंने, और क्यों अनिर्वचनीय है ब्रह्म उससे आगे। अधिकांश लोग लोभ, मद, क्रोध, विलास से ऊपर उठने के

लिए त्याग और संयम नहीं अपनाते। इसलिए वे यह सत्य नहीं जान पाते कि ब्रह्म को बुद्धि से जानने से ब्रह्म प्राप्त नहीं होता। ब्रह्म को त्याग और संयम से जितना पाएँगे बस उतना ही ब्रह्म को जान सकेंगे।''

इन्द्रदेव प्रसन्नता प्रकट करते हुए बोले, ''तुम इतने गूढ़ विषय पर इतना सत्य कैसे जान गयी?''

''तप और संयम से। मेरे पति कहते है कि ब्रह्म के निकट जाना आवश्यक है। निकट जाने के लिए अपनी सब चीजो का त्याग करना पड़ता है आत्मा को। आत्मयज्ञ करके त्यागते जाओ तो ब्रह्म की आकर्षण शक्ति हृदय को खीचने लगती है। उनकी आकर्षण शक्ति हृदय को मत्सरों की पकड़ से बचा लेती है। ब्रह्म की आकर्षण शक्ति थोड़ी सी भी जिस हृदय पर पड़ गयी उसे पाप, अधर्म या मत्सर आकर्षित नहीं कर पाते। ऐसे स्त्री-पुरुष ब्रह्मानन्द से प्रेरित होकर ही एक-दूसरे से मिलते हैं। उनके काम में भी पाशविक आनन्द नहीं होता। इस तरह गृहस्थ मार्ग से ब्रह्म की प्राप्ति होती है।''

इन्द्रदेव बोले, ''आश्चर्य है इतने ज्ञानी होकर भी ऋषि मैत्रवारुणी प्रसिद्ध क्यों नहीं हुए।''

''आश्चर्य न करिये सुरपति! उनकी योग्यता का आंकलन जनता में उनकी अप्रसिद्धी से करिये। जनता में विद्वता प्रसिद्ध नहीं होती। ऋषि मैत्रवारुणी गृहस्थ मार्ग से मोक्ष प्राप्त करने का तप कर रहे है। जनता केवल उन्हें सराह सकती है जो संन्यास मार्ग से मोक्ष प्राप्त करते है।''

इन्द्रदेव ने पूछा, ''आपने अपने पति को गुरु क्यों माना?''

''देवराज! इसलिए कि ऊँचे आसन पर बैठ कर नहीं, उन्होंने मुझ अज्ञानी को पास बैठाकर गूढ़ज्ञान दिया। मुझे गृहस्थ मार्ग से मोक्षमार्ग पर अपने साथ ले चलने के योग्य बनाया। यही प्रमाण है मेरे पास इस बात का कि मैंने सही व्यक्ति को गुरु माना।''

इन्द्रदेव बोले, ''फिर वे आपको छोड़कर क्यों चले गये?''

उर्वशी ने उत्तर दिया, ''सब कुछ जानकर अब उपहास न उड़ायें सुरपति एक अबला नारी का। जब उनका प्रेम पाकर बौराई पत्नी का अभिमान उनके अभिमान को जगाने लगा तो उनका ज्ञान अवरुद्ध हो गया। उनकी ज्ञानवृद्धि में बाधा पड़ गयी तो उन्हें वन जाना पड़ा और अधिक ज्ञान प्राप्त करने के लिए।''

उर्वशी के नेत्र भर आये। आँसुओं से भरे नेत्रों में पतिनिष्ठा का तेज देखकर सुरपति सहम गये। उन्हें चिन्ता हुई उर्वशी श्राप न दे दे। बात बदलने के लिए

उन्होंने पूछा, ''नि न स्तर के विद्वानो का गुट क्यों भारत का विनाश कर रहा है?''

उर्वशी बोली, ''विद्वानों को अपने से ऊँचे स्तर के विद्वान को देखकर उससे ईर्ष्या हो जाती है। वे जनता को उसके ज्ञान से अपने हृदय में उजाला करने का अवसर ही नहीं देते। राजा के कान भरकर और अपने स्तर के विद्वानों का गुट बनाकर, समाज में उसकी उपेक्षा कराने लगते है। ऊँचा विद्वान आत्मा में छिपे सत्य से देश को भरता है। नीच विद्वान देश को सच्चे विद्वान के प्रति अज्ञान और अश्रद्धा से भर देते है। इस तरह सच्चे विद्वान की आत्मा से प्रकट हुआ ज्ञान देशवासियों के जीवन में उजाला नहीं कर पाता। ऐसा देश अज्ञान और दुख के सागर में डूब जाता है।''

देवराज ने पूछा, ''देश का चरित्र मध्यम श्रेणी के विद्वान नहीं बदल सकते। यह कार्य आपके पति जैसे ईश्वरनिष्ठ विद्वान ही कर सकते हैं। आपमें भी यह सामर्थ है। आप जैसी स्त्री बदल सकती है।''

''देवराज! मैं बदल सकती हूँ क्योंकि सबसे भिन्न है मेरे पति मैत्रवारुणी का मार्ग। वे परम सत्य ब्रह्म को जानने से पहले इस संसार में सत्य का शासन स्थापित करना चाहते है। संसारी विद्वान संसार में सत्य का शासन नहीं चाहते, इस कारण उनसे डाह करते है। यदि मेरे विनम्र ऋषि पति को मध्यम स्तर के अभिमानी विद्वान सेवा करने देंगे और मूढ़ जनता संसार को झूठ की शक्ति से चलाये रखने वालों की बातों में नहीं आएगी तभी मेरे पति राष्ट्र को उन्नति का मार्ग दिखा सकेंगे। संसारी विद्वानों का हित भ्रष्टता बनाये रखने में है।''

''आपके पति का शासन संबन्धी दर्शन क्या है?''

''देवेन्द्र! मेरे पति का मानना है कि भगवान ने संसार के चरित्र और नारी चरित्र को चार तत्त्वों से बनाया है : 1. व्यय, 2. आय, 3. न्याय और 4. धर्म। ये चारों मानव चरित्र के अंग है जो स्वचालित है। इन पर शासन व्यवस्था जितना चिन्तन करती है उतना ही इनकी स्वत: चलने की शक्ति क्षीण होती है। इनमे मनुष्य की तीन बुद्धियाँ—प्रज्ञा, मेधा और ऋत भरा—हस्तक्षेप नहीं करती। संसारी बुद्धि (धी) अपव्यय, काला धन अर्जन, अन्याय और अधर्म सिखाती है शासको को। राज्य का धन अपव्यय में जाता है, लोकहित के कामों में नही। शासक की सत्यनिष्ठ आय का विपरीत है करवृद्धि और लोभ। ये दुर्गण आ जाते है राजतन्त्र और जनतन्त्र के शासको मे। न्याय स्वत: उत्पन्न होता है हर मनुष्य के हृदय में। न्याय पर जब भी संसारी बुद्धि चिन्तन करती है ईर्ष्या करने लगती है न्याय से।

उसे पक्षपात और अन्याय करना ही सूझता है। जब भी संसारियों की बुद्धि धर्म पर चिन्तन करती है उसे अधर्म और पाप करने की सूझती है। संसारियों की प्रवृत्ति किसी भी तरह स्वार्थ सिद्ध करने की होती है, न्याय करने की नही। अपने स्वार्थसिद्धी उपाय को धर्म-निरपेक्षता कहती है संसारी बुद्धि।''

देवेन्द्र, ''आप जैसी नारी क्या करती संसार को बदलने के लिए?''

''देवेन्द्र! नारी में आयबुद्धि, व्ययबुद्धि, न्यायबुद्धि और धर्मबुद्धि आधी है, संसारी पुरुषों में पूरी है। आधी संसारी बुद्धि समाज को भ्रष्ट नहीं कर सकती। यही कारण है कि नारी की आधी बुद्धि पर चलने से घर और राष्ट्र के आय, व्यय, न्याय और धर्म एक-दूसरे से सन्तुलित रहते है। आयबुद्धि, व्ययबुद्धि, न्यायबुद्धि और धर्मबुद्धि का पूर्ण रूप भ्रष्ट है और आधा रूप सच्चा है।''

इन्द्रदेव ने कहा, ''संसार को सुन्दर बनाने का प्रयत्न करते हुए भी संसार से निर्लिप्त ऋषि मैत्रवारुणी की पत्नी होना दुर्लभ है। उनके द्वारा त्याग दिए जाने पर भी बिना क्षोभ किये आपने अप्सरा स्वभाव पर विजय प्राप्त की। यह अद्‌भुत उपलब्धि इन्द्रलोक की स्मृति में युगों तक रहेगी। पतिव्रत धर्म पर चलना इतना ही कठिन है एक अप्सरा के लिए जितना मछली का नभ में उड़ना। मुझे जिज्ञासा है आपसे कुछ जानने की।''

''मुझे बहुत प्रसन्नता होगी सुरपति यदि मैं आपकी जिज्ञासा को शान्त कर सकी।''

''विद्वान सरस्वती के उपासक होते है। अपने से बड़े विद्वान से उन्हें सरस्वती को प्रसन्न करने के ढंग सीखने को मिलते है। किन्तु स्वार्थी अल्प विद्वानों में अपने से बड़े विद्वान को देखकर ईर्ष्या पैदा होती है। ईर्ष्या ज्ञान के दीप को बुझा देती है। अमौलिक विद्वान विचार चुराते है। इस कारण वे मौलिक नहीं हो पाते। मौलिकता सरस्वती का गुण है। वे स्वयं देती है यह गुण अपने सच्चे साधक को। मौलिकता से ईर्ष्या करके विद्वान राक्षसों की तरह धूर्त हो जाते है।''

उर्वशी लज्जित स्वर में बोली, ''मैं विद्वान नहीं हूँ देवराज। जो आप कह रहे है मैं उससे भयभीत हो रही हूँ।''

इन्द्रदेव उदास स्वर में बोले, ''आप अपने पति को मेरा यह सन्देश दें कि भारत वह देश है जिसके वासियों से सरस्वती की निस्वार्थ सेवा की हम देवताओं को आशा है। यदि भारत दास हो गयातो सारे विश्व में दासबुद्धि फैल जाएगी। पृथ्वी पर राक्षसों का राज्य हो गया तो स्वर्ग पर देवताओं के राज्य का बना रहना कठिन हो जाएगा। यदि पवन, अग्नि, वरुणादि देवो की जगह राक्षस उनकी

शक्तियों का संचालन करने लगेगे तो तीनों लोकों में हिंसा फैल जाएगी। यदि मैत्रवारुणी कुछ कर सके तो यही अवसर है हमारी सहायता करने का। हम देवताओं की महिमा सत्य को समर्पित विद्वानों से है। ऐसे विद्वान जब स्वर्ग आते है तो उनकी निस्वार्थवृत्ति स्वर्ग की गरिमा बनाये रखने में हमारी सहायता करती है।''

उर्वशी बोली, ''देवराज! मेरे पति ने विद्वानों को मोक्षप्राप्ति से पहले पृथ्वी पर मनुष्यत्व को सशक्त करने का मार्ग सिखाया था। लेकिन उस मार्ग को न अपनाने के कारण विद्वानों पर राक्षस-स्वभाव वाले मानव भारी पड़ गये।''

इतने सारगर्भित और व्यवहारिक उत्तर सुन इन्द्रदेव का आनन प्रसन्नता से खिल उठा। बोले, ''उर्वशी मैं सन्तुष्ट हूँ कि आपने सच्चाप्रेम किया है। क्यासच्चा प्रेम स्त्री पुरुष की आत्माओं का परस्पर विलय कराकर उनकी दो आत्माओं को एक प्रेमात्मा में बदल देता है?''

''निस्सन्देह देवेन्द्र! प्रेमात्मा भगवान का रूप है पृथ्वी पर।''

इन्द्रदेव बोले, ''मेरे प्रश्नों के सच्चे उत्तर देकर आपने मुझे आह्लादित किया है। क्या मैं आपके लिए कुछ कर सकता हूँ?''

उर्वशी के नेत्र आँसुओं से भर गये। वह बोली, ''मुझे अप्सरा-धर्म त्यागने की अनुमति दीजिए देवेन्द्र। मैं मानवी की तरह उनसे सच्चा प्रेम करना चाहती हूँ। मैंने अपने प्रेमी को आपके दरबार में देखा था। पर वे घर नहीं आए। मुझे आशीर्वाद दीजिए कि मेरे पति लौट आएँ।''

इन्द्रदेव ने अनुमति दे दी। उर्वशी पृथ्वी पर अपनी कुटिया में लौट आयी।

इन्द्रदेव ने अहिल्या प्रसंग के बाद सत्य और सदाचार को अपना लिया था। वे यह जान गये थे कि जगद बे देवताओं से निरन्तर सात्विक जीवन की ओर विकसित होते रहने की अपेक्षा भी करती है।

एक दिन जब इन्द्रदेव ब्रह्माजी से मिलने गये, ब्रह्माजी अन्य लोगों से मिलते रहे और इन्द्रदेव से अन्त में मिले। सुबह से शाम हो गयी प्रतीक्षा करते करते। जब भेट हुई तो इन्द्रदेव अपनी अप्रसन्नता न छुपा सके। उन्होंने पूछ लिया, ''हे देव मुझसे क्या त्रुटि हो गयी कि आपने मुझे इतनी प्रतीक्षा कराई। जिनसे आप मिलते रहे वे मुझसे पद में ऊँचे तो नहीं थे।''

ब्रह्माजी ने उत्तर दिया था, ''वे सब भी देवराज थे देवराज।''

''यह कैसे प्रभु? देवराज तो केवल मैं हूँ।''

ब्रह्माजी ने उत्तर दिया, ''देवराज आप केवल एक ब्रह्मांड के देवराज है।

आपके ब्रह्मांड जैसे असं य ब्रह्मांड है सृष्टि में। जिनसे मैं मिल रहा था वे उन ब्रह्मांडों के इन्द्र थे। जो सात्विक जीवन की ओर जितनी निष्ठा से विकसित हो रहे है उनकी निष्ठा की मात्रा ही निर्णायक है इस बात की कि कौन मुझसे पहले मिलेगा। मेरे सेवक उन्हें मेरे पास प्रात: से इसी क्रम से ला रहे हैं।''

उन्हें असमंजस में देख ब्रह्माजी बोले, ''सृष्टि में सारे लोक और जीव निरन्तर परमसत्य परमात्मा की ओर विकसित हो रहे हैं। स्वर्गलोक में भी सुख दुख है, किन्तु देव स्तर के। शुभ चरित्र के कारण इन्द्रादि देवगण स्वर्गिक सुख प्राप्त करते है। जो इन्द्र उन सुखों को तामसिक विधि से भोगते है वे नि न स्तर के इन्द्र माने जाते है। प्रह्लाद और बलि जैसे राक्षसों ने सुखों का उपभोग देवताओं की तरह किया। इस कारण वे पातालदि लोकों में भी सुख पाते है जबकि अन्य राक्षस दुखी रहते हैं।''

इन्द्रदेव ने प्रश्न किया, ''भगवन् यदि ऐसा है तो प्रह्लाद और बलि स्वर्ग में क्यों नहीं रहते ?''

ब्रह्माजी बोले, ''संवेदना और प्रेम के कारण। ये अन्य गुण है देवताओं के, जिनका विकास करना देवता भूल गये है। किन्तु बलि और प्रह्लाद असुर होकर भी इन गुणों का पालन करते है। वे अपने परिजनों का और अन्य समस्त असुरों का उद्धार करके उनको भी अपने साथ स्वर्ग के लिए उत्तीर्ण कराना चाहते है। इस कारण वे स्वर्ग के अधिकारी होकर भी अधोलोकों में अपने परिजनों के साथ रहते है, उनमे सुप्त पड़े हुए सात्विक गुणों को विकसित करने के लिये।''

चिन्तित होकर इन्द्रदेव ने कहा, ''ऐसा न करिये परमपिता! स्वर्ग में भीड़ लग जायगी यदि राक्षसों को भी वहाँ सात्विक गुण के कारण स्थान मिलने लगा, और स्वर्ग का स्तर गिर जाएगा।''

''आप चिन्ता न करें देवराज! काल और देश (स्थान) की कमी नहीं है। प्रत्येक सृष्ट ब्रह्मांड के साथ उससे कई गुना अधिक असृष्ट स्थान पड़ा है, जिसमें काला पदार्थ भरा है। वहाँ नये स्वर्ग बना देगे विश्वकर्मा पलक झपकते ही सात्विक प्रकृति के राक्षसों के लिए। सृष्टि की मूल शक्ति है हर जीव का तामसिक से सात्विक की ओर विकसित होना। एक दिन ऐसा आ जाएगा जब सब जीव सात्विक हो जाएँगे।''

इन्द्रदेव चिन्ता में पड़ गये। बोले, ''यह तो बड़ी चिन्ता की बात बतायी आपने कि स्वर्ग में भी तप करना पड़ेगा। केवल सात्विक गुणों के अनुसार आनन्द प्राप्त करना उचित माना जाएगा।''

ब्रह्मजी ने कहा, ''सात्विक गुण आपको सदा प्रेरित रखेंगे उत्थान की ओर। यह आपने कैसे मान लिया कि देवता अपने चरित्र में और उत्थान नहीं कर सकते। संसार में नये नये अपराध बढ़ रहे है तो भोलापन भी विकसित हो रहा है। आप उत्थान करते जाइये आकाश के ऊपर आकाश मिलते चले जाएँगे। जीवन का विकास हो रहा है तो सच्चरित्रता का भी विकास हो रहा है। सृष्टि का लक्ष्य है सब जीवों की मुक्ति। इसके अर्थ है एक दिन न पाप रहेगे न नर्क। सभी जीव स्वाधीन हो जाएँगे।''

इन्द्रदेव ने कहा, ''परमपिता जब नये–नये अपराध बढ़ रहे है तो सच्चरित्रता के साथ पाप भी बढ़ते जाएँगे। वह दिन नहीं आएगा जब अधोलोकों की आवश्यकता नहीं रहेगी।''

ब्रह्माजी ने कहा,''एक बात आप भूल रहे है देवराज। केवल सच्चाई अच्छाई और सुन्दरता अनन्त गुण है। ज्ञान और प्रेम लक्ष्य हैं। पाप, बुराई और अधर्म अनन्त नहीं है। एक दिन ये मिट जाएँगे। पाप, बुराई और अधर्म किसी भी जीव को अनन्त काल तक लिप्त नहीं रख सकते।''

पुनर्मिलन

उर्वशी स्वर्ग से पृथ्वी पर अपनी उसी कुटिया में आ गयी जहाँ अपने प्रिय से उसका मिलन हुआ था। पति द्वारा त्यागे जाने पर, इसी कुटिया में अकेली रहकर उसने अपने शिशु को जन्म दिया था। इसी कुटिया में उस अकेली ने शिशु को पाला था। धीर धारण किए हुए, अपनी कहानी का अन्त भी वह शान्ति और सौ यभाव से देखना चाहती थी। वह देखना चाहती थी कि उसकी सात्विक तपस्या सफल होगी या नही। क्या अप्सरा सात्विक चरित्र अपना कर अपना विकास सात्विक चरित्र में कर सकती है? उसके ऋषि स्वामी उसे स्वीकार करेगे? क्या उसका सच्चा प्रेम उनके हृदय में प्रेम को जगा सकेगा? क्या नारी का प्रेम केवल विघ्न होता है तपस्वी के जीवन में? वह उनसे अपने घोर तप के विषय में कुछ नहीं कहना चाहती थी। वह देखना चाहती थी कि अप्सराओं के पतिव्रत में सात्विक मानवी की पवित्रता आ सकती है या नही। या अप्सराओं की दिव्यता होती ही है दिव्य छलनाओं वाली! वह पति से यह भी नहीं कहना चाहती थी कि उनके और अपने प्रेम को अमरत्व प्राप्त कराने के लिए उसने अप्सरा धर्म भी कब का छोड़ दिया। वह शुभ अवसर देखकर पति से केवल यह कहना चाहती थी, "स्वामी! जो दुख आपका है वही दुख मेरा है। पत्नी का तप पूरा करते करते ईश्वर से कितना शुभ प्राप्त हुआ मुझे—मेरे सारे दुख तप की अग्नि में तपकर सुखों में बदल गये।"

उसने सोच रखा था कि वे बच्चे के लिए पूछेंगे तो सब सच सच बता दूँगी मैंने केवल बच्चे का हित सोच, पूरे जतन से उसे गंगा माँ को सौंपा था। मैंने उस पर से ध्यान नहीं हटाया जब तक एक ऋषि ने उसे टोकरी से निकाल कर अपनी गोद में नहीं ले लिया। बच्चे को भी मैं एक बार देख आयी थी। उन ऋषि का नाम भी पता कर लिया था। उनका नाम मनऋषि है। इसमें मेरा स्वार्थ बस इतना था कि मेरा बच्चा शिक्षित हो और अपने पिता के ऋषित्व को प्राप्त करे। मेरी तरह नाचने-गाने वाला न बने। उन्हें रोष है तो यह रोष जानबूझ कर की गयी मेरी

किसी त्रुटि के कारण नहीं है। वरन, मुझे भी अज्ञात, मेरे किसी पाप के कारण है जो मेरा अच्छा काम भी अच्छा न हुआ।

उसने मन ही मन प्रार्थना की कि ऋषि मन और उनकी पत्नी हमारा पुत्र हमे दे दे। तब शायद स्वामी घर बसा लें पुत्र के प्रति अपना कर्तव्य पूरा करने को। अगर न दिया तो उनका सारा रोष मुझ पर उतर आयेगा। उन्हें मेरा बच्चे को गंगा माँ को सौंप कर बहा देना अक्ष य अपराध नजर आने लगेगा। मैं उन्हें हर तरह से मनाऊँगी। न माने तो साहस नहीं छोडूँगी। यदि वे पुत्र को लेकर चले गये तो इसी कुटिया में रहूँगी। अगर मेरे बूढ़ी होने तक भी वह न आये तो भी मृत्युपर्यन्त उनकी प्रतीक्षा करूँगी। बन से प्राप्त कन्दमूल ही मेरा आहार और औषधि होंगे। मैं तप करूँगी कि इस जन्म में नहीं तो अगले जनम में हम ऐसे मिले कि हमारी आत्माओं का लय एक-दूसरे में हो जाए।

उर्वशी का सच्चा प्रेम ऋषि मैत्रवारुणी से नहीं छुप सका। उर्वशी के घोर प्रेम-तप ने कुछ समय से उनके निष्पाप हृदय पर असर करना शुरू कर दिया था। स्वर्ग में उस रात उर्वशी की प्रेम जोगन छवि का नृत्य देखने के बाद, उर्वशी पर अविश्वास करने के लिए कुछ नहीं रह गया था। मैत्रवारुणी के हृदय ने अनुभव कर लिया, कच्चे सूत से भी नाजुक प्रेम-डोर से अधिक अटूट कुछ नहीं है सृष्टि में।

कुछ दिन बाद सूर्यास्त के बाद अपनी कुटिया के द्वार पर अपने प्रिय को देख उर्वशी के विस्मय और हर्ष की सीमा न रही। विस्मय हो रहा था देखकर सूर्यास्त के साथ अँधेरी रात में उसकी कुटिया में पति के मुख ने चन्द्रोदय कर दिया। हर्ष था सौभाग्य पर कि उसके प्रिय इतने ल बे विरह के बाद कुटिया में लौट आए। 'आए तो!' उसके हृदय ने उल्लास से भर कर उससे कहा।

कुछ देर तो दोनों एक-दूसरे को विस्मय से देखते रहे। कैसी अद्भुत लीला थी प्रभु की! कभी जनम जनम के प्यासे हृदय को प्रेम-स पत्ति मिली थी, पर मिलकर भी उनकी न हो सकी थी! प्रेम में सुध-बिसरे दोनों एक-दूसरे की बाँहों में ऐसे बँधे जैसे एक छरहरे देवदार से लाल दहकते गुलाब की बेल लिपटी हो। देवदार से गुलाब की मस्त गन्ध आ रही थी और गुलाब से भीनी पवित्र गन्ध देवदार की।

दोनों ने रात वन में बनी उसी अपनी कुटिया में बिताई। दोनों ने एक ही तप से अपनी कामनाओं को अववृत कर लिया—बच्चे के मिलने तक दोनों के बीच

मिलन इतना ही रहेगा। एक-दूसरे की ओर इससे आगे नहीं बढ़ेंगे। दोनों तपस्वी थे। दोनों के पास ईश्वर को चढ़ाने के लिए तप के अतिरिक्त कुछ नहीं था।

दोनों बच्चे को खोजने निकल पड़े। पहले दिन ऋषि मन का कुछ पता नहीं चला। अगले दिन नहा कर सूर्यदेव को जल चढ़ा कर दोनों फिर निकल पड़े। पूछते पूछते एक मल्लाह ने बताया ऋषि मन अब वहाँ नहीं रहते। और भी ऊपर हिमालय में कहीं चले गये है। कुछ दिन वे ऊँचाई पर हिमालय के वनों, कन्दराओं और बस्तियों में ढूँढ़ते रहे।

ऋषि मन मिले। उन्होंने बताया, ''हाँ मैंने और मेरे शिष्य हिरण्यस्तूप ने मिलकर टोकरी को गंगा में से निकाला था। हिरण्यस्तूप ने टोकरी का ढक्कन खोला तो बच्चा आँखें खोले हमें देख रहा था विस्मय से। वह रोया नही। न उन्हें कोई कठिनाई हुई उसे बाहर निकालने में। वह ऐसे सहयोग कर रहा था जैसे उसे पता था यही होनी है जो उसके साथ हो रही है।

ऋषि मैत्रवारुणी ने बच्चे की याचना की। यह देखने के बाद कि उनका पुत्र मन-द पत्ति के हृदय में समाया हुआ है, उनकी याचना में न बल था न अधिकार का सुर।

यद्यपि वे अपेक्षा कर रहे थे तो भी याचना सुनते ही ऋषि मन और उनकी पत्नी की आँखों से आँसू झरने शुरू हो गये और झरते गये।

उन्हें सीने से लगाकर उर्वशी और मैत्रवारुणी उनके आँसू पोंछते रहेकिन्तु आँसू नहीं रूके। ऋषि मन अवरुद्ध कंठ से बोले, ''बच्चा आपका है ऋषिवर। हमारी दुर्बलता पर न जाइए! हम दुखी हैं क्योंकि कर्तव्य हमे निर्मोही होने को कह रहा है और सौभाग्य ने इससे लाड़ लडवा़ कर हमे मोहित कर रखा है।''

उर्वशी और ऋषि मैत्रवारुणी ने बहुत मान रखा उनके निस्वार्थ प्रेम का। पुत्र अपने पालक माता-पिता के पास बीच बीच में रह आता। जब बच्चा ऋषि कुल में जाने योग्य हो गया तो उसका उपनयन संस्कार उन्होंने ऋषि मन से ही कराया। बच्चे का नाम वसिष्ठ रखा गया।

ऋषि मैत्रवारुणी उर्वशी और पुत्र वसिष्ठ के साथ कुटिया में गृहस्थ ऋषि का जीवन जीने लगे। जब हृदय सच्चे हों तो रूठे पति-पत्नी को एक-दूसरे को मनाने में अधिक समय नहीं लगा। बहारें लौट आयीं। तीनो का जीवन खुशियों से भर गया।

जब शिक्षा हेतु ऋषिकुल में भेजने योग्य हो गया तो ऋषि मन के ऋषिकुल में ही उसे भेजा उर्वशी और मैत्रवारुणी ने।

मैत्रवारुणी और गणराज्य

ऋषि मैत्रवारुणी महाराज निमि के समकालीन थे। ईक्ष्वाकु महाराज मनु के पुत्र थे जिनके नाम पर उनके वंश का नाम पड़ा। इस वंश के तीसरे राजा निमि थे। एक यज्ञ में अपने राजपुरोहित को उन्होंने, कुछ अनबन के कारण, पर परा की अवहेलना करते हुए प्रथम निमन्त्रण नहीं दिया। सर्वप्रथम न बुलाने पर उनके पुरोहित बहुत अप्रसन्न हो गये। दोनों को क्रोध आ गया तो निमि को राजपुरोहित ने अग्निकुण्ड में धक्का दे दिया। राजा निमि ने भी गिरते गिरते राजपुरोहित को यज्ञकुण्ड में खींच लिया। दुर्भाग्यवश दोनों का जीवन तीन अग्नियों—क्रोध और अभिमान की अग्नियों और भौतिक अग्नि की भेट चढ़ गया।

मैत्रवारुणी को इस घटना से बहुत आघात पहुँचा। वे क्रोध, लोभ, अभिमान, प्रतिशोध और प्रमाद पर विजय प्राप्त करने को, बौद्धिक ज्ञान से अधिक, ज्ञानोदय का साधन मानते थे। वे अपने आश्रम में शिष्यों से कहते थे—''ज्ञान के बीज ब्रह्म ने पहले से ही हर आत्मा में बो रखे है। उनके प्रस्फुटन के लिए सबसे अधिक आवश्यक है नकारात्मक भावनाओं को निर्मूल कर दो।''

वे जगह जगह घूम कर लोगों को पृथ्वी पर सात्विक जीवन जीने का तरीका बताते थे। वे झूठ बोलने को और ऋत् की उपेक्षा करने को दुराचार कहते थे। वे कहते थे परा प्रकृति में केवल सात्विक गुण है, तामसिक और राजसिक गुण नहीं है। केवल अपरा प्रकृति त्रिगुणी है। मनुष्य का धर्म है परा प्रकृति का चरित्र अपनाना। जीवो के लिए तीनो गुण अनिवार्य नहीं किए विधाता ने।

उनका मानना था कि दिखाई देने वाली प्रकृति अपने हर पदार्थ में सत्य को रखती है। संसारी पदार्थों में बसे इस सत्य को ऋत् कहते है। हर ऋतु में यही ऋत् विशेष ताप, शीत, वर्षा आदि को नियन्त्रित रखता है। अन्न, दूध, फल आदि में ऋत् ही सच्चा रस बन कर रहता है। मिलावट करने को वे नास्तिकता मानते थे, क्योंकि मिलावट करने वाले ईश्वर को संसार में सत्य शिव, सुन्दर का राज्य स्थापित नहीं करने देते।

लोग पूछते, "ईश्वर तो सर्वशक्तिमान है, वह क्यों इन्हें नहीं रोकता।" वे उत्तर देते, "ईश्वर हमें दास नहीं मित्र बनाना चाहते हैं। वह पृथ्वी पर वही करते हैं जो मानव चाहता है। वह मानव पर विश्वास करते हैं कि वह सब जीवों का हित करेगा। यदि जनता धूर्तों, झूठों और लालच के मारो को अपना शासक बनाकर अपने देश को नष्ट कर दे तो ईश्वर उन्हें नहीं रोकेगे, क्योंकि वे चाहते है कि मनुष्य ईश्वर के नियन्त्रण से स्वतन्त्र रहकर अपना जीवन सात्विक रखना सीखे।"

गणराज्यों के निवासियों से वे कहते, "जनप्रतिनिधि केवल वे बने जो अपना हित नहीं करना चाहते, राष्ट्र का हित चाहते है। उनमे संसार को सुन्दर और सच्चे कर्मो से सँवारने का गुण होना अनिवार्य है। जो ऐसे न निकले उन्हें सार्वजनिक पदों से हटा दो। सच्चे जनप्रतिनिधि है इसी संसार मे। उन्हें ढूँढ़ कर जनता शक्तिशाली पद सौंपे। वे स्वयं तुम से नहीं कहेगे 'हमे चुनो!' जो जनप्रतिनिधि देश की शक्ति से स्वार्थसिद्धी करे उसे तुरन्त सत्ता से बाहर कर दो।

"सारे सद्गुणों के बीज आत्मा में है। इन्हें केवल सींचना है। सारे दुर्गुण मानव चरित्र में अशनाया से आते है। अशनाया घोर अंधकार है, असत् है, जो अस्तित्त्वहीन है क्योंकि बिना आत्मा के सहयोग के अशनाया अस्तित्त्व नहीं प्राप्त कर सकती। मूर्ख, क्रोधी, अभिमानी, लोभी, ईर्ष्यालु, बदला लेने वाली, विश्वासघाती, कामोन्मादी आत्माएँ अशनाया की धूर्तता की शिकार हो जाती है। केवल आत्मा में वह चेतन शक्ति है जिसका दुरुपयोग करके मूर्ख लोग अशनाया को देश की शासक बना देते है और सारे समाज को भ्रष्ट कर देते है।"

वे माता-पिता और गुरुजन को भी शिक्षा देते,"सबसे पहले बच्चों को यह शिक्षा दो कि वे अशनाया से किसी तरह का स बन्ध न बनाए। अशनाया से स बन्ध न बनाने का सरल तरीका है अशनाया के झूठे रहस्य और आकर्षण में आत्मबलि देकर आत्मा इसके रहस्य और आकर्षण से स्वयं को मुक्त रखे, जो मनुष्य आत्मयज्ञ द्वारा अशनाया के उपरोक्त दुर्गणों को उस शून्य में भेज देता है जिससे ये उठे थे, उसकी आत्मा में विधाता द्वारा रखे गये सद्गुणों के बीज प्रस्फुटित होने लगते है। वह मनुष्य अपना जन्म सफल कर लेता है।

"जो आत्माएँ अपने में निहित सद्गुणों के बीजों को प्रस्फुटित नहीं करती, उनके मद और लोभ को भ्रष्टाचार से तृप्त करके, अशनाया अपने अधीन कर लेती है। फिर उन भ्रमित आत्माओं का दुरुपयोग करके, देश और समाज की शासक अशनाया हो जाती है।"

मैत्रवारुणी संसारियों से कहते, "जब देश में दुराचारी, लोभी, अपराधी,

खुले घूमने लगे और गणराज्य के प्रतिनिधियों से मिलने लगे, जब भ्रष्टाचारी और दुराचारी धनवान और शक्तिशाली होने लगे तो जान लो कि गणराज्य समाप्त हो गया और अशनाया शासन कर रही है। ऐसा हो जाने पर घबराओं मत। अध्यात्म ज्ञान का सहारा लो। अध्यात्म का प्रसार करो, क्योंकि सच्चा अध्यात्म ही झूठे, प्रपंची और भ्रष्ट गणराज्य का मुख सत्य की ओर मोड़ सकता है। सत्य शिव और सुन्दर को कर्म बनाओं। जनता को सचेत करो। जनता को सत्य बताओं। केवल सत्य ऐसे समाज को उभार सकता है। तुम सत्य, शिव, सुन्दर कर्मों से देश को भरने लगों। तब तु हारा गणराज्य ही स्वर्ग बन जाएगा।

गणराज्य को स्वर्ग नहीं बनाओगे तो मानव जीवन का भोलापन नष्ट हो जाएगा। जब भी किसी जाति का भोलापन नष्ट हुआ है भोलेपन की जगह मूर्खता और दुष्टता आये है और देश नर्क बना है।''

जब ऋषि मैत्रवारुणी का जन्म हुआ सन्यास लेकर अच्छे लोग ब्रह्म से सायुज्यता प्राप्त करने में लगे हुए थे। ऋषि मैत्रवारुणी को चिन्ता हुई कि यदि सभी सात्विक पुरुष संन्यास ले लेगे तो संसार नहीं चल सकेगा। उन्होंने गृहस्थ रहकर संसार में सत्य आचरण करके मोक्ष प्राप्त करने की पर परा स्थापित की। उनका दर्शन सरल था। वे परा प्रकृति को दिशा निर्देशिका मानते थे। वे कहते थे कि परा प्रकृति की तरह आत्मा में निहित सत्य शिव सुन्दर को इस संसार में अभिव्यक्त करो।

देह को हजारों वर्षों तक जीवित रखकर, एक ही जन्म मे, पूर्ण आत्मज्ञान प्राप्त करने वाले ऋषियों ने एक स्वस्थ पर परा को जन्म दिया था। किन्तु कुछ अज्ञानी जन—आत्मा के उद्‌देश्य की पूर्ति के लिए नहीं—भौतिक सुखों की लिप्सा को तृप्त करने के लिये, देह को अमर करने के अप्राकृतिक प्रयत्नों में लग गये थे।

मैत्रवारुणी की प्रज्ञा में भी वही सत्य प्रकट हुआ था जो सब ऋषि स्वतन्त्र चिन्तन से प्राप्त करते थे। सब ऋषि मानते थे कि आत्मा का कर्म है अपने में निहित प्रकाश से संसार को प्रकाशित करे। परा और अपरा प्रकृतिये आत्मा की सहायता करती है ताकि वह अपना यह कर्तव्य पूरा कर सके।

वे कहते, ''परा और अपरा प्रकृतियाँ ब्रह्म ही है, स्थूल रूप में। ब्रह्म के अतिरिक्त कुछ भी नहीं है सृष्टि मे। ब्रह्म का परा से अधिक स्थूलरूप चौबीस विकृतियों में बँटी अपरा प्रकृति है। ब्रह्म का अपरा से भी अधिक स्थूल रूप है

पेड़ो, पर्वतों, वृक्षों, मनुष्यों और जीव जन्तुओं के रूप में दिखाई देने वाली यह सृष्टि, जिसे सब प्रकृति कहते है।

''परा प्रकृति की तरह, आत्माओं को सभी बन्धनों से पूर्ण स्वाधीनता दिलाने के लिए ब्रह्म इन तीन तरह की प्रकृतियों—स्थूल, अपरा और परा—में प्रकट हुए।

''स्त्री और पुरुष भी एक-दूसरे से प्रेम करने की अपनी सर्वाधिक शक्तिशाली इच्छा की पूर्ति करते है। प्रौढ़ावस्था में एक-दूसरे के सौन्दर्य को मुर्झाते देख, उनका मोहभंग होने लगता है। वे युगल जो इसे प्रेम का समाप्त हो जाना समझ लेते है अज्ञानी है। समझदार युगल इसे अमर प्रेम के द्वार का खुलना मानते है। वे अपनी आत्माओं को यत्न करके प्रेम में प्रवृत्त करें। उन्हें समझ लेना चाहिए कि देह और मन का प्रेम रूप और यौवन पर आश्रित है। किन्तु आत्माओं का प्रेम आत्मा में बसे प्रेम पर आश्रित है। एक-दूसरे के प्रति सच्चे, सुन्दर और शुभ कर्म करके स्त्री पुरुष युगल अपने प्रेम को अमर करें। अमर प्रेम आत्मा में जगा प्रेम है जो अगले जन्म में भी आत्मा में रहता है। यह प्रेमियों को अगले जन्म में भी मिलाता है। यह अध्यात्मिक प्रेम उन्हें एक-दूसरे के प्रति इतना सत्यनिष्ठ कर देता है कि वे धीरे-धीरे दो आत्माओं से एक प्रेमात्मा में बदल जाते हैं। दोनों आत्माओं का एक-दूसरे में विलय होने पर, एक ही प्रेमात्मा दोनों के दो शरीरों में रहती है। ऐसे युगल में कभी मतभेद नहीं होता।

''संन्यासी भी यही करता है। अन्तर इतना-सा है कि वह ईश्वर से प्रेम करके ईश्वर से एकता प्राप्त करता है। मनुष्य से प्रेम करने की अपेक्षा, ईश्वर से प्रेम करना आसान है क्योंकि वह पूर्ण सत्य है। पार्थिव प्रेमी को अपनी आत्मा का सत्य प्रकट करने में परिश्रम करना पड़ता है। बेवफाई को वफा करके दूर करो। जितना हम अपने प्रेमी की आत्मा को सच्ची प्रेमात्मा बनाने में श्रम करते है उतना ही हमारी आत्मा भी सच्चे प्रेम से भर जाती है।

''जब दो आत्माओं को प्रेम से मोहभंग होने लगे तो वे एक-दूसरे की आत्मा को अपने मोह पाश से मुक्त करने को अपना परम लक्ष्य बनाए।''

कुछ गणतन्त्रों में विद्वान उस युग में भी केवल तर्कबुद्धि को ज्ञान का साधन मानते थे। उनका कहना था कि जिस वस्तु का भी इस संसार में अस्तित्त्व है वह इन्द्रियों के अनुभव में आ जाती है। इन्द्रियाँ उसकी रूपरेखा, गन्ध, स्वाद आदि की सूचना तर्कबुद्धि को देती है। तर्कबुद्धि तर्कविद्या से उस वस्तु के विषय में जो भी जाना जा सकता है जानकर मनुष्यों को बता देती है। वे इन्द्रियज्ञान को ज्ञान का

आधार मानते थे। चूंकि आत्मा का ज्ञान इन्द्रियों को नहीं होता, उनकी तर्कबुद्धि इस अन्धविश्वास का प्रसार करती थी कि आत्मा असत्य है, ब्रह्म असत्य है और पराप्रकृति भी असत्य है।

ऋषि या महर्षि

भारतीयों की चेतना के विकास में मैत्रवारुणी का योगदान किसी महर्षि से कम नहीं है, किन्तु उन्हें महर्षि नहीं कहा जाता। उस युग में अध्यात्मिक ज्ञानवृद्धि को ही महत्वपूर्ण उपलब्धि माना जाता था, जैसे आधुनिक युग में भौतिक ज्ञान को महत्व दिया जाता है। मैत्रवारुणी ने इस संसार में सत्य को कर्म में व्यक्त करने और मनुष्यत्व को विकसित करने को प्राथमिकता दी थी। यह मौलिक पथ था। इस पथ की शिक्षा उनके पुत्र वसिष्ठ ने श्रीराम को दी। उनके ग्रन्थ 'योग वसिष्ठ' का सार है –संसार को सत्य शिव सुन्दर कर्मों से भर दो, अन्यथा अज्ञानी जन संसार को असत्य, असुन्दर और अनृत से भर देंगे। असत्य, असुन्दर, अनृत कर्म भर गये संसार में तो असत्य पाखंडी, असुन्दर, अनृत कर्म करने वाले दुर्जन सत्य, सुन्दर, शिव आचरण करने वालों पर शासन करने लगेंगे।

मैत्रवारुणी सुन्दरम् को खोज रहे थे, जो सत्य का दूसरा रूप है। वे कहते थे, "सत्य, शिव और सुन्दर तीन स्वरूप है परमात्मा के सृष्टि मे। इन तीन में किसी का भी अन्वेषण करे मनुष्य तो उसके चरित्र में तीनों प्रतिष्ठित हो जाते है।

"राजनीतिज्ञ वह है जो राजनीति नहीं करता समाज मे। सत्ता, प्रसिद्धि, स्वार्थ और धन के लोभी होने के कारण राजनीति करने वाले समाज का नैतिक स्तर गिरा देते है। वे कहते, "गिरते स्तर का तटस्थ सिंहावलोकन करता है राजनीतिज्ञ। वह राजनीति करने वालों द्वारा बिगाड़े गये समाज में सत्य को पुनर्स्थापित करता है। वह राजनीति करने वालों से मैत्री करता है न शत्रुता। उसका उद्देश्य होता है जनता को जागृत करना जिससे राजनीति करने वालों के स्वार्थी कर्म लोगों के चरित्र को विकृत न कर दे। असत्य, अधर्म, अनृत का उपयोग करते हैं राजनीति वाले। जनता सदा सत्य, धर्म और ऋत् का उपयोग करे।" वे राजनीति और शासन के नैतिक स्तर को पहले से भी ऊँचा करके राजनीति करने वालो को भी सचेत कर देते थे।

वे युवकों से कहते : "तुम समाज के राजनीतिज्ञ बनों। राजनीतिज्ञ गृहस्थ

ऋषि होता है, जो क्रोध, मद, लोभ, मोह, ईर्ष्या, द्वेष, प्रतिशोध, विश्वासघात को दूर करके समाज में सत्य के स्तर को ऊँचा करता चलता है। सत्य, सुन्दर, शिव के अंकुरों को अपने चरित्र और आचरण से पोषित करने वाले ऋषि ही राजनीति को झूठ से सत्य की ओर ले जाते है। वे तामसिक राजनीति को सात्विक बना देते है।''

मैत्रवारुणी सामाजिक न्याय, राजनैतिक न्याय, पारिवारिक न्याय, संस्कृति, नैतिकता, व्यक्ति की स्वतन्त्रता, स्त्री-पुरुष के बीच प्रेम, करुणा क्षमा, पशुओं पर दया आदि विषयों पर गणसंघों (जनतन्त्रों) में प्रवचन करते रहते थे।

मैत्रवारुणी के समय में हिमालय में मारूत गणसंघ था। उन दिनों सिन्धु घाटी मे, गंगा के किनारे के राज्यों में अनेक गणसंघ थे, जैसे वैशाली, मद्र, कलिंग, युवादेवस, मल्ल, शाक्य, कलमास, लिच्छवी, वे देहन, मारुत आदि।

मारुत गणसंघ की जनता में एक मौलिक प्रथा थी, राजनीति करने वालों के होते हुए भी, अपना नैतिक स्तर ऊँचा बनाये रखने की। वहाँ नागरिक एक-दूसरे को राजा और प्रत्येक स्त्री नागरिक को रानी कहकर स बोधित करते थे। सब समान थे, सबको मिल रहे स मान के कारण। दूसरे राज्यों के लोगों में कहावत प्रचलित थी: 'सात्विक गुण धारण करने के कारण मारुत गणसंघ के नागरिकों के मुख प्रातः ओस में भीगे फूलों की तरह प्रफुल्लित रहते हैं। ऐसा लगता है सबके चेहरे सुबह की ओस धोती है, और सवेरे की लाली अपने आँचल से पोंछती है।'

मारुत गणसंघ के सब नर नारी और बच्चे वार्षिक ''सत्यमेव जयते उत्सव'' मनाने हरी मखमल जैसी घास के एक मैंदान में एकत्रित थे। मैत्रवारुणी का प्रवचन हो रहा था, ''सत्यनिष्ठ और सुसंस्कृत व्यक्ति को तामसिक राजनीति वाले अपना आदर्श समझे, शत्रु नही।

''जिन गणसंघो में राजनीति करने वाले और राजनीतिज्ञ अलग-अलग व्यक्ति नहीं होते ऐसे गणसंघ असफल हो जाते है। गणसंघो का लक्ष्य है सत्ता को तामसिक शासन से सात्विक शासन की ओर बढ़ाते जाना। सात्विक शासन ही न्याय कर सकता है बिना भेदभाव के।

गणसंध में जनता के प्रतिनिधि जनता के सेवक होते है। जनता का प्रत्येक व्यक्ति प्रतिनिधियों को उतना ही स मान दे जितना प्रतिनिधि उसे देता है। अतिरिक्त स मान से प्रतिनिधि को भ्रान्ति हो जाती है कि उसका स्तर जनता से ऊँचा है। स्वयं को जनता से उच्च स्तर का मानते ही उसमे जनता से ज्यादा धनवान होने की लालसा पैदा हो जाती है। केवल वे प्रतिनिधि बने जो राष्ट्र सेवा के बदले धन न

ले।

"केवल निस्वार्थ देश सेवक के हृदय में सत्य जीवित रहता है। जिसके हृदय में स्वार्थ आ गया वह सत्य से डरने लगता है। डरे हुए हृदय में प्रेम, कोमलता, सेवा, करुणा, बंधुत्व और समानता की भावनाएँ पैदा नहीं होती। उसकी वाणी स्वतन्त्रता का गुणगान कर सकती है किन्तु उसका हृदय दूसरे की स्वतन्त्रता को सहन नहीं करता।"

उस युग में अधिकांश ऋषिजन ब्रह्मज्ञान को समर्पित थे। ऋषिजन जान चुके थे कि मनुष्य में केवल एक अमर तत्त्व है, आत्मा, और आत्मा को पदार्थ से पृथक करके ही संसार में सच्चरित्रता और सत्य का शासन स्थापित होता है। भारत में अनेक ज्ञानी ऋषि थे, जिन्होंने यह जान लिया था कि व्यक्ति और ब्रह्मांड में एक ही नश्वर तत्त्व है जो व्यक्तियों में आत्मा है और ब्रह्मांड में ब्रह्म है। आत्मा और ब्रह्म दोनों हर मनुष्य केहृदय-दहर में साथ-साथ विराजित है। ब्रह्म वह अनूठा तत्त्व है जो आत्माओं का आत्मा है और पदार्थों का पदार्थ। उन्होंने कहा कि ईश (ब्रह्म) को ध्यान में रखते हुए त्यागभाव से स्वर्णादि भोग्य पदार्थों का सेवन करते रहो। उनमे आसक्त मत होओ।

ऋषियों ने यह जान लिया था कि ब्रह्म तर्कबुद्धि से नहीं जाना जा सकता। ब्रह्म सृष्टि में स्वतः प्रवाहित आनन्द है। ब्रह्म स्वयं अपना कारण और कार्य है। उसका उल्लास किसी कारण पर आश्रित नहीं है। वह सदा उल्लासमय है। शक्ति बनता है ब्रह्म तो पराप्रकृति हो जाता है। परा प्रकृति ही प्राण है अपरा प्रकृति की। परा के इशारे पर अपरा प्रकृति ही सृष्टि में परिवर्तित हो जाती है।

ऋषि मैत्रवारुणी ने कहा,"एक ब्रह्म से समस्त आत्माएँ प्रकट हुई। आत्माओं का लक्ष्य है अपने मूल ब्रह्म को खोजना और ब्रह्म से सायुज्यता प्राप्त करना। जो आत्मा ब्रह्म से एकत्व प्राप्त करना चाहती है उसे पहले सत्य को कर्म बनाने की योग्यता प्राप्त करनी चाहिए। ब्रह्म का ज्ञान ब्रह्म से एकता प्राप्त करके ही होता है। जीवों और पृथ्वी की निस्वार्थ सेवा करके भी ज्ञान प्राप्त किया जा सकता है। जो आत्माएँ इन में से कोई एक अपनी रूचि का रास्ता अपना कर ब्रह्म से सायुज्यता प्राप्त नहीं करती, वे आत्माएँ संसारचक्र में भटकती रहती है। महाप्रलय होने परकर्मों से बद्ध आत्माएँ ब्रह्म में समा जाती है। फिर नये कल्प में सब अपनी जीवन यात्रा उस अज्ञान-स्तर से पुनः आर भ करती है जिस पर ये थी महाप्रलय से पहले।

"सच्चे प्रेम से आत्मा का आत्मा में विलय और आत्मा का सच्चे ज्ञान से

ब्रह्म में विलय, दोनों अध्यात्मिक दृष्टि से सर्वोच्च स्तर की उपलब्धियाँ हैं। दोनों का फल एक ही है—ब्रह्म से सायुज्यता प्राप्त हो जाना। अन्तर सिर्फइतना है कि प्रेम मार्ग से दो प्रेमी आत्माएँ एक प्रेमात्मा में उत्तीर्ण होकर ब्रह्म से सायुज्यता प्राप्त करती है। उन्हें प्रेम करने की स्वतन्त्रता होती है। वे स्वतन्त्र होती है ब्रह्म में लीन होते हुए भी युगल होकर एक-दूसरे से प्रेम करने को।

''जो युगल सच्चा प्रेम करते है उनमें इतनी शक्ति आ जाती है कि संसार की सारी शक्तियाँ मिल कर भी उन्हें परास्त या पराधीन नहीं कर सकती। आर्य ऋषियों ने जहाँ राजा से न्यायप्रिय होकर सबका समान रूप से पालन करने की बात कही वहीं उसे सचेत भी किया कि वह आत्मा से एक हुए किसी भी प्रेमी युगल को अपना दास बनाने की भूल न करें। जो यह भूल करता है ऐसे शासक का शासन और यश नष्ट हो जाता है।

''प्रेमी अपनी शक्ति का प्रदर्शन नहीं करते, किन्तु कोई भी शक्ति उनसे ऊपर नहीं होती। जिन आत्माओं में परस्पर सच्चा प्रेम होता है ऐसे युगल राष्ट्र की अक्षय शक्ति होते है। जिस देश में ऐसे प्रेमी होते है उसे कोई भी शत्रु पराजित नहीं कर सकता।

''सुन्दर आचरण से यह संसार सुन्दर होता चला जाएगा। एक दिन सुन्दरम् को संसार में जन्म देकर मानव पृथ्वी को ही स्वर्ग बना देगा।

''यदि सभी ज्ञानी संन्यासी हो जाएँगे तो अज्ञानी मानवों का आचरण भ्रष्ट हो जाएगा। संसारी रहकर सुन्दर आचरण करना उन्हें कौन सिखाएगा? अज्ञानी मनुष्य अपने असुन्दर कर्मों से संसार को नर्क बना देगे। इस संसार की व्यवस्था को सत्यमय रखने का काम ईश्वर ने मनुष्यों को सौंपा है। सभी मनुष्य अपनी आत्मा में सो रहे सत्य शिव सुन्दर को जगा कर इस संसार को स्वर्ग बनाएँ।

''यदि हम नारी को नरक का द्वार मानेगे तो नारी में हीनता ग्रन्थि पड़ जाएगी। उसका आत्मविश्वास नष्ट हो जाएगा। वह स्वयं को काम सुख से लुभाने वाली मानकर आत्म स मान खो देगी। हर देश में आधी सं या नारियों की होती है। जिस देश की आधी जनसं या स्वयं को पापी समझे उस देश को लुटेरा लूट लेगा और दास बना लेगा।

''शीघ्र ही भगवान विष्णु दो अवतार लेगे राम और कृष्ण। वे दोनों नारी को पुरुष के साथ सत्य पथ पर चलने वाली संगिनी बनाएँगे। वे पुरुष की भ्रान्ति दूर कर देंगे नारी के स बन्ध मे।

तर्कबुद्धि विज्ञान की सबसे बड़ी शक्ति है, किन्तु अध्यात्म पथ पर कोल्हू के

बैल की तरह तर्क के चक्र में घूमती रहती है, अध्यात्मिक सत्य की ओर एक पग भी नहीं बढ़ा पाती। तर्कशक्ति की सबसे बड़ी कमजोरी यह है कि उसे प्रकृति ने आत्मा के अस्तित्त्व का अनुभव करने की क्षमता नहीं दी। जब 'ईश्वर नहीं है' मान लिया जाएगा तो शासक स्वयं ईश्वर के स्थान पर बैठ जाएगा और अन्याय करेगा।

सत्ता के लोभी राजनीति करने वालों की आत्मा मुत्यु के समय उनके मस्तिष्क के उस दिव्य छेद, ब्रह्मरन्ध्र से नहीं निकल पाती जो संसार से स्वर्ग में पहुँचा देता है।

युवक युवती का संकल्प

एक युवक और युवती मैत्रवारुणी के सामने आये। युवक बोला, ''देव! हम निर्भीक है। न राजा से डरते है न राक्षसों से। कारण सिर्फ यह है कि जब से हम युवा हुए और हमे सच्चे प्रेम ने झूठे संसारी बन्धनों से मुक्त किया, हमने एक-दूसरे के प्रति हर कर्म सत्य को साक्षी मान कर किया है।''

मैत्रवारुणी ने पूछा, ''श्रेष्ठ युगल! क्या तुम आकाश को गाय मानकर आकाश से सत्य को दुहना जानते हो?''

''हां आचार्य!''

''तु हें किसने सिखाया सत्य को आकाश से दुहना?''

किसी ने नहीं आचार्य। जब हमें सत्य को साक्षी कर एक-दूसरे के प्रति कर्म करने का अ यास हो गया तो आकाशरूपी गाय से सत्य को दूहने की विद्या हमारे हृदयों में स्वत: प्रकट हो गयी।''

''सत्य को दूहने के बाद क्या तुम दोनों ने सत्य को ईश्वर का प्रसाद समझ पी लिया?''

''नहीं आचार्य! हमारे मन और दसों इन्द्रियों ने उर्ध्वमुखी होकर आकाश से सत्य को दुह लिया तो हमारी आत्मा ने आत्मबलि दी दुहे सत्य पर और उससे पुनर्जन्म लिया। ऐसा करने से सत्य हमारी आत्मा की अनुगामिनी दसों इन्द्रियों में उतर गया। हमने आकाश से दूहा सत्य ही कर्मरूप में एक-दूसरे को दिया है। प्रत्येक की कामना यही रही कि मेरे जीवनसाथी में मेरे कर्म के प्रभाव से सत्यकर्म ही जन्म ले।''

मैत्रवारुणी ने पूछा, ''तुमने आकाश को ही क्यों दूहा?''

युवक बोला, ''देव! हमने सोचा संसार में यदि सत्य है तो आकाश में अवश्य होगा, क्योंकि पंचतत्त्वों का सूक्ष्मतम रूप आकाश है। तब से हम उसी सत्य को संसार में कर्मों द्वारा व्यक्त कर रहे है।''

युवती बोली, ''यह सत्य है प्रभु! और मैंने दिन रात जो भी किया, जलभरा,

भोजन बनाया, घर बुहारा, या शृंगार किया, प्रेम कर्म किया, तो बस एक ही घ्यान रहा कि मेरे हर कर्म में सत्य व्यक्त हो। इससे मेरे प्रेमी का और मेरा गौरव बढ़ा। तेज भी बढ़ा।''

ऋषि ने पूछा, ''अगर किसी दिन तु हारा प्रेमी सत्य को कर्मों में उतारना बन्द कर दे और झूठ को अपना ले।''

'ऐसा दुर्दिन ईश्वर करे कभी न आये। दुर्भाग्य से आ गया तो भी मेरा आचरण नहीं बदलेगा। मैं सत्य को व्यवहृत करती रहूँगी। सभी इन्द्रियों को एकाग्र कर भोर होते ही आकाश से सत्य को दुहती रहूँगी उम्र भर। प्रकृति के इन चौबीस विरूपों—दस इन्द्रियों, पंचभूतों, चार अन्तःकरण और पाँचों तन्मात्राओं—को एकाग्र करके मैं अपनी आत्मा के आधीन कर देती हूँ। फिर जो भी कर्म करती हूँ सत्यनिष्ठा से अपने पति के लिए करती हूँ, क्योंकि हमारी आत्माएँ एक है। हमारी दो आत्माएँ एक-दूसरे से प्रेम करके एक प्रेमात्मा हो गयी है।''

मैत्रवारुणी ने प्रश्नसूचक दृष्टि से युवक की ओर देखा और पूछा, ''यदि तु हारी प्रेयसी सत्य को त्यागकर, झूठ को अपनाकर, ऐसा दुर्दिन तु हारे जीवन में ले आयी तो तुम क्या करोगे ?''

युवक बोला, ''ऋषिवर ! मेरी इन्द्रियाँ सत्य को दूहती रहेगी। मैं सत्य, शिव, सुन्दर की उपेक्षा करके कोई कर्म नहीं करूँगा, भले ही प्राण चले जाएँ।''

मैत्रवारुणी प्रसन्नता से खिल उठे और बोले, ''तथास्तु ! ऐसा ही हो युगल-वत्स जैसा तुम दोनों ने कहा।'' फिर उन्होंने पूछा, ''तुमने सत्य को कर्मरूप कैसे दिया ?''

युवक ने उत्तर दिया, ''देव हमने अपनी-अपनी देह में कपिलमुनि द्वारा बतायी गयी प्रकृति की चौबीस विकृतियों को एकाग्र किया सत्य की ओर, जैसे नदियाँ समुद्र की ओर एकाग्र हो बहती रहती है। ऐसा करने से मन, मस्तिष्क, इन्द्रियाँ आदि सभी अंग जो हमारे शरीरों को मिले है हमारी प्रेमात्मा का कहना स्वतः मानने लगे है। हमें उन्हें प्रेमात्मा के आधीन नहीं करना पड़ा। प्रकृति ने उन चौबीसों की रचना करते हुए उनमे ये संस्कार रख दिए है। वे जितना हमारी प्रेमात्मा का कहना मानते है उतने ही प्रसन्न रहते है। ऐसा अनुभव हुआ है हमे प्रभु कि प्रकृति का स्वतन्त्र कर्म वही है जो आत्मा की इच्छा है। देह मन बुद्धि इन्द्रियादि का स्वतन्त्र कर्म वही है जो प्रकृति का है।''

मैत्रवारुणी ने पूछा, ''क्या मृत्यु के बाद तु हारे शुभ कर्मों की शक्ति अगली पीढ़ी को मिलेगी ?''

युवती बोली, "हमे विश्वास हो गया है प्रभु कि सत्य को कर्म बनाने की हमारी निष्ठा के कारण भौतिक शक्तियाँ इस शुभ कर्म के ज्योति पुंज को ऐसे ही धारण कर लेगी जैसे प्रकृति का प्रथम विकार, महत्तत्व, अपने अन्धकार में आत्मा के प्रकाश को धारणकर लेता है। हमारे बाद वह प्रकाश पृथ्वी पर रहेगा। सत्य को कर्म बनाने में हमे जितना श्रम करना पड़ा हमारी अगली पीढ़ी को नहीं करना पड़ेगा।"

मैत्रवारुणी ने प्रश्न पूछा, "तु हारी दो आत्माएँ एक प्रेमात्मा कैसे बनी?"

युवक बोला, "प्रभु जैसे भक्त की आत्मा स्वयं को भूल, ईश्वर को एकमात्र सत्य मान उसमे विलीन हो जाने की निरन्तर चेष्टा करती है वही चेष्टा हमने भी की। हम एक-दूसरे की आत्मा को एकमात्र आत्मा मान उसमे अपना विलय करने का प्रयत्न करते रहे। ऐसा करने में मुझे अनुभव होने लगा कि मेरी आत्मा प्रेयसी की आत्मा में विलीन हो गयी है।"

युवती बोली, "आचार्य! मैंने भी ऐसा ही किया। ऐसा करने से दोनों में दो नहीं एक ही आत्मा रहने लगी। मेरी आत्मा अध्यात्म पदार्थ नहीं रही अध्यात्म शक्ति बन मेरे पति के अध्यात्म' पदार्थ में समा गयी।"

मैत्रवारुणी ने युवक से पूछा, "तु हें क्या लगता है अगले जन्म में तु हें अलग अलग शरीर मिलेंगे या एक ही?"

वह बोला, "शरीर दो होगे स्त्री पुरुष, प्रेमात्मा एक होगी दोनों मे। अब से अधिक शक्ति और बुद्धि होगी हममें, क्योंकि हम अर्धनारीश्वर होंगे। अर्धनारीश्वर होने के कारण हममे स्त्री-पुरुष के द्वन्द्व नहीं होगे जो द पतियों की शक्ति नष्ट कर देते है, और वे संसार से हार जाते है। हम नारी पुरुष के द्वन्द्व और कलह से ऊपर उठ चुके है सदा के लिये। हम संसार सागर पर अवश्य विजय प्राप्त कर लेगे आचार्य, यह हमारा विश्वास है।"

"यदि कलह हो गयी तुम दोनों मे?"

लड़की बोली, "कलह कभी नहीं हो सकती प्रभु।"

लड़का भी बोला, "कलह नहीं होगी।"

ऋषि बोले, "जीवन परिस्थितियों पर भी निर्भर है। तुम सारी सावधानी बरतों किन्तु यदि किसी शत्रु ने सिद्ध कर दिया कि तुममें एक को कि विश्वासघात कर दिया है दूसरे ने?"

लड़की उदास स्वर में बोली, "यदि देवता अपना कर्म भूल गये तो मैं उन्हें दोष नहीं दूँगी। पति को भी दोष नहीं दूँगी। कोई बदला नहीं लूँगी। अपने सत्य

का सहारा लूँगी। न मैं क्रोध का सहारा लूँगी न प्रतिशोध का न निन्दा करूँगी। मैं जानती हूँ कि ये तीन स्त भ मेरे सामने आएँगे मुझे सहारा देने को। किन्तु इनका सहारा नहीं लूगी क्योंकि ये तीनो असत् हैं, कोहरे से बने स्त भ है। मनुष्य जैसे ही इनका सहारा लेता है ये तीनों स्त भ टूट जाते है और वह गिर पड़ता है।''

लड़का बोला, ''आचार्य मैं इसे कभी अपनी दृष्टि में गिरने नहीं दूँगा चाहे क्रोध विवश करे, चाहे विश्वासघात, चाहे निन्दा।''

लड़की बोली, ''यदि सचमुच भी यह विश्वासघात कर दे तो भी मैं इसे अपनी दृष्टि में गिरने नहीं दूँगी।''

मैत्रवारुणी ने पूछा, ''यदि तु हारा मन तु हारी आशा के अनुकूल न रहा? मन चंचल है ही, नास्तिक हो जाय तो? यदि मन नये सुख पाने के लिए अपनी दस इन्द्रियों को संसारी सुखों की ओर मोड़ ले तो मनुष्य को पता भी नहीं चलता कि कब उसने अपने प्रिय को धोखा दे दिया।''

युवती ने कहा, ''आचार्य! इस मन को वश में भी तो मनुष्य ही करता है। मन में मेरी आत्मा आत्मयज्ञ करके मन को अपना दर्पण बना लेगी। फिर मन–दर्पण में अपनी नहीं ईश्वर की छवि दिखाने का अ यास कराऊँगी मन को। मन आत्मा से प्रबल नहीं होता और मन एक बार ईश्वर की छवि अपने में धारण कर देख ले तो फिर उसे कोई संसारी सुख नहीं भरमाता।''

मैत्रवारुणी ने उसके उत्तर को सुनकर प्रसन्नता अभिव्यक्त की। फिर पूछा, ''यदि दुराचारियों ने तु हें सत्यव्रत पर न चलने दिया?''

''नही देव सत्य का आँचल नहीं छोड़ूँगी। सत्य को माता समझ सत्यरूपी गाय के साथ रहूँगी। कोई भी काम करके जीविका चला लूँगी, किन्तु सत्य को कर्मों में उतार कर इकट्ठा की गयी स पत्ति की रक्षा करूँगी।''

मैत्रवारुणी के हृदय में युवती को दृढ़ प्रतिज्ञ देख श्रद्धा का आवेग उमड़ आया। उन्होंने पूछा, ''अपराधी यदि शासक हो जाएँ और तु हारी जीविका तुमसे छीन ले? तु हें बलात् अपने आधीन कर ले पाप कर्म में?''

आँखों में आँसू भर वह बोली, ''बस भी कीजिए महामुनि। अब तो आप द्वारा यही एक प्रश्न करना बचा है 'यदि ईश्वर ही छलिया निकले तो क्या करोगी?' अपने प्रश्नों से नास्तिक न बनाइये मुझे प्रभु! ईश्वर की प्रकृति के विरुद्ध है ये बातें। इनसे मुझे आवृत्त न करिये। ऐसा नहीं होगा प्रभु। ईश्वर की ही सार्वभौम सत्ता है इस पृथ्वी पर भी। वे सदा रहेंगे। उनके होने मात्र से धर्म कभी नहीं मिटेगा। धरती तप करती रहेगी, फसले उगती रहेंगी! मैं भी धरती माता का

आंचल पकड़ उनका अनुसरण कर सत्य को कर्मों से दूहना नहीं छोड़ूँगी।''

ऋषि उसकी निष्ठा से द्रवित हो बोले, ''प्रभु तुम दोनों का कल्याण करें। तुम जैसी स्त्रियों के जीवन में सतयुग ही रहेगा चाहे प्रकृति में द्वापर आये चाहे कलियुग। तुम दोनों जैसे युगल संसार में सदा विजयी रहेंगे।''

अद्‌भुत प्रेमी नारद

महर्षि व्यास की अस्थिर दशा देख एक दिन नारद वसिष्ठ आश्रम में आये जहाँ व्यास रहते थे।

देवर्षि नारद व्यास से बोले, ''महामुनि! बहुत समय तक आप ज्ञान के कठोर अनुशासन में रहे है। फल भी मिला। आपने ऐसे अद्‌भुत ग्रन्थ लिखे जिन्हें मानव ही नहीं देवगण भी ज्ञानवृद्धि के लिए पढ़ते है। जिस लोक में भी जाता हूँ वहीं कृतज्ञ जनों से आपका चर्चा सुनने को मिल जाता है। आप तो जानते ही है कि मनुष्य बौद्धिक प्राणी तो है, किन्तु उसका मु य गुण है भावना। प्रेम भावना किसी में खिल जाय तो उसे सहज ही ज्ञान हो जाता है। प्रेम में बौरा जाना भी सुन्दर है। प्रेम में आत्मा बौरा जाय तो ईश्वर से सायुज्यता प्राप्त कर लेती है। अपने ज्ञान के लिए एकाग्र हो जो तप किया है, उससे जन्मी खिन्नता, उदासी और असन्तोष का उपचार आत्मा के कृष्ण प्रेम में खो जाने से हो जाएगा। कृष्ण प्रेम में आत्मा खोकर कृष्णमय हो जाएगी। कृष्ण स्वयं परब्रह्म है। आप ज्ञानी को स्वयं यह बात विदित है। आप अपने इस ज्ञान को मेधा, प्रज्ञा और ऋत भरा बुद्धियों से जान चुके है। यह बात 'महाभारत' लिखने से पहले ही आपकी ज्ञानी आत्मा जान चुकी थी। कृष्ण के परब्रह्म होने का ज्ञान एक ऐसी गूढ़ता है जिस तक बुद्धि पहुँचा तो सकती है किन्तु इस रहस्य को खोल नहीं सकती। यह रहस्य ग्रन्थि आपके हृदय में पड़ गयी है। यह ग्रन्थी ही अकुला रही है। हृदय की अकुलाहट कृष्ण रहस्य को जान लेने के बाद भी कृष्ण रहस्य की गिरह न खोलने के कारण है। आपकी आत्मा कृष्ण रहस्य के अँधेरे में बिन दीप के बैठी-बैठी उद्विग्न हो रही है।

''कृष्ण रहस्य को केवल प्रेम खोल सकता है। किन्तु आपका हृदय डर रहा है कि कृष्ण रहस्य खुल गया तो प्रेम की बाढ़ में आपका जीवन भर की साधना से स पन्न हुई चेतना का दृढ़ दुर्ग बह जाएगा। अब आपके पास कोई और मार्ग भी तो नहीं है आगे बढ़ने का। आप ठिठके खड़े है कृष्ण रहस्य के आगे। न इसे खोलने का साहस कर रहे है, न अब चेतना को पीछे ले जा सकते है। अगर आप

हृदय में बसे कृष्ण प्रेम के इस कोमल रहस्य को कोमलता से नहीं खोलेगे मुनिवर तो जान लीजिए हर जन्म में आप बालपन और यौवन बीताने के बाद प्रौढ़ावस्था में इसी रहस्य पर आकर रुक जाया करेंगे। इसी तरह खिन्नता और एकाकीपन में जीवन बीता कर फिर अगला जन्म लेते-लेते अनेक योनियाँ व्यर्थ कर लेंगे।''

महर्षि व्यास बोले, ''देवर्षि! अपनी विपुल चेतना को नहीं खोना चाहता। यही चेतना तो है जिसने मुझे वेदो और उपनिषदो में छुपा ज्ञान सुलभ कराया था।''

नारद बोले, ''महर्षि! मैं जानता हूँ आपकी इस विपुल चेतना की महिमा। इसने धर्म और मानव मन के सारे गूढ़ रहस्यों को इस सरलता से 'महाभारत' में खोला कि प्रशंसा करने को शब्द पर्याप्त नहीं है। ये रहस्य खुलते चले गये और आप सैकड़ो, एक-दूसरे से सर्वथा भिन्न, मनुष्यों का चरित्र-चित्रण करते गये। मानव चरित्र का आप जैसा चितेरा दूसरा नहीं है मुनिवर।''

''देवर्षि! कृष्ण रहस्य को प्रेम की चाबी से खोलने में मुझे अपनी विपुल चेतना के खो जाने का भय है। मुझे भय है कि इस विपुल चेतना के खोते ही मैं अज्ञान के सागर में एक छोटा-सा भयभीत प्राणी बन अनन्त काल तक भटकता न रह जाऊँ।''

नारद ने उनके हृदय पर हाथ रखा और अत्यन्त मधुर और आश्वासन भरे स्वर में बोले, ''आप मेरे अनुज की तरह मुझे प्रिय है महामुनि! आपका भय अद्‌भुत भय है जो केवल आप जैसे ज्ञानी को ही हो सकता है। आपने इस विपुल चेतना को पाने के लिए न जाने भय के कितने रूपों पर विजय पायी होगी। अब इसका मोह आपको पकड़ रहा है तो इसमे आश्चर्य की कोई बात नहीं। यह विपुल चेतना ही तो आपको चैतन्य आत्माओं का भी अग्रणी बनाये हुए है। इसे खोने का भय आपको क्यों न हो। यह तो स्वाभाविक है। किन्तु सोचिए महामुनि! यही स्वाभाविक भय मनुष्य को विमूढ़ भी कर देता है। यह भय आपको भुलवा भी सकता है कि आप विज्ञान पथ के नहीं अध्यात्मिक पथ के राही है। विशाल वैज्ञानिक चेतना खो सकती है, क्योंकि वैज्ञानिक ज्ञान मनुष्य की बुद्धि को होता है, आत्मा को नहीं। किन्तु अध्यात्मिक चेतना जो एक बार जाग गयी फिर कभी नहीं खोती, क्योंकि अध्यात्मिक चेतना केवल आत्मा को होती है जो कुछ नहीं भूलती। एकमात्र अमर तत्त्व ही नहीं है आत्मा। आत्मा वह चैतन्य-तत्त्व भी है जिसमें जो अध्यात्मिक ज्ञान एक बार जग गया, उस ज्ञान को वह आत्मा जन्म-जन्मान्तरों तक अनन्त योनियों में भ्रमण करके भी नहीं भूलती।

"यही कारण है कि पूर्वकाल के असं य ऋषियों ने वैज्ञानिक ज्ञान को ज्ञान नहीं माना। वैज्ञानिक ज्ञान अगले जन्म में आत्मा के साथ नहीं जाता। पूर्व कल्पों में हुई वैज्ञानिक प्रगति विस्मृत हो जाती है और हर कल्प में वैज्ञानिक आविष्कार नये सिरे से करने पड़ते है। किन्तु अध्यात्मिक ज्ञान से स पन्न आत्मा कलियुग में पुनर्जन्म ले तो भी उस अध्यात्मिक ज्ञान को प्रकट कर देती है जो उसने सतयुग में प्राप्त किया था।"

व्यास बोले, "देवर्षि! विज्ञान संसार के ऋत् का ज्ञान कराता है। फिर वह खो क्यों जाता है?"

नारद बोले, "यह रहस्य तो केवल विष्णु, शिव और ब्रह्मा ही जानते है। हो सकता है इस कारण कि पदार्थ-विज्ञान को आत्मा ज्ञान मान लेगी तो द्वैत में उलझकर रह जाएगी। अध्यात्मिक ज्ञान से स पन्न आत्मा ज्ञान ज्ञेय और ज्ञाता तीनों होती है। वैज्ञानिक केवल ज्ञाता होता है। उसके लिए ज्ञेय भौतिक जगत है, जो उससे सर्वथा भिन्न है। वैज्ञानिक ज्ञान भी उससे भिन्न है और पुस्तकों में संकलित होता है। अगर वैज्ञानिक का ज्ञान और वैज्ञानिक दोनों दुर्भाग्यवश एक हो जाते हैं तो वैज्ञानिक मानसिक रोग से ग्रस्त हो जाता है।"

"ऐसा क्यों है देवर्षि?"

" आत्मा विज्ञान को ग्रहण नहीं करती। अत: वैज्ञानिक की आत्मा नहीं, बुद्धि ही पदार्थों की ज्ञाता, ज्ञेय और ज्ञान हो जाती है। सभी मानव मस्तिष्कों में अध्यात्मिक तत्त्व भी होता है। भौतिक पदार्थ अध्यात्मिक तत्त्व में रूपान्तरित नहीं हो सकता। मस्तिष्क में निहित अध्यात्मिक तत्त्व केवल विज्ञान का अस्थायी ज्ञान प्राप्त करने में मस्तिष्क की सहायता करता है। भौतिक मस्तिष्क जब विज्ञान को मस्तिष्क में संकलित करने लगता है तो मस्तिष्क का अध्यात्मिक अंश सो जाता है। आधुनिक वैज्ञानिक आध्यात्मिक ज्ञान और आत्मा के अस्तित्त्व को नकारते है, क्योंकि उनके भौतिक पदार्थों के ज्ञान से भरे भौतिक मस्तिष्क को अध्यात्मिक तत्त्वों का अनुभव नहीं हो पाता। वे न आत्मा का अनुभव करते है, न ईश्वर का न प्रकृति के अध्यात्मिक माँ स्वरूप का। उन्हें प्रकृति के परा और अपरा रूप परी कथाओं जैसे लगते है।"

व्यास बोले, "मैं श्रीकृष्ण रहस्य को प्रेम की चाबी से खोलना शुरू करूँगा पूज्य देवर्षि! विपुल चेतना के खो जाने का भय समाप्त करने के लिए सदैव आपका उपकार मानूँगा।"

नारद ने चलते हुए कहा, "आप कृष्ण और राधे सहित समस्त गोपियों के

प्रेम को अपने प्रेम से समझने की चेष्टा कीजिएगा महर्षि। अनेक गोपियों से उनके प्रेम पर कभी सन्देह न करिएगा। सन्देह ज्ञान के विरुद्ध नाकाबन्दी करके, ज्ञान की स भावना को ही नष्ट कर देता है। सन्देह मन को अपना दुर्ग बना लेता है और मन में ही रहने लगता है। अध्यात्मिक ज्ञान के सारे द्वार बन्द कर देता है सन्देह। चेतना से जन्मे सन्देह नामके इस पुत्र को ज्ञानीजन अपने शत्रु से लड़ने भेजते है। या उनसे लड़ाते है जो अध्यात्मिक ज्ञान को अपनी लौकिक चेतना का विषय बनाए हुए है। इससे कोई लाभ किसी को नहीं होता, क्योंकि उनका अध्यात्मिक ज्ञान ज्ञान नहीं धूर्ततापूर्ण अभिनय होता है।''

व्यास ने निवेदन किया, ''प्रभो! इस पथ पर जब जब मैं अटक जाऊँ और आपका स्मरण करूँ तो मेरा मार्ग सरल करने हेतु दर्शन देते रहिएगा।''

देवर्षि नारद बोले, ''महर्षि! जब भी आप मुझे याद करेगे मुझे अपने समक्ष पाएँगे। किन्तु मुझे विश्वास है कि आप श्रीकृष्ण की भक्ति करते ही उनका प्रेम प्राप्त कर लेगे। वे गोपियों से अपनी रासलीला आपके अन्त:करण में ही करके प्रेम के अद्‌भुत अनुभवों से जैसे ही आपके हृदय को भरेंगे आपका अन्त:करण अपूर्व संतुलन प्राप्त कर लेगा। आप तब उनके प्रेम की वह कथा लिखेंगे जो घर-घर में युगों तक पढ़ी जाएगी। पूर्णज्ञान और पूर्णप्रेम का ऐसा संगम आपके हृदय में बनेगा जो सबके लिए अनुकरणीय होगा। इस संगम के लिए सब योनियों के प्राणी, विशेषकर अध्यात्मज्ञानी आपके ऋणी रहेगे। उन्हें अपनी भौतिक-चेतना का त्याग करते हुए आपका उदाहरण बल देगा।''

जब श्रीकृष्ण छोड़ चले

अचानक श्रीकृष्ण ने पृथ्वी छोड़ दी। इस होनि की आहट भी न होने दी। महर्षि व्यास भी अनभिज्ञ रहे इस होनी से। किसे विश्वास होता कि पृथ्वी पर अवतरे साक्षात परब्रह्म, जो जरा और मृत्यु से परे हैं, मृत्यु को प्राप्त हो जाएँगे? मृत्यु भी सर झुकाए खड़ी थी मृत्युलोक में। मानो यह मृत्यु की ऐसी भूल थी जिसने उसको सेवानिवृत करा दिया था। यह कर्तव्य परायणता नहीं कर्तव्य का समापन था।

किसे पता था श्रीकृष्ण का जाना इतनी साधारण घटना हो जाएगा! शूरवीर योद्धाओं के तीर जिनके पास से निकल गये, एक बहेलिए का तीर लग गया अन्तर्यामी को!

बलराम तिरस्कृत हो चले गये समुद्र में और जल-समाधि ले ली। इससे पहले भरे दिन के प्रकाश पर मात्र एक क्षण को ऐसा अँधेरा छाया मानो रात हो। सारे आकाश को शेषनाग के सहस्त्र फणों ने ढँक लिया। सब दिशाओं में, धरती से आकाश तक सहस्त्र फण फैल गये शेष नाग के।

कुछ ने कहा यदुवंशियों से मिले धक्के ने मनुष्य की कृतघ्नता से कृष्ण-बलराम का परिचय करा दिया। प्रेम और कृतघ्नता एक साथ नहीं रहते हृदय मे। यह प्रेम की मर्यादा है। इस कारण दोनों अमर भाई चले गये।

उस दिन नदी किनारे अनहोनि करा दी आत्मश्लाघा और मदिरा ने। यदुवंशियों ने नशे में बलराम और कृष्ण दोनों का तिरस्कार कर दिया। न शेष को छोड़ा न पूर्ण को।

कुछ ने कहा होनि रची थी स्वयं श्रीकृष्ण ने। अनहोनि का रूप दे दिया। सत्य तो यह था—किस-किस रोती प्रिया को मनाते अगर कह देते कि अब जाना है पृथ्वी छोड़कर मुझे!

उस समय तक व्यास ज्ञान मार्ग की सारी बाधाएँ पार कर अपने ज्ञान को अज्ञान से पृथक कर चुके थे। अज्ञान ने बार-बार पाण्डित्य की पगड़ी पहन उनके ज्ञान में

अज्ञान को जोड़ने का प्रयास किया था, किन्तु असफल रहा, क्योंकि ज्ञानी ही नहीं थे व्यास, निर्मल ह्रदय भी थे। प्रेम मार्ग से भी मोक्ष प्राप्त कर चुके थे। निर्मल ह्रदय ही वह हंस है जो ज्ञान और अज्ञान को दूध और पानी की तरह पृथक किये रखता है।

जैसे ही यह सूचना हिमालय में महर्षि व्यास तक पहुँची कि श्रीकृष्ण नहीं रहे उनके ह्रदय में महाप्रलय का अँधेरा छा गया। महामुनि का चैतन्य ही मुर्झा गया। प्रकाश और अँधेरे में अन्तर ही न रहा। कुटिया के भीतर और बाहर अँधेरा ही अँधेरा दिखने लगा। तीन दिन तक हिमालय में, व्यासशिखर पर बनी कुटिया में व्यास अचेत पड़े रहे। तीन दिन तक महर्षि व्यास के भीतर और बाहर अँधेरा ही अँधेरा छाया रहा।

प्रकृति अपने नियम पर अटल रही। सूर्यदेव प्रातः उदित होते, साँझ होती अस्त होते। किन्तु महामुनि व्यास के लिए तीन दिन न वे उदित हुए न अस्त। चिड़ियों का कलरव जैसे होता था होता रहा पर उन्हें सुनाई नहीं दिया। वे अपनी कुटी में अचेत पड़े रहे। न नहाने नदी तट पर गये, न ध्यान किया। शीत ऋतु के झोके उनकी कुटी की खिड़की और खुले द्वारो से आकर उन्हें झझकोरते पर वे अचेत थे।

कलियुग श्रीकृष्ण के जाते ही आ गया। व्यास की चेतना में चारों युग साथ चलते थे। ज्ञानयोग से प्रेमयोग में उत्तीर्ण होते ही उन्हें काल का रहस्य विदित हो गया था। जब काल का रहस्य ही खुल गया तो काल ने भी चार युगों का प्रपंच व्यास के आगे से समेट लिया था। व्यास के लिए चारों युगों के विशिष्ट गुण लुप्त हो चुके थे। मात्र अविभाज्य, अविशिष्ट काल बन चारो युग एक साथ प्रवाह में थे। वे द्वापर में रहते हुए भी सतयुग में जीये थे। उनके लिए सत्य को ही विजयी होना था मानवजीवन मे, युग चाहे कोई भी हो। काल-देश उन्हें बिना छुए उनके पास से निकल जाते। काल-देश के पार जा चुका था हंसा महर्षि व्यास का।

ज्ञान की व्यथा से वे उभरे थे देवर्षि नारद के कहने पर ज्ञानयोग से प्रेमयोग में उत्तीर्ण होकर। किन्तु प्रेमरस में डूबा श्रीमद् भागवत लिखने के बाद व्यास पहले वाले व्यास नहीं रह गये थे। पहले वे तटस्थ दार्शनिक और योगी थे। अब वे कृष्ण भक्त हो चुके थे, जिनकी आँखें कृष्ण को याद करके विरहिन गोपियों की तरह आँसू बहा रही थी।

अब वह वेदना जगी थी प्रेम की जो उन्हें ज्ञानियों द्वारा पूजित परमज्ञानी होते

हुए भी अज्ञानी की तरह रूला रही थी। महामुनि व्यास जैसे विलक्षण ज्ञानी के प्रेम में यह अन्तर अवश्य था कि उन्हें ज्ञात था कि उनका भक्त रूप उनके दार्शनिक रूप जैसी ही उन्नत अवस्था है आत्मा की। ज्ञान और प्रेम में कौन श्रेष्ठ है? यह निर्णय व्यास नहीं करते थे क्योंकि यह निर्णय योग माया को सुलभ है मनुष्य को नहीं। भारतीय ज्ञान पर परा ऐसे विषयों पर मनमाना निर्णय देने की प्रेरणा नहीं देती। सब भारतीयों के हृदय प्रेम को सर्वोपरि मानते है। वे कहते है प्रेम बिना ज्ञान भी लोक-कल्याण नहीं करता।

अद्‌भुत ज्ञानी व्यास को प्रेमगति रूला रही थी। रोने में लज्जा नहीं थी उन्हें। अपने हृदय की एक गोपबाला के हृदय में बदल जाने को वे किसी अपराध का दंड नहीं समझते थे। इसे ज्ञान के शिखर से पतन भी नहीं मानते थे। वे विलाप करते, "हे कृष्ण मेरा जीवन आपके होने से था। आप देख तो रहे है कि आप चले गये तो मुझमें इतना जीवन भी नहीं रह गया है कि उठूँ, स्नान कर आऊँ और आपकी अर्चना कर लूं।"

तीसरी रात श्रीकृष्ण व्यास के सपने में आये और बोले, "महर्षि शोक त्याग दीजिये। आपके कर्मठ होने की घड़ी आ गयी है।" बस इतना कहकर चले गये। व्यास को कुछ भी कहने का अवसर नहीं दिया। व्यास ने आधी नींद में ही नारद जी का स्मरण किया अपना दुख उनसे बाँटने को। देवर्षि आ गये।

नारद नहीं चाहते थे कि व्यास भगवान के वियोग में असहाय हो पड़े रहे। जब भगवान ने स्वयं उन्हें कर्मठ होने के लिए कहा है तो उन्हें कर्मठ हो जाना चाहिए। इससे पहले कि व्यास अपना दुख कहते, देवर्षि नारद बोले, "महामुने! श्रीकृष्ण के चले जाने से संसार के जनतन्त्रों के नेता स्वयं को उनके द्वारा रिक्त किये गये ईश्वर पद पर स्थापित करने की चेष्टा कर रहे है। और आप है कि इस युग के सर्वश्रेष्ठ विद्वान होकर भी भगवान के कर्तव्यों को धारण नहीं कर रहे हैं! मत भूलिए महात्मन पृथ्वी का संचालन ब्रह्माजी ने मनुष्यों को सौंप रखा है। त्रिदेव भी मनुष्य की स्वशासन करने की स्वतन्त्रता में हस्तक्षेप नहीं करते। यदि आप अपने आत्मबल से राजनीतिज्ञों को नहीं रोकेंगे तो वे स्वयं को राजा या भगवान न जाने क्या क्या समझने लगेगे। उनकी निर्लज्ज लोलुप अनात्माजिन अँधेरों में ले जाएगी उन्हें, उनमें वे भारतवर्ष को अपने पीछे घसीटते हुए ले जाएँगे।"

व्यास बोले, "इस समस्या का निवारण मैं नहीं कर सकता। मैं अपने ही दुख से दुखी हूँ। मुझे और दुख न दीजिये। मुझ पर कृपा कीजिये देवर्षि!"

"फिर आपने मेरा आह्वान क्यों किया?"

"दुख घनीभूत हो गया। एक आप ही तो है जो गहन अँधेरे में सदा मेरे लिए दीपक बने रहे।"

देवर्षि बोले, "कलियुग आ गया है महर्षि व्यास। उठिये कर्तव्य पूरा कीजिए। मुझे भी बहुत कुछ करना है इस अँधेरे मे। राजनीतिज्ञ ज्ञानियों से भय और घृणा करने लगे है। ढोंगी-ज्ञानियों को धन देकर दास बना लेते हैं। उन्हें तीन वासनाओं ने उनकी सामर्थ सीमा से बाहर खिंचकर, उन्माद को उनकी सीमा बना दिया है।"

महर्षि व्यास पर वह नींद भरा दुख फिर छा गया। उन्होंने कुछ भी नहीं सुना। देवर्षि ने उन्हें अकेला छोड़ देना ही उचित समझा और चले गये।

चौथी सुबह महर्षि व्यास की चेतना पर छाया अँधेरा हटा तो वे स्वयं से बोले, "कृष्ण द्वैपायन तु हें सत्यपथ बनाना होगा, जिस पर कलियुग में मानव चल सके। यही चाहते हैं भगवान।"

स्नान के बाद जब वे ध्यान लगाने बैठे तो कृष्णभक्त थे ध्यान किसका आता सिवाय श्रीकृष्ण के। ध्यान लगते ही आँसू फिर बहने लगे। व्यास ने सोचा, 'विरहिन गोपियों का कृष्ण प्रेम तो बहुत पुराना था इस कारण संयमित हो गया था। मेरा कृष्ण प्रेम अभी नया है। इस कारण मुझे मूर्च्छित किये रहता है। इस तरह थोड़े ही जीवन कट सकेगा। मेरी विरह वेदना नयी है, इस लिए आँसू रोके नहीं रुक रहे है। मेरे हृदय को संयमित होने के लिए कुछ तो समय चाहिए। इस वेदना का दमन करना पौरुष का दुरुपयोग होगा।'

केवल उनकी विरह वेदना नहीं, अन्य जीवों की और पृथ्वी की विरह वेदना भी उनके हृदय को शीत के प्रचण्ड झोको की तरह प्रकं पत कर रही थी। कुछ देर में ही सामूहिक विरह वेदना ने उन्हें विह्वल कर दिया।

अपने हृदय को एक विरहिन की तरह तड़पता देख उन्हें लज्जा नहीं आयी, अच्छा लगा। उन्हें विश्वास नहीं था कि उनका ज्ञानी हृदय, बिना ज्ञान खोये, इस तरह कृष्ण विरह में बिलख सकेगा। उनके अस्तित्त्व का पोर पोर एक साथ चीत्कार कर रहा था, "हे गोविन्द क्या भूल हो गयी मुझसे जो मुझे छोड़ गये। क्या वह मेरी आलस्य तन्द्रा थी, चेतना नहीं, जिसे कभी आपने सराहा था?

"गोविन्द! प्रेम के अभाव मे, मेरा ज्ञान मुझे ऐसे जला रहा था जैसे वृक्ष के चारों ओर पड़ी उसकी ही सूखी पत्तियाँ, किसी चिंगारी के कारण, अपने पिता वृक्ष को धू-धू जला डालती है। फिर भी मैंने ज्ञानपथ नहीं छोड़ा। कोरी ज्ञानाग्नि में जलकर मेरा जीवन सूखे सरोवर की तरह उदभ्रान्त हो गया। तब देवर्षि नारद ने

मुझे समझाया कि ज्ञान की अग्नि अगर जलाने लगे तो उपचार कोई नहीं है सिवाय आपसे प्रेम करने के जो ज्ञान को ही प्रेम में बदल दें। ऐसे देवर्षि नारद ने प्रेम की एक बूँद पिलाकर, मेरे असीम अज्ञान का भरम खोल दिया। देवर्षि नारद ने ही कृपा करके मेरे प्रेमविहीन ज्ञान से मेरे हृदय को मुक्ति दिलाई। मुझे पता चला कि मस्तिष्क में ज्ञान का चाहे जितना उजाला हो, यदि हृदय में प्रेम का उजाला नहीं तो ज्ञान के बाद भी हृदय में अँधेरा ही रहता है।''

व्यास अकेले

कई दिन बीत गये। भगवान श्रीकृष्ण का पृथ्वी से चले जाना व्यास को अब उस बालक की तरह रूलाने लगा जिसे उसका पिता किसी वन में बैठाकर चला गया हो और लौटकर न आया हो। आँसुओं के प्रवाह ने धैर्य के सारे बाँध ऐसे बहा दिए जैसे बस्तियाँ बाढ़ में बह जाती है। अध्यात्म भी बाँध न बना सका प्रेम में आयी बाढ़ पर। विरह वेदना हृदय में रह रह कर उठती रही रात भर। जब भी जरा झपकी लगती, 'कृष्ण चले गये,' यह सत्य उनके हृदय को याद दिला कर चला जाता।

दुख भरे दिल को घनघोर मोह ने घेर लिया। उन्हें लगने लगा कृष्ण नहीं रहे तो गायें रँभाना भूल जाएँगी! चिड़ियाँ चहचहाना भूल जाएँगी! मोर अपने पंखों के ढेर देख रोने लगेगें—अब कौन उनके पंखों से अपनी छवि को सजाएगा, जिस छवि को देख मोर भी छबीले हो जाते थे। प्रकृति भी कहती लगती, 'मोर तो अब भी खूब नाचते है। लेकिन वह रौनक और थी जो मोरों पर आती थी जब मोरपंख लगाये कृष्ण मोरों के बीच आते थे।'

मोहग्रस्त महर्षि को सब उदास या रोते, या पलकों में आँसू थामे हुए लगते थे। दर्शनशास्त्र रो रहा था, 'दार्शनिक तो शब्दों के जाल से मुझे ढ़क कर मेरी और ज्ञान की मैत्री तोड़ देते है। अपने सुन्दर, सच्चे शब्दों से कैसा बाँका दार्शनिक बना दिया था कृष्ण ने गीता में!' काल कहता 'श्रीकृष्ण नहीं रहे! मुझ अनन्त के यात्री के उदास हृदय को अब कोई मुरली के मधुर स्वर से उल्लसित नहीं करेगा।' स्त्रियाँ आँसू बहाती 'रूप के रसिया तो बहुत आए रूप में डूबने। ओ निर्मोही, छलिया कृष्ण! स्त्रियों के रूप में डूबकर स्त्रियों को भी भवसागर पार करा गये तुम!'

विरह-ज्वर चढ़ रहा था। व्यास बहक रहे थे, 'आपने ही तो मुझे ज्ञान की अग्नि से निकालकर प्रेम के सरोवर में डाला था। मुझे जताया था—प्रेम गहरा सागर है जिसमें ज्ञान डूबकर उभरे तो ज्ञान ज्ञान हो पाता है। आप थे पृथ्वी पर तो

हृदय को सहारा था। अब आप कही दिखते नहीं कमलनयन! दिखने की कोई आशा भी नही। आप नहीं है तो प्रेम का सहारा भी चला गया। ज्ञानयोगी था तो विरह नहीं सताता था। प्रेमी का तो सारा जीवन मिलन और विरह इन ध्रुवों के बीच ही रहता है। मुझे प्रेमयोग क्यों दिया जब जाना था, अकेला छोड़कर। मुझे ज्ञानपथ पर ही रहने दिया होता। अपने होने पर मेरा होना आश्रित क्यों कर गये?'

'आपके वेणु गीत गाता गाता सो गया तो जीवन-.बन में अकेला छोड़ कर चले गये! यह कौन सी रीत निभाई वेणु माधव? मेरा क्रन्दन आपको सुनाई क्यों नहीं देता प्रभु? पहले मुझसे अभिन्न हुए, फिर मेरा अपनत्व छीनकर चले गये? प्रेम मार्ग दिखाया और दिया विरह-मार्ग?'

अब वह वेदना जगी थी प्रेम की जो उन्हें ज्ञानियों द्वारा पूजित परम ज्ञानी होते हुए भी अज्ञानी की तरह रूला रही थी। महामुनि व्यास जैसे विलक्षण ज्ञानि को यह सुध नहीं रह गयी थी कि इस प्रेमपीर को अपना अध्यात्मिक उत्थान समझे कि अवसान। अपने पौरूषमय हृदय की एक गोपबाला के हृदय में हुई परिणति को उत्थान समझे या ज्ञान के सुमेरू-शिखर से पाताल में पतन। प्रेम के रहस्यों से अनभिज्ञ व्यास विषाद में डूब गये। श्रीकृष्ण का प्रेम भी उनके प्रति बहुत गहरा था। उनका प्रेम व्यास के हृदय पर छाया रहता। न तो श्रीकृष्ण के प्रेम में भार था न व्यास के हृदय को प्रिय के हृदय को वश में करने की कला विदित थी। श्रीकृष्ण का प्रेम, भक्त को बन्धनों से मुक्त करने वाला प्रेम, व्यास के हृदय में प्रेम की पीड़ा बनकर उतरा हुआ था।

कभी उन्होंने भक्ति के अद्‌भुत आवेग में एक सहस्त्र नामों से श्रीहरि की स्तुति की थी। व्यास ने उन नामों को प्रेम से भरी वाणी में जपना शुरू किया। न जाने कितना गहरा और ज्ञान समा गया था उन नामों में कि प्रेम के सागर ने उठ-उठकर व्यासशिखर पर चढ़ आयी महामुनि की चेतना को डूबा दिया।

नारीत्व श्रीकृष्ण से नेहा लड़ा कर ही सौन्दर्य की वह नाव बना था, जिसमें बैठकर प्रेमी और प्रेमिका भवचक्र तोड़ देते है।

ऋषि जाबालि का क्रोध

अचानक अपने श्वसुर ऋषि जाबालि को अपनी कुटिया में पाकर, अपने दुख को एक ओर करके, उन्होंने उचित आदर सत्कार के बाद उनसे आने का कारण पूछा। क्रोध से भरे ऋषि जाबालि ने व्यास से सीधा प्रश्न किया, ''माता-पिता के चरित्र का सन्तान के चरित्र पर प्रभाव पड़ता है, या नहीं ?''

व्यास समझ गये कि ऋषि जाबालि को यह सूचना नहीं है कि भगवान धरा छोड़कर जा चुके है। उन्होंने उन्हें यह दुखद सूचना नहीं दी कि कहीं आवेश में वे उनके आराध्य के विषय में कोई कटु वाक्य बोलकर पाप के भागी न हो जाएँ। वे स्वयं को संयत करते हुए बोले, ''ऋषिवर पूर्वजन्मों में किये गये कर्मों के अनुसार मनुष्य का चरित्र बनता है।''

ऋषि बोले, ''क्या यह विचित्र बात नहीं है कि आपकी माता सत्यवती को कोई दुविधा नहीं हुई, कुमारी होते हुए भी, आपके पिता से प्रणय करने, आपको जन्म देने और तुरन्त आपका त्याग करने में। आपके लालन-पालन के भार से स्वयं को मुक्त क्यों रखा पराशर मुनि ने ? उनसे पुनः कुमारी हो जाने का वरदान माँगने में भी आपकी माता को संकोच नहीं हुआ। उनसे यह कहने में उन्हें लज्जा नहीं आयी कि अब वे किसी और की पत्नी बनना चाहती है। महाराज शान्तनु की मति को भी मार दिया अपने मोहजाल मे। क्या यही सदाचार है ?''

व्यास बोले, ''ऋषिवर! माता-पिता के चरित्र का आंकलन करने का अधिकार मनुष्य को नहीं दिया है विधि ने। अत: एक पुत्र को माता-पिता के निजी कर्म का साक्षी बनाकर उसकी माता-पिता के प्रति श्रद्धा को नष्ट करने का कर्म दुष्कर्म है। आप एक महान ऋषि हैं ऐसा न करे। प्रार्थना करता हूँ कि केवल ऐसे प्रश्न करें जिनसे आपका उज्ज्वल चरित्र विकृत न हो।''

मुनि ने कहा, ''मुझे बात पूरी करने दीजिए। महाराज शान्तनु सत्यवती के नवोदित कौमार्य पर इतने मुग्ध हुए कि चाहत में सूखने लगे। किन्तु वे सत्यव्रती थे। उन्होंने धीवरराज की शर्त मानने से इन्कार कर दिया। वे अपने ज्येष्ट पुत्र

भीष्म के अधिकार का हनन नहीं करना चाहते थे। उन्होंने ऐसी अनुचित शर्त रखने के कारण धीवरराज को भी दंड नहीं दिया, क्योंकि वे प्रजा की स्वतन्त्रता के पक्षधर थे। शान्तनु ने अपनी इच्छा का बलिदान कर दिया। भीष्म सत्यव्रत थे। उन्होंने पिता की इच्छा जानते ही एक की जगह दो व्रत धारण कर लिये— सिंहासन पर नहीं बैठेगे। विवाह नहीं करेंगे जिससे उनकी सन्तान सिंहासन न छीन ले। आपकी माता क्यों चुप रही? क्या उनका कर्तव्य नहीं था, स्वार्थ का बलिदान करके, पिता पुत्र को दो धर्मविरोधी शर्तों से मुक्त करना?''

व्यास, ''आप मेरे और अपने बीच स बन्ध की मर्यादा का उल्लंघन न करे। मैं पुत्र हूँ। पुत्र को अधिकार नहीं है माता-पिता के कर्मों का साक्षी होने का या उस पर अपनी स मति बनाने का।''

जाबालि, ''धर्म पर विचार हो रहा है। धर्मयुक्त उत्तर दीजिए।''

व्यास बोले, ''माता सत्यवती अपरा प्रकृति है। अपरा का धर्म है सात्विक, राजसिक और तामसिक तीनों गुणों के बीच वर्चस्वता के लिए निरन्तर हो रहे सघर्ष में किसी का भी पक्ष न ले। जो जीत जाए, उसी के अनुसार कर्म करे जिससे जीवन की विजय हो मृत्यु की नहीं।''

ऋषि जाबालि बोले, ''राजमाता होकर वे धर्म की मर्यादा भूल गयी है। उन्होंने आपको प्रेरित किया और आपने अ बा और अ बालिका से नियोग किया।''

व्यास बोले, ''राजधर्म मानवधर्म का ही हिस्सा है। मेरी माता अपरा प्रकृति है। मानव धर्म अपरा प्रकृति पर लागू नहीं किया जा सकता। अगर ऐसा होता तो राजा का आदेश नदियाँ मानती और बाढ़ न आया करती।''

जाबालि बोले, ''इस बात का भान तो आपको होगा कि माता का पापकर्म पुत्र को प्रभावित करता है और पति का पाप कर्म पत्नी को। आपकी पत्नी मेरी पुत्री है। क्या मेरा कर्तव्य नहीं है कि मैं अपनी पुत्री की रक्षा करूँ इस दुष्प्रभाव से।''

''महात्मन मैं पुन: निवेदन करूँगा कि हर व्यक्ति को दुख-सुख अपने ही कर्म से मिलते है।''

''किन्तु मैं ऐसा नहीं मानता।''

''महात्मन् आप स्वतन्त्र है निर्णय करने के लिये। इसमें मेरी स मति के लिए स्थान नहीं है।''

''आप महर्षि होने के नाते सत्य बोलने के लिए प्रतिबद्ध है। महर्षि होने के

नाते प्रकाश डालिए मेरी इस चिन्ता पर।''

व्यास ने उत्तर दिया, ''मेरी माता मानव समाज के नैतिक नियमों से अप्रभावित अपरा प्रकृति है, उन्मुक्त झरनों जैसी निर्भय, उमड़ते बादलों जैसी निष्पाप। उनके हृदय में आयी हर इच्छा, धर्म–अधर्म से परे रहने वाली अपरा प्रकृति में उतरा परा प्रकृति का निर्णय है। मेरी माता निर्णय नहीं लेती। निर्णय परा प्रकृति का होता है। मेरी माता का धर्म है परा के निर्णय को कर्म रूप देना।''

ऋषि जाबालि बिना कुछ बोले जितनी तेजी से आए थे उतनी ही तेजी से से चले गये।

देवर्षि नारद और कृष्ण विरही व्यास

व्यास को अक्षय प्रेमरस की प्यास लगी है, जो कभी स्वयं उन्हें लगी थी, यह जानकर देवर्षि नारद का हृदय खिल उठा। उनके हृदय में "सा त्वस्मिन् परमप्रेमरूपा" स्फुरण हुआ—"यही तो वह भक्ति है जो परमप्रेमरूपा है।" जैसे किसी प्रेमी भक्त को दूसरे प्रेमी भक्त का पता मिल गया हो। वे महर्षि व्यास की व्यासशिखर पर बनी कुटिया में पहुँच गये। व्यास उनका यथोचित आदर सत्कार कर चुके तो देवर्षि चुप बैठे रहे कुछ नहीं बोल सके। कृष्णप्रेमी सखा की प्रेममथित दशा देख विह्वल हो उठे।

जब भी बोलने की चेष्टा की कंठ अवरुद्ध हो गया और बोल न निकले। महर्षि व्यास कुछ देर को अपना दुख भूल गये देवर्षि की संवेदना के आगे। इस संवेदना में प्रेम तो था ही, संयम के कारण यह अत्यन्त सुन्दर लग रही थी। आँसू की हर बूँद में प्रेम जो वाणी में व्यक्त नहीं हो पा रहा था नेत्रों से बरस रहा था।

व्यास अवरुद्ध कष्ठ से बोले, "देवर्षि! कृपा कर मुझे कोई उपदेश दीजिये। मेरी तो स्मृति ने भी लगता है मेरा साथ छोड़ दिया।"

नारद ने व्यास का हाथ अपने हाथ में ले लिया और आँसू भरी आँखों से उन्हें कुछ देर देखते रहे। फिर बोले, "न स्मृति कहीं जाती है न श्रुति। ये तो भ्रम है महामुनि! प्रेम के अतिरेक में विरह बाधा आ जाने पर ये शक्तियाँ साथ छोड़ जाती है। पर कुछ समय बाद आप ही लौट आती हैं।"

"प्रभु इतनी सी कृपा कर दीजिए मेरे विरह में जलते हृदय पर। कुछ बोलिए! मेरी दशा ऐसी क्यों हो गयी? यह मेरी भक्ति की उन्नति है या अवनति?"

नारद बोले, "प्रेम पथ तलवार की धार से भी धारदार है। ऐसे विकट पथ पर कैसे चलें यह आपसे अधिक कौन जानता है। विरह पीड़ा ने आपके ज्ञान को कुछ समय के लिए आपसे छुपा दिया है। आप धन्य है, आपको श्रीकृष्ण की भक्ति प्राप्त हुई। यह जिसे प्राप्त हो जाती है वह "सिद्ध हो जाता है। अमृत हो जाता है। तृप्त हो जाता है।"

व्यास को कुछ और सुनने के लिए एकाग्र हुआ देख उनकी ज्ञान और भक्ति दोनों से अनुप्राणित वाणी प्रवाहित हो चली, ''यह तो आप जानते ही है महामुनि प्रेम वैराग्य से भरा होता है। इसमे कामना नहीं होती। प्रेम न वैराग्य है न सांसारिकता। सभी आश्रयों का त्याग कर देना ही वैराग्य है। किसी भी वस्तु या व्यक्ति का आश्रय ग्रहण करने पर पतन अतिशीघ्र होता है। गर्ग, शांडिल्य आदि ऋषियों ने प्रेम की अलग अलग परिभाषाएँ की है। प्रेम का सबसे बड़ा उदाहरण बृज की गोपियाँ है, यह याद रखिए। कर्म, ज्ञान, योग सभी साधन हैं। किन्तु सबसे बढ़कर है भक्ति महर्षि। यह भी याद रखिये 'ज्ञानमेव साधनम्।' इस अद्‌भुत तत्त्व प्रेम का एकमात्र साधन ज्ञान है। 'भक्ति स्वयं अपना फल है', ब्रह्मा पुत्र सनत्कुमार का वचन है। यदि किसी को पूर्ण स्वाधीनता चाहिए तो ईश्वर से प्रेम ही एकमात्र मार्ग है उसके लिए। जो कर्मफल त्याग देता है वह द्वैत से मुक्त हो जाता है। सब कुछ कह रहा हूँ महामुने, किन्तु सार तो यह है 'अनिर्वचनीयं प्रेमस्वरूपम्।'' नेत्रों से आँसू बह रहे थे देवर्षि नारद के। किसी तरह आँसुओं को रोक-रोककर वे बोल रहे थे।

कुछ देर बाद उनके दोनों हाथ अपने दोनों हाथो में लेकर प्रेम पीड़ा के मर्मज्ञ नारद बोले, ''महर्षि मैं जानता हूँ आपका हृदय अतुलित ज्ञान का सागर है, फिर भी इसमें प्रेम की विह्वल लहरे उठ रही है। प्रेम और ज्ञान का अद्‌भुत संगम देख मेरे नेत्रों से आनन्द के आँसू निकल आये है। प्रेम और ज्ञान पाकर भी आपको शान्ति नहीं मिल रही है। आप धन्य है! ऐसा लगता है कि आपसे जगत में कोई और भी अद्‌भुत कर्म कराने की ठान ली है मुरली मनोहर ने। मैं धन्य हूँ ऐसे सच्चे प्रेम की कथा अपने नेत्रों से देखूँगा उन अद्‌भुत कर्मों में जो आप करने वाले है सारे विश्व के विद्वानों को सत्य की खोज में एक करने के लिये। संसार जानेगा कि जब ज्ञान और प्रेम पाकर भी मनुष्य को शान्ति न मिले तो आप जैसे ज्ञानी और प्रेमी को अद्‌भुत साधन प्राप्त हो जाते है। भगवत् कृपा से आप सारे महापंडितों को एक करके कलियुग में सत्य का राजपथ बनाएँगे।''

महर्षि व्यास के नेत्र भर आये यह देखकर कि उनकी सुध लेने वाला भी कोई है त्रिलोक मे। स्वर को संयत कर वे बोले, ''देवर्षि! इन दिनो तो मेरे पास समय ही समय है और करने को कुछ नही। ज्ञान में मन नहीं लगता। लगता है कि जो कुछ कर सकता था कर चुका। आश्चर्य है जब कुछ और होना नहीं है मुझसे तो मृत्यु क्यों नहीं आ रही है!''

देवर्षि भी तो अद्‌भुत प्रेम पुजारी थे, जो प्रेम पुजारियों को भी अचरज में

डाल दे कि जो किसी भी क्षण भगवान श्रीविष्णु के पास जा सकते हैं उन्हें प्रेम पीड़ा सहने की क्या आवश्यकता है!

'अपने प्रिय से मिलन हो जाय तो भी प्रेम की सुहानी पीर बनी रहे, हृदय प्रेम से कभी रिक्त न हो'—यही वरदान प्रेम योगी नारद ने श्रीविष्णु से माँगा था।

महाभारत को पढ़कर देवर्षि नारद की दृष्टि में महर्षि व्यास का महत्त्व बहुत बढ़ गया था। व्यास ने सारे चरित्रों का चित्रण तटस्थ होकर किया था। यह कार्य ईश्वर ही कर सकते है जिनको अपनी सारी मानव सन्तान समान रूप से प्रिय है। नारद को विश्वास हो गया था कि जिस दिन व्यास अपने मस्तिष्क में बीज रूप में विद्यमान समस्त मानव चरित्रों को समन्वित कर लेंगे मानव जाति युद्ध लड़ कर एक-दूसरे का विनाश करना बन्द कर देगी, और पृथ्वी भी अपनी तरह का एक स्वर्ग बन जाएगी।

जीवन जोत की मुक्ति

महर्षि व्यास की आत्मा में ज्ञान और प्रेम इन दो मार्गों से अन्तिम चढ़ाई चढ़ने के बाद अनन्तप्रकाश के निर्झर दो बार खुले थे। एक दिन उस अनन्त प्रकाश की स्मृति ने उनकी विरह वेदना को तो शान्त कर दिया, किन्तु उनकी निजी जीवन जोत की अपने प्रकाश से अपेक्षा बढ़ गयी।

व्यास उनमे नहीं थे कि मुक्ति प्राप्त कर लेने के बाद मोक्ष जाने की जल्दी में निजी जीवन जोत के बुझ जाने की प्रतीक्षा करते। नश्वर जीवन जोत ने ही उनकी आत्मा को मोक्ष दिलाया था। आत्मा कृतघ्न नहीं होना चाहती थी जीवन जोत के प्रति।

वे अपनी वृद्ध जीवन जोत को ऐसे नहीं बुझाना चाहते थे जैसे रात को गृहणियाँ चूल्हे में छोटे-छोटे धीमें जलते कोयलों को राख से ढँक देती है ताकि हवा न मिलने पर बुझ जाएँ। उनकी आत्मा ऐसे भी नहीं जाना चाहती थी जैसे वृद्ध और अशक्त हुआ सिंह अपना परिवार त्याग देता है और बन के किसी कोने में चला जाता है मर जाने के लिये। वे ऐसे वृद्ध होकर भी मोक्ष जाना नहीं चाहते थे जैसे वृद्ध संन्यासी जिनके मस्तिष्क, हृदय और वाणी उनकी आत्मा को अभिव्यक्त करने में असमर्थ हो जाते है। महर्षि व्यास को यह भी स्वीकार न हुआ कि हिमालय के किसी कोने में शान्त लेटकर अपनी वृद्ध जीवन जोत के बुझने की प्रतीक्षा में दिन काटे।

मोक्ष पर व्यास के प्रश्न बिल्कुल मौलिक थे—क्या जीवन जोत केवल एक माध्यम है कैवल्य प्राप्ति का? क्या निजी जीवन जोत में ईश्वर की अमर जीवन जोत नहीं छुपी है? जब आत्मा ने जीवन जोत के सहारे मोक्ष प्राप्त किया तो क्या अब आत्मा का कर्तव्य नहीं है कि वह अपने सहारे जीवन जोत का विलय ईश्वर की अमर जीवन जोत में कराये?

उन्होंने सोचा निजी जीवन जोत का मोक्ष क्या है? केवल मर जाना तो उसका विनाश है। अमर जीवन कल्पना नहीं, यथार्थ अनुभव था उनका। व्यास के होंठों से

ये शब्द निकले, "क्या इस वृद्ध जीवन जोत में अमरता नहीं समाई है? क्या नश्वर जीवन जोत की पूर्णता ईश्वर की अमर जीवन जोत में समा जाना नहीं है? ईश्वर की सनातन जीवन जोत चिरनूतन है, अकारण उल्लास से भरी है, पवित्र है। मनुष्य के अधर्म और असत्य आचरण की कोई परछाईं इस पर नहीं है। मरने से पहले ही मुझे अपनी वृद्ध जीवन जोत का विलय ईश्वर की अमर जीवन जोत में कराना है। मैं यही करूँगा।"

इन शब्दों के साथ एक नयी स्फूर्ति व्यास के अंग-अंग में व्याप्त हो गयी। 'मेरा सच्चा मित्र है मेरी निजी जीवन जोत। इसने मेरी आत्मा की मुक्ति कराई। अब मेरी आत्मा इसकी मुक्ति करा कर इसके उपकार का बदला देगी।'

अध्यात्मिक चिन्तन ने उनकी वृद्ध जीवन जोत को नश्वर कहकर उसके प्रति व्यास के हृदय को कठोर करना चाहा। किन्तु व्यास को ईश्वर की अमर जीवन जोत में अपनी नश्वर, वृद्ध जीवन जोत का विलय करने की लगन लग गयी। अब तक उनकी आत्मा ब्रह्म से और उनका मनुष्यत्व ईश्वरत्व से आत्मसात हो चुका था। वे फीकी पड़ चुकी अपनी मर्त्य जीवन जोत को साहस से भरे रखने में लग गये, जिससे वह अमर जीवन में अपना विलय कर सके। सीमित जीवन की उपेक्षा करने को योगी जन-जीवन के मोह से मुक्ति मानते थे। किन्तु व्यास की दृष्टि में यह अमर आत्मा की कृतघ्नता थी नश्वर जीवन जोत के प्रति, जिसने आत्मा की मुक्ति प्राप्त करने में सहायता की थी।

व्यास के लिए जीवन और मृत्यु का द्वैत अपना भेद खो चुका था। मोक्ष प्राप्ति के बाद भी, उनके हृदय में नश्वर जीवन के प्रति संवेदना के कारण उठते इन अद्भुत प्रश्नों को कोई भी नहीं जान पाया सिवाय देवर्षि नारद के। व्यास मानते थे कि मुमुक्षुओं का नश्वर देह के प्रति ममत्व छोड़ देना पर्याप्त नहीं है। ममत्व छोड़ना तभी सार्थक है जब साथ ही नश्वर जीवन जोत को भी मुक्त करके उसके उपकार के ऋण से मुमुक्षु स्वयं को मुक्त करे। ऐसा न होने के कारण समाज में वर्णवाद और नीच ऊँच जातियों का मिथ्या भेदभाव, दीये के नीचे रहने वाले अँधेरे की तरह, फैल रहा था। व्यास ने कहा, "जो अध्यात्मज्ञान दीन, हीन मनुष्यों और पशु-पक्षियों के नश्वर जीवन के प्रति हृदय को कठोर कर दे वह अपूर्ण है। अध्यात्म ज्ञानी के ज्ञानी हृदय तले पलने वाली यह कठोरता ही अशनाया है। सजग हृदय का उजाला नकारात्मक भावो, विचारो और कामनाओं को नष्ट करता रहता है एक सजग किसान की तरह जो फसल के बीच क्षर पतवार की निराई करता रहता है।

अध्यात्म ज्ञान से भरे हृदय तले पलने वाला यह अहंकार अशनाया है। हृदय तले पलने वाले कठोर अहंकार को प्रकृति की एक विकृति के रूप में स्वीकार कर लेना सनातन सत्य से दूर हो जाने जैसा है। महत तत्त्व व्यक्ति की अस्मिता के लिए पर्याप्त है। महत् के होते हुए अहंकार की कोई आवश्यकता नहीं रहती।

न जाने कैसी नीद नश्वर जीवन को अमरजीवन से एक करने के प्रण ने उन्हें दे दी। उन्हें लगा कोई प्राचीन ऋषि उनकी कुटिया में आये है। वे उनके चरण पखारना चाहते है पर उठ नहीं पा रहे है।

प्राचीन ऋषि बोले, ''महर्षि व्यास तुमने सभी जीवों से सात्विक प्रेम किया जो तु हारे जीवन में आए। जब किसी ने तुमसे प्रेम किया तो वह प्रेम तुममें को होता हुआ ईश्वर को प्राप्त हुआ। ईश्वर से ऐसा अद्वैत भाव रखा कि स्वयं 'व्यास विष्णु रूपाय, व्यास रूपाय विष्णवे' लिखते हुए इसे आत्मश्लाघा नहीं होने दिया। पिता से निस्वार्थ प्रेम रखा तब भी जब उनका प्रेम तु हें नहीं मिला। माता की हर आज्ञा का पालन करते रहे। हर निजी, अनिजी कर्म करते हुए ईश्वर से अभिन्नता रखी! अपना सारा प्रेम, सारे तप, शुभकर्म और उनके फल ईश्वर को समर्पित करते रहे। आपकी वृद्ध जीवन जोत में मैं रहूँगा।

''तुमने महाराज युधिष्ठिर का चरित्र चित्रण किया जो एक साधारण नेवले की जीवन जोत को भी वही महत्त्व देते थे जो अपनी जीवन जोत को। एक नेवले की इच्छा पूरी न कर पाने के कारण नेवले के आगे लज्जित हो नतमस्तक हो गये थे। सत्य के प्रति सदा जागृत रहे व्यास तुम! तुम कैसे अपनी जीवन जोत को छोड़ देते बुझने की प्रतीक्षा करने के लिये! जीवन के आर भ में जब आत्मा सुप्त थी, तु हारी इस अल्पज्ञ जीवनशक्ति ने ही तु हें कर्तव्य के आरं भिक पाठ पढ़ाये थे। तु हारी नश्वर जीवन जोत को ईश्वर के अनन्त जीवन से एक करने में मैं तु हारी सहायता करूँगा।''

अकेली जीवन जोत और अनन्त जीवन

महामुनि व्यास की कृष्ण विरह में हुई गोपियों जैसी दशा देख देवर्षि नारद को आश्चर्य नहीं हुआ। दार्शनिकों के भी दार्शनिक, ब्रह्मज्ञानियों को भी ज्ञान देने वाले व्यासप्रेमयोगी भी हो गये! ज्ञानमार्ग से मोक्ष प्राप्त करने वाले व्यास ज्ञान के बन्धनों से भी मुक्त हो चुके थे। उनका स्वभाव ही पूर्णत: ज्ञानमय और प्रेममय हो गया था। उनका मानव स्वभाव मानव जीवन की सामान्य सीमाओं से मुक्त हो मनुष्य के सार तत्त्व मनुष्यत्व को सहज भाव से जी रहा था। मनुष्यत्व प्राप्त करना मुमुक्षु के लिए अनिवार्य है। इसका अनुमान इस बात से लगाया जा सकता है कि इस मनुष्यत्व को प्राप्त करने के लिए ही मोक्ष के अभिलाषी देवों को मनुष्य योनि में जन्म लेना पड़ता है।

ईश्वरत्व और मनुष्यत्व एक ही तत्त्व है। दुष्टों और राक्षसों को भी ईश्वर अपने ईश्वरत्व से वश में कर लेते है।

देवर्षिनारद ने चाहा कि व्यास का प्रेम तप कृष्ण वियोग में आँसू बनकर न बह जाये। वे बोले, ''महर्षि व्यास आपने ज्ञानमार्ग से मोक्ष प्राप्त किया था। आपने प्रेम मार्ग से भी मोक्ष प्राप्त कर लिया है। आप चाहे तो केवल अपने में अद्‌भुत रूप से विकसित हुए मनुष्यत्व के सहारे संसार पर राज्य कर सकते है। किन्तु मेरा आपसे निवेदन है कि आपमे जो वृद्ध जीवन जोत अब जल रही है, इसे भी मोक्ष दिला दे। अपनी इस जीवन शक्ति के बुझने की प्रतीक्षा न करे। अपनी जीवन शक्ति को पार्थिव जीवन की सीमाओं से मुक्त करा दे। अनन्त जीवन जीवन और मृत्यु के द्वैत से मुक्त है। आपके ऐसा करने से भारतीयों में जीवन शक्ति को मृत्यु से निर्भीक करके जीने की पर परा पड़ जाएगी। आर्यवीर अन्य वीरों की तरह मनुष्यत्व का बलिदान देकर निर्भीक होने को निर्भीकता नहीं मानते। उन्हें अगणित ऋषियों द्वारा बनायी गयी मनुष्यत्वमय निर्भयता की इस पर परा को बनाये रखने का मार्ग मिल जाएगा।''

व्यास को अभिमान नहीं था। इसलिए उन्होंने यह नहीं कहा कि वे पहले से

ही वह कर रहे है जो देवर्षि उनसे करने को कह रहे है। यह सोच कर कि देवर्षि अवश्य ही कोई सरल मार्ग जानते होंगे वृद्ध जीवन जोत को ईश्वर की अमर जीवन जोत से एक करने का, उन्होंने विनीत भाव से पूछा, ''मुझे इसके लिए क्या करना होगा देवर्षि ?''

देवर्षि कुछ देर चुप रहकर बोले, ''निस्सीम जीवन की संभावना है यह निजी जीवन जोत, जिसे देह ने बांध रखा है अवधि से, रोगो से, मृत्यु से। निजी जीवन जोत का धर्म है ईश्वर की अमर जीवन जोत से सायुज्यता प्राप्त करना। यह करके ही आत्मा निजी जीवन जोत के उपकार से उऋण होती है। आत्मा को कभी भी निजी जीवन जोत का उपकार नहीं भूलना चाहिए क्योंकि उसकी सहायता के बिना आत्मा मोक्ष प्राप्त नहीं कर सकती थी।''

कुछ देर मौन रहकर नारद संकोच करते हुए बोले, ''महर्षि आप धन्य है कि अपनी दोनों माताओं, परा और अपरा, को कभी नहीं भूले। आपकी लौकिक माता सत्यवती साक्षात अपरा हैं। आप मातृभक्त है। आपने उनकी हर आज्ञा का पालन किया है। आपने माता में दोष नहीं देखे। आपने अच्छी सन्तान के धर्म का सदा पालन किया और महाराज शान्तनु की प्रथम पत्नी गंगा को परा माता माना है।'' इतना कह कर देवर्षि चले गये।

व्यास अपनी जीवनजोत का विलय ईश्वर की अमर जीवनजोत में करने में लगे हुए थे। बचपन मे, उनकी जीवनजोत ने सर्वप्रथम ईश्वर का अनुभव किया था चिरनूतन उल्लास की अनुभूति के रूप मे। फिर यह अकारण उल्लासउन्हें खिलते फूलों मे, झरनों, पर्वतों, पशु-पक्षियों, आकाश, उगते सूर्य में भी मिलने लगा। पृथ्वी पर उतरी चाँदनी में भी, फिर हर वस्तु में उन्हें ईश्वर की उपस्थिति का यह चिन्ह मिलने लगा था। उन्होंने पाया था यह किसी भी दुख से मलिन नहीं होता।

अब वृद्धावस्था मे, उन्ही वस्तुओं में व्यास अकारण उल्लास को ढूँढ़ने में लग गये। कभी उनका हृदय करता उन्हें बचपन की उन्ही आँखों से देखे जिन्हें ये दृश्य ताजे और पवित्र लगते थे। ये कभी नदी की लहरों में उस उल्लास को ढूँढ़ते जो बचपन में मचलता महसूस होता, कभी आमों पर आयी मंजरी मे, कभी शीतऋतु में प्रभात को गुदगुदाती अदृश्य अपरा प्रकृति में। वह गुदगुदी प्रभात को गुदगुदाती आकाश में चली जाती और किसी सफेद बादल के सीने में सुनहरी किरण बन

जाती। फूलों के खिलने मे, किसलयों में, घास पर गिरती चाँदनी में उन्हें उसी पवित्र और हर क्षण ताजे रहने वाले उल्लास का अनुभव होने लगा।

सृष्टि में व्याप्त अकारण उल्लास उन्हें अनुभूत ज्ञान के रूप में पहले से प्राप्त था। अब बौद्धिक ज्ञान होने के बाद यह ज्ञान उनकी बुद्धि को भी उल्लसित रखने लगा। किन्तु बचपन में अनुभूत उल्लास में जो ताजगी थी वह ज्ञान की आँखों से देखे उल्लास में नहीं थी। वे बचपन की अपनी अनुभूति को अपने अथाह हृदय में ढूँढ़ने लगे और वह उन्हें मिल गयी। उस अनुभूति को विदित था कि उनकी सबसे पहली और सबसे गहरी अनुभूति वह थी। बाद में यही अनुभूति उनके कैवल्य की आधारशिला बनी थी। इस कारण उनका दर्शन कभी भी प्रथम अनुभूतियों के प्रति श्रद्धा से रिक्त नहीं हुआ। उन्होंने जान लिया था कि पहले अपरा अनुभूत ज्ञान देती है, फिर बौद्धिक ज्ञान। किन्तु परा अध्यात्मिक ज्ञान भी अनुभूति के माध्यम से देती है। परा-प्रदत्त अनुभूति ने ही उन्हें ब्रह्म से सायुज्यता प्राप्त कराई थी। परा से दो बुद्धियाँ उन्हें प्राप्त हुई। एक ऋत भरा बुद्धि थी, जो बाल्यावस्था से ही उन्हें भोजन करते हुए ऋत् को ग्रहण करा देती थी। दूसरी प्रज्ञा थी जिसने, जैसे बिजली धरती में समा जाती है, उसी तरह अध्यात्मिक सत्यों को उनके हृदय में उतारा था।

ज्ञानपथ पर जब वे चले थे तो परा ने समस्त वंशगत, जातिगत, धर्मगत, दर्शनगत संकीर्ण विचार उनके मस्तिष्क से ऐसे उड़ा दिये थे जैसे—छत्ते से शहद निकाल लिए जाने के बाद मधुमक्खियाँ उड़ जाती है। और प्रेम की मंजिल मिली श्रीकृष्ण प्रेम में तो नकारात्मक भावनाएँ—जैसे क्रोध, लोभ, प्रतिशोध, भय, घृणादि -परा ने ऐसे लुप्त कर दिये थे हृदय से जैसे शरद के नीले आकाश से काले बादल।

अब महर्षि व्यास ने अपनी आत्मा से कहा, 'हे आत्मा, अपनी मरणधर्मा जीवन जोत की ईश्वर की देह की अमर जीवन जोत में आत्मबलि दो।' उनकी आत्मा ने ऐसा ही किया। फिर उन्होंने अपनी आत्मा से कहा, ''हे आत्मा! अपनी जीवन जोत से कहो कि ईश्वर की अमर जीवन जोत से पुनर्जन्म ले।'' कुछ दिनों यह आत्मयज्ञ करने के बाद नश्वर जीवन को यह चिन्ता नहीं रही कि वह नश्वर है। उधर महर्षि व्यास की आत्मा की अमर जीवन शक्ति और देह की नश्वर जीवन शक्ति दोनों ने एक-दूसरे में आत्मयज्ञ किया। इससे उनकी वृद्ध जीवन जोत

नश्वर होते हुए भी चिर नूतन, अक्लान्त और प्रमादहीन रहने लगी। मृत्यु की प्रतीक्षा करने के बजाय, व्यास की नश्वर जीवन शक्ति हर समय दीन दुखी मनुष्यों, पशु पक्षियों और सरीसर्पों की सेवा में रत रहने लगी। उन्हें लगने लगा कि उनकी नश्वर जीवन शक्ति और आत्मा की अमर जीवन शक्ति एक ही नदी के दो तट है। फिर वह दिन आया जब देह की नश्वर जीवन शक्ति में अमर जीवन शक्ति समायी हुई महसूस होने लगी।

उन्मक्त प्रेम प्रेम नहीं

हिमालय में नौ हजार फिट ऊँचे व्यास शिखर पर, हजारों वर्ष पुराने देवदारों के वन में व्यास बैठे थे।

श्रीमद् भागवत् लिखते हुए व्यास को प्रेम का मधुर अनुभव हुआ था। अब श्रीकृष्ण के संसार त्याग कर चले जाने पर व्यास को प्रिय से बिछुड़ने की ऐसी पीड़ा हो रही थी जिसे कही आश्रय नहीं दिख रहा था। इस पीड़ा के दूर होने की दूर-दूर तक भविष्य में कोई आशा नहीं थी। यह पीड़ा किसी भी तरह शान्त नहीं हो रही थी। इस पीड़ा के स्पर्श से, उनके अनाहत, सहस्त्रार और मणिपूरक चक्र देह के सजीव अंग हो गये थे, हृदय, मस्तिष्क और उदर की तरह। अन्तर यह था कि हृदय की पीड़ा तो इसी जन्म की थी जिसके कारण का पता था, किन्तु स्नायु चक्रों की पीड़ा तो अनन्त पिछले जन्मों की पीड़ा थी। पीड़ा का एक ऐसा अनर्गल बवण्डर देहचक्रों में उठ आया था जिसके कारण और उपचार का अनुमान लगाना भी स भव नहीं था। यह हृदय में जगी कृष्ण विरह की पीड़ा को भी अनर्गल में बदले दे रहा था।

'देह चक्रों में उठी वेदना उन्मादिनी है आह्लादिनी नहीं, हृदय में उठी वेदना आह्लादिनी है उन्मादिनी नही।'

महर्षि व्यास ने बहुत से ऐसे ईश्वर प्रेमी देखे थे, जो चक्रों में उठे उन्माद की विपुल शक्ति को हृदय में उठे प्रेम की पूर्णता मानते थे। महर्षि व्यास ने चक्रों में उठे उन्माद और हृदय में उठे प्रेम को मिला कर देख लिया था। इनके संगम को उन्होंने, प्रेम की पूर्णता नहीं, प्रेमनाशी पाया था। प्रेम में उन्मादित लोगों को उन्होंने प्रेम मार्ग से भटका हुआ पाया था।

यह उन्माद उनमें भी उठा था, जब वे प्रेम मार्ग से कैवल्य प्राप्ति का तप कर रहे थे। उन्होंने श्रीकृष्ण विरह में अपने चक्रों से उठते उन्माद का परीक्षण किया तो उन्होंने पाया था कि यह एक नहीं सात तरह का उन्माद था। ये सात उन्माद थे : अधैर्य, प्रदर्शन-लालसा, ईर्ष्या, लोभ, क्रोध, भय, घृणा। तभी उनकी ज्ञान शक्ति ने

उनकी आत्मा से इन सातों उन्मादों में आत्मबलि देकर इन सातों को यह आदेश देने को कहा कि ये भी एक-दूसरे पर आत्मबलि दें और एक-दूसरे को पुनर्जन्म दे। ऐसा करने से ये सातों उन्माद शून्य में विलीन हो गये थे और हृदय में केवल उन्मादविहीन प्रेम रह गया था, जिसकी वेदना निरी वेदना नहीं थी। उल्लास से पूरित वेदना थी।

कृष्णमिलन की प्यास लग गयी थी उनके वृद्ध जीवन की धीमी धीमी जल रही जीवन लौ मे। यह आत्मा में लगी प्रेम की उस प्यास से गहरी नहीं थी, जिससे उन्हें मुक्ति मिल गयी थी श्रीमद् भागवत् की रचना के बाद। वह आत्मा में लगी प्रेम की प्यास ब्रह्म से सायुज्य हो जाने के बाद आत्मा में शान्त हो गयी थी। उनकी पार्थिव जीवन-जोत में लगी प्रेम की प्यास तो श्रीकृष्ण के अनन्त जीवन में उनकी जीवन जोत के समा जाने पर ही बुझ सकती थी।

उन्होंने जाना यही आह्लादिनी है, यही वह अकारण उल्लास है जो उनके हृदय में उनकी हर रचना से पहले प्रकट होता था। जिस दिन भी वे कोई तत्काल विदित सत्य लिखते, उन शब्दों को अभिव्यक्ति देकर अकारण उल्लास छुप जाता था। यही रहस्य था उनकी रचनाओं की अमरता का। कभी कभी लिखने से पहले यह अनुभूति होने लगती कि उनका हृदय शहद का छत्ता है जिससे मधु टपक रहा है। उस मधु को पीकर जैसे उनके शब्द स्वत: उनके नेत्रों के आगे नाचने लगते। कभी लगता ऊँचा पर्वत है, महादेव ध्यानस्थ है, और पार्वती ओस की बूँदों से भीगे फूलों जैसा अपना प्रेम उन्हें चढ़ा रही है। जो अक्षर भोजपत्र पर व्यास लिखते, उनके हृदय से शब्दों की किरणें निकल कर उनके हृदय पर उनसे पहले लिख देती। जिस रचना में अकारण उल्लास होता ईश्वर की इच्छा से जन्मी होती। जिसमें अकारण उल्लास न होता उसमे व्यास की विद्वता होती।

पल-पल नूतन होते उल्लास का महर्षि व्यास को न कारण मिलता न इसकी शृंखला टूटती। इसे न अमर कह सकते न नश्वर। कभी वे सोचते यह उल्लास शेष के सहस्त्र फणों से उच्चरित विष्णु के सहस्त्रनामों का पंचतत्त्वों और पंच-तन्मात्राओं में गूँज रहा उद्‌घोष है। वही उदघोष क्षीरसागर की लहरों से टकराकर संगीत बन रहा है, कण-कण में गूँजता अनाहद संगीत। दूर-दूर जाती हवाओं में अनाहद संगीत होने लगता। प्राणों में भी अनाहद संगीत होने लगता। कभी उनका हृदय ही क्षीरसागर हो जाता। उनका हृदय ही नभ में घोर ग भीर गर्जन करने लगता और नव किसलयों पर वर्षा का जीवन-संगीत बन बरस जाता।

व्यास का ज्ञान और प्रेम दोनों जानते थे कि श्रीकृष्ण कण-कण में है, वे अमर

है, कृष्णतत्त्व की मृत्यु हो ही नहीं सकती। किन्तु व्यास की वृद्ध निजी जीवन-जोत बच्चे की तरह हठ कर रही थी उन श्रीकृष्ण के अमर जीवन में विलीन हो जाने को जो धरती पर रहे थे। यह प्यास किसी भी तरह तृप्त नहीं हो रही थी। उनकी लड़खड़ाती वृद्ध जीवन जोत भगवान कृष्ण की अनन्त जीवन-जोत में मिट न पाने के कारण दर्द से तड़प रही थी।

बच्चा चन्द्रमा को पाने को रोए तो अबोध होने के कारण मनाया जा सकता है। परमज्ञानी व्यास के प्रेम और ज्ञान कुछ नहीं माँग रहे थे। किन्तु वृद्ध जीवन-जोत की बाल हठ थी। उनकी देह में जीवित अंगों की तरह तड़प रहे थे स्नायु-चक्र कृष्ण-विरह मे। उनके चक्रों का यह दर्द न आत्मा महसूस कर रही थी न मन। केवल उनकी पंचतत्त्व देह और लड़खड़ाती वृद्ध जीवन जोत महसूस कर रहे थे।

कई राते बीत गयी नाकामी में तड़पते हुए। एक रात महर्षि व्यास को लगा जैसे उनकी थकी, हारी जीवन-जोत को अनन्त जीवन जोत ने शेषनाग की तरह अपनी गुंजलकों में लपेट लिया है। उनका हृदय आश्चर्य चकित है कैसे विशाल, अनन्त शेषनाग इतनी छोटी जीवन-जोत को लपेट सकते है! लड़खड़ाना बिल्कुल रुक गया। फिर आश्चर्य की सीमा न रही जब उन्होंने अनुभव किया कि उनकी जीवन-जोत को अनन्त जीवन-जोत ऐसे पाल रही है जैसे माँ नवजात शिशु को अपना दूध पिला कर पालती है।

कुछ क्षणों में ही महर्षि व्यास को दूसरा आश्चर्य हुआ। उनके शिथिल और सूख चले अंगो में यौवन ऐसे महसूस हो रहा था जैसा वे बीस वर्ष की आयु में महसूस करते थे। भीतर ही भीतर जीवन-जोत युवा और बलवान हो रही थी। युवा जीवन-लौ के साथ व्यास की देह भी बदलने लगी। उनके अंग बलवान होने लगे। उसी रात वृद्धावस्था के सारे चिह्न व्यास की देह से एक-एक कर चले गये। उनका कायाकल्प एक नवयुवक में हो गया।

व्यास को कोई आश्चर्य नहीं हुआ यह देखकर कि उन्हें मधुसूदन ने वृद्ध से युवक बना दिया। न कोई हर्ष हुआ। वे समझ गये कि श्रीकृष्ण ने निश्चय कर लिया है उन्हें पृथ्वी पर ही अमर करने का। उन्हें केवल एक बात का हर्ष था कि उनके प्रभु ने ऐसा करने से पहले उनसे पूछना आवश्यक नहीं समझा। वे पिछली बार बहुत लज्जित थे कि उन्होंने प्रभु से क्यों कारण पूछा कि उन्हें क्यों कलियुग में भी पृथ्वी पर रखना चाहते हैं। उन्हें विश्वास हो गया था कि उनकी इच्छा उनका ज्यादा हित नहीं कर सकती है उस हित से जो प्रभु की इच्छा करती रही है हमेशा?

उन्होंने अपनी वृद्ध जीवन-जोत का लय ईश्वर की जीवन-जोत में करने के लिए तप किया और वह न करके प्रभु ने उन्हें पुनर्यौवन दे दिया। वे पूरी तरह से एक स्वस्थ और बलवान देह वाले युवक हो गये थे पर उन्हें यौवन के सुखों की लालसा नहीं थी। उन्हें यह भय हुआ था पिछली बार कि अवश्य उनकी भक्ति में कोई कमी रह गयी होगी कि प्रभु ने मुझ सेवक से पूछना जरूरी समझा था। इस बार प्रभु के न पूछने से यह स्पष्ट हो गया कि प्रभु उनकी भक्ति से सन्तुष्ट है!

वे नहीं चाहते थे कि लोग उन्हें वृद्ध से युवा में परिवर्तित हुआ देखकर भ्रान्त हों। काया परिवर्तन का किसी को पता न चले—यह भावना प्रबल थी भक्त व्यास के हृदय में।

महर्षि व्यास उसी रात व्यास शिखर छोड़ प्रयाग चले गये। जब बहुत दिन हो गये और वे नहीं लौटे तो एक युवा किसान ने उनकी कुटिया को अपने और अपनी गाय के रहने का स्थान बना लिया। किसी को आश्चर्य नहीं हुआ कि वे कहाँ गये। लोगों ने सोचा साधु किसी एक स्थान पर अधिक दिन नहीं टिकते।

ज्ञानमार्ग और प्रेममार्ग से मोक्ष पाने के लिए उनकी आत्मा परब्रह्म श्रीकृष्ण की ओर ऐसे वेग से प्रवाहित हुई थी जैसे नदी सागर की ओर प्रवाहित होती है। इस बार उनके तप के फलस्वरूप विलय हो गया था सीमित का निस्सीम मे। जीवन-जोत को ईश्वर के अनन्त-अमर जीवन ने सशक्त और युवा किया था। किन्तु व्यास के व्यक्तित्व का निस्सीम श्रीकृष्ण में विलय नहीं हुआ। जीवन लौ और देह को लग रहा था जैसे यौवन अभी शुरू हुआ है। युवा व्यास उत्साहित थे यह सोचकर कि सनातन सत्य और सनातन धर्म को कलियुग में पुनर्स्थापित करना है।

व्यास को सतत् प्रेमरस की अनुभूति नहीं हो रही थी। शान्ति थी पर वे चाहते थे कि उनके जीवन का श्रीकृष्ण में विलय इस तरह हो कि विलय के बाद भी उनमे श्रीकृष्ण से प्रेम करने की शक्ति बनी रहे। वे श्रीकृष्ण से अनन्त काल तक प्रेम करते रहने का सुख चाहते थे। वे यह भी चाह रहे थे कि उनमे ईर्ष्या, द्वेष, प्रतिशोध, निन्दा, क्रोध, निराशा आदि कोई भी नकारात्मक भावना न रहे।

प्रयाग में कुछ माह रह कर व्यास एक युवक तपस्वी के रूप में व्यास शिखर लौट आए। वहाँ एक नयी कुटी बना कर रहने लगे।

एक दिन श्रीकृष्ण

गौ लोकधाम में चिरनूतन रासलीला होती है, जिसे देखने को स्वर्ग के देवता भी तरसते है। यहाँ केवल प्रेममार्ग से मोक्ष प्राप्त करने वाले प्रवेश कर पाते हैं। सच्चे प्रेमियों की आँखें देखती है यहां उस दिव्य दृश्य को जिसमे हर मुक्त आत्मा सखी होती है और एक और अनेक के भेद से परे, परब्रह्म श्रीकृष्ण एक से अनेक होकर हर प्रेमी सखी के सखा होते है। इस रास को देखकर अज्ञानी भी अनायास ही ब्रह्मज्ञानी हो जाता है।

ऋषिगण कहते आये हैं, नारी और पुरुष इन दो सनातन तत्त्वों का दिव्य रास सृष्टि के कण-कण में सदा से हो रहा है। इसका अनुभव जिसे हो जाय उसे ज्ञान की आवश्यकता नहीं रहती संसाररूपी दुखों के महासमुद्र को पार करने के लिये। सृष्टि में निरन्तर हो रहा यह रास ही उद्‌गम है अकारण उल्लास का। अकारण उल्लास उद्‌गम है अमर जीवन का। इस रास में नारी और पुरुष की चिर-एकता साकार है, जिसका अनुभव धरती पर केवल सच्चे प्रेमियों को होता है। यही प्रेम का भी वह अनादि अनन्त उद्‌गम है जिसके बिना जीवन एक लेख होकर रह जाता है, बहते पानी पर।

जो स्त्री-पुरुष के मिलन को भी पाप कहते हैं उन्हें नारी पुरुष का अनन्त-मिलन भी पाप दिखता है। उन्होंने विकराल धर्मों के टीले उठाए है जिन पर घास भी उगना नहीं चाहती। यह रहस्य ऐसे अभिमानी नारी-पुरुष की समझ में नहीं आता जिसे निजत्व पर आक्रमण लगता है प्रेम। ऐसे अभिमानी सृष्टि में व्याप्त अभिन्नता में स्वयं को भिन्न मानते है।

यह रास जीवन में होता दिखता रहा है आदिकाल से मुक्त आत्माओं को। वह प्रेम कितना दुर्लभ है जिसमें स्त्री-पुरुष को एक-दूसरे से कुछ भी पाने की चाह न हो, फिर भी एक-दूसरे से वियोग असह्य हो। अपना ईश्वरत्व भी श्रीकृष्ण नित्य देते है श्रीराधिका को दिव्य लोक के रास मे। वहाँ हर आत्मा अपना सर्वस्व दे देती है अपने प्रिय को।

यह दिव्य रास एक सनातन सत्य को स्थापित करता है—सच्चा प्रेम नारी पुरुष दोनों के समूचे अस्तित्त्व को, और आत्मा को एक-दूसरे में समन्वित कर देता है। इस सत्य से अनभिज्ञ, मोहग्रस्त आत्माएँ विष एकत्रित करती रहती है, हर जन्म में अतृप्ति, अनृत, अधर्म, अज्ञान का।

देवर्षि कहते हैं प्रेम के ऐसे विज्ञ श्रीकृष्ण ही हैं जिन्होंने परब्रह्म होकर भी, परमेश्वर होकर भी, गोलोकधाम को गोकुल की अनुकृति बना दिया। ऐसा स्वतन्त्र और कौन है जिसे नियम बाँधते लजाते है। उनके पास आते-आते सारे नियम फूलों में बदल कर बाट जोहते हैं—कब बैकुंठ की माली ने उन्हें धरती पर बिखेर दे ताकि गाोपियों के पैरों तले आ जाएँ।

निर्मल हृदय व्यास की प्रेमपीर थी! कब तक सुध न लेते प्रेमियों के प्रेमी श्रीकृष्ण! परब्रह्म श्रीकृष्ण के नेत्रों से एक दिन अनायास ही अश्रु बहने लगे। गोलोकधाम में दुख का प्रवेश नहीं है। सभी जान गये किसी भक्त के उद्धार की घड़ी है, जिसके प्रेमाश्रु धरती पर गिर रहे हैं और गौ-लोकधाम में श्रीकृष्ण की आँखों से।

श्रीकृष्ण जान गये उनके नेत्रों से महामुनि व्यास के अश्रु झर रहे हैं, जिन्हे घोर संयम करके महर्षि व्यास अपने नेत्रों से बरसने नहीं दे रहे हैं। व्यास की भक्ति, गोपियों की भक्ति की तरह, भक्ति की चरम दशा थी। प्रेमियों के प्रेमी श्रीकृष्ण के लिए जब भक्त की यह दशा अब और देखनी दूभर हो गयी तो अगले ही क्षण वे व्यास आश्रम में प्रकट हो गये।

सहसा अपने समक्ष ग्वालबाल वेश में श्रीकृष्ण को देख महर्षि व्यास के प्रेम में बाढ़ आ गयी। नेत्रों में अतुलित प्रवाह उमड़ आया, जैसे वर्षा ऋतु में आकाश पर मेघ उमड़ आते है। लाख रोका पर नेत्रों से अश्रु धारा बहने लगी।

ज्ञान की नदी, सरस्वती, जो ग भीर धीर व्यास की सुषु ना में बह रही थी, अपने में उमड़े प्रेम के आवेग के कारण बावरी हो गयी। जब गंगा यमुना और सरस्वती ्र-मध्य आकर एक दूसरी से गले मिली, तीनों को होश न रहा किस नाड़ी में कौन बह रही है। पर महर्षि व्यास विचलित न हुए। व्यास भगवान के चरणों में गिर पड़े।

श्रीकृष्ण ने जैसे ही उन्हें उठाकर कंठ से लगाया व्यास सिसक-सिसक कर रोने लगे। नाड़ियों में बौराए प्राणों ने ऐसी गति कर दी कि कुछ भी उनकी चेतना के वश में नहीं रहा। ज्ञान को अपनी चरमता प्रेम दिखने लगा और प्रेम को इतना मान पाकर इतनी लज्जा आयी कि कही छिप जाने को विह्वल हो उठा।

प्रेम के आवेग में परब्रह्म परमेश्वर को आसन भी न दे सके व्यास। श्रीकृष्ण की बाँहों में कंठ से लगे रोने लगे। कंठ इस तरह अवरुद्ध हो गया कि बोल क्या अस्फुट स्वर भी नहीं निकले।

गोपियों का प्रेम समुद्र था। व्यास का प्रेम जैसे शंख हो गया समुद्र में। कंठ की काँपती नसों में शंख गूँजने लगा।

पिंजला को तप हेतु गये एक वर्ष हो चुका था। शुकदेव उससे पहले ही घर छोड़ कर चले गये थे। श्री हरि को देखकर प्राप्त हुई चरम प्रेमगति के साक्षी केवल उनके आश्रम की पत्थर और मिट्टी से बनी दीवारें थी, और उन पर चलती हुई कुछ चीटियाँ थी। चीटियाँ तो चींटी योनि में ही तर गयी भगवान के दर्शन करके।

महर्षि व्यास को यह भी भान नहीं रहा कि यह प्रेम का आर भ है या पूर्णता। ऐसे में देवर्षि नारद का वचन याद आया—'प्रेमी को प्रिय से सायुज्यता प्राप्त होने तक यह पता नहीं चलता कि वह प्रेम की किस कक्षा में है। किसी को पहला पाठ अन्तिम लगता है, किसी को अन्तिम पहला।'

श्रीकृष्ण ने उनके आँसू पोंछे, तो उन्हें याद आया प्रभु को आसन देना, फल फूल सेवा में प्रस्तुत करना।

प्रभु ने प्रश्न किया, "आप तो कैवल्य प्राप्त कर चुके प्रेममार्ग से। फिर इतने आँसू क्यों?"

व्यास बोले, "प्रभु न मस्तिष्क में कुछ है न हृदय में। यह तो कृपा है प्रकृति की। ऐसे समय थोड़ा पानी दे दिया मुझे जीने के लिये।"

"आपकी आत्मा तो कब की मुझसे सायुज्यता प्राप्त कर चुकी।"

"प्रभु आत्मा ने अपने को मुक्त कर लिया। देह अनाथ रह गयी। आप चले गये।"

प्रभु ने उन्हें ऐसे देखा जैसे वे कुछ समझ नहीं सके। अपने कम शब्दों पर लज्जित होते हुए व्यास बोले, "प्रभु प्रेम और ज्ञान छोड़कर चले गये। अकेला 'मैं' रह गया था इस देह में। अपनी वृद्ध जीवन जोत को आपकी अमर जीवन जोत में विलीन कर रहा था अपने 'मैं' को सर्वथा विघटित करने के लिए। आपने मेरी वृद्ध जीवन जोत को तो अपनी अमर, चिर युवा जीवन जोत में विलीन किया ही, मेरी वृद्ध देह को भी युवा कर दिया।"

भगवान बोले, "महर्षि मेरे जाने से पशु–पक्षियों और अन्य प्राणियों के दुख आपके हो गये थे। गायों बछड़ों के रँभाने में और पक्षियों के कलरव में आपके

हृदय को मेरे पृथ्वी छोड़ने से उन्हें हुई विरह-वेदना के सुर सुनायी देने लगे थे। आपको केवल अपने स्वर सुनायी नहीं दिये। यह तो अद्‌भुत गति है।''

व्यास अत्यन्त विनीत स्वर में बोले, ''प्रभु! यह मेरी करनी नहीं थी। मेरा हृदय तो मूर्च्छित हो गया था।''

श्रीकृष्ण बोले, ''महर्षि आपका हृदय मूर्च्छा में आपके अनाहत् चक्र को जगा रहा था, इस दुख को बाँटने के लिये। यह दुख उससे अकेले नहीं सहा जा रहा था। इस चेष्टा में उसने आपके अनाहत् चक्र को जगा दिया। उसमें सब जीवों का दर्द भर गया है। अनाहत् चक्र का देह के अंगों की तरह सजीव होकर संवेदना से भरना अच्छा है। इसमे संवेदना के लिए बहुत स्थान है। हर देहचक्र इतना बड़ा है जितना ब्रह्मांड। मुनिवर आप अपने हृदय में अपनी निजी वेदना को रखें और अनाहत् चक्र में जीव जगत की वेदना को। आपकी तरह जब सब मनुष्य जीवों की वेदना को अनाहत् चक्र में रखने लगेगे तो उन्हें जीवों की अपार वेदना से संवेदना हो जायगी। वे जीवों का अपार दर्द जान जाएँगे और जीवों को सताना छोड़ देगे।''

भगवान ने देखा व्यास उनकी बात नहीं समझ पाये। वे जितने ज्ञानी और प्रेमी हैं उतने ही भोले भी। वे अत्यन्त उपयुक्त है गणतन्त्रों के राजनीतिज्ञों को सत्य की राह पर वापस लाने के लिए। वे बोले, ''महर्षि! कलियुग में दुर्जनों से मैत्री करना और जनता को आतंकित रखना गणतन्त्र के राजनीतिज्ञों को भी लाभप्रद लगने लगा है। मनुष्यों की सेवा करने के नाम पर, मनुष्य को दास बनाये रखने की धूर्तता उन्होंने सीख ली है। अपने से उन्नत आत्मा को देखते ही वे उसकी श्रेष्ठता को विलुप्त करने में लग जाते है। उनकी शक्ति असत्य, अनऋत्, अधर्म को अपनाकर इन तीन दुराग्रहों में बदल गयी है।''

व्यास बोले, ''प्रभु हर क्षेत्र से मनुष्यत्व निष्कासित किया गया है।''

श्रीकृष्ण बोले, ''आत्मा और मनुष्यत्व दोनों अमर तत्त्व है, किन्तु अमर लोक मे, मृत्युलोक में नहीं। यदि मनुष्य इन्हें अपने हृदय और मस्तिष्क में अध्यात्मिक ज्ञान की सहायता से प्रकट नहीं करेगे तो ये अमर होते हुए भी मानव व्यक्तित्व में नहीं मिलेंगे। यह परम सौभाग्य है उस जाति का जिसके पूर्वजों ने तप और ध्यान से इन्हें जाना और इनको अपने व्यक्तित्व में धारण किया और सन्तान को विरासत में दिया।

''आत्मा और मनुष्यत्व मानव व्यक्तित्व में यदि व्याकृत और परस्पर समन्वित

न हों तो ऐसा व्यक्ति और ऐसे व्यक्तियों का समाज दोनों दिशाविहीन हो जाते है। ऐसा व्यक्ति और समाज मल्लाहविहीन नाव की तरह हो जाते है। विचारो और विश्वासों की लहरें चारों ओर से आकर ऐसे व्यक्ति और समाज को भंवर की ओर धकेल कर डूबा देती हैं।''

व्यास ने पूछा, ''प्रभु यदि आत्मा और मनुष्यत्व की उपस्थिति और परस्पर समन्वय इतने आवश्यक है कि इनके बिना मनुष्य मनुष्य नहीं रह पाता, उन्मक्त हो जाता है या राक्षस वृत्ति वाला हो जाता है, तो मानव को यह विकल्प नहीं देना चाहिए था कि वह चाहे इन्हें अपने व्यक्तित्व में स्थापित करे या न करे, समन्वित करे या न करे। ऐसा करने से संसार में इतने अपराध और युद्ध न होते। आपके वियोग में स्वभाव अपहत हो गया है। अज्ञानी बालक मान कर मेरे प्रश्नों के उत्तर दे दीजिए कृपासिन्धु।''

''महामुनि! हर बच्चा आत्मा और मनुष्यत्व को समन्वित लेकर ही दुनिया में आता है। संसार में अपराध और युद्ध कुछ धर्मों के कारण है, जो अपने अनुयायियों के मनुष्यत्व और आत्मा को अपमानित करके विघटित और अव्याकृत करा देते है। आत्मा और मनुष्यत्व के समन्वित रूप की जगह अपने धर्म को बच्चे के हृदय में स्थापित करते है। ईश्वर का चित्रण सब जीवों के परमपिता के रूप में नहीं करते। वे ईश्वर में क्रोध, प्रतिशोध और पक्षपात का होना मानते है। वे मनुष्यत्व की रक्षा को धर्म का मूल नहीं मानते। उल्टे मनुष्यत्व के शिकार को शौर्य कहते हैं, और मनुष्यत्व के शोषण को बुद्धिमत्ता। वे अपने अनुयायियों से कहते है, ''तु हारा प्रथम कर्तव्य है मनुष्यत्व और आत्मा में विश्वास करने वाले सभी मनुष्यों पर जोर जबर्दस्ती करके उन्हें अपने धर्म का अनुयायी बना दो। अगर वे न माने तो उनकी हत्या कर दो। कोई और धार्मिक कर्म करो न करो, तु हें स्वर्ग में स्थान दिया जाएगा।''

व्यास यह सुनकर दुख के कारण मौन हो गये। श्रीकृष्णने विषय बदलते हुए कहा, ''मनुष्य के व्यक्तित्व के दो पक्ष हैं, विराट और व्यक्ति। हर व्यक्ति विराट देह चक्रों में है और व्यक्ति अपनी देह में। दोनों की शक्ति को परस्पर जोड़ने से नहीं, आत्मा द्वारा आत्मयज्ञ कर दोनों का लय एक-दूसरे में कराने से मनुष्य नकारात्मक शक्तियों पर विजय प्राप्त कर लेता है।''

''प्रभु! मुझे बताइये कि देह के चक्रों में स्थान कितना है। क्या देह के प्रत्येक चक्र में सारी मानव जाति, और पशु जो मनुष्य का सहारा चाहते है, जिनके

कल्याण की मैं कामना करता हूँ, समा सकते हैं ?''

श्रीकृष्ण बोले, ''निस्सन्देह महामुनि ! प्रत्येक चक्र में इतना स्थान है जितना ब्रह्मांड मे।''

व्यास बोले, ''इतने दुख बढ़ गये है पृथ्वी पर प्रभु कि मानव हृदय हैरान है।''

''लोगों का कठोर और अप्रिय चिन्तन दुख दे रहा हो तो मणिपूरक चक्र में विषय को स्थान दें। महामुनि ! न्याय और सत्य में स्थित होकर, आप जो भी चाहेंगे संसार में वही होगा। सत्य और न्याय के घेरे से बाहर जो धर्म हैं उनका अस्तित्त्व ही नहीं है पृथ्वी के बाहर। इस कारण जो व्यक्ति न्याय और सत्य का उल्लंघन कर इस संसार में विजय पा लेता है मृत्यु के उपरान्त उसे सबसे बड़ा आघात तब लगता है जब अचानक उसे बोध होता है कि उसके धर्मगुरुओं ने उससे झूठे वचन कहे थे। दुष्कर्मो के बोझ से लदा वह व्यक्ति अकेला अन्तरिक्ष तक पहुँचते-पहुँचते ही विनाश को प्राप्त हो जाता है। उसे साथी मिलते है तो तीन—असत्य, अधर्म और अनृत—जो कुछ देर उसके साथ क्रूरता और निर्दयता से खेलकर उस पर हँसते हुए विलुप्त हो जाते हैं।''

व्यास ने कहा, ''मनुष्यत्व और ईश्वरत्व में अन्तर और स्पष्ट करे प्रभु।''

''ईश्वरत्व विराट मनुष्यत्व है। मनुष्य में प्रकट ईश्वरत्व मनुष्यत्व है।''

''क्या मैं सब भूल गया हूँ प्रभु आपके वियोग मे ? या कलियुग में सब कुछ बदल गया है पृथ्वी पर ?''

श्रीकृष्ण हँसे, ''आप भूले कुछ नहीं महामुनि। आपकी स्मृति और श्रुति इस समय केवल मुझमें एकाग्र हो गयी है। आपकी आत्मा सर्वज्ञ है। जिसने एक बार सत्य को जान लिया वह सत्य को नहीं भूलता।''

''प्रभु क्या कलियुग के कारण अधर्म धर्म बन गये है ?''

श्रीकृष्ण बोले, ''अधर्म को धर्म मनुष्य करता है स्वार्थवश ! कलियुग के कारण अधर्म धर्म हो जाते तो पशुओं के धर्म भी बदल जाते। जो घास खाने वाले प्राणी है वे आज भी घास खाते है। हर पशु का स्वभाव वही है जो पिछले युगों में था। यदि मनुष्य स्वार्थवश असत्य को सत्य कहे, अधर्म को धर्म, दुराचार को सदाचार कहे तो दोष मनुष्य का है कि वह सत्य को छोड़कर स्वार्थ का सेवक हो गया है। कलियुग में भी जो मनुष्य चाहेगे वे आत्मा और मनुष्यत्व को समन्वित कर अपने हृदय में प्रतिष्ठित कर लेगे। जो नहीं चाहेंगे उन्हें अमानुष होकर जीना पड़ेगा।''

व्यास बोले, "नाथ! सत्यद्रोहियों ने यह झूठ कहकर मनुष्य को भ्रान्त कर दिया है कि सतयुग के बाद सत्य लुप्त होता होता कलियुग में लुप्त हो जाएगा। सत्य को समाज में प्रचलित न पाकर लोग असत्य को अपना लेगे।"

श्रीकृष्ण, "यदि कलियुग तय कर चुका है कि सत्य की जगह असत्य चले तो आज भी क्यों अधिकांश लोग सत्य बोलना पसन्द करते है? यदि झूठ बोलते है तो कानून से बचने के लिये। कानून भी सत्य को अपना आधार बनाये हुए है। यह स भव है कि कलियुग में भी मनुष्य सतयुग के लोगों की तरह आदर्श जीवन जीये और कलियुग को सतयुग बना दे।"

व्यास, "जब आप चले गये तो मैंने जाना आपका पृथ्वी पर रहना कितना आवश्यक था मेरे लिये।"

"महामुनि आपकी आवश्यकता है कलियुग में मानव को मार्ग निर्देशन के लिये। आप सत्य और मनुष्यत्व के अद्‌भुत ज्ञानी है। कष्ट उठा लीजिए महामुनि मानव जाति के लिए। उसे अधर्म पथ दिखाने वाले बहुत होगे।"

"प्रभु आपका आदेश तो वन्दनीय है। किन्तु माधव आपके चरणों से दूर नहीं रह सकता अब। हूँ पुरुष, गति हो गयी है गोपबाला की।"

श्रीकृष्ण प्रेम से उनका हाथ थामकर कहने लगे, "मैं चला हूँ कितनी ही बार गोपियों के पीछे इस आशा में कि उनकी चरणधूलि उड़ कर मेरे सर पर पड़ जाए। आपने स्वयं भागवत लिखते हुए मुझसे कामना की थी कि आपको वैसा प्रेम मिले जैसा गोपियों को है।"

"आपके आदेश का पालन करूँ इससे अधिक मुझे चाहिए क्या प्रभु? इसका दुख थोड़े है कि मेरे हृदय में गोपियों जैसा प्रेम उमड़ आया है। आप दिखते रहें तो कही भी रह लूंगा। आप जहां रहे वहाँ रख लीजिये अनन्त काल तक। मुझे चरणों में पड़ा रहने दीजिए मुरली मनोहर! चाकर रख लीजिए अपने महलों में गोपीवल्लभ! मुझे दूर न कीजिये।"

"महर्षि! आप मेरे परम भक्त हैं। आप जहाँ चाहे आए जाएँ। जिसे चाहे अपने साथ के लिए किसी भी लोक से बुला ले। बस उनकी स्वेच्छा अनिवार्य है। जितने दिन चाहे किसी भी लोक में रह आयें।"

महर्षि व्यास को भावना हुई भगवान स्वयं ही करेंगे कलियुग में जो भी करना होगा। एकमात्र कर्ता होकर भी अपने शुभकर्मों का श्रेय मुझे देना चाह रहे है।

कितना मूढ़ हूँ! भगवान के भोलेपन पर महामुनि व्यास का हृदय करुणा से भर गया। वे बोले, ''हे नारायण आपने तो सब कुछ दे दिया मुझे और लिया कुछ नहीं। भ्रम में ऐसा रखा जैसे मेरा सब कुछ छीन लिया हो। आप तो छलते भी ऐसे है कि स्वयं छले जाते है। इसी कारण गोपियाँ आपको छलिया कह कर भी आपके प्रेम में डूबी रहती है।: 'सर्वधर्मं परित्याज्य मम एकं शरणं बृज'। मुझे शरण देने आये और मैं समझ रहा हूँ मेरा सारा सुखचैन छीन रहे हैं।''

भगवान बोले, ''मैं तो यह कह रहा हूँ कि द्वापर में वेदों उपनिषदों का संकलन कर और भाष्य लिख कर आपने जो कर्म किया वह आधा है। शेष आधे को भी कर लीजिये कलियुग में पृथ्वी पर रहकर।''

महामुनि के पास अब कहने को कुछ नहीं रह गया था। उन्होंने चुप रहकर प्रभु के वचन सुन लेना ही हितकर समझा।

भगवान श्रीकृष्ण बोले, ''आधा काम जो आपको कलियुग में करना है वह काम मेरा है किन्तु आप करें तो मुझे प्रसन्नता होगी। असं य लोगों का हृदय-बल बढ़ेगा।''

व्यास ने कहा, ''प्रभु मेरे उत्साहवर्धन के लिए मुझे उपदेश दें।''

श्रीकृष्ण बोले, ''महामुनि! समग्र सृष्टि प्रभावित होती है मनुष्य के कर्म से। प्रलय, प्रभंजन और भूक प मनुष्यों के दुष्कर्म लाते हैं, प्रकृति नही।

''पाप का अँधेरा बहुत बढ़ गया है महामुनि। ऐसे समय सत्य बहुत आसानी से लोगों की समझ में आ जाएगा। सत्य बहुत सरल हो जाता है ऐसी घड़ी मे।

''सत्य कर्म प्रेरणा बनता है मनुष्य में तो मनुष्य ऐसा कर्म करता है जो सुन्दर है और शुभ भी।

''धर्म सनातन इस कारण है कि वह हर सच्चे कर्म से जन्म लेता रहता है। जो व्यक्ति बदली परिस्थिति को ध्यान में रख, केवल सत्य को कर्म में परिवर्तित करता है, वही उस क्षण के धर्म का ज्ञाता है। सत्य का चिन्तन कर कर्म करें मनुष्य, क्योंकि सत्य हर बदली परिस्थिति का आंकलन कर लेता है, मनुष्य से पहले। सत्य नाम की गाय को कर्म में दूहते रहो, विजय होगी।

''जो गणित की तरह पूर्व निश्चित किसी पुस्तक में लिखे धर्म के पथ पर चलते है वे वर्तमान में नहीं जीते। वे वर्तमान को भी जीने नहीं देते। जो वर्तमान को अतीत में धकेलने में लगे रहते है वे हत्या कर देते है वर्तमान की। ईश्वर प्रतिपल बदलते जीवन को प्रतिपल सत्य की अनुभूति कराता रहता है।

"सत्य में ध्यान लगाकर कर्म करें। आपका ध्यान स्वत: वर्तमान सत्य पर भी होगा और सनातन सत्य पर भी। इन दोनों सत्यों का समन्वय उस सत्य में है जिसमें ध्यान स्वत: लग जाता है। अत: जो व्यक्ति सत्यपथ पर चलता है वह बिना चले ही धर्मपथ पर भी चल रहा होता है, उस धर्मपथ पर जो नित नया है। सत्य अटल है फिर भी चिरनूतन है। धर्म चिर नूतन होकर मनुष्य के कर्मों में तभी प्रकट होता है जब उसकी आत्मा सत्य में नित्य आत्मबलि देती रहती है।"

मनु और कलियुग

भोर के उजाले में भगवान श्रीकृष्ण ध्यानमग्न थे। उनके ध्यान में विघ्न न पड़े, यह सोचकर व्यास अकेले ही हिमालय की छटा देखने निकल गये। व्यास एक पहाड़ के मोड़ पर आये तो देखते है सामने दूसरे पहाड़ पर मनु और कलियुग तलवारे लिए लड़ रहे हैं।

महर्षि ने दोनों को रोका। दोनों वहीं पत्थरों पर बैठकर क्रोध से मुक्त हाने के लिए गहरी साँसें लेने लगे। जब दोनों का मन कुछ स्वस्थ हुआ तो कलियुग ने कहा, "महामुनि यद्यपि यह अटल है कि अन्तत: विजय सत्य की ही होगी, मनु सन्देह करते है कि असत्य को अस्थायी विजय मैं दिलवाता हूँ। ये मुझसे लड़ते है, क्योंकि इनकी सन्तान असत्य की अस्थायी विजय से प्रभावित होकर असत्य को ही अपना लेती है। उसे सत्य की विजय में संशय होने लगता है। मनु को भय है कि इनकी सन्तान इनकी पर परा को नष्ट न कर दे। ये डरते है कि राक्षसों की तरह इनकी सन्तान भी सत्य को त्याग कर असत्य का पथ न अपना ले। इनकी सन्तान में से कुछ असत्य पथ अपना भी चुके है। कहने को तो वे अब भी इनसे कहते है कि वे सत्य के ही साथ है और असत्य के साथ कूटनीति के स बन्ध बनाये हुए है। सन्तान इन्हें विश्वास दिलाती है कि वह असत्य को अपनी कूटनीति से परास्त कर देगी। किन्तु मनु का हृदय नहीं मानता कि इनकी सन्तान कूटनीति से असत्य को हरा सकेगी।

"मैं पिता पुत्र के बीच जन्मे इस संकट का निवारण कैसे कर सकता हूँ? इन्हें सन्देह है कि मैं असत्य की सहायता कर रहा हूँ। हर बार धमकी देते है युद्ध की। एक बार तो ये मेरी हत्या तक कर चुके है। किन्तु कुछ क्षण मरा रहने के बाद मुझे स्पष्ट हो गया कि मैं मरा नहीं हूँ। यह देखकर मुझे विश्वास हो गया है कि मैं अमर हूँ। पता नहीं इनकी मानव सन्तान हर झगड़े में सत्य की अन्तत: विजय होती देखकर भी कूटनीति से सत्य की विजय कराना चाहती है। इनके पुत्र इनसे कहते हैं कि केवल ऊपरी मन से असत्य के साथ है, हृदय से सत्य के साथ

है। ऐसी पेचदार करनी और कथनी मेरी समझ में नहीं आती। महामुनि आप ही इन्हें समझाइये।''

इससे पहले कि व्यास कुछ कहते मनु बोले, ''महर्षि! आप तो जानते ही है काल कल्पों में बँटा है। हर कल्प में अनेक मन्वन्तर है। हर मन्वन्तर का अध्यक्ष एक मनु है। हर मन्वंतर चार युगों में बँटा है। चार युगों में कलियुग अन्तिम युग है।मैं चारो युगों का अध्यक्ष रहा। मेरे अध्यक्षत्व का कलियुग अन्तिम युग है। इसके बाद नया मन्वन्तर होगा और उसका मनु भी कोई और होगा। मुझ मनु का अवसान काल है और कलियुग का उत्थान काल। बस इस अहंकार के कारण यह मेरा कहा नहीं मानता। मैं कहता हूँ कि यह सत्य का खुलकर पक्ष ले जिससे असत्य की अस्थाई विजय भी न हो। असत्य की अस्थाई विजय मेरी मानव सन्तान को संशय में डाले हुए है। मैं डरता हूँ कि वह उक्ति सत्य न हो जाय 'संशयात्मा विनश्यति' । क्या कहूँ महामुनि! यह देखकर कि मेरी सन्तान में इतना साहस भी नहीं है कि वह बिना सोचे विचारे सत्य जैसी अटल वस्तु का साथ दे, मेरा सन्तान प्रेम मुझे ही दुख दे रहा है। झूठे कायरों का पिता होकर मैं क्या मुह दिखाऊँ नारायण को! दिन में तारे दिखा दिये है मुझे मेरे पुत्रों और पुत्रियों ने!''

कलियुग ने कहा, ''महर्षि! इनका मनवन्तर इनके साथ समाप्त हो जाएगा। फिर दूसरा मनवन्तर शुरू होगा। उसके अध्यक्ष दूसरे मनु होंगे किन्तु कलियुग तो मैं ही हूँगा। इन मनु का अवसान काल है। मैं जोश में हूँ ये वृद्ध है। इनसे मेरा स्वभाव सहा नहीं जा रहा है। मगर मैं नहीं जानता कि मेरा भी कोई स्वभाव है। मनु कहते है कि मैं उनकी अवहेलना कर रहा हूँ। अब कैसे इनको समझाऊँ कि जिसे ये मेरा स्वभाव समझ रहे है वह मेरी विवशता है।

''मनु महाराज अपनी सन्तान का रोना धोना सुनकर मुझसे कहते है कि मैं व्यवस्था ऐसी करूँ जिससे मनुष्य की बुद्धि सद्‌बुद्धि हो। ये कहते है कि पिछले तीन युगों में इनकी सन्तान को जो दुख मिला उस सब को जोड़ दो तो भी उससे सहस्त्र गुना अधिक दुख अब मेरे काल में मिल रहा है। इन्हें इनकी सन्तान मेरे विरुद्ध भड़काती रहती है। इनकी सन्तान कहती है कि उन्हें दुख मैं दे रहा हूँ। मैं भी देवता हूँ। मैं मनुष्यों की तरह असत्य के आगे नहीं झुक सकता।''

व्यास ने कहा, ''यह सत्य है कि असत्य ढीट हो गया है।''

कलियुग ने मनु से पूछा, ''मनुष्य के मन का काम है स्वच्छ दर्पण बने रहना ताकि आत्मा दिखती रहे अन्तःकरण को और सारे अंग आत्मा को प्रसन्न रखने में लगे रहें। आप क्यों असत्य आचरण करने वाली अपनी सन्तान पर अंकुश नहीं

लगाते?"

मनु, "मेरी मनुष्य सन्तान कहती है, जनतन्त्र में चुनाव जीतने के लिए नेता को अपनी तारीफऔर विपक्षी की निदा करनी ही पड़ती है। इस अनृत आचरण की अनदेखी मेरे सारे जनतन्त्री पुत्र-पुत्रियाँ करने लगे हैं। इसे चुनाव जीतने का महामन्त्र मान लिया गया है।"

कलियुग, "जनतन्त्र चलना चाहिए बिना झूठ बोले। जनतन्त्र चलता रहे, इसके लिए झूठ बोलना तो नादानी है।"

"असत्य, अनृत, अधर्म, परनिन्दा पर अंकुश लगाइए और देखिए जनतन्त्र कितनी अच्छी तरह चलता है। मानव जीवन के मूल्यों को कठोरता से स्थापित किए बिना कोई भी व्यवस्था सुख शान्ति नहीं ला सकती। धूर्तों ने राजनीति से सत्य को, अहिंसा को, प्रेम को बाहर कर दिया तो राजनीति में असत्य, हिंसा और घृणा के लिए द्वार अपने आप खुल गये।

"मैं देवता हूँ, मुझमें अमर जीवन है, किन्तु ऐसा कि मैं तीन युगों तक कुछ नहीं करता। मुझे यही पता नहीं कि मैं तीन युगों तक कैसे जीवित रहता हूँ। कारण यह है कि मुझमे केवल जीवन है आत्मा नही।"

महर्षि व्यास ने फिर कहा, "असत्य ढीट हो गया है।"

कलियुग, "किन्तु कारण मैं तो नहीं। मनुष्यों ने मनुष्यत्व धर्म छोड़ दिया है। दुष्कर्म, विवेकहीन कर्म, स्वार्थीकर्म, नीच कर्म, जिनमें न सत्य होता है, न शिव न सुन्दर—ऐसे कर्म कर रही है मनु महाराज की सन्तान। ये समझते है कि मैं करा रहा हूँ मनुष्यों से ऐसे घृणित कर्म। मनुष्य करुणा, क्षमा, प्रेम से काम नहीं ले रहे हैं। जैसा कर रहे है वैसा भर रहें है। इसमे मेरा लेना देना क्या है!"

मनु बोले, "आप देवता है तभी तो चाहता हूँ आप मनुष्य का साथ दें। उसकी हि मत बढ़ाये। मनुष्य को सुख दें।"

कलियुग, "मैं कुछ नहीं दे सकता क्योंकि मेरा कुछ नहीं है न पृथ्वी पर न स्वर्ग मे। मुझे कुछ चाहिए भी नही। फिर जब कर्म सिद्धान्त बना हुआ है तो मेरी सहायता की आवश्यकता क्या है? अच्छे कर्म करो और सुखी रहो।"

व्यास, "किन्तु कलियुग आप ही एक ऐसे देवता है जो पृथ्वी पर रह कर भी कुछ नहीं देते।"

कलियुग, "देता कौन-सा देवता है?"

मनु, "क्यों? आपके अलावा सभी। सूर्य, चन्द्र, पवन, वरुण, अग्नि—सभी देते है। जो वो है वही वस्तु हमें देते है।"

कलियुग, ''बिलकुल गलत! जिसे आप देना कह रहे है वह तो उनका होना है। अगर सूर्य प्रकाश नहीं देगे तो सूर्य नहीं रहेगे। पवन वायु नहीं देंगे तो पवन नहीं रहेंगे। अग्नि ताप नहीं देगे तो स्वयं भी नहीं रहेंगे।''

मनु, ''फिर तो आप ठीक है। आप कलियुग है। काल दे रहे है।''

''बिलकुल सही! मैं काल का एक रूप हूँ काल दे रहा हूँ।''

मनु, ''जरा रूकिये! आप मनुष्य को उत्तेजित करते है, लड़ने के लिये, पाप और अधर्म करने के लिये, झूठ बोलने के लिये, अनऋत् जैसे अमंगलकारी पदार्थ को पृथ्वीलोक में व्याकृत करने के लिये।''

कलियुग परेशान स्वर में बोले, ''यही आप त्रुटि कर रहे है मनु महाराज। मैं कैसे सिखा सकता हूँ ये सारे दुष्कर्म जब मैं इन्हें करता ही नही। जानता भी नहीं। न दुष्कर्म करने की प्रेरणा होती है मुझे। आप देखिए बच्चे जो पैदा होते है कलियुग में कोई भी न झूठ बोलता है, न पाप करता है,न अधर्म करता है। ये सब कर्म वयस्क मनुष्य सिखाते है बच्चों को। बड़े जैसे कर्म करते है मेरे काल में वैसे ही कर्म करते है उनके बच्चे।''

मनु दुख भरे स्वर में बोले, ''मैं स्वयं दुखी हूँ अपनी सन्तान के कर्मों से। चाहता हूँ सत्य में विश्वास रखे मेरी सन्तान। राजनीति और कूटनीति की क्या आवश्यकता है? ये सर्वथा बौद्धिक नीतियाँ है। ये प्रेमविहीन, सर्वथा बौद्धिक स बन्ध बनाती है, जो प्रेम को अव्याकृत होने को विवश कर देते है।''

कलियुग, ''ऐसे ही करुणाविहीन सर्वथा बौद्धिक स बन्ध राजनीति और अर्थशास्त्र बनाए हुए है और मनुष्यत्व का नाश कर रहे हैं। दोनों धूर्तता के माता-पिता हैं। इन्हें व्यवसाय नहीं होना चाहिए। मनोरंजन को भी व्यवसाय नहीं बनना चाहिए, और हृदय को उन्नत करने और सत्य से आनन्दित रखने को अपना धर्म समझना चाहिए। तब अज्ञानी स्त्री पुरुष भी सच्चा प्रेम करेंगे। किन्तु मनोरंजन व्यवसाय अश्लीलता में लिप्त है, क्योंकि अश्लीलता दिखाने से कौतूहलवश अधिक दर्शक आते हैं। सच्चा प्रेम दिखाने का प्रयत्न क्यों नहीं करते फिल्म वाले? सच्चे प्रेम को परदे पर देख कर पुरुष और नारी में परस्पर विश्वास बढ़ता है और सच्चे प्रेम की कहानियाँ यथार्थ होने लगती हैं। प्रेम से मन स्वत: प्रसन्न रहता है। सच्चे प्रेम से हटकर कुछ भी करेंगे मनुष्य तो उनका मन आलसी और विलासी हो जाएगा। मन, इन्द्रियाँ सब प्रकृति के उपकरण है। आत्मा की सेवा करने के लिए इन्हें प्रकृति ने बनाया है। आत्मा की सेवा न करके इनमें से प्रत्येक उपकरण अपना स्वतन्त्र व्यक्तित्व बना लेता है। मनुष्य अपने ही भीतर अनेक

विकल्पों के सुर–सुनकर भटक जाता है।''

मनु, ''फिर भी कुछ तो आप भी कर रहे हैं जिससे मानव जीवन पतन को पसन्द कर रहा है। मानव–मूल्य गिर रहे हैं।''

कलियुग, ''मेरा कोई दोष नहीं है। कुछ लोगों ने यह अन्धविश्वास फैला दिया है कि कलियुग में सत्य, अहिंसा और प्रेम खत्म हो जाएँगे। जो धूर्त है वे जितना बुरा हो गया उससे थोड़ा और बुरा कर देते हैं, और दंड से बच जाते है, क्योंकि लोगों को विश्वास हो गया है कि पूर्ण विनाश होना ही है, और अभी तो और बुरा होना बाकि है।''

व्यास ने पूछा, ''यह अन्धविश्वास किसने फैलाया है?''

कलियुग, ''मैंने नहीं फैलाया मुनिवर। लोग कहते है आपने।''

व्यास चौंक कर बोले, ''मैंने? मैंने तो कहा सत्यमेव जयते। जो जीतता है शासन उसका ही चलता है। यदि मेरी बात लोग माने तो केवल सत्य की विजय होगी।''

कलियुग, ''मुझे प्रसन्नता होगी यदि मुझमे जीने वाले समस्त मनुष्य सतयुग जैसा सत्य जीने लगे। असत्य ढोते–ढोते मेरा सत् निकल जाता है।''

व्यास को लौटते हुए एक व्यक्ति मिला। उसने उन्हें सड़क के किनारे रोक लिया और पूछा, ''मेरे दिल में बाते घुट रही है किसी सच्चे आदमी को अपनी और अपने देश की फरियाद सुनाने को बेचैन हूँ।''

व्यास बोले, ''सुनाइए महाशय!''

वह बोलने लगा, ''जब हम दास थे तो नेता कहते थे, स्वतन्त्र भारत में सत्य की विजय होगी। सब सुखी होंगे। साठ वर्ष हो गये स्वतन्त्र हुए। एक ही अन्तर आया अब शासकों में। वे स्वदेशी–भ्रष्टाचार कर रहे है।''

कूड़ों के ढेर से कागज आदि बीनने वाले बच्चे अपनी माताओं बहनों के साथ जा रहे थे बोरियाँ लिये। वह बोला, ''देखिए भविष्य का भारत इस वर्तमान में पल रहा है। इन्हें शिक्षित कौन करेगा? जीविका कमाने के काम में कौन स्थापित करेगा? ये कब हँसेंगे, जब बचपन चिन्ता में निकल जाएगा? यदि स्वतन्त्र भारत इनका हित नहीं कर सकता तो कोई नहीं करेगा? पिछले साठ वर्षों से यही देख रहा हूँ। सत्य की विजय तो होगी—यह सृष्टि का अटल नियम है। मगर वह नियम कब लागू होगा? अस्थाई विजय हो जाती है एक पार्टी के असत्य की। पाँच या दस वर्ष बाद दूसरी झूठी पार्टी के असत्य की विजय हो जाएगी। अभावग्रस्त मानव जीवन पर झूठ की परत चढ़ती जाएगी, और उसकी खाल

मोटी हो जायगी। वह दुख की हंसी हँसना सीख जाएगा। इनकी तरह अत्याचार, अन्याय और क्रूरता करके कुछ शताब्दियों तक विदेशी लोग हँसते रोते निकल गये, और सत्य के अनुयाायियों को अपना मानसिक दास बना गये। कलियुग में असत्य की अस्थायी विजय मनुष्यत्व को दुर्बल करती है और आत्मा को दुख देती है। लोग कहने लगे है 'मानव अस्तित्त्व अस्थायी है। अस्थाई अस्तित्त्व के लिए अस्थायी विजय पर्याप्त है।'

''मानव जीवन के सौ वर्ष बीत जाते है असत्य, अधर्म और अनृत का शासन झेलते-झेलते। शताब्दियों में जाकर सत्य की अस्थायी विजय हो तो यह उक्ति 'केवल सत्य की विजय होती है' सत्यकर्मियों का उत्साहवर्धन नहीं कर सकती। यदि सदा सत्य विजयी हो, असत्य की अस्थाई विजय भी न हो, तो सत्य आचरण करने वालों का सत्यपथ पर उत्साह बना रह सकता है। अन्यथा यह दुनिया भ्रष्टाचारियों का मेला ही बनी रहेगी।''

कृष्णभक्त से कृष्ण सखा

प्रात: भ्रमण से जब व्यास लौटे तो श्रीकृष्ण कुटी में नहीं थे। वे अपने धाम लौट चुके थे। महर्षि व्यास को चिन्ता हुई क्या प्रभु रुष्ट हो गये जो अचानक चले गये ? कहीं मैं संसार चक्र में फँसकर तो नहीं रह गया ? कही प्रभु यह तो नहीं सोच बैठे कि मुझमें वह कार्य करने की योग्यता नहीं है जिसके लिए उन्होंने मुझे चुना था ? इसमे तो कोई सन्देह नहीं है कि मुझमे वह चतुराई नहीं है जो कलियुग में जनमे मनुष्यों में है! उनकी इच्छा होने लगी कि वे सदा के लिए गोलोकधाम चले जाएँ। वहाँ नित रास में तिल-तिल नूतन होते प्रेमरस में और नित्यसत्य श्रीकृष्ण के दर्शन कर नित्य भक्ति में लीन रहूँ।

नारदजी ने जब से उन्हें प्रेम पथ पर लगाया उन्हें कर्मपथ पर चलना ऐसा ही लगता जैसे नहाकर उन्होंने वही मैले वस्त्र पहन लिए हो जो वे पहने हुए थे।

अचानक कामना का प्रवाह रुका। उन्हें भय हुआ कही भगवान को मेरी इस क्षण हो रही कामना उनके आदेश की अवज्ञा तो नहीं लग रही होगी! उन्हें तो हर मनुष्य के हर क्षण की खबर रहती ही है। व्यास के हृदय ने उन्हें चेताया, ‘भगवान एक रात के लिए तेरी कुटिया में क्या रह लिए तेरा अभिमान तुझे कृष्णभक्त से कृष्णसखा मान बैठा! तेरी आत्मा को हटा कर अभिमान बैठ गया है तेरे व्यक्तित्व के सिंहासन पर!''

व्यास को चिन्ता होने लगी। कृष्णभक्त से कृष्ण सखा बनाने में अभिमान को कुछ भी देर नहीं लगी! व्यास जितने महान थे उतने ही निर्मल हृदय भी! उनके हृदय ने कहा, ‘भगवान श्रीकृष्ण से अभिन्नता का पाठ पढ़ते-पढ़ते शायद मेरी आत्मा एक क्षण को सो गयी हो और अभिमान आत्मा के स्थान पर आकर बैठ गया हो। मानव के निजी अध्यात्मिक जगत में सत्ता परिवर्तन बिना संघर्ष के हो जाता है, क्योंकि मन, अभिमान, बुद्धि आत्मा की सत्ता पाने को लालायित रहते है और आत्मा को कोई लाालच नहीं है। कोई आत्मा की सत्ता पर अनधिकृत कब्जा कर ले तो आत्मा उसे हटाती नहीं।’

सोचने लगे अच्छा होता वे कृष्ण दास बने रहते। श्रीकृष्ण ने मित्र ज़ैसा व्यवहार किया था उनकी कुटिया में रहते हुए। अर्जुन को भी वे मित्र मानते थे। भगवान की मैत्री से, मेरी तरह, उत्साहित होकर जब अर्जुन उनके गीता उपदेश को ग भीरता से नहीं ले रहे थे तो अप्रसन्न होकर उन्होंने अर्जुन को मैत्री के भ्रम से बाहर निकाला था, विराट स्वरूप दिखा कर। भगवान के विराट स्वरूप को देखकर अर्जुन जैसे योद्धा भयभीत हो गये थे। मुझे भी मैत्री का भ्रम हो गया है। मुझे इस भ्रम से बाहर निकल जाना चाहिए इससे पहले कि मेरा भ्रम उन्हें दूर करना पड़े।

व्यास विचलित हो गये—'कितना धोखा है कृष्णपथ भी! इस पथ पर तो कृष्ण ही ठग लेते है अपना बनाकर। बातों-बातों में रात ऐसा भरमा लिया मानो मेरे सखा हो और मैं जो भी माँगूगा दे देगे। किन्तु मुझे अपने लोक ले जाने की बात टाल गये। कृष्ण केवल उन्हें अपने लोक में रखते होंगे जिनमे अभिमान का लेश भी नही। क्या भगवान की मैत्री मिल जाय तो मनुष्य अभिमानी हो जाता है? अब मुझे कृष्ण से हुए एकत्व के होते हुए भी, स्वामी और दास के द्वैत भाव को रखना

होगा, जिससे स्वयं को उनका मित्र समझने की धृष्ठता फिर न हो।

उन्होंने मुझे यह स्वतन्त्रता दी कि मैं विश्व के उन स्वर्गवासी महापुरुषों को स्वर्ग से ला सकूँ जो पृथ्वी को स्वतन्त्रता, न्याय और सत्य-शिव-सुन्दर का धाम बनाने में सहायक हो सके। उन्होंने एक ही प्रतिबन्ध लगाया है कि मैं केवल उनको लाउं जो स्वेच्छा से आना चाहे।

उनके हृदय ने दृढ़ता से कहा, 'भगवान कृष्ण ने मुझे यह सुविधा दी है तो मेरा कर्तव्य है कि मैं इसे उनका आदेश समझूँ। वे जग के नियन्ता हैं। वे कोई निरर्थक बात नहीं कहते।''

व्यास का गोलोक गमन

अगली रात भगवान को पुन: अपनी कुटी में देखकर महर्षि व्यास को अत्यन्त हर्ष हुआ। भगवान ने एक और रात महामुनि की ही कुटिया में बितायी। पृथ्वी खिल उठी देखकर कि इस रात भी भगवान उनके भवन में शयन करेगे। उन्हें याद आये वे दिन जब भगवान ने अपनी सोलह कलाएँ पृथ्वी में स्थापित की थी जो समन्वित होकर मनुष्यत्व का बीज बन गयी थी।

महर्षि व्यास ने भगवान से कहा, "प्रभु! निर्गुण ब्रह्म के साथ सगुण ब्रह्म भी हर मनुष्य हृदय में प्रकट हो गया था। सगुण और निर्गुण ब्रह्म की एकता को जानने और उस एकता को अपने व्यक्तित्व में स्थापित करने वाला मनुष्य धन्य है। ब्रह्म के इन रूपो के समन्वय के लिए भारतीय जनमानस शताब्दियों से तड़प रहा है। यह विवाद ऐसा है जिसका निर्णय कोई नहीं कर सकता। निर्णय हो जाय तो भी किसी काम का नहीं, क्योंकि दोनों सत्य है। दोनों की आवश्यकता है ज्ञानियों, भक्तों और जन साधारण को।"

भगवान श्रीकृष्ण बोले, "निर्गुण और सगुण में श्रेष्ठ कौन? यह विवाद इतना हानिकारक निकला कि धर्म और चिन्तन के आगे बढ़ने का मार्ग ही अवरुद्ध हो गया। भारत के करोड़ों जन की चेतना इसी स्थल पर अटकी पड़ी है। जिस जाति की चेतना अवरुद्ध हो जाती है वह दासता और स्वतन्त्रता का अन्तर भूल जाती है।"

व्यास उद्विग्न हो गये और दुख भरे स्वर में बोले, "प्रभु आप सहायता करे। सगुण की आवश्यकता मनुष्यत्व को है और निर्गुण की आवश्यकता आत्मा को। सगुण के बिना मनुष्य की भावना शक्ति का काम नहीं चलता तो निर्गुण के बिना बुद्धि का नहीं चल सकता। ये दोनों मानव अस्तित्त्व की पूर्णता के आधार है। इस मानसिक दासता को जो इस विवाद के कारण आयी है दूर किये बिना भारतीयों की शक्ति संगठित नहीं हो सकती।"

श्रीकृष्ण बोले, "सगुण ब्रह्म के गुणों के बीज हर मानव हृदय में आज भी है।

उन अनन्त गुणों में आजतक जिन गुणों को सर्वाधिक विकसित किया श्रेष्ठ मनुष्यों ने अपने व्यक्तित्व में वे है—करुणा, क्षमा, प्रेम, परोपकार, अहिंसा, निस्वार्थता, वीरता, निर्भयता, स्त्रियों-बच्चों-वृद्धों की रक्षादि। निर्गुण और सगुण ब्रह्म के क्रमशः अंश, आत्मा और मनुष्यत्व, हर मनुष्य में विद्यमान है। मनुष्यत्व ईश्वरत्व का मानव-संस्करण है। जो आत्माएँ मनुष्यत्व के गुणों को अपने में विकसित कर पायी उन्हें ही मानवजाति आदर्श मानती आ रही है, क्योंकि उनके व्यक्तित्व में निर्गुण और सगुण ब्रह्म दो से एक हो जाते है। जो मनुष्य इन दोनों रूपों को समन्वित कर लेता है वह धन्य हो जाता है। मानव जीवन को सफल करने का यही एक मात्र ढंग है। किन्तु यह समन्वय भारतीयों को स्वयं करना है। कुछ कार्य मनुष्यों को स्वयं करने होते है। यह ऐसा ही कर्म है। भारत के विद्वान और धर्मज्ञ क्यों अपनी हठधर्मिता नहीं छोड़ते ? क्यों उनकी समझ में इतनी-सी बात नहीं आ रही है कि उन्होंने अपने आगे स्वयं दीवार खड़ी कर रखी है। महर्षि व्यास यह कार्य आप कर सकते हैं।''

व्यास ने प्रभु श्रीकृष्ण से कहा, ''कर सकता था प्रभु यदि आप पृथ्वी छोड़कर न जाते। आपके पृथ्वीलोक छोड़ते ही मेरी तो चेतना ही सुधबुध खो बैठी। कलियुग के घने काले बादल ऐसा अंधेरा ले आए थे जैसा कभी नहीं देखा था। हृदय और देह कांपने लगे थे। बुद्धि को कुछ नहीं सूझ रहा था। जो ज्ञान द्वापर में पर्याप्त था वह कलियुग में पर्याप्त नहीं हो रहा है। आत्मा और मनुष्यत्व को एक किये बिना मनुष्य कलियुग में अपना जीवन सफल नहीं कर पाएगा। मैं तो आपका चाकर हूँ हे गोविन्द। किन्तु मैं सच कह रहा हूँ कि आपका सानिध्य पाये बिना मैं कुछ नहीं कर सकता।

'' मेरा कर्तव्य आज आपने निर्धारित कर दिया। जिसका कर्तव्य आप निर्धारित करे उससे अधिक सौभाग्यशाली व्यक्ति और कौन हो सकता है! श्री गोविन्द आपका आदेश मेरा मोक्ष है। किन्तु सच कह रहा हूँ प्रभु कि आपके ही दम से प्रकाश है जगती में और मुझमें।''

भगवान श्रीकृष्ण मन्द मन्द मुस्कराते हुए ये वचन सुनते रहे। बीच-बीच में मुखचन्द्र पर संवेदना के भाव भी आते जाते रहे। जब हर्ष होता तो पूरे आवेग से उनके आनन को प्रफुल्लित कर देता।

जब महर्षि व्यास अपनी मनोदशा का वर्णन कर चुके तो श्रीकृष्ण हँस कर नेत्रों के कोरो से उन्हें देखते हुए बोले, ''चलिए महामुने कुछ दिन आप गोलोकधाम रह लीजिये। आपके हृदय को शान्ति मिल जाएगी। ऐसी मनःस्थिति में आप

पृथ्वी पर रहे तो आपका मन आपको और उद्विग्न कर देगा।''

व्यास समझ गये क्यों भगवान उनके दुख की अनदेखी कर पहले उन्हें साथ ले जाने को तैयार नहीं थे, और अब, जब वे मोह त्याग कर, कर्तव्य भावना के कारण, पृथ्वी पर रहने को तैयार हो गये तो भगवान उन्हें अपने साथ चलने का निमन्त्रण दे रहे हैं।

व्यास का हृदय आत्मविश्वास से भर गया। सहसा समुद्र की एक झलक उन्हें दिखाई दी। उन्हें लगा भगवान की निस्सीमता करुणासागर रूप में उनके सामने प्रकट हुई है, उनके दुखी हृदय को आश्वस्त करने के लिये। श्रीकृष्ण बोले, ''कलियुग में कोई और निर्विकल्प सत्य का इतना बड़ा ज्ञाता नहीं है। कलियुग में धर्म की वही परिभाषा अन्ततः मान्य होगी जो आपने की है। धार्मिक आतंकवाद और धर्मपरिवर्तन, इन दो अनृत आचरणों से मानवता मुक्त हो जायगी। धर्म की वह परिभाषा तब सब की समझ में आ जायगी।''

महर्षि व्यास को अद्‌भुत अनुभूति हुई कि उनकी आत्मा स्त्री है। एकमात्र पुरुष श्रीकृष्ण है। उन्हें लगा वे विद्युत गति से उनके पीछे उड़ रहे है। जब चेतना लौटी व्यास गोलोकधाम में श्रीकृष्ण के साथ थे।

श्रीकृष्ण बोले, ''महामुनि! यहाँ से मृत्युलोक इतना दूर है कि यह दूरी गणित नहीं नाप सकता। किन्तु आपके भवन में मृत्युलोक नामक वातायान से आपको मृत्युलोक इतना ही निकट लगेगा जितना आपको मृत्युलोक में रहते हुए लगता था। ज्ञानमार्ग और प्रेममार्ग दो मार्गों से दोहरी मुक्ति पा लेने के कारण आप इस योग्य है कि आप मानवजाति को पूर्ण स्वतन्त्रता का मार्ग दिखा सके। जब भी पृथ्वी का वातावरण आप को ऐसा लगे कि अब आपको पृथ्वी पर होना चाहिए आप अपने हृदय में पृथ्वी पर होने की भावना करें, आप स्वयं को पृथ्वी पर पाएँगे।''

सब गोपियाँ और श्रीकृष्ण साथ थे स्वर्ग और मोक्ष दोनों से न्यारे गोलोकधाम मे। वहाँ के रत्नों, हीरो, मोतियों की गणना अस भव थी। स्वर्ण पहाड़ों और बादलों के रूप में हर आकाश में थे और आकाशों की कोई गणना नहीं थी। सारी सृष्टि की स पदा और वैभव वहाँ के किसी भी एक भंडार को भर नहीं सकते थे।

गोपियों की विरह वेदना का तो अंत हो गया था श्रीकृष्ण से निरन्तर मिलन मे। किन्तु समस्त गोपियों की विरह वेदना ने अकेले महामुनि व्यास के हृदय में पुनर्जन्म ले लिया था। भगवान ने भी सोचा इतनी वेदना लिए महामुनि कैसे वह सब करेंगे जो मैं चाहता हूँ वे करे।

महर्षि व्यास गोलोकधाम में क्या आये वहाँ से पृथ्वी पर जाने को मन ही न होता।

यह देखकर कि उनका ग्वालबाल रूप महर्षि को अत्यंत प्रिय है, भगवान ने रोज प्रात: गाय चराने की दिनचर्या अपना ली। अगली सुबह ही उन्हें ग्वालबाल के रूप में अपने भवन के आगे से स्वस्थ और सुन्दर गायों के एक रेवड़ को हाँकते देख व्यास खुशी से भर गये। वे गायें महर्षि व्यास को गाय के रूप में स्वेच्छा से रहने वाली मुक्त आत्माएँ नजर आयी। उन्होंने प्रभु से प्रार्थना की कि उन्हें भी साथ ले चले।

अब महामुनि भगवान के साथ रोज गैया चराने जाने लगे। भगवान का जैसा जीवन व्यास ने अपने पुराणों में लिखा था भगवान वैसा ही जीवन व्यास के साथ जीने लगे। महर्षि के आनन्द की सीमा न रही। हृदय का इतना आनन्द मन से सहा न गया। मन ने एक चिन्ता रख दी हृदय के आनन्द पारावार मे। इस चिन्ता ने निर्मल हृदय व्यास को अधीर कर दिया। चिन्ता यह रहने लगी कि प्रभु किसी दिन यह न कह दे कि अब गोलोक से भी अधिक आपकी आवश्यकता पृथ्वी को हो रही है महर्षि!''

एक दिन जब गाये चराते हुए यह चिन्ता उग्र हो उठी तो उन्हें ऐसा लगा जैसे प्रभु ने उन्हें सचमुच पृथ्वी पर जाने का आदेश दे दिया है। वे दुख से भरकर एकाएक प्रभु से बोले, ''कलियुग में आप भेज तो देगे प्रभु। आपको कौन रोक सकता है! एक विनती दास की भी सुन लीजिये तीनों लोकों के स्वामी! कलियुग का स्वभाव विकट है। घड़ी में हंसते है घड़ी में दहाड़े मार कर रोने लगते है। कहते है कलियुगी मनुष्यों ने उनकी नाक में दम कर रखा है। उनकी पितामह मनु से भी नहीं बनती। पितामह मनु पृथ्वी पर ही विचरते रहते है, अपनी सन्तान का कुशलक्षेम अपने बाहुबल और शस्त्रों से सुनिश्चित करते हुए। कलियुग उनकी नहीं सुनते, मेरी क्या सुनेगे।''

व्यास बोलकर चकित रह गये। उनकी ध्वनि तो वयस्क थी। किन्तु स्वर एक बालक का था जो चाह रहा था कि पिता उससे वह करने को न कहे जो करने को वे कह रहे है।

श्रीकृष्ण बोले, ''कलियुग विक्षिप्त हो गये है मुझे तो ऐसा नहीं लगता। क्रोध अवश्य ज्यादा आने लगा है उन्हें। मगर क्रोधी हो गये है तो क्या हुआ? अनृत, अज्ञान और असत्य को अपने सिर पर तो कलियुग बैठा नहीं लेगे! काल का स्वभाव नहीं होता। यह मनुष्यों पर निर्भर है कि वे कलियुग को सतयुग बनाएँ या

कलियुग ही रहने दें। केवल आप जैसे ज्ञानी ही सत्य का पौधा कलियुग के प्रवाह में रोप सकते है। कलियुग के आर भ होते ही दुष्टों ने कलियुग में पाप, अधर्म, असत्य और अनृत के पौधे रोप दिये थे। वे फल देने लगे है। इस कारण लोगों को अंधविश्वास हो गया है कि कलियुग में पाप, अधर्म, असत् और अनृत फूलेंगे और फलेंगे; सत्य और धर्म पराजित और अपमानित होगे। आप सत्य का पौधा रोपे महामुनि कलियुग के प्रवाह मे। मानवजाति का सत्य में विश्वास कभी नष्ट नहीं होता, और सत्य को कर्म में प्रकट करने की प्रेरणा भी कभी नष्ट नहीं होती। यही धर्म है मनुष्य का। यह कभी नष्ट नहीं हो सकता, युग चाहे कोई हो।''

व्यास ने कहा, ''राजनैतिक, धार्मिक, सामाजिक सिद्धान्त बहुत जल्दी-जल्दी बदल रहे हैं कलियुग में और परस्पर लड़ाये जा रहे हैं। इन्हें बनाने वाला प्रत्येक व्यक्ति स्वयं को सच्चा कहता है और दूसरे को झूठा। किन्तु कोई निर्णय नहीं होने देना चाहता कि कौन सच्चा और अनुकरणीय है। हर क्षेत्र में अग्रणी बहुत बन गये है। सब एक-दूसरे की निन्दा करते हैं किन्तु कौन सच्चा अग्रणी है, कौन झूठा, ये निर्णय कोई नहीं करना चाहता। अधिकांश लोग डरे हुए है कि कलियुग के अधिकांश अग्रणियों का विश्वास धन में खिसक आया है। ऐसा लगता है सब कलियुग से भयभीत है। कलियुग का कोई विश्वास नहीं करता। वे कलियुग को घोर अविश्वनीय और सनकी सर्वशक्तिमान शासक मानने लगे हैं। यह भी लगता है लोगों को कि कलियुग में न सत्य है, न शिव न सुन्दर। फिर भी कलियुग सर्वोच्च सत्ता है और धन सर्वोच्च शक्ति है। लोगों को अन्धविश्वास है कि इन दोनों, सत्ता और शक्ति, के बीच कोई गुप्त सन्धि है, जिससे ये एक-दूसरे का विरोध नहीं करते। किन्तु वह सन्धि क्या है कोई नहीं जानता।''

भगवान ने पूछा, ''आप क्या समझते है दोनों को?''

व्यास बोले, ''प्रभु मैं तो इन दोनों के विषय में अज्ञानी हूँ। मैं तो केवल आपका अनुभव करता हूँ सृष्टि में।''

प्रभु ने पूछा, ''और आधुनिक मानव व्यक्तित्व के बारे में आपका क्या मानना है?''

''हे जनार्दन मुझे हर मनुष्य में दो शक्तियाँ दिखती है, ज्ञान और अज्ञान। इन दोनों से धर्म उत्पन्न होते रहे है आदिकाल से। जो धर्म ज्ञान से उत्पन्न होते है उनमें सत्य रहता है। अत: वे शाश्वत है। जो अज्ञान से जन्म लेते है, मनमाने अन्धविश्वासों पर आधारित होने के कारण वे जन्म लेते और नष्ट होते रहते हैं।''

व्यास का कलियुग में प्रवेश

कलियुग के पाँच हजार वर्ष बीत गये महामुनि व्यास को गोलोकधाम में प्रसन्नता पूर्वक रहते हुए। वहाँ तिथि, माह और वर्ष नहीं घटते। किन्तु इच्छा करते ही पता चल जाता है पृथ्वी पर कौन सा दिन, माह और वर्ष है।

सहसा 3 फरवरी 2010 को उनका मन पृथ्वी पर जाने को मचलने लगा। जिनका जीवन ही लोकहित की गाथा है, ऐसे महर्षि व्यास कब तक अपने सुख में पृथ्वी को भूले रहते। उनके मानस-नेत्रों को असं य जन अज्ञान और मत्सरों के पाश में पृथ्वी पर छटपटाते हुए दिखाई देने लगे। मानवों के क्रन्दन ने उन्हें गोलोकधाम में और नहीं रहने दिया।

अब चिन्ता दूसरी थी कि भगवान से कैसे कहे कि पृथ्वी पर जाना है। वे सोचेंगे व्यास कितने अस्थिर चित्त है। 'कल तक डर रहे थे कि मैं न कह दूँ उन्हें पृथ्वी पर जाने को। आज जाने को व्यग्र है!'

भगवान ने स्वाधीनता दे दी थी कि बिना उन्हें बताये वे जब चाहे पृथ्वी लोक जा सकते है। किन्तु भगवान से बिना आज्ञा लिए जाएँ तो जाएँ कैसे? एक दिन गोलोकधाम में गैया चराते हुए उन्होंने भगवान से कहा, "प्रभु आप आज्ञा दें तो पृथ्वी पर चला जाऊँ।"भगवान श्रीकृष्ण एक छोटी-सी बछिया को अपने हाथ से घास खिलाते हुए बोले, "जाने की विधि तो आपको याद होगी!"

"जी प्रभु!" कुछ भी कहते हुए उन्हें लज्जा लग रही थी। प्रेम के सागर महामुनि के आँसू निकल आये जब बिछोह यथार्थ होने लगा और बिदा की बेला आ गयी। गोलोक में आकर तो कोई कही और जाता नहीं था। ये एक अनोखे जीव थे जो दुख-सुख से भरी दुनिया में वापस जा रहे थे। पृथ्वी के प्राणी वहाँ भी मानव रूप में रहना पसन्द करते थे। अनेको नर-नारी उन्हें बिदा देने आ गये। बहुतों से प्रेम स बन्ध हो गये थे निर्मल निश्छल प्रेमी महर्षि व्यास के। जल्दी से झुककर भगवान की चरणधूलि सर पर ली, सबको प्रणाम किया। आँसू झरे तो झरते रहे। पोंछेंगे तो हरि देख लेगे और उन्हें भी दुख होगा। महर्षि व्यास ने अपने

हृदय में भावना की वृन्दावन में होने की। दूसरे ही क्षण वे वृन्दावन में थे।

व्यास ने 3 फरवरी 2010 को स्वेच्छा से गोलोकधाम से पृथ्वी पर लौटे। पृथ्वी पर भी प्रकट होने का जो स्थान उन्होंने चुना वह वृन्दावन था। वृन्दावन में पैर रखते ही व्यास को गोपियों की याद आयी। पाँच हजार साल पहले भी गोपियों के दर्शन की तीव्र कामना उन्हें वृन्दावन लाई थी। सत्य को प्रेम रूप में महर्षि ने यहाँ देखा था।

व्यास कुछ दिन भूखे प्यासे उन कुंजों को ढूँढ़ते रहे जहाँ उन्होंने वेणुगीत लिखे थे, जो उन दिनों बहुत प्रचलित थे। सावन के झूले हो, गोवर्धन परिक्रमा या तीर्थयात्रा या विवाह आदि मंगल अवसर, होली हो या दीवाली नर नारियों के झुंड वेणुगीतों को गाते हुए सारे शुभ कर्म स पन्न करते थे। कालान्तर में वे वेणुगीत न जाने कहाँ श्रीमद् भागवत से अलग हो गये और खो गये या जनमानस में उतर गये, हर नये काल में नये रूपों में नये कवि-हृदयों में पुनर्जन्त पाने को।

महामुनि व्यास वृन्दावन में विचरते रहे कि कोई चमत्कार हो जाए, और उन्हें उन्हीं गोपियों के दर्शन हो जाएँ जिन्हे उन्होंने द्वापर में देखा था।

भगवान श्रीकृष्ण ने उनकी यह इच्छा भी पूरी कर दी। वृन्दावन में एक दिव्य वृन्दावन उन्होंने रच दिया, जो सिर्फ उन्हें दिख रहा था। उन्हें इस दिव्य वृन्दावन के कुंजों और गलियों में गोपियों के दर्शन हो गये, जैसे पाँच हजार साल पहले हुए थे। गोपियाँ वहीं थी, वैसी की वैसी, पाँच हजार वर्षों से। भगवान अपने सच्चे भक्तो की मनोकामना पूरी करने को क्या नहीं करते! सोच-सोचकर महामुनि के मस्तिष्क में प्रेम की घटाये उमड़ने लगी, अश्रु गिरते रहे और वे अपने उत्तरीय से पोंछते रहे।

'वेणुगीत' लिखने से पहले, जैसा उन्होंने गोपियों को संसारी सुधबुध खोकर कृष्णमय हुई तब देखा था वैसा ही अब भी पाया। सच्चे प्रेम की यह पवित्र छवि देखकर आश्चर्य और आनन्द मिश्रित एक आह महामुनि व्यास के हृदय से निकली। उसके बाद हृदय में न प्रश्न रहे न उत्तर।

''गोपियों ने महामुनि को पहचान लिया। अपने प्रेमी के इन भक्त को बड़े प्रेम से निहारा, बड़े स्नेह और श्रद्धा से उनका स्वागत किया। किन्तु गोपियों के मुख कमल महामुनि के विरल ज्ञान से अनभिज्ञ थे। उनके ज्ञान की धूप ने गोपियों के चेहरो पर छाई कृष्ण प्रेम की आभा को न बढ़ाया न घटाया। कृष्ण प्रेम की वह आभा, फूल पर पड़ी ओस की तरह, उतनी ही ताजी थी। महामुनि को लगा कि

उनका मूल्य गोपियों की आँखों में इससे अधिक कुछ नहीं है कि वे उनके प्राणप्रिय के भक्त है। महामुनि के अद्वितीय ज्ञान को गोपियों ने आँख उठाकर भी नहीं देखा, न पहचाना। किन्तु महामुनि को लगा गोपियों ने उन्हें पहली दृष्टि में ही अपना अभिन्न बना लिया। प्राणप्रिय कृष्ण का एक और अपने जैसा प्रेमी मान कर हृदय से लगा लिया। अद्‌भुत गति थी गोपियों की प्रेम में कि उनमें किसी को किसी कृष्ण प्रेमिका या प्रेमी से ईर्ष्या नहीं थी।

उनके ज्ञान की गोपियों ने जो उपेक्षा की वह उपेक्षा भी वरदान हो गयी। महामुनि को अपने ज्ञान-सागर हृदय में ज्ञान के बीजों से प्रेम के पत्ते, किसलय, कोपले और फूल खिलते महसूस होने लगे। उन्ही कमल न्नालों में प्रेम के फूल खिल गये जिनमें ज्ञान के फूल खिले हुऐ थे। गोपियों ने उनके अतुलित ज्ञान की उपेक्षा करके उनके हृदय से ज्ञान और प्रेम के द्वैत को ही मिटा दिया।

गोपियों ने वेणुगीत गा-गाकर जब महामुनि व्यास के हृदय में कृष्ण प्रेम के अतिरिक्त कुछ नहीं छोड़ा तो महामुनि व्यास ने जाना अनन्त ज्ञान की भूमि के ऊपर प्रेम का आकाश कितना सुहाना है। उन्हें साक्षात अनुभव हो गया जिस तत्त्व के ऊपर कोई आकाश नहीं, जो स्वयं आकाश भी है और धरती भी, वह अनूठा अकेला तत्त्व प्रेम है।

यमुना में स्नान कर वे भगवान कृष्ण का ध्यान करने बैठे तो पूरा वृन्दावन घिर घिर कर उन्हें अपने पास आता हुआ सा लगा। वही पुराना वृन्दावन था। बस मोर थे, गाये थी, यमुना थी, बछड़े थे, और गोपियाँ थी, वही सब करती हुई जो करते हुए उन्होंने उन्हें पाँच हजार वर्ष पहले देखा था।

वे चकित थे यह देखकर कि जितना वे उन पुरानी स्मृतियों से ध्यान हटाकर श्रीकृष्ण में लगाने की चेष्टा करते उतना ही गोपियाँ आस-पास दिखाई देने लगती। उन्होंने कृष्ण का ध्यान करने की चेष्टा छोड़ दी और आश्चर्य से गोपियों को इधर उधर आते-जाते अपनी दिनचर्या में लगा देखने लगे। वे उन्हें पहचान कर मुस्करा देती पर कोई भी उनसे बात करने को न रुकती। जैसा दृश्य दिख रहा था उसे ही चुप वे दर्शक की तरह देखने लगे।

गोपियों की दशा का वर्णन लिखने से पहले उनके प्रेम का अनुभव करके, प्रेरणा पाने व्यास वृन्दावन गये थे, और गोपियों को देख कर व्यास अपनी सुधबुध खो बैठे थे। वेणुगीतों में गोपियों की विरह दशा का वर्णन करने से पहले एक हूक-सी उनके हृदय में उठती थी। हर नये-नये खिले पत्ते से दिव्य प्रेम का संगीत उनके हृदय में आ भरता था। जैसा वृन्दावन पाँच हजार साल पहले था वैसा ही

आज भी दिख रहा था। गोकुल छोड़कर जाते हुए कृष्ण गोपियों को वचन दे गये थे लौट कर आने का। पर नहीं आ सके। फिर भी प्रेम की मारी गोपियाँ निराश नहीं हुई। उनका प्रेम एक अनोखा रूप ले बैठा था, जैसे समुद्र में कुछ पौधे पुराने होकर गलते नहीं, कोरल हो जाते है। कृष्ण का वचन असत्य नहीं हो सकता, इस विश्वास का अमृत पीकर उनका प्रेम अमर हो गया था। गोपियों का प्राचीन समय में हुआ श्रीकृष्ण से प्रेम, समय से परे, शाश्वत हुआ दिख रहा था इस यात्रा में महामुनि को।

व्यास ने एक कुंज में देखा कुछ गोपियाँ कृष्ण की तरह मोरपंख लगाये मुरली बजा रही है और कुछ गीत गा रही है। किन्तु उन सुरों में कृष्ण से विरह का दुख नहीं, मिलन का सुख था। गाते हुए उनके मुख कमल ऐसे खिल रहे थे जैसे सबको विश्वास हो कि कृष्ण से कभी बिछोह नहीं होगा।

महर्षि व्यास को विश्वास हो गया कि श्रीकृष्ण, कैसे भी आए हो, गोपियों से मिलने आये जरूर थे। श्रीकृष्ण का वचन सच्चा हुआ। वृन्दावन न आये हो तो भी मिलन हुआ। कहाँ हुआ कैसे हुआ यह किसी को पता नहीं तो क्या! आखिर अपनी प्रेयसियों से मिलन था, सबको पता चलाने वाली बात नहीं थी। कोई मार्ग सुलभ न रहा हो तो लीलाधारी ने स्वप्नावस्था को ही यथार्थ से भी ज्यादा वास्तविक कर दिया हो,अपनी फूल से भी कोमल विरहिनियों को विरह ज्वाला से मुक्त करने के लिये। अद्‌भुत थी श्रीकृष्ण की प्रेमिकाओं की गन्ध, जो भगवान को तीनों लोकों में अन्यत्र नहीं मिली थी। सच्चे प्रेम में डूबी नारियों की कस्तूरी ऐसी महकती कि कस्तूरी मृग अपनी गन्ध के पीछे भागना भूल जाते थे।

प्रेम के रहस्यों पर प्रश्नों के उत्तर महर्षि व्यास नहीं देते। अनेक विद्वान कहते है कि गोपियों को दिया वचन निभाने के लिए कृष्ण ने कोई चमत्कार किया था। किन्तु महर्षि व्यास कुछ नहीं कहते। वे कृष्ण के अनन्य भक्त हैं। गोपियों से मिलने आने का जो रहस्य उनके आराध्य श्रीकृष्ण ने औरो से छुपाया उसे श्रीकृष्ण के परम भक्त व्यास कैसे खोल देते!

व्यास ने कृष्ण और गोपियों का मिलन वृन्दावन में छुपे इसदिव्य वृन्दावन में भी देखा जहाँ वे पाँच हजार वर्ष बाद प्रकट हुए। दिव्य वृन्दावन में काल का आना नहीं था। यहाँ किसी की मृत्यु नहीं होती। यहाँ सब युवा हैं। जैसे हैं वैसे ही रहते हैं। न उनकी आयु बढ़ती है न वृद्ध होते है।

वृन्दावन में छुपे इस पाँच हज़ार वर्ष पुराने वृन्दावन की कुंजगलियाँ वैसी ही थी जैसी तब थी जब गोपियों के कारण प्रेम के देवता श्रीकृष्ण इनके फेरे लगाते

थे। व्यास की बुद्धि इन दृश्यों को आँखो का भ्रम कहती, किन्तु व्यास बुद्धि के कथन को चेतना के कथन के आगे महत्त्व न देते। वे इस सत्य को नहीं खोना चाहते थे जो गोपियों के प्रेम से सुरभित चेहरों में उन्हें मिल रहा था। उनकी चाल मे, उनकी प्रेम गति मे, उनकी व्यस्तता से भी प्रकट था कि सिवाय प्रेम के इस दुनिया में और रखा क्या है!

उन गलियों में चलती गोपियों के चेहरों की आभा से प्रकट हो जाता कौन प्रेम-मिलन करके लौट रही है। कौन रूठी हुई है। किसे कृष्ण ने मना लिया है। कौन उन्हें दही माखन खिलाकर ऐसी प्रसन्न है जैसे उसे तीनों लोकों के सुख मिल गये हो। कौन उनसे वचन लेकर आयी है कि आज की रात कन्हैया और वो सबसे ऊँची अटारी पर मिलेंगे, जो चन्द्रमा के पास है, पर जिसका पता चन्द्रमा को भी नहीं चल सकेगा, क्योंकि प्रेयसी गुलाब की पंखड़ी से भी कोमल है। कौन है यह गोपी जो आँखो में आँसू भरे कृष्ण से यह कह कर लौट रही है कि उसके नन्हें हृदय में जुदाई सहने की ताब नहीं है।

व्यास देख रहे थे प्रेमरस हवाओं में भरता-भरता छलकने पर आ गया है। वही प्रेमरस कुछ गोपियों को नयन मूँद कर चलने को विवश कर रहा है, क्योंकि किसी राही ने उस रस को देख लिया तो लाज के मारे न उनसे चलना बन पड़ेगा न रुकना। व्यास को लगा प्रेमरस उनके हृदय को मदहोश कर उनसे कह रहा है कि अब उनके प्रेम के रहस्य प्रेमरस से भी छुपाए रखना कठिन हो गया है। इन दृश्यों को गाोपियों और श्रीकृष्ण के मधुर मिलन की बेला कैसे न कहते व्यास! वही प्रेमरस उनके अपने हृदय में भी मचलने लगा था।

व्यास पूरे माह गोपियों के साथ रहे। उन्हें छोड़कर जाते भी कहाँ! सारी सृष्टि की राजधानी तो यह अनोखा वृन्दावन था, जो पार्थिव वृन्दावन में छुपा है और केवलचैतन्य आत्मा को दिखता है। चैतन्य आत्मा के वृन्दावन ने दृश्य वृन्दावन की न एक इंच जमीन घेर रखी थी न एक इंच आसमान। भक्त शिरोमणि व्यास कहते है यह वृन्दावन केवल वे देखते है जिन्हे इस संसार से न धन चाहिए, न शक्ति न ज्ञान।

एक माह बाद, हर दिन महर्षि व्यास जाने का निश्चय करते पर गोपियाँ अपनी कोई नयी लीला दिखाने लगती, व्यास देखते रह जाते और साँझ ढल जाती। फिर रात हो जाती। जाने की बेला टल जाती। फिर अगले दिन भोली गोपियाँ महामुनि के हृदय में कोई सुर य रेखा ि ंच देती, जिसे लांघना उन्हें पवित्र प्रेम को अपवित्र करने जैसा लगने लगता।

व्यास इसे अपनी आँखों का भ्रम नहीं कह सकते थे। ऐसा कहते तो उन्हें असत्य लगता। उन्होंने देखे गोपियों के उपयोग के लिए अन्न, वस्त्र, आहार आदि रखने के लिए परिजनों द्वारा वृन्दावन के टीलों और पुराने वृक्षों में काटकर बनाये गये सुरक्षित स्थान। पशु–पक्षी भी उनकी वस्तुओं को दूषित न करते। वे भी प्रहरी हो गये थे। सच्चे प्रेम में चैतन्य थी गोपियाँ और मदहोश था महर्षि का हृदय। बुद्धि को यह जंजाल लगता, और उनकी चैतन्य आत्मा को बुद्धि की बाते जंजाल लगती।

महामुनि व्यास कहते है प्रिया राधे से कृष्ण के मिलन को वे चैतन्य आँखें ही देख पाती हैं जो तय कर चुकी है कि उन्हें रहना ही है गोलोक धाम में, और कहीं नहीं।

सत्य सनातन है। सत्य तक क्षणभंगुर यथार्थ की पहुँच नहीं है।

वृन्दावन की वृद्धा

एक महीने के बाद गोपियों से कृष्ण के मिलन के प्रेम से सुवसित दिन समाप्त हो गये। वृन्दावन में छुपा वह अद्‌भुत वृन्दावन जो काल में नहीं था अदृश्य हो गया। एक सुबह जब व्यास जगे तो वह वृन्दावन नहीं था। उसकी जगह तुलसी के पेड़ बन चुके तुलसी के पौधों का एक द्रुम था। दूर–दूर तक अन्य वृक्ष थे, मिट्‌टी की राहे थी, कृष्ण सरोवर और राधा सरोवर थे।

वे उठे। दिन भर निराहार मन्दिरों में दर्शन करते रहे। रात हो गयी तो एक द्रुम में सो गये। अगली सुबह तड़के ही, लगभग तीन बजे, उनकी आँख खुली कोई आवाज सुनकर।

उन्हें ऐसा दृश्य देखने की आशा नहीं थी जैसा दृश्य आज महर्षि व्यास देख रहे थे। एक वृद्ध महिला पास के एक निकुंज में एक तुलसी वृक्ष के तले पड़ी विलाप कर रही थी, 'माधव! माधव! कहाँ हो तुम? कहाँ आऊँ मैं? सपने में कहते हो आने को। जब पूछती हूँ कहाँ आऊँ तो आँख खुल जाती है। भोर होती है तो चारों ओर राहे देख हृदय चकरा जाता है। कौन–सी राह पकड़ूँ जो तु हारे घर तक पहुँचा दे, समझ नहीं आती। अब साँझ हो गयी उमर की। कैसा जीवन दिया तुमने माधव? तु हारी लीला पर प्रेम उमड़–उमड़ कर आ रहा है। अच्छा ही किया जो मेरी बुद्धि को शिक्षित कराया पर मेरे चित्त को मूढ़ रखा। तुम जैसी बुद्धि होती तो भी भटक जाती। आत्मा तो तु हारे जैसी ज्ञानी नहीं है जो ऐसी बुद्धि को अपने वश में रख पाती। तु हारे बारे में तो निश्चय से नहीं कह सकती मुरली मनोहर! तुम हो बड़े छलिया, तुम न छले जाते। तुम भोले हो तो ऐसे कि भोलेपन से भी भोले, किन्तु छलिया भी ऐसे कि सारे धूर्तोंके कान काट लो तो भी उन्हें पता न चले। मैं मूढ़ मानिनी तु हारी विद्या को कैसे समझती जिसे ज्ञानी भी नहीं समझ पाते! दो–दो दुश्मन आड़े आ गये—एक मूढ़ता, दूसरा मान। मेरा तो मान टूटना ही था। रूप भी तो तुमने दिया बेहिसाब, बिना देखे, बिना तोले कि इस काबिल हूँ भी या नहीं। तुमसे कोई शिकायत नहीं! तुमने दिया, बहुत दिया मोहन, झोली भी

फट गयी। रूप दिया था तुमने निस्सीम, मुग्ध हो गयी स्वयं पर ही, मूढ़ थी जो। तु हारी कोई त्रुटि नहीं माधव। ऊपर से सफलता भी कैसी दी निराले चितचोर! कालेज में ही फिल्म वाले आ गये नायिका बनाने को। नहीं मानी तो मनुहार करने लगे। मुझे लाज लगी देखो इतने बड़े बड़े आदमी गिड़गिड़ा रहे है। इतना अभिमान करोगी तो मोहन नाराज हो जाएँगे। तेरी नाराजगी तो सही नहीं जाती नटवर नागर। और कोई नाराज हो तो मुँह भी फेर लूँ। पर तुझसे मुँह फेरूँ तो जाऊँ कहाँ! नायिका बनी तो पहली ही तीन फिल्में बाक्स आफिस पर हिट हो गयी। कलेजा धड़कता था, कही मेरा मूर्ख तो नहीं बना रहे हो मेरे छैलछबीले तुम! पर तुमने तो न कभी ना की ना हाँ की। यह कैसी प्रीत लड़ाई छलिया। कुछ तो लाज शरम के लिए छोड़ देते! निर्मोही! तु हें मोह नहीं लगा मेरी दुनिया के मिटने का?''

महर्षि व्यास रस-विभोर हो सुन रहे थे। अचानक वृद्धा चुप हो गयी। व्यास को उ मीद नहीं थी कलियुग में भी ऐसी निश्छल वृद्धा होगी। उन्होंने तो जिससे भी सुनी थी कलियुग की बुराई सुनी थी।

वृद्धा फिर बोलने लगी थी, ''मूर्ख बनाना तो खूब जानते हो चितचोर। पर अन्य पुरुषों से भी कोई अपनी बिरहिन को मूर्ख बनवाता है क्या! यह कौन-सी रीत थी, बोलो तो! ूर्ख मुझे बनवाया और रूठे भी आपही मुझसे। बोलो ये अन्याय नहीं तो किसे कहूँ अन्याय। पर कैसे कहूँ अन्याय भी! कहते हुए जी कटता है। जैसी मैं थी वैसा ही हुआ मेरे साथ। तु हारा क्या दोष!

''सुन्दर से सुन्दर, चतुर से चतुर नायकों की नायिका बनी फिल्मों में। नयी उमर के भोले-भाले लड़के भी मेरे घर के बाहर दिन निकलते ही आकर खड़े हो जाते थे, मेरी एक झलक पाने को। तु हारी क्या आवभगत की बृज बालाओं ने जो मेरी कराई तुमने कलियुग मे! नहीं मैंने किसी का तिरस्कार नहीं किया घनश्याम! तु हें क्या कहू, अब दोष देते हो तो दे लो! पर सचमुच मैंने किसी को दूर करने को न कभी दरबान से कहा न सेक्रेट्री से न ड्राईवर से। मुझे तो सब प्यारे लगते थे, सब तु हारी सूरत के। मैं किसी से भी कुछ नहीं कहती थी। लाज लगती थी। सच जानो प्राण प्यारे! अपने सेवकों को उन लड़कों को हटाने से रोकती तो बदनाम हो जाती। ऐसी ही दुनिया बना रखी है तुमने!''

अब वह सहृदय वृद्धा सिसक रही थी। व्यास बेचैन हो उठे उसका दुख बाँटने को। पर उठे नही। वे डर गये कि चुप कराते ही वह सिकुड़ कर अपने में सीमित हो जाएगी। अभी तो वह समझती है वह अकेली है, कोई नहीं है आसपास। जब

जान जायगी कोई सुनने वाला है तो ऐसे खुलकर यह सच्ची नारी अपने हृदय का सत्य नहीं बिखेरेगी।

कुछ देर सिसक कर, फिर उसका मधुर प्रलाप शुरू हो गया, ''कैसे दिन पलटे। अचानक ही काम मिलने बन्द हो गये। कुछ ऐसे दिनों की आहट मिल जाती तो तैयार तो हो जाती। एकदम ही आ गये सारे मन्दे दिन मेरे। सब पैसे इतनी शान बनाए रखने में खर्च हो गये। सबने कहा काम तभी मिलेगा जब जग पर यह जाहिर नहीं होने दोगी कि तु हारे पास धन नहीं रहा। स्टाफका वेतन, मोटरगाड़ी, पार्टियाँ करके महत्त्वपूर्ण लोगों से स पर्क बनाए रखने में सारा धन निकल गया। फिर लोग कहने लगे कि दर्शकों की नजरें मेरी ओर से फिर चुकी है। मेरा समय जा चुका है! कैसी चोट लगी थी कलेजे पर यह सुनकर! तुम सुन्दर लड़की होते तो जानते सौन्दर्य का बिना मान किये भी मानभग्न होने का दुख! दुबली पतली अमरीकी ढंग की फर्राटे से अँग्रेजी बोलने वाली, टाँगे खुली रखने वाली और पुरुषों की तरह बाते करने वाली लड़कियों का जमाना आ गया। जब सब लुट गया जो कमाया था तो आधे वस्त्र पहनने वाली नायिकाओं का युग आ गया। तुमसे लगी प्रेम की लगन अपमान, व्यंग सुनती सुनती ऐसी पत्थर हो गयी जैसे लगन ही न थी। सब कुछ जाता रहा तो लोग भी क्यों न मुँह फेरते। इतनी चिन्ता लगी, ऐसी लाज आयी कि मु बई से दूर एक चाल में पड़े-पड़े न जाने कितना समय बीत गया। न मुह दर्पण में देखा, न शृंगार किया। एक दिन वर्षा के पानी से भरे गड्ढे में अपनी सूरत पर नजर पड़ी तो देखा मेरे बाल सफेद हो गये। अपना चेहरा भी पहचान में नहीं आ रहा था तो समझ में आया बूढ़ी हो गयी हूँ। कुछ हजार रुपये अभी भी थे माधव तूने बहुत दिया था प्रसिद्धि के दिनों में। तूने बहुत ध्यान रखा मेरा। तब भी तूने ही बात सुझाई। हृदय में बोला तू एक दिन— 'वृन्दावन जा मोहिनी! यह नगर अब तेरा नहीं रहा।' जो था लेकर आ गयी वृन्दावन।

''यहाँ भी कोई ठिकाना नहीं देता, यह पता नहीं था। एक भले आदमी ने जीवन भर रहने के लिए एक कमरा दे दिया। उसे पचास हजार रुपये दे दिये मैंने। पक्की लिखा-पढी करा ली। दो मित्रों के बँगले मु बई में खोये जाते देखकर इतनी अक्ल आ गयी है। अब उस कमरे में मैंने नौ और वृद्धाओं को बसा रखा है। सबके खाने पीने का हो जाता है। इतने पैसे है कि रूखा सूखा उन नौ के साथ बाँटकर काम चल जाता है।

''पर अब जीने की इच्छा नहीं रही माधव। अरे ये भी कोई जीना है, तुम भी

तो सोचो! सुन्दर स्त्री का कोई नहीं होता तु हारे सिवाय, प्रेम के रसिया हरिमाधव! मैं कहू मेरी सुध लो, हि मत नहीं पड़ती कहने की। इस जीवन में इससे सुन्दर और क्या हो सकता है अब! यही प्रार्थना है प्यारे, इतनी-सी कर दो, कल सुबह की धूप न पड़े मेरे मुँह पर!''

व्यास भिक्षाटन कर कुछ भोजन खरीद लाये एक तिलकधारी हलवाई से जो पहले दिन ही उन्हें बड़े मनोयोग से देख रहा था जैसे पहचान गया हो। मगर वह पहचाना कुछ नहीं था। युवक था, अबोध।

वह वृद्धा वहाँ नहीं थी। वह भोजन व्यास ने एक गाय को खिला दिया। फिर दिन भर भटकते रहे उन्ही राहों पर जहाँ कभी मुरली मनोहर गोपियों की झलक पाने के लिए भटकते थे। रात के दस बज गये उन्हें घूमते-घूमते। जब नींद आ गयी तो उसी स्थान पर आ गये जहाँ कल सोए थे। कौतूहल उन्हें ले आया।

व्यास थक गये थे कुछ अपनी चिन्ताओं से कुछ इस महिला के दुख से जिसने इतना माधुर्य और संतोष भरा था कल रात उनके हृदय मे। उनकी आँख लग गयी। अगली सुबह उठते ही उन्होंने उस स्त्री को ढूँढ़ा कुछ दूर तुलसी के एक निकुंज के नीचे वह मृत पड़ी थी। महर्षि व्यास की आँखें भर आयी। उनके हृदय ने कहा, 'कितना ध्यान रखा मोहन माधव इस सच्ची महिला का! मृत्यु भी मन माँगी दे दी।'

देर तक व्यास को हर चीज हिलती हुई लगती रही। सारे लक्षण वही थे जो हुआ करते थे मुरली मनोहर के उनके सामने प्रकट होने के। किन्तु मुरली मनोहर नहीं आए।

वृद्ध अभिनेत्री के चेहरे पर उसकी वृद्धावस्था को भेदकर मौत ने उसके अच्छे दिनों का थोड़ा-सा सौन्दर्य उभार दिया था। सारी झुर्रिये निकाल दी थी। गोरा रंग निकल आया था। ऐसा लग रहा था कोई गोपी थी जो रात भर श्याम के साथ काट कर अब बेसुध वृन्दा-निकुंज में सो गयी है, और श्याम उसे सोती छोड़ चले गये है। व्यास के मन ने कहा, 'कौन जाने मोहन मुकुन्द ही ले गये हो उस पीछे छुटी रह गयी गोपी को? कौन जानता है श्रीकृष्ण सर्वसमर्थ की करनी को जो जनम-जनम के पापों को एक क्षण में जलाकर भक्त को अपना लोक दे देते है।

महर्षि व्यास की माता सत्यवती का अन्तिम संस्कार तो किसी राजपुरोहित ने किया होगा। इस नायिका का विधिवत् अन्तिम संस्कार उसके प्रति श्रद्धा से भरे महर्षि ने किया।

महर्षि व्यास का प्रथम प्रवचन

महर्षि व्यास को भारतीय पर परा आठ अमर जीवों में एक मानती है। यह मान्यता है कि वे आज भी भारत में है। 2011 की 5 अप्रेल को उन्होंने कुछ राजनीतिज्ञों के अनुरोध पर जो भाषण दिया था उसे उद्धृत करने से आसानी हो जायगी उनके द्वारा अपने लिए निश्चित की गयी भूमिका को समझने में :

''स्वतन्त्र भारत में स्वाधीन कराने का सारा श्रेय आज के राजनीतिज्ञ राजनीतिज्ञो को देते हैं। भारत की स्वतन्त्रता में ज्ञानियों, साहित्यकारों और संगीतज्ञों के योगदान को उन्होंने भुलवा ही दिया है। वे भूल गये हैं कि जिन नेताओं को वे आजादी दिलाने वाला मानते है—गाँधी, नेहरू, सुभाष, अरविन्द, तिलक, गोखले आदि—वे ज्ञानी, दार्शनिक और साहित्यकार पहले थे। उनके प्रमुख गुण थे ज्ञान और मातृभूमि से निस्वार्थ प्रेम। ऐसे ही उस काल के संगीतकारों ने अपने संगीत से भारतीयों में स्वतन्त्रता की जोत जलायी थी। भारत का ही नहीं विश्व भर में भारत की अध्यात्मिक स्वतन्त्रता का बोध और रुचि का परिष्कार आनन्द कुमार स्वामी ने जैसा कराया वैसा तो किसी ने नहीं कराया। सत्य और सौन्दर्य की एकता को अपनी प्रतिभा की जोत से जैसा आनन्द कुमार स्वामी ने सारी दुनिया को समझाया वह उस अपूर्व प्रतिभा का फल था जो विधाता ने केवल उन्हें दी थी। ज्ञान, संगीत, सुर साधना, सौन्दर्य और सत्य की एकता के बोध के बिना राजनैतिक स्वतन्त्रता के सेनानी सत्ता प्राप्ति के कारण बौरा जाते है और समाज को अन्धकार की ओर धकेल देते है। वे स्वयं को राजा और स्वतन्त्र नागरिकों को अपने दास समझने लगते है। सत्ता का नशा उनके विवेक का नाश कर देता है। वे धर्म को अपना प्रतिद्वन्द्वी समझ पर्वत से नीचे धकेल देते है।

''मानसिक स्वतन्त्रता के सातवे स्वर्ग के द्वार खोले थे कुमार स्वामी ने। अरविन्द घोष, रवीन्द्र नाथ टैगोर, जयशंकर प्रसाद, निराला, प्रेमचन्द, राहुल सांकृत्यायन आदि ने उस मानसिक क्षितिज की रचना की थी जिसको नमन करके राजनीतिज्ञों को विवेक की प्राप्ति होती है।

''स्वतन्त्रता प्राप्ति के बाद शीघ्र ही महात्मा गाँधी की हत्या सबसे बड़ा दुर्भाग्य था, क्योंकि वे ऐसे ज्ञानी थे जिनसे नित्य ज्ञान प्राप्त कर नेहरू आदि शिष्यों की राजनीति रोज निखरती गयी थी। वे जानते थे कि राजनीति प्रकृति की एक विकृति है और विकृति का विलय प्रकृति में करते रहना चाहिए। राजनैतिक स्वतन्त्रता का विलय देशवासियों के मनुष्यत्व में करके ही उन्होंने मानसिक स्वतन्त्रता प्राप्त की थी।

''स्वतन्त्रता प्राप्ति के शीघ्र बाद सभी नेताओं की मृत्यु (प्रकृति में विलय) एक संकेत था कि उनकी उपलब्धि (राजनैतिक स्वतन्त्रता) को नेताओं की अगली पीढ़ी अपनी उपलब्धि न माने। नेताओं की अगली पीढ़ी राजनैतिक स्वतन्त्रता से आगे की स्वतन्त्रता—मानसिक स्वतन्त्रता—प्राप्त करे। ऐसे कर्म करे जिससे जनता को मानसिक स्वतन्त्रता प्राप्त हो।

''योग्य सन्तान मृत पिता की स पत्ति से अपने लोभ और व्यसनों की तृप्ति करे तो अयोग्य सन्तान मानी जाती है। योग्य सन्तान स्वतन्त्रता की स पत्ति को आगे बढ़ाती है। राजनैतिक स्वतन्त्रता के बाद अगली स्वतन्त्रता, मानसिक स्वतन्त्रता, की तुरन्त आवश्यकता होती है देश को। मानसिक स्वतन्त्रता प्राप्त होती है लोभ, क्रोध, मद, ईर्ष्या, द्वेष, प्रतिशोध, विश्वासघात आदि मत्सरो की जंजीरो से देश के सत्तावानों और जनता के मन, बुद्धि और इन्द्रियों को मुक्त कराना। मानसिक स्वतन्त्रता का आर भ होता है शिक्षा और आचरण में सुधार के साथ। और कानून का मार्जन करके उसे मानसिक गुलामों के कानून से स्वतन्त्र लोगों का कानून बना कर, जो संवेदना, सबसे सहयोग, मैत्री, करुणा, क्षमा, परस्पर विश्वास को प्रोत्साहित करे।

'''जो चूक हुई स्वतन्त्र भारत की प्रथम पीढ़ी से उस कमी की पूर्ति वर्तमान पीढ़ी करे। यह किये बिना हमारे मानस स्वतन्त्र नहीं होगे। मानस स्वतन्त्र हो तो देश में सदाचार बढ़ता है। अभिमान और हीनता की जगह परस्पर स मान और एकता भावना का जन्म ही मानसिक स्वतन्त्रता है। मानसिक स्वतन्त्रता के बिना राजनैतिक स्वतन्त्रता देशद्रोह, संकीर्ण-मानस और भ्रष्ट आचरण में बदल जाती है।

''गुलामी के दिनों में भारतीयों के स्वभाव में प्रकृति जन्मी राजनैतिक स्वतन्त्रता की कामना बनकर। प्रकृति का प्रथम विकार, प्रधान, प्रकृति से जन्मा जनता का नेतृत्व करने की भावना बनकर। प्रधान से जनमा महत तत्त्व यानी स्वयं को सबसे बड़ा समझने की आदत। इस आदत से जन्मा अहंकार। इस तरह प्रकृति

से विकृतियों के जन्म लेने का सिलसिला शुरू हो गया। विकृतियाँ चरित्र को नीचे गिराती चलती है, इस कारण बार-बार विकृति का विलय प्रकृति में करना आवश्यक है।

"स्वतन्त्र मानस को प्राप्त करने वाली जातियों ने अपनी प्रकृति का उत्थान नित्य शुद्ध, बुद्ध, मुक्त आत्मा में किया था। चरित्र जब प्राकृतिक से अध्यात्मिक हो जाता है तो पतन का सिलसिला बन्द हो जाता है।

"भारतीय संस्कृति का जन्म उस धर्म से हुआ जो व्यक्ति की आत्मा को जागृत करता है। ऋषियों का कहना था कि जो धर्म आत्मा की नींद तोड़ दे धर्म वही है। अहंकार हिंसा, अपराध, दुराचार में लिप्त करता है, और आत्मा की नींद और गहरी कर देता है।

"अधिकांश विश्व भारत को आदर्श संस्कृति और धर्म का उद्गम मानता आया है। फिर भी आर्य धर्म और संस्कृति को स्कूलों के पाठयक्रम और संविधान से निकाल दिया स्वतन्त्रता पाने के बाद भारत के राजनीतिज्ञों ने। जो नेता अपनी आत्मा को जागृत करने वाले धर्म और संस्कृति को त्याग देते है वे दीमक की तरह अपनी जाति की शक्ति को खा जाते हैं। उनके और नागरिकों के जीवन से असत्य, अनृत और अधर्म खेलने लगते है।

"भारत भोलेनाथ का देश है। वे भोलेपन से ही राक्षसों को भी अनुशासन में रखते है। स्वतन्त्रता के बाद भोलेपन का शिकार करने लगे नेता। भोलापन नष्ट हुआ तो दो अवगुण भारतीय चरित्र में पैदा हो गये—मूर्खता और दुष्टता। यह किसी नेता के   याल में नहीं आया कि इन दोनों को एक-दूसरे से निष्प्रभ किया जाय तो इनकी जगह फिर से भोलापन लौट आएगा। ज्ञान के क्षेत्र में उच्छृंखलता प्रवेश कर गयी। विद्यार्थी संस्कृतिविहीन जीवन पसन्द करने लगे।

"संस्कृति एक अनुशासन, एक बन्धन है, जिससे स्वतन्त्रता जन्म लेती है। संस्कृतिविहीनता एक स्वच्छन्दता है जिससे हिंसा जन्म लेती है। हंस कब्वे की चाल चले या कब्वा हंस की चाल दोनों तरह से समाज नष्ट हो जाता है।

"भारतीय दर्शन बुराई को अच्छाई की विकृति मानता है। अन्य देशों की तरह बुराई की स्वतन्त्र सत्ता को नहीं मानता। ज्ञानी आत्मा आत्मबलि देकर बुराई को अच्छाई से अलग कर देती है। अच्छाई से अलग होते ही बुराई मिटने लगती है और धीरे-धीरे अस्तित्त्वविहीन हो जाती है।

"हिंसक धर्म अन्य लोगों की हत्या करके, उनके राज्य छीन कर भी धर्म नहीं माने जाते थे, क्योंकि उनकी आत्मा जागृत नहीं थी। उन्होंने भारतीय धर्मों को भ्रष्ट

किया, मूर्तियाँ और मन्दिर तोड़े और नारियों का अपहरण किया। ऐसा करके उन्होंने भारतीयों के अहंकार को सताया। सता कर उन्हें अवसर मिल गया भारतीयों के अहंकार में अपने धर्म की जड़ डालने का। अहंकार मनुष्य का भला नहीं करता। यदि उसमे किसी धर्म की जड़ पड़ जाए तो वह धर्म भी अहंकारी हो जाता है। मनुष्य जब अन्य धर्मों का विनाश चाहने लगे तो वह उस मर्यादा को लाँघ जाता है जिस सीमा में रहकर ही उसका धर्म उसका हित कर सकता है।

''धर्म को बुद्धि नहीं जान सकती। सत्य को आचरण बनाने वाला ही धर्म को जान सकता है। जो मार्ग मनुष्य में मनुष्यत्व को सशक्त करे धर्म है। जो मनुष्यत्व की हत्या करे वह अधर्म है। जो मार्ग मनुष्य के मनुष्यत्व को जगा दे, मनुष्य में मैत्री, करुणा, क्षमा, दया, सेवाभाव को जगाये धर्म है। यदि हत्या और लूटमार को कोई धर्म समझता है तो वह अपने दुर्गुणों के आधीन है।

''आत्मा जब जगती है तो उसमें सत्य शिव सुन्दर जन्म लेते है। असत्य, अशिव और असुन्दर उच्छृंखल बुद्धि में होते है। कितने भी दुर्गुणों से भरा व्यक्ति हो आत्मयज्ञ के द्वारा अपने दुर्गुणों को शून्य में सदा के लिए विलीन कर सकता है।

''मानवों को यह जान लेना चाहिए कि समग्र जीवन एक-दूसरे से इस तरह जुड़ा है कि जो किसी के साथ हिंसा करता है उसके साथ कोई और हिंसा करता है। हिंसा की इस शृंखला को तोड़ देना चाहिए। ज्ञानी स्वयं हिंसा नहीं करता। अपने प्रति हुई हिंसा का उत्तर भी केवल युद्ध में वीरता से हिंसक को पराजित करके देता है।''

कलियुग आप सहयोग देंगे मुझे

एक दिन चौराहे पर व्यास ने कलियुग को देखा। कलियुग से महामुनि व्यास ने पूछा, "कलियुग आप सहयोग देंगे मुझे ?"

कलियुग ने कहा, "ऐसा प्रश्न क्यों करते है महामुनि? जिन श्रीहरि ने आपको मुझमे प्रवेश दिया है उनकी इच्छा से ही आगे का मार्ग निर्धारित होगा। मैं तो कुछ भी नहीं जानता उनकी लीला क्या है।"

व्यास, "मैंने सुना है आपका स्वभाव बहुत जटिल है। आप अच्छों को कष्ट देते है और बुरों को सुख। उनकी सब बाधाएँ भी दूर कर देते है।"

कलियुग, "महामुनि ऐसा मैं कैसे कर सकता हूँ। यह तो ईश्वरीय नियम के विरुद्ध है। ऐसी धृष्ठता मैं कर सकता हूँ क्या ? आप ही बताइए। मुझे तो यही पता नहीं मेरा कोई स्वभाव है भी या नही। आप ही विचारिए महामुने ! मैं तो बस स्वयं को बहते हुए पाता हूँ। हर जीव के लिए अलग गति से बहता हूँ। क्यों ऐसे बहता हूँ यह भी नहीं जानता। किसी को कहते हुए सुनता हूँ 'पता ही नहीं चला और इतने वर्ष निकल गये। कोई कहता है रात घड़ी की सुइयाँ जैसे रुक गयी। बार-बार घड़ी देखता रहा। बड़ी मुश्किल से रात कटी।'

"जहाँ कल था वहाँ लौटना चाहूँ तो लौट नहीं पाता। सब कुछ छूटता जाता है मुझसे। मेरा कोई सखा नहीं। कोई मुझे अपना नहीं लगता। पल छिन जैसे समय के अंश भी मेरे बच्चे नहीं है। सब अकेले-अकेले भागते जाते रहते है। मुझमें से निकल मुझसे दूर भागते रहते है। यह चेतना ही नहीं है मुझमें कि मैं कौन हूँ। यों समझ लीजिये महामुने कि जितने शब्द बोले है मैंने इनमे कोई क्रम है या नहीं यह भी नहीं जानता मैं। अर्थ क्या है मेरे शब्दों का यह तो पूछिये ही मत। मेरे शब्द का आदि कही होता है तो अन्त कुछ दूर।"

व्यास बोले, "मेरी अध्यात्मिक चेतना और रचनात्मक प्रतिभा जो कर सकती थी वह मैं कर चुका हूँ। अब मैं जब कलियुग की रौ में डाल दिया गया हूँ, तो मेरे लिए भोर के तारे की तरह किसी पर्वत के पीछे छिपने का आसरा भी

नहीं रहा। श्रीहरि के आदेश से पृथ्वी पर रहना है मुझे कलि महाराज आपके युग मे। मेरा धर्म है बिना कोई प्रश्न किये श्रीहरि के आदेश का पालन करूँ।''

कलियुग बोले, ''इतने भोले भी न बनो भ्राताजी। आपसे तो छुप नहीं सकता यह सत्य कि लोगों ने बदनाम कर रखा है मुझे कि मैं पाप का पोषक हूँ। पाप स्वयं कर रहे है लोग। अन्याय स्वेच्छा से करते हैं राजनीति के मारे हुए जनतन्त्र के शासक। कौन सा पाप है जो वे नहीं कर रहे हैं मेरी आड़ में और दोष मेरे सर मढ़ देते है यह कह कर कि कलियुग में तो पाप ही पाप होगा। बताइये मैं कहता हूँ किसी से पाप करने को? काल का अंश मात्र हूँ मैं। गति आदि गुण है, बोल सकता हूँ, देख सकता हूँ। किन्तु आत्मा कहाँ है मुझमें? बिन आत्मा के अच्छे बुरे का भेद भी नहीं है मुझमें। मैं आपका भी कहाँ उचित स मान कर पा रहा हूँ। सुनता हूँ आप जैसी विकसित बुद्धि किसी में नहीं है। आपमे बुद्धि के चारों रूप विकसित है—धी, मेधा, प्रज्ञा और ऋत भरा। इस कारण ही आपका हृदय ही नहीं आपकी आत्मा भी प्रेम करती है। कहते है जिस ज्ञानी की ऋत भरा बुद्धि विकसित हो जाती है उसका स पूर्ण व्यक्तित्व ही प्रेम से महकने लगता है। प्रेमरस की महक उसके अंगो से भी आने लगती है।''

व्यास बोले, ''आप मेरी सहायता नहीं कर सकते तो न करिए कलिदेव!''

कलियुग ने कहा, ''मुझसे रूष्ट न हो विशालबुद्धे! कृपया मुझे अपना अनुचर समझे। मैंने तो केवल सत्य ही बताया अपना। मैं काल का एक वंशज मात्र हूँ। वंशज होकर भी कोई अपनेपन का सुख मुझे नहीं मिलता काल की किसी अन्य सन्तान से। काल-सन्तान के आदि जनक, काल, को भी कोई अपना-अपना नहीं लगता। हमे जीवन दिया मगर आत्मा नहीं दी भगवान ने। हम चेतन है न अचेतन। हम जड़ है न चेतन। हमारे पूज्य पूर्वज कालदेव हमारे पूर्वज भी है और समकालीन भी। मैंने उन्हें कल एक मरणासन्न व्यक्ति से बात करते हुए सुना। वह व्यक्ति उनसे दो दिन और जीने देने की अनुनय कर रहा था। दादाजी बोले, ''हम न मारने वालों में है न जीने देने वालों में। मृत्युदेव है यमराज। हम तो केवल मृत्युवाहन है। चालक वे है।''

व्यास ने पूछा, ''आपकी कोई गति तो निर्धारित की होगी प्रकृति ने। उस गति से क्यों नहीं चलते?''

''उस गति को रहने नहीं दिया बीसवीं सदी के राजनीतिज्ञों, वैज्ञानिकों, अर्थशास्त्रियों ने अपनी तान्त्रिक बुद्धि से।''

''तान्त्रिक बुद्धि क्यों कह रहे है आप?''

‘‘क्योंकि इनकी बुद्धि प्रकृति–प्रदत्त बुद्धि नहीं है जो जीवों के प्रति प्रकृति की करुणा से जन्मी है। इनकी बुद्धि लोभ और विज्ञान के अवैध संसर्ग से जन्मी है। शिक्षा पाकर भी ज्ञान के उजाले की ओर नहीं लेकर जाते शासक। अपनी इच्छा और स्वार्थपूर्ति की ओर संसार को ले गये बीसवीं शताब्दी के जनतन्त्रों के तांत्रिक नेता। उन्होंने मेरे साथ जोर जबर्दस्ती करने की पर परा डाल दी है।’’

‘‘महात्मा गाँधी ने तो राजनीति को मनुष्यत्व की दिशा दी।’’

कलियुग ने कहा, ‘‘मनुष्यत्व की दिशा देना चाहते थे पर पलटने नहीं दिया तान्त्रिक नेताओं ने। गाँधीजी प्राकृतिक ढंग से विकास चाहते थे, जिससे बुद्धि और करुणा का समन्वय हो शासन मे। जितनी बुद्धि विकसित हो उतनी ही करुणा भी।’’

व्यास, ‘‘दलितो को ऊपर उठाया।’’

कलियुग हताश होकर बोले, ‘‘राजनीतिकारों ने उन्हें आरक्षण देकर उनके उत्थान को भ्रष्ट कर दिया। राजनीतिकारों की नीयत रही उनका वोट चुराने की। जैसी नीयत वैसी उपलब्धि। बँगला देशी अल्पसं यकों को आसाम में बसा दिया, उनके अवैध वोट के बल पर सत्ता चुराने के लिये। प्रकृति के साथ ऐसी जोर जबर्दस्ती तान्त्रिक ही तो करते है। यमराज वह साक्ष्य देख लेते है मुझमें चलचित्र की तरह। मैं सहयोग नहीं करता पापकर्म मे। मेरा हृदय तो सदा शुभ कर्म करने वालो की मंगलकामना करता रहता है। नेताओं की नीयत है जमींदार और नवाब बनने की। ढाँचा बना लिया जनतन्त्र का। राजनैतिक स्वतन्त्रता हाथ आ जाने के बाद गाँधीजी ने मेरे सामने कहा, ‘अब कांग्रस को भंग कर दो।’ कांग्रेस वाले नहीं माने। जैसी नीयत थी जनतन्त्र को चूसने की वैसा ही देश बन गया। मानव प्रकृति पर अपनी विकृत आदत को लादेंगे तो सत्य भी विकृत ही मिलेगा। मानव प्रकृति को विकृत किया है नयी शताब्दी की भारत सरकार ने। कोयला हो या बजरी कुछ नहीं छोड़ा। बलात्कार, नारी की हत्या यही सत्य हो गया प्रकृति को बिगाड़ने वालों का। कितना निर्लज्ज हो गया गृहमन्त्री यह कह कर कि बलात्कार को कोई नहीं रोक सकता।’’

व्यास बोले, ‘‘ऐसे शासन को सत्यपथ पर लाने में आप मेरा सहयोग करेंगे?’’

कलियुग ने कहा, ‘‘आप सत्य और धर्म के सबसे बड़े ज्ञाता माने गये हैं। सत्य से परमपितामह काल जन्मे है, सत्य से ही मैं भी जनमा हूँ। मैं कभी असत्य के साथ नहीं हो सकता? दुष्ट लोगों ने चाल चल रखी है। मशहूर कर दिया है कि

कलियुग में दुष्टों का साथ देगा कलियुग। और अकल के अंधे अच्छे लोगों ने मान लिया और हताश हो गये। रो-रोकर अच्छे कर्म करते है। हँस-हँसकर करे तो देखिये उनकी ही जीत होगी। दुष्टों से डरते है कि मैं दुष्टो के साथ हूँ। आप बता दीजिए गा महामुनि लोगों से जो मैंने कहा। मुझे दोष न दे। पुरुषार्थ छोड़ देते है जरा सा झटका लगते ही। झटके पर झटके सह कर भी, झूठे लोग तो विश्वास करना नहीं छोड़ते कि मैं उसके साथ हूँ।''

व्यास, 'आपकी दशा तो उससे भी अधिक अस्थिर है जो मेरी आजकल हो गयी है। बस जब कभी घबरा जाऊँ दर्शन दे दिया कीजियेगा।'

अचानक कलियुग को बांह पकड़ कुछ माफिया, नेता, अभिनेता, धनवान और मिडिया वाले खीचकर कहीं ले जाने लगे। उनमे से कुछ कलियुग को पीछे से धकेलने लगे। कलियुग असहाय दृष्टि से व्यासजी को देखते हुए, उनकी नजरों से दूर खिंचे जा रहे थे और बदहवास स्वर में बोल रहे थे, ''देख रहे है मुनिवर! ये अज्ञानी मनुष्य स्वेच्छा से करते है जो भी करते है। ये स्वतन्त्र है मेरी शक्ति का उपयोग करने के लिये। ज्ञान का अभाव इन्हें नहीं रोकता। जिधर ये ले जाते है उधर मुझे जाना पड़ता है। मैं अपनी इच्छा से कुछ नहीं कर सकता। इनके कर्म मुझमें ही छपते जाते है। मेरा स बन्ध इनसे सिर्फइतना है कि मैं केवल साक्षी हूँ मनुष्य की करनी का।''

वे लोग उन्हें खींचे लिए जा रहे थे और कलियुग असहाय दृष्टि से महर्षि व्यास को देख रहे थे। बदहवास से स्वर में कलियुग बोले, ''मुझे कैसे पता चलेगा कि आप घबरा रहे हैं। मुझमे आत्मा नहीं है। इस कारण मेरी संवेदना मुँह देखे की प्रीत है। सामने पड़ गया तो मेरा रोम-रोम आपका होगा। पता नहीं आपसे और क्या सहयोग करूँ मुनिवर!''

वे ही लोग कलियुग की बाँहे पकड़ उन्हें भगाने लगे। कलियुग व्यास की ओर मुँह मोड़े, मूक, असहाय दृष्टि से उन्हें टकटकी लगाये देखे जा रहे थे। जैसे उनकी आँखों के आगे से पराए उन्हें भगाये लिए जा रहे हो। वे व्यास को अपना एकमात्र स बन्धी समझ आँखें उनके चेहरे से हटा न पा रहे हो। दृश्य कुछ ऐसा था मानो भागी जाती रेल से कोई प्लेटफार्म पर छुटे जा रहे प्रिय मित्र से पल-पल दूर और दूर होता जा रहा हो।

अब कलियुग कुछ बोल रहे थे किन्तु भगा कर लेजाने वालो की गति इतनी विलक्षण थी कि कलियुग के किसी शब्द को आकाश नहीं मिल रहा था। जो शब्द कोई आकाश पा भी जाता तो शब्द पूरा होते-होते इतना खिच जाता कि स्वर

कही, व्यंजन कही। कोई शब्द पूरा किसी आकाश में न मिलता। व्यास कोई भी शब्द पूरा न सुन पाये।

महामुनि चिंता में डूब गये, यह कैसी विवशता है कलियुग की? जिस कलियुग को सब दोष दे रहे है उसका यह हाल है! असत्य, और अनृत में कहाँ रुचि है कलियुग की? अनर्गल से घिरा है कलियुग। हर घटना से उचटा हुआ है कलियुग का मन। कलियुग का वह चरित्र नहीं है जो अच्छे लोगों को संसार से विरक्त रखने के लिए झूठो ने फैला रखा है। सच्चे लोगों को ही विश्वास नहीं रहा सत्य मे। व्यास उंचे स्वर में बोले "मनुष्य अखंड विश्वास रखे सत्य की विजय में तो रोज सत्य की ही विजय होगी।"

इतिहास और धर्म—अशान्त हृदय

एक पुजारी महर्षि व्यास के चेहरे पर अलौकिक तेज देख अत्यन्त प्रभावित हो उनसे अपने घर चलकर भोजन करने का आग्रह करने लगा। वे चले गये। भोजन के बाद वह उनसे कुछ उपदेश देने की प्रार्थना करने लगा। व्यास असमंजस में पड़ गये। उनका मन उपदेश देने में नहीं था। वे रूपरेखा बनाना चाहते थे कलियुग और सत्य को कैसे पास लाया जाय। कार्तिक का महीना था। वे पुजारी के साथ बैठ गये और बोले, ''उपदेश नहीं सूझ रहा है, कुछ वार्तालाप से काम चल जाएगा?''

पुजारी हाथ जोड़ कर बोले, ''आप तो किसी तेजस्वी ऋषि जैसे लगते है। आप कैसा भी उपदेश दे दे मुझे विश्वास है आपके तेज पर कि मैं अज्ञानी तर जाऊँगा।''

व्यास बोले, ''आप कोई प्रश्न करे तो वार्ता आर भ हो।''

पुजारी बोला, ''आप कौन है मैं जानता नही। किन्तु श्रद्धा और सुख के आँसू मेरी आँखो से बह रहे है। मेरा हृदय आपको महर्षि कहने को कर रहा है। किन्तु आपका रूप और वेष एक सुसंस्कृत आधुनिक मनुष्य जैसा है। फिर भी मैं आपको महर्षि कहने के अलावा कुछ और नहीं कह पा रहा हूँ। एक प्रश्न मेरे मन में बरसों से है। लोग कलियुग को सारे पापों का दोष देते है। किन्तु सरकार व्यक्तियों को पाप का दंड देती है। यदि कलियुग पापों का दोषी है तो मनुष्यों को दंड नहीं देना चाहिए। मुझे तो यही बात युक्तियुक्त लगती है। आप बताएँ वास्तविकता क्या है।''

व्यास बोले, ''कर्म की स्वतन्त्रता सब मनुष्यों को प्राप्त है। हर मनुष्य अपने कर्मों के लिए स्वयं उत्तरदायी है कलियुग नही।''

पुजारी बोला, ''आज प्रचलित सभी धर्म या तो अध्यात्मिक ज्ञान से जन्में है या धर्म की आड़ में संसार के मजे लेने के उद्‌देश्य से। मजे दिलाने वाले धर्मों ने कुछ मनुष्यों को अन्धविश्वास देकर हिंसक बना दिया है। जो धर्म अध्यात्मिक

सत्य से जन्मे है वे प्रेम करुणा, क्षमा, अहिंसा, सदाचार सिखाते है। मेरे गुरु कहा करते थे सत्य को जैसा भी तुम जानते हो अपने कर्मो में व्यक्त करो। इस संसार को सत्यकर्मो से भर दो। सत्य ही हृदय में ज्ञान है और कर्मो में उतर आये तो धर्म है। धर्म को सांसारिक सुख प्राप्त करने का बहाना बनाने वालो ने अपने अनुयायियों में क्रोध, लोभ, मद, ईर्ष्या, भ्रान्ति, कामतृष्णा और हिंसा को भड़का दिया। इन दुर्भावनाओं ने उनकी सत्य को जानने की शक्ति नष्ट कर दी। उनकी सत्य को देखने की शक्ति भी नष्ट कर दी। उनके दुष्कर्मों ने उन्हें सत्य का स्वरूप देखने नहीं दिया तो उन्होंने ज्ञानियों से कहा, 'हमने बहुत निर्दोषों की हत्या की है। हम कैसे सत्य को देखे ?'

''ज्ञानियों ने उनसे कहा, 'तुम हर दशा में करुणा, क्षमा, दान, शील, मैत्रीभाव, संयम, अपरिग्रह का पालन करो। कुछ समय बाद तु हें अपने ही हृदय में सत्य उदित होता महसूस होने लगेगा।'

''उन्होंने ज्ञानियों पर आरोप लगाया कि ज्ञानियों ने उनका हत्या-धर्म बदलने की चेष्टा की। उनका राज्य था। राजा ने ज्ञानियों की हत्या करवा दी।

''ज्ञानियों ने अपने अनुयायियों को सत्य को कर्मों में उतारना सिखा रखा था। अत: सबको अपने-अपने हृदय में सत्य का अनुभव होने लगा। सत्य के बाद पवित्रता का भी अनुभव होने लगा। इस तरह सारे भारत में लोग सत्य को कर्मों में उतारना सीख गये। धर्मवृद्धि के साथ अन्न, धन आदि भी बढ़ने लगे। तब अधर्मियों ने जो धर्म की आड़ में दुनिया के मजे ले रहे थे लुटेरों के गिरोह बनाकर सत्य को कर्म में उतारने वालों को लूट लिया। धन के लोभ में वे हत्या को खेल समझने लगे।

''इसके बाद वर्णव्यवस्था आवश्यक हो गयी ताकि ऐसे एकाग्र वीरों की सेना बने जो शत्रुओं को देश में घुसने से पहले सीमा के बाहर ही मार डाले। कोई भारत में नहीं घुस सका। व्यवस्था सुचारू हो गयी। किन्तु कलियुग में समय-समय पर दीन दुखी, लुटे पिटे शरणार्थी होकर कुछ विदेशी टोलिए भारत में आ गयी। उन विदेशी टोलियों को किसी ने अपने देश में नहीं बसने दिया। भारत के लोग व्यवहारिक नहीं थे। सत्य के दीवाने थे। उन्होंने उन्हें शरण दे दी।

''शरणार्थियों में एक वर्ग ऐसा था जो परोपकार को मूर्खता और कृतघ्नता और विश्वासघात को बुद्धिमानी समझता था। उसे उसके गुरुओं ने यही सिखाया था कि कैसे दूसरे के श्रम से कमाये धन को छीनकर अपना बना लो। नाहक हत्याएँ करके भ्रम पैदा कर दो कि हत्या और लूटमार वीरों का व्यवसाय है,

अपराध नहीं। इस झूठे प्रचार का कुफल भारतीयों को शताब्दियों तक भुगतना पड़ा।

"किन्तु अब समय आ गया है। अनुभव ने मानवजाति को सिखा दिया है- सत्य को हर कर्म में अभिव्यक्त करना एकमात्र मूल सिद्धान्त है। इस सिद्धान्त को मानकर ही संसार भर के लोग सुख शान्ति और समृद्धि प्राप्त कर सकते है।"

व्यास कुछ नहीं बोले। उन्हें लगा पुजारी के मस्तिष्क में जो उथल-पुथल हो रही थी उसे वह किसी विश्वसनीय व्यक्ति को सुनाकर अपना मस्तिष्क शान्त करना चाह रहा था। उनके चुपचाप सुन लेने से उसे शान्ति मिल गयी थी।

दर दर भटकते महर्षि व्यास

व्यास को कभी विद्वानों की ईर्ष्या से चिन्ता नहीं हुई थी। किन्तु प्रेम मार्ग ने उनके हृदय को बहुत कोमल कर दिया था। उन्हें आशा थी कि जिस मन्दिर में भी वे रहना चाहेंगे वहाँ के पुजारी उन्हें रहने देगे। किन्तु पुजारियों को विदेशी शासन ने शताब्दियों तक उनका धर्म बदलने के लिए इतना तंग किया था कि समाज के बड़ों ने सलाह करके उनके लिए मन्दिरों के सहन में परिवार सहित आवास-कक्ष बनवा दिये थे। मन्दिर परिसर में ही वे रहते और उनकी जीविका मन्दिर से ही चलती थी।

जिस मन्दिर में भी व्यास ने स्थान चाहा, वहाँ के पुजारी को लगा कि व्यास उनकी जीविका में हिस्सा माँग रहे हैं। पुजारी उनके विरुद्ध हो गये। बात एकदम बिगड़ गयी। उनके ज्ञान, प्रेरणा और ओजस्वी वाणी को सुनकर लोग उन्हें कलियुग का व्यास कहने लगे थे। किन्तु उन्हें मन्दिर में स्थान देने को कोई तैयार नहीं हुआ।

कलियुग ने जब समस्त पुजारियों को व्यास के विरुद्ध पाया तो वे भी बहुमत के साथ चलने को बाध्य हो गये। कलियुग ने उनसे कहा, "जैसा चल रहा है चलने दो। मैं स्वेच्छा से नहीं कह रहा हूँ। श्री हरि ने मुझमें आत्मा का वास नहीं कराया। मैं आप लोगों को स्वेच्छा से न अच्छे पथ पर ले जा सकता हूँ न बुरे। आप लोगों का बहुमत या बाहुबल जिस रास्ते पर आपको धकेल दे उसी पथ पर चलते जाइये।"

पुजारियों के नेता ने कहा, "कलियुग समाज को चलाते है। कलियुग समाज के ऐसे खिवैया है कि यदि बहुमत विनाश चाहे तो वे सारी मानवजाति को, नाव खेकर, विनाश की ओर ले जाएँगे।"

विद्वानो और पुजारियों को बताया गया था कि कलियुग ईश्वर की शक्ति है और सत्य के विरोधियों का विनाश कर देते है। 2011 का जमाना था। जब कलियुग ने स्वार्थी, लोभी और अज्ञान को ज्ञान मानने वाले सत्य विरोधियों का

कुछ नहीं बिगाड़ा तो वे नेतागण और उनके शिष्य खुलकर सत्य का विरोध करने लगे।

व्यास उच्चतम स्तर के नेताओ, मन्त्रियों आदि से मिले कि वे सत्यका पथ दिखाए भारतवासियों को तो उन्होंने पहले ताबीजों की माँग की ताकि उनके पद को कोई आँच न आये। व्यास ने कहा, ''ऐसा कोई ताबीज नहीं है मेरे पास।''

नेताओं ने उनसे कहा, ''अरे तो आप भगवान से हमारी सिफारिश कर दीजिए। जरा-सा दो शब्द बोल देंगे तो आपकी बात नहीं टालेंगे।''

व्यास बोले, ''परन्तु मैं सत्य बोलता हूँ। इसलिए भगवान सुन लेते है। झूठ बोलूँगा तो सत् से डिग कर कोई सेवा नहीं कर पाऊँगा मानव जाति की।''

''अरे तो आप हमारे पास क्यों आ गये है? जाइये! चलिये! हटिये! हम अल्पमत वालों को जोड़कर बहुमत बना लेगे।''

महामुनि चिन्ता में पड़ गये, कैसे रहे कलियुग में? नेताओं की आँखें तो हिरण्याक्ष हो गयी? सोने की आँख से देखने लगे सबको। सोने की आँख को मिट्टी के बने व्यास अकिचनों के भी अकिचन नजर आये।

कुछ लोग एक अस्थाई बस्ती में घरों के बाहर बहुत टूटे हारे से मिले। उन्हें देख व्यास अपनी हताशा भूल संवेदना से भरे उनके पास गये और उनसे पूछा, ''आप लोग इतने दुखी क्यों है?''

उन्होंने कहा, ''विश्वासघात करके हमारा धर्म बदल दिया गया है।''

व्यास बोले, ''भाइयो और बहनो! विश्वासघात करके कोई धर्म-परिवर्तन करता है तो वह ऐसा करने से पहले अपने धर्म को अधर्म बना चुका है। धर्मभावना की शक्ति कोमलता है। यह जितनी कोमल है उतनी ही शक्तिशाली है। धर्मभावना इतनी कोमल है कि यह अधर्म के साथ चल ही नहीं सकती। जब तक मनुष्य मनुष्यत्व के लिए आत्मोत्सर्ग नहीं करेगा उसमे धर्म-भावना उदित नहीं हो सकती।''

एक व्यक्ति बोला, ''हमे घर दिये थे हमारा धर्म बदलने के बदले। अब हमसे छीनकर वे ही घर उन लोगों को दे दिये है जिनका धर्म आज बदला है। हम यही भूल गये है कि हम मनुष्य हैं। हमारा हृदय ही सीने से चुरा लिया है किसी ने। हमें कहकर लाये थे कि तु हारे बच्चों को शिक्षा देंगे और तु हें धन देंगे जिससे तुम व्यापार कर सको। अब कहते है कि सरकार से बात चल रही है। हर बार कहते है कि जल्दी हो जाएगा। सरकार हमारी है।''

व्यास ने कहा, ''मनुष्यत्व ही मनुष्य का धर्म है। मनुष्यत्व हर बच्चे के हृदय

में रख कर ही भगवान उसे दुनिया में भेजते है। धर्मगुरु कहलाने वाले बच्चे के मनुष्यत्व को अवरुद्ध कर देते हैं। उसे अपना धर्म देकर उसका हृदय संकीर्ण कर देते है। मनुष्यत्व हृदय की स्वतन्त्रता है जिसे छीनने का अधिकार किसी को नहीं है।''

व्यास, ''स प्रदायों के बीच सच्चे स बन्ध इतिहास में झूठ पढ़ाने से नहीं बनते। सा प्रदायिकता अँधेरा है। मनुष्यत्व प्रकाश है। अतीत की सा प्रदायिकता को मनुष्यत्व के प्रकाश से मिटा दो। स प्रदायों में सच्चे स बन्ध वर्तमान में सच्चे स बन्ध बनाने से बनते है।

''संसार गति पर सत्य को विजय दिलाना ही मनुष्यका कर्तव्य है।''

चुनाव सभा में व्यास

वहाँ से व्यास आगे बढ़े तो उन्हें एक मंडप मिला जहाँ भीड़ जमा थी। वे उस मंडप में गये। स्थानीय नगरपालिका का चुनाव था। एक राजनैतिक दल की सभा थी। किसी केन्द्रीय मन्त्री की प्रतीक्षा हो रही थी जो उस क्षेत्र से सांसद थे। मन्त्री जी दिल्ली से चल चुके थे लेकिन सभा स्थल पर भीड़ बेकाबू हो रही थी। एक प्रान्तीय मन्त्री भीड़ को नियन्त्रित करने के लिए भाषण दे रहे थे। लेकिन जो वह बोल रहे थे वह जनता पहले से जानती थी। इस कारण हो-हल्ला हो रहा था। एक-दूसरे नेता जो मंच पर बैठे थे उन्हें पहचान गये। वे उनमे से एक थे जिन्होंने उनसे ताबीज देने को या भगवान से सिफारिश करने को कहा था। उन्होंने माइक पर घोषणा कर दी, ''सौभाग्य से एक बहुत बड़े स्वामी हमारे बीच है। आप लोग उनका भाषण सुनकर मुग्ध हो जाएँगे। मैं स्वामी जी को आमन्त्रित करता हूँ कि मंच पर पधारे और अपने सच्चे वचनों से हमारे हृदयों को शान्ति और सुख का अनुभव कराएँ।'' वे मंच से कूद कर महर्षि के पास पहुँचे और बड़े आदर से उन्हें मंच पर ले आये और उनसे बोले, ''महाराज जी कुछ भी बोल दीजिए हमारा ज्ञानवर्धन करने के लिए।''

महर्षि व्यास के हृदय में जो चिन्तन चल रहा था उस समय उसे ही वे शब्द देने लगे, ''महाभारत का उद्देश्य था सत्यकर्म की असत्यकर्म पर विजय कराना। सत्य को विजय भारत भूमि पर मिली थी। सत्य के प्रकाश में आगे बढ़ना था। निस्सन्देह महाभारत में बहुत हानि हुई। हानि का अत्यधिक शोक मनुष्य को नास्तिक बना देता है।

''कौन नहीं जानता धर्म परिवर्तन अपने अनुयायियों की सं या बढ़ाने के लिए किया जाता है। इसकी अगली मंजिल है अधिक सं या वाले कम सं या वालों की हत्या करके विश्व पर शासन करे। अधिक सं या के मोह से बाहर निकलो। हर मनुष्य को मनुष्यत्व की आँखों से देखो, सा प्रदायिक आँखों से नहीं। मनुष्यत्व को ही धरती दी है ईश्वर ने। अपने भ्रष्ट दल की विजय चाहते हो।

ईश्वर की विजय क्यों नहीं चाहते धरती पर ?''

इन दोनों विचारों को सुनकर नेता जी की भौवें उठी मगर यह देखकर कि स्वामी जी इनका खुलासा नहीं कर रहे थे, सूत्रों में बोल रहे थे, और जनता उनकी सच्ची वाणी से प्रभावित हो उन्हें सुन रही थी, मन्त्रीजी ने अपने इस मंसूबे को त्याग दिया कि स्वामी जी पर सा प्रदायिक फिसाद पैदा करने का आरोप लगा कर इनको तिहार भिजवा दें।

महर्षि बोले, ''इस नयी शताब्दी में भारत प्रजातन्त्र में कुछ चतुर लोगों ने सत्ता हथिया ली है। वे स्वयं को अमीर बना रहे है और भारतीयों को दरिद्र।''

यह सुनकर नेताजी चिन्तित हो गये। किन्तु महर्षि आगे जो बोले उसमे कोई भी बात खतरे वाली नहीं थी। नेताजी ने सोचा कभी-कभी जनता को सत्य से परिचित कराने से हमारी पार्टी की शक्ति बढ़ेगी।

महर्षि आगे बोले, ''मनुष्य उस दिन मर जाता है जिस दिन उससे प्रेम करने वाले नहीं रहते। पृथ्वी पर सर्वाधिक महत्त्वपूर्ण प्रेम है। युद्ध हत्या है, वीरता नहीं। पाठयक्रम से युद्धों का इतिहास हटाना पड़ेगा। बच्चे हिंसा न सिखें। देश और संस्कृति की रक्षा के लिए युद्ध अनिवार्य हो जाए तो युद्ध वीर कर्म है। शेष सारे युद्ध डकैती और हत्या है।''

प्रान्तीय मन्त्री के हृदय से मुक्त प्रशंसा भरे उद्‌गार निकले, 'कितना सुन्दर और निर्दोष ढंग है एक कटु सत्य को कहने का। यही हाल तो मेरा हुआ था जब दीपाली ने मेरा दिल तोड़ा था और उस लफँगे के साथ भाग गयी थी जिसमे और कोई गुण नहीं था सिवाय इसके कि जरा-सा गोरा था, अँग्रेजी में गाने गाता था और नये-नये कट के कपड़े पहनता था। न जाने कहाँ से लाता था जालिम! उस कट के कपड़ों के लिए मैं सारा बाजार छान मारता था मगर मुझे नहीं मिलते थे।

व्यास बोल रहे थे, ''धर्म प्रवर्तक शब्द राजनीतिज्ञों ने बनाया है। सत्य को हर व्यक्ति कर्म में उतारे। सत्य को कर्म में उतारना हर व्यक्ति का व्यवहारिक सत्य है। सत्य कर्मों को इकट्‌ठा मत करो। इनको इकट्‌ठा करने से ये तु हारे अभिमान में बदल जाएँगे। अपने हर सत्य कर्म को वही छोड़ दो जहाँ तुमने वह सत्यकर्म किया। इस तरह जीवन के अन्तिम दिन तक तुम सत्यकर्म करते रहोगे। अपने सत्य कर्मों का भी बोझ मत ढोओ। अन्यथा वे तु हारा अभिमान बन कर तु हारे और तु हारे ज्ञान के बीच आ जाएँगे।

''ज्ञानी व्यक्ति धर्म प्रवर्तक नहीं होता। वह ज्ञान देता है। उसके अनुयायी उस ज्ञान की प्रेक्टिस करते है कर्मो मे। ज्ञान की प्रेक्टिस करने से ज्ञान धर्म नामक

मानसिक शक्ति बन जाता है। सत्य को कर्म बनाओ। तुम देखोगे धर्म रोज सत्य से जन्म लेगा तु हारे ही हृदय मे। धर्म को संस्था बनाते है लोग राजनैतिक लोभ के मारे। संस्थागत धर्म अपने अनुयायियों के मस्तिष्कों को जकड़ लेता है। जकड़े मस्तिष्क में ज्ञान नहीं रह सकता।

"धर्म का विसर्जन करते जाने से ही धर्म हर घड़ी नया होकर ज्ञान से उतर कर तु हें पवित्र करता है, जैसे गंगा रोज हिमालय से उतर कर जन जन को पवित्र करती है। धर्म को रोज जन्म देकर ज्ञान की भी वृद्धि होती है।

"धर्म नामक मानसिक शक्ति से कट्टर पन्थी का मस्तिष्क ज्ञान को जकड़ लेता है, जाने नहीं देता। इस तरह कैद किया हुआ ज्ञान कट्टर पन्थी के प्रेम, करुणा, क्षमा और अन्य मनुष्यत्व गुणों को नष्ट कर देता है। मस्तिष्क में सत्य को कैद करके धर्म मस्तिष्क के विवेक को उन्माद में बदल देता है।

"हर ज्ञानी व्यक्ति अपना धर्म स्वयं बनाता है सत्य को कर्म बनाकर। ज्ञानियों ने अपना मत फैलाने के लिए युद्ध नहीं किये। धर्म के नाम का दुरुपयोग कर अपना राज्य फैलाने के लिए युद्ध किये है राजनीतिज्ञों ने। यदि वे धर्म के प्रचारक हैं तो अपने अनुयायियों में मनुष्यत्व को विकसित क्यों नहीं करते? मनुष्यत्व जिसमें नहीं है समझ लो उसमे धर्म भी नहीं है। मनुष्यत्व धर्म का मूल है।

"साम-दाम-दंड-भेद राजनीति के हथकंडे है। किन्तु धर्म बदलने वाले भी साम, दाम, दंड, भेद नीति से ही धर्म बदलते है। इस कारण धर्म बदलने वाले धर्म के लबादे में राजनीतिज्ञ है। भोले-भाले गरीबों से झूठ बोलने में धर्म बदलने वाले धर्मगुरुओं को लज्जा नहीं लगती। वे गरीबों से झूठ कहते है अपना धर्म छोड़कर हमारा धर्म अपना लोगे तो तुम स्वर्ग पा जाओगे। स्वर्ग किसने देखा है? ज्ञानी कहते है जिसके हृदय में खुशी हो वही जान सकता है स्वर्ग के सुख को। हृदय में खुशी होती है केवल सत्य को कर्म बनाने से।

"झूठे धर्मगुरुओं को लज्जा नहीं लगती झूठ बोलते हुए कि जो भी हत्यारे और पापी उनका धर्म स्वीकार कर लेंगे वे सब स्वर्ग जाएँगे। सच्चे धर्मोंपदेशक आज भी वही सनातन सत्य सिखाते है कि दूसरों के प्रति सच्चा, अच्छा और सुन्दर कर्म करने से स्वर्ग मिलता है, किसी धर्म में दीक्षित होने से नही। आत्मा में ज्ञान जगाने से मोक्ष मिलता है। जो भय, अज्ञान, दरिद्रता, घृणा, लोभ के मारे हुओ के भोलेपन का शोषण करके धर्म बदलते है,उन्हें भगवान के सामने उन भोले गरीबो को उत्तर देना पड़ेगा झूठ बोलकर उन्होंने जिनका धर्म परिवर्तित किया। भगवान के सामने झूठ बोलने की उनमे हि मत नहीं रहेगी। तब वे पछताएँगे कि

झूठ बोलकर औरों का धर्म तो बदल दिया हमने, मगर हममे यह अक्ल नहीं रही कि देख सकते कि झूठ बोलकर अपने लिए नर्क के द्वार खोल रहे है। लोग स्वर्ग के लोभ में धर्म परिवर्तित कर लेते है और जब जीवन में स्वर्गगामी होने के आसार नजर नहीं आते तो खीज कर आतंक मचाते है और सज्जनों की हत्या करते है।''

नेताजी का माथा ठनका, यह स्वामी तो धार्मिक फसाद करा देगा। मगर जनता ध्यान से सुन रही थी। कोई फसाद की आहट नहीं थी।

''युधिष्ठिर सत्य को इसी संसार में कर्म में रूपान्तरित करने वाला पुरुष था। संसारगति पर सत्य की विजय कराना ही लक्ष्य था उसके दैनिक जीवन का।

''संसार में जीने वालों को सत्य के ज्ञानियों की जितनी आवश्यकता है उतनी ही आवश्यकता संसारी जीवन में सत्य को कर्म बनाने वालों की है। जिस देश में ऐसे ज्ञानी और वीर जन्म लेते हैं वहाँ की धरती पर स्वर्ग के फूल खिलते है।

''तीन गतियाँ हमारे अंगो में लगी है। उर्घ्वगति है हृदय और आत्मा मे। इनमे ही अकारण उल्लास प्रकट होता है, जो ईश्वर की देन है उनको जो जीवन को उर्ध्वदिशा में ले जाते हैं। दूसरी गति अधोगति है जो लगी है स्नायुओं, रक्तवाहिनी धमनियों, शिराओं में। ये उदास रहती है, क्योंकि साफ रक्त मस्तिष्क, हृदय आदि अंगों को देना पड़ता है इन्हें। ये समझती हैं कि इनका जीवन केवल परोपकार है, जैसे नालियों का जीवन, जो शहर को साफ रखती है किन्तु शहरी उन्हें सिवाय अपनी गन्दगी के कुछ नहीं देते। तीसरी जीवनगति है संसारगति। यह लगी मिलती है नीयत मे, इन्द्रियों में और मन मे। इन्हें क्षणिक सुख चाहिए जैसे कामहर्ष, तीखा, चटपटा खाना, भ्रष्टाचार से कमाया गया धन। संसारगति को राजनीतिज्ञ, मिडिया, फिल्मकार, और सरकार पसन्द करते है। किन्तु इन्हें भी प्रसन्नता केवल उर्ध्वगति पकड़ने पर ही मिलती है। इससे स्पष्ट हो जाना चाहिए कि उर्ध्वगति से ही व्यक्ति, समाज और संसार का कल्याण होता है।

''इन तीन गतियों में देश की जनता बँटी हुई है। यदि इन तीन गतियों में जीने वाले लोग अकारण उल्लास को लक्ष्य मानकर अपने अपने कर्म करें तो सब भारत वासियों के हृदयों से जातपात और स प्रदायों में जनता को विभक्त करने वाली कठोर लकीरें मिट जाएँगी। हमारी जीविका के साधनों में चाहे जमीन आसमान का अन्तर हो हमारे हृदयों में एकता रहेगी। हम एक–दूसरे के प्रति इतने कठोर होकर नहीं जीएँगे।

''हर देश और उसके नागरिक सत्य के यात्री है। सबका केदारनाथ, काबा

और यरूसलम सत्य है। किन्तु भारत ने महाभारत में सत्य की विजय के लिए जो आहुति दी वैसी आहुति किसी जाति को नहीं देनी पड़ी। किन्तु हम महाभारत पर अटके हुए है। हमारे सत्य की ओर बढ़ते कदम महाभारत से आगे नहीं बढ़ सके। शताब्दियाँ बीत गयी, हम महाभारत से आगे नहीं जा पाते। न जाने कैसी तन्द्रा है जो हमे महाभारत को बार-बार दोहराने को मजबूर कर देती है। कभी वर्णों के नाम पर कभी स प्रदायों के नाम पर हमारे हृदयों में एक-दूसरे वर्ण या स प्रदाय के प्रति अज्ञान और परायेपन का अँधेरा छाया रहता है। हमे महाभारत से आगे जाना है। युगों पहले हमने सत्य को अपनी मंजिल चुना था। भगवान हर सुबह अवसर देते है कि हम महाभारत से आगे सत्य की ओर जाने वाली राह बनाये और उस पर चलते जाएँ। हिंसा के बदले हमने अहिंसा को अपना लिया। किन्तु इससे आगे अहिंसा और सत्य को जोड़ने वाली सड़क नहीं बनायी। इसलिए हमारे नेताओं, अभिनेताओं और साहित्यकारों को पश्चिम वालों के विचार चुराने पड़ते है। हमारे पूर्वजों ने जो झीनी-झीनी चदरिया बुनी है सत्य की वही काम आएगी। ये चोरी के विचार हमारा कल्याण नहीं कर सकते। जीवन जब कदम बढ़ाता है सत्य की ओर तो विचार जीवन से ही पैदा होने लगते है। मगर चोरी से तो सत्य की राह ही छुट जाती है। अहिंसा और असत्य का मेल तो महाविनाश का बादल है।

‘‘सत्य को कर्म बनाकर संसारी जीवन को स्वर्ग की गरिमा से भरना मानव जीवन का लक्ष्य है। महाभारत-युद्ध नामक यज्ञ में अनगिनत योद्धाओं ने सत्य की विजय के लिए जो प्राणों की आहुति दी, वह सत्यकर्म था। वह सारा सत्यकर्म व्यर्थ चला गया, क्योंकि युद्ध से कुछ प्राप्त नहीं होता। सत्य को कर्म बनाने के लिए युद्ध के अलावा कोई अन्य विकल्प खोजना है। वह कर्म है हम सब सत्य को कर्म बनाये। सब एक-दूसरे की सहायता करें जिससे सब सत्य को कर्म में उतारे। करके तो देखो एक वर्ष। यह धरती ही स्वर्ग हो जायगी। सत्य पर जब सारा देश चलेगा तो सत्य पथ पर उत्तीर्ण होते जाना ऐसा ही सुखप्रद हो जाएगा जैसा सत्य की मंजिल पर पहुँच जाना। जब सत्यपथ पर उत्तीर्ण होते जाएँगे तो भारत के आज के राजनीतिज्ञ भी संसार भर के मनुष्यों के लिए आदर्श बन जाएँगे।

‘‘भारत के लोग स्वयं को दोष देते देते सत्य की सीमा लांघ गये। महाभारत का शोक मनाने के बाद वे भूल गये कहना कि हम जो कर सकते थे हमने किया किन्तु ईश्वर की इच्छा कुछ और थी। इतना कहते ही शोक की अवधि समाप्त हो जाती और होश आ जाता कि सत्य को कर्म में परिवर्तित करके संसार में विजय

दिलाने का कोई अन्य रास्ता ढूँढ़ना है, युद्ध नही। वीरों की आहुति को व्यर्थ नहीं जाने देना है। वही वीर कर्म जो युद्ध में रक्त बहाता है, सत्यपथ पर सबको जीवन देता है।''

केन्द्रीय मन्त्री जी की गाड़ी पंडाल के पास आ रही थी। उनके कानों में माइक से आता पहला वाक्य पड़ा—''हर देश और उसके नागरिक सत्य के यात्री है। सबका केदारनाथ, काबा और यरूसलम सत्य है।'' सत्य का वाहन बनी महर्षि व्यास की तेजोमयी वाणी से निकले ये शब्द सुनते ही मन्त्री जी ने गाड़ी रुकवा ली। सभा स्थल से कुछ दूर वे मन्त्र मुग्ध से भाषण का शेष हिस्सा सुनते रहे। उन्हें आश्चर्य हुआ कि ऐसा तेजस्वी वक्ता और ज्ञानी उनके देश में है और किसी को पता नहीं! उन्होंने तय किया कि प्रधानमन्त्री और पार्टी की अध्यक्षा से वे इस वक्ता को मिलवाएँगे। अगला चुनाव निकट है। उसमे पार्टी के प्रचार की बागडोर वे इस वक्ता को दिलवाएँगे। किन्तु सभा स्थल पर पहुँचते ही हुई गहमा गहमी और आवभगत में सब बिसर गया।

आधुनिक दुखों के विशेष कारण

आगरा विश्वविद्यालय से स बद्ध सभी विद्यालयों का एक सामूहिक शिविर वृन्दावन में आयोजित था। व्यास पुनर्यौवन प्राप्त करने के बाद एक स्नातक से अधिक नहीं लगते थे। उन्होंने शिविर संयोजक से मिलकर उनको अपना परिचय दिया भारत के अध्यात्म में विशेष रुचि रखने वाला एक युवक, और उनसे चाहा कि वे उन्हें दिन में होने वाले कुछ प्रोग्राम देखने की अनुमति दे। संयोजक प्रो. के. एन. मिश्र को अध्यात्म में बहुत रुचि थी। उन्होंने यह सुनिश्चित करने के लिए कि प्रार्थी की इच्छा अध्यात्म से प्रेरित थी उनसे कुछ प्रश्न किये। जो कुछ मिनटों का काम था उसमे दो घंटे लग गये। प्रो. मिश्र का व्यास के उत्तरों से आह्लादित और अच भित होना स्वाभाविक था। उन्होंने सहर्ष अनुमति दे दी।

पहली सुबह एक सेमिनार था जिसमे भाग लेने वालों से आधुनिक भारतीयों के जीवन के दुखों के मु य कारण पर प्रकाश डालने को कहा गया था। सेमिनार में विद्यार्थियों ने नि न नौ कारण बताये।

1 कलियुग में जीनियस (ऋत भरा) के प्रभाव को तर्कविद्या वाले नेता समाज पर पड़ने नहीं दे रहे हैं। वे भारतीयों की जन्म से विकसित प्रज्ञा और ऋत भरा बुद्धियों को भी अन्धविश्वास की श्रेणी में रखकर अपने अज्ञान के काले क बल से ढँक देते है। उन्हें भय है कि भारतीयों की अध्यात्मिक-जीनियस (ऋत भरा) जग गयी तो वह नेताओं के पीछे नहीं चलेगी, और दौड़ कर नेताओं, फिल्मकारों और मीडिया से आगे बढ़ जाएगी। ऐसा होने से जनता का मस्तिष्क इन सबके मस्तिष्क से बहुत आगे परम सत्य के निकट पहुँच जाएगा। मध्यकाल में भी भारतीय जनता की अध्यात्मिक जीनियस विदेशी शासकों से बहुत आगे थी। यही कारण था कि उन्हें भारतीयों को भ्रष्ट करने में अधिक सफलता नहीं मिली। वे उन्हें झूठे वचनों से भरमा नहीं पाए। गाँधीजी के बाद नेताओं ने जनता की ऋत भरा और प्रज्ञा को विकसित होने ही नहीं दिया। जनता का आत्मविश्वास तोड़ दिया ताकि नेता नवाबों की तरह उन्हें रैयत बना कर अपने आधीन रख सके।

वे अपने से अधिक बुद्धिमान जनता को सहन नहीं कर पाये।

जनता को तर्कविद्या नहीं आती, जिसमें नेता माहिर हो जाते है और हर सुधार को तर्क से हानिकारक साबित करके सही तरीके से लागू नहीं होने देते। बोलने वाले विद्यार्थी का कहना था कि अनपढ़ जनता का गणित ज्ञान और तर्क बुद्धि, स्कूली शिक्षा सुलभ न होने के कारण कमजोर रह जाते है। किन्तु जनता में प्रज्ञा और ऋत भरा बुद्धियाँ विकसित हो जाती हैं क्योंकि हर अशिक्षित व्यक्ति को भी अपने जीवन के सब मानवीय झगड़े धैर्य, संयम और निस्वार्थ भाव से सुलझाने पड़ते है। निजी जीवन की रिश्तेदारों, मित्रों, प्रेमियों, शत्रुओं के बीच उग्र समस्याओं को अकेले शान्त हृदय से सुलझाना पड़ता है। हर आम आदमी, शासन और सामाजिक भ्रष्टाचार को, राजनैतिक दलों के परस्पर विद्वेष, महँगाई, शिक्षकों के अन्याय और पक्षपात को, अस्पतालों में डॉक्टरों की लापर्वाही से होने वाली मौतों, पुलिस की ज्यादती, वकीलों के लोभ, दबंगों और पुलिस आदि से कन्याओं और स्त्रियों की सुरक्षा आदि समस्याओं को प्रतिदिन झेलना पड़ता है। उग्र होने पर अकेले नागरिक की उलझने और बढ़ा देते है सारे शक्ति स पन्न और दुष्कामनाओं से स पन्न लोग। उसे अपने नागरिक अधिकारों को भुलाकर दुष्टों के प्रति सौहार्द रखकर अपनी समस्याओं को शान्ति, प्रेम, और धैर्य से सुलझाना पड़ता है। इस कारण अकेले असहाय नागरिक की प्रज्ञा और ऋत भरा बुद्धियाँ अनायास ही नेताओं और अफसरों से अधिक विकसित हो जाती हैं। इस सत्य को भारत के नेता अभिमानवश स्वीकार नहीं करना चाहते। यह भारत के दुखों का एक कारण है कि जनता को सारे नेता राजनीति की शिक्षा देते है उन्हें अपने लिए उपयोगी बनाने के लिये। किन्तु जनता के पास विद्यमान ज्ञान की इस दौलत का उपयोग करना नहीं चाहते, झूठे अभिमान के कारण। सामान्य व्यक्ति के पास प्रज्ञा और ऋत भरा बुद्धियों की दौलत है।

2. जनता की अर्धविकसित उच्चतम स्तर की बुद्धि, ऋत भरा, को मान्यता प्राप्त हो। इसको सुव्यवस्थित करने से उनका व्यक्तित्व बहुत जल्दी विकसित हो जाएगा। उन लोगों की अपेक्षा जो आज देश का नेतृत्व करके देश को अधोलोक की ओर ले जा रहे है। जनता अधिक उन्नत व्यक्तित्व की स्वामी हो जाएगी। जनता की ऋत भरा बुद्धि शिक्षा-विभाग के जरा से सहयोग से, बहुत जल्दी विकसित हो जाएगी। जिन्हें हम अज्ञानी, अशिक्षित समझे हुए है भारत की उस जनता की सर्वोच्च बुद्धि, ऋत भरा, अब भी इतनी विकसित है जितनी किसी भी विकसित देश की जनता में विकसित नहीं है। क्यों बुद्ध, राम, महावीर, नानक,

तुलसी, गाँधी जैसे धुरन्धरों के उपदेश हमारी आम जनता समझ जाती थी, जो उच्च स्तर की बुद्धि ऋत भरा के विकसित हुए बिना नहीं समझे जा सकते ? भारत की जनता के इस विशेष गुण की नेताओं द्वारा बेकद्री कारण है भारतीयों के दुखों का।

3. भारत वह अकेला देश है जहाँ ऋषियों, मुनियों, तीर्थंकरों, बुद्ध, नानक, गाँधी आदि महाज्ञानियों ने हजारों साल पहले से अशिक्षित ग्रामीणों और वनवासियों की उच्चतम स्तर का अध्यात्मिक ज्ञान समझने वाली प्रज्ञा और ऋत भरा बुद्धियों को विकसित करा रखा है। विकसित ऋत भरा और प्रज्ञा सन्तान को पीढ़ी-दर-पीढ़ी विरासत में प्राप्त हो जाती है। इसलिए अध्यात्मिक और चारीत्रिक ज्ञान विरासत हो गया है भारत की जनता में। है। तर्कविद्या और गणित का ज्ञान विरासत नहीं हो पाता। भारत के सच्चे ज्ञानियों के वचन के विरुद्ध नेताओं का चलन हमारे दुखों का प्रमुख कारण है।

आम जनता की विकसित ऋत भरा को प्रकाश में न आने देना प्रमुख कारण है आधुनिक भारतीयों के दुखों का। ऋत भरा बुद्धि स्रोत है अकारण उल्लास का। उसे ही नेता अवरुद्ध किये बैठे रहेंगे तो आधुनिक जीवन उल्लसित कैसे होगा ?

4. भारतीयों के दुखो का एक कारण यह है कि फिल्मकार अपनी गन्दी रुचि को बहलाने के लिए फूहड़ फिल्में बना रहे है। उपर से झूठ बोलते है कि युवा वर्ग ऐसी फिल्में चाहता है। वे ऋत भरा बुद्धि से फिल्म बनाकर जनता की ऋत भरा बुद्धि को जागृत कर सकते है। यह जब-जब जागृत रही है अशिक्षित जनता ने भी स्वेच्छा से धर्म, सत्य और ऋत का जीवन जीया है। वे फिल्मकार झूठ बोलते है जो कहते है कि जनता ऋत भरा बुद्धि के स्तर की बातें समझ नहीं सकती। वे धी-बुद्धि के स्तर की नहीं, ऋत भरा और प्रज्ञा बुद्धियों के स्तर की फिल्में और सीरियल बनाये। ऐसी फिल्में युवा वर्ग में अधिक लोकप्रिय होगी और चरित्र का उत्थान भी करेंगी।

जनता अवश्य नेताओं की चतुर, स्वार्थी धी-बुद्धि को नहीं समझती, किन्तु गूढ़ अध्यात्मिक बातों को, ऋत भरा बुद्धि विकसित होने के कारण, तुरन्त समझ जाती है। ऋत भरा बुद्धि उनके चरित्र को भी स यक् रखती है। ऋत भरा का स्थूल रूप ही जैन, बौद्ध और सनातन धर्म है, जिसने भारत के अधिकांश लोगों को हजारों वर्षों से हत्या, लूटमार, चोरी, हिंसा, झूठ आदि अधर्मों से बचाए रखा है। संविधान से राजनीतिज्ञों ने धर्म को बाहर करके भारतीयों के आत्मविश्वास और ऋत भरा बुद्धि में आस्था को तोड़कर उनके चरित्र को पलट दिया है।

नेताओं को कभी यह सत्य बोलते हुए नहीं सुना : "भारत भूमि पर धर्म का मूलकर्म था जान देकर भी सदाचार को बनाये रखना।" भारतीयों के इस गुण का प्रभाव विदेशी हमलावरों पर भी इतना अधिक पड़ा था कि भारत पर आक्रमण करने वाली जातियों ने भी आक्रमण के बाद लूटमार त्याग कर ईमान-धर्म का जीवन जीना हितकर समझा था। किन्तु धन्य है स्वतन्त्र भारत के राजनीतिज्ञ जिन्हें भारतीय धर्म का यह कारनामा नजर नहीं आया और उन्होंने धर्म को ही देश से बाहर कर दिया।

5. ॠत भरा विरल बुद्धि है जो भारतीयों में विकसित है, किन्तु जिसे नेताओं की धी-बुद्धि व्यक्त नहीं होने देती। इस कारण समाज प्रमाद और अन्धकार में डूबता जा रहा है। ॠत भरा बुद्धि दो तरह की होती है, अन्वेषक और समझदार। अन्वेषक ॠत भरा किसी किसी में होती है जैसे कृष्ण, राम, व्यास, कालिदास, बुद्ध, महावीर, नानक, गाँधी। समझदार ॠत भरा भारतीय जनता में जन्म से विद्यमान है। बहुतों को यह पूर्वजों से विरासत में मिले धर्म के साथ ही मिल जाती है। यदि नेता भारत के लोगों की ॠत भरा बुद्धि को विकसित करने को हर तरह की शिक्षा का अंग बना ले तो वे भारत को झूठ, प्रपंच और अन्धविश्वास से मुक्त कर लेगे। इसे विकसित न करना भारत के दुखों का एक प्रमुख कारण है।

6. द्वापर तक लोग सत्यनिष्ठ थे। वे ॠत भरा बुद्धि का उपयोग करते थे रोजाना के जीवन की समस्याओं को हल करने मे। जिनमें रचनात्मक या अन्वेषक ॠत भरा होती थी ऐसे ज्ञानियों को मन्त्र दृष्टा कहा जाता था। किन्तु अब लोग धनवानों और नेताओ की चाकरी करने वाली धी-बुद्धि के विकास को शिक्षा का उद्देश्य बनाये हुए हैं। ऐसे देश का भगवान ही मालिक है। भारत के दुखों का एक कारण यह है कि नेता ईश्वर का स्थान भी हथियाना चाहते है।

7. भारत के दुखों का एक कारण यह है कि सत्य को व्यवहृत करने वाले मनुष्यों को अनुभव हो गया है कि वे अकेले है। असत्य और अनृत को व्यवहृत करने वाले मनुष्यों के साथ राजनेता है, राष्ट्र की शक्ति है। यही कारण है कि स यता धूर्तों की जननी हो गयी है, सत्यनिष्ठ लोगों की नही। यदि प्रत्येक मनुष्य अपनी ॠत भरा बुद्धि पर चले तो आज भी जीवन उतना ही सच्चा और सत्यनिष्ठ होगा जितना सतयुग में था।

8. मनुष्य की प्रकृति नहीं बदली। आदत प्रकृति नहीं होती। आदत धूर्तों द्वारा मानव-प्रकृति पर बैठाया गया परजीवी है जो मनुष्य की प्रकृति को चूस कर आदत में बदल देता है। मनुष्य की प्रकृति प्रमादी नहीं है, आदत द्वारा चूसी गयी

प्रकृति प्रमादी है। गुलामों की आदत प्रकृति को अपनी दासी बना लेती है और इस तरह गुलाम स्वयं अपना विनाश कर लेते है। भारत के दुखों का एक कारण यह है कि नेता मानव प्रकृति का समझदारी से उपयोग न करके, उनकी प्रकृति पर आदत नाम का परजीवी बैठाने की फिराक में रहते है।

9. भारतीय राष्ट्रवाद के नाम से ही पश्चिमी दुराचारी, बेईमान और पाप बुद्धि वाले काँप उठते है। किन्तु पश्चिम के सदाचारी ज्ञानी सदा भारतीय राष्ट्रवाद को मानवमात्र का राष्ट्रवाद मानते आये है। उनमें से अनेक ने चेतावनी दी थी कि जिस दिन भारत की जनता की ऋत भरा और प्रज्ञा बुद्धि नष्ट हो जाएगी उस दिन मानवजाति को पाप की दलदल से कोई नहीं बचा सकेगा। यदि भारतीयों की ऋत भरा और प्रज्ञा बुद्धि जागृत रही तो सारे संसार में सदाचारी लोगों को बल मिलेगा और सा प्रदायिकता का नाश होगा। पश्चिम के अनेक ज्ञानियों ने भारतीयों की इस क्षमता की मुक्तकंठ से प्रशंसा की है। हमारे नेताओं ने ऋत भरा बुद्धि के भारतीय जनता में फैले हुए व्यापक रूप को राष्ट्र के धन और शक्ति से बलवान नहीं बनाया। इससे बड़ा भारत का दुर्भाग्य और दुख और क्या होगा।

कलियुग अपनी सफाई देता है

कलियुग एक रात महर्षि व्यास के पास आए और बोले, ''महामुनि आप ही न्याय कीजिये! क्या मैं कोई दुष्टात्मा हूँ? राक्षस हूँ? प्रकोप हूँ विधाता का? क्या हूँ मैं? जिस तरफ भी जाता हूँ शोर सुनता हूँ कलियुग है भाई। सच्चाई रही न ईमान्दारी। जीवन सूना हो गया। न मैत्री रही, न सच्चाप्रेम! सच बता दीजिए महर्षि क्या में इतना बुरा हूँ?''

कलियुग की आँखों में आँसू देख और उनके स्वर में बच्चे जैसी बेबसी देख महर्षि का हृदय पिघल गया। उन्हें कलियुग एक बच्चे से लगे जो बड़ों से मार खाकर अपने पिता के पास आया हो फरियाद लेकर। कलियुग को कंठ से लगाकर, वे बोले ''कौन लगाता है ऐसा दोष? अज्ञानी है वह। तुम अज्ञानी के कहे का बुरा मत मानो। तुम विशुद्ध जीवन हो कलियुग। तुममे केवल जैविक चेतना है। तुममें आत्मा नहीं है। तुम न चैतन्य हो न अचेत!''

''यही मैं कहता हूँ महर्षि! मेरे आने मात्र से लोगोंं का चरित्र बेईमान हो गया हो तो मेरे आने से पशु, पक्षियों का चरित्र क्यों नहीं बिगड़ा? वे भी तो मुझमें ही वास कर रहे है। यदि मैंने मानव जैसे ज्ञानी जीव को झूठ और बेईमानी सिखाई तो पशु पक्षी क्या मेरे छोटे भाई है जो उन्हें नहीं सिखाई? अगर मैं ऐसा ही असत्य और अनृत का धुरन्धर हूँ कि ज्ञानी मनुष्य को ज्ञान भुलवा सकता हूँ तो पशुओं को उनका पशु ज्ञान क्यों नहीं भुलवा पाया? कुत्तों और घोड़ों की स्वामि भक्ति को क्यों बेवफाई में नहीं बदलवाया? गायें क्यों आज भी मनुष्यों को दूध देती है? यह देखकर कि मनुष्य बछड़ों का दूध थन से चुराते है, गायें क्यों रसोई में चोरी छिपे घुसकर मनुष्य का खाना नहीं चुराती? कव्वे आकर मनुष्य को क्यों नहीं काटते? यदि मुझमें जी कर मनुष्य विश्वासघाती, कपटी, दुराचारी और भ्रष्टाचारी हो गये है तो पशु पक्षी मुझमें रहकर क्यों भ्रष्टाचारी नहीं हुए? हर पशु आज भी मनुष्य के प्रति श्रद्घा रखता है, जैसी बड़े भाई या पिता के प्रति रखी जाती है? मनुष्य ने क्यों श्रद्धा तज दी, जिसके रहते आत्मा सदा सक्रिय रहती है, कभी नहीं सोती, कभी

प्रमाद नहीं करती ?

व्यास बोले, 'मैं सहमत हूँ कलियुग कि आपका दोष नहीं है। मनुष्य की नीयत बिगड़ गयी है। ईमानदारी से प्राप्त की वस्तुओं से उसकी नीयत नहीं भरती। उसे लोभ और क्रोध ने उसका बन कर बिगाड़ा है।लोग व्यर्थ आपको दोष देते है।''

कलियुग ग भीर होकर बोले, ''मुझे इसका दुख है न चिन्ता। मेरे हित में चिन्तन करने के लिए आपका कृतज्ञ हूँ। किन्तु यही कहूँगा कि मेरी चिन्ता मत कीजिएगा, क्योंकि मैं नहीं जान पाऊँगा कि आप मेरे लिए चिन्तित है। मेरा तो कोई कर्तव्य ही नहीं है सिवाय भागते रहने के। मैं विश्व रूपी गाड़ी का पहिया हूँ। जो चाहे जिधर ले चले। भावनाओं की नकल करके जीवनयापन करने वाले अभिनेता समाज को और नेताओ को नकली भावनाओं से काम चलाने की राह दिखा रहे है। यह की है प्रगति स यता ने ?

''मैं साक्षी मात्र हूँ सबका। न हस्तक्षेप है मेरा न मार्गदर्शन। चुपचाप देखते रहना काम है मेरा। देखता हूँ दुर्जनों की जेबों में नेताओं ने अपने भाग्य की कुंडलियाँ रख दी हैं; और अपनी स्वतन्त्रता दुर्जनो को बेच दी है। नेताओं ने स्वयं को दुर्जनो का मानसिक गुलाम बना लिया है, सिर्फ इसलिए कि दुर्जन डरा-धमका कर जनता के वोट उनके पक्ष में डलवा दे। नेता दुर्जनों को स्वतन्त्र करा देते है पुलिस की पकड़ से। दुर्जन जिधर हाँके नेता चले जाते है। सांसद, विधायक और मन्त्रीगण जनता के सपनो के प्रतीक माने जाते है, किन्तु वास्तव में प्रतीक हो जाते है दबंगों की दबंगी के और बदनीयतों की बदनीयत के।

''अधिकारी जनता के स्वतन्त्र वोट और जान-स मान के रक्षक माने जाते है। राजनीति उनसे वह काम कराना चाहती है जो वह दुर्जनों से कराती हैं। इस तरह सत्ता दुर्जनों के हाथ बिक जाती है।

''संविधान ने विधायकों, सांसदों, मत्रियों और अधिकारियों का तन्त्रजाल बिछाया, उन्हें शपथ दिलाई कि वे नागरिको को दुर्जनों के शासन से मुक्त करेंगे। सब मिलकर मातृभूमि की सेवा करें, स्वतन्त्रता का अनुभव करें और सर उठाकर जीये। किन्तु जनतन्त्र हर इनसान को मजबूरी का अनुभव करा रहा है । राक्षसत्व उसे मजबूर करता है राक्षस होकर छीन ले अपनी जिन्दगी। यहाँ कोई चीज नहीं बची जिसे गिरवी न रख दिया हो नेताओ ने दुर्जनों की तिजोरी में। मनुष्यत्व सौगन्ध देता है मनु का सुनहरा स्वप्न न तोड़ने का। लोभ-मोह-मद रोज दरवाजे खटखटाते है अब भी सुधर जा, ले ले मदद हमारी। सीख ले कुछ राज की बातें

हमसे। सीख ले कैसे चुरा सकता है तू औरों की जिन्दगानी। बच्चे जीये चीथड़ों में माँ के आँसुओं के तले, और तू बदल ले जिन्दगी को अपनी ऐश मे। मैं आपको यही कहना चाहता हूँ कि इस पापचक्र को मैं नहीं चलाता।

"सबसे पहले दूसरे देशों पर हमला करने वालों का साक्षी बना मैं। मैं साक्षी हूँ, उन दृश्यों का कैसे अच्छाई को ठगा उन्होंने। कैसे इनसानियत की नैसर्गिक स्वतन्त्रता को गुलाम बनाया उन्होंने। कैसे उनके दिलों से पिता मनु का सपना मिटाया उन्होंने। वह सपना मिटाया जिसे प्रलय का भयावना अकेलापन भी नहीं मिटा सका था मनु के हृदय से। फिर मिली-जुली सन्तान हो गयी स्वतन्त्रता और जुल्म की। यही रोम ने इंग्लैंड में किया शताब्दियों पहले। रोम से सीखकर शताब्दियों बाद इंग्लैण्ड ने किया यही जुल्म भारत में। दो जहाँ के मालिक से इन्सानियत को आजाद रखने का पाठ पढ़कर, खलीफा ने इनसानियत के गहवारे भारत पर वही जुल्म किया जो न करने को कहा था दो जहाँ के मालिक ने। भगवान के खास बच्चे ईमानधर्म की छतरी ताने, घूमते रहे सारी दुनिया मे, दुनिया को लूटते और कत्लेआम करते हुए। सल्तनते बना ली देश-देश मे। उन्होंने भगवान को नामचारे का भगवान बना दिया। अपने बच्चों को शागिर्द बनाया लूटमार-कत्लेआम नाम के खलीफा का। बच्चों को सिखाया 'तु हारा धर्म इनसानियत से ऊँचा है। लूटों इनसानियत को। याद रखों जिसमे जितनी इनसानियत ज्यादा है वह उतना ही आसान शिकार है तु हारा।'

"मैं साक्षी हूँ उस सारे खेल का क्योंकि मुझमे लोगों के कर्म छपते जाते हैं। वे मेरे होने में विश्वास नहीं करते। जब मुझसे स पर्क ही नहीं रखते तो स्पष्ट है कि मैंने उन्हें ये कर्म नहीं सिखाये। उनके जरिये दूसरे है। उन जरियों ने उन्हें बताया है कि दुनिया मिटने वाली है। मैं सबसे कहता हूँ इनसानियत ही ईश्वर है धरती पर। कर्म अच्छे करोगे तो दुनिया बनी रहेगी। मेरे बाद सतयुग आएगा। तु हारे कर्म बताएँगे सतयुग आयेगा या मेरे रहते ही दुनिया मिट जाएगी।"

महर्षि व्यास ने कहा, "तुमने मुझसे निर्णय माँगा। तुम किसी को दुष्कर्म नहीं सिखाते। तुम सच्चे और तटस्थ साक्षी हो मनुष्य के कर्मों के। तुम किसी से कुछ नहीं चाहते। तुम राग-द्वेष से मुक्त हो। न किसी का पक्ष लेते हो न किसी का विरोध करते हो। तु हारा कोई कानून भी नहीं है जो तुम मनुष्यों पर लागू करना चाहो। मुझे बताओं भारत के लोग मानसिक गुलामी से कैसे बाहर निकले?"

कलियुग, "आपने मुझे शान्ति का अनुभव कराया। मैं कृतज्ञ हूँ कि आपने मेरा सत्य भी जाना। मैं तटस्थ साक्षी हूँ केवल। मैंने अँग्रेजों को रोम की गुलामी से

बाहर निकलते देखा और अमेरिकनों को अँग्रेजों की गुलामी से बाहर निकलते देखा। मैंने यह भी देखा कि उनके सांसदों ने राजनैतिक नैतिकता का कितने मनोयोग से निर्माण किया। उन्होंने संविधान में अपने सपने लिखे और प्रण में उन सुन्दर सपनों को यथार्थ बनाने का संकल्प रखा। उनके सांसद, विधायक, पुलिस और न्यायाधीशों ने अपने कर्तव्य को धर्म समझा। उन्होंने बड़बोल होकर अपने धर्म को सा प्रदायिक दंगे कराने वाला शत्रु नहीं कहा। अपने संविधान से भी नहीं निकाला। उन्होंने ईसाई धर्म से ही राजनीति का धर्म निकाला। उनका कहना था कि पूर्वजों के धर्म का तिरस्कार करने वालों को अधर्म प्यारा हो जाता है। मैं साक्षी हूँ महामुने भारत का प्रत्येक धर्म अन्य धर्म वालों के प्रति भी समानता, स्वतन्त्रता और बन्धुत्व का पालन करता है। विदेशों के सभी धर्म दूसरे धर्मों की निदा करते है।''

व्यास, ''तुम अच्छे वक्ता हो कलियुग! मुझे बताओं और क्या देखा तुमने ?''

कलियुग, ''मैंने देखा स्वयं को उदार कहलाने के लोभ में भारत के नेता झूठ ही अपने धर्मों की निदा करने लगे। उससे पहले भारत के धर्मों की प्रशंसा सारी दुनिया के विद्वान करते थे। भारत को सच्चे धर्म-जिज्ञासुओं का देश मानते थे। जब भारत के ही नेता अपने धर्मों की निदा करने लगे तो धर्म की आड़ में स्वार्थी और निपट झूठे लोग चारों और से भारत के धर्मों पर धिक्कार बरसाने लगे। मैंने देखा जितनी समस्याएँ भारत के नेताओं ने भारत की मानसिक स्वतन्त्रता के मार्ग में खड़ी की दुश्मनों ने भी नहीं की। कहाँ तो उनसे अपेक्षा थी कि राजनैतिक स्वतन्त्रता के बाद मानसिक स्वतन्त्रता लाएँगे, कहाँ उन्होंने जो मानसिक स्वतन्त्रता थी उसे भी अपने झूठ से नष्ट कर दिया।

''मैंने देखा जिन्होंने पूर्वजों से मिले धर्म का अपमान किया, चारों दिशाएँ उन कृतघ्नो पर धिक्कार की वर्षा करती है, और उन्हें विदेशी धर्म दंड देते है उनके सर पर बैठ कर। अमेरिकनों ने एक पन्ने में संविधान लिख दिया, जो उनके धर्म से प्रेरित था। संविधान क्या था एक जाति के सुनहरे सपनों का लेख था आकाश पर। जो प्रण उन्होंने लिया वह अपने सुनहरे सपनों को यथार्थ की भूमि पर पालने का प्रण था। उनका प्रण था हम जनता बने रहकर, जनता द्वारा जनता के लिए प्राप्त की गयी स्वतन्त्रता को सदा जीवित रखेंगे।

''अँग्रेजों ने संविधान ही नहीं लिखा। मनुष्यत्व धर्म पर चलकर जो पर पराएँ बनी उन्हें ही संविधान मान लिया। अँग्रेजों ने अपनी पर पराओं को आधार मानकर सारे आधुनिक जगत को जनतन्त्र की शिक्षा दी। भारतीय नेता अपने धर्म

को तिलांजली दे चुके थे। नेताओं ने पर पराओं को पूर्वजों की गुलामी समझ लिया था। इसलिए उन्हें कुछ नहीं सूझा सिवाय अँग्रेजों के जनतन्त्र की नकल करने के। उनकी पर पराओं की भी नकल करना और अपनी पर पराओं को त्याग देना वीभत्स कर्म था। यह कर्म ऐसा ही कर्म साबित हुआ जैसे स्वतन्त्रता की मशाल को जलाकर बुझा देना।

''भारतीय नेताओं ने अपने देश की स्मृति और श्रुति, संस्कृति की गंगा-यमुना, को संविधान से बाहर रखा। संविधान बनाने वाले अधिकांश वकील थे। तर्कबुद्धि उनकी जीविका थी। उन्होंने तर्कबुद्धि को ही स प्रभु बना दिया। यह नहीं देखा कि केवल संवेदना सन्तुलित करती है तर्कबुद्धि की शुष्कता को। संवेदना के अंकुर न हो संविधान में तो तर्कबुद्धि में प्रवीण शासकों का हृदय संवेदना भूल जाता है, और केवल खून साफकरने की मशीन होकर रह जाता है। राजनीति गरम लू की तरह जीवन को अशान्त करने वाली शक्ति होकर रह जाती है। कभी भी रिमझिम वर्षा नहीं बनती तपते जीवन पर।

''तर्कबुद्धि के अलावा प्रज्ञा और ऋत भरा बुद्धियों का भी उपयोग होता है स्वतन्त्र देश के शासन मे, यह बात आनन्द कुमारस्वामी, डॉ. राधाकृष्णन, भंडारकर, मजूमदार जैसे विद्वान बता सकते थे, किन्तु उन्हें संविधान बनाने के लिए आमंत्रित नहीं किया गया।

''अगर ऋत भरा और प्रज्ञा का उपयोग करते तो तर्कबुद्धि और करुणा का सन्तुलन राष्ट्र की नीव में स्थापित भी करते। वे भूल गये कि तर्कबुद्धि के सबसे बड़े अनुरागी अँग्रेजों ने भी अपने राष्ट्र के आधार में तर्कबुद्धि और करुणा का सन्तुलन स्थापित किया। ऐसा सन्तुलन राष्ट्र के हृदय को जीवित रखता है। हृदय जीवित रहता है तो पर पराएँ सत्य को धारण करती है। हृदय सच्चा रहता है तो स्वतन्त्रता की बुझी मशाल हृदय की पवित्र अग्नि से छूकर फिर जल उठती है।''

इस्तनबुल का मयखाना 'उमर खैयाम'

कलियुग दूसरी बार महर्षि व्यास को जंगली लोगों की मंडली में मिले। वे मदिरा पीकर होश खोये हुए थे किन्तु उनकी वाणी होश में थी। व्यास को देखकर मंडली से उठकर उनके पास आए, और बोले, "कुछ पूछना हो तो पूछ लीजिये महामुनि, आज बहुत फुर्सत है।"

महर्षि बोले, "आप जो बताना चाहे बता दीजिये। आप वर्तमान विश्व के स्नायुतन्त्र हैं। आपको विदित रहता है हर घड़ी कि विश्व में क्या हो रहा है।"

कलियुग ने कहा, "महर्षि! पश्चिम वालों ने अपनी संस्कृति और दर्शन को बीसवीं शताब्दी के मध्य में जला कर मार डाला, क्योंकि वे दोनों भारतीय संस्कृति, धर्म और दर्शन के बहुत निकट आ गये थे। ऐसा लगने लगा था कि संस्कृति, धर्म, दर्शन और अध्यात्मिक ज्ञान की अतुल स पत्ति है भारत के पास। भारतीय संस्कृति और दर्शन मनुष्य को अपने में ईश्वर के गुण विकसित करने को कहती है और अन्ततः अपनी आत्मा के ईश्वर में समा जाने को, या ईश्वर के धाम, मोक्ष, में रहने के योग्य हो जाने को, मानव जीवन का सदुपयोग मानती है।

"पश्चिमी धर्म, संस्कृति और दर्शन ईश्वर से कहते है कि तू केवल हमारा हित कर और हमारे शत्रुओं पर बिजली गिरा। तू हमारे लिए वफादार नहीं होना चाहता तो हमारे बीच से चला जा। केवल अपने स्वर्ग में रह। वे कहते है कि ईश्वर मान गया है। वह केवल उन्हें स्वर्ग में रखेगा और अन्य सब मनुष्यों को नरक में। "आधुनिक पश्चिमी मस्तिष्क ऐसे अन्यायपूर्ण समझौते में विश्वास नहीं करता। वह भारतीयों की तरह मानता है कि ईश्वर सबके साथ न्याय करता है। सच्चे और सुन्दर चरित्र वालों को और अन्य मनुष्यों के प्रति शुभकर्म करने वालों को स्वर्ग देता है।

"पश्चिम ने भौतिक जगत का ज्ञान प्राप्त करने में बहुत प्रगति कर ली है। सृष्टि और जीवन को नष्ट करने की योंग्यता भी प्राप्त कर ली है। आइंस्टीन, हाईजेनबर्ग, श्रोडिंगर और उसके बाद के वैज्ञानिकों की खोजों से स्पष्ट हो गया है

कि पशिचम के आधुनिक विज्ञान की जड़े भी भारत के अध्यात्मिक ज्ञान में है।

''इससे केवल-दृश्य को सत्य मानने वाले कुछ वैज्ञानिकों के अभिमान को बहुत चोट लगी है। स्वयं को मौलिक विज्ञानी मानने में जो आनन्द था वह इस बात से नहीं है कि विश्व के समग्र ज्ञान और विज्ञान की जड़े अध्यात्मिक चैतन्य से निकली है। अब वे पछता रहे हैं अपनी पश्चिमी संस्कृति और दर्शन को नष्ट करके। उन्हें लगा था कि विज्ञान पश्चिम की अध्यात्मिक जिज्ञासा को भी तृप्त कर देगा। किन्तु अब विज्ञान के चरम पर पहुँच जाने के बाद उनकी अध्यात्मिक भूख और बढ़ गयी है। उनमें से अनेक भारतीय अध्यात्म के जलते दीप से अपनी आत्माओं में अध्यात्म के दीप को प्रज्वलित कर चुके है। वे जान गये है कि अब और अध्यात्मिक सत्य की उपेक्षा नहीं की जा सकती।

''भारत की संस्कृति, दर्शन और अध्यात्म को एकमात्र जीवित अध्यात्मिक ज्ञान का स्त्रोत देखकर पश्चिम के कुछ बुद्धिजीवियों को ईर्ष्या होती है। वे भारतीय योग, संस्कृति, दर्शन और अध्यात्म ज्ञान का पश्चिमीकरण करके पश्चिमी संस्करण को प्रोत्साहित कर रहे हैं। उन्हें विश्वास है कि वे मूल की उपेक्षा करके पश्चिमी संस्करण को प्रचलित करेंगे तो लोग कुछ समय में ही मूल को भूल जाएँगे। उपेक्षा की अग्नि बड़ी से बडी ज्ञान स पदा को विलुप्त कर देती है।

''किन्तु अधिकांश पश्चिम वाले कहते हैं कि जैसे ज्ञान के प्रकाश में असत्य नहीं रह सकता वैसे ही विज्ञान के प्रकाश में भी असत्य नहीं रह सकेगा। पश्चिम में हँसने-हँसाने वाले कमेडियन लोग कहते हैं कि अटलांटिक महासागर में एक यूजियम बना कर उसमे पश्चिमी सेमेटिक धर्मों के और भारतीय धर्म-जिज्ञासा के, संस्कृति, दर्शन और अध्यात्म के गणितज्ञों द्वारा बनाये गये मॉडल सुरक्षित कर दिये गये हैं। उस यूजियम का नाम रखा है—'नंगे नगीनो का यूजियम'। सारे गोथिक भूत भी वही चले गये है। मेरा मित्र भूत भी वही चला गया है।''

कलियुग चुप हो गये। महामुनि ने कहा, ''आज मैं कुछ नहीं करना चाहता। केवल आपको सुनना चाहता हूँ। आपसे तो बहुत जानकारी प्राप्त हो रही है मुझे।''

कलियुग को महर्षि की बात से बहुत प्रसन्नता हुई, क्योंकि लोगों से अपनी निन्दा सुन-सुन कर उनके कान पक गये थे। कलियुग बोले, ''महर्षि कोई प्रश्न करिये तो मैं बोलूँ।''

''किस भूत का जिक्र किया आपने अन्तिम वाक्य में ?''

''किसी भूत का नहीं। भूत काल का। अपना ही भूत है। जैसे मैं अपना ही वर्तमान हूँ।''

''कुछ और परिचय दीजिये। यह पर्याप्त परिचय नहीं है।''

कलियुग बोले, ''मेरा बड़ा भाई और मित्र—भूत, भूतकाल महर्षि!''

कलियुग फिर चुप हो गये।

महर्षि व्यास ने कहा, ''आप तो भौतिक जगत के स्पन्दन है। आप तो हर घड़ी नयी नयी सूचनाएँ दे सकते हैं।''

''दो पायलट असत्य और अनऋत ईश्वर बनने के महत्त्वाकांक्षियों को यान में बैठाकर सुमेरू के पार ले गये है। मगर यान में इतना ईंधन भी नहीं है कि हिमालय तक पहुँच सके।

''उधर डाक्टरों ने अपना मानसिक सन्तुलन बिगाड़ लिया है। आत्मा को निकाल दिया है अपने व्यक्तित्व से और 'डाक्टर' को बैठा दिया है ताकि वह सत्य की चिन्ता छोड़, चुपचाप धन कमाता रहे। भयभीत रोगियों ने भी आत्मा की आरती करना छोड़कर डॉक्टर की आरती शुरू कर दी है। डाक्टर स्वयं तो अधर्म और अनऋत के सेवक बने, रोगियों को भी बना दिया।

''दूसरी सूचना सुनिए! असली बुद्धि की जगह नकली बुद्धि का उपयोग दस गुना बढ़ गया है। फिल्में बनाने वाले नकली प्रेम भावना का उपयोग करके लिखे गये गीतों की माँग करते है। उनके लिए मुँहमाँगा मेहनताना दे रहे है। प्रोड्यूसर और फाइनेसिंयर चाहते है कि प्रेम और भक्ति के नकली गीत बार बार सुनकर जनता की रूचि सच्ची भावनाओं से भरे गीतों से हटवा दी जाए। बाहर से पैसा आ रहा है, सूर तुलसी, कबीर, मीरा को भुलवाने के लिये। उद्देश्य यह है विदेशियों का कि भारत के लोग अपनी अध्यात्मिक विरासत को भूल जाएँ और अन्य लोगों की तरह खोखले आत्माविहीन हो जाएँ। भारतीयों की रूचि अपने साहित्य, संस्कृति, दर्शन, धर्म, संगीत, काव्य, अध्यात्म से हट जाय। इससे भारतवासियों की शक्ति समाप्त हो जायगी और उन्हें आसानी से फिर से गुलाम बनाया जा सकता है।

महामुनि व्यास को पल दो पल के लिए सारी दुनिया ऐसी दिखी जैसे फिल्म ऑपरेटर को चर्खी उल्टी चल जाने पर, फिल्म दिखती है।

कलियुग एक और घटना का वर्णन करने लगे जो उस समय इस्तनबुल में घट रही थी। एक स भ्रान्त व्यक्ति बगदाद के एकपार्क में कुछ लोगों को अपना किस्सा सुना रहा है। वह कह रहा है : ''कई रक्त चूसने वाले चमगादड़ की शक्ल

के पिशाच मुझसे चिपट गये थे इस्तनबुल के अंगूरी मयखाने 'उमरखैययाम' मे। वहाँ मैं जमशेद के नौ रत्न जड़े प्याले की हू-ब-हू नकल करके बनाये गये प्याले में अँगूरी पी रहा था। पिशाच मेरे गले में दाँत गड़ा कर मेरा खून पी रहे थे। मुझे दर्द नहीं हो रहा था। ऐसा मजा आ रहा था जैसा पहले कभी नहीं आया था। तब एक ल बी सफेद दाढ़ी वाले बुजुर्ग ने मेरे पास आकर कहा, 'मध्य एशिया और पश्चिम में लोगों ने खिड़की दरवाजे बन्द कर लिए है अपने मस्तिष्क के जिनसे अध्यात्मिक हवा आती थी। जो नहीं जानते भारत को, जो केवल पश्चिम के पंचभूतवाद को जानते है, वे भारत के धर्मों पर निन्दनीय पुस्तकें लिख रहे है। उन नास्तिकों ने परमात्मा और आत्मा से स बन्ध तोड़ लिया है। इस कारण अध्यत्मिक प्रश्न अब उनके ह्रदय में नहीं उठते। तुम भारत जाओ नास्तिकों के मार्ग में बस भारत के धर्म, भारतीय संस्कृति और भारतीय अध्यात्म-ज्ञान, तीन रोड़े रह गये है। इन्हें हटाते ही आतंकवादियों का शासन हो जाएगा दुनिया पर। वे सारी दुनिया को नास्तिक बना देंगे। जितनी जल्दी हो सके अपने देश लौट जाओ। अपने अध्यात्मिक धर्म, संस्कृति और अध्यात्म की रक्षा करो। सत्य भी वापस चला जाता है अल्लाह को अगर उसका धरती पर कदरदान न रहे। याद रखो भारत आखिरी उ मीद है इनसानियत की। इनसानियत की उ मीद टूटने मत देना।''

नारद और व्यास का नवचिन्तन

देवर्षि नारद व्यास से बोले, ''महर्षि आपने भगवान का आदेश मानकर अच्छा किया। आप कलियुग में पृथ्वी पर रहेगे तो जीवन, संस्कृति, दर्शन और साहित्य के सनातन मूल्यों का विध्वंस रुक जाएगा। ऐसा नहीं है कि सतयुग सच्चे लोगों का साथ देता है और कलियुग झूठे लोगों का। कलियुग भी सच्चे लोगों का ही साथ देता है। कलियुग के विरुद्ध यह झूठ फैला दिया है पाप और झूठ के सहारे जीने वालों ने। उनका स्वार्थ पलता है अगर सीधे सच्चे लोग कलियुग को साथी न बनाएँ। कलियुग को झूठ और अधर्म का साथी मान सीधे सच्चे लोग कलियुग से भयभीत रहते है। कलियुग ने मजबूरी में दुष्टों की संगत कर ली है।

''इस कुचक्र के सहारे कुछ धूर्तों ने सत्य पथ पर चलने वाले भारतीयों की हि मत कई शताब्दियों पहले तोड़कर उन्हें अपना दास बना लिया था।

''महर्षि! काल और देश ईश्वर के भौतिक रूप हैं। कलियुग सहित चारों युग भी, काल के रूप होने के कारण, ईश्वर के भौतिक रूप है। ईश्वर इनमें नहीं रहते। इस कारण हर मनुष्य की आत्मा का कर्तव्य है कि वह काल और देश को सत्य शिव सुन्दर से भर दे। हर आत्मा उन आत्माओं मे, जिनसे वह स पर्क रखना चाहती है, ईश्वर के गुणों को उभारने की कोशिश करे, और उन्हें प्रेम और श्रद्धा अर्पित करे। मैत्री जिसके साथ है ईश्वर की शक्तियाँ भी उसके साथ होती हैं।''

व्यास ने कहा, ''मानव यदि चाहें तो कलियुग के सहयोग से भी सत्य को विजयी कर सकता है। अगर गत एक हजार वर्ष से भारतीय ऐसा नहीं कर सके तो इस कारण कि उनका अपनी विश्वास-शक्ति पर नियंत्रण नहीं रहा। वे यदि झूठों को विजयी पाते थे तो उनका विश्वास सच से निकल झूठ में चला जाता है। यदि वे झूठ को विजयी देखकर भी अपनी विश्वास शक्ति को इधर-उधर भटकने न दे और इस विश्वास को स्थायी रखे कि 'सत्य की ही विजय होगी' तो कुछ दिनों में ही भारत के हर क्षेत्र में विजय सत्य की ही होने लगेगी।''

देवर्षि ने कहा, ''मुझे विश्वास है कि आप कलियुग में पृथ्वी पर रहकर

भारतीयों की विश्वास शक्ति को भटकने से रोकने में बहुत सहायक होंगे। मन्त्रियों की सत्यविहीन आज्ञा का पालन पढ़े-लिखे अफसर कर रहे है, इस अज्ञान से ग्रस्त होकर कि इच्छाहीन होकर आदेश का पालन करना निष्काम कर्म है। इच्छाहीन होकर सत्यविहीन आज्ञा का पालन करना और इच्छा से करना समान अपराध हैं। ऐसे अफसरों को पढ़ा लिखा नहीं माना जा सकता जिनमें साहस न हो सच की विजय के लिए झूठो को दंड देने का। यदि सब मनुष्य हर परिस्थिति में सच को चुने तो संसार में सब लोग सुखी होंगे। प्रमाद के कारण भारतीयों की आत्मा सो गयी है। सत्य और असत्य का निर्णय नहीं करना चाहती। किसी भी तरह जीने को लालायित रहती है। जीने के मोह में भटक गयी है। सत्य को कर्म बनाकर उच्च स्तर का जीवन जीना नहीं चाहती।

"लोग सांसदों को पथ निर्धारित करने की जि मेदारी सौंपकर मान बैठे है कि देश को पतन के गर्त में धकेलने का दंड केवल सांसदों को मिलेगा।"

महर्षि व्यास बोले, "देवर्षि! अपनी चैतन्य आत्मा को लेकर मूर्खों के साथ मैं पृथ्वी पर नहीं जी सकता। मैं बहुत दुख झेल चुका हूँ मूर्खों और दुष्टों की करनी द्वापर में देखकर।"

नारद मुस्कराये और बोले, "झूठ की शक्ति में अन्धविश्वास कर बैठे हैं लोग हताश होकर। इस भूल का निवारण किया जा सकता है। असत्य और अधर्म जीत जाएँ तो यह समझना भूल है कि मनुष्यत्व हार गया है। असत्य और अधर्म कभी भी सर्वशक्तिमान नहीं हो सकते।"

व्यास ने कहा, "मात्र एक ग्रन्थि है मानव मन मे, जो झूठ में अन्धविश्वास करके, झूठ के अनुकूल संकल्प और विकल्प के ज्वारभाटे उठाती रहती है। इसकी पहुँच केवल मानव-मन तक है। संयमविहीन शासक, मिडिया और नेता इसका शमन अपने मन में न करके इस ग्रन्थि को सारी जनता में वाणी द्वारा फैला देते है। वे समझते हैं कि अपने मन का विष बाहर निकाल कर उनका मन विषविहीन हो जाएगा। औरों को अपना रोग लगाने से एक की जगह ग्यारह प्याले विष पीना पड़ता है। विष पीकर अपने में बसे अमृत को ही विष बना लेते है ऐसे लोग। उनका मन संसार जाल बनाता है दूसरों को फँसाने के लिये, किन्तु मकड़े की तरह स्वयं भी उसी में फँसा रहता है।"

नारद बोले, "लोग कहते हैं असत्य का प्रचार 'महाभारत' ने किया।"

महर्षि व्यास ने उत्तर दिया, "देवर्षि मैंने तो द्वापर के लोगों के यथार्थ चरित्रों को चित्रित किया था। उनका प्रचार नहीं किया था। 'महाभारत के यथार्थ चरित्र

लोगों को सतर्क करने के लिए थे कि वे उनकी तरह सत्य और असत्य को एक न करे। केवल सत्य को आचरण बनाएँ। अभिमान, अधर्म और नारी के प्रति अश्रद्धा रोकने के लिए मैंने द्रौपदी का चीर-हरण दर्शाया था। मुझे पता नहीं था देवर्षि कि झूठ के पीछे चलने वालों का चरित्र चित्रण करूँगा तो जनता का मन उन्हीं दुश्चरित्रों का अनुसरण करने लगेगा। मैं तो समझता था कि सभी जन मेरी यह बात मानेंगे, 'अपनी आत्मा के सत्य के प्रकाश में चलो जुगनू की तरह।' देवर्षि! मुझे क्षमा कर दें, मुझे पता नहीं था कि जो बुरे चरित्र चित्रित करूँगा सारी दुनिया के लोग उन्हें ही अपना लेगे।' अच्छे चरित्रों को नहीं अपनाएँगे।''

नारद बोले, ''मैं जानता हूँ महामुनि कि आपने मनुष्यों को मन के संकल्पों और विकल्पों से मुक्त होने के लिए 'महाभारत' लिखा था। लोगों ने सीख उल्टी ले ली। मुझे विश्वास है जो काम बिगड़ गया उसे आप संवार लेंगे कलियुग में पृथ्वी पर रहकर। आपको अवसर मिला है सत्य को सर्वप्रिय करने का।''

महर्षि व्यास का शीष दुख और पश्चाताप से झुक गया। यह देखकर नारदजी का हृदय करुणा से भर आया। वे बोले, ''मुनिवर आपका व्यक्तित्व ही ज्ञान और प्रेम का संगम है। अब आपकी जीवन-जोत हरेक की जीवन-जोत की वेदना के प्रति अपार संवेदना से भरी रहती है। आप दूसरों के दुखों को अपना दुख समझकर अपने और पराये दुखों का अन्तर भूल गये है। आपको शान्ति मिलेगी। आपकी समझ में यह बात भी आ जाएगी कि क्यों आपसे पहले सारे ज्ञानियों को केवल ज्ञान मार्ग से निर्वाण प्राप्त कर लेना पर्याप्त रहता था और क्यों आपको पर्याप्त नहीं रहा। आप जान जाएँगे जिस ज्ञान और प्रेम से आपने अपने सारे कर्मबन्ध काट दिये और निर्वाण प्राप्त कर लिया वह ज्ञान और प्रेम केवल आपकी आत्मा को मोक्ष प्राप्त करा पाया है। हर नागरिक के अंगप्रत्यंग जीवन ऊर्जा, पंचतत्त्व, पंचतन्मात्राएँ गन्ध, रस, रूप, स्पर्श, शब्द, दस इन्द्रियाँ और चारों अन्त:करण भौतिक भयों से मुक्ति चाह रहे है। मनुष्य के भौतिक अंगों की मुक्ति इनके निर्भय हो जाने में है। आप आत्मा की मुक्ति प्राप्त कर चुके है। आपको अपने भौतिक अंगों को भी मुक्ति पथ पर चलाना होगा। जो अशिक्षित जन अपने अस्तित्त्व केदेह से सूक्ष्म किसी तत्त्व को नहीं जानते उन्हें देह को भयों से मुक्त होने का मार्ग सुलभ कराना होगा। आपको अपने हर भौतिक अंग को मुक्त करना होगा मृत्यु के भय से। तभी आप जन साधारण को भयमुक्त होने का मार्ग सुलभ करा सकेंगे।''

"देवर्षि मुझे मुक्ति के लिए इतना तप क्यों करना पड़ रहा है?"

"इस कारण कि आप अद्‌भुत है महर्षि। आप अपनी तरह के अकेले है। आप निर्मल-हृदय व्यास है। कलियुग में अधर्म मनुष्य की जीवन जोत को भी अपने जाल में फँसा चुका है। आप जीवन जोत और देह के सभी अंगों की भय और हिंसा से मुक्ति के लिए तप करें। भौतिक अंग भले ही मर जाएँ किन्तु मरने से पहले ये मृत्यु के भय से मुक्त हो जाएँ।

"आपको नागरिकों और साधुओं की देह को भी बलवान होने के लिए प्रेरित करना है। उन्हें जागृत करना है कि भगवान ने पृथ्वी सज्जनों को दी थी किन्तु दुर्जन शासन कर रहे है। भगवान हस्तक्षेप नहीं करेंगे, यदि सज्जन दुर्जनों की दासता से मुक्त होने के लिए कर्म नहीं करेंगे।"

व्यास बोले, "देवर्षि! आप सत्य कह रहे है कि आत्मा की मुक्ति कराना पर्याप्त नहीं है। हर नागरिक के जीवन और देहादि प्राकृतिक अंगों को भी दुष्टता और क्रूरता से निर्भय होना है। ऐसा नहीं किया भारतवासियों ने, इस कारण दुर्जन हावी हो गये। यही कारण है कि भारत भूमि पर असं य आत्माओं द्वारा दुखों से पूर्ण स्वाधीनता (मोक्ष) प्राप्त कर लेने के बाद भी सामान्यजन के दुख ज्यों-के-त्यों चले आ रहे है इतिहास में।"

देवर्षि नारद बोले, "महामुनि! जैसे अध्यात्मिक मुक्ति आत्मा के सारे दुख दूर कर देती है, इसी तरह जीवनशक्ति और देह की निर्भयता देह और जीवन के दुख दूर करेगी। अंगों को बलवान और निर्भय बनाना है। दुर्जनों के प्रहार को अर्थहीन करना है। दुर्जनों का वर्चस्व समाप्त होना आवश्यक है। दुर्जन अच्छे मनुष्य की देह पर पाँच प्रहार एक साथ करके उसे हक्का बक्का कर देते है। सज्जन जड़वत् हो जाता है।

1. दुर्जन उससे अपने लोभ की पूर्ति कराते है। इस तरह उसकी छोटी आँतों में भ्रष्टाचार का विष डाल कर भ्रष्टाचार सहना सिखा देते है।

2. फिर जानबूझ कर उसके साथ अन्याय करते है इस ढंग से कि वह जी मसोस कर रह जाए। अन्याय का विरोध न कर सके।

3. उसे गालियाँ देकर, डाँट फटकार कर या अपशब्दों की मार से तिलमिलाता छोड़ देते है। यह प्रबन्ध करके कि वह इनका विरोध न कर सके। करे तो कोई साथ देने वाला न हो।

4. फिर उसकी आँखों के आगे उसके साथ विश्वासघात करते है। वह पुलिस आदि से शिकायत करके रोके तो उसे भी पुलिस को भी भ्रष्ट करके सज्जन को

हताश कर देते हैं।

5. उससे जीविका के साधन छीन लेते है। जीविका देते है फिर ऐसे कि वह खूब काम करे और जीविका प्राप्त करने का स मान प्राप्त न कर सके। उसे वेतन आदि ऐसे देते है जैसे भीख दे रहे हों।''

व्यास उद्विग्न होकर बोले, ''देवर्षि इसका उपचार क्या है?''

''आप स्वयं को इस स्थिति में अपने ध्यान में रखें। इन पाँचों विषों में आपकी आत्मा आत्मबलि दे। पाँचों से कहे कि वे भी एक-दूसरे में आत्मबलि दे, एक-दूसरे से पुनर्जन्म ले। और आपकी आत्मा को पुनर्जन्म दें। इससे पाँचों विष शून्य में वापस चले जाएँगे। शून्य से ही उन्हें लेकर विदेशी आक्रमणकारियों ने, इस अविद्या तन्त्र से अपरिचित भारतीयों के चरित्र में भरा था।

''सच्चा जनतन्त्र कहलाने का अधिकारी वही जनतन्त्र है जिसमें प्रत्येक नागरिक दुष्टों के समूह से अधिक बलवान होता है, क्योंकि उसकी सुरक्षा के लिए पूरे राष्ट्र की शक्ति उसके साथ होती है। सच्चे जनतन्त्र का सिद्धान्त होना चाहिए—पूरा राष्ट्र हर नागरिक के लिये, हर नागरिक पूरे राष्ट्र के लिये।

''जो मोक्ष प्राप्त कर लेते है वे भी गृहस्थों को संसारी जीवन की आपदाओं और भयों से मुक्त करने के लिए कर्म करें तो भारतीयों का बल अमोघ हो जाएगा। वे कर्म बन्धनों से मुक्त हो चुके है। उन्हें परहित में किये कर्म का बन्ध नहीं हो सकता। मोक्ष प्राप्त करने के बाद शेष रहे जीवन में उन्हें समाज, व्यक्ति और पशुपक्षियों की सेवा करनी चाहिए। मुक्त होने के कारण, उनकी सेवा उनकी आत्मा को संसारी जीवन में लिप्त नहीं कर सकती।

''मुक्त जनों के निकट स पर्क से प्रेरित होकर भारत की जनता समाज से भय, घृणा, हिंसा, दुष्टता, रोग और गंदगी को दूर करने में रुचि लेगी। इससे सामाजिक स बन्धों का स्तर उन्नत होगा। परस्पर श्रद्धा और सहयोग बढ़कर जीवन को रसमय करेंगे। आत्मा को ही नहीं, जीवन को भी मुक्त करने की पर परा गाँव-गाँव और घर घर में फैलेगी। भारत के लोग अधिक स्वस्थ, स पन्न और निर्भय हो जाएँगे।''

महर्षि व्यास ने समर्थन किया, ''देवर्षि आपका कथन अत्यन्त उपयोगी है। प्रकृति और उसकी विकृतियों की उपेक्षा करने के कारण दुर्बल हुए भारतीयों को विदेशियों की दासता का अपार दुख झेलना पड़ा है। भारत पर शासन करने वाले विदेशियों ने न अपनी आत्मा की मुक्ति कराई न अपनी प्रकृति की। उन्होंने अपरा प्रकृति प्रदत्त चौबीस विकृतियों की नकारात्मक-वासनाओं को उग्र किया और

भारतीयों की चौबीस विकृतियों को रोके रखा। यही दुर्दशा सभी देशों में आज भी हो रही है सामान्यजन की। जो देह निर्भय नहीं होती वह आत्म सुरक्षा के लिए कुटिलता, धूर्तता या कायरता अपना लेती है। जनतन्त्रों के भी सामान्य नागरिक भयभीत रहे है। इस कारण मानवजाति का चरित्र गिरता ही चला गया।

''मैं अत्यन्त कृतज्ञ हूँ आपका। आज से ही भारतीयों की देहमुक्ति और जीवन मुक्ति के लिए इस मानसिक यज्ञ को प्रतिदिन करूँगा जब तक इस अविद्या तन्त्र से भारतीयों को मुक्त न कर लूँ।''

श्रीकृष्ण और सतयुगी गाय

देह, जीवनजोत और इन्द्रियों को मुक्त करने वाला आत्मयज्ञ करते हुए महर्षि व्यास के हृदय में श्रीकृष्ण की स्मृति ऐसे उभरती रहती थी जैसे गुलाब के गुलदस्ते से कमरे में सुगन्ध। दो महीने बाद, महामुनि व्यास की श्रीकृष्ण वियोग ग्रस्त आँखें सहसा कमल की तरह खिल उठी। उन्होंने देखा अपने आराध्य को अपनी ही कुटिया की ओर आते हुए। वे भागे द्वार पारकर पथ पर भगवान की अगवानी के लिए। उनके अस्तित्त्व के एकमात्र आधार और उद्देश्य भगवान एक गाय को हाँक कर ला रहे थे। गाय बहुत सुन्दर और स्वस्थ थी।

व्यास ने श्रीकृष्ण के चरणो में दंडवत् प्रणाम किया। उन्हें उठाकर कंठ से लगाते हुए श्रीकृष्ण बोले, ''महामुने! यह गाय लाया हूँ गोलोकधाम से आपके लिये। मैंने सोचा कि कलियुग में रहकर आपको बहुत कष्ट हो रहा है। यह गाय आपके यहाँ रहेगी तो कलियुग में भी सतयुग जैसा सुख रहेगा आपके घर में। आप जैसी संवेदनशील आत्मा के लिए सुखद वातावरण अत्यन्त आवश्यक है। आप जो उग्रतप कर रहे है भारतीयों को पाँच भ्रष्टाचारी शक्तियों के उग्र जाल से मुक्ति दिलाने के लिए वह आप जैसा परहित कर्म करने वाला ही कर सकता है। जो सनातन पर पराएँ डाली थी गृहस्थ जीवन की वे और भी उज्जवल और दृढ़ हो जाएगी आपके इस तप से।''

व्यास बोले, ''प्रभु यह सब आप की लीला है। आपके असं य भक्तों में एक भक्त हूँ आपके श्री चरण कमलों का।''

श्रीकृष्ण बोले, ''महामुनि! इस गाय के लिए आपको कोई कष्ट नहीं उठाना पड़ेगा। घास, खल, दाना सब यह स्वयं जुटा लेगी, दूध भी आपके बर्तन में स्वयं दे देगी। कभी बीमार नहीं पड़ेगी, गोलोक की यह गाय। यदि आप इसे कोई समस्या सुलझाने को कहेंगे तो वह भी कर देगी। जैसे माँ अपने शिशु की सेवा करती है वैसे ही यह गाय आपकी सेवा करेगी। यह सतयुगी गाय है महामुनि! जहाँ यह रहेगी वहाँ कोई भी संकट नहीं उपजेगा। इस गाय का नाम ही नहीं गुण

भी धर्म है।

भगवान कृष्ण का जब महर्षि व्यास फल फूल आदि से स्वागत कर चुके तो भगवान ने उनसे कहा, "गाय को इसके नये क्षेत्र से परिचित कराने साथ नहीं चलेंगे क्या?"

"अहो भाग्य है मेरा प्रभु!" उन्हें ऐसा लगा जैसे वे वृन्दावन वासी कोई बालक हों और भगवान की भी बाल अवस्था हो। उन्हें ऐसा ही सुख मिला जैसे बाल सखाओं को मिलता होगा जब कृष्ण उन्हें टेरते होगे गायों को चराने चलने को।

भगवान बोले, "एक सत्य छोटा-सा है—एक भटकाने वाला आत्मप्रेम है और दूसरा भवसागर के पार लगाने वाला। देह आत्मा से प्रेम करे तो आत्मा संसार से मुक्त हो जाती है। आत्मा देह से प्रेम करे तो संसार में भटकती रहती है।" व्यास को लगा जैसे कोई तन्द्रा-सी उनके मन से हटी। जो सत्य उनका हृदय बिन जाने ही सदा व्यवहार में लाता रहा था उसे ज्ञान रूप में पहली बार जान रहा था।

यद्दपि सदा महर्षि व्यास की देह ने आत्मा से प्रेम किया था आत्मा ने देह से नहीं, तथापि ज्ञानसूत्र बनकर यह बात आज भगवान के मुख से सुनकर उनकी चेतना में उभरी। भगवान बोले, "सभी मनुष्यों में अभिमान दोष होता है। अभिमान को नष्ट नहीं किया जा सकता। अभिमान स्वत मन, को छोड़कर चला जाता है यदि मनुष्य अपनी देह को आत्मा से प्रेम करना सिखा दे, और आत्मा से देह-प्रेम छुड़वा दे।" व्यास विस्मित हो गये भगवान की इस गूढ़ कृपा पर।

व्यास के साथ गाय को उसका नया क्षेत्र दिखाने भगवान ले जा रहे थे। भगवान के आनन पर वही विश्वमोहिनी मुस्कान आयी जो ज्ञानीजनो की देह को निजत्व से नहीं आत्मा से प्रेम करना सीखा देती है। श्रीकृष्ण ने पूछा, "यह बताइए महर्षि पाँच हजार वर्ष बाद पृथ्वी पर आये तो आपको मानव समाज और शासन कैसा लगा?"

व्यास बोले, "प्रभु! कलियुग में शासक जनता का पिता की तरह पालन पोषण करने के बजाय जनता के साथ भी ऐसी कूटनीति बरतने लगे है जैसी शत्रु के साथ बरतते है। उनसे झूठ बोलते है। उन्हें देश की वास्तविक स्थिति से अवगत कराकर कटु स्थिति का सामना उनसे मिलकर नहीं करते। उन्होंने समाज के नियम नष्ट कर दिये है। नैतिक पर पराओं को नष्ट करने वाले कानून बना दिये है। पुलिस से नारी और बच्चो को संरक्षण देने का कर्तव्य भुलवा दिया है। वाणी की स्वतन्त्रता की सीमा जाने बिना, वाणी को मर्यादा और गरिमा भुलवाकर स्वच्छन्द आचरण

सिखा दिया हैं। वाणी को सत्य बोलने वाली सौ यता भुलवा दी है। सिनेमा और दूरदर्शन को अश्लीलता और दुराचार का प्रचारक बना दिया है। नारी को समानता दी तो सरकार उसे समानता प्राप्त करने का दंड भी दे रही है, उसे सुरक्षा न देकर। मस्तिष्क और हृदय को मानसिक स्वतन्त्रता का अनुभव सत्य का अनुपालन करने से होता है। सत्य के अनुशासन का पालन राजनीतिज्ञ करें, यह प्रथम कर्तव्य है जनतन्त्र के राजनीतिज्ञों का। किन्तु उन्होंने जनता को डराकर भुलवा दिया है कि जनता को चाहिए कि राजनीतिज्ञों को कहे कि वे सत्य के अनुशासन का पालन करें।

''राजनीतिज्ञ पश्चिम से सीख गये है कि यदि जनता को दूराचरण की छूट दे दी जाय तो वह जनतन्त्र के शासकों से डरने लगती है, क्योंकि दुराचारी में नैतिक बल नहीं रह जाता। जनता को भयभीत करके, जनतन्त्र के शासक, जनता के सेवक नहीं रहे। जनतन्त्र में भी, जनता पर निरंकुश शासन करने वाले अमानुष शासक हो गये है। समाज और सत्ता जब सत्य से दूर हो जाते है तो कंस और रावण जनता को आदर्श शासक लगने लगते है।''

भगवान ने कहा, ''कुछ तो करना ही होगा कि मनुष्य पहचाने कि सत्य शिव और सुन्दर प्रत्येक मनुष्य के हृदय में विद्यमान है। उनके अनुशासन से स्वयं को बाहर न जाने दे, चाहे शासन कितनी भी स्वच्छन्दता दे। इस भ्रान्ति को तज दे कि कलियुग अधर्म और पाप को बढ़ावा देता है।''

व्यास बोले, ''प्रभु! पश्चिम से भारत में एक नया राजनैतिक मत आया है—धर्मनिरपेक्षता (सेकुलरवाद)। यह कहता है स्वधर्म से प्रेरित होकर कुछ मत करो। यह नहीं सोचते कि यदि धर्म दूषित हो गया है तो शासन उसकी जगह सत्य को प्रतिष्ठित करे। सेकुलरवाद सत्य को भी प्रतिष्ठित नहीं करता। सेकुलरवाद के पास कोई आदर्श नहीं है धर्म की जगह सामूहिक जीवन में प्रतिष्ठित करने को। किन्तु मनुष्य को कोई सार्वजनिक आदर्श चाहिए समूह में जीने के लिये। केवल धर्म को निन्दित करने से संसार भर के मनुष्य अधर्म को सार्वजनिक आदर्श मान बैठे है।''

व्यास दुख के मारे चुप हो गये। उनकी आँखों से झरते आँसुओं को अनदेखा करके भगवान ने पूछा, ''राजनीतिज्ञ राष्ट्रहित को सर्वोपरि मानते है या अपने दल के हित को?''

अपने आँसू पोछ व्यास बोले, ''दलहित को प्रभु! सिद्धान्त नष्ट हो जाने से दुर्जन नेता बन गये है। नेता शासक बनते ही पूजीपति बनने के काम में लग जाते

है। नेताओं के मन में असत्य, अधर्म और अनृत गहरे उतर गये है। सत्ता के लोभ में देशभक्ति भूल गये है। नेता अपने दल के हित को राष्ट्रहित से ऊपर मानने लगे है। इस कारण उनमें राष्ट्रहित करने वाली समझ नहीं रही।''

कुछ देर चुप्पी रही।

व्यास ने पूछा, ''प्रभु अधर्मी और पापी नेता क्यों संगठित होकर जनतन्त्रों का शासन अपने हाथ में लेकर पापियों को बलवान करते जा रहे है? इस काम में क्या कलियुग सहायता कर रहा है नेताओं की?''

श्रीकृष्ण ने कहा, ''आप स्वयं जानते है कि कलियुग को दोष देना गलत है। कलियुग न सहयोग करता है न असहयोग। कलियुग शासन भी नहीं करता। नेताओं का मन शासन कर रहा है कलियुग के जनतन्त्रों पर। मन अनर्गल से भरा है। द्वैत में ही उलझे रहना पसन्द करता है। सत्य और असत्य के बीच निर्णय करना पसन्द नहीं करता। जिसे एक घड़ी सच समझता है, दूसरी घड़ी उसे झूठ समझने लगता है। मन सन्देह को अपना रक्षाकवच बनाये रहता है। आपने सत्यधर्म को सरल किया था, किन्तु सत्य और धर्म से भारत के राजनीतिज्ञ डरने लगे है। कलियुग के भारत में मन शासक हो गया है। किन्तु आप चिन्ता न करे। भारत की असली शासक भारत माता है। जब भी कठिन समय आएगा ज्ञानियों की जननी भारत माता देश की बागडोर किसी ज्ञानी के हाथों में देगी।''

व्यास बोले, ''जनतन्त्र को भी अपने जैसा ढोंगी बना दिया है नेताओं ने। जनतन्त्र भी यह निश्चित नहीं करना चाहता कि मनुष्यत्व को सभी धर्मों के स्थान पर शासन के सिद्धान्त के रूप में प्रतिष्ठित करना ही एकमात्र सेकुलरवाद है। मनुष्यत्व सब मनुष्यों का निर्विवाद धर्म है। सेकुलर शासन वही है जो मनुष्यत्व की स्थापना करें। हो उल्टा रहा है। धर्म की जगह अधर्म को स्वतन्त्रता देकर स्थापित कर दिया है भारत के सेकुलरवाद ने।''

भगवान चुप सुनते रहे। उन्हें कुछ न बोलते देख व्यास बोले, ''बहुत से देश है प्रभु पश्चिम में जो दान देना ही नहीं जानते। उधार को दान कहकर देते है और कर्ज लेने वाले के सर पर चढ़े रहते है। कुछ ऐसे लोग है जो दान देकर ईश्वर को अपना कर्जदार मानने लगते है।''

अब भी भगवान सुनते रहे, बोले कुछ नहीं। उन्हें महर्षि की अभिव्यक्ति में उत्साह अच्छा लग रहा था। उनका उत्साह वैसा ही था जिससे पहली बार मेला देखने वाला बच्चा भरा रहता है और घर आकर सबको मेले की बाते सुनाता है।

''प्रभु! मनुष्य को मन की बात माननी चाहिए या हृदय की?''

"हृदय की। मन संगठन का साथ देता है, क्योंकि संगठन उसे मनमानी करने देता है। संगठित विचार भूठा है। वह प्रचार और संगठन के द्वारा हावी होता है, जो मस्तिष्क और हृदय को बांध ले और सोचने समझने की शक्ति छीन ले उस विचार को ग्रहण नहीं करना चाहिए।"

कुछ देर दोनों चुप रहे

श्रीकृष्ण बोले, "इस गाय का एक विशेष गुण यह है कि यह क्रोध के प्रति कोई प्रतिक्रिया नहीं करती। क्रोध करने पर न डरती है, न झुकती है, न आदेश का पालन करती हैं। इसकी प्रकृति के जो चौबीस विकार हैं, उनमे से किसी भी विकार में किसी की भी क्रोधाग्नि अपनी चिंगारी से क्रोधाग्नि प्रज्वलित नहीं कर पाती। इस गाय के अन्तःकरण, दस इन्द्रियों, पंचभूत, पंचतन्मात्राओं मे किसी पर क्रोधाग्नि का कोई प्रभाव नहीं पड़ता।"

व्यास, "अद्‌भुत गाय दे दी है आपने मुझे!"

भगवान मुस्कराकर बोले, "महामुने! यह गाय मानव जाति का सनातन धर्म है, जिसका प्रलय में भी नाश नहीं होता, क्योंकि प्रलय–प्रभंजन सृष्टि के सनातन धर्म का पालन करने के लिए ही परा प्रकृति चलाती है। वही सृष्टि का उदय और प्रलय करती है।"

व्यास बोले, "जनतन्त्र को ही अपने जैसा ढ़ोगी बना दिया है नेताओं ने। नेता यह भी नहीं जानना चाहते कि मूल्य की जगह मूल्य की स्थापना करनी पड़ती है। धर्म के प्रभाव को शासन से हटाना था तो उसकी जगह मनुष्यत्व को स्थापित करते। सभी धर्म अपने को मनुष्यत्व का रक्षक कहते है। किसी को भी आपत्ति न होती। भारत ने धर्म को हटा दिया। उसकी जगह अधर्म आकर बैठ गया। मनुष्यत्व को सभी धर्मों के स्थान पर शासन के सिद्धान्त के रूप में प्रतिष्ठित करना चाहिए। मनुष्यत्व सब मनुष्यों का निर्विवाद धर्म है। सेकुलर शासन वही है जो मनुष्यत्व की स्थापना करे। हो उल्टा रहा है। धर्म की जगह अधर्म को स्वतन्त्रता देकर स्थापित कर दिया है भारत के सेकुलरवाद ने।"

भगवान चुप सुनते रहे। उन्हें कुछ न बोलते देख व्यास बोले, "एक और अजब झूठ देखा प्रभु कलियुग मे। बहुत से धनवान देश है जो दान देना ही नहीं जानते। उधार को दान कहकर देते है और कर्ज लेने वाले देशों पर अपनी नीति थोपते है। कुछ ऐसे देश है जहाँ लोग गरीबों को दान देने को ईश्वर को कर्ज देना कहते है।"

अब भी भगवान सुनते रहे, बोले कुछ नही। उन्हें महर्षि की अभिव्यक्ति में

उत्साह उस बच्चे के उत्साह जैसा अच्छा लग रहा था जो पहली बार मेला देखकर आया हो और घर में सबको मेले की बाते सुना रहा है।

''प्रभु! मनुष्य को मन की बात माननी चाहिए या हृदय की?''

''हृदय की। मन संगठन का साथ देता है, क्योंकि संगठन उसे मनमानी करने देता है। संगठित विचार झूठा है। मन पर प्रचार और संगठन के द्वारा हावी होता है। जो मस्तिष्क और हृदय को बाँध ले और सोचने समझने की शक्ति छीन ले उस विचार को ग्रहण नहीं करना चाहिए।''

अचानक महामुनि के मुह पर चिन्ता के बादल घिर आये। भगवान ने पूछा, ''क्या हुआ महर्षि?''

''प्रभु ऐसी दिव्य सुन्दरता से परिपूर्ण गाय पृथ्वी पर छोड़कर न जाइये। कलियुग में गौ-मांस भक्षण करने वाले बहुत हो गये है। कोई भी चुराकर ले जाएगा और पाप का आवागमन मेरी कुटिया में भी हो जाएगा।''

''चिन्ता न करे महामुने! जो भी ऐसी दुर्भावना लेकर आएगा उसके सामने यह गाय स्वतः अदृश्य हो जाएगी। भविष्य में आप आश्रम बदलना चाहे तो भी आपको इस गाय की चिन्ता नहीं करनी पड़ेगी। जब आपका निर्णय होगा नये आश्रम में जाने का तो यह अदृश्य होकर आकाश मार्ग से वहाँ पहुँच जाएगी। अतिथि कितने भी आ जाएँ आप इससे कहेगे तो यह उनके भोजनादि की चिन्ता नहीं होने देगी। जहाँ यह रहेगी वहाँ सदा सतयुग रहेगा।''

व्यास और हिमालय विश्वविद्यालय

3 फरवरी 2010 को गोलोकधाम से वृन्दावन में आने के बाद महर्षि व्यास पुनः व्यास शिखर आ गये। वे पाँच हजार वर्ष बाद पृथ्वी पर आए थे। इस बीच दुनिया बहुत बदल गयी थी। व्यास शिखर में विश्वविद्यालय बन गया था। एक छोटा विश्वविद्यालय नगर बस गया था, जिसमे प्रोफेसर्स् के बँगले थे, कुछ छात्रावास थे। बाजार, सिनेमाघर, होटल थे।

एक दिन प्रो. केवल कृष्ण, वाईस चांसलर हिमालय विश्वविद्यालय, ने व्यास शिखर पर एक अत्यन्त सुन्दर और बलिष्ठ संन्यासी को एक शिला पर तप करते हुए देखा। वे प्रातः भ्रमण के लिए निकले थे। वह संन्यासी महर्षि व्यास थे। यह उन्हें पता नहीं था। संन्यासी को देखते ही उनका हृदय मुग्ध हो गया। परिचय बढ़ाने पर उनके अथाह ज्ञान का परिचय वाईस चान्सलर को मिला। वे अक्सर संध्या का समय इस संन्यासी के पास ज्ञान की बातें करने आ जाते थे। एक शाम उन्होंने संन्यासी से कहा, ''हमारे यहाँ दर्शन विभाग इस वर्ष ही खुला है। मैं चाहता हूँ कि आप इसके प्रोफेसर पद के लिए आवेदन कर दे। आप जैसा ज्ञानी विद्वान हमारे यहाँ आ जाए तो विद्यार्थियों का भाग्य खुल जाएगा। मुझे विश्वास है कि आपकी उपस्थिति से हमारा विश्वविद्यालय अन्तर्राष्ट्रीय   याति प्राप्त करेगा।''

''चाहता तो हूँ मैं भी कि कहीं शिक्षक बन जाऊँ। किन्तु समस्या यह है कि मेरे पास किसी विश्वविद्यालय की डिग्री नहीं है और आज के भारत में अँग्रेजी के बिना शिक्षक शिक्षक नहीं बन पाता।''

''आप मजाक कर रहे है। आपका उच्चारण और धारा प्रवाह अँग्रेजी में गूढ़ विषयों पर वार्तालाप सुनकर तो मैंने सोचा था कि आप आक्सफोर्ड या के ब्रिज के स्नातक है। आपकी आयु के हिसाब से अनुमान लगाया था मैंने। ज्ञान के हिसाब से कहूँ तो आप प्रोफेसर्स् के प्रोफेसर लगते है मुझे।''

व्यास कुछ नहीं बोले और चुप्पी छा गयी। कुछ चिन्तन के बाद उपकुलपति बोले, ''आप सहमत हो तो मैं सक्षम अधिकारियों को आपका परिचय देते हुए

आपके मामले में डिग्रियाँ न होने का वेवर प्राप्त करने का प्रयत्न करूँ।''

महर्षि ने सहमति दे दी। एक वर्ष के अथक परिश्रम के बाद उन्हें वी.सी. सहित यू.जी.सी. द्वारा परीक्षण हेतु बुलाया गया। एक सप्ताह तक दर्शन के अनेक ज्ञाताओं से उनकी वार्ता यू.जी.सी. के परिसर में हुई। उनकी रिपोर्टों का सारांश था ''वेवर के लिए राम व्यास से अधिक उपयुक्त पात्र कोई और नहीं हो सकता। अँग्रेजी और संस्कृत दोनों भाषाओं में इनकी अभिव्यक्ति-क्षमता विरल है। भारत और विश्व दर्शन के किसी भी पक्ष पर ये आचार्यों का ज्ञानवर्धन करने की क्षमता रखते है। राम व्यास विलक्षण है, अद्‍भुत है, मौलिक चिन्तक है। मिल कर ही विश्वास होता है कि बीस वर्ष का यह युवक हाड़ मास का यथार्थ मनुष्य है जो हम लोगों के बीच जी रहा है।''

महर्षि व्यास ने राम व्यास नाम से दर्शन विभाग में नियुक्ति के लिए प्रार्थना पत्र दिया। वे अन्तरदृष्टा (इंटरव्यू) बोर्ड द्वारा अंग्रेजी में पूछे गये प्रश्नों के उत्तर संस्कृत में देते रहे। बोर्ड में संस्कृत के दो विद्वान भी थे। वे उनके संक्षिप्त किन्तु सारगर्भित उत्तर सुनकर अर्चा भत हो गये। व्यास पश्चिमी दर्शन पर पूछें गये प्रश्नों के उत्तर भी धारा प्रवाह संस्कृत में देते रहे। उनके उत्तर विद्वतापूर्ण और मौलिक थे। जो सत्य उनकी आँखों मे, वाणी में और बातों में था वह लोगों को ऐसा लगता 'यही तो वह सत्य है जिसे ईश्वर ने मानव में व्याकृत किया है।' न भय था, न पूर्वग्रह, न अभिमान। फिर भी वह सब था जो मनु में रहा होगा, जिसके कारण पृथ्वी पर रहते हुए भी वे देवता लगते थे। महर्षि के यौवन को देखकर ज्ञान की देवी सरस्वती की उँगलियों के वीणा को स्पर्श करने से निकलते सुरों की कल्पना जागृत हो जाती थी। अन्तरदृष्टा बोर्ड के विद्वान स्वयं को उनके ज्ञान का परीक्षण करने में असमर्थ महसूस करने लगे। इंटरव्यू बोर्ड में दो अन्य विश्वविद्यालयों के अँग्रेजी और संस्कृत विभागों के अध्यक्ष भी थे। इंटरव्यू दो घंटे से चल रहा था। महर्षि के अन्तर का दर्शन करने की जिज्ञासा बढ़ती जा रही थी, अन्तरदृष्टा बोर्ड के सदस्यों मे।

उन्हें पता होता कि महर्षि व्यास उनके सामने है तो उनके स्नायु न तनते। अन्तरदृष्टा बोर्ड के सदस्यों को अपने अनुभव और ज्ञान पर नाज होना स्वाभाविक है। अगर वे किसी युवा अ यार्थी के अन्तर की थाह नहीं नाप पाते तो वह अ यार्थी उन्हें उनके आत्मस मान पर आघात करने वाला अभिमानी युवक नजर आने लगता है। इस निन्दनीय प्रतिक्रया को अन्याय नहीं प्राकृतिक और लाभप्रद मानने का रिवाज है। ऐसे अतुलित ज्ञान से स पन्न अ यार्थी को हानि होना भी

कोई दुर्घटना नहीं माना जाता। पर परा बन गयी है कि इसे अपेक्षित माना जाता है, क्योंकि मु य प्रश्न बदल जाता है। अ यार्थी की योग्यता का आंकलन छोड़कर अन्तरदृष्टाबोर्ड के मान–स मान की रक्षा मु य प्रश्न हो जाता है।

प्रो. केवल कृष्ण हिमालय विश्वविद्यालय के वाईस चान्सलर अकेले व्यक्ति थे जिन्हे अतुलित ज्ञान से स पन्न यह युवक ही उपयुक्त लग रहा था देवभूमि हिमालय के दर्शन विभाग के अध्यक्ष पद के लिए। स्वयं को खोया हुआ और इन्हें अत्यन्त आनन्दित देख, बोर्ड के अन्य सदस्यों ने राम व्यास के प्रति अपने उग्र विद्वेष को दबा दिया। वे प्रशंसक थे वाईस चान्सलर की व्यवहार कुशलता के। उन्होंने उनके आवासादि का सुरुचिपूर्ण प्रबन्ध किया था और उन्हें विश्वविद्यालय की ओर से बद्रीनाथ और केदारनाथ के दर्शन कराये थे। फिर भी उनमें से कुछ ने कई प्रश्न अत्याधुनिक पश्चिमी विचारधाराओं पर किए जिनके उत्तर प्रश्नकर्ताओं को विदित नहीं थे जैसे गेस्टाल्ट, दृश्यवाद (ए पीरिसिज्म), अमेरिकी देहचक्र अनुसन्धान और भारत के योगज्ञान का अमेरिकीकरण। अ यार्थी रामव्यास के उत्तर इतने स्पष्ट थे कि अपने ज्ञान में वृद्धि होते देख वे भी रामव्यास के पक्ष में हो गये। उनमे से कुछ को ईर्ष्या रोग सताने लगा। अन्त में उनमें से एक ने उन्हें अँग्रेजी न जानने के कारण रिजेक्ट करने के लिए उनसे प्रश्न किया, ''आप अँग्रेजी भाषा में विद्यार्थियों को लेक्चर कैसे देगे?'' व्यास ने बेहतरीन उच्चारण के साथ अँग्रेजी में उत्तर दिया, ''जैसे आप देते है।'' अवाक होकर बोर्ड के चेयरमेन ने पूछा, ''जब आपका उच्चारण इतना सधा हुआ है तो आप संस्कृत में उत्तर क्यों दे रहे थे?'' व्यास बोले, ''इसलिए कि दर्शन जैसे विषय पर संस्कृत में बोलना आसान है।'' ईर्ष्याग्रस्त एक अन्य मे बर ने कहा, ''तब तो यह कहना उचित होगा कि हम नहीं आप हमारा इण्टरव्यू ले रहे थे।'' व्यास मुस्कराकर अँग्रेजी में बोले, ''श्रीमान इण्टरव्यू एक ऐसा ही हादसा है कि मन लग जाए तो यह पता नहीं चलता कौन किसका इण्टरव्यू ले रहा है।''

सब व्यास के हास्य में छिपे ज्ञान (विट) और विनम्रता से प्रसन्न हुए। वाईस चान्सलर स्वयं को राम व्यास के स मान में कुछ शब्द बोलने से रोक न सके। उन शब्दो को सुन ईर्ष्यालु सज्जनों ने भी रूख पलट लिया। चेयरमेन सेलेक्शन बोर्ड ने बोर्ड से प्रश्न किया, ''सज्जनों क्या आप दर्शन की प्रोफेसरशिप के लिए श्री राम व्यास को उपयुक्त समझते है?'' बोर्ड ने एक स्वर से कहा, 'श्रीमान उपयुक्त से अधिक।'' उन्होंने शेष मे बरों की ओर देखते हुए कहा, ''अगर आपमें किसी को इनकी नियुक्ति पर कोई आपत्ति हो तो व्यक्त करें।'' जिन्हे ईर्ष्या हो रही थी

वे भी विरोध में नहीं बोल सके। सबने कहा, ''प्रो. व्यास सर्वथा उपयुक्त है।''

प्रो. राम व्यास हिमालय विश्वविद्यालय के दर्शन विभाग के प्रोफेसर नियुक्त हो गये। कोई नहीं जानता था कि ये वही महर्षि व्यास है जो वे थे। उनको भी एक बँगला एलाट हो गया।

व्यास और उपकुलपति

व्यास गोलोकधाम से लौटने के बाद अनेक अनुभवों से गुजरे थे जो द्वापर में अमानवीय माने जाते थे किन्तु कलियुग में सामान्य माने जा रहे थे। नारियों, शिशुओं और पशु-पक्षियों के प्रति अश्रद्धा और क्रूरता का व्यवहार उनसे सहा नहीं गया था। किन्तु समाज और शासन उससे विचलित नहीं होते थे। व्यास का मानस अकेला उन्हें सहता सहता अति मानसिक पीड़ा के कारण थक गया था। उन्होंने चार दिन के अवकाश के लिए वाईस चान्सलर को पत्र लिखा। बन्धन मुक्त होकर, कोई शारीरिक श्रम करने की इच्छा हुई। अपनी गाय 'धर्म' के लिए उन्होंने स्वयं कुट्टी काटी, सानी की। अब उसकी मालिश कर रहे थे।

उपकुलपति विद्वान थे, धर्मनिष्ठ थे और रहस्यवादी भी। उन्हें ऐसा लगने लगा था कि व्यास कोई दिव्य आत्मा है और पृथ्वी पर किसी दिव्य योजना के अन्तर्गत रह रहे है। वे या तो कोई देवता है या कोई ऋषि। उनका यौवन सामान्य यौवन नहीं है। उनकी ऊर्जा अथक है। वे दिन भर लेक्चर दे सकते है। इतने मौलिक है वे हर विषय पर कि उनके विचार पहले कहीं पढ़े या सुने नहीं लगते। मौलिकता और सनातन सत्य का व्यास के व्यक्तित्व में अपूर्व समन्वय देख उन्होंने प्रो. व्यास को मन ही मन अपना गुरु मान लिया था। ये गुण किसी मनुष्य में उन्होंने देखे नहीं थे। उनके अद्‌भुत व्यक्तित्व का इतना परिचय पर्याप्त था उपकुलपति केवल कृष्ण जैसे सीधे सच्चे विद्वान के लिए प्रोटोकॉल त्याग देने को। उन्हें बुलाने के बजाय वे स्वयं उनके पास आ जाते थे। पत्नी ने एक दिन कहा, "इतना सर चढ़ाओगे तो किसी दिन आपका उपकुलपतित्त्व न छीन ले।"

उनका उत्तर था "मैं उस दिन की प्रतीक्षा करूँगा। वह दिन स्वर्णिम होगा जब विश्व इस महान विद्वान को विश्व की सर्वश्रेष्ठ यूनिवर्सिटी का वाईस चान्सलर बनाएगा।"

पत्नी बोली, "आज उन्हें अपने ऑफिस में बुला लो। तु हारे भले की कह रही हूँ। स्वयं मत जाओ।"

''नहीं, वे ज्ञानी है मैं सामान्य।''

''तु हारा कनिष्ठ है। तु हारा अधिकार ही नहीं कर्तव्य भी है उसे ऑफिस में बुलाना। वह कल का छोकरा चान्सलर हो गया क्या तु हारा?''

''चान्सलर क्या चीज है उसके सामने? जिस दिन उसका कोई लेक्चर सुन लोगी तो ये बाते करना भूल जाओगी। भगवान विष्णु का भक्त न होता मैं तो प्रो. राम व्यासको भगवान मानता।''

उन्होंने तय किया 'प्रो. व्यास का पहला लेक्चर सीनेट हाल में कराया जाए। चान्सलर/गवर्नर को आमन्त्रित किया जाय अध्यक्षता के लिये। 'उसी में पत्नी रेखा भी प्रो. व्यास को सुन लेगी। उसमे सभी अतिथियों को सपत्नी आमन्त्रित किया जाए। प्रो. व्यास के अपरिमित ज्ञान का लाभ अधिक से अधिक लोगों को मिले।

यूनिवर्सिटी में अनेक शिक्षकों में इस बात को लेकर ईर्ष्या थी कि एक नये लड़के को सीनियर लोगों की उपेक्षा करके प्रोफेसर नियुक्त कर दिया गया। प्रो. व्यास के प्रशंसकों को भय था इतना होनहार युवक ईर्ष्यालुओं से तंग आकर हावर्ड या आक्सफोर्ड न चला जाय। उन्हें विश्वास था कि जहाँ भी यह विद्वान जाएगा इसका स्वागत यहाँ से ज्यादा ही होगा। उपकुलपति को विश्वास था कि सीनेट हाल में प्रो. व्यास का भाषण सुनने के बाद किसी को भी उनसे ईर्ष्या नहीं होगी। वे भी प्रो. व्यास को आश्वस्त भी कर सकेगे कि मौलिक प्रतिभा के प्रशंसक बहुत हैं, ईर्ष्यालु बहुत थोड़े।

यूनिवर्सिटी सीनेट में उनके भाषण का विषय था ''कलियुग—यथार्थ या कल्पना?''

प्रो. व्यास ने भूमिका बनाए बिना सीधे विषय पर बोलना शुरू किया : ''आधुनिक लोग समाज और शासन के नैतिक पतन का दोष कलियुग को देते है। यह ठीक नहीं है। इस तरह वे अपने उत्तरदायित्व से दूर भाग रहे हैं। आत्मचिन्तन को मानने वाला व्यक्ति पत्थर से ठोकर लगने पर अपना दोष मानेगा; अभिमानी मन वाला पत्थर को दोष देगा। कलियुग नहीं, मनुष्य के कर्म दोषी है उसके दुखों के लिये। जिस मनुष्य की आत्मा प्रमाद में सो रही है, और वह अपने चंचल मन के पीछे भाग रहा है उसे अपना मनुष्यत्व ही बाधक लगने लगता है प्रगति के मार्ग में। मनुष्य को दुष्कर्मों से बचाने वाले दो तत्त्व, आत्मा और मनुष्यत्व, निरन्तर मनुष्य के हृदय में विद्यमान रहते है।

''काल एक ऊर्जा मात्र है। मनुष्य चाहे उसका सदुपयोग करे चाहे दुरुपयोग।

काल बाधक नहीं बनता। काल के चार रूप बताये है प्राचीन ज्ञानियों ने। ये चार तरह के प्रयोग है, जो काल नहीं करता मनुष्य पर, मनुष्य करते है काल पर। सत्य और मनुष्यत्व के प्रकाश में कर्म करना सतयुग है। त्रेतायुग उसे कहा है मनुष्य ने जिसमें अधिकांश मनुष्यों की कर्म प्रेरणा में तीन हिस्से सत्य और मनुष्यत्व होता है और एक हिस्सा असत्य और अमानुष। द्वापर में अधिकांश मनुष्यों की कर्मप्रेरणा में आधा सत्य और मनुष्यत्व रहता है और आधा असत्य और अमानुष। कलियुग उसे कह दिया है जिस काल में अधिकांश मनुष्यों की कर्म प्रेरणा में तीन हिस्से असत्य और अमानुष रहता है और एक हिस्सा सत्य और मनुष्यत्व।

"चारों युग मात्र कर्म करने के विकल्प है हर मनुष्य के सामने। वह यदि केवल सत्य और मनुष्यत्व को अपने कर्म में प्रकट करे तो उसका अन्तकरण सदा सतयुग में जीएगा। मनुष्य यदि एक हिस्सा सत्य तीन हिस्सा असत्य में मिलाकर कर्म करेगा तो उसके अन्तःकरण में अँधेरा रहेगा।

"जो लोग सत्य को अपने कर्म में अभिव्यक्त करते है वे काल-उर्जा का सदुपयोग करके सतयुग की रचना करते हैं। जो तीन हिस्से झूठ, लोभ, मद, अधर्म, अन्याय को कर्म में अभिव्यक्त करते है वे काल ऊर्जा का दुरुपयोग करके मनुष्यों के अन्तः करण में अंधेरा भर देते है और दोष कलियुग को देते है।

"मानव संस्कृति का लक्ष्य था केवल सत्य को कर्म में अभिव्यक्त करना। 1991 में भारत सरकार ने स पन्नता को स यता की जननी समझा। संस्कृति का अवमूल्यांकन किया। केवल नाच गाना और अन्य प्रदर्शनों की वस्तु मान लिया। संस्कृति को सत्य को कर्म बनाने वाली वस्तु मानना बन्द कर दिया। इस भूल का बुरा फल यह हुआ कि स्त्रियों और बच्चों के प्रति अपराध तूफान की तरह बढ़ गये भारत में। लोगों को अपनी ऋत भरा बुद्धि पर विश्वास नहीं रहा। वैज्ञानिक क प्यूटर की कृत्रिम बुद्धि पर विश्वास करने लगे। जब ऋत भरा भावना और कल्पना में भी विश्वास नहीं रहा तो 'उत्कृष्ट' और 'प्रगति' के अध्यात्मिक अर्थ ही भारतीय समाज में मिट गये। केवल भौतिक अर्थ रह गये। भारत और एशिया के अन्य देशों में इतने धर्मों के होते हुए अपराध बढ़ गये।

दुष्कर्म जब दुष्फल देने लगते है तो बने काम भी बिगड़ जाते है। मनुष्य का चिन्तन नकारात्मक हो जाता है। वह अपनी असफलता या दुर्दशा का कारण अन्य लोगों को समझने लगता है।

"काल को दोष देना प्रमादी और चंचल मन वालों का काम है, जो आत्मा के नेतृत्व में चलते है उनको भी काल प्रतिकूल लग सकता है। भ्रष्ट लोग सतयुग

को नहीं चाहते, क्योंकि उन्हें विश्वास है कि उनके लोभ का पोषण करने वाला वातावरण केवल कलियुग प्रदान कर सकता है। यदि वे सत्ता में होते हैं तो जनता की स पत्ति को लूटते है। देश के आर्थिक विकास को रोक देते है। वे उन लड़कियों और लड़को के जीवन को मानवोचित गरिमा नहीं देना चाहते जो कूड़े के ढेर से कागज बीन कर गुजारा करते हैं, जिनके लिए न दीवाली आती है न रक्षाबन्धन। जिन्हें चोट लग जाए तो प्रकृति उनके घाव ठीक करती है या फिर वे पृथ्वी की गोद में चुपचाप सो जाते है।

महँगाई, गुण्डागर्दी, भ्रष्टाचार, स्त्रियों और बच्चो पर आक्रमण बढ़ गये, किन्तु इनका कारण कलियुग नहीं है। उसे दोष देना व्यर्थ है। किसी देश में अँधेरा लाने वाला कलियुग नहीं देश की सरकार और लोगों के कर्म होते है। सत्य और धर्म का पालन करो तो समाज और सरकार के माध्यम से ऋत् शासन करता है। ऋत् का शासन होना ही सतयुग की निशानी है। असत्य और अधर्म का पालन करने से समाज और सरकार के माध्यम से अनृत शासन करता है। यह निर्णय मनुष्यों को करना होता है कि वे अपने जीवन में सत्य का शासन चाहते है या असत्य का। जनतन्त्र यदि ऐसा अराजकता और अपराधों से भरा होता है जैसा आजकल है तो हमें समझ लेना चाहिए कि यह जनतन्त्र नहीं है। केवल चुनाव द्वारा सत्ता में आने वाले जनतन्त्र नहीं ला सकते, जो नागरिक को और नेता को समान स्तर दे वह जनतन्त्र है। जनतन्त्र में सरकार को अपनी इच्छा जनता पर थोपने का अधिकार नहीं होता। जनता की इच्छा के अनुसार काम करने का अधिकार होता है। जनतन्त्र की मृगमरीचिका में जनता को फँसाकर नेताओं ने जनता के सारे अधिकार छीन लिए है। जनतन्त्र आड बर से नहीं बनता। जनतन्त्र की नीयत रखने से जनतन्त्र बनता है।

''आकाश से वायु बनती है, वायु से अग्नि, अग्नि से जल और जल से पृथ्वी। मनुष्य की देह पृथ्वी तत्त्व है। शेष चार भूत जब देह से सहयोग करते है तो ये उसे पुष्ट करते है। जब नेता अधर्म और अन्याय करते है तो प्राकृतिक शक्तियाँ प्रतिकूल हो जाती है। फसल बर्बाद हो जाती है। दैविक आपदाएँ आ जाती है। महामारी आ जाती है। यह नेताओं के अधर्म, अनृत और असत्य आचरण के कारण है। कलियुग के कारण नहीं।

''एक नई खोज की है भारत के जनतान्त्रिक नेताओं ने जिससे जनतन्त्र को नेताओं ने अपनी जागीर बना लिया है। चुने हुए सांसद अपने अपने क्षेत्र के राजा समझने लगे है स्वयं को और जनता को प्रजा। नेता कारगिल के शहीदों को याद

करना फिजूल समझते है। वे कहते है कि गलतफहमी के कारण कारगिल युद्ध हुआ। गलतफहमी सरकार को हुई होगी, शहीदों को नहीं थी जिन्होंने मातृभूमि की रक्षा के लिए बलिदान दिया। शहीदों को स मान न देकर, देश को कृतघ्नता सिखाकर, देश के लिए दैविक विपत्तियों के द्वार खोल रहे है। यह कलियुग नहीं कर रहा है। नेता कर रहे है।

''जो संकट भारत पर आया हुआ है, वह संकट स्वयं कह रहा है कि उसे सरकार लाई है, कलियुग नही। कलियुग विनाश नहीं लायेगा, शासक विनाश लाएँगे यदि इन्हें तुरन्त बदला न गया। अगर कोई स प्रदाय यह मान ले कि उसका अन्तकाल आ गया है तो वह अन्त कलियुग नहीं लाएगा, उस स प्रदाय के कारनामें लाएँगे।''

यह भाषण 22 नव बर 2013 को हो रहा था जब दिल्ली में कांग्रेस और बीजेपी दोनों आम आदमी पार्टी को कम सीटे होने पर भी ललकार रहे थे कि सरकार बना लो और देखों कि तुम भी हमारी तरह आम आदमी का हित नहीं कर पाओगे, क्योंकि उसकी किस्मत है पिसना और मर जाना। इसके उत्तर में आप पार्टी ने जनता-शासन लागू कर दिया था। जनता के वास्तविक जनतन्त्र में नेता फैसला नहीं करते। उन्होंने प्रत्येक नागरिक की राय माँगी कि आम आदमी पार्टी सरकार बनाये या नहीं। इस तरह भारत में लोगों ने देख लिया कि हर विषय पर जनता की राय लेना जरा भी मुश्किल नहीं है। मोबाइल और इंटरनेट की दुनिया में यह काम बहुत आसान है। लोभी राजनीतिज्ञों को स्वार्थ त्याग कर जनता की भावनाओं का स मान करना पड़ेगा।

''सांसद और विधायक स्वयं को राजा और जनता को प्रजा कहना भूल गये। वे समझ गये कि जनतन्त्र में विधायक और सांसदों की हैसियत सरकारी नौकरों के बराबर होती है—दोनों जनता के सेवक से अधिक कुछ नहीं होते। सरकारी नौकर बुद्धिबल से,जन प्रतिनिधि भावना बल से जनता की स प्रभुता की रक्षा करते हैं। जिन्हें निस्वार्थ सेवा करने का त्याग पथ भाता हो केवल वे चुनाव लड़े। यह भी मनुष्य कर रहा है, कलियुग नही।

''सत्य को कर्म बनाने वाले भारतीय जनतन्त्र में सांसदों और विधायकों का चुनाव इस आधार पर हो कि कौन भारत के दुख-दर्द, को बेहतर समझता है। उन्हें भारत का सच्चा ज्ञान प्राप्त करना होगा। अँग्रेजी अमरीकी जीवन के आधार पर बनी योजनाएँ भारत का कल्याण नहीं कर सकती। हम भारतीयों का जीवन

चाहे वे किसी भी धर्म के हो संस्कृत पर परा पर आधारित है। संस्कृत पर परा के बाहर हमारे जीवन में अकारण उल्लास के फूल नहीं खिल सकते। नेताओं को इस दिशा में जनता को भागीदारी देनी पड़ेगी।

''भारतीय संस्कृति का सार है आकाश से सत्य को दूहना। जिस देश की जनता और नेता आकाश से सत्य को दूहते है उस देश में हर युग को सतयुग बनाने की कोशिश जारी रहती है। जो लोग मनुष्यत्व को आतंकित रखने की योजनाएँ बनाते है वे अँधेरे और अनऋत् के दूत है। यह काम भी कलियुग नहीं करता।

''भारत के लोग सत्य को आकाश, से दूहकर अपने कर्मों में अभिव्यक्त करते रहे है। यह कार्य भी मनुष्य करते है कलियुग नहीं।

नेमिषारण्य में ऋषियों का मेला

व्यास ने नेमिषारण्य में ऋषियों का मेला आयोजित किया। उनका उद्देश्य था कलियुग में भारत पर छाये दुखभरे बादलों को ऋषिगण सत्य के वज्र से खंडित कर दे, और ज्ञान की रणभेरी से भारतीय हृदयों में सो रहे अध्यात्मिक उल्लास को शताब्दियों की नींद से जगा दे। ऋषियों को जब देवर्षि नारद ने बताया कि भगवान श्रीकृष्ण ने महर्षि व्यास से कहा है कलियुग में पृथ्वी पर रहकर सत्य की निश्चित विजय में मनुष्यों की आस्था को दृढ़ करें तो वे बहुत प्रसन्न हुए। उन्होंने कहा, ''महर्षि व्यास हम आपको पूर्ण सहयोग देंगे इस पवित्र संकल्प को पूरा करने मे। भगवान ने आपको जो यह आदेश दिया है इस आदेश को हम सब भी आपके साथ शिरोधार्य करते है।''

संसार के कोने कोने से हजारों ऋषि नेमिषारण्य में एकत्रित हुए। दिवंगत, मोक्षप्राप्त ऋषि भी आये। इस मेले में संसारी लोग भी ऋषियों के दर्शन करने बड़ी सं या में आए।

इस मेले में कुछ ऋषियों ने अपना दर्शन सरल भाषा में संसारियों को बुद्धिग य करने के उद्देश्य से प्रस्तुत किया। ऋषिगण आकर अपना ज्ञान सरल करके प्रकट करते गये, जिससे अशिक्षित जनता भी सत्य को जान ले। लोगों को ध्यान करना सिखाया गया। मनुष्य अशिक्षित हो तो उसे ध्यान में ज्ञान प्राप्त करना सिखाया।

ऋषियों ने जान लिया था कि बौद्धिक ज्ञान की अपेक्षा अध्यात्मिक ज्ञान जीव के लिए अधिक हितकारी है। आध्यात्मिक ज्ञान सरल है, अटल है और पूरी तरह विश्वसनीय है। अध्यात्मिक ज्ञान प्राप्त व्यक्ति सत्य को कर्म बनाने में कभी त्रुटि नहीं करता। बौद्धिक ज्ञान प्राप्त करने वाला कभी निश्चिन्त नहीं होता कि उसने सत्य को कर्म बना लिया है। वह सदा संशयग्रस्त रहता है कि कहीं वह ज्ञान न हो जिसे मैंने तर्कहीन कह कर छोड़ दिया।

महर्षि भारद्वाज प्रवचन कर रहे थे, ''भारत में धर्म को सत्य का कर्म हो जाना

कहा गया है। परमसत्य का कर्म में रूपान्तरण है यह जगत जिसे भगवान की लीला कहा है ज्ञानियों ने। अवतार रूप में भगवान स्वयं जगत में जन्म लेकर इसमें भी सत्य को ही कर्म बनाते है। लीला उन कर्मों का समूह है जो वे अवतार रूप में पृथ्वी पर करते है।

''केवल सत्य का कर्म में रूपान्तरण धर्म है। धर्म में कर्ता का न अभिमान होता है न स्वार्थ। केवल उसका सत्य होता है। यदि उसके कर्म में अभिमान और स्वार्थ है तो उसका कर्म धर्म नहीं है। अशिक्षित गृहस्थ भी अभिमानविहीन और स्वार्थविहीन होकर सत्य को कर्म में रूपान्तरित करे तो वह कर्म धर्म होगा। देह के लिये असत्य, अधर्म, अनृत को त्याग कर सत्य को आचरण बनाना इतना ही आवश्यक है जितना बुद्धि के लिए विद्वेष, ईर्ष्या, संकीर्णता का त्याग कर सत्य को स्वीकार करना।

'' भारत में किसी के धर्म को परिवर्तित करना अधर्म कहा गया है। सत्य की कर्म में अभिव्यक्ति धर्म है। धर्म कोई राजनैतिक दल नहीं है जिसे छोड़कर मनुष्य दूसरे दल का सदस्य बन राजनीति करने लगे।

''भारत के ज्ञानी सत्य को भौतिक सृष्टि का आधार मानते है। सत्य की इस परिभाषा के कारण भारत के लोग प्रकृति में वही संगीत सुनते है, जो अपनी आत्मा में सुनते है।''

''भारत के ज्ञानियों की मान्यता है—ज्ञान मानव हृदय-स्थित आत्मा में उदित होता है।

''सत्य प्रत्येक आत्मा में स्वतन्त्र रूप से जन्म लेता है। किन्तु सब में स्वतन्त्र रूप से प्रकट होकर भी सबमे एक ही सत्य प्रकट होता है।

''सत्य की यह एकता ईश्वर कृत एकता है। जैसे सूर्य किरणें सूर्य से निकलती है ऐसे ही आत्माएँ ईश्वर की किरणें है। सूर्य की एक किरण में जो ज्योति है, प्रत्येक किरण में वही ज्योति है। एक आत्मा से जो सत्य प्रकट होता है वह ईश्वर की ज्योति है। ईश्वर की वही ज्योति सब आत्माओं से प्रकट होती है।''

''ईश्वर पूर्णसत्य है। मनुष्य ईश्वर का अंश है। प्रकृति भी ईश्वर का अंश है। मनुष्य ईश्वर का ऐसा अद्‌भुत अंश है जिसे ज्ञान हो जाय तो अंश ईश्वर हो जाता है। भारत के धर्म मनुष्य को ईश्वर बनने का मार्ग सुझाते है।

''मनुष्य को केवल उस सत्य का प्रचार करना चाहिए जो उसे आत्मज्ञान से प्राप्त हुआ है, जो सत्य आत्मज्ञान से प्राप्त न हो उसका प्रचार नहीं करना चाहिए।

ऐसा करने से भोले अशिक्षित लोग पथभ्रष्ट हो जाते है।

''यह नहीं भूलना चाहिए कि भोलापन महादेव का गुण है। जो स्वयं को नहीं जान पाये है उन्हें अपने भोलेपन को ही सत्य मानकर भोलेपन की रक्षा करनी चाहिए। भोलापन ज्ञान का विकल्प है। अपने भोलेपन की अपेक्षा चालाकी को श्रेष्ठ समझने वाले लोग स्वयं को, अपने देश को और मनुष्यत्व को नष्ट कर देते है।

''भोलापन और ज्ञान दोनों अध्यात्मिक गुण है। दोनों परस्पर विपरीत लगते है, किन्तु दोनों एक-दूसरे की शोभा बढ़ाते है। दोनों एक-दूसरे में समन्वित हो जाएँ तो आनन्द में बदल जाते है। ज्ञानी जब और ज्ञान प्राप्त करता है तो उसका भोलापन और बढ़ जाता है। ज्ञान और भोलेपन की वृद्धि समान होकर दोनों गुण एक-दूसरे को सन्तुलित रखते है। महादेव परम ज्ञानी है और निस्सीम भोले भी।

''भोलेपन को नष्ट करने से इसके दो टुकड़े हो जाते है—मूर्खता और दुष्टता। ये दो टुकड़े उसमें रहते है जो पहले भोला था। इन दोनों में आत्मबलि देकर, इन्हें एक-दूसरे से निष्प्रभ करके आत्मा अपने भोलेपन को पुनर्जीवित कर सकती है।

''जिनमें ज्ञान के साथ अभिमान बढ़ता है, उनकी शोभा नहीं बढ़ती, बोझ बढ़ जाता है। ज्ञान के साथ अभिमान बढ़े तो अभिमान बोझ बना देता है ज्ञान को। ज्ञान या प्रेम प्राप्त होने पर भोलेपन को अगर नहीं बढ़ाया तो अभिमान बढ़ जाता है। ज्ञान का अभिमान ज्ञान की हानि करता है। प्रेम का अभिमान प्रेम की हानि करता है।''

महर्षि भारद्वाज के प्रवचन के बाद, ऋषि मार्कंडेय ने कहा, ''ऋषियों द्वारा ध्यान में जाने गये अध्यात्मिक सत्य को भविष्य में भौतिक विज्ञान, राजनीति विज्ञान, जीव विज्ञान आदि अपने अपने ढ़ंग से प्रकट करते रहेगे, क्योंकि अध्यात्म ज्ञान मूल-सत्य है। सनातन सत्य को जब तक सब विज्ञानी-विधाएँ अपना-अपना केन्द्र माने रखती है तब तक इनमे सत्य रहता है। संसारी विधाओं के ज्ञानी अध्यात्मिक ज्ञान में अपनी आत्मा की बलि देकर पुनर्जन्म लेते रहें। मात्र ऐसा करने से ही इन विज्ञानो में सांसारिक सत्य प्रकट होता रहेगा। अन्यथा वैज्ञानिकों, राजनीतिज्ञों आदि में स्वयं को ज्ञान का केन्द्र घोषित करने की होड़ लग जाएगी। और वे अपने विज्ञान का दुरुपयोग करने लगेंगे। अध्यात्म ज्ञान सत्य का सूरज है जो अपने चारों ओर परिक्रमा करते हुए विज्ञानों को सत्य से अनुप्राणित करता

रहता है, जैसे सूर्य अपने चारों ओर परिक्रमा करते ग्रहों और नक्षत्रों को प्रकाश देता रहता है।

''आज स्थिति उल्टी हो गयी है। अध्यात्मिक सत्य परमात्मा को वैज्ञानिकों की भौतिक बुद्धि नहीं जान सकती इसलिए उन्होंने परमात्मा को सत्य मानना बन्द कर दिया है। उन्होंने प्रज्ञा और ऋत भरा नाम की सूक्ष्म बुद्धियों के द्वार बन्द कर लिए है अपने मस्तिष्क में। इसलिए वे उस सत्य को नहीं जान सकते जो पदार्थ नहीं है। वैज्ञानिक परमात्मा से अपेक्षा कर रहे है कि वह भौतिक बुद्धि को प्रमाण दे अपने अस्तित्त्व का।

राजनीति और विज्ञान वालो के पास विज्ञान होगा, वैभव होगा, शक्ति होगी और वासनाओं को तृप्त करने के साधन होगे। उन्हें अध्यात्म ज्ञान और ईश्वर की आवश्यकता महसूस नहीं होगी। उनके पीछे जनता चलेगी जो विज्ञान नहीं जानती, किन्तु ईश्वर के बिना चैतन्य और धीर खो देती है। जब वैज्ञानिक ईश्वर को असत्य कहेंगे, जिसे जनता एकमात्र सत्य कहती है, तो अज्ञानी जनता वैज्ञानिको से तर्क नहीं कर सकेगी, और वेदना के मारे विक्षिप्त हो जाएगी। तब न सामाजिक सदाचार रह जाएगा, न श्रद्धा न विश्वास। ये गुण ईश्वर में विश्वास के कारण जनता में रहते है। अध्यात्मज्ञान के बिना सारे विज्ञान समन्वित नहीं हो सकेगे और परस्पर वर्चस्व के लिए लड़ पड़ेगे।''

भीड़ में से एक व्यक्ति बोला, ''पूज्य महर्षि! उनके न मानने से परमात्मा के होने पर कोई असर नहीं पड़ेगा। परमात्मा सनातन सत्य है सनातन सत्य ही रहेगा।''

महर्षि मार्कंडेय ने कहा, ''परमात्मा तो रहेगा, किन्तु अध्यात्मज्ञान का तिरस्कार करने वाले मनुष्य के व्यक्तित्व से परमात्मा स्वत: अव्याकृत हो जाता है। ईश्वर की छवि को घोर चिन्तन, तप और प्रेम की शक्ति से अपनी चेतना में ऋषियों ने व्याकृत किया था। इन गुणों के अभाव में अनेक जातियों का अध्यात्मज्ञान विलुप्त हो चुका है। ऋषियों ने इसे भारतभूमि में जागृत रखा है हजारों वर्षों से। 1991 के आर्थिक उदारीकरण के साथ अध्यात्मिक ज्ञान के प्रति अश्रद्धा करनी शुरू कर दी है राजनीतिज्ञों ने। हमें भूलकर भी सरकार की इस धृष्ठता का अनुसरण नहीं करना है। जब से राजनीति में सत्ता के लोभियों ने सत्ता प्राप्त की है उनकी महत्त्वाकांक्षा इतनी बढ़ गयी कि वे सृष्टि की अध्यात्मिक सत्ता के अस्तित्त्व पर प्रश्नचिह्न लगाने लगे हैं। अध्यात्मिक सत्य कभी संघर्ष नहीं करता मानव हृदय में व्याकृत रहने के लिये। अध्यात्मिक सत्ता सनातन सत्य है। राजनीति करने वालों

का सत्ता-संघर्ष जुए का खेल है। राजनीति-विज्ञान में परमात्मा तभी तक रहता है जब तक राजनीतिज्ञ सत्यनिष्ठ रहते है। सत्य तभी तक रहता है जब तक राजनीति-कर्मी की आत्मा नित्य परमसत्य में आत्मबलि देकर परमसत्य से पुनर्जन्म लेती रहती है। परमसत्य परमात्मा से पुनर्जन्म लेते रहने से ही राजनीतिज्ञ की आत्मा में वह ज्योति रहती है जो राजनीति को कर्तव्य समझकर करती है। अन्यथा राजनीतिज्ञ राष्ट्र को चुनाव में जीती गयी अपने दल की जागीर समझ सत्ता का दुरुपयोग करने लगते हैं।

''ऋषियों ने बहुत पहले यह जान लिया था कि ब्रह्म मनुष्य के शासन में हस्तक्षेप नहीं करता। उससे शासक निवेदन न करे पथ-प्रदर्शन का तो वह शासन से अव्याकृत हो जाता है। अनेक आधुनिक राजनीतिज्ञ चाहते है कि परमात्मा अव्याकृत हो जाय ताकि वे जनतन्त्र को अपनी जागीर बना ले। वे जानते है कि तानाशाही से तानाशाह को हटाना आसान है किन्तु जनतन्त्र से तानाशाह को हटाना मुश्किल है।

''जो अध्यात्मिक सत्य को नकार देते हैं उनमे चार दुर्गुण प्रकट हो जाते है—दुष्टों के प्रति कृतज्ञता, कायरता, परमात्मा में अविश्वास और ईश्वर और धर्म विषय पर जनता को लड़ाये रखने वाली कूटनीति।''

तीसरा प्रवचन याज्ञवल्क ऋषि का था, ''इक्कीसवीं शताब्दी का मनुष्य सत्य जानना चाहता है। यह सुखद चिह्न है। झूठ अब मनुष्य की चेतना को बहला नहीं पाता। अतीन्द्रिय-ज्ञान, सत्य, अध्यात्मिक ज्ञान, निस्वार्थ सेवा और अकारण उल्लास में अनेक लोगों को जिज्ञासा होने लगी है।

''मानव की आत्मा की सबसे बड़ी खोज है 'ब्रह्म' । दूसरी महान खोज हैं' सब कुछ व्रह्म हैं' । प्रकृति ब्रह्म है। भोर ब्रह्म है। रात्रि ब्रह्म है। ऋतुएँ ब्रह्म है। अन्न ब्रह्म है। विज्ञान ब्रह्म है। ग्रह नक्षत्र ब्रह्म है। संसार ब्रह्म है। इन सब पदार्थों में ऋत-स्वरूप ब्रह्म रहता है। भारत का अध्यात्मिक चिन्तन कितना पुराना है यह अभी तक निश्चित नहीं हो सका। अतीत में जिस काल तक मानवसंस्कृति और स यता के चिह्न मिले है उस काल तक भारत की संस्कृति के चिह्न मिलते है। जो मिले है वे इतने विकसित है कि वे और भी प्राचीनता की ओर इशारा करते है। भारतीयों की स्मृति, श्रुति और पर परा तो निश्चित है कि जितना पीछे जा पाएगा विज्ञान पूर्वजों की निशानी की तलाश में हमे निशान मिलते रहेगे।

''21वीं शताब्दी में समुद्र में जो प्रमाण मिले है उनमे भारतीय अध्यात्मिक

ज्ञान, स यता और संस्कृति से अधिक पुराने किसी देश की स यता और संस्कृति के प्रमाण नहीं मिले। भारत में लोकश्रुति और स्मृति कहती है कि हमारी अध्यात्मिक जागृति इतनी ही पुरानी है जितनी सृष्टि। हर कल्प के समाप्त होने पर ज्ञान लुप्त हो जाता है। ज्ञान को फिर से तप द्वारा ऋषिगण संसार में व्याकृत करते है। हर कल्प में ऋषियों ने यह कार्य किया है। निस्वार्थ जीवन, भक्ति, वैराग्य और केवलज्ञान प्राप्त करके आत्मा को हर बुराई से पूर्ण स्वाधीन करने का मार्ग तो आज भी भारत में सहस्रो लोग प्रशस्त कर रहे है।

''बहुत से अन्य देशों में धर्मों के नाम पर अन्धविश्वास पलते रहे है। अन्धविश्वासों के कारण ही धार्मिक हत्याएँ हुई, समूहो की। लाखों भारतीयों की भी हत्या की संकीर्ण धर्मों के अनुचरों ने। आज विदेशों में भी मानव सत्य के प्रति इतना जागृत हो चुका है कि उसे विश्वास नहीं रहा कि अन्य-धर्मी जन समूहों की हत्या करने से स्वर्ग मिलता है। स्वर्ग प्राप्त करने के लिए थोड़े से मार्ग है—जीवों की सेवा, सच्चा प्रेम, भक्ति और अध्यात्मिक ज्ञान। स्वर्ग किसी को नहीं मिलता किसी के भी कहने से, जो इस दुनिया में लोगों का सुख चैन छीनते है उन्हें इस दुनिया में ही सुखचैन नहीं मिलता। अधर्म करके स्वर्ग पाने की आशा करने वाले असत्य से चेतना को बहलाये हुए है।

''जिन धर्मों ने हत्याकाण्ड करके और भयभीत करके मनुष्यों को अपने धर्म में परिवर्तित किया, उन परिवर्तित मनुष्यों को देने के लिए उनके पास कुछ नहीं है सिवाय निरन्तर हत्याएँ करते जाने के उपदेश के, और हत्याओं के बदले स्वर्ग दिलाने के झूठे वचन के।

''दुनिया के लोग सत्य, करुणा और प्रेम के सहारे जीना चाहते है। इस संसार में मनुष्यत्व को ईश्वर के गुण मानने की पर परा धर्मों से पुरानी है। भारत में अध्यात्मिक सत्य जानने की पर परा है, धर्म बनाने की नही। ऋषियों ने कहा धर्म स्थापित नहीं किये जाते। अध्यात्मिक सत्य को अपने कर्मों में उतारना ही धर्म है। अध्यात्मिक सत्य ध्यान लगाकर कोई भी मनुष्य जान सकता है। इसके लिए उसे किसी धर्म की आवश्यकता नहीं है।''

ऋषि आरूणी अपने प्रवचन में बोले, ''जब राजनीति करने वाले, अध्यात्म-ज्ञानियों की जगह, गुरु बन जाते है तो वे धार्मिक उन्माद पैदा करते है। वे लोगों को सिखाते है भावहिंसा से सत्ता हथिया लेना और भावहिंसा से सत्ता में बने रहना। भावहिंसा धार्मिक उन्माद पैदा करती है। धार्मिक उन्माद पैदा किया जाता है, मनुष्य में, होता नहीं। धार्मिक उन्माद पैदा करने वाले सभी लोग धर्म को राजनीति की

धूर्तशक्ति मानकर भ्रष्ट किए हुए है।

''सौभाग्य से भारत में अधर्म और अज्ञान लोगों के हृदय पर शासन नहीं कर पाये। भारत के लोग अध्यात्मिक सत्य, शिव, सुन्दर या निस्वार्थ प्रेम में किसी एक को ध्यान से कर्म में उतार कर अपनी जीविका अर्जित करते रहे है।

''प्राचीन काल में विश्वास था कि संसार के पदार्थों आौर जीवों का सार उनमे छिपा ऋत् है। इसके बाद जब ज्ञान-ज्ञेय-ज्ञाता को एक पदार्थ मानने योग्य विकास मानव की प्रज्ञा में हो गया तो इस पदार्थ के कई नाम हो गये, जैसे ब्रह्म, आत्मा, सत्य और ऋत्! ऋषियों ने परम सत्य को ब्रह्म नाम दिया। ब्रह्म इतना बड़ा और परिपूर्ण है कि संसार के सारे पदार्थ और आत्माएँ उसमे समा जाती हैं। ब्रह्मज्ञाता-ज्ञेय-ज्ञान तीनो है। उसी ब्रह्म का वास चेतन जीवों में आत्मा माना गया। संसार के जड़ और जीवन दोनों में ब्रह्म ऋत् बनकर रहता है। इस तरह सबका शासक ब्रह्म को मान मनुष्य सत्य की ओर पग बढ़ाता रहा है। उसने दासता का अन्त उस दिन कर दिया जब उसने जाना मनुष्य पर शासन बाहर से नहीं किया जा सकता। सत्यस्वरूप आत्मा को जगाकर, जो हर मनुष्य के भीतर है, प्रत्येक मनुष्य,अपने भीतर शासन शक्ति को प्राप्त कर सकता है।

''जब सृष्टि से मुक्त हो परे चली जाती है आत्मा और ब्रह्म को जान लेती है तो वह समग्र मानवजाति को मार्ग दिखाने योग्य हो जाती है। ब्रह्म के ज्ञाता गुरुओं ने ही जाना और बताया कि सृष्टि, ब्रह्म का अंग या अंश नहीं, ब्रह्म का वैवर्त है। वैवर्त और ब्रह्म में वही अन्तर है जो स्वच्छ मानसरोवर झील में झलकती कैलाश पर्वत की छवि और कैलाश पर्वत मे।''

अगला प्रवचन महर्षि विश्वामित्र का था। वे बहुत कम बोले पर बहुत सारगर्भित बोले, ''जीवन के सुखों में डूबी यक्ष-संस्कृति कब समाप्त होनी शुरू हुई कब मिट गयी, यह देखने का अवकाश मनुष्यों को नहीं मिला। किसी संस्कृति के उदय का दिन और अस्त होने का दिन मनुष्य नहीं देख सकता।

''आत्माऔर काल के बीच होड़ लगी है कौन दूसरे पर अपना लेख लिखता है। यदि काल लेख लिख देता है आत्मा की चेतनाशक्ति पर तो आत्मा की स्वतन्त्रता का हरण हो जाता है। ऋषियों, वीरों और श्रेष्ठियों की आत्मा ने सदा काल पर निस्वार्थ, निर्लोभ ज्ञान, शौर्य और धनोपार्जन के लेख लिखे। इस तरह उन्होंने पृथ्वी पर ही पूर्ण स्वाधीनता प्राप्त करने का मार्ग प्रशस्त किया।

''उन लोगों की आत्मा सो जाती है जो अपना जीवन काल के नेतृत्व में चलाते है। वे बहुत शीघ्र अपने दायित्वों से किनारा कर लेते है। तब बिन घोड़े

वाली गाड़ी की तरह, समय के दो रूप, आयु और मृत्यु, उनके जीवन को मृत्यु की ओर धकेलने लगते है।''

महर्षि व्यास ने कहा, ''गणित और प्रद्योगिकी विज्ञान द्वारा खनिज आदि का पृथ्वी से दोहन बीसवी शताब्दी में जिस तेजी से हुआ उसी तेजी से दो विश्वयुद्ध भी हुए। कारण यह है कि आधुनिक गणितज्ञ और प्रद्योगिकी वैज्ञानिक लोभ, क्रोध, काम, मद और मोह से प्रेरित होकर खोज कर रहे है। वे यह नहीं मानते कि वैज्ञानिकों की केवल निस्वार्थ, निर्लोभ, निष्काम मनोवृत्ति से की गयी खोज ही मनुष्यत्व को सशक्त करती है। मनुष्यत्व को सशक्त किये बिना अकेली आत्मा उस स्वाधीनता को नहीं खोज सकती जो मनुष्य को मुक्त करती है और अकारण उल्लास से भर देती है, जिसे पाकर मनुष्य पूर्णकाम हो जाता है। भारत की संस्कृति मानव की उस परम स्थिति का केवल सांसारिक रूप है।''

प्रो. व्यास का शिक्षार्थियों को पहला प्रवचन

प्रो. व्यास ने दर्शन विभाग में एम.ए. फाइनल के विद्यार्थियों को पहला प्रवचन दिया, ''आप में जो भी सत्य को कर्म में व्याकृत करेंगे समझ ले कि उन्होंने मुझे गुरु दक्षिणा दे दी, जो यह गुरु दक्षिणा न दे जान ले कि उन पर मेरी गुरु दक्षिणा देय नहीं है। दर्शन शास्त्र पढ़कर जिनमे सत्य को कर्म बनाने की जिज्ञासा जगे समझ ले कि वे बदनाम कलियुग को अपने कर्म से सतयुग में बदल सकते है। कैसे? आप बहुत जल्दि मेरे प्रवचनों से यह क्रिया सीख जाएँगे। यदि आप संकल्प करते है कि आप पुण्य भारत भूमि में अँधेरा और बढ़ने नहीं देगे तभी आप दर्शन पढ़े, जो मनुष्य सत्य को जानकर सत्य को कर्म में नहीं उतारता वह अपने साथ अन्याय करता है। सत्य ऐसी वस्तु है जिसे जानने के बाद आपके पास यह विकल्प नहीं रहता कि आप इसे कर्म बनाये या न बनायें।

''जो सत्य जानने के बाद उसे लागू नहीं करता बहुत-सी कलाएँ उसमे स्वत: प्रवेश कर जाती है। उनमें एक है झूठ बोलने की कला। वकील, मीडिया, फिल्मवाले, धनवान, गरीब, डॉक्टर, पुलिस और राजनीतिज्ञ—ये आठों इस संसार का असत्य, अनृत और अधर्म जान जाते है। यह जान लेना बहुत खतरनाक है, क्योंकि इस संसार का असत्य, अनृत और अधर्म जानने के बाद जो लोग इस ज्ञान का उपयोग मानवजाति को असत्य, अनृत और अधर्म से बचाने के लिए नहीं करते, उनके चरित्र में ये तीनों—असत्य, अनृत और अधर्म—प्रवेश कर जाते है। फिर जैसा ये चाहते है वैसे अनुचित कर्म उनसे कराते है। इनका उपचार है परम सत्य को जानने की चेष्टा करना। संसार का सत्य और परम सत्य जान लेना कठिन कार्य नहीं है।

''ज्ञानियों ने कहा है मनुष्य उसे जानना जो सत्य जाने तो उसे कर्म में उतारे। मैं आज आपको सत्य को कर्म में उतारने के कुछ तरीके बताऊँगा।

''आधुनिक बुराइयों का दोष कलियुग को देना असत्य है। कुछ मानवकृत त्रुटिये हैं जिनके कारण न्याय नहीं होता। न्याय-व्यवस्था ईगो को अपना न्यूक्लियस

बनाये हुए है, जबकि सब अपनी अपनी ईगो को झूठी, स्वार्थी और अभिमानी महसूस करते है। ईगो को न्यूक्लियस बनाने के कारण अधर्म और पाप पनप रहे है भारतीय समाज में। चिरन्तन नित्य, शुद्ध, बुद्ध, मुक्त आत्मा को न्याय-व्यवस्था का न्यूक्लियस बनाया जाए तो न्याय-व्यवस्था हर मुकदमें में आत्मा की विजय कराएगी, चाहे निर्णय किसी के पक्ष में हो। आत्मा की विजय सत्य की विजय है, क्योंकि आत्मा और सत्य दोनों एक ही सत्य के दो नाम है। किसी भी आत्मा की विजय मानवों को हर्ष से भर देती है, क्योंकि सभी आत्माओं में एक ही तत्त्व हैं—ब्रह्म। ईगो को जो राष्ट्र या समाज कानूनी कार्रवाही का न्यूक्लियस बना देता है, उसकी न्याय-संस्था अपनेपन की अनुभूति नहीं जगाती नागरिकों में। हृदय को नहीं छूती।

न्याय आत्मतत्त्व का ही एक स्वरूप है। शीघ्र ही जब न्याय-व्यवस्था का न्यूकलियस आत्मा हो जाएँगी तो सामान्य जन न्यायालयों को देखकर श्रद्धा और विश्वास से भर उठेंगे।''

एक विद्यार्थी ने प्रश्न किया, ''पश्चिमी दर्शन कहता है कि बुद्धि का काम है न्याय करना, आत्मा का नहीं, क्योंकि बुद्धि तर्कयुक्त है।''

प्रो. राम व्यास ने कहा, ''बुद्धि तर्कयुक्त है मगर रेशनल (विवेकी) नहीं है। पश्चिम विच्छेदी-बुद्धि (डिसकर्सिव इंटेलेक्ट) को मजबूरी में विवेकी कहता है, क्योंकि विच्छेदी-बुद्धि के अलावा वह बुद्धि के किसी अन्य रूप को नहीं जानता। भारत के ऋषि विच्छेदी बुद्धि को 'धी' कहते थे। वे 'धी' के अलावा तीन और बुद्धियों को जानते थे जो उत्तरोत्तर विवेकी होती जाती है। ये है मेधा, प्रज्ञा और ऋत भरा बुद्धियाँ।

''हीगल ने विवेक और वास्तविकता (रियलिटी) को एक ही वस्तु के दो रूप माना। पश्चिमी विद्वान कभी हीगल को पश्चिम का सर्वश्रेष्ठ दार्शनिक कहते थे। बाद के पश्चिमी दार्शनिकों, हाईडेगर और पॉपर, ने हीगल को झूठा, स्वार्थी और धोखेबाज कहा है। उसके बाद पश्चिमी दर्शन प्रवाह सूख जाने के कारण पश्चिम के दार्शनिकों को यह तय करने का अवसर नहीं मिला कि हीगल के बारे में कौन सत्य कह रहा है, ये दोनों या काण्ट से मार्क्स तक के अन्य पश्चिमी दार्शनिक। आशा नहीं दिखती कि पश्चिम यह निर्णय करेगा कि इन दो मूल्यांकनों में कौन-सा सच्चा है, क्योंकि विज्ञान की चकाचौंध करने वाली सफलता के बाद पश्चिमी चिन्तकों को दर्शनशास्त्र ही झूठा लगने लगा है।

''पश्चिमी चिन्तन मानता है कि प्रकृति ने मनुष्य को केवल विच्छेदी बुद्धि दी

है। भारतीय चिन्तन मानता है कि प्रकृति ने मनुष्य को विच्छेदी बुद्धि (धी) के अलावा तीन और बुद्धियाँ दी है—मेधा, प्रज्ञा, ऋत भरा। ऋत भरा बुद्धि ही वह विवेकी बुद्धि (रेशनल इंटेलिजेन्स) है, जो पश्चिम को इस भ्रान्ति से बाहर निकाल सकती है कि प्रकृति ने मनुष्य को केवल विच्छेदी बुद्धि दी है। पश्चिमी दर्शन के पूर्वग्रह से मुक्त दिनो में यूनान और भारत के दर्शन एक-दूसरे से सत्य ग्रहण करने को आत्मा की स्वतन्त्रता मानते थे। सोक्रटीज, प्लेटो, पारमेनाईडीज, डायगनीज, हेराक्लाईटस आदि ने पश्चिमी दर्शन को पूर्वग्रह से मुक्त किया। पश्चिमी दर्शन की स्वतन्त्रता का अपहरण कर उसे विज्ञान के अधीन अरिस्टोटल ने किया।

''गणित और विज्ञान जैसा सूत्रमय होने की चेष्टा में पश्चिमी दर्शन हाड़-मांस रक्तविहीन होकर मर चुका है। कोई भी ज्ञान की विधा दूसरी विधा जैसी नहीं हो सकती। गणित दर्शन नहीं हो सकता, दर्शन गणित नहीं हो सकता। कहते है महापुरुषों की गल्ती महाविनाश करती है। कैसे पश्चिमी दर्शन की मृत्यु हुई यह दुखद रहस्य बर्टरेंड रसेल और वाईटहेड के ग्रन्थ 'प्रिंस्पिया मेथेमेटिका' में कैद है। उसे लिखते हुए उनके द्वारा महसूस की गयी मानसिक परेशानियों में पश्चिमी दर्शन की पीड़ा व्यक्त है। पश्चिमी दर्शन विज्ञान की दासता से मुक्ति चाह रहा है। उस ग्रन्थ का तीसरा खंड न लिखने का निर्णय करके दोनों ने स्वयं के दर्शन को विज्ञान से मुक्त कर लिया था। यदि वे कुछ दिन और जीये होते तो शायद वे पश्चिमी दर्शन को विज्ञान की श्रृंखलाओं से मुक्त भी कर लेते।

''पश्चिमी विद्वान भी जानते है कि विच्छेदी बुद्धि में पारंगत हो जाने के मायने विवेकी हो जाना नहीं है, क्योंकि तर्क झूठ को भी सच सिद्ध कर देता है। भारत के ज्ञानीजन ऐसी बुद्धि को जो सच और झूठ दोनों को सच सिद्ध कर दे विपर्यय बुद्धि कहते है। विपर्यय बुद्धि के नशे में बिफरे पश्चिम के आधुनिक वैज्ञानिक अध्यात्म को असत्य कहने लगे है। उनका मस्तिष्क विनाश के पथ पर इतना बढ़ चुका है कि उसके लिए पीछे हटना आगे बढ़ने से अधिक कठिन है। उन्हें आत्मविनाश के पथ से भारतीय मस्तिष्क ही वापस ला सकता है। स्वयं वापस लाने की शक्ति उनके चिन्तन में नहीं रही। वे केवल इन्द्रियों और तर्कबुद्धि के प्रमाण को सत्य मानकर समझ रहे है कि उन्होंने मानव मस्तिष्क को असत्य से सत्य की राह दिखाई है। हुआ उल्टा है—दर्शन को विज्ञान से बाँध कर उन्होंने स्वयं को ऐसे उन्माद से ग्रस्त कर लिया है जो दो विश्वयुद्ध कराकर भी नहीं शान्त हुआ। जो मापदंड उन्होंने बनाये वे जगत को सत्य और ईश्वर को मिथ्या मानते

आये है। 'ब्रह्म सत्य जगत मिथ्या' दार्शनिक मान सकता है या आइंस्टीन जैसा निराभिमानी वैज्ञानिक। यह एक रहस्य है जिसे विज्ञान ने छुपा दिया है पश्चिम की नजर से।

''पश्चिमी वैज्ञानिक भी संकट में, ईश्वर को पुकारते है, लेकिन ईश्वर के अस्तित्त्व को नहीं मानते। इस कारण पश्चिम की जनता एक अनर्गल के भँवर में फँसी हुई है। वह ईश्वर को सत्य कहती है किन्तु पश्चिम के वैज्ञानिक कहते है ईश्वर को सत्य तब मानेगे जब वह अपनी सूरत दिखा दे, यदि आमने-सामने नहीं तो दुर्बीन मे। 'ईश्वर वह सत्य है जो स्वयं को प्रमाणित नहीं करता।' पश्चिम की जनता वैज्ञानिकों के पीछे है चाहें वे विनाश के गर्त में गिरा दे। वह विज्ञान द्वारा उन्हें पहुँचाए गये आराम के लिए वैज्ञानिकों की इतनी ऋणी है कि जान देकर कर्जा उतारने पर उतारू है।

वैज्ञानिकों को पता नहीं है कि पश्चिम के लोग उनके अति कृतज्ञ है, इतने कृतज्ञ कि कृतज्ञता भय में बदल गयी है। वैज्ञानिकों के भय के मारे वे ईश्वर से भी प्रेम नहीं कर पाते, केवल डर सकते है।

प्रज्ञा के अस्तित्त्व को पश्चिम के सबसे बड़े वैज्ञानिक आइंस्टीन ने माना। लेकिन उनके बाद ऐन्द्रिक ज्ञान और उस पर आश्रित यन्त्रों और तर्कबुद्धि को ही ज्ञान का एकमात्र स्त्रोत मान पश्चिम अपनी अध्यात्म बुद्धि को विकसित होने से रोके बैठा है।

न्याय करने के लिए सत्य में विश्वास और श्रद्धा की आवश्यकता है। सत्य का पक्ष केवल विवेक ले सकता है। विवेक अन्य तीन बुद्धियों और आत्मा में होता है, विच्छेदी तर्कबुद्धि में नहीं, जिस पर पश्चिम को अखंड विश्वास है। तर्कबुद्धि सत्य जान ले तो भी सत्य को सत्य नहीं कहती। तार्किक सत्य मान ले तो मान ले। तर्कबुद्धि संशयात्मा जैसी है।

''जिस दिन कानून, जो निर्जीव है, न्याय का केन्द्र आत्मा को बना लेगा, और आत्मा न्यायालय का न्यूक्लियस बन जायगी, उस दिन न्याय की बाढ़ आ जाएगी संसार मे, क्योंकि वह एकमात्र चेतनतत्त्व आत्मा है जिसमे विवेक नामक गुण है जो न्याय को समझता है, जिससे न्याय जन्म लेता है और जिसे न्याय चाहिए।

''समाज में और न्यायालयों में कुछ लोग न्याय को जानने के बाद अन्याय को प्रतिष्ठित करने में लगे रहते है। उनकी प्रवृत्ति असत्य, अनऋत और असुन्दर आचरण को विजय दिलाने की होती है। वे धूर्त और राक्षसी आचरण करते हैं

और दोष कलियुग को देते हैं।

''जो लोग मनुष्यत्व को त्याग देते है उनके चरित्र से सत् निकल जाता है। सत्य के विरुद्ध आचरण को कुछ चतुर लोगों ने कलियुग का धर्म कहकर कलियुग को बदनाम कर रखा है।

''इक्कीसवीं शताब्दी में और सतयुग में अन्तर सिर्फइतना है कि सतयुग में आत्मा स्वत: सत्य को कर्म में उतारती थी। आज आपको अपनी आत्मा से कहना पड़ेगा कि वह जिसे सत्य समझती है उसे कर्म में उतारे।

''सत्य को कर्म बनाओ। तु हें कभी नर्क नहीं मिल सकता। उतना ही बोलो जितना सत्य तुम जानते हो। उससे ज्यादा नहीं उससे कम नही। जैसा सत्य को जानते है उसे वैसा ही व्याकृत करो। कलियुग काल है आत्मा नही। वह मनुष्य आत्मघात कर रहा है जो अपनी आत्मा को विदित सत्य को त्यागकर, असत्य को कलियुग की प्रवृत्ति मान अपने आचरण में असत्य को व्याकृत करता है। वह भूल जाता है कि कलियुग काल का एक भाग है। जैसे काल निस्पृह, निर्लेप है वैसे ही कलियुग भी धर्म-अधर्म दोनों में किसी का पक्ष नहीं लेता। कलियुग न पाप की सहायता करता है न पुण्य की। मनुष्य स्वतन्त्र है निर्णय करने के लिए कि उसे सत्य को व्याकृत करना है कर्म में या असत्य को। मनुष्य इनमें जिसे व्याकृत करता है वही उसका चरित्र और स्वभाव हो जाता है।

''सत्यनिष्ठ लोग कलियुग के बहाने मनुष्यत्व से गिरा हुआ आचरण नहीं अपनाते। कलियुग में कोई शक्ति नहीं कि वह मनुष्य को सत्य आचरण करने से रोक दे। लोग स्वेच्छा से अपनी आत्मा को जीवन के छोटे बड़े सभी कर्मों में प्रकट कर सकते है। उनकी दृढ़ता देख ईश्वर उनकी सहायता करता है। सतयुग, त्रेतायुग, द्वापरयुग और कलियुग चार मानसिक वृत्तियाँ है जो हर समय संसार में विद्यमान रहती है। जो मनुष्य सत्य को कर्म नहीं बनाता स्वयं अपने लिए ही पराया हो जाता है।

''कलियुग काल है और काल आत्माविहीन पदार्थ है। जो आत्मा के सत्य को व्यवहृत करते हैं अपने हर कर्म में और इस पथ पर ही अडिग रहते है वे संसार पर विजय प्राप्त करते हैं।''

हर मनुष्य न्याय का प्यासा

प्रो. व्यास को नव बर सन् 2011 में एक सेमिनार में भाग लेने लन्दन विश्वविद्यालय भेजा गया, हिमालय विश्वविद्यालय के प्रतिनिधि के रूप मे। सेमिनार का विषय था: 'इतनी अदालतो के होते हुए आज हर मनुष्य क्यों न्याय का प्यासा है?'। उन्होंने अपने भाषण में कहा : न्याय के प्यासे सब है, इसका मूल कारण यह है कि न्याय आत्मा का विषय है। आत्मा को न्याय चाहिए। केवल आत्मा न्याय कर सकती है। केवल आत्मा न्याय से तृप्त होती है। आत्मा को पक्षपात नहीं चाहिए। आत्मा को न्याय से कम और न्याय से ज्यादा कुछ नहीं चाहिए। किन्तु वर्तमान न्याय-व्यवस्था ईगो के साथ न्याय करती है, जो नहीं जानती न्याय क्या है।

ईगो की तृप्ति न्याय से नहीं होती। ईगो को केवल विपक्ष की पराजय और अपने पक्ष में पक्षपात तृप्त करता है। अदालतों में अन्याय का कारण यह है कि न्याय का उद्‌गम जज की आत्मा है किन्तु न्याय जज की ईगो करती है। तीसरा कारण है, ईगो स्वयं को आत्मा समझती है। विज्ञान ईगो को आत्मा समझता है। जूरिस्ट ईगो को आत्मा समझते हैं। किन्तु ईगो के सारे गुण आत्मा के गुणों के उल्टे है। चौथा कारण है हर ईगो किसी न किसी धर्म के कानून की किताब से जज करती है दूसरे की ईगो को। ईगो के पास वे आँखें नहीं होती जो अपनी या किसी और की आत्मा को देख सकें। हर धर्म का कानून हर दूसरे धर्म के कानून से भिन्न है। एक धर्म के कानून से जो कर्म सही है उसे दूसरे धर्म का कानून पाप कहता है। सनातन, जैन और बौद्ध -भारत में जन्मे इन तीन प्रमुख धर्मों के अपने कानून की किताबें नहीं है। कारण है—भारतीयों की आत्मा न्याय करती है।

भारत के ऋषि सारी मानवता के हैं। वे कहीं भी होते तो वही कहते जो उन्होंने भारत में कहा। इंगलैंड में भी एक ऋषि हुआ जो सारी मानवता का था—वर्डस्वर्थ। उसकी आवाज वही है जो भारत की रही है। उसे आप सहज ही समझ लेगे। उसे समझ लेगे तो भारत की आवाज भी सुन लेगे। उसने जिस आत्मा के विषय में लिखा था वह वही आत्मा है जिसको भारत के ज्ञानीजन सदा मनुष्य में

एकमात्र अमर तत्त्व मानते आये हैं। यह उस परमात्मा का ही अंश है जिसका वर्णन अँग्रेज कवि वर्डस्वर्थ ने इन पंक्तियों में किया है :

"एक अद्‌भुत वस्तु है जो बेचैन करती है मुझे
ज्ञान की भव्य भावनाओं से
उच्च विचारो के उल्लास से, और दिव्यता से
आत्माका घर छिपते सूरज का प्रकाश है
वह समुद्र में ग भीर घोष कर रही है,
उसकी आवाज आश्वस्त करती है मुझे
उसे प्राप्त कर सकता हूँ मैं
वह यहीं है आसपास मेरे
हवा में यह जीवित स्पर्श आत्मा ही है,
नीले आकाश में वही नीली आभा है
मनुष्य के हृदय में भी वही है,
एक गति है वह जो सब में प्रवाहित है।"

कितना तप करना पड़ा होगा वर्डस्वर्थ को उस आत्मा को अँग्रेजों की चेतना में व्याकृत करने के लिये अँग्रेजी भाषा में बसाने में! किसने फेंक दिया उस अमर तत्त्व को फिर से अव्याकृत रहस्यमय अनन्त में? कोहिनूर से भी असं य गुने कीमती आत्मतत्त्व को, करोड़ों मील की कठिन यात्रा करके वर्डस्वर्थ अपने अँग्रेज भाइयों और बहनों के उत्थान के लिए सृष्टि के परे से, मौन के रहस्यमय अनन्त से उठाकर लाया था। शायद जो लोग जनतन्त्र का नाम लेते है किन्तु साम्राज्य चाहते है, अनमोल आत्मा की कद्र नहीं कर सके।

हम भारतीयों को हमेशा आत्मा याद रहती है। उससे बड़ा कुछ नहीं है हमारे लिये। उससे छोटा भी कुछ नहीं है हमारे लिये। आत्मा हमारा सब कुछ है।

आत्मा कितना बहुमूल्य रत्न है शायद आप इस बात से अन्दाजा लगा सकें—यदि कानून ईगो की जगह आत्मा को न्याय का केन्द्र बना ले तो एक प्राणी को मिला न्याय-अमृत सब प्राणियों को मिल जाया करेगा। सारी धरती न्याय के जल से हरी भरी रहा करेगी।

अधिकांश समाजों ने न्याय के नाम पर शक्तिशाली और धनवान लोगों का पक्षपात करने वाले कानून बनाये है। अधिकांश समाजिक संगठन निर्धन को, दुर्बल को न्याय पाने का अधिकारी नहीं समझते! आत्मा तो भेदभाव कर नहीं

सकती। इस कारण आत्मा की जगह ईगो को न्याय का केन्द्र बनाया गया। उन अन्यायी अज्ञानियों ने सत्ता पाकर अकारण उल्लास की जगह दुख को बसा दिया मानव ह्रदयों में! ऐसे लोग शासक होकर भी यही कहते है कि हमें न्याय नहीं मिला।

''अविद्या मनुष्यों में भेदभाव, अधर्म और अज्ञान को ऊपर कर देती है और प्रेम, मनुष्यत्व और ज्ञान को नीचे। इसके साथ ही लोग संसार में उल्टी बातें और उल्टे कर्म करने लगते है। अविद्या वह अँधेरा है जो उस प्रकाश को खा जाता है जो सच और झूठ को अलग अलग रखता है। नित्य, शुद्ध, बुद्ध, मुक्त आत्मा कभी संसार भर में न्याय-व्यवस्था का केन्द्र थी। तब के ही न्याय की कहानियाँ विभिन्न देशो में विक्रमादित्य, डेनियल और नौ शेरवान के न्याय के नाम से मानवजाति आज भी याद करती है।

आत्मा में लगी न्याय की प्यास को शान्त किये बिना सुख नहीं मिल सकता मनुष्य को। न्याय नहीं मिल रहा है आत्मा को तभी तो समाजों में अपराध और न्यायालयों में अभियोग बढ़ते जा रहे है। ऐसा ही चलने दिया तो मनुष्य के वश में कुछ नहीं रह जाएगा। सारे मनुष्य सत्या हार देंगे। अन्याय और फैल जाएगा। संस्कृति और स यता नष्ट हो जाएँगे। मानव जीवन उसी अनन्त में छिप जाएगा जहाँ सारे प्रकाश छिप जाते है।

ऐसा नहीं है कि सतयुग में पुण्य रहता है और कलियुग में पाप। जिन्हें अज्ञानी जन कलियुग का दोष मानकर पल्ला झाड़ लेते है, वे कलियुग के दोष नहीं, मानवों के दोष है। जिस समय गाँधीजी के सीने को गोडसे गोलियों से भर रहा था उसी समय गांधीजी गोडसे के सीने को रामनाम से भर रहे थे? स्पष्ट है कि उस घटना को दो मनुष्यों ने अंजाम दिया। उनमे एक बुरा था दूसरा अच्छा। इस घटना में कलियुग का कोई रोल नहीं था। एक आत्मा के जघन्य अपराध के प्रति दूसरी आत्मा में भव्य क्षमा थी।

''चरित्र मनुष्यों का होता है। सत्य यह है कि जो जैसे कर्म करता है वैसी ही उसकी प्रवृत्ति हो जाती है। अधिकांश आधुनिक लोग लोभ, मद, ईर्ष्या, प्रतिशोध, क्रोधादि नकारात्मक भावनाओं को सेकुलर भावनाएँ मानकर ह्रदय में पालने लगे है। वे उन्हें रोक नहीं पाते क्योंकि सेकुलरइज्म ने धार्मिक सदाचार को भी धर्म का हिस्सा मानकर त्याग दिया है। क्षमा, करुणा, लज्जा, सत्यनिष्ठा और स बन्धों की पवित्रता को धार्मिक भावनाएँ मानकर सेकुलर लोग दबा देते है। ऐसे लोगों को चाहे जितना सुख मिल जाय वे न्याय के प्यासे ही रहेगे। कारण यह है कि उनके

कर्म अन्याय, सत्य से पलायन और आड बर से जनम लेते है। लोभादि मत्सर अन्याय है शक्तिशाली और धनवान शासकों का गरीबों के प्रति। जो सेकुलरवाद इस अन्याय को अन्याय नहीं मानता वह मनुष्य का सिद्धान्त नहीं हो सकता।

''ऐसा क्यों है कि इक्कीसवीं शताब्दी के निर्धन या अर्द्ध–धनवान देशों में भ्रष्टाचार महामारी की तरह फैल गया है, जबकि इसी इक्कीसवीं शताब्दी में स्वीडन, नार्वे, डेनमार्क आदि देशों में नहीं फैला? इसका कारण है डेनमार्क आदि देशों के शासकों और धनवानों में अपने देश के नि न वर्गों के प्रति न्याय भावना का होना। यदि कलियुग के कारण भ्रष्टाचार फैला होता तो कुछ देशों में ही क्यों फैला, सबमे क्यों नहीं, क्योंकि कलियुग पूरी पृथ्वी पर है, केवल निर्धन देशों में नही। कलियुग के कारण नहीं, भ्रष्टाचार बुरी नीयत के कारण फैलता है। बुरी नीयत अन्याय का दूसरा नाम है।

''मनुष्य स्वतन्त्र है जैसा भी चाहे चरित्र बना ले। मनुष्य स्वयं बिगाड़ता है अपना चरित्र। समाज, शासन और परिवार प्रेरक या सहयोगी हो सकते है चरित्र बिगाड़ने में। किन्तु मनुष्य को स्वतन्त्रता अवश्य होती है कि वह चाहे तो न बिगड़े। न्यायविहीन, पक्षपाती और भ्रष्ट सरकार सबसे बडा कारण हो सकती है नागरिकों का चरित्र बिगाड़ने का। ऐसे कुछ धर्म भी है जो दूसरे धर्म वालों के साथ क्रूरता और अन्याय करने को धर्म मानते है, और अपने अनुयायियों के मनुष्यत्व को, कमजोरी कहकर, नष्ट कर देते हैं। ऐसे लोगों के गुरु मानुष होकर अमानुष हो गये है, किसी मानसिक कमजोरी या रोग के कारण। जो मनुष्यत्व से गिरा हुआ आचरण सिखाये वह गुरु नहीं सबसे बड़ा शत्रु है। वह मनुष्य जन्म लेकर भी राक्षस हो गया है। कोई भी गुरु नहीं हुआ जो अपने अनुयायियों से अमानुषिक आचरण कराकर सुख शान्ति से जीया हो।

''मनुष्य स्वतन्त्र है निर्णय करने के लिए कि उसे सत्य, ऋत् और न्याय को व्याकृत करना है कर्म में या असत्य, अनृत और अन्याय को। वह जिसे व्याकृत करता है वही उसका चरित्र हो जाता है। जो आत्मा अन्याय को त्याग देती है ऐसी आत्मा के आगे न्याय का पथ स्वत: प्रकट हो जाता है। जो आत्माएँ आचरण शिथिल कर लेती है उनका जीवन रोगग्रस्त, दुखमय और दुखदायी हो जाता है। सत्यनिष्ठ लोग किसी भी युग में अन्य जीवों के प्रति अन्याय नहीं करते। मनुष्यत्व से गिरा हुआ आचरण नहीं अपनाते। वे अपनी आत्मा में समाए न्याय को जीवन के छोटे बड़े सभी कर्मो में व्याकृत करने में लगे रहते है। मनुष्यत्व सबसे बड़ा न्याय का स्रोत है हर मनुष्य मे। मनुष्य को मनुष्यत्व का कभी त्याग नहीं करना

चाहिए और अपनी आत्मा में छुपे अन्य जीवों के प्रति न्याय को निर्भय होकर जीवन में व्याकृत करना चाहिए।

''जो लोग कलियुग को पाप और अधर्म में सहायक समझने लगते है वे त्रुटि करते है। कलियुग में भी अन्ततः वे ही सफल होते है जो सत्य या न्याय को व्याकृत करते हैं अपने हर कर्म में, और इस पथ पर ही अडिग रहते है।

''नारी के प्रति न्याय किये बिना न्याय की बात अधूरी है, जो व्यक्ति निर्दोष जनता को मारे, स्त्रियों के शील पर बलात्कार करे, उस शत्रु से अपने लोगों की रक्षा करने के बजाय उससे मैत्री करना अन्याय है। ऐसा अन्याय करने वाले शासक अपने देशवासियों के और अपने साथ न्याय नहीं करते। इस कारण यह देशद्रोह है। जिन पूर्वजो ने कीर्तिमान बनाये उन्हीं की सन्तान अकीर्ति अर्जित करे तो यह देशद्रोह के कारण है। ऐसे लोग अपने और अपने परिवार के हृदयों में पाप की गिरहे डाल देते है। पाप की उन गिरहों को खोलने वाले न्याय-वीर है। जो उन गिरहों को खोले बिना, अन्यायी के साथ मिलकर रहने की बात करते है उन्हें वोट के लोभी, अन्यायी राजनीति करने वाले जुआरी समझना चाहिए।

''जो राष्ट्र की शक्ति के साथ अन्याय करे ऐसा शासक एक वीर कन्या के साथ कभी न्याय नहीं कर सकता। वह महसूस ही नहीं कर सकता कन्या की उस मर्मान्तक पीड़ा को जिसे अपनी पवित्रता खोनी पड़ी केवल इस कारण कि वह अबला कन्या है, और उसके देश की पुलिस में इतनी संवेदना नहीं है कि वह एक अबला की रक्षा किसी दुष्ट से करे। ऐसे शासक 'कन्या की पवित्रता' जैसे शब्दों को मिटा देते है शब्दकोश से। उस जाति का इतिहास कितना भी गौरवशाली हो एक कन्या के मान के प्रति ऐसा अन्याय उस गौरवशाली इतिहास पर दाग लगा देता है।

''ऐसे शासक आर्य वीरों को युद्धस्थल में शस्त्र छोड़ शत्रु के सारे दुष्कर्म भुलाकर उसे गले लगाना सिखाते है। ऐसे शासक का शत्रु भी उपहास उड़ाते है। झूठे मन से गले लगाना रहा सहा स मान भी लुटवा देता है। न्याय जैसे कर्तव्य के प्रति शासकों के ऐसे अन्याय का उन्मूलन करना, उन्हें स्पष्ट रूप से बता देना कि सत्य को निष्पक्ष हो व्यवहार में उतारना ही न्याय है। जहाँ सत्य को झुठलाना सिखाया जाता हो वहाँ न्याय नहीं हो सकता, कदापि नहीं हो सकता। आज के सत्ता लोभी सत्य का पालन करने वालों के प्रति कठोरता और असत्य का पालन करने वालो के प्रति मैत्रीभाव रखते है, क्योंकि उनके लिए सत्य सत्ता के मार्ग में आयी अड़चन है और असत्य का पालन करने वाले विरोधी भी काले धन से

अपने पक्ष में किये जा सकते है। सदाचारी नारी के सदाचार की रक्षा भी सत्ताधारियों की दृष्टि में उलझन है, जिसमे पड़ने से दबंग और वोट डलवाने वाले लोग नाराज हो जाएँगे। वे यहां नीति बनाते हुए भूल जाते है कि शास्त्र कहता है कि हर नारी में दुर्गा है। उनकी प्रथम आवश्यकता सत्ता है, देश की नारी का सतीत्व नहीं। फैशन के मारे कम वस्त्र पहनने वाली लड़कियों को वे और उनकी पुलिस भली लड़कियाँ नहीं मानते। अगर सचमुच यह अनहोनी हो गयी है कि नारी जाति का चरित्र ही खो गया है, तो भी उन्हें नारियों की शिकायत पर कार्रवाही करनी चाहिए, क्योंकि संविधान उन्हें मनचाहे वस्त्र पहनने की स्वतन्त्रता देता है। संविधान उन्हें यह स्वतन्त्रता भी देता है कि वे जिस पुरुष को चाहे मित्र बनाये, जिसे न चाहे न बनाये। उनके स्वेच्छा पालन की रक्षा करना शासन का कर्तव्य है। यदि पुलिस या नेता इस बात का बुरा मानने लगे कि लड़कियाँ उन्हें न चाहकर औरों को चाहती है तो यह ईर्ष्या है, जिससे निवृत्ति मनुष्य को स्वयं प्राप्त करनी पड़ती है। इसके मायने ये तो नहीं कि भारत के धर्म ऐसे धर्मों के पीछे चले जिन्होंने इसका हल पर्दा-प्रथा में ढूँढ़ा मगर पा न सके।

''संकीर्ण पड़ोसी देश से भारतीय स प्रदायों की कन्याओं के साथ होते अन्याय के विरुद्ध चीत्कारें मैं सुन रहा हूँ, आप सुन रहे है, किन्तु दोनों सरकारें नहीं सुनती। इसे राजनीतिज्ञों ने उस देश का आन्तरिक मामला कह कर उपेक्षित कर दिया है। न्याय की दृष्टि से नारी के साथ कही भी हो रहा अत्याचार मनुष्यत्व पर आक्रमण है। कितना आसान है मनुष्यत्व के स बन्ध असहाय कन्याओं से तोड़ लेना। उनके साथ अत्याचार, अपहरण और मार-मार कर धर्म परिवर्तन सब मनुष्यत्व के विरुद्ध अपराध है। खून सफेद पानी हो जाता है, भारत में, सत्ता की मदिरा पीने वालो का। वे आस्था, विश्वास और मनुष्यत्व के नाते भी तोड़ चुके है अपने स प्रदाय की कन्याओं से जो बँटवारे में दूसरे देश में छूट गयी। । भारत के नेताओं को यह प्रश्न किसी अन्तर्राष्ट्रीय मंच पर उठाते हुए लज्जा लगती है।

''एक स प्रदाय के थोड़े से बचे रह गये नागरिकों को, जो सा प्रदायिक नरसंहार के कारण घर छोड़ कर चले गये थे, फिर से घाटी में उनके ही घरों में बसाने की बात करता है भारत तो यह न्याय है। किन्तु संकीर्ण पड़ोसी देश कहता है विस्थापितों को उनके घरों में पुनः बसाकर भारत हमारे स प्रदाय के लोगों की सं या का सन्तुलन बिगाड़ रहा है।

''यह वही देश है जिसमे छोटे लड़के भी जानते थे कि अबलाओ की रक्षा करके ही पौरुष अपने शवाब पर आता है। पौरुष के ये प्रथम पाठ भी भुलवा

दिये जिस राजनीति ने वह किसी देश या जाति के मनुष्यत्व का उद्धार नहीं कर सकती। उसे सत्ता लोभियों की जमात से अधिक समझने की भूल नहीं करनी चाहिए। उन्हें किसी क्षेत्र का प्रतिनिधि समझोगे तो उस क्षेत्र वाले तुमसे कहेगे, 'हमें गाली मत दो। वे प्रतिनिधि जीवन भर वेतन पाते है सरकार से केवल एक बार जनता का वोट पाकर। वे जिनके पौरुष मर चुके है, जो आतंक से त्रस्त कन्याओं की रक्षा के लिए एक आवाज भी नहीं निकालते, उन्हें उनके पाँच साल पूरे होने के बाद फिर से भेजो जनता के बीच जीविका कमाने को, जो मनुष्यत्व की शान नहीं समझते कन्याओं को, जो उन्हें दुष्ट प्रकृति के पुरुषों से लड़ने संसार में अकेला छोड़ देते है, वे अपनी रक्षा के लिए किस जनतन्त्र के या किस मनुष्यत्व के नियम से अपने लिए अंगरक्षकों की नियुक्ति करते है?

''पौरुष को स्वभाव से नारी का रक्षक बनाया है प्रकृति ने। प्रकृति के नियमें में हेरफेर करने का अधिकार किसने दिया नेताओं को? नारी की रक्षा न करके भारतीय शासक कितने दुर्बल हो गये है इसका आंकलन किया कभी सरकार ने! जनतन्त्र मन्त्रियों, सांसदों और विधायकों की सामन्तशाही नहीं होता। सामन्तशाही को भारत सन् 1947 में बहुत पीछे छोड़ चुका है। क्या इसे छद्म रूप से पिछले दरवाजे से सांसदों की सेवा में ले लेना राष्ट्रद्रोह नहीं है?

''गरीबों के झोपड़ों में पलती इज्जत गरीबों की कन्याएँ, सत्तावानों को ढोंग लगने लगी है।वे वीर क्यों बेघर हो गये रीढ़ हीनों के शासन में जो हर गरीब की लड़की की आन को अपनी आन समझते थे? नारी स्वतन्त्रता को विपर्यय बुद्धि से प्रोत्साहित करके पहले स्वच्छन्दता में बदला राजनीतिज्ञों ने ताकि भारत की नारियाँ बदनाम हो जाए। उन्हें बदनाम करके उन्हें अकेला छोड़ दिया सड़कों पर तमाशा देखने के लिए।

''भारतीयों को समझना होगा कि नारी को असुरक्षित महसूस कराकर कोई भी देश स्वयं को असुरक्षित कर लेता है। नारी का स मान करना सफल राजनीति का प्रथम पाठ है। जब स्त्रियों की गली सत्ताधारियों की गलियों में आकर खो जाती है तो पुरुषों का आत्मस मान बहुत सस्ता हो जाता है।

''भ्रष्ट हुए स्वतन्त्र भारत के शासकों ने सदाचार की गंगा का प्रवाह उल्टा कर दिया। स्त्री सांसदों से उनकी अनबन हो गयी। स्त्री सांसदों का तो वे कुछ नहीं बिगाड़ सके, किन्तु देश के नारीत्व की जितनी बेइज्जती वे करा सकते थे उन्होंने करा दी। स्त्रियों का अपमान करने का उन्हें प्रकृति ने दंड यह दिया कि उन्हें

अपनी इज्जत की परवाह न रही। प्रजातन्त्र के ठेकेदार निर्लज्जता के बन्दी हो गये, और उन्होंने काला धन इतना जमा कर लिया कि हजार वर्षों से कब्र में सो रहे विदेशी लुटेरों की आँखें भी ईर्ष्या के मारे खुल गयी।''

संसार रूपी छलावे का भी आधार सत्य है

प्रोम्न व्यास का दूसरा प्रवचन विद्यार्थियों को नि न था :

''आधुनिक मनोविज्ञान, अर्थशास्त्र, राजनीतिशास्त्र, जीवशास्त्र के वेत्ताओं—जैसे फ्रायड, युंग, डारविन, विलियम जे स, एडम स्मिथ, मार्क्स, लेनिन आदि—ने कह दिया कि मनुष्य स्वभाव से तामसिक है। आधुनिक विद्वानों का बल पाकर मनुष्य को तामसिक चरित्र वाला प्राणी मान लिया गया। यह भारत में व्याकृत ज्ञान जानने की चेष्टा किसी ने नहीं की कि मानव में विद्यमान दो ईश्वरीय तत्त्वों, मनुष्यत्व और आत्मा, का समन्वय मानव चरित्र को तामसिक से सात्विक कर देता है।

''सात्विक चरित्र का निर्माण करना बच्चों को बचपन से सिखाना बड़ो का कर्तव्य है। सात्विक चरित्र आत्मयज्ञ से प्राप्त किया जाता है। मानव जन्म से भोला होता है। भौतिक वस्तुओं के प्रति लालच उसके भोलेपन को मारना शुरू कर देता है। भारत में किशोरों को अध्यात्म ज्ञान के प्रति जगाया जाता था। बचपन से मानवीय संवेदनाएँ—प्रेम, मैत्री, करुणा, क्षमा, निर्भयता आदि—मानव हृदय में प्रबल होने लगती थी। अन्यथा मानव में भौतिक वस्तुओं के प्रति लालच और अतिभौतिक वस्तुओं, जैसे भूत प्रेतादि के प्रति भय पैदा हो जाता है। लालच और भय से बचाने के लिए भारतीय ऋषि बच्चों को आदर्श मनुष्य के गुणों को सत्य मानना और हृदय में जगाना सिखाते थे।

''यौवन और लड़कपन के बीच के संधिकाल में उन्हें शिक्षा दी जाती थी 'परमात्मा हर मनुष्य के हृदय में दो रूपों में विराजित है—आत्मा और मनुष्यत्व। अब तक प्रकृति ने तु हारे लालन पालन में तु हारी माता की सहायता की। अब तुम किशोर हो गये हो, अपनी देखभाल स्वयं कर सकते हो। याद रखो तुममे दो तत्त्व, आत्मा और मनुष्यत्व, अमर है जो कभी नहीं मर सकते। इन्हें कोई नहीं मार सकता। मनुष्यत्व ऐसा तत्त्व है जो बार-बार मर कर भी फिर जी उठता है। मनुष्यत्व प्रेम, मैत्री, करुणा, क्षमा आदि भावनाओं में रहता है। ये भावनाएँ जरा सी

चोट लगते ही लगेगा मर गयीं। मगर मत भूलना कि ये अमर है। कभी कभी तो बरसों बाद पुनः जीवित होती हैं। जल्दी या देर मे, जब भी पुनः जीवित हो इनकी खूबी यह है कि किसी भी पिछली चोट से ये भावनाएँ फीकी नहीं पड़ती। चोटों का इनके जोश पर कोई असर नहीं पड़ता। हर मनुष्य अपने मनुष्यत्व और आत्मा को एक-दूसरे में ऐसे समन्वित करें कि दोनों एक-दूसरे के अंग बन जाएँ।'

''भारत में सदा कुछ विद्वान लगे रहे सिद्ध करने में कि मानव का और संसार का मूल चरित्र सात्विक है। अगर मैला हो गया हो तो इसे सात्विक कर लेना चाहिए। बीसवीं शताब्दी में टॉल्सटाय और महात्मा गाँधी ने अपने चरित्र को तामसिक से सात्विक बनाया। यह शुभ चिह्न है कि इक्कीसवीं शताब्दी के लोग यह नहीं मानते कि मनुष्य स्वभाव से दुष्ट है। इनका मानना है कि मनुष्य का स्वभाव कुशासन के कारण विकृत हुआ है। मनुष्य स्वभाव से सच्चा और निर्दोष प्राणी है। ऋषियों की तरह कुछ पश्चिमी विद्वान, जैसे—रूसो, भी मानते है कि अस य मनुष्य भी भोला और सच्चा था। मनुष्य भ्रष्ट होता है कुशासन के कारण।

''सत्य के अलावा कोई आधार नहीं था, न जीवन का, न राष्ट्र का, न संसार का। हमारे प्राचीनतम पूर्वज भी जानते थे कि संसार एक छलावा है। संसार रूपी छलावे का अनुभव करके इसे छलावा मानने में यदि हमारे पूर्वज लग जाते तो संस्कृति, साहित्य और दर्शन के उन चरम शिखरों पर न पहुँच पाते जहाँ वे पाँच हजार साल पहले ही पहुँच गये थे। हमारे पूर्वजो के लिए महत्त्वपूर्ण बात यह नहीं थी कि संसार एक छलावा है। उनके लिए महत्त्वपूर्ण बात यह थी कि इस छलावे का भी आधार सत्य है। वे उस सत्य का चिन्तन करते थे, संसार का नहीं। संसार में जीने का सलीका उन्होंने सत्य से सिखा था, संसार का अनुभव करके नही। प्राचीन भारत संसार का सबसे समृद्ध देश था, क्योंकि उसने पृथ्वी को लूटकर नहीं, सत्य को आचरण बनाकर धन कमाने के गुर सीखे थे। सत्रहवीं शताब्दी में पश्चिमी देशों ने धनवान होने का आसान तरीका ढूँढ़ा—पृथ्वी के गर्भ से हीरे, सोना चाँदी और अन्य कीमती वस्तुएँ निकाल लो। इसने तीन शताब्दियों में ही पर्यावरण को बिगाड़ दिया।''

''भारत सरकार ने 1991 में खुला बाजार नीति अपनायी। दुख यह है कि खुला बाजार व्यापार की सीमा में नहीं रहा। यह सारे जीवन पर छा गया। इससे जीवन की समस्याएँ हल नहीं हुई, बढ़ गयी। मनुष्य ने मोल लगाकर सब चीजें बेच दी। बस एक सुन्दर सुसंस्कृत जीवन का मोल लगाना भूल गया। सुन्दर सुसंस्कृत जीवन जो सबसे ज्यादा कीमती था खुले बाजार की चहल पहल में ही

नष्ट हो गया। उसे पुनर्जीवित करने के लिए मैं आप लोगों का आह्वान करता हूँ कि आप खुले बाजार के शोर में भी अपने हृदय की आवाज सुनने का अ यास करे। यह आवाज सुनाई नहीं देगी आज की दुनिया मे। यदि इस आवाज को आप अपने हृदय में सुनने का अ यास नहीं करेगे तो इस आवाज को आप भूल जाएँगे। बहुत से देश है जिनमें यह आवाज अब सुनाई नहीं देती। भारत में मनुष्यत्व की आवाज बार-बार उठायी हर अवतार, हर ऋषि, हर तीर्थंकर, हर बुद्ध ने। पश्चिम में ऐसी आवाज सुकरात की थी जिसे कुचल कर मनुष्यत्व की अपार हानि हुई। मनुष्यत्व की आवाज को रोमन साम्राज्य ने साम्राज्यवाद के नगाड़े बजा कर दबा दिया। यह वह आवाज है जिसे हर जनतन्त्र मनुष्यत्व की आवाज मानकर पसन्द करता है, किन्तु जब जनतन्त्र के शासकों को साम्राज्य का नशा चढ़ता है वे मनुष्यत्व का दम घोट देते है। भारत मनुष्यत्व का गढ़ था, किन्तु 1991 से 2011 के बीच मनुष्यत्व की वह आवाज भारत से भी आनी बन्द हो गयी है।

''दो विश्वयुद्धों के दौरान मनुष्यत्व की आवाज को जीवित रखने के लिए मनुष्यत्व के महान योद्धाओं—आइन्सटीन, आनन्द कुमारस्वामी, चार्ली चैप्लेन आदि को अपना घर छोड़ दूसरे देश भागना पड़ा था। इन विश्व-नागरिकों का दोष बस इतना था कि इन्होंने मनुष्यत्व की आवाज को दबने नहीं दिया और विश्वयुद्ध का विरोध किया था। इसलिए राजनीतिज्ञ उन्हें सह न सके। ऐसी दुनिया में मनुष्यत्व नहीं जी सकता जहाँ मनुष्यत्व के प्रति गहरी संवेदना वालो को राजनीतिज्ञ देशद्रोही कहें।

''मनुष्यत्व मानव मात्र का धर्म है। सेकुलर राष्ट्रों का दुर्भाग्य अभिमान बन गया है। उनका अभिमान इतना बढ़ गया है कि सेकुलर मनुष्य स्वयं को मनुष्यत्व से भी उच्च स्तर की चीज समझते है। इस कारण सेकुलर राष्ट्र मनुष्यत्व खो बैठे है। सेकुलरइज्म मनुष्यत्व का ही पुत्र है, जो राजनीति करने वालों के घर पल कर बेगाना हो गया।

''भारत बीसवीं शताब्दी के आर भ में भी पश्चिम की धन कमाने की नीति का कायल नहीं था। किन्तु 1991 में विश्व के धनवान देश भारत की समझ को खंडित करके भारत के नेताओं की समझ को अपनी समझ जैसा बनाने में सफल हो गये। भारत के शासक यदि सत्य की पर परा को बनाये रखते राष्ट्रीय जीवन में तो भारत स्वच्छ और सच्चरित्र रहता, खुले बाजार की नीति को अपनाकर भी।

''उस समय भारत के कर्णधार ऐसे लोग हो गये जिन्हें लोभ सत्य से ज्यादा कीमती लगा। उन्होंने पश्चिम के देशों की कूटनीति क्या अपनायी, उन्होंने अपने

देशवासियों के साथ भी सत्य के स बन्ध त्याग कर झूठे और कूटनीति के स बन्ध अपना लिए। जनतन्त्र का आधार है सरकार और जनता के बीच सच्चा स बन्ध। भारत सरकार ने जनता से सत्य का स बन्ध तोड़ लिया और गैरों जैसे कूटनीति के स बन्ध बना लिये। यह उल्टा चलन भारत सरकार ने अमेरिका, इंग्लैंड और सा यवादी रूस और चीन से सिख लिया। नतीजा यह हुआ कि भारत सरकार की आखों के आगे भारत का सत्य मर गया। उसके बाद 1991 से 2013 तक जनता और सरकार के बीच कूटनीति, अविश्वास, छल कपट के खेल आम बात हो गये। जनता की आवाज भारतीय शासन से गाायब हो गयी। सभी राजनैतिक पार्टियाँ एक-दूसरे से और जनता से कूटनीति के सधे सधाये झूठ बोलने लगी।

''इसके बाद जनता ने भी सत्य का आसरा त्याग दिया और जिसको जिस काम में धन मिला, बिना सोचे विचारे, वह उस काम को करके धन कमाने लगा। धर्म को संविधान द्वारा त्यागे जाने का दुष्फल यह हुआ कि लोग धर्म को अधर्म से भी गिरी वस्तु समझने लगे। जब धर्म हट गया आचरण से तो मिलावट से लेकर देह व्यापार तक सब खुले व्यापार बन गये। जिसको गौ-मांस बेचने में फायदा नजर आया वह भूल गया 85 प्रतिशत भारतीयों की संवेदना को। जो देश गौ-मांस को धर्मनाश का संकेत समझता था उसके नेताओं ने भारत को गोमांस का महानिर्याता बना दिया।

''जो नकली दूध या नकली मावा बनाकर कमा सकते थे उन्होंने इस रास्ते धन कमा लिया। जो डॉक्टर या वकील थे और व्यापार करना भी जानते थे उन्होंने अपने पेशे को ही सेवा भाव से अलग कर व्यापार की पैनी धार दे दी, जो देह बेचकर जल्दी अमीर हो सकते थे वे सारी लाज सरम छोड़ इसमें लग गये।''

''शासन व्यवस्था जैसी थी वैसी भी न रही। टू जी, कामनवेल्थ खेल, कोयला घोटाला और पुलिस को नारी की रक्षा के प्रति शिथिल करने वाला चारित्रिक घोटाला—ये चार घोटाले थे 2004 से 2013 के बीच भारत सरकार के। इनकी आँधी ने भारत की हजारों वर्षों से जीवित चली आ रही संस्कृति और सत्य के प्रयोगों को इतनी धूल से ढँक दिया कि वे दिखने ही बन्द हो गये।''

इक्कीसवीं शताब्दी और व्यास

प्रो. व्यास का तीसरा प्रवचन नि न था :

''आठवीं शताब्दी में सिंध की अरबों से पराजय के बाद छोटे छोटे राज्यों में बँटे भारत के शासकों में गुलामी के तीन लक्षण उभरे—परस्पर विद्वेष, वर्णवाद और ईर्ष्या। विदेशी शासकों ने इनकी निजी स पत्ति भी छीनकर इन्हें ऐसे छटपटाता छोड़ा था कि इन्हें स पत्ति आधी देह लगने लगी थी। इनका अध्यात्मवाद शुद्ध नहीं रह पाया था और आधा पदार्थवाद हो गया था। अध्यात्म तत्त्व और पदार्थ तत्त्व दोनों परस्पर जुड़ जाएँ किसी व्यक्ति की चेतना में तो उसे न पदार्थ का स यक ज्ञान हो सकता है न अध्यात्म का।

''मरुभूमि की निर्मम कठोरता केवल अरब में नहीं थी, भारत में भी थी। किन्तु जहाँ राजस्थान में रेगिस्तान ने सच्ची वीरता, करुणा, क्षमा, प्रेम उत्पन्न किया, वहाँ विश्व के कई अन्य रेगिस्तान वालों ने नृशंसता, और सुखी घरों को लूटकर उन्हें अपना दुख देने की प्रवृत्ति विकसित की।

''भारत में बर्फीले इलाके भी है जैसे हिमालय जहाँ मौसम उतना ही कठोर है जितना शेष विश्व के बर्फीले देशों में। किन्तु वहाँ भी प्राचीन काल से बौद्ध, जैन और सनातन धर्मों ने लोगों को नृशंस न होने का उपदेश दिया था। उन्हें कहा था कि दूसरों का सुख लूटने और अपना दुख उन्हें देने से दुख दूर नहीं होता।

''विदेशी आक्रमणकारियों का उद्देश्य दोगला था। उनका एक उद्देश्य था राज्य हथियाना और दूसरा उद्देश्य था सारे भारतीयों का धर्म परिवर्तित करना, बिना यह बताए कि उनका धर्म क्या है। यह अनोखी बात है कि इतिहास में कोई घटना अंकित नहीं है जब सदुपदेश से भारतीयों का हृदय परिवर्तित करके उनका धर्म बदला हो। सदा प्रलोभन, मृत्यु-भय या छल से विदेशियों ने भारतीयों का धर्म बदला। उन्होंने आत्मा को प्रकाशित नहीं किया। उन्होंने आत्मा को भुलवा दिया कि उसमे अनन्त प्रकाश छुपा है। यह भी भुलवा दिया कि आत्मा और परमात्मा एक है।

"भारतीय सोच बैठे कि जैसे सारे भारतीय धर्म संसार से स्वतन्त्र होकर मोक्ष प्राप्त करना सिखाते है वैसे ही विदेशी धर्म भी होगे। यह विड बना है कि दयानन्द सरस्वती से पहले किसी ने यह नहीं बताया कि विदेशी धर्म क्या कहते है। सारे भारत में कोई भी उन धर्मों का ज्ञाता नहीं था जिन्हे विदेशी भारत में लाए।

"भारत के लोग धन, रूप, यौवन, ज्ञान, वीरता, शील आदि किसी भी गुण के कारण किये गये अहंकार को दुर्गुण समझते थे। किन्तु यह नहीं जानते थे कि अहंकार का त्याग वही कर सकता है जो अपनी आत्मा को अपने व्यक्तित्व का केन्द्र बना दे। अनन्त बलशाली आत्मा अभिमानी के बल से हजार गुनी बलवान है। किन्तु जो व्यक्ति अपनी आत्मा को अपने व्यक्तित्व का केन्द्र बनाये बिना, अपने अभिमान को अपने व्यक्तित्व के केन्द्र से हटा देता है उसमें अपनी देह को संभालने की शक्ति भी नहीं रहती। मनुष्य की प्रकृति अपनी एक विकृति—अभिमान—में परिवर्तित होकर ही मनुष्य के व्यक्तित्व का केन्द्र बन पाती है। ब्रह्म को जो अपने व्यक्तित्व का केन्द्र स्थित शासक बना लेता है वह संसार पर राज्य करता है। जिसके व्यक्तित्व का शासक उसका आत्मा है उसे कोई भी दास नहीं बना सकता। जिसके व्यक्तित्व के केन्द्र में प्रकृति शासन करती है वह कभी देशद्राही नहीं हो सकता। उसका स्वाभिमान उसका सर ऊँचा रखता है। जिस व्यक्ति के व्यक्तित्व के केन्द्र में ब्रह्म या आत्मा शासन नहीं करते, उसे अपने अभिमान को अपने व्यक्तित्व का शासक बने रहने देना चाहिए। यदि वह अभिमान को हटा देगा तो उसमें कोई शक्ति नहीं रह जाएगी जो उसकी स्वतन्त्रता को बनाये रख सके और उसे देशद्रोह करने से रोके।

"भारत एक हजार साल तक गुलाम इस कारण बना कि यहाँ अधिकांश लोग आत्मयज्ञ को भूल गये, जिससे ब्रह्म या आत्मा व्यक्तित्व पर शासन करते। उन्हें सिर्फअभिमान मिला अपने व्यक्तित्व पर शासन करता हुआ। उनके अभिमान को शत्रुओं ने तोड़ दिया। अधिकांश ने स्वयं अभिमान को बेकार की चीज मान कर तोड़ दिया। अभिमानी में यदि स्वाभिमान शासन करता है, जो स्वयं प्रकृति है, उस स्वाभिमानी का कभी नाश नहीं होता।

"आत्मा का ज्ञान प्राप्त करो। आत्मा का ज्ञान प्राप्त करके तुम सबको अपनी एकता का भी ज्ञान हो जाएगा। एकता के उस ज्ञान को यथार्थ बनाओ। यथार्थ बनाने के लिए पराप्रकृति पर तुममे से प्रत्येक की आत्मा आत्मबलि देकर पराप्रकृति से पुनर्जन्म ले। तु हें आत्मज्ञानियों का संगठित समाज पृथ्वी पर बनाना है। भारत में आत्मज्ञानियों ने अपना समाज नहीं बनाया और अकेले विचरण करते

रहे। अकेले रहकर उनमें से कुछ को अपने आत्मज्ञान का अभिमान हो गया। उनमें से कुछ अज्ञानियों को श्राप देने लगे और कुछ में विश्वामित्र और वसिष्ठ जैसा बैर पैदा हो गया। श्राप और आत्मज्ञानियों के बीच बैर के भय से लोग आत्मज्ञानियों से दूर रहने लगे। आत्मज्ञानियों ने सब संसारियों को सदाचार तो सिखाया, किन्तु आत्मज्ञान नहीं, क्योंकि सदाचार से बहुत समय बाद आत्मज्ञान स्वत: हो जाता है। अच्छा होता अगर वे आत्मज्ञान भी सिखाते।

''आज इक्कीसवीं शताब्दी में अधिकांश लोगों की बुद्धि जान गयी है कि आत्मज्ञान मनुष्य का धर्म है, क्योंकि आत्मज्ञान से मनुष्य को विश्वास होता है कि सब आत्माएँ एक है। एक-दूसरे की आत्मा को अपनी आत्मा ज़ैसा करते देखकर आत्माओं में परस्पर प्रेम उत्पन्न होता है। किन्तु इस बौद्धिक ज्ञान को आत्मा नहीं सीख पाती, क्योंकि आत्मा में ज्ञान आचरण से उपजता है। आत्मज्ञान सबसे सरल और सच्चा संगठनकर्ता है, जो समग्र मानव समाज को एक कर सकता है। जब तक आत्मज्ञानियों का समाज नहीं बनेगा संसार का उद्धार नहीं हो सकता।

''संसार की रीत है हर सिद्धान्त का विपरीत उत्पन्न हो जाता है। विगत एक हजार वर्षों में आत्मज्ञान को सदाचार से सीखना और भी कठिन हो गया है, क्योंकि अज्ञानियों ने आत्मज्ञान के विपरीत भोगी स प्रदाय बना लिये, जो काम, क्रोध, ईर्ष्या, मद, लोभादि दुर्गुणों को तृप्त करने को बुद्धिमानी समझने लगे। वे कहने लगे कि भगवान केवल साँस फूँकता है मनुष्य में जो मरने के साथ खत्म हो जाती है। केवल देह रह जाती है जिसे स्वर्ग या नर्क इस आधार पर दिया जाता है कि किसने अपना स प्रदाय औरो का धर्म नष्ट करके फैलाया। वे आत्मज्ञान को मूर्खता कहने लगे। उन्होंने बड़ी बड़ी सेनाएँ बना कर सारे देशों और समाजों में हत्या, लूटमार और उच्छृंखल विलास का साम्राज्य फैला दिया। उनका केवल दूसरों के संसारी सुखों को लूटने वाला स प्रदाय था, जिसे उन्होंने अपनी कल्पना में ईश्वर से जोड़ लिया। आत्मज्ञान न होने के कारण विश्व की अधिकांश जनता अज्ञानी थी और भोजन के लिए उसे कठिन परिश्रम करना पड़ता था।

''सतर्क रहो आत्मज्ञानियों को अकेला घेर कर सारे संसार पर राज्य करने का अभिलाषी कोई स प्रदाय तु हें अपनी सा प्रदायिकता दे देगा। याद रखो जिस देश के ज्ञानीजन सत्य के आधार पर संगठित नहीं होते, उन्हें अन्धाधुन्ध हिंसा करके सा प्रदायिक गिरोहबन्द लोग अपने स प्रदाय में बन्द कर लेते है। जिन लोगों में प्रेम नहीं है, ज्ञान नहीं है, मनुष्यत्व नहीं है, उनमे धर्म भी नहीं होता। उनमें केवल सा प्रदायिकता होती है। उन्हें उनके स प्रदाय का घनघोर अँधेरा डराकर

एक-दूसरे से चिपटाये रखता है। सत्य को संसार में रहते हुए ब्रह्म, आत्मा या स्वाभिमान (प्रकृति) के आधीन रखो।'' इतना बोल कर प्रो. व्यास चुप हो गये।

कुछ देर बाद उन्होंने फिर बोलना शुरू किया, ''अब मोक्ष मार्ग की बात करते है। समस्त भारतीय धर्म दुर्गुणों को सदगुणों में बदलना, सच्चा प्रेम करना और ज्ञान प्राप्त करना—इन तीन को लक्ष्य मानते है आत्मा का। वे यह भी मानते है कि आत्मा का सामना तीन शक्तियों से है—प्रकृति, अतिप्रकृति और माया। इन तीनों से आत्मा को मुक्त करना मुक्तिमार्ग है।

यदि आत्मा संसार में सत्य और सदाचार का प्रसार करना चाहती है तो पराप्रकृति उसका माध्यम है। यदि मनुष्य संसारी सुख चाहता है तो उसे इनकी प्राप्ति अपरा प्रकृति, अतिप्रकृति और माया कराती है। प्राचीन काल में परा प्रकृति का ज्ञान कराने वाले आचार्य वसिष्ठ, याज्ञवल्क और मार्कंडेय आदि अनेक ऋषि थे। अपरा प्रकृति का ज्ञान कराने वाले विश्वामित्र, परशुराम और कश्यप आदि ऋषिगण थे। अतिप्रकृति और माया का ज्ञान कराने वाले भी शुक्राचार्य, पराशर और च्यवन आदि ऋषिगण थे।

''मध्यकालीन भारत के विदेशी शासकों का कानून भारतीयों को न तो नागरिक का दर्जा देता था और न सुरक्षा प्रदान करता था। उन्होंने भारतीयों को विरासत में मिले मनुष्यत्व के करीब लाकर राक्षसत्व को रख दिया। वे जानते थे कि इन दोनों का पास पास रखने से मनुष्यत्व मिट जाता है। मनुष्यत्वनाशी कर्मों को कानूनन स मान जिन विदेशी शासकों ने दिया वे प्रकृति को भूल चुके थे। उनका विवेक खो गया था।

''अमेरिका के शासकों की नीति भी मनुष्य की सत्यनिष्ठा को नष्ट करने वाली नीति है। धनाढ्य लोग सिनेटरों को धन देकर अपने पक्ष में सीनेट से व्यापार नीति बनवा लेते है। अमरीकी शासन ने इस प्रथा को कानूनी मान्यता दे दी। अमेरिका ने नीति बनायी 'जो अधर्म हो रहा है हो जाने दो। नई सुबह इस अँधेरे से ही निकलेगी।' लेकिन इस अँधेरगर्दी से अमेरिका में नयी सुबह नहीं हुई। अमेरिका अवश्य जनतन्त्र से धनतन्त्र बनकर रह गया। राज्य के लोभी और धन के लोभी एकता के सूत्र में बँध गये। इन दोनों को एकता की क्या जरूरत है अगर दोनों की नीयत साफहै ? ये एक हुए जनता से स प्रभुता छीनने को। गरीबों के हित के ऊपर सत्तावानों और धनवानो का हित आ गया। दोनों अर्ध गोलों की तरह जुड़ गये जिनके बीच से हवा निकल गयी। जब राज्यबल और धनबल एक ही हाथ में चले जाते है तो सबसे पहले नारी के सतीत्व का नाश किया जाता है।

इसके बाद सत्तावानों के हित के ऊपर भी धनवानों का हित आ गया। अमेरिका पूँजीपति जनतन्त्र हो गया। पूँजी का अभाव ही तो जनता को कमजोर करता है। जिस तरह सत्तावानों को अपने कब्जे में किया था उसी तरह जनता को भी कब्जे में कर लिया पूजीपतियों ने। आज अमेरिकी जनतन्त्र नाम का जनतन्त्र है। वहाँ पूँजीपति राज करते हैं।

महर्षि व्यास ने देखा इससे पहले यूरोप में भी यही हुआ था। फ्रांस में रूसों और वाल्टेयर की क्रान्ति के बाद और इंग्लैंड में क्रामवेल की क्रान्ति के बाद सर्वाधिक हानि स्त्रियों के सतीत्व की हुई। इसका कारण था कि जनतन्त्र का युग आ गया था और इसके साथ ही जनतन्त्र के चुने हुए प्रतिनिधियों की नीयत बिगड़ चुकी थी। जनतन्त्र की आड़ में उनके मन अपने–अपने चुनाव क्षेत्र में राजाओं की तरह राज करना चाहने लगे।

यही परिवर्तन भारत के चुने हुए प्रतिनिधियों की नीयत में भी आ गया है। वे खुलकर अवैध धन कमाने लगे। बेईमानी के धन के बल पर कुलीन, पढ़ी लिखी लड़कियों के सतीत्व के साथ खिलवाड़ शुरू हो गया। पुलिस पर कब्जा किया गया उस पर से मजिस्ट्रेट का शासन हटा कर। उसके बाद हैरानी ही हैरानी रह गयी। जिस देश में नारी की लाज को अमूल्य माना जाता था और जीजान से शासन उसकी रक्षा करता था उस देश में शासन एकाएक गाफिल हो गया लड़कियों की तरफ से। भारत में आर्थिक उदारीकरण के साथ नारी के सतीत्व के विनाश की चेष्टा भी शुरू हो गयी। 2013 में गृहमन्त्री ने कहा, 'बलात्कार को सरकार नहीं रोक सकती।' भारत सरकार की इस बात ने भारत की आबरू को ही जैसे ठोकर मार दी। पर परा को ही उलट दिया।

सरकार ने बता दिया कि जनप्रतिनिधि धनवान होने चाहिए, देशवासी भले ही निर्धन रहे। इसके लिए देशवासियों की आबरू क्या भारतीय नारी की आबरू भी कुर्बान कर सकती है सरकार। इस फरमान ने देश को इतना दहला दिया जितना 1976 में एमरजेंसी के बाद किसी घटना ने नहीं दहलाया था। देश समझ गया कि माँ बहनों की लाज बचाने के लिए भारत सरकार पर निर्भर नहीं रहा जा सकता।

भारत में नारी का सतीत्व केवल पति के प्रति वफादारी नहीं है। यह एक अध्यात्मिक शक्ति भी है। सतीत्व ईश्वर की सर्वशक्ति मानता का अंश है, जो चरित्रवान नारियों को ही उपलब्ध होता है, चरित्रवान पुरुष को नहीं।

राक्षसों से जब जब देवता पराजित हुए तब तब राक्षसों को पराजित किया

भारतीय नारी के सतीत्व ने। नारी की अद य शक्ति का राज है उसका सतीत्व जो ईश्वर का अंश है। भारत की नारी की हजारों वर्ष पुरानी पर परा है अपने सतीत्व को वह आत्मा से भी ऊपर रखती है।

महर्षि व्यास ने यह विचित्रता भी देख ली कि 2013 के प्रसिद्ध भारतीय विद्वान वे थे, जो पश्चिम की लोभी आर्थिक नीति से जन्म ले रहे थे, उसी से पुष्ट हो रहे थे और उसी के राग अलापते-अलापते मिट रहे थे। किन्तु भारत की अध्यात्मिक शक्ति को न मानने की कसम खाये हुए थे। उन्होंने सरकार को सुझा रखा था कि भारतीय संस्कृति और दर्शन की उपेक्षा करके ही भारत धनवान हो सकता है। इसके विपरीत भारत का आर्थिक दर्शन कह रहा था लोभी और बेईमान शासक कभी भी भारत को फिर से धनवान नहीं बना सकते।

द्वापर में व्यास ने मनुष्यों के अन्त:करण में अध्यात्मिक-भावना, अध्यात्मिक-बुद्धि और अध्यात्मिक-कल्पना को स्वत: ही विद्यमान पाया था। उन्होंने देखा कलियुग के शासक और धनवान लोग अध्यात्मिक-भावना, अध्यात्मिक-बुद्धि और अध्यात्मिक-कल्पना आदि गुणों को बहुत जल्दी भाँप तो लेते थे, किन्तु इन गुणों को बढ़ावा नहीं देते।

प्रो. व्यास के विचार रात के बाद आयी भोर की तरह एकाएक प्रसिद्ध हो गये। ईर्ष्या के विषैले दाँतों वाले विद्वान भी सतर्क हो गये। उन्हें विश्वास नहीं था कि प्रो. व्यास अकेले ही साहित्य, दर्शन और संस्कृति में नवजागरण ले आएँगे। चौतरफा हमला करके, पश्चिमवादियों ने महर्षि व्यास के अकेले दीये को बुझाने का इरादा कर लिया।

अब प्रो. व्यास के पास कोई मार्ग नहीं था सिवाय इसके कि जहाँ भी औरों की रचनाओ में सत्य महसूस करे उसे उजागर करे। उन्हें विश्वास था कि यह सत्य-आचरण ईर्ष्या के अँधेरे को समाप्त कर देगा और उन्हें नवजागरण को सशक्त करने का समय मिल जाएगा। दुर्भावना के कारण बहुत से विद्वानों को भ्राँति हो गयी कि प्रो. व्यास मर चुके है।

सत्यविहीन लोग शासन, साहित्य और संस्कृति के उच्चतम पदों पर आसीन थे, और प्रो. व्यास भीड़ों में धक्के खा रहे थे। जैसे ही गहन निराशा उन्हें अपने अँधेरे कुएँ में खिंचने लगती उन्हें याद आ जाता कि वे वेदव्यास हैं जो प्रो. व्यास की वेदना से ऊपर है। तब वे सोचते रह जाते कि भगवान क्यों उन्हें एक गुमनाम लेखक की वेदना का अनुभव कराना चाह रहे है? ऐसे क्षणों में उन्हें गोलोक धाम जाकर ईश्वर से पूछने की इच्छा होती। किन्तु पृथ्वी पर जीवों का दुख देख उनका

हृदय पृथ्वी छोड़ने को न करता। प्रतिदिन महान कर्म करते करते, वे अपनी महानता भूल गये।

स्वयं व्यास का विश्वास था –'सत्य को व्याकृत करो, उतना ही जितना तु हें विदित है, न बढ़ाकर न घटाकर। सृष्टि ऐसे सत्य को फैला कर सामान्य जन तक पहुँचा देती है।'

उनके सभी कर्मों का एक ही उद्‌देश्य होता—मनुष्यों में उस स यक् दृष्टि और शक्ति का उदय कराना, जो, झूठ, धूर्तता, दुष्टता अनृत की कोहरे से ढँकी पृथ्वी पर सत्य की कलियाँ खिला सकें।

व्यास को विश्वास था कि संसार एक कोरा पट है। वे लोगों से कहते संसार को सत्य शिव सुन्दर कर्मों से अनुप्राणित तो करो! तुम देखोगे लोग एक-दूसरे को दुख की जगह सुख देना शुरू कर देंगे।

संसार कुटिल, अन्यायी, हृदयविहीन और अनृत नहीं है। ल बे अरसे तक गुलाम रहने के कारण ऐसा लगता है। जनतन्त्र में धूर्त, बेईमान और दुष्ट स्वभाव के नेताओं की बन आती है क्योंकि लूटमार का अवसर देखकर सबसे पहले वे ही जगते है। केवल सत्य को इस संसार में सफलता का आधार मानने वाला भारत अकेला देश नहीं है। भारत की विशेषता सिर्फ यह है किभारत ने सब कुछ लुटा कर भी सत्य का साथ नहीं छोड़ा। यह वह देश है जो अशोक के कब्जे में नहीं आया जब तक उसने मनमानी की। किन्तु जब उसने भारत के दर्शन, संस्कृति और धर्म को जान लिया तो जनता ने उसे वह सहयोग दिया कि उसने सेना के बिना ही शासन किया।

पिछले एक हजार साल के शासन के सारे काले कारनामे इतिहास की पुस्तकों से गायब करा दिये, स्वतन्त्र भारत की सत्ता थामते ही सम्राज्ञी काँग्रेस ने। देशभक्तों की राजनीति से मुँह ही फेर लिया। इतना तो सबने देखा कि शहीदों की चिताएँ जली, फिर चिताओं में भी रोशनी न रही काँग्रेस सम्राज्ञी के लिये। सम्राज्ञी ने भण्डारकर, जदुनाथ सरकार और मजूमदार जैसे सत्यनिष्ठ इतिहासकारों की पुस्तकों को कोर्स से निकाल दिया। उनकी जगह तन्खाह प्रेमी लेखकों से कोर्स की किताबें लिखायी, जिन्होंने देशभक्ति को फासिज्म कह कर दिल से बाहर कर दिया, और विद्यार्थियों से ऋषियों, तीर्थंकरों, बुद्धों के पावन उपदेश भुलवा दिए। भारत का अध्यात्म, दर्शन और संस्कृति पुराने भोजपत्र थे जो उनसे फट गये।

विदेशी शासक अपने धर्म के अलावा किसी धर्म को बर्दास्त नहीं करता। वह संसार की न्यायिक, शासनिक, सामाजिक संस्थाओं को अपने आधीन करके

उनमें अपना धर्म उतार देता है।

आदर्श की चमक कर्म में व्यवहृत होते होते खो जाती है। ऊपर से एक हजार वर्ष तक सा प्रदायिक शासन के पक्षपात और विश्वासघात ने भारतीयों के स्वभाव को मैला कर दिया है। आवश्यक है हर भारतीय आत्मा अपने व्यक्तित्व में व्यक्ति और सत्य दोनों पर आत्मबलि दे। इसके बाद दोनों से कहे एक-दूसरे पर आत्मबलि दें और एक-दूसरे से पुनर्जन्म ले। क्षणों में चरित्र पर जमा मैल साफहो जाएगा।

मध्यकालीन भारत के विदेशी शासक तुर्क, उजबक, मंगोल आदि जिस जाति के होते, स्वयं को फरिश्तों की सन्तान मानते थे। उनमें घोर जातिवाद था। तब तक जींस-विज्ञान ने यह नहीं बताया था कि मनुष्यों में कोई भी फरिश्तों की सन्तान नहीं है। सब मनुष्य अफ्रीका के काले मनुष्य की सन्तान है।

मोक्ष प्राप्ति के बाद

व्यास 14000 फीट की ऊँचाई पर उग्र तप में लगे योगियों से ज्ञान चर्चा कर रहे थे। एक तपस्वी ने पूछा, ''महर्षि! आप ज्ञान और प्रेम दोनों मार्गों से मोक्ष प्राप्त कर चुके है। पूरी तरह स्वाधीन है। फिर मोक्षमार्गियों की पर परा का त्यागकर क्यों संसार मार्ग पर चल रहे है?''

प्रो. व्यास ने उत्तर दिया, ''पर परा है कि ज्ञानीजन कैवल्य प्राप्त करने के बाद देह के अन्त की प्रतीक्षा में जीवन के बचे दिन व्यर्थ कर देते है। इस पर परा का त्याग करने का समय आ गया है मुनिवर। कैवल्य प्राप्ति के बाद सब जीवों के प्रति प्रेम और करुणा के स्रोत खुल जाते है। जो अपने हृदयों में केवलियों के प्रति भी द्वेष, प्रतिशोध, विश्वासघात, छल, कपट, क्रोध, हिंसादि विनाशक भाव पालते है, उनके प्रति भी केवलियों का प्रेम और करुणा बिना भेदभाव के प्रवाहित होता है। वे इस कारण प्रेम नहीं करते कि दुनिया उनसे प्रेम करती है। वे प्रेम करते है कि प्रेम उनका स्वभाव हो गया है। वे सभी नकारात्मक भावनाओं—जैसे घृणा, भय, क्रोध, प्रतिशोध, विश्वासघात आदि–का अपने मानस से मूलोच्छेदन कर चुके है। कार्य करने के लिए कारण की अनिवार्यता ज्ञान में जिस स्तर तक है उसके पार जा चुकी है उनकी आत्मा। सब जीवो के प्रति अकारण प्रेम और अकारण करुणा स्रोत ऐसे फूट आते है ऐसे ज्ञानी हृदयों में जैसे वसन्त ऋतु में पर्वतों के कोने कोने में स्रोत फूट आते है। पात्र कुपात्र का भेद हृदय से निकल जाता है।''

तपस्वी ने पूछा, ''अब आप क्या पाना चाहते है इस दुनिया में। सब कुछ तो आपको मिल चुका है।''

प्रो. व्यास ने उत्तर दिया, ''मोक्ष प्राप्त करने में जो सहायता मेरी देह ने और निजी जीवनजोत ने की है मैं उस उपकार के बदले, सच्चे सरल मनुष्यों की देह को दुष्ट स्वभाव वाले लोगों के भय से मुक्त करने, और उनकी जीवनजोत को बुझने के बजाय ईश्वर की अमर जीवनजोत से एक करने में लगा हूँ।''

तपस्वी ने फिर प्रश्न किया, "आप उनके प्रति ऐसा पक्षपात क्यों करना चाह रहे है महर्षि ?"

"इस कारण कि मेरी देह और जीवनजोत ने मेरी आत्मा का बहुत सहयोग किया मोक्ष प्राप्त करने मे। वे जानते थे कि आत्मा तो देह और निजी जीवनजोत को नश्वर जान छोड़ जाएगी। फिर भी वे इसकी सेवा कर रहे थे। मानव देह और जीवनजोत दोनों मेरी आत्मा से सहयोग न करते, और सारा समय अपने संसारी सुखों में लगा देते तो मोक्ष प्राप्त न कर पाती आत्मा। इनका ऋण है मुझ पर।"

दूसरा तपस्वी बोला, "इन्हें भी तो सुख मिला इस बात का कि ये आप जैसे महर्षि की देह और जीवनजोत बने रहे।"

"मुनिवर जब मैं मर जाऊँगा तो इनका क्या होगा ? देह पंचभूतों में मिल जायगी। इसे याद भी नहीं रहेगा कि यह मेरी देह थी। जीवनजोत यो ही बुझ जाएगी।"

"इसी कार्य के लिए ये बने है।"

"नहीं मुनिवर! मुक्ति तो प्रत्येक कण कण की होनी है। अन्यथा नदिये न भागती समुद्र की ओर। यह सच है हर कण की मुक्ति का स्तर इतना पूर्ण नहीं होता जितना आत्मा का। मेरी नश्वर निजी जीवन जोत की मुक्ति है ईश्वर की अमर जीवनजोत में समा जाना। मेरी देह की मुक्ति है बलवान हो जाने में और निर्बलों को भयमुक्त करने मे।"

तीसरे तपस्वी ने कहा, "आप तो प्रकृति के नियमों को बदलने की बात कर रहे है। यह प्रकृति के प्रति हिंसा नहीं है ?"

"नहीं मुनिवर! अपरा प्रकृति सात्विक, राजसिक, तामसिक गुणों से बँधी है। उसे तामसिक गुण से मुक्त करना उसकी सेवा है, हिंसा नही। परा प्रकृति के तल पर ये तीनों गुण होते ही नही। अत: उनके प्रति हिंसा होने का प्रश्न ही नहीं उठता।"

तीसरा तपस्वी बोला, "मैं मनुष्य की बात नहीं कर रहा हूँ। मैं जंगली जानवरों की बात कर रहा हूँ। मांसाहारी सिंहादि पशु क्या खाएँगे यदि शाकाहारी पशुओं को नहीं खाएँगे ?"

"मुनिवर! प्रकृति निरन्तर विकसित हो रही है, 'जीयों और जीने दो' सिद्धान्त को सफल करने के लिये। पत्थरों से पटी भूमि मनुष्य के परिश्रम और विज्ञान के साथ सहयोग करके उपजाऊ हो जाती है। अपरा प्रकृति का उदगम परा प्रकृति है जो, ब्रह्म की तरह, सभी नियमों से मुक्त है। वह उस मनुष्य की सहायता

करती है जो जीयो और जीने दो सिद्धान्त पर चलता है।''

पहले तपस्वी ने पूछा, ''यह बताइये कि क्या प्राप्त करने से देह और निजी जीवनजोत को मुक्ति का अनुभव होता है।''

''कोई भी देह को सता न सके, गुलाम न बना सके, देह पर बलात्कार न कर सके, देह की हत्या न कर सके। देह के रोग शीघ्र दूर हो जाया करे और यौवन आकर फिर कभी न जाए। बस इतने से देह स्वयं को मुक्त महसूस कर प्रसन्न हो जाती है।''

एक युवा तपस्वी ने पूछा, ''आपकी आयु तो 5000 वर्ष से अधिक होनी चाहिए। किन्तु आप बीस वर्ष के तरुण लगते है। यह कैसे?''

''मुझे तप करते करते पुनः यौवन प्राप्त हो गया। यह नया अध्याय है मेरे जीवन का जो शुरू हुआ जब मैं कलियुग के पाँच हजार वर्ष भगवान श्रीकृष्ण की छत्रछाया में रह कर पृथ्वी पर लौटा। भगवान ने ही मुझे सशरीर अमरता दी थी। भगवान को चिन्ता थी कि कलियुग का स्वभाव है सबको स्वतन्त्रता देना, चाहे दुर्जन स्वतन्त्रता का दुरुपयोग करे, और दुर्जनों के भय से, सज्जन स्वतन्त्रता का सदुपयोग न कर पाएँ।''

एक तपस्वी बोला, ''यही हो रहा है महर्षि। अत्यधिक स्वतन्त्रता के कारण संसार की व्यवस्था बिगड़ गयी। लोभी, द भी और हिंसक लोगों ने अपने तामसिक स्वभाव के अनुकूल धर्म बना लिये। वे सात्विक और सदा रहने वाले प्राकृतिक सनातन धर्म, मनुष्यत्व, को नष्ट कर रहे है। तामसिक मनुष्य का स्वार्थी स्वभाव मानव का वास्तविक स्वभाव माना जाने लगा है। लोगों ने ऐसे राजनैतिक धर्म बना लिये जो नाम के धर्म है। उनका छुपा उद्देश्य है संसार के सब देशों में अपने धर्म और जाति का शासन स्थापित करना और संसार के अन्य धर्मों को नष्ट कर देना। झूठ बोलना, छल कपट और हत्या—स्वतन्त्रता का यह दुरुपयोग कर रहे हैं। वे लोग जिनका अध्यात्मिक ज्ञान और सत्य से दूर का भी स बन्ध नहीं है।''

पहला तपस्वी बोला, ''महर्षि मुझे चिन्ता है मानव जाति उदभ्रान्त होकर सत्य और धर्म को न त्याग बैठे।''

प्रो. व्यास बोले, ''मुझे भी ऐसा निराशावादी विचार आया था। इससे मुक्ति मिली जब गोविन्द कृपा से एक दिन यह विचार आया कि आर्यावर्त के जो लोग मोक्ष मार्ग के लिए अभी तैयार नहीं है और संसार के सुख प्राप्त करना चाहते है, उन्हें हीनता महसूस न हो मोक्षमार्गियों के आगे। संसारी जीवन से तृप्ति उनके काम

आएगी मोक्ष प्राप्ति के लिए एकाग्रता प्राप्त करने मे।''

पहला तपस्वी बोला, ''महर्षि! मेरे प्रश्न का उत्तर नहीं मिला।''

व्यास बोले, ''मैंने अपनी फीकी जीवनजोत को ईश्वर की अखंड जीवन जोत में विलीन करने के उद्‌देश्य से योग किया। जब इस योग को करते हुए कुछ दिन हो गये तो मुझे ध्यानावस्था में यह नवयौवन प्राप्त हो गया जो आप देख रहे है। प्रभु ने सोचा होगा कि वृद्ध देह के बजाय युवा देह कर्तव्य पूरा करने में सहायक होगी।''

दूसरे तपस्वी ने पूछा, ''महर्षि! गृहस्थ लोग जीवन का कैसे उपयोग करे जिससे व्यक्ति, समाज और राष्ट्र का सर्वाधिक हित हो।''

''मुनिवर! वामन अवतार ने तीन पग धरती माँगी थी। गृहस्थ भी तीन पग रखे धरती पर। पहला पग है देह को पुष्ट करना। दुष्टों को पराजित करने के लिए देह को दुष्टों से अधिक बलवान बनाये। संन्यास को लक्ष्य मानने से पहले, बलवान, सफल और सच्चरित्र गृहस्थ जीवन को लक्ष्य बनाये। गृहस्थ रहते हुए संन्यासियों जैसी कृश देह के दुखों से आर्यावर्त वासी मुक्त हो। गृहस्थ सैन्य-अ यास करें और आत्मरक्षा करने में प्रवीण हो, और व्रत ले कि मातृभूमि आर्यावर्त कभी पराधीन न हो। संसार के सारे सुख आर्यावर्तियों को प्राप्त हों। उनमें से जिनकी नश्वर जीवनजोत ईश्वर की जीवनजोत से संयुक्त हो जाय, वे जीवनमुक्त संसारी होकर संसारी सुखों का उपभोग करे। इस तरह आर्यावर्त में संसारी, जीवनमुक्त संसारी और देश की रक्षा के लिए आत्मोत्सर्गी –ये तीन पग हो जायेगे प्रत्येक गृहस्थ के जीवन के।''

धर्म निरपेक्षता और व्यास

5 अप्रैल, 2013 को हिमालय विश्वविद्यालय में धर्मनिरपेक्षता पर आयोजित एक सेमिनार में प्रो. व्यास बोले, "धर्मनिरपेक्षता किसका गुण है? संविधान का, नागरिक का या सरकार का? या तीनों का? जिस नागरिक के कर्म मनुष्यत्व से प्रेरित नहीं वह स्वार्थ और अधर्म से प्रेरित है। मनुष्यत्व सच्चाई, परोपकार और ईमान्दारी सिखाता है। राजनीति का धर्म है सत्य और न्याय। इस धर्म को भुलाकर सेकुलर राजनीति मनुष्यत्व के अंकुरों को कुचलती है। यह वीभत्स आचरण है। सेकुलर राजनीति, राजनैतिक दल, चुनाव और दलबन्दी, स्वार्थ प्रसिद्धि और झूठ बोलने के अ यास है।

"आप बच्चों को धर्म से दूर रखकर पाले। मनुष्यत्व को उनके पास न आने दे। उन्हें सत्य को कर्म बनाना न सिखाये। केवल राजनीति, गणित और विज्ञान पढ़ाये। यौन शिक्षा दे। धर्म निरपेक्षता को भले ही संगीत बनाकर सिखाये। ऐसे बच्चे अमानुष होकर निकलेंगे आपके स्कूल से। पूरा संविधान रटा दे तो भी मनुष्यत्व जागृत किए बिना चरित्र निर्माण नहीं हो सकेगा।

"यदि आप उसे स्वाधीनता, बन्धुत्व और समानता पढ़ा रहे है तो आप उसे मानव का प्राकृतिक धर्म पढ़ा रहे है, जो भी धर्म भारत में बाहर से आये, उन्होंने स्वाधीनता, बन्धुत्व और समानता का पाठ नहीं पढ़ाया। वे राजनैतिक सत्ता चाहते हुए आये। सत्ता मिलते ही धर्म परिवर्तन करने में लग गये। हमने आजादी पाई तो अँग्रेजों ने देश का विभाजन करा दिया। विदेशी शासक अपने धर्म को भारत के प्राकृतिक धर्मों से ऊँचा समझते रहे, किन्तु भारतीयों के अध्यात्मज्ञान में तिल भर भी वृद्धि नहीं कर सके। यह प्रकृति के विरुद्ध कर्म था, इस कारण उनकी गरिमा जाती रही। जिन्होंने प्राकृतिक धर्म को नष्ट करना चाहा। उनका निजी जीवन राजनीतिज्ञ होकर रह गया। उनमें कोई साम्राज्यवाद का शस्त्र बन गया, कोई आतंकवाद का।

"यह सौभाग्य है कि भारत के प्राकृतिक धर्मों ने किसी धर्म का विनाश नहीं

किया। भारत के धर्म किसी को मिटाने की बात नहीं करते। भारत के धर्म राजाओं को, किसी संकीर्ण धर्म का पालन करना नहीं, मनुष्य होना सिखाते रहे।

कुछ भारतीय विभाजन करा कर विभाजित हिस्से में रहने लगे, कुछ भारत में रहते हैं, उतने स मान के साथ जितना स मान सारे स मान के भूखे राजनीतिज्ञ जनता के लिए छोड़ते है।

''राजनीतिज्ञ असली समस्या को छेड़कर अपने सर मुसीबत नहीं लेते। ज्वलन्त समस्याओं के आगे वे अमूर्त हो जाते है। समस्या को जनता के जीवन मे छोड़ देते है। मूर्त और शक्तिशाली सरकार, राष्ट्र का बल और शासनाधिकार अपने पास रखकर भी जिस समस्या को हल नहीं करना चाहती, अमूर्त और अशक्त जनता से कहती है कि उसे हल करें। जनता हल नहीं कर सकती। सरकार जनता पर सा प्रदायिकता का आरोप लगाकर उसे अपराध-भावना से त्रस्त करके जीवन भर समस्या झेलने को मजबूर किये हुए है। भारत की जनता नहीं, प्रबुद्ध जनता ही सरकार से सत्य कह सकती है, 'यह समस्या सरकार ने रची है, विभाजन के मूलाधार के विरुद्ध कार्य करके। सरकार ही इसका हल ढूँढ़े।'

''धर्म-परिवर्तन की आज्ञा भारत का दर्शन, मनोविज्ञान, संस्कृति और धर्म नहीं देते। भारत के ऋषियों का कथन है कि बच्चे का धर्म बच्चे की देह में उसके साथ जन्म लेता है। पूर्वजन्म के कर्मों के अनुसार उसकी देह और मानस का निर्माण उसके गर्भ में आने के समय हो जाता है। उसे अगला जन्म ही ऐसे परिवार में मिलता है जो उसकी देह और मानस को आगे विकसित कर सके। उस धर्म को छोड़कर अन्य धर्म उसके मानस को उलझा देगे और उसका मानस कुंठित या हिंसक हो जाएगा। जिन धर्मों ने अपनी जनसं या भारतीयों का धर्म परिवर्तित करके बढ़ाई वे भारतीय हिंसक और कुंठित स्वभाव के हो गये। इस प्रमाण की अनदेखी करके भारत सरकार समझती है कि यदि कोई विदेशी धर्म भारतीयों का धर्म परिवर्तित कर दे तो सारा देश समरस या सेकुलर हो जाएगा, और सरकार के लिए शासन करना आसान हो जाएगा। क्या स्वाधीनता ऐसी होती है? क्या इस स्वाधीनता के लिए देशप्रेमियों ने खून बहाया था? क्या विदेशी धर्मों को अपनाकर भारत के लोग मानसिक शान्ति पा सके? क्या वे कभी भी अपना अन्तिम लक्ष्य निर्वाण प्राप्त कर लेगे? क्या केवल अपनी राजनीति में उलझाकर राजनीतिज्ञ भारतीयों के निर्वाण की ओर हजारों वर्षों से बढ़ते कारवाँ को पागल नहीं कर देगे? क्या कोई भी उन्हें कहने वाला नहीं रहा कि जिस कौम के कारवाँ की

मंजिल भारत के सभी धर्मों के ईश्वरीय अवतारों, ऋषियों, अर्हन्तों, सिद्धों और गुरुओं ने हजारों वर्षों से, अलग अलग युगों में जन्म लेकर भी, सदा निर्वाण को ही माना है, उसकी मंजिल राजनीति को बनाकर वे ऐसा भयानक खेल खेल रहे है जो सारी मानवजाति को डूबा देगा ? संसार भर के प्रबुद्ध जन भारत को मनुष्यत्व के कारवाँ का अग्रणी मानकर आश्वस्त बैठे है। क्या उन प्रबुद्ध ज़नों की नाव मझधार में डूबा कर भारत के राजनीतिज्ञ इतने पाप का बोझ अपने सर पर ढ़ो सकेंगे ?

अनेक धर्म भी देख लिए मानवजाति ने और अनेक धुरन्धर राजनीतिज्ञ भी। किन्तु स पूर्ण मनुष्य की प्यास को निर्वाण नामक मंजिल ने जो शान्ति दी है वह किसी धर्म के स्वर्ग ने नहीं दी। विनाश लीला खेल रहे है भारत के राजनीतिज्ञ !

तामसिक अवस्था में सभी धर्म सा प्रदायिक होते है। सात्विक अवस्था में धर्म स्वर्ग से भी आगे निर्वाण में अपनी मंजिल ढूँढ़ते है। राजनीतिज्ञ सा प्रदायिकता का हल ढूँढ़ते है। सा प्रदायिकता का हल राजनीति, जो स्वयं स प्रदाय हो गयी है, नहीं ढूँढ़ सकती। सा प्रदायिकता का हल निर्वाण में है जो सभी मंजिलों से न्यारा है।

"अपने धर्म का पक्ष लिए बिना कौन-सा देश टिका हुआ है भारत के सिवा ? भारत का धर्म न तो धर्म परिवर्तन करता है न दूसरे धर्मों का दमन। किन्तु पिछले दस वर्षों से सत्तादल स्वयं अल्पमत में है और अल्प-मत वाले स प्रदायों के स्वार्थ की पूर्ति करके सत्ता में टिका है, तो ऐसी सरकार को जनतन्त्र की सरकार नहीं कहा जा सकता। यह कहना उपयुक्त होगा कि भारत में दलबन्दी ने संविधान से सत्ता छीन ली है। ऐसे देश में शान्ति और सुव्यवस्था नहीं रह सकती। भारत में एक स प्रदाय के बयासी प्रतिशत लोग है। उनकी इच्छा का घात करके शासन चलाना संविधान की इच्छा नहीं है, क्योंकि जनतन्त्र बहुमत की इच्छा का पालन करता है। उस बहुमत को कुंठित और अपंग करके जो शासन चलेगा उसमें सांसदों का चरित्र राजतान्त्रिकों का चरित्र हो जाएगा जो चार हजार साल पहले फैरो के मिश्र देश पर फैरो के नाम पर शासन करते थे। उसके सत्ताधारी सांसदों ने हाल मे अन्ना हजारे के नेतृत्व में आन्दोलन करती जनता से इस देश में राजशाही की भाषा बोली। अन्ना ने कहा, 'तुम सेवक हो जनता के। जनतन्त्र में प्रजा राजा होती है।' सांसद हँसे थे मुह फेर कर। हम चतुर है। बयासी प्रतिशत भारतीयों की उपेक्षा करके अपनी हाकिमी अठारह प्रतिशत की सहायता से चला रहे है। बहुमत का मनोबल तोड़े रहो, अल्पसं यकों को अपना समझो, जनता लड़ती रहेगी, तुम राजशाही के मजे लो।उनसे कोई तो राजनीतिज्ञ कहता "जनतन्त्र में बहुसं यकों

की या अल्प सं यको की अवहेलना नहीं की जाती। जनतन्त्र उनके जोड़ या तोड़ से नहीं बनाया जा सकता। तुमने जो कर रखा है वह जनतन्त्र की विकृति है। सरकार ऐसे विकृत खेल से धर्म-निरपेक्ष नहीं होती। आजादी के बाद बहुमत की स्वेच्छा से भारत धर्म-निरपेक्ष था। यूरोप और अमेरिका के देशो में बहुमत ईसाइयों का है, सरकार उनकी स्वेच्छा से धर्म-निरपेक्ष नहीं है। जब जब वहाँ सा प्रदायिक अल्पमत वालों ने बहुमत की इच्छा के विरुद्ध कुछ किया तो उनकी सरकार सह नहीं सकी। उन्हें सरकार ने स्पष्ट कह दिया कि यह देश ईसाइयों का है। तुम उनकी इच्छा से यहाँ रह सकते हो। यहां अपनी इच्छा नहीं चला सकते। अन्यथा यह देश छोड़कर चले जाओ। धर्म-निरपेक्ष भारत देश था गाँधीजी के नेतृत्व मे, क्योंकि गाँधीजी ने अपना धर्म नहीं छोड़ा था। वे जानते थे कि धर्म-निरपेक्षता उनके उदार हृदय धर्म से जन्मी है। यह राजनैतिक घरानों में जन्में बच्चों का खेल नहीं है। धर्म-निरपेक्षता एक करवट है अनादिनिधनं विष्णु की।

''जनतन्त्र का मूल सिद्धान्त स प्रदायों का नाश करना नहीं है। चीन के सा यवादियों ने स प्रदायों का नाश करना चाहा किन्तु नहीं कर सके। उन पर प्रतिबन्ध लगाये और फिर हटाने पड़े। भारतीयों का स्वभाव धार्मिक होकर भी उदार है, क्योंकि भारत के किसी विष्णु या शिव अवतार, बुद्ध, तीर्थंकर ने धर्म के अर्थ यह नहीं बताये कि जो हम कह रहे है केवल उसे जो धर्म न माने उसके टुकड़े कर दो। तुम अपने धर्म के साये में जीयो, उन्हें उनके धर्म के साये में जीने दो।

चीन, इंग्लैंड, अमेरिका, फ्रांस, डेनमार्क आदि क्रिश्चियन देशों में जहाँ-जहाँ भी किसी अन्य धर्म वालों ने अपनी चलानी चाही वहाँ-वहाँ उन्हें कुचल दिया गया। पश्चिमी जनतन्त्र अपने बहुसं यक क्रिश्चियन नागरिकों की भावना का उल्लंघन नहीं करता। जब भी किसी की धार्मिक भावनाओं का उल्लंघन करना पड़ा तो पश्चिम ने गैर-क्रिश्चियनों की धार्मिक भावनाओं का उल्लंघन किया।

जनतन्त्र मानव स्वभाव को तर्क की कसौटी पर नहीं आंकता। भारत सरकार ऐसा कर रही है। ऐसा करने से बहुसं यक पागलपन आदि मानसिक रोगों से ग्रस्त हो रहे है। भारत के बहुसं यक स प्रदाय वालों में मानसिक सन्तुलन से रिक्त लोगों की सं या पिछले दस वर्षों में अत्यधिक बढ़ी है। संवेदनशील जनतन्त्र इसे तुरन्त रोकता। भारतीय जनतन्त्र तब कर्रवाही करता है जब समस्या उसके वश में नहीं रहती।

''बहुसं यकों को रोगी बनाकर, केवल अल्पसं यकों को साथ लेकर, जो

सांसद अपने राजशाही के सपने पूरा करना चाहते है, उनके हृदय दास हैं कुचक्री राजनीति के और उससे प्राप्त की गयी सत्ता के। महत्त्वाकांक्षा के आवेग में वे यह भूल गये है कि राजशाही के जो सपने उनकी आँखों में बसे है उन सपनों को भारतीयों के स्वभाव में बसा जनतन्त्र पूरा नहीं कर सकता। वह अकारण उल्लास जिससे परतन्त्र देश भारत से एक जनतन्त्र भारत का जन्म हुआ, अनादिनिधनम् का देश है। अनादिनिधनं से ही सृष्टि जन्मी है। वह न कभी जन्मा था न कभी उसकी मृत्यु हो सकती है। वह अनादिनिधनं हर सांसद के हृदय में बैठ जाता है उसके सांसद बनने के पहले दिन ही। वे सांसद अनादिनिधनं को हटा नहीं सकते क्योंकि अकारण उल्लास भी वही है जिससे मनुष्य अस्तित्त्व में आया और जिसमें सबका विलय होना निश्चित है। सांसद, राष्ट्रपति, मन्त्रीगण, प्रेस, जनता और सांसदों का शाही सपना उस अकारण उल्लास की विकृतियाँ है, जो तभी तक रहती है जब तक वह अकारण उल्लास है। यदि अकारण उल्लास सिमट गया तो उसकी विकृतियों का अस्तित्त्व ही नहीं रहेगा। विकृतियाँ भयभीत परछाईं बनकर सत्ता के गलियारों में भागती नजर आएँगी। वहाँ उनका पीछा उनसे भी बड़ी परछाईं करती है।

जिसकी तर्कबुद्धि सा प्रदायिकता को सुलझाने या आँकड़े गिनने में लग जाती है वह दीवाना हो जाता है। वह सत् और असत् में भेद नहीं कर पाता। सब धर्मों को समान कहने वाला नास्तिक हो जाता है। धर्मों को एक-दूसरे से दूर रखकर ही भ्रातृभाव स्थापित होता है।''

प्रो. व्यास की लोकप्रियता

कोई कल्पना भी नहीं कर सकता था कि हिमालय विश्वविद्यालय में दर्शन विभाग के अध्यक्ष प्रो. व्यास ही कृष्ण द्वैपायन व्यास है। फिर भी कोई बात थी प्रोफेसर व्यास में कि विज्ञान विभाग का कोई महत्त्वपूर्ण आयोजन हो चाहे अँग्रेजी विभाग का चाहे किसी अन्य विभाग का, सभापतित्त्व के लिए कोई नाम आयोजकों के होठों से निकलता तो प्रो. व्यास का। विद्यार्थी तो दीवाने थे ही, विभिन्न विभागों के प्रोफेसर, रीडर, लेक्चरर सब यही चाहते कि अपने विषय पर उन्हें सुने। कारण था कोई भी भाषण एक ही विषय पर उनके पिछले भाषण से मिलता हुआ न होता। सुनने वाले को ऐसा लगता ज्ञान का सागर उसकी आँखों के आगे लहरा रहा है। ऐसा भान होता कि उनके अतुलित ज्ञान की लहरे उठ-उठकर आकाश, ग्रहों, नक्षत्रों को धीरे से छूकर लौट आती है। कभी लगता ज्ञान के उद्‌गम फूट आये है चारों ओर विश्वविद्यालय मे, वर्षाऋृतु में हरी घास की तरह।

प्रो. व्यास को कई लोग रहस्य मानने लगे थे। उपकुलपति को कोई विश्वविद्यालय की गरिमा बनाए रखने के लिए अध्यक्षता हेतु आमंत्रित करने जाता तो उपकुलपति स्वयं अपने स्थान पर प्रो व्यास का नाम सुझाते और यह भी कहते कि मुझे भी बुलाना। विद्वानों की ईर्ष्या हिमालय विश्वविद्यालय में अजनबी हो गयी थी। ज्ञान के सब विभागों ने विद्वानों की ईर्ष्या को बहिष्कृत कर दिया था।

आश्चर्य करते विद्यार्थी और शिक्षक था कि क्या खाता है यह व्यक्ति जिसकी सरल भाषा से मौलिक विचार और भावनाएँ ऐसे टपकते है जैसे—भोर की बेला में हरसिंगार के वृक्ष से फूल। इसके होने मात्र से विश्वविद्यालय में कैसा स्वर्ग सा वातावरण उतर आया था! सब दुआएँ करते कि व्यास को कोई विदेशी विश्वविद्यालय अत्यधिक वेतन देकर छीन न ले।

कोई शिक्षक, कर्मचारी या विद्यार्थी बिमार पड़ जाता तो निर्मल हृदय व्यास वहाँ पहुँच जाते। यह आस्था हो गयी थी कि वे निर्मल हृदय है, देख लेगे तो रोगी ठीक हो जाएगा।

28 अप्रैल, 2013 को प्रो. व्यास 'धर्म और राजनीति' पर विश्वविद्यालय में भाषण दे रहे थे : "मनुष्य का धर्म मनुष्यत्व है। यह प्रकृति का धर्म है। यह बाहर से नहीं दिया जाता। यह प्रकृति देती है मनुष्य को जब वह बच्चा होता है। यह शब्दों में नहीं दिया जाता। यह प्राप्त होता है बच्चे को कभी माँ के हृदय की धड़कनों से अपनी धड़कनों में, कभी आँखों को बादलों के तेजी से बदलते रंगों और आकृतियों मे, कभी झरनों की झर झर में, कभी नदी की ग भीर घोर गर्जन में, कभी पशुओं की माँ प्रकृति के हाथों काजल लगी भोली आँखों में, कभी चिड़ियों के कलरव में, कभी वीराने में पातविहीन वृक्ष पर बैठी किसी अकेली चिड़िया की टुक-टुक मे।

"ज्ञान जैसे जैसे बढ़ता है वैसे वैसे ये अनुभव पहले शब्द होते है, फिर संगीत और साहित्य, फिर दर्शन। सभी मनुष्यों में जब इसी तरह ज्ञानोदय होता है तो मनुष्यों के समूह इसे धर्म मान लेते हैं।

"स्वतन्त्रता के बाद राजनीतिज्ञों ने सनातन धर्म की रूप रेखा ही विकृत कर दी, इसे सा प्रदायिक धर्मों जैसा धर्ममानकर। और फिर धमकाकर कि इसे कभी राजनीति में प्रवेश मत करने देना। यह चुप हो गया। यह चुप हो गया तो मानव जीवन में प्रकृति का गूँजता संगीत बन्द हो गया। दर्शन के दिये बुझ गये। प्रेम की पीड़ा से दुखते दिलों ने आँसू पोंछ डाले। सब काम-धन्धों में लग गये। पहाड़ जैसी जिन्दगी तो काटनी ही थी।

"प्रकृति का धर्म तो रोक दिया, किन्तु सा प्रदायिक धर्म नहीं रूके। उनमे से प्रत्येक सारी दुनिया का धर्म परिवर्तन करके एक दिन सारी पृथ्वी पर अपना राज स्थापित करने में लगा रहा। प्रकृति के धर्म के कारण जो गरीब और अमीर घरों में और दिलों में उजाला था उसकी जगह राजनीति और उसकी पुत्री सा प्रदायिकता ने कृत्रिम उजाला कर दिया।"

बस इतना ही छोटा सा भाषण था प्रो. व्यास का। भाषण इतना सुन्दर था कि सुनने की इच्छा बढ़ गयी थी। जानकार लोग असमंजस में थे, क्योंकि जो बात घंटों तक कही जा सकती थी वही बात प्रो. व्यास ने कुछ ही मिनटों में कह दी थी। बात सुनकर हृदयों को सुख भी मिला था शान्ति भी। लेकिन सन्तोष क्यों नहीं था? सबको आश्चर्य था। उनके भाषण तो ल बे होते थे। आयोजकों ने उनके भाषण के लिए एक घंटा रखा था प्रोग्राम मे। जल्दी खत्म हो जाने के कारण आयोजक अँग्रेजी विभाग के अध्यक्ष ने धन्यवाद व्यक्त करने के बाद कहा, "यह छोटा सा भाषण मुझे जीवन भर याद रहेगा। मुझे लगता है जैसे घंटों चलने के बाद

कोई घना सायेदार पेड़ मिल गया हो जिसके नीचे बैठकर अपने जीवन के सुखों को याद कर सकूँ।

''लोगों से प्रो. व्यास की तारीफ बहुत सुनी थी। आज सुनकर विश्वास हो गया कि आज भी कभी-कभी किसी व्यक्ति में सनातन धर्म की छटा देखने को मिल जाती है। यह स्फुरित होता है उसमे जिसकी आत्मा में स्वतः सत्य की ओर बढ़ने की लगन पैदा हो जाती है। यह लगन उसे ईश्वर से एकत्व प्राप्त करने को विह्वल कर देती है। ऐसे व्यक्ति को पहले प्रकृति से प्रेम होता है। फिर ईश्वर में प्रकृति और ईश्वर की एकता का आभास। इतना तो मैंने अनुभव से जाना है। उसके आगे विश्वास की बहुत आवश्यकता होती है, जो मैं नहीं जुटा पाया।

''हर मनुष्य को संसार के विविध आकर्षणों और ईश्वर के बीच केवल एक को चुनना होता है। यदि वह ईश्वर को चुनता है तो उसका सारा विश्वास ईश्वर में केन्द्रित हो जाता है। ऐसा व्यक्ति समग्र अभिमानी और संसार में सफल लोगों को अ-मित्र लगने लगता है। वे अपनी मंडली से उसे अलग कर देते है। कुछ उसका विरोध करने लगते है कुछ प्रशंसा। उनका न विरोध स्थायी होता है न प्रशंसा। मेरे जैसे लोग परेशान हो जाते है इस बात से और जो प्रशंसक विरोधी हो गये उन्हें मनाने में लग जाते है, जो प्रशंसकों और निन्दकों के खेल में नहीं फँसता वही प्रो. व्यास की तरह ईश्वरीय तेज प्राप्त कर पाता है।

''ऐसे व्यक्ति की कल्पना भी सच्ची हो जाती है। संसार पर वही विजय पाता है जिसकी कल्पना सच्ची हो जाती है। सच्ची कल्पना स्वतः उदित होती है। झूठी कल्पना तामसिक रूप है कल्पना का और सच्ची कल्पना सात्विक रूप। सच्चे ईश्वर प्रेमी की सात्विक-कल्पना सच्ची-शुभ-सुन्दर स्वतः हो जाती है। सात्विक कल्पना कल्पना करने से नहीं आती। महान लेखक वही हो पाता है जिसके कल्पित चरित्र भी सत्य को कर्म में उतार सके। महाभारत और रामायण दोनों के चरित्रों को कुछ आलोचक कल्पित कहते है। यदि वे कल्पित है तो सच्ची कल्पना की कृतियाँ है। यही कारण है कि तब से युग बदल गये, किन्तु वे आज भी हम भारतीयों के हृदयों में आदर्श नायक और नायिका बने हुए है।

''मैं क्यों डरता हूँ संसार के विविध आकर्षणों और ईश्वर के बीच केवल एक को चुनने से? यदि ईश्वर को चुनता हूँ तो समग्र अभिमानी और संसार में सफल लोगों को अ-मित्र लगने लगता हूँ। वे अपनी मंडली मुझसे अलग कर लेते है। कुछ मेरा विरोध करने लगते है कुछ प्रशंसा। उनका न विरोध स्थायी होता है न प्रशंसा।

"सामान्यजन दोनों की—ईश्वर और संसार के सफल शक्तिशाली और धनवान मनुष्यों की—कृपा के अभिलाषी होते हैं। मैं सामान्यजन हूँ। मैं भी घबरा जाता हूँ। यह देख कर कि जो कल तक मेरे प्रशंसक थे क्यों आज मेरे प्रति उदासीन या मेरे निन्दक हो गये। प्रो. व्यास इस दुविधा को पार कर चुके है। वे केवल ईश्वर में विश्वास रखते हैं। वे ईश्वर में अपना अस्तित्त्व मिटा देने को विह्वल लगते है। उन्हें इस संसार पर राज्य करने की इच्छा नहीं होती। फिर भी इस विश्वविद्यालय के लोगों के हृदय उन्हें अपने ऊपर राज करते देख प्रसन्न है। औरों के दुखों को महसूस करते करते प्रो. व्यास जैसे लोग अपने दुख भूल जाते है।"

इतनी प्रशंसा सुन पहली बार प्रो. व्यास के प्रति कुछ प्रोफेसर्स के हृदयों में ईर्ष्या सरसराई।

जन्माष्टमी और नारी की दुर्दशा

जन्माष्टमी पर आयोजित उत्सव में प्रो. व्यास से बोलने का आग्रह पुलिस अध्यक्ष ने किया। वे बोले, ''मदमत्त, मनुष्यत्वहीन राजनीति को धर्म मानने वाले मन्त्रियों के इशारों पर अधर्म और पाप करने के कारण बौरा गयी है भारत की पुलिस। ज्ञान, ध्यान, भक्ति में लगे ज्ञानीजन कैसे दूर कर सकते हैं पुलिस के हृदय का सन्ताप ? पाप किया है तो सन्ताप तो होगा ही। आग लगाओगे तो धुआँ होगा ही। मैं प्रार्थना करता हूँ कि राधिका और भगवान श्रीकृष्ण का अद्भुत एकत्व, भ्रष्ट-धन की गर्मी से बौराये सुल्तान मन्त्रियों, छत्रप सांसदो, साहेब नेताओं और मुसाहिब पुलिस को, शीघ्र ही स यक् ठिकाने पर ले आयेगा। ये अभी उन्माद की लहर के मारे हुए है। मेरी प्रार्थना है कि इनके हृदय में भी उभर आएँ मुरलीमनोहर। शीघ्र ही ये कालेधन और हजार वर्षों की गुलामी के उन्माद से भी उभर आएँ। मानव-हृदय में फिर से श्रीकृष्ण और राधिकाजी का अमर प्रेम चेतना के ऊपर उभर आए। राधेकृष्ण की अमर प्रेमकथा फिर से स्त्री-पुरुष युगलों में परस्पर विश्वास उत्पन्न कर दे। उनकी अद्भुत प्रेमकथा के सहारे ही गृहस्थ-मार्ग से मोक्ष प्राप्त करने की पर परा कलियुग में भी जीवित है।

''कामदेव को भगवान महादेव ने भस्म किया क्योंकि उन्होंने महादेव के प्राणों मे, उस समय जब वे ध्यान में थे, काम का संचार किया। किन्तु सतीत्व और काम का समन्वय करके माता पार्वती ने यह प्रमाण महादेव के समक्ष प्रस्तुत किया कि काम सात्विक भी हो सकता है और तामसिक भी।

''अब कामदेव अनंग नहीं रहे। माता पार्वती ने कामदेव को मृत्यु के अन्धकार से निकाल कर जीवन के उजाले में प्रतिष्ठित कर दिया है। आशा है इससे भगवान का कलियुग में धर्म-संस्थापना का उद्देश्य पूरा हो ही जाएगा। ब्रह्माजी की काममय सृष्टि चलती रहेगी और उच्छृंखलता का शमन हो जाएगा।

''किन्तु मित्रों समस्या विकट है। कलियुग में तो लग यह रहा है कि कंस का शासन हो गया है। सिर्फमन्त्रियों, सांसदों और पुलिस ने एक-दूसरे की सुरक्षा का

भार अपने कन्धों पर उठा लिया है। जैसे और कोई नहीं रहता इस देश में। जनता जो वास्तविक शासक है उसकी चिन्ता इन्हें करनी पड़ेगी।

''लगता है कुछ दुष्ट शासकों ने नारी के सतीत्व को नष्ट करने का निर्णय भी कर लिया है। दुर्बल, धर्मविहीन और आत्मशक्तिविहीन मन्त्रियों, सांसदों ओर पुलिस को भ्रान्ति हो गयी है कि अत्याचार और अनाचार करके भी वे शासन करते रहेंगे। इस तरह मृत्यु से मुक्ति की भ्रान्ति रक्तबीज और रावण को भी हो गयी थी। ये नारी को केवल देह समझ बैठे है। ये भूल गये कि प्रत्येक पुरुष में भगवान अवतरित नहीं हैं, किन्तु दुर्गा अवश्य हर स्त्री में अवतरित है। भारत की नारी स्त्री-सांसदो और स्त्री-मु यमन्त्रियों के भरोसे नहीं है। इन्होने तो अपने नारीत्व पर पौरुष धारण करके नारी जाति से संवेदना के स बन्ध तोड़ लिए है। कोई आश्चर्य न करना यदि एक और दुर्गालीला खेलने आ जाएँ जगजननी। नारी की मर्यादा नष्ट करने का मूल्य शासकों और दुष्टों को चुकाना ही पड़ेगा।''

प्रोफेसर्स् और विद्यार्थियों के नेत्र भर आये धर्म धुरन्धर प्रो. व्यास के हृदय में नारी की पीड़ा का अनुभव करके। उन्हें आसार दिख गये संविधान, शासन शैली और व्यवस्था में किसी बड़े परिवर्तन के।

भौतिक विज्ञान के प्रोफेसर नित्यसमरेन्द्र आँसू पोछते हुए व्यास से बोले, ''आपका सुप्त ज्वालामुखी जैसा क्रोध मेरी शिराओं में लावे की तरह दौड़ रहा है। कृपया कोई सरल उपाय प्रयोग में लांए भारत को इस अनैतिक-गर्त से निकालने के लिये। यह सच है कि मूर्ख, अभिमानी और कायर शासकों ने भारत भूमि को रसातल में पहुँचा दिया है। इन्होने स्वतन्त्र भारत की राजनैतिक सत्ता को ही नारी के सतीत्व का नाश करने वाली शक्ति में बदल दिया है।''

प्रो. व्यास की आँखों में भी आँसू भर आये। वे बोले, ''प्रो. नित्यसमरेन्द्र जी ऐसा लगता है कि स्वतन्त्रता का तामसिक रूप ही कलियुग के भारतीय शासकों में प्रकट हो पाया है। वे स्वच्छन्द शासक के स्तर से उपर नहीं उठ पाये है। स्वच्छन्दता का स्वामी भ्रष्टाचार है। स्वतन्त्रता का स्वामी ईश्वर है। स्वच्छन्द शासक वह दयनीय प्राणी है जो स्वयं मोक्ष की नागरिकता को त्याग नर्क का नागरिक हो गया है।''

समरेन्द्र ने कहा, ''देखने में तो यह आता है कि स्वच्छन्द ही स्वतन्त्र होता है क्योंकि वह नियमों को नहीं मानता। स्वेच्छा से कर्म करता है।''

''जो आपको स्वेच्छा लग रही है वह स्वेच्छा नहीं भ्रष्टाचारी इच्छा है। इसे स्वतन्त्र पुरुष की स्वतन्त्रता प्रेरित नहीं करती कि वह बच्चों, स्त्रियों, निर्बलों और

वृद्धो को निर्भय करे। भयमुक्त स भ्रान्त समाज के बिना जनतन्त्र नहीं रह सकता। राजनीति जैसे कुटिल शास्त्र को शास्त्रों का शास्त्र बनाने वाले सत्यद्रोही नेताओं ने भारत के स भ्रान्त समाज को ही नष्ट कर दिया है। राजनीतिज्ञों ने श्रुति, स्मृति और संस्कृति के नाश को धर्म–निरपेक्षता की नीव मान लिया है। धर्म–निरपेक्षता के अर्थ है भारत में सदाचार के प्रश्न पर मतभेद न रहे। नागरिकता ही हर नागरिक को वह आचरण सिखा दे जो वह चाहता है कि दूसरे उसके साथ करे। जब तक भारतीयों की आत्मा अपनी वर्तमान स्वच्छन्दता में आत्मबलि देकर उससे पुनर्जन्म नहीं लेगी उनमे स्वतन्त्रता जन्म नहीं लेगी। स्वच्छन्दता तामसिक स्वतन्त्रता का दूसरा नाम है। स्वच्छन्दता में आत्मबलि देकर आत्मा उससे पुनर्जन्म ले तो उसमे स्वतन्त्रता प्रकट होगी। स्वतन्त्र लोगों को पता रहता है कि उनकी स्वतन्त्रता अन्य नागरिकों की स्वतन्त्रता का फल है, जो व्यक्ति दूसरों की स्वतन्त्रता की रक्षा नहीं करता उसमें स्वतन्त्रता की अनुभूति पैदा नहीं होती।

प्रो. व्यास परेशान हो गये यह सोचकर—कब तक भारत दुर्बुद्ध, अज्ञानी और हीनवृत्ति के लोगों का दंगल बना रहेगा? प्रो. व्यास ने यह कह कर मन ही मन भगवान से प्रार्थना की, "प्रभु! इस प्रश्न का स य उत्तर दे सके भारत के लोग, उन्हें इस योग्य कर दीजिये। इसके लिए ही आपने मुझे कलियुग में सत्य को कर्म बनाने का पाठ पढ़ाने का आदेश दिया है।"

आर्य पुरुष सभा

21 मई, 2013 को 'आर्य पुरुष सभा' का आयोजन किया गया। सभाध्यक्ष शान्तिनाथ जी आर्य समाज के भी अध्यक्ष थे। उन्होंने आमन्त्रित लोगों को सभा की आपाद मिटिंग बुलाने का कारण नि न शब्दों में स्पष्ट किया, ''आर्य नारी अँग्रेजों के जमाने में भी अपने चरित्र और पतिव्रत धर्म के लिए प्रसिद्ध थी। आर्य नारी के शौर्य की गाथाओं का साक्षी इतिहास रहा है। वर्तमान सरकार भारत की नारी को अमेरिका, फ्रांस और इटली की नारी जैसी चारित्रिक स्वच्छन्दता देकर परिवारों की शक्ति तो खत्म कर चुकी है। हमारे ही भाई जो शासक बन गये है शासन की शक्ति पाकर चालाक और चरित्रहीन हो गये है। वे हमसे ही दगा करते है। हमारी बहू-बेटियाँ अब सुरक्षित नहीं है। अस य पापीजन हमारे परिवारों को तोड़कर हमारे निजी जीवन में घुस गये है। परिवार सशक्त यूनिट नहीं रहे तो परिवारों की शक्ति अब राजनैतिक दलों में ट्रांसफर हो गयी है। आज अगर किसी की लड़की को कोई अगुवा कर ले, बलात्कार कर दे, हत्या कर दे तो पुलिस रिपोर्ट तक नहीं लिखती। आज से दस साल पहले ही ऐसी घटना होने पर यही पुलिस जमीन आसमान एक कर देती थी। मन्त्री और पुलिस के बड़े अफसर यह बयान दे रहे है कि कोई भी इन अपराधों को नहीं रोक सकता। उन्होंने अपनी नारियों को तो पूर्ण सुरक्षा दे दी है किन्तु देश की आर्य नारी को अपनी आबरू के लिए भयभीत कर दिया है।

''नेतागण चाहते है पति और पत्नी स्वच्छन्द हो जाएँ और सरकार पुरुष और नारी को अलग-अलग करके परिवारों को अपने अधीन कर ले। यह एक भयानक कदम है जो हम सबको जनतन्त्र में नेताओं का मानसिक गुलाम बना देगा। राजनीति चालाक लोगों की कला है। इनकी कला आर्य नारी के भोलेपन को नष्ट कर रही है। भोलापन नहीं रहा। चालाक पति और चालाक पत्नी का दा पत्य जीवन सुखी नहीं है। रोज झगड़े और तलाक हो रहे है।

''चालाकी को भारतीय संस्कृति दुर्गुण मानती है। चालकी के साथ नारी में

चालाकी से जुड़े सारे दुर्गुण आते जा रहे है। वह बात बात में झूठ बोलना सीख गयी है। निर्लज्ज होने को आधुनिकता समझ निर्लज्ज आचरण करने लगी है। माँ को देखकर बेटियाँ बिगड़ने लगी है। बेटे बगावत पर उतर आए हैं। सास-ससुर के प्रति बहुओं में श्रद्धा नहीं रही।

''भाइयों और क्या कहूँ। भारत की नारी भारत का भाग्य है। गीता में मोक्ष का एक मार्ग सच्चा प्रेम बताया गया है। जब नेता और पुलिस नारी की सच्चा प्रेम करने में सहायता नहीं करेगे तो हमें इनकी जरूरत ही क्या है। उस नारी को और डराते है पुलिस वाले और नेता जो दिल में सतीत्व को पालती है।

''संक्षेप में कहना यह है विश्व में हमारी एकमात्र संस्कृति है जो हजारों वर्षों से जीवित है। यह बात पश्चिम के भले लोगों को भी अच्छी नहीं लग रही है कि भारत में नारियों के शील को भटकाने का ठेका गुंडों को मिल गया है, क्योंकि भारत की अबोष लड़कियाँ पश्चिमी जीवन को सुखों का आगार समझने की गलती कर बैठी है। उनको सही मार्ग न दिखा कर, और उनकी रक्षा न करके शासन ने अपने घर में अनैतिकता को बुलावा दिया है। मिलीजुली सरकार ने शिथिल होकर हमारी हजारों साल से जीवित विश्व की एकमात्र संस्कृति को नष्ट करने का पश्चिम से ठेका ले लिया है। पश्चिम भारत को लूट कर निर्धन तो कर गया था। पर हमारे परिवारों के संगठन, चारित्रिक श्रेष्ठता को नहीं तोड़ पाया था। पश्चिम के कुछ बुद्धिजीवी भारत की संस्कृति को जीवित देख जलने लगे हैं। वह हमारे चरित्र को भी निर्धन करके अपने हीन चरित्र को भी हमसे श्रेष्ठ कहलाने के लिए ऐसा कर रहे है। वह हमारे गृहस्थ जीवन को भी अपने गृहस्थ जीवन जैसा सूना और आनन्दविहीन बना रहे है। हमारे नेताओं का चिन्तन इतना विशाल और गहरा नहीं है कि वे पश्चिम की इस चाल को असफल कर दे।

''भारत की नारी अपना मौलिक चरित्र छोड़ पश्चिमी नारी के पहनावे और चरित्र की नकल कर रही है। वह इतनी भोली है कि यह समझ ही नहीं पा रही है कि जिसे वह तरक्की समझ रही है वह उसकी बर्बादी का इन्तजाम है। वह यह भी भूल गयी है कि भारत की नारी के बिगड़ने के साथ भारत की संस्कृति भी बिगड़ सकती है। हममे से सत निकल गया तो हममे कुछ नहीं रह जाएगा। अभी वक्त है। अभी इसी घड़ी इस तूफान को रोकना होगा।

''हमारी संस्कृति नष्ट हो रही है और बच्चों का चरित्र बिगड़ रहा है। नारी को उप-पुरुष बनाकर हम नारी की रक्षा नहीं कर सकते। नारी के इस विकृत रूप को प्रोत्साहित किया पश्चिमी संस्कृति के अनुकरण में विश्वास रखनेवाली

भारत की वर्तमान सरकार ने। यह सरकार भारतीय नारी की विशिष्ट अस्मिता को नकार रही है। आर्य नारी भूल गयी है कि भारत की हर नारी में दुर्गा विद्यमान है। जिस भारतीय नारी ने अपने चरित्र में विद्यमान दुर्गा को जीया उसने स्वर्ग के देवताओं और पृथ्वी के पुरुषों को संरक्षण दिया। पुरुषों से संरक्षण नहीं माँगा। आज यदि हम नारी के सत् की रक्षा करने की कोई योजना बना ले तो आज का यह दिन हमारा पुरुषार्थ सफल करने का शुभ दिन होगा। पुरुष का नारी को संरक्षण देना कृतज्ञता प्रकट करने का एक मार्ग मात्र है, क्योंकि नारी ने पुरुष को सब आपदाओं में हमेशा संरक्षण दिया है।

''भारत के ग्रामीण अंचलों के नेता और पुलिस को धक्का लगता है नारी को आधुनिक वेषभूषा में देखकर। यह धक्का लगते ही वे मध्यकाल में चले जाते है। वे चाहने लगते है कि नारी मध्यकालीन वस्त्रों को पहने, अन्यथा लोग बलात्कार करेंगे। उन्हें यह भी लगने लगता है वह अपने चरित्र की रक्षा नहीं करना चाहती। कोई नारी अपने चरित्र की हत्या नहीं चाहती।

''भौतिक रूप से विकसित देशों की पहचान है वहाँ की पुलिस।वह बच्चो, नारी और वृद्धो की सुरक्षा का विशेष ध्यान रखती है। यह अनुशासन भारत से ही शुरू हुआ था। किन्तु आज भारत में ही लुप्त हो गया। पुलिस के इस अनुशासन के सहारे ही भारत में मनुष्य रूप में मनुष्यत्व बसता था। मनुष्यत्व ही ईश्वर का अंश है पृथ्वी पर। मनुष्यत्व और ईश्वरत्व के बीच कण और विराट का नाता है।

''बच्चा माता पिता को साक्षात सत्य लगता है। वह इस सत्य को उजागर करता है कि सत्य भोला, आनन्ददायी और असुरक्षित है। इसी तरह नारी को सुन्दरम् की प्रतीक माना है मानव ने। सुन्दरम् भी भोला, आनन्ददायी और असुरक्षित है। सुन्दरम् नष्ट हो जाता है यदि भोग और वासना पुरुषों में प्रकट हो जाय किसी नारी के सुन्दरम् के प्रति। नारी में प्रकट हुआ सुन्दरम् तब भी नष्ट हो जाता है यदि स्वयं उस नारी में सुन्दरम् के प्रति भोग चाह जाग जाए। वृद्ध में शिवम् प्रकट होता है जीवन की धूपछांव में जी कर। वह स्वयं दूसरों को उपदेश देने लगे या युवाजन उसके उपदेश से बचने लगे—दोनों तरह शिवम् नष्ट हो जाता है।

''सत्यम् शिवम् सुन्दरम् ईश्वर की झलक मात्र है बच्चे, स्त्री और वृद्ध में। पुलिस का काम है इनकी रक्षा करना, श्रद्धायुक्त होकर। ये ईश्वर के गुण है, जो इनमें प्रकट हुए है ताकि मनुष्य को भरोसा रहे कि ईश्वर है। ये उनके गुण नहीं है जिनमें प्रकट हुए है। इन गुणों के बने रहने के लिए मौन श्रद्धा काफी है। इनकी

प्रशंसा करना इनमें अति–चेतना भर देता है, जो कुछ ही समय में अभिमान में बदल जाती है। याद रखें आज पश्चिम की सबसे बड़ी अज्ञान–ग्रन्थी है यह अन्धविश्वास कि 'ईश्वर मर चुका है।'

"बच्चों के सत्यम् और नारी के सुन्दरम् में अनुरक्ति इन्हें नष्ट कर देती है। इनका उपयोग या प्रदर्शन भी इन्हें नष्ट कर देता है। इनको देखकर अपने कर्मों में भारत के लोग अभिव्यक्त करेगे तो मानव चरित्र सुदृढ़ होगा। वह विकृति नहीं आएगी जो पश्चिम में आ गयी है। वह मतिनाश नहीं होगा जो पश्चिम के आधुनिक विद्वान पश्चिम में कर चुके है। उन्होंने स्त्रियों और बच्चों में झलकी ईश्वर की सत्यं शिवं सुन्दरं छवि से आशा पवित्रता और विश्वास पाने के बजाय, इन्हें उन बच्चों और स्त्रियों के गुण मान लिया। उनसे यह गल्ती होते ही वे सच्चे बच्चे और सुन्दर स्त्रियाँ खरीदने बेचने की वस्तुएँ बना दिये गये। उनका व्यसनी उपयोग करके उनका जीवन नष्ट कर दिया। पश्चिम के विद्वान रोने पीटने लगे कि ईश्वर मर गया! ईश्वर मरा नहीं, पश्चिम से चला गया, क्योंकि ईश्वर के गुण जहाँ खरीदने और बेचने की चीज बन जाए वहाँ ईश्वर नहीं रहते।

"ईश्वर के गुणों को अपने चरित्र में व्याकृत करेगे जिस देश के लोग उस देश की प्रगति को कोई नहीं रोक सकेगा। उस देश को संस्कृति का घर समझेगे लोग। आज का मानव तरस रहा है सच्ची मानव संस्कृति के दर्शन को। बच्चे, स्त्री और वृद्ध को यह महसूस मत कराओं कि ये उनके गुण है। उन्हें यह लगना चाहिए कि ये झलक मात्र है ईश्वर की उनमें। इनके प्रति श्रद्धा हृदय में स्वतः प्रकट होती है, क्योंकि ये ईश्वर की याद दिलाते है। ये देश को उर्ध्वदिशा दिखाते है। बस यही इनका उपयोग है। बच्चे, स्त्री और वृद्ध में झलकते इन ईश्वरीय गुणों को जरा–सी अश्रद्धा, जरा–सी उपेक्षा, जरा सी हीनता महसूस करा दी जाय तो सत्यं शिवं सुन्दरम् की जगह उसमें दुर्भावना और विष भर जाता है। यही उद्‌गम है मनुष्य में काम, क्रोध, मद, लोभ, ईर्ष्या, द्वेष, विश्वासघात, प्रतिशोध आदि उन्मादों का।

"नारी का मनोबल तो कोई नहीं तोड़ सकता। नारी का हृदय बल तोड़कर ही पुलिस और नेता नारी की देह पर हुकूमत करते है। ऐसे निक मे हुक्मरानों की जरूरत नहीं है गणतन्त्र को। वे भारत की नारी को सावित्री जैसी नारी होने देना नहीं चाहते, क्योंकि उन्हें भय है कि नारी सावित्री जैसी हो गयी तो उनकी कलुषित वृत्ति अतृप्त रह जाएगी ?

"याद रखो नारी की गरिमा का नाश करने से पश्चिम की संस्कृति का नाश

हुआ है। स्वच्छन्दता के इस दौर में नारी की स्वतन्त्रता केवल उस दशा में पुनर्स्थापित हो सकती है यदि नारी की स्वतन्त्रता और सतीत्व की रक्षा शासन करे। नारी स्वेच्छा से किसी भी पुरुष को अपना प्राणसखा बना सके, यह नारी की स्वतन्त्रता है। कोई भी पुरुष किसी भी नारी के साथ उसकी इच्छा के विरुद्ध कर्म तो दूर वार्ता भी न करे। जिस समाज में नारी की स्वतन्त्रता सुरक्षित है उसमें पुरुष की स्वतन्त्रता भी सुरक्षित है। पुलिस सुनिश्चित करे कि किसी नारी की देह की पवित्रता को कोई पुरुष अपवित्र न कर सके। नारी की सन्तान और स पत्ति को भी कोई बलात् छीन न सके। यह स्वतन्त्र देश की पहचान है। यह सुनिश्चित करने से ही शासन अपनी गरिमा स्थापित कर सकेगा। जितना शासन बच्चों और नारी को असुरक्षित करेगा उतना ही शासन का इकबाल भी मिट जाएगा। जो शासन इस मर्यादा का पालन नहीं करता, वह राक्षसवृत्ति धारण करके ही रहता है।

''नारी और पुरुष की समानता को बीभत्स रूप दे दिया यौन को स्वच्छन्द करके आधुनिक शासकों ने। वे मानसिक रूप से इतने सशक्त नहीं है कि स्वतन्त्र नारी के चरित्र में छुपे सत् को बर्दाश्त कर सके। वे नारी की सच्चरित्रता को आँखों से देखकर भी विश्वास नहीं करते, क्योंकि उन्हें अंधविश्वास है अपनी और नारी की दुश्चरित्रता मे। इससे बड़ा भारत का दुर्भाग्य नहीं हो सकता कि पुरुष को नारी चरित्र पर ही विश्वास न रहे। नारी स्वतन्त्रता का आधार नारी के सतीत्व की रक्षा है। यदि यह रक्षा नहीं है तो उस समाज के पुरुष नारी की स्वतन्त्रता के नाम पर उसके और अपने चरित्र को ही नष्ट कर लेंगे।

''मानव प्रकृति में मनुष्यत्व के गुण बीज रूप में विद्यमान हैं। मनुष्यत्व को मानवजाति का सहयोग मिले तो मानव समाज बदल जाएगा। जब सभी सरकारें उन व्यक्तियों की सहायता करेगी जो मनुष्यत्व का पालन करते है तो कोई कारण नहीं कि सारे राष्ट्र मनुष्यत्व को पुष्ट न कर सकें। दृष्टिकोण बदलते ही सारी मानवीय शक्तियाँ स्वतः संगठित हो जाएँगी। सात अरब लोगों में बहुत कम होगे जो मनुष्यत्व की विजय नहीं चाहेंगे। उनके विचारो को बदलते देर न लगेगी जब वे सारे मानव समूह को सत्य और मनुष्यत्व की दिशा में जाते हुए देखेंगे।''

''अंधेरा घना हो गया है। मनुष्यों को मनुष्यत्व की आवश्यकता पड़ रही है। मनुष्य ने बहुत सूचना तो प्राप्त करली। बस ज्ञान नहीं बढ़ा मनुष्य का। इस कमी के कारण मनुष्य का मनुष्यत्व क्षीण हो गया।

''मन्त्री और सांसद बनते ही नेताओ में भ्रष्टाचार के नये कीर्तिमान स्थापित करने की होड़ लग जाती है। उनके हौसले देखकर तो भ्रष्टाचार के हौसले खुल

गये है। भ्रष्टाचार कल्पना की सीमा पार करके स्वयं अनन्त से प्रतिस्पर्धा कर रहा है। किन्तु अँधेरा कभी प्रकाश को कैद करके रख सका है क्या?

''काम क्रूरता ने कामकेलि को अपने तहखाने में कैद करके रख छोड़ा है और कामक्रूरता मानव मन में नशे की तरह चढ़ गयी है। किन्तु यह अँधेरे का मेला भी मिट जाएगा दो दिन मे। मैं आश्वस्त हूँ मनुष्य की प्रकाश यात्रा नहीं रुकेगी।

''एक विरोधाभास भी देख रहा हूँ कलियुग मे। जहाँ इसमे काम-उच्छृंखलता वर्षाऋतु के गन्दे नालों की तरह चढ़ आयी है, वही करोड़ों लोगों में काम-वितृष्णा भी जन्म ले बैठी है।

''बुरी नीयत, दुराचार, अश्लीलता, विश्वासघात, उत्पीड़न, हत्या सब मनुष्य स्वभाव को विकृत करने में लगे है। आश्चर्य तो यह है कि भारत पर शासन करने वाले नेता ही अपराधियों के मित्र बन कर अपने झूठे भाषणों से जनता के हृदयों में अपने विरुद्ध घृणा को दृढ़ करते जा रहे है।

''पाप करके मनुष्य अपने ही लिए गड्ढा खोद लेता है, इसमे आश्चर्य करने की कोई बात नहीं है। विधि ने जिन नेताओं को भारत को, केवल धन के मार्ग पर नहीं, नैतिक बल और सांस्कृतिक मूल्यों के आधार पर आगे बढ़ाने का काम सौपा था, उन नेताओं ने सारे नैतिक और सांस्कृतिक मूल्यों को हिन्द महासागर में डूबा दिया है। मनुष्यत्व की सीमा लांघ ली है। मनुष्यत्व की सीमा को लांघ जाना तो आासान है किन्तु फिर से मनुष्यत्व की सीमा में स्वयं को स्थापित करना इतना ही कठिन है जितना मान मर्यादा खोकर फिर से मान मर्यादा को अर्जित करना।''

एक किसान उठा और बोला, ''अध्यक्ष जी! प्रोफेसर साहब के सुन्दर, सच्चे और अच्छे विचारों ने हम सबका जैसा ज्ञानवर्द्धन किया है वैसा तो कभी नहीं हुआ। कहते है हँस लेने से ज्ञान पर आनन्द का छिड़काव हो जाता है। तब ज्ञान के बीज ऐसे फूट निकलते है जैसे बीज बोने के बाद अगर बादल थोड़ी-सी फुहार बरसा दे तो बीजो से तन्दरुस्त पौधे निकलते हैं। सभा अगर दो मिनट हँस लेगी तो हम सबके हृदयों में इनके शब्द अमर हो जाएँगे।''

अध्यक्ष बोले, ''सुनाइये चौधरी साहब!''

किसान बोला, ''मुझे क्षमा करे श्रोतागण, एक भटके नेता ने मुझे सुनाई थी यह बात। मगर बात में दम है। उ मीद है आप सब भी हँसेंगे। नेता ने सुनाया था, ''नारकीयों को यातना देने वाले नारकी देवों ने एक प्रार्थना पत्र यमराज को भेजा है। उन्होंने प्रार्थना की है कि 'मृतकों को स्वर्ग में स्थान देने के नियम कुछ ढीले कर दिये जाएँ, ताकि कुछ दुष्टों को हम स्वर्ग में बसा सकें क्योंकि नरक में अब

बिल्कुल जगह नहीं रही। अटाकुट भर गया है नर्क दुष्टों से। स्वर्ग में तो बहुत जगह खाली पड़ी है।''

यमराज ने कहा, ''ऐसा नहीं किया जा सकता। ऐसी बात सोचना भी मत।'' नारकी देवो ने कहा, ''महाराज फिर क्या करे ? हमने तो नारकी जीवों को नारकी देवो की बस्ती में भी बसा दिया। वहाँ हमारे बच्चों के लिए खेलने की जगह भी नहीं रही। नारकी जीवों का आचरण देख हमारे बच्चों के चरित्र बिगड़ रहे है। उनके पापों की नवीनता देख उनको यातना देकर सुधारने वाले हम नारकी दैत्यों का मानसिक सन्तुलन भी बिगड़ रहा है।''

श्रोता हँसने लगे।

सभा का समापन किया हिन्दी विभाग के अध्यक्ष प्रो. श्रीधर ने इन शब्दों के साथ किया ''एक अन्तर्राष्ट्रीय अध्यात्मिक, वैचारिक और भावनात्मक आन्दोलन चलाना होगा जिससे मनुष्यत्व और आत्मा एक-दूसरे के लिए जीने का अ यास करे और दोनों मिलकर भविष्य में संसार का शासन चलाये। भविष्य में राजनीति करने वालो को सत्ता न सौपी जाया करे।''

सा प्रदायिक सौहार्द

प्रो. व्यास के जीवन में घटनाएँ बहुत कम थी। इतनी भी नहीं थी जितनी उनके पूर्वरूप महर्षि व्यास के जीवन में थी। प्रो. व्यास तो उस युग में जी रहे थे जिसमें उच्चपद लालच और मद को जगाता है तो छोटा पद ईर्ष्या, बेवफाई और विश्वासघात को। कही भी कोई भी कोना ऐसा नहीं था तनाव से भरे कलियुगी जीवन में जिसमें मनुष्य की सूरत में सत्यं शिवं सुन्दरम् की झलक दिख जाती। सत्य था, सुन्दर भी और शिव भी मनुष्य की सूरत मे, परन्तु अभिमान के चौखटे में कैद था।

प्रो. व्यास के जीवन में इस कारण चितन बहुत था। लेक्चर थे और असीम पीड़ा थी भारत को बिगड़ते देख कर। कुण्ठा थी मानव की तुषार ग्रस्त बुद्धि पर जो सत्य को छोड़ दूर-दूर भटकती रहती है। उनका चरित्र उनके भाषणों में मिल सकता था पाठक को। सत्य परायण होने के कारण उनके चरित्र में काले कोने नहीं थे, वे रहस्य जो पढ़ने में रूचिकर लगते है। फिर भी उनके भाषणो से उनका चरित्र उभर कर ऐसे आ जाता जैसे गर्म करके ठंडा किये गये दूध पर मलाई।

हिमालय विश्वविद्यालय के राजनीति-विज्ञान विभाग ने प्रो. व्यास को 'सा प्रदायिक सौहार्द' विषय पर बोलने के लिए आमन्त्रित किया। मु य मन्त्री मौलाचन्द मु य अतिथि थे। विभागाध्यक्ष प्रो. अज्ञेयचन्द्र को प्रो. राम व्यास की मौलिक प्रतिभा से अत्यन्त ईर्ष्या थी। किन्तु वाईस चान्सलर का आग्रह था, इसलिए व्यास को भाषण देने के लिए आमन्त्रित करना आवश्यक हो गया था। ईर्ष्या ने उन्हें समझा दिया था कि अपने से योग्य व्यक्ति को गिराना हो तो कोई पापुलर राजनैतिक मुखौटा लगा लो। नेताओं के सभी मुखौटे यथार्थ के उल्टे थे, मानो सबको विश्वास हो गया हो कि जैसा उनका व्यक्तित्व वास्तव में हो गया था उसके विपरीत बात करना ही लोगों को आकर्षित करेगा।

सबसे पापुलर मुखौटा था सा प्रदायिकता की निंदा करने वाला मुखौटा। हर नेता इसे लगाये घूम रहा था। प्रो. अज्ञेयचन्द्र ने मु यमन्त्री का स्वागत करते हुए

सा प्रदायिक सौहार्द बनाये रखने के कुछ तरीके श्रोताओं को बताये। सरकार अल्पसं यकों के वोट से बनी थी। इसलिए उनके लिए नौकरियों में आरक्षण की मात्रा तय करने में मु यमन्त्री बहुत व्यस्त थे और बड़ी मुश्किल से समय निकाल कर आये थे। उन्हें विश्वास नहीं था कि नौकरियों में आरक्षण देने से सा प्रदायिकता समाप्त हो जाएगी। किन्तु ऐसी आशा व्यक्त करना उनका कर्तव्य था। उन्हें इसका अहसास था कि जितना सा प्रदायिकता का जिक्र बढ़ता गया उतनी ही सा प्रदायिकता बढ़ती गयी।

प्रोफेसर व्यास को उन्होंने सनातन धर्म का महान व्या याता बताकर मु यमन्त्री की भौंए टेढ़ी कर दी।

प्रो. व्यास की प्रसिद्धि के साथ उनका विरोध भी शुरू हो गया था। बहुत से लोग विवादास्पद प्रश्न करने की तैयारी, मन ही मन, कर रहे थे। एक छोटा-सा भाषण दिया प्रो. व्यास ने। वे बोले, ''सा प्रदायिक सौहार्द बनाने का एक ही तरीका है। किसी भी धर्म के हो आप, अन्य धर्मों को मानने वालो से भी बन्धुत्व रखिये, इस नाते कि वही परमात्मा जो आपमें आपकी आत्मा बन कर बसा हुआ है उनमे उनकी आत्मा बन कर बसा हुआ है। सब मनुष्यों की और पशु पक्षियों की आत्मा का पिता परमपिता परमात्मा है। अगर पशुपक्षी आपकी तरह नहीं बोल सकते तो मत भूलिए कि उनमें भी वही परमपिता आत्मा बन कर रहता है। उन्हें भी अपना बन्धु समझ उनके प्रति करुणा का पालन करिये।

''केवल आत्मा बन कर नहीं, वही परमात्मा जो आप में मनुष्यत्व बनकर बसा है पशु पक्षियों में पशुत्व और पक्षीत्व बन कर भी बसा है। आप उन्हें प्राण नहीं दे सकते तो उनके प्राण लेने का भी आपको अधिकार नहीं है। धरती पर रहने का अधिकार उनका भी उतना ही है जितना आपका। आप में बुद्धि विकसित है उनमें अर्धविकसित है। इसलिए उनके साथ यदि आप नहीं रह सकते तो उनके रहने के लिए जंगल छोड़ दीजिये।

''सदाचार भावना और विचार में आया आत्मा से जन्मा कर्म है। सदाचार के कर्म है—करुणा, मनुष्यत्व, अहिंसा, क्षमा, सहयोग। लोभ, ईर्ष्या, क्रोध, मद, हिंसादि मत्सरो का त्याग सदाचार है। दीन दुखियों की सहायता बिना स प्रदाय देखे करिये। सहायता उनका स प्रदाय बदलने के इरादे से मत करिये। एक-दूसरे की स्त्रियों और बच्चो का स मान करिये। उन्हें बरगलाइए मत। राजनीति और धर्म को एक-दूसरे से दूर रखिये।

''याद रखिये मनुष्य प्रश्न है और मनुष्यत्व इस प्रश्न का उत्तर। मनुष्य में बहुत

कमिये है। किन्तु मनुष्य के हृदय में ही मनुष्यत्व छुपा है जो ईश्वर का अंश है। वह मनुष्य की सब कमियों का उपचार है। उसके पास मनुष्य के सब प्रश्नों के उत्तर है।

''उम्र के साथ सा प्रदायिकता स्वभाव में बढ़ने लगे तो प्रश्नो के उत्तर अपने में छुपे मनुष्यत्व से पूछिये। जो मनुष्य कहे वह नहीं जो मनुष्यत्व कहे वह करिये।

''अपनी आत्मा को मनुष्यत्व से प्रेम करना सिखाइये। यदि आपने अपने मनुष्यत्व और आत्मा के बीच सच्ची मैत्री करा दी तो आपसे अधिक सच्चा और शक्तिशाली और कोई नहीं होगा। जो सा प्रदायिकता कहे वह कभी मत करिये।'' एक विद्यार्थी नचिकेता ने कहा, ''कुछ धर्म केवल सदाचार की बात करते है, कुछ धर्म-परिवर्तित करने को धार्मिक कृत्य समझते है, कुछ धर्म झूठ की हद कर देते है-वे कहते है कि उनके धर्म में परिवर्तित हो जाने मात्र से मनुष्य का स्थान स्वर्ग में सुरक्षित हो जाता है। भारत के धर्म कहते है धर्म बदलने से स्वर्ग नहीं मिलता; सदाचार से मिलता है। शासन का कर्तव्य है कि वह देखें कि भारत में कोई भी धर्म झूठ का प्रचार करके अज्ञानियों की आस्था का शोषण न करे। मैं मु यमन्त्री जी से प्रश्न करता हूँ कि इस विषय पर कब नियम बनाएँगे?''

मु यमन्त्री बोले, ''सबको धर्म बदलने की स्वतन्त्रता है प्रजातन्त्र में।''

सलीम नाम का एक विद्यार्थी बोला, ''श्रीमान्! अगर किसी व्यक्ति ने कोई अन्य धर्म चुन लिया है तो उसका धर्म स्वतः परिवर्तित हो गया। किसी अन्य व्यक्ति को किसी व्यक्ति का धर्म परिवर्तन करने का अधिकार नहीं होना चाहिए। सारा कुटिल कर्म इस कारण होता है कि दूसरे व्यक्तियों का धर्म बदलने का कर्म करते है लोग। ज्ञानोदय के कारण केवल व्यक्ति स्वतन्त्र है केवल अपना धर्म बदलने के लिये। उसे अधिकार नहीं है पत्नी और बच्चों का धर्म बदलने का। वह उस समाज को देश के कानून के अनुसार सूचित कर दे। अगर समाज की कुछ औपचारिकताएँ है तो वे मजिस्ट्रेट के सामने पूरी की जाएँ। किसी व्यक्ति के अज्ञान का लाभ उठाकर, मोह, मद, लोभ, काम, क्रोध, विश्वासघात, प्रतिशोध, ईर्ष्या आदि मत्सरों के कारण धर्म परिवर्तन अधर्म है।''

मु यमन्त्री ने अपने निजी सचिव को आदेश दिये, ''यह बात कानून विभाग को विचारार्थ भेज दीजिये।''

सलीम ने कहा, ''मेरे निर्धन अशिक्षित पिता का धर्म बदला गया झूठ बोलकर, 'सब धर्म वही बात कहते है। हमें एक तोहफा भी देते है—हमारा धर्म अपनाते ही आपका स्वर्ग जाना पक्का हो गया। जाइये जो चाहे करिये। पाप

करेगे तो भी आपका स्वर्ग जाना पक्का है। श्रीमान! अशिक्षित-निर्धन का धर्म परिवर्तित करना उसे प्रकाश से निकाल कर अँधेरे में रहने के लिए बाध्य करने जैसा अपराध है। धर्म के नाम पर किये जा रहे इस अधर्म को रोकना शासन का कर्तव्य है।''

मु यमन्त्री बोले, ''मैं आपका यह सुझाव भी न्याय विभाग को भेज सकता हूँ। इससे ज्यादा मैं कुछ नहीं कर सकता।''

दूसरे विद्यार्थी मार्कंडेय ने पूछा, ''गरीब और अशिक्षित लोगों को नौकरी, मु त ईलाज और उनके बच्चों को प्राइमरी से एम.ए. तक मु त शिक्षा का लालच देकर उनका धर्म बदला जा रहा है। यह अपराध है। एक गरीब बाल-बच्चों सहित तूफान में अपनी टूटी नाव चला रहा है। कोई आदमी उसके पास मशीन बोट लेकर जाय और उसे सहारा दे और बदले में उसका धर्म लें। इसे आप मनुष्यत्व से गिरा कर्म कहेंगे या नहीं? मनुष्यत्व का नाश करने वालों के विरुद्ध आप नियम नहीं बनाएँगे तो भारत अस य देश होकर रह जाएगा।''

एक और विद्याथी उसमान ने कहा, ''हम भारतीय दूसरे के दुख को अपना दुख समझकर उसकी सहायता सदा करते आये है। कुछ धूर्त्त और विश्वासधाती लोग झूठ बोलने को ही जीवनशैली बनाये हुए है। वे चाहते तो है सत्ता किन्तु सा प्रदायिक विवाद पैदा करके। विषैली भावनाएँ फैलाकर, जनता की अक्ल हैरान करके उन्हें वोट ज्यादा मिल जाते है और वे जीत जाते है। अगर शासन चाहे तो उन्हें चुनाव लड़ने से रोक सकता है। क्यों नहीं रोकता? इस देश में राजनीति करने वालो को झूठ बोलने की, नीच कर्म को धार्मिक कर्म कहने की, धर्म की परिभाषा झुठलाने की आजादी है। जब तक उन पर प्रतिबंध नहीं लगाया जाएगा जनता उनकी जहरीली भावनाओं को पीकर अपना विवेक खोने को मजबूर रहेगी।''

मु यमन्त्री ने कहा, ''आपके विचार सराहनीय है। इन पर विचार करेगी हमारी पार्टी।''

मु यमन्त्री जी को हल्का-सा आभास हुआ कि मैडम का सिक्का चलना बन्द तो नहीं हो गया। चुनाव छ महीने बाद होने थे।

एक विद्यार्थी बाल गंगाधर ने प्रश्न किया, ''कुछ नेताओं ने कहा है अन्तर्स प्रदाय विवाहो से राष्ट्रीय सौहार्द बढ़ता है। कुछ कहते है कि एक स प्रदाय के लड़के-लड़के हो दूसरे की लड़कियाँ ही लड़कियाँ हो तो सौहार्द नहीं बढ़ता। यह लव-जिहाद है,शत्रुता है।''

मु यमन्त्री की आज्ञा ली उपकुलपति ने इसका उत्तर देने के लिये। मु यमन्त्री ने प्रसन्नता से आज्ञा दे दी। सत्य बोलकर वे डर रहे थे कि वे हाई कमान को रूष्ट न कर दे। उपकुलपति ने कहा, ''वर वधू में अगर एक पक्ष सा प्रदायिकता से ऊपर उठ गया है और अध्यात्मिक धरातल पर है और दूसरा सा प्रदायिकता में जी रहा है तो दा पत्य जीवन नर्क हो जाएगा।''

गंगाजल नाम का एक विद्यार्थी बोला, ''राजनीति को पेशा बनाने वाले कई तरह के झूठ बोलते है। झूठ से उनका राजनैतिक जीवन चल रहा है। झूठ उनके काम आ जाएगा; नागरिकों के काम नहीं आएगा।''

विश्वमंगल नाम का विद्यार्थी बोला, ''ज्ञानियों ने केवल उसे धर्मात्मा कहा है जो मानवीय मूल्यों को अपना कर्म बनाने का साहस रखता है। यह 21वीं शताब्दी है, धार्मिक झगड़े कराने वालों का युग बीत गया। मानव का मूल धर्म मनुष्यत्व है। स प्रदाय के हित में मनुष्यत्व की हत्या को कोई धार्मिक कर्म नहीं कहेगा। मानवीय मूल्यों को आचरण में उतारना ही धर्म है। मानवीय मूल्य है निस्वार्थ प्रेम, पशुओं पर भी करुणा, क्षमा, अहिंसा, भाईचारा, दूसरे की स्वतन्त्रता की रक्षा। बच्चों के जीवन के लिये, अबलाओं के शील की रक्षा के लिए प्राण दे देना। जो व्यक्ति इन्हें आचरण नहीं बनायेगा उसे 21वीं शताब्दी कदम कदम पर चुनौती देगी।''

याज्ञवल्क नाम का विद्यार्थी बोला, ''आप ज्ञान में प्रकट हुए सत्य को नहीं मानते न मानिये। इतिहास की भूलों से सबक नहीं लेते न लीजिये। फिर भी 21वीं शताब्दी का कारवा प्रकाश की ओर बढ़ता जाएगा। वह आपको छोड़ कर निकल जाएगा। मनुष्यत्व की रक्षा करने वाली धर्म जिज्ञासा ही इस नयी शताब्दी में चलेगी। धर्म बदलने में विश्व के सबसे भयानक नरसंहार हुए है, क्योंकि बिना धर्म-ज्ञान के धर्म परिवर्तन मनुष्य को हिंसक बनाता है।''

शाहिद नाम का विद्यार्थी बोला, ''मनुष्य मात्र की धर्म जिज्ञासा को सोचने का अवसर दीजिये। यह सबकी माँग है आधुनिक पीढ़ी मे। जैन, बौद्ध, इस्लाम, सिक्ख, ईसाई, सनातन सभी मतो की युवा पीढ़ी की यही माँग है। हम पुरानी पीढ़ियों के धार्मिक हत्याकाण्डों को अधर्म मान कर उनकी निंदा करते है। हम मानव मात्र की धर्म जिज्ञासा को मनुष्यत्व के अमृत से शान्त करेगे। क्यों आप धर्म-परिवर्तन को संरक्षण देते है ? धर्म परिवर्तन ही तो धार्मिक झगड़ों की जड़ है। इन्हें सरकार अवैधकर्म क्यों नहीं घोषित करती। धार्मिक झगड़ों की जड़ को तो सरकार सींच रही है। फिर सा प्रदायिक सौहार्द कैसे बनेगा ? ये जो धर्म परिवर्तन

के लिए आते है उनमे किसे ज्ञान है दूसरे धर्मों का ? धर्म परिवर्तन करना किसी का मानवाधिकार नहीं है। कोई किसी का धर्म परिवर्तित न करे यह मानव अधिकार है।''

मु यमन्त्री ने कहा, ''कई विषयों पर आज विद्यार्थियों के विचार सुनने को मिले। मेरा ज्ञान बढ़ा। मुझे गर्व है कि आपका विश्वविद्यालय मेरे ही प्रान्त में है। धर्म मनुष्य से क्रोध, मद, लोभ, मोह, ईर्ष्या, प्रतिशोध, विश्वासघात, परनिन्दा की आदते छुड़वाने वाला अनुशासन है। जो सा प्रदायिक झगड़े कराते है वे धर्म विषय के घोर अज्ञानी है। हमारी पार्टी सत्ता में आएगी बिना सा प्रदायिक लोगों को टिकट दिये। जब तक मनुष्यत्व के गुणो को धारण करके हम ऊर्ध्व दिशा में नहीं उठेंगे तब तक हम स्वतन्त्र मानव नहीं बन पाएगे।

''मुझे खुशी है कि आपके विद्यार्थी पशुओं की वेदना के प्रति ससंज्ञ है। पशुओ के प्रति संवेदनाहीन होकर अब कोई राष्ट्र प्रगति नहीं कर सकता। विश्व में लोग पशुओं के जीने के अधिकार को उचित मानने लगे है। आतंकवाद अमर नहीं हो सकता, किन्तु आतंकवाद नष्ट करने को केवल लक्ष्य बना कर रुक जाना उसकी आयु बढ़ाते जाना है। विश्व की सरकारे मनुष्यत्व की रक्षा को लक्ष्य बना ले तो आतंकवाद नष्ट हो सकता है।

''मोक्ष अध्यात्म का विषय है। मोक्ष को जीवन का लक्ष्य मानकर भी हम सा प्रदायिकता से छुटकारा पा सकते है, क्योंकि अध्यात्म में प्रवेश तभी हो सकता है जब सा प्रदायिकता की नाव को छोड़ आओ। अध्यात्म पथ पर आत्मा को अकेले जाना पड़ता है। आत्मा को ज्ञान, भक्ति और शुभ कर्म स्वर्ग दिला सकते है। जिनकी आत्मा अकेले सत्य की ओर उड़ान भरने का साहस रखती है, वे मोक्ष प्राप्त करते है।''

शाहिद के भाषण की प्रशंसा दिल्ली में भी कुछ नेताओं ने की। संसद के चायखाने में भी कुछ सांसदों ने एक प्रस्ताव पर हस्ताक्षर किये और कहा,''मनुष्यत्व को स्थापित किये बिना भारत अन्य प्रगतिशील जनतन्त्रों से पिछड़ जाएगा। भारत के मनुष्यत्व की हत्या करने के काम में कुछ राजनीति करने वाले लगे हुए है। उधर मनुष्यत्व की रक्षा को प्रगतिशील जनतन्त्रो ने अपना मूलमन्त्र बना लिया है। दुनिया बदल रही है। हमे भी बदलना होगा। सत्य का सूरज क्षितिज पर आ लगा है। अब सत्य के सहारे राजनीति करने का युग आ गया है।'' यह प्रस्ताव संसद अध्यक्ष को भेजा गया।

बुद्धि और चेतना

व्यास बोले, ''भारत की सन्तान भारतीय है चाहे वह किसी भी धर्म को मानती हो। इसकी चेतना आठ विकृतियों में बदल दी है विदेशी शासकों ने।''

एक विद्यार्थी ने प्रश्न किया, ''सर आपने कहा था चेतना केवल आत्मा की शक्ति है। आत्मा की शक्ति में कोई विकार पैदा नहीं कर सकता।''

प्रो. व्यास बोले, ''याद रखो केवल भारत के प्राचीन धर्म चेतना की पवित्रता को परम आवश्यक मानते है। चेतना को बुद्धि के हवाले मत करो। भारत के धर्मों ने चेतना और बुद्धि में अन्तर विकसित किया है। यही कारण है कि भारतीय धर्मों में ऐसा नहीं होता, किन्तु बाहरी धर्मों के धर्मगुरु अनुयायियों की चेतना को अपनी जड़बुद्धि के शिकंजे में जकड़े रहते है। चेतना अनन्त अमर आत्मा का प्रकाश है। बुद्धि जड़ पदार्थ है। बुद्धि के अधीन चेतना को करने से मस्तिष्क स्वतन्त्र चिन्तन करने की क्षमता खो देता है।''

''भारतीयों की एक विशेषता का ध्यान रखें भारत के राजनीतिज्ञ। इनमें अध्यात्मिक चेतना अर्ध-जागृत है। चेतना और बुद्धि दोनों अन्त:करण में रहते है। बुद्धि उनके संसारी जीवन को संयमित करती है। उनके अध्यात्मिक जीवन को बुद्धि प्रकाशित नहीं करती। आत्मा में प्रकट हुआ ज्ञान जीवन को प्रकाशित करता है। अपने अध्यात्मिक जीवन को आगे बढ़ाने के लिए उन्हें आत्मा की पवित्रता और संसार से निर्लिप्ति की आवश्यकता होती है। इसकी उपेक्षा करने वाले लोग और नेता दोनों बौरा जाते है।

''अन्य देशों से भारतीय मानस भिन्न है। अन्य देशों में धार्मिक ज्ञान को पर्याप्त समझा जाता है स्वर्ग पाने के लिये। भारत में पढ़े-लिखे और अनपढ़ लोग भी मोक्ष को परम ध्येय बनाये हुए है। जिनका ध्येय मोक्ष है वे इस संसार पर राज्य करना नहीं चाहते। वे स्वर्ग भी नहीं चाहते। उन्हें अपने देश में अपने धर्म का शासन चाहना भी बन्धन लगता है। इसके विपरीत, प्रत्येक विदेशी धर्म सारे संसार पर अपने धर्म का शासन चाहता है। इतना ही नहीं। प्रत्येक विदेशी धर्म अपने

अलावा सभी धर्मों को पाप मानता है और चेतावनी देता है कि जो उसे नहीं मानेगा वह नर्क जाएगा। धार्मिक वैमनस्य उनके धर्म का ही हिस्सा है।

''भारत में विदेशी धर्मों के लोग पन्द्रह प्रतिशत है। उन्हें स्वतन्त्रता है भारत के धर्मों की निदा करने की, क्योंकि भारतीय धर्मों को मानने वाले लोग यह मानते हैं कि धार्मिक कट्टरता मोक्ष नहीं दिला सकती। उनका मानना है कि मोक्ष के लिए एक दिन उन्हें धर्म का भी त्याग करना होगा। उनके लिए धर्म केवल आर भिक शिक्षा है उस आचरण की जो उन्हें मोक्ष दिला सकता है। भारतीय धर्मों की शिक्षा का मूल अहिंसा है। मोक्ष के लिए केवल अध्यात्मिक ज्ञान और संसारी वृत्ति का त्याग ही मार्ग है।

बयासी प्रतिशत भारतीयों की चेतना संसार पर अपना शासन नहीं संसार से ही मुक्ति चाहती है। भारत के राजनीतिज्ञ उनकी आत्मा को भी संसार में आसक्त करने का उपक्रम कर रहे है पिछले उनसठ वर्षों से। उनकी जिज्ञासा को मोक्ष या निर्वाण से विरक्त करके संसार में लगाना अस भव है। ऐसी चेष्टा करके वे भी बौरा रहे है और जनता को भी बौरा रहे है। उनकी आत्मा राजनीति को नहीं पहचानती। सामाजिक जीवन की सारी हिंसा यहाँ शुरू होती है। राजनीतिज्ञों ने भाषण देने की स्वतन्त्रता का दुरुपयोग करके नागरिकों की चेतना का अपहरण कर लिया है। मस्तिष्क और हृदय चेतना के आधीन रहकर स्वतन्त्र महसूस करते है। बुद्धि और भावुकता उन्हें बाँध लेते है। चेतना उन्हें स्वतन्त्र करती है सांसारिक सत्य से। नेताओं को चाहिए कि वे जनता को भाषण देते हुए यदि चेतना को नहीं उनके मन, बुद्धि, चित्त या अहंकार को भाषण दे तो सारे राष्ट्र का हित होगा। सत्ता एक सेवा है, जो भी राजनीतिज्ञ सत्ता को सुख समझते है उनमें लोभ, क्रोध, मद, ईर्ष्या और वासनादि उग्र होकर उनके अन्त:करण को ग्रस लेते है। उनकी वेदना का अनुमान नहीं लगाया जा सकता।

''चेतना अमर तत्त्व है मनुष्य में और संसारी बुद्धि नश्वर। चेतना अथाह है और अन्त:करण की गहराई में रहती है। संसारी बुद्धि सीमित है और संसारी जीवन में उजाला कर सकती है। किन्तु यह चेतना का अंग होने की चेष्टा करती है तो ये दोनों शक्तियाँ जुड़कर मनुष्य को पागल कर देती है। नेताओं की निस्वार्थ बुद्धि जब जनता की निस्वार्थ बुद्धि को भाषण देती है तो सारे देश में उजाला होता है। जो भावनाएँ और विचार हृदय और मस्तिष्क को संकुचित करें वे किसी का भला नहीं कर सकते।

''चेतना आत्मा की शक्ति है, जिसे आत्मा की तरह स्वतन्त्रता दी है विधाता

ने। मनुष्य की बुद्धि चेतना को दासी बनाये तो बना ले वह रोकेगी नही। किन्तु बुद्धि और चेतना दोनों विकृत हो जाएँगे। आत्मा और चेतना स्वतन्त्र होने के कारण संगी-संगिनी है। संसार रूपी अज्ञानियों के मेले में दोनों एक-दूसरे से बिछुड़ जाते है। ये अकेले भी पूर्ण है और मिलकर भी पूर्ण है। किन्तु फर्क है। न जाने कितने जन्म गुजर जाते है आत्मा और चेतना को फिर से एक होने मे। चेतना मन, बुद्धि, चित्त, अहंकार या इन्द्रियों में किसी के साथ जोड़ा बनाकर अनगिनत जन्मों तक भटकती रहती है भवचक्र में। न जाने कितने जन्मों में कितनी बार चेतना और आत्मा पास-पास से गुजर जाते है, किन्तु चेतना आत्मा को पहचानती नहीं। अनेक कटु अनुभवों को झेलकर, जब इसे ज्ञान हो जाता है कि कोई अन्य इस जैसा नहीं। इस जैसा केवल आत्मा है, और कोई नहीं, इसलिए कोई अन्य इसका नहीं हो सका। इस ज्ञान के साथ ही चेतना फिर से कोरी हो जाती है और आत्मा में समा जाती है। जब आत्मा और चेतना दोनों एक-दूसरे को पहचान लेते है और आनन्दमग्न हो जाते है तो इनका द्वैत मिट जाता है और दोनों एक-दूसरे में समा जाते है। यही निर्वाण है।''

विवेक नाम के विद्यार्थी ने पूछा, ''सर! मैं इतना समझ गया हूँ कि चेतना को बुद्धि का उपयोग करना चाहिए। हो उल्टा रहा है। चेतना का उपयोग आत्मा का सेवक बुद्धि कर रहा है। चेतना में सरकार भी अपने कायदे कानून भर देती है। इस तरह चेतना हरजाई बना दी गयी है, जबकि ईश्वर ने चेतना को केवल आत्मा की आज्ञा मानने के लिए बनाया है। चेतना का काम है आत्मा के प्रकाश से भौतिक जगत को आलोकित करना। उल्टे चेतना भौतिक जगत के पदार्थों की चमक दमक से मोहित होकर भटक जाती है। इसमे कोई कमी रह गयी हो तो दूर कर दीजिये।''

''मैंने तो चौदह विकार ही गिनाये, प्रकृति के चौबीस विकार है। उनसे यह संसार बना है। चेतना को ये भरमाते है। चेतना इनके भरम से मुक्त होकर ही चंचलता से मुक्त हो पाती है।''

विवेक ने पूछा, ''सर! जब आत्मा में अनन्त ज्ञान है तो वह प्रकट होने के लिए क्यों चेतना पर आश्रित है?''

व्यास ने कहा, ''अनन्त ज्ञान आत्मा में सोया हुआ है। वह विकसित कैसे हो जब उसकी चेतना ही चंचल है। आत्मा अपना ज्ञान व्याकृत करे तो चेतना ही को तो वह ज्ञान सबसे पहले धारण करना होता है। यदि चेतना भौतिक सुखों में लिप्त है तो वह अध्यात्मिक ज्ञान को क्यों धारण करेगी?''

विवेक ने पूछा, ''सर इसके मायने अध्यात्मिक जगत में ऐसी आकर्षक वस्तुएँ नहीं है जो चेतना को आकर्षित कर सके। जब आकर्षण ही नहीं है तो कोई क्यों जाएगी चेतना अध्यात्मिक जगत में ?''

व्यास बोले, ''इस संसार को बंधन किसने बनाया ? मनुष्यों पर राज्य करने के लोभी राजनीतिज्ञों ने, धनवानों ने, मनोरंजनकर्ताओं ने, मनुष्य की चेतना को बुलियन के चारों ओर भटकाने वाले अर्थशास्त्रियों ने, धर्म के नाम पर नौजवानों का लहू बहाकर सारे संसार को अपना धर्म जबर्दस्ती मनवाने में लगे कुछ लोगों ने ? इन्होने संसार को दुखदायी बंधन बनाया ताकि सात अरब लोग मजों के लोभ में उनके गुलाम बने रहे। यदि वे भी निर्लिप्त होकर अपने कर्तव्य का पालन करे तो सारे संसार में शान्ति हो सकती है। किन्तु उन्हें मनुष्य होकर मनुष्य पर शासन करने का शौक पड़ गया है।''

एक अन्य विद्यार्थी रूपराम बोला, ''सर जब ऐसी चुनौती राजनीति करने वालों ने पेश कर दी है तो भगवान क्यों पीछे हट गया ? वह तो अपनी अनन्त शक्तियों से भौतिक जगत से कही अधिक आकर्षक बना सकता है अध्यात्मिक जगत को।''

व्यास ग भीर हो गये और बोले, ''तुम भगवान के बारे में बोल रहे हो, बुद्धि को उद्दंड मत होने दो। बुद्धि तभी तक भली है जब तक यह आत्मा का आदेश माने। अन्यथा यह जीवन को मजों के लोभ में राजनीति करने वालों की गुलामी की ओर धकेल देती है।'' कुछ क्षण रुककर महर्षि व्यास ने पूछा, ''अच्छा बताओ दुनिया के सात अरब लोगों में कितने होगे जो ईश्वर में विश्वास करते है?''

''पाँच-सात करोड़ को छोड़कर सारे।''

''कौन-सा आकर्षण उनका विश्वास ईश्वर में बनाये हुए है ? ईश्वर को तो कोई नहीं देख पाता ! परन्तु क्यों वृद्ध होने पर और मृत्यु के समय नास्तिकों को भी भगवान याद आ जाता है ? क्यों इस संसार में फँसे हुए लोग इसे जंजाल और मायाजाल कहते है ? क्यों इसका आकर्षण तभी तक रहता है जब तक आदमी इसमें नहीं फँसता ? क्यों इसमें फँसकर सभी छटपटाते रहते है ? क्यों इसमें फँसकर लोग अपराधी और भ्रष्टाचारी हो जाते है ?''

विवेक बोला, ''सर यह तो अनन्त राग शुरू हो गया। आप वह बताइये जो आप बता रहे थे। तब तक हम सबकी सत्य की खोज पटरी से नहीं उतरी थी।''

व्यास बोले, ''एक हथिनी को एक तालाब के पास आठ सिंह तंग कर रहे

थे। कोई कन्धे मे, कोई पीठ मे, कोई टाँग मे, कोई पूँछ में, कोई सूंड में काट रहा था। वह एक पर झपटती तब तक दूसरा कही और काटकर उसकी चेतना को एक और पीड़ा से आक्रान्त कर देता। उसकी चेतना को उन्होंने आठ पीड़ाएँ देकर उससे अपनी शक्ति भुलवा दी थी। विभ्रमित करके उसकी चेतना को ही अचेत कर दिया और उसे जीवित को ही खाने लगे। वह चुप पडी रही। उससे अपनी शक्ति भुलवाकर, उन्होंने आत्मसमर्पण करा लिया। उसने अपने आप को उनके हवाले कर दिया।

"यही हाल मनुष्य की चेतना का कर देता है यह संसार। उसे उलझनों, असफलताओं, अभावों से घेरकर, उसकी चेतना को बदहवास कर देता है। कोई आश्चर्य नहीं कि बदहवास आदमी की चेतना अपने स्वामी, आत्मा, को छोड़कर भटकने लगती है। अगर चेतना और कुछ न करे, केवल आत्मा की चेतना बनी रहे, तो उस मनुष्य को आत्मा की अनन्त शक्तियों का आभास होता रहेगा और वह प्रतिकूल परिस्थितियों के आगे हार नहीं मानेगा। उस मनुष्य को विजय प्राप्ति का मार्ग मिल जाएगा या ईश्वरीय सहायता अवश्य मिल जायगी। यदि चेतना उस मनुष्य की परेशानियों का चिन्तन करने लगेगी तो मन, बुद्धि,चित्त, अहंकार उसे चिन्ताओं से भर देंगे और उसका साहस नष्ट कर देगे। मनुष्य की चेतना यदि उसकी आत्मा की चेरी बनी रहे तो चेतना सत्यपथ पर रहेगी। यदि चेतना उस मनुष्य के मन, बुद्धि, चित्त, अहंकार की चेरी बन जायगी तो चेतना का चरित्र नष्ट हो जाएगा। मन, बुद्धि, चित्त, अहंकार आत्मा के सेवक है जो चेतना को उड़ा ले जाते है और भ्रष्ट कर देते है।

"हम भारतीयों की चेतना का यही हाल किया था अरब हमलावरों ने, और भारतीयों की चेतना को अपना गुलाम बना लिया था। आज अरब के लोगों की चेतना भी आतंकवाद की शिकार है जिनका शिकार उन्होंने कभी हमें बनाया था। आज वे समझ गये है कि जिस मनुष्य का मन, बुद्धि, चित्त, अहंकार किसी की चेतना का अपहरण करते है, एक दिन उसकी चेतना का भी किसी अन्य के मन, बुद्धि, चित्त, अहंकार अपहरण करके भ्रष्ट कर देते है।

एक और विद्यार्थी सत्यपाल ने पूछा, "सर हमें उन आठ दुखदायी चेतनाओ का परिचय दीजिए जिनसे आज भारत के लोग पीड़ित है।"

व्यास बोले, "भौतिक जगत की आठ दु:सह चेतनाएँ हमारी आत्मचेतना को काट-काट कर मूर्छित किये हुए है। वे है : 1. पागलपन, 2. दुष्टता, 3. आठों से घिर जाने पर ऐसा उग्र भय/पेनिक उदर में उठता है कि हम लोगों की भागने की

शक्ति को भी लकुवा मार जाता है। 4. राष्ट्रों या बिरादरी द्वारा त्यागे जाने की चिन्ता। 5. राष्ट्र में और अपनी देह में हर तरह की दुर्बलता का अहसास जो आत्मविश्वास को मार देती है। प्रत्येक भारतीय असैनिक को यह अनुभूति होने लगती है कि वह देश को विदेशी आतंकवादियों और उनके धर्मों से नहीं बचा सकता। यह विश्वास हो जाता है कि हमारे देश को विदेशी या शत्रु ही चला सकते है, स्वदेशी लोग नहीं। 6. स्वयं को विदित आध्यात्मिक सत्य को जीवन में व्याकृत करने का हममें साहस और योग्यता नहीं रहते। 7. अगर कोई साहसी भारतीय अध्यात्मिक सत्य को व्याकृत करे तो उसके भरोसे बैठ जाएँगे। उसके साथ सहयोग करने की भावना नहीं होगी। 8 हमारे नेता अपने धर्म और देश की बलि दे देगे अपने जरा से स्वार्थ की पूर्ति के लिये। चुनाव आते ही अल्पमत को देश का हिस्सा समझना छोड़ देगे। उनमें अल्पमत-वृत्ति दृढ़ करके, उनको समान नागरिक न मानकर, झूठा विशेष दर्जा देकर, उन्हें न देश का छोड़ेंगे न परदेस का।

"हम भारतीयों को महादेव ने अपने सबसे बड़े गुण, भोलेपन का अंश दे रखा है। हमे भोलेपन को विजयी बनाना सीखना है। महादेव के भोलेपन को कोई खंडित नहीं कर सकता। हमे महादेव के भोलेपन का अनुसरण करना है। हमारी आत्मा कोई प्रतिक्रिया किये बिना शत्रु से मिले उपरोक्त आठ अभावों का स्वागत करे और आठों में आत्मबलि दे, और आठों से कहे एक-दूसरे पर आत्मबलि दें और एक-दूसरे से पुनर्जन्म ले और आत्मयाजी आत्मा को भी पुनर्जन्म दे। यह ज्ञान रखे कि इन आठ को एक-दूसरे से निस्तेज करते ही ये शत्रुनाशिनी शक्ति में परिवर्तित होकर उसी शत्रु को नष्ट कर देंगी जिसने इन्हें हमें नष्ट करने के लिए भेजा था। इन्हें आत्मयाजी आत्मा का आदेश मानना ही पड़ेगा। यह एक अध्यात्मिक नियम है जिसे कोई नहीं टाल सकता।" श्रोताओं के भाव कुछ भी रहे हो, प्रो. राम व्यास के चेहरे पर यह उपचार बताते हुए जो तेज था प्रौढ़ मु यमन्त्री ने जीवन भर किसी चेहरे पर नहीं देखा था।

मु यमन्त्री विमूढ़-विमोहित सुनते रहे। उनकी अन्तर्दृष्टि को यह यथार्थ चलचित्र की तरह स्पष्ट दिखने लगा कि हम भारतीयों की चेतना में ये आठ अध्यात्मिक और मानसिक रोग लगे हुए है। किसी विदेशी शासक ने, हमे सदा के लिए गुलाम बनाने को, अपनी विनाशिनी कल्पना का खुलकर दुरूपयोग किया जरूर है। उसके पूर्वजो ने उसकी चेतना अपने कबीले के बाहर अन्य जनो को अपने जैसा मानव मानने की चेतना से स पन्न नहीं की थी। उसकी चेतना ने सिर्फ यह चिन्तन सीखा था कि कैसे भारत के अहिंसक लोगों की चेतना में अपनी

भयानक कल्पना को बसाकर उनके आत्मविनाश को जगाये।

मु यमन्त्री जी ने तय कर लिया कि वे अपनी पार्टी अध्यक्षा श्रीमति सोफिया इन्द्राणी से प्रो. व्यास को मिलवाएँगे। पार्टी को मौलिक विचारों का अद्‌भुत पिटारा मिल जाएगा और प्रो. व्यास को उज्जवल भविष्य। और स्वयं मु यमन्त्रीजी को नेतानीजी की असीम कृपा। किन्तु बाद में जब उन्होंने प्रो. व्यास को चाय पर घर बुलाकर यह प्रस्ताव उनके समक्ष रखा तो उन्हें विश्वास हो गया कि इस दुनिया में कुछ लोग अपने लिए कुछ नहीं करते। उनका ज्ञान और स्वतन्त्रता ईश्वर की धरोहर होते है जिनका उपयोग वे केवल ईश्वर की प्रेरणा से करते हैं।

हैरान व्यास

व्यास को 2010 से 2013 तक भारत के हर क्षेत्र में हो रहे विक्षिप्त क्रिया कलापो ने उदभ्रान्त कर दिया। भारत सरकार ने जिन इतिहासकारों से बच्चों के लिए भारत का इतिहास लिखाया वे संकीर्ण स्वार्थ वाले लोग थे, जो अपने लाभ के लिए सत्य से द्रोह करते थे। उनकी लिखी इतिहास की पुस्तके पढ़कर बच्चे अपने देश की आत्मा से दूर चले गये। भारत की सन्तान अनृत, असत्य और अधर्म सीख गयी। बारह तेरह साल के बच्चे भी अपने साथियों की हत्या करने लगे। इन उत्पातों का कारण सुशासन की कमी होता है। यह आत्मघात है यदि शासन इसका कारण केवल आर्थिक विकास को माने। इसका प्रमुख कारण होती है वह शिक्षा जो बच्चों को उनकी आत्मा से दूर ले जाती है।

शिक्षा का अर्थ है उपनयन संस्कार, अर्थात् बच्चे का परिचय उसकी आत्मा से कराना। बच्चे के स्वयं में जो सत्य छुपा है उसके स्वयं पर आत्मा का शासन स्थापित कराना ही शिक्षा है। इतिहास की पुस्तके लिखने वालो ने विद्यार्थियों को भारत की संस्कृति से दूर किया क्योंकि वे विदेशी संस्कृति को भारत की प्राचीन काल से जीवित चली आ रही संस्कृति की जगह थोपना चाहते थे। वह संस्कृति पश्चिम में पहले ही मर चुकी थी। अतः फल यह हुआ कि भारत के बच्चों ने अपनी संस्कृति तो छोड़ दी पर क्या अपनाएँ, यह कोई इतिहासकार उन्हें न बता पाया, क्योंकि पश्चिम की संस्कृति मर चुकी थी और मध्य-एशिया की संस्कृति मारकाट थी। दूसरों को अपने से ज्यादा दुखी कर देना उसका लक्ष्य था।

अपने देशवासियों के विश्वास की यह हत्या देख व्यास भौचक्के रह गये। सत्य को अपने कर्मों में प्रकट करो—यह मूल मन्त्र था भारतीय संस्कृति का। कालान्तर में शिव और सुन्दर भी भारतीयों के कर्मों में प्रकट हो गये, क्योंकि ये सत्य के ही दो अन्य रूप है। सत्य की साधना जो हमारे पूर्वजों ने की थी वह सरकार द्वारा व्यर्थ कह कर फेंक दिये जाने पर भी व्यर्थ नहीं गयी। इक्कीसवीं शताब्दी में भारतीय संस्कृति के अंकुर नये सिरे से प्रस्फुटित हो रहे है भारतीय

सन्तान में।

प्रकृति ने मस्तिष्क, हृदय, स्नायुओं और अनेक दैहिक अंगों के निर्माण में एक चुटकी आत्मतत्त्व भी मिला रखा है। आत्मतत्त्व के अव्याकृत हो जाने से अकारण उल्लास व्यक्तित्व से गायब हो जाता है और तनाव रहने लगता है। मनुष्य अनभिज्ञ है उन हानियों से जो प्रकृति, ईश्वर, और आत्मा को अपने व्यक्तित्व से लुप्त कर देने वाले मनुष्यों को हो जाती है।

आत्म तत्त्व चुटकी भर भी पर्याप्त है अनेक असाध्य रोगों को रोके रखने में। चुटकी भर आत्मतत्त्व के अभाव में देह की रोगों से लड़ने की शक्ति दुर्बल हो जाती है, और रोग बेधड़क घुसने लगते हैं।

व्यास ने निगाह दौड़ायी यह देखने को कि क्या सांस्कृतिक और अध्यात्मिक क्षेत्र में कोई भी देश आगे बढ़ सका है जिसके नागरिकों ने सत्य शिव सुन्दर के प्रति समर्पित पूर्वजों के प्रति नैसर्गिक श्रद्धा को मार दिया हो? अपने महान पूर्वजों से प्रेम बनाये रखने की लगन नहीं रहती यदि आत्मतत्त्व की एक चुटकी हृदय से निकल जाय। तब प्रेम क्षणिक हो जाता है और जीवन नीरस। आत्मतत्त्व को देह और मन से निकालकर पश्चिम वालो ने साहित्यिक प्रेरणा को मनमाने ढंग से टुकड़ों में काट दिया। उन्होंने अपने महान कवियों और साहित्यकारों को कालखंडों में सीमित कर दिया। पाँच सौ साल पहले जन्मे कवियों को आधुनिक युग के लिए अप्रसंगिक मान लिया। उनके बौद्धिक हठ ने अपने महान कवियों के कालातीत सुर की उपेक्षा कर दी। इससे उनके साहित्य से सनातन, कालातीत सुर गायब हो गया और उसके साथ अँग्रेजी संस्कृति भी गायब हो गयी। साहित्य की कमान मीडियाकरों ने सँभाल ली। शाश्वत तत्त्व के अभाव में साहित्य अखबार होकर रह गया। अँग्रेजों के व्यक्तित्व केवल आधुनिक होने लगे। केवल आधुनिक व्यक्तित्व एक सराय होकर रह जाते है जिसमे दरवाजे और खिड़कियाँ नहीं होते। उनमें किसी को रूचि नहीं होती। भारत सरकार क्या अँग्रजों की इस विनाशकारी नीति का प्रयोग विद्यार्थियों के पाठयक्रम निश्चित करने में कर रही है? बच्चों को भारतीय संस्कृति से अलग कर देने की कुनीति है जैसे अँग्रेजों ने अपने महान कवियों को कालखंडों में बाँटकर आधुनिकता से अलग कर दिया।

भारतीय जनतन्त्र के निर्माता यह सावधानी नहीं बरत रहे है कि विद्यार्थी अपने वर्तमान के असत्य में नहीं वर्तमान के सत्य में भविष्य के बीज डालें। कोई सरकार भारतीय संस्कृति का नाश न कर पाये इसका प्रबन्ध करना है। कोई विनाशकारी शक्ति न टिक पाये जब प्राचीन संस्कृति को ही वर्तमान में जन्म देने

के अंकुर बच्चों के हृदयों में फूटने लगे। देश का भविष्य अमर सत्य से जन्म ले—यह कामना बड़ों के हृदयों में भी तरुणाने लगेगी तब देश के लिए कुछ भी प्राप्त करना कठिन नहीं रहेगा।

व्यास हैरान रह गये यह देखकर कि इक्कीसवीं शताब्दी के आर भ के तेरह वर्ष एक दु:स्वप्न बन निकल गये। भारत नई पीढ़ी के लिए केवल एक बिना पहियों की गाड़ी होकर रह गया था जिसे मजदूर घसीट रहे थे ऐसे नेताओं के पीछे जिन्हे नर्वस पसीना आ रहा था यह सोचकर कि वे देश को जिस दिशा में ले जा रहे हैं उसकी कोई मंजिल है भी या नहीं।

व्यास यह देखकर भी हैरान थे—जनतन्त्र भारत में जनता परतन्त्र हो गयी थी। तानाशाही की बदसूरती मन्त्रियों, सांसदों और विधायकों के आचरण में आ गयी थी। सत्ताधारी अत्यधिक धनवान हो गये थे और जनता अत्यधिक निर्धन, इतनी निर्धन कि उनको अपने समान नागरिक मानने में सांसदों को लज्जा आने लगी थी। इस कारण सांसदों ने स्वयं को अपने-अपने क्षेत्र के छोटे-छोटे राजा और जनता को प्रजा मान लिया था। अन्ना हजारे अकेला चीख चीखकर कह रहा था कि सांसदो और मन्त्रियों को याद दिलाओ कि जनतन्त्र में सांसदों और मन्त्रियों की हैसियत जनता से अधिक नहीं होती। अगर फिर भी सांसद और मन्त्री जनता से स्वयं का स्तर भिन्न मानने पर आग्रह करे तो सांसद और मन्त्री दोनों जान ले कि जनतन्त्र में जनता राजा होती है और सांसद और मन्त्री जनता के सेवक।

प्रो. व्यास ने उस दिन एम.ए. प्रथम वर्ष दर्शन के विद्यार्थियों को वर्तमान समस्याओं पर लेक्चर दिया—"स प्रदायों के बीच सच्चे स बन्ध बच्चों को इतिहास की किताबों में ऐतिहासिक सत्य पढ़ाने से बनते है। कारण यह है कि मध्यकाल के विदेशी शासकों के सा प्रदायिक भेदभाव और अन्याय का इतिहास इतिहास की किताबो से मिटा दिया सत्ता ने तो क्या, प्रकृति भी लिखती रही है भारतीयों के मानस पर भारतीयों का इतिहास। उन शासकों के क्रूर इतिहास को मिटाकर, उसकी जगह समस्त स प्रदायों के साथ उनके न्यायका काल्पनिक इतिहास भारत के लोग पिछले पाँच सौ वर्षों से पढ़ते आ रहे हैं। परन्तु स प्रदायों में दुर्भावना दूर नहीं हुई। इतिहास का सत्य इतिहास की किताबों में झूठ लिखने से और भी कड़वा हो जाता है।

"अपने अन्यायी अतीत को अप्रभावी करें बहुसं यक और अल्पसं यक। एक-दूसरे की निन्दा त्यागकर, एक-दूसरे का मानवोचित स मान करे। बिना

सच्ची भ्रातृ भावना को जगाये सौहार्द उत्पन्न नहीं हो सकता। यह कहना गलत है कि सद्‌भावनाएँ अ यास से उत्पन्न नहीं की जा सकती। अपनी पहचान विदेशी रखने का आग्रह करके, मातृभूमि भारत के स पूर्ण सत्य को ग्रहण नहीं किया जा सकता। प्रत्येक स प्रदाय अज्ञान और असत्य का त्याग करे। तब स्वत: सब स प्रदायों के बीच सद्‌भावना उत्पन्न हो जाएगी। पूर्वजों के अन्याय को अप्रभावी करने के लिए सन्तान को अपने स्वार्थ का बलिदान देना होगा। सब स प्रदाय भारत की नीति का अनुसरण करें। भारत धर्म के नाम पर आतंकवाद अपनाने को अपने ही धर्म का अपमान करना मानता है। अत: कोई भी किसी आतंकवादी संगठन का सदस्य न बने।

''आधुनिक स यता का चलन है बलपूर्वक छीनी गयी वस्तु को वापस करना। सारे देश बलपूर्वक छीने गये कीमती शिल्प, चित्र, और अन्य वस्तुएँ वापस कर रहे है लूटे गये देशों को। आधुनिक स यता का एक चिह्न यह भी है कि एक-दूसरे के प्रति की गयी ज्यादती के लिए पूरे समुदाय क्षमा माँगते है। दुखदायी सत्य को सुखदायी सत्य ही भुलवा सकता है।

''2013 में जरा सत्ता हाथ से निकलती दिखने लगी तो धर्मनिरपेक्षता का नारा देने वाले नेता नेत्री एक स प्रदाय की मदद लेने पहुँच गये। बड़े नेता जब मदद की भीख माँगते है सा प्रदायिक लोगों से तो क्या उन नेताओं को मालूम नहीं कि उनके इस अनैतिक कदम से देश को भूक प जैसे झटके लगते है?

''इनटेलेक्ट (तर्कबुद्धि) मानव व्यक्तित्व का केन्द्र नहीं है। यह दुनियावी शक्ति है और दुनियावी शक्ति दुनियादारो को बहुत आकर्षित करती है, किन्तु रोज न्याय की हत्या करती है। रोम वालो ने प्राचीन काल में अँग्रेजों को भी गुलाम बनाकर अपने आधीन कर रखा था। यही अमानुषिक कला रोम से सीख कर बाद में अँग्रेजों ने हमें अपनी तर्कबुद्धि की छवि दिखाकर गुलाम बनाया। अपने इस अन्याय को न्याय साबित करने के लिए उन्होंने कानून बनाया कि दूसरे की भूमि पर अवैध कब्जा करने वाला उस भूमि का स्वामी माना जाएगा यदि वह बारह वर्षों तक अपना अवैध कब्जा बनाये रखे। भारत के लोग अन्धविश्वास से भर गये कि बारह वर्षों में अवश्य कोई करामात हो जाती होगी जो अवैध कब्जे को वैध कर देती होगी।

''जनतन्त्र मनुष्यत्व को तृप्त करने का साधन है। मनुष्यत्व हृदय में समस्त अच्छी भावनाओं को समन्वित करता है। सरकार मनुष्य हृदय में स्थित 'मनुष्यत्व' के प्रति अन्याय करके जनतन्त्र को कोलाहल तन्त्र बनाती जा रही है। भारत में जो

'मनुष्यत्व' की रक्षा करने को कहता है सरकार उसे सा प्रदायिक कह कर चुपकर देती है? जिन स प्रदायों के नेता अपने स प्रदाय के लिए प्राप्त किए गये विशेष अधिकारों को ही राष्ट्रहित मानते है, अन्य स प्रदायों को नास्तिक मानते है, और भारत को अपने स प्रदाय का गढ़ बनाने के लिए विदेशियों के साथ मिलकर षड्यन्त्र रचते है, उन्हें पीड़ित और शोषित कहती है। हजारों साल से चली आ रही भारतीय संस्कृति को सा प्रदायिक कहकर उसके विनाश की गुप्त नीति बनाती है।

अल्पमतो को एकत्रित करके, सरकारी सहयोग से चलाये जा रहे अल्प-स प्रदायों के राजतन्त्र को भारतीय जनतन्त्र पर हावी किया जा रहा है। देश का वातावरण ऐसा झूठा बना दिया है उच्छृंखल राजनीति ने कि देशद्रोह को देशप्रेम के साथ बराबरी का दर्जा मिला हुआ है। सत्ता में आकर, अल्पमत को जनतन्त्र पर हावी करना राजनैतिक-अपराधवृत्ति है। पिछले दस वर्षो से यह अपराधवृत्ति शासक चला रहे है। इसने भारत को 'सबसे बड़ा और सबसे दुर्बल जनतन्त्र' बना कर रख दिया है।

''जब तक आत्मा को न्याय का केन्द्र नहीं बनाया जाएगा भारतीय राजनीति में मानवीय मूल्य बस नहीं सकेंगे। स्वार्थी, षड्यन्त्री, सत्यद्रोही मस्तिष्क शासन करेगे और नित्य, शुद्ध, बुद्ध, मुक्त आत्मा, जो हृदय को हृदय से जोड़ने वाला ईश्वर का अंश है, दर दर ठोकर खाएगा। यह मूढ़ता उस देश पर छा जाती है जिसमे राजनीतिज्ञों की अस्थायी सत्ता ईश्वर की स्थायी सत्ता को तिरस्कृत कर देती है। उस देश में से दिव्यता चली जाती है। उस देश में सिर्फदो रहते है सत्ताधारी दल और गुलाम पब्लिक। ईगो सबको अलग अलग करती है, आत्मा सबको एक करती है। जब तक आत्मा शासन और न्याय का केन्द्र नहीं बनेगी जान कर अपनायी हुई मूढ़ता अपनी तानाशाही चलाती रहेगी।

''लडकियों को अपमानित और आतंकित करने को गृहमन्त्री और पुलिस कमिश्नर सामान्य अपराध कहते है। राक्षस भी सतीत्व से खेलने को मामूली बात समझते थे। वे नहीं रहे। सतीत्व वह अग्नि है जिसमें देश और जातियाँ नष्ट हो चुकी है, क्योंकि राक्षस कुलनिकन्दिनी दुर्गा हर स्त्री में है। हर नारी में जो सत् है वह सत् दुर्गा है।

''जनतन्त्र में शासन चल ही नहीं सकता बिना बहुमत के। बहुमत के निर्णय को अल्पमत नकारे तो अराजकता छा जाती है और जनतन्त्र असफल हो जाता है। जनतन्त्र में देखना यह होता है कि बहुमत के निर्णय का लाभ समान रूप से

सब नागरिकों को मिले।''

सावित्री नाम की एक विद्यार्थी ने उनसे कहा, ''सर! हमारा विनाश मानसिक गुलामी ने किया है और रोज कर रही है। हम भारतीयों को जो मानसिक गुलामी से मुक्ति दिलाएगा उसे मैं ईश्वर का अवतार कहूँगी।''

यथार्थ नामक एक युवक बोला, ''आचार्य! मानसिक रूप से स्वतन्त्र नेता सत्ता का उपयोग देश को प्रगतिशील और उन्नत करने के लिए ही नहीं, देशवासियों को मानसिक स्वतन्त्रता प्राप्त कराने के लिए भी करते है। मानसिक रूप से गुलाम नेता सत्ता की आहुति अपने निजी लोभ, मद, काम, क्रोधादि मत्सरों की ज्वाला में डालकर, स्वतन्त्र देश के सौभाग्य को दुर्भाग्य में बदल देते हैं।''

किन्तु प्रो. व्यास उसकी बात नहीं सुन सके। सावित्री की आवाज में सत्य का सुर इतना गहरा था कि वह सुर उनके मानस की हर गली में आवारा हवा की तरह घुस कर शोर कर रहा था। उनके मुख से स्वत: ऋत भरा बुद्धि बोली, ''मानसिक गुलामी के विष में आत्मा आत्मयज्ञ करे और मानसिक गुलामी से पुनर्जन्म ले। लड़ने से मानसिक गुलामी से मुक्ति नहीं मिलती। आत्मयज्ञ ही एकमात्र मार्ग है मानसिक गुलामी से मुक्ति पाने का।''

व्यास को तुरन्त उपाय सूझ गया। वे स्पष्ट करने लगे ऋत भरा की बात को। उन्हें विश्वास हो गया कि भारतीयों की मानसिक व्यथा और दुर्दशा आत्मयज्ञ से ऐसे दूर हो जाएगी जैसे यह कभी थी ही नहीं। उनकी आत्मा ने ऋत भरा को धन्यवाद दिया और बोलने लगे भारतीयों के ही नहीं समग्र मानव जाति के मानसिक रोगो और मानसिक गुलामी को विलीन करने की विधि। वे जान गये कि वे भी जिन्होंने भारतीयों के मानस के साथ गुलामी का खेल-खेला वे भी मानसिक गुलामी के रोगी हैं।

दूसरे विभागों के विद्यार्थी भी आ गये थे। उनकी प्रज्ञादृष्टि को विद्याार्थियों से खचाखच भरी इस कक्षा में सारी मानवजाति दिखने लगी। सात अरब जनो की सारी मानवजाति जैसे किसी समुद्र के किनारे उदास खड़ी दोनों हाथ उठाए उनसे कह रही थी, 'हे मनुपुत्र! हमें इस दशा में छोड़कर मत जाना! तुझे सौगन्ध है उस आदि पिता मनु की जिसने प्रलय का अँधेरा देखा था, जिसने उस महा मृत्यु को देखा था जो सारे जीवन को निगल गयी थी। उस प्रलय को देखकर भी उनकी आँखें पथराई नहीं थी। उनके कंठ ने रूँध कर नहीं खुली आवाज में उस अनादिनिधनम् पिता विष्णु को पुकारा था जिसने ऐसी प्रलय को अनेको बार देखा था।' प्रो. व्यास ने अनादिनिधनम् से प्रार्थना की, ''हे विष्णु! हे ब्रह्मा! हे शिव

शंकर सर्वशक्तिमान! मुक्त करो! मुक्त करो! सारे मानवों की चेतना को मुक्त करो मानसिक गुलामी से, हे दयानिधान।''

''कुछ जातियों ने अपने स प्रदाय को अपना केन्द्र बनाया। उनके व्यक्तित्व के दरवाजे चारों और से बन्द हो गये। उनका हृदय इतना संकीर्ण हो गया कि उन्होंने छुपकर अन्य लोगों की हत्या करने को व्यवसाय बना लिया।''

प्रो. व्यास बोलने लगे।''आत्मयज्ञ करो! आत्मबलि दो! आत्मबलि आसान है। हर मनुष्य अपनी आत्मा से श्रद्धापूर्वक कहे, 'हे आत्मा! मेरी मानसिक गुलामी में आत्मबलि दे और इससे पुनर्जन्म ले। तूही एकमात्र अमर तत्त्व है मुझमें। इस आत्मबलि से तेरा कुछ नहीं जाएगा, किन्तु मेरा मानस स्वतन्त्र हो जाएगा।'' आत्मबलि सीधे आत्मा को उस मनुष्य के मानस में बसी मानसिक गुलामी नाम की अदृश्य, किन्तु भौतिक, शक्ति के मर्म-स्थल में पहुँचा देगी। आत्मा जैसी अमर वस्तु को अपने गर्भ में थामे रखना मानसिक गुलामी के वश में नहीं है। इसे आत्मा को पुनर्जन्म देना ही होगा। स्वतन्त्र आत्मा को पुनर्जन्म देकर मानसिक गुलामी नष्ट हो जाएगी।

''बहुत कठिन परिश्रम किया होगा कुछ मनुष्य द्रोही मनुष्यों ने मनुष्य के मानस को गुलाम बनाने के लिये। हो सकता है कि, इसके परिणाम इतने भयानक होगे इसका उन्हें पता न हो। इस अप्राकृतिक शक्ति से मनुष्य को मुक्त करने के बजाय, इस नास्तिक शक्ति से प्रभावित होकर कुछ धर्मों ने भी धर्म-परिवर्तन करके अपनी सं या बढ़ाने के लिए इसका उपयोग किया मनुष्यों और पशुओं पर। इसके लिए उन्हें लज्जित होना चाहिए और समस्त जीवों से क्षमा माँगनी चाहिए।''

न्याय आत्मा करती है, ईगो नहीं

विश्वविद्यालय के न्याय विभाग के अध्यक्ष ने व्यास को अपने भाषण में कोई एक संशोधन सुझाने के लिए कहा—''जिसे करने मात्र से जन साधारण को न्याय आसानी से उपलब्ध हो जाया करे।''

व्यास ने कहा, ''विश्व भर के मौजूदा कानून में एक चीज की कमी है—कानून मानव व्यक्तित्व के उस तत्त्व के प्रति न्याय नहीं करता जिसके प्रति न्याय कर दिया जाय तो मानव व्यक्तित्व के सभी तत्त्वों को लगने लगेगा कि उनके साथ न्याय हो गया।''

यह कहकर व्यास श्रोताओं की ओर देखने लगे। कानून के विभागाध्यक्ष परिमल राय को लगा व्यास उनका उपहास उड़ा रहे है। सौ य मुस्कराहट चली गयी और उसकी जगह उनके चेहरे पर ईर्ष्या आ गयी। ईर्ष्या के साथ अभिमान भी उठ आया। किसी तरह ईर्ष्या और अभिमान को दबाकर वे बोले, ''वह तत्त्व क्या है आप ही बता दीजिये।''

व्यास बोले, ''वह तत्त्व नित्य शुद्ध बुद्ध मुक्त आत्मा है। न्याय आत्मा ही कर सकती है। न्याय आत्मा का ही सक्रिय रूप है। न्याय को केवल आत्मा जानती है क्योंकि मानव व्यक्तित्व में केवल आत्मा निष्पक्ष है।''

''क्या तर्कबुद्धि न्याय नहीं कर सकती?''

''नही! तर्क दो पक्षों में किसी भी पक्ष के पक्ष में हुए फैसले को उचित ठहरा सकता है। तर्क से न्याय जन्म नहीं लेता। तर्क से सत्य भी जन्म नहीं लेता। सत्य और न्याय परमात्मा के गुण है। आत्मा परमात्मा का ही अंश है। इस कारण सत्य और न्याय आत्मा में भी वास करते है। सत्य को जाने बिना न्याय नहीं हो सकता। आत्मा, सत्य और न्याय—ये तीन परमात्मा के अंश है हर आत्मा में।''

परिमल राय ने व्यंग किया, ''यदि ऐसा है तो न्यायालय किस आधार पर अनधिकृत न्याय कर रहे है?''

अविचलित व्यास बोले ''अलग अलग समाजों में न्याय के बारे में अलग

अलग अन्धविश्वास है। वे अपने अपने अन्धविश्वासों की तृप्ति को न्याय कहते है। कोई समाज धर्म के नाम पर की गयी हत्या करने वालो को स मानित करता है, कोई उन्हें निकृष्ट हत्यारे मानकर मृत्युदंड देता है। जिन समाजों में स्त्रियों को सन्देह के आधार पर चुड़ैल मानकर जीवित जला देना धार्मिक कर्म माना जाता था, वे ही समाज आज इसे हत्या मान कर दंड देते है। न्याय करने का काम बहुत से समाजों ने अपनी धार्मिक-संकीर्णता को सौंप रखा है, जिसकी नजर में उन सब की जिन्होंने उनका धर्म स्वीकार नहीं किया हत्या कर देनी चाहिए। आज के जनतन्त्र अन्यायपूर्ण कानून बनाकर किसानों की उपजाऊ जमीनें अधिग्रहित करके उद्योगपतियों को दे देते है। इस कानून से आर्थिक प्रगति की आशा करती है सरकार। न तर्क न्याय कर सकता है, न प्रगति, न मान्यताएँ, न किसी भी मनुष्य की ईगो। न्याय एक अमूर्त तत्त्व है जो न पर परा में है, न धर्म मे, न समाज में। केवल हर मनुष्य की आत्मा में है।

प्रो. नीलरत्न ने पूछा, ''न्याय तत्त्व केवल मनुष्य की आत्मा में है यह कैसे कह सकते है आप?''

''अपने में विद्यमान न्याय तत्त्व को जब भी शब्दों में व्यक्त करती है वकील की आत्मा तो उसे एक अद्‌भुत प्रसन्नता होती है, जो तर्कबुद्धि से सत्य को झुठलाकर और अत्यधिक धनवान होकर नहीं मिलती। फैसले में जज की आत्मा जब भी अपने में निहित न्याय को व्यक्त करती है तो जज की आत्मा भी उस अद्‌भुत प्रसन्नता को महसूस करती है। वह अद्‌भुत प्रसन्नता अकारण उल्लास है जो ईश्वर के निकट होने की प्रतीति कराता है जज को, वकील और मुवक्किलों को। हजारो मुकदमों में तर्क के आधर पर सत्यनिष्ठा से फैसले देकर भी जज की सूरत नहीं खिलती, ग भीरता में तनी की तनी रहती है। वह आत्मा जिसके साथ न्याय हुआ और वह आत्मा भी जिसके विरुद्ध न्याय हुआ प्रसन्नता से भर उठती हैं यदि जज की आत्मा में निहित न्याय-तत्त्व उसके फैसले में व्याकृत हुआ हो। न्याय समस्त जीवो के जीवन में मूल तत्त्व है। न्याय एक स्वतन्त्र तत्त्व है जो सृष्टि में व्याप्त है। न्यायआत्मा का स्वभाव है। न्याय प्रकृति का स्वभाव है। जब आत्मा ईगो और लोभ का त्याग कर सत्य का अनुसन्धान करती है न्याय प्रकट हो जाता है। न्याय मानव अस्तित्त्व का मूल है—इस सत्य का अनुभव करने के लिए निर्लोभ और स्वार्थविहीन होना आवश्यक है।

''जब आत्मा जाग जाती है और संसार में कर्म करती है अपने लिए न्याय पाने को तो सबको न्याय मिलने लगता है। एक आत्मा को न्याय मिले तो सब

आत्माओं की तृप्ति होती है, क्योंकि सब आत्माओं की आत्मा भी एक आत्मा है जिसे ब्रह्म कहते है। सब में अलग-अलग होकर भी वह एक है। किसी की आत्मा की विजय हो तो सब आत्माओं को लगता है जैसे सब आत्माओं की विजय हो गयी। जो मुकदमा हारता है उसकी आत्मा को भी लगता है न्याय हो गया। किसी भी आत्मा के साथ न्याय हो तो सब आत्माओं को खुशी होती है। इस कारण ही मैंने कहा न्याय की किताबों में लिख दो—जिसके प्रति न्याय करना है वह तत्त्व आत्मा है।''

''तर्कबुद्धि क्यों नहीं हो सकती?'' प्रो. नीलरत्न बनर्जी ने पूछा। उन्हें आदत थी तर्क में उलझाने की और उलझे रहने की। इस मानसिक गुलामी से मुक्त होने के लिए वे अँग्रेजी के भरोसे जीते थे। उनकी नजर मैंकाले की नजर से मिलती थी। भारत के लोग उन्हें किसी अधोलोक के वासी लगते थे। बंगाल उस अधोलोक का हिस्सा नहीं था। वे बोले, ''जैसे आत्मा एक फैकल्टी है मनुष्य की, वैसे ही अनेक फैकल्टियाँ हैं। उनकी भी तृप्ति आवश्यक है मनुष्य को पूरी तरह न्याय से सन्तुष्ट करने के लिये। सभी फैकल्टियाँ सन्तुष्ट होती है अगर तर्कबुद्धि को सन्तुष्ट कर दो तो। इसी कारण से रोमन साम्राज्य के समय से वकील लोग अपनी तर्कबुद्धि से न्याय करने में जजों की मदद करते आये है और न्याय होता रहा है।''

व्यास ने कहा, ''तर्कबुद्धि आत्मा का स्थान नहीं ले सकती, क्योंकि तर्कबुद्धि को अन्यायी जजमेण्ट भी सन्तुष्ट कर देता है यदि वह तर्कयुक्त हो। तर्कबुद्धि उद्देश्य की दासी होती है। वकील का उद्देश्य होता है केस जीतना। वह तर्कबुद्धि को उसके पक्ष में मोड़ लेता है जिसे वह जीताना चाहता है। उसकी तर्कबुद्धि उसके उद्देश्य के पीछे निर्विरोध चली आती है। किसी भी तरह परख लीजिये केवल आत्मा विवेकी (रेशनल) फैकल्टी है मनुष्य की। आत्मा न्याय को प्रतिष्ठित करती है, किसी पक्ष को नही। किसी फैक्ल्टी का मूल तत्त्व न्याय नहीं है सिवाय आत्मा के। न्याय आत्मा में निहित है। तर्कबुद्धि में न्याय नहीं होता। केवल आत्मा में वह त्याग है जो न्याय को प्रतिष्ठित करता है चाहे उस आत्मा की हानि हो जाए।''

''यह क्या आत्मा आत्मा लगा रखी है आपने!'' प्रो. नीलरत्न झुंझलाकर बोले। ''तर्कयुक्त बात करिये। आप अध्यात्मिक बात कर रहे है।''

प्रो. परिमल ने कहा, ''तर्क युक्त बात आप कर रहे है प्रो. नीलरत्न और झुंझला भी आप ही रहे है। क्योंकि तर्कबुद्धि न्याय नहीं कर सकती। उसकी बात

न मानो तो झुंझला जाती है। न्याय अध्यात्मिक वस्तु है।''

इसी तरह वाद विवाद शाम तक चलता रहा। कोई भी सन्तुष्ट न कर सका, क्योंकि सुनने वाले अधिकतर वकील थे। अन्त में स्वयं प्रो. नीलरत्न की समझ में जब प्रो. व्यास की बात आ गयी तो उन्होंने लपक कर प्रो. व्यास को गले से लगा लिया। बहुत बूढ़े थे और कमजोर भी। भ्रष्टता के सर्वव्यापी माहौल के बीच उन्हें प्रो. व्यास की बात में न्याय की विजय की वह किरण दीख गयी जो जीवन भर उन्हें नहीं मिली थी न्यायालयों मे। वहाँ तर्कयुक्त बात मंजिल होती थी मुकदमें की, भले ही देखती आँखो अन्याय हो रहा हो।

प्रो. नीलरत्न के आगे अपने ल बे अदालती जीवन के अनेकों अन्याय से कु हलाये चेहरे एक क्षण में गुजर गये जिनका कसूर सिर्फ यह था कि तर्क में पारंगत प्रो. नीलरत्न उनके वकील नहीं थे, क्योंकि वे महंगे थे। वृद्धावस्था की भावुकता और पश्चाताप के आवेग में वे रोने लगे। इस बार प्रो. व्यास ने उन्हें कंठ से लगाया। व्यास के कंठ से लगते ही उनके हृदय में पूर्ण शान्ति छा गयी मानो जीवन भर के प्रश्न अपने अपने उत्तर पाकर अपने घर चले गये हो।

विभागाध्यक्ष परिमल राय ने सभा की इच्छा जानने के बाद प्रो. व्यास से इस बिन्दु पर अपने विचार जरा विस्तार से समझाने का निवेदन किया।

व्यास ने कहा, ''भारत में रोम का कानून चल रहा है। रोम का कानून ईगो के साथ न्याय करता है। चतुर अपराधी यह देखकर निर्दोष व्यक्ति की ईगो तत्काल बना लेते है जिससे वे निर्दोष नजर आने लगे। ईगो में यह अभिनय कला है। देखने वाला आसानी से भोलेपन का अभिनय करने वाली ईगाो को निर्दोष मान लेता है। आत्मा यदि अपराधी है तो अपराध प्रकट कर देती है हावभाव से और आसानी से पकड़ में आ जाती है। इसलिए रोमन अपराधियों ने ईगो को न्याय का केन्द्र बना दिया। उनकी नकल में सारे पश्चिम ने ईगो को अपना लिया, क्योंकि ईगो अपराधी को अभिनय से बचवा देती थी। इसे मनुष्य जैसा चाहे बना सकता था। अपराधी भोलेपन का अभिनय करके न्याय को धोखा दे सकते थे। ईगो को सभी जातियों ने अपना लिया किन्तु भारत के लोग आत्मा को ही अपनाये रहे। ईगो वाले यह भूल जाते हैं कि प्रकृति का नियम है ईगो और आत्मा की लड़ाई में विजय आत्मा की ही होती है। ईगो में गहराई नहीं होती। आत्मा में गहराई है और आत्मा की गहराई भी सत्य से ओतप्रोत है।

''रोमन कानून में मनुष्य की ईगो के साथ न्याय किया जाता है, क्योंकि शासकों की ईगो शासितों की ईगो से बड़ी होती है। ईगो सच में झूठ को जोड़कर

बनता है। हर मानव का व्यक्तित्व समग्र विश्व का संक्षिप्त संस्करण है। सृष्टि की समस्त शक्तियों के अंश मानव व्यक्तित्व में है। कानून का काम है मानव के पूरे व्यक्तित्व को न्याय से सन्तुष्ट करना। ऋषियों ने कहा, 'राजा को कानून बनाने से पहले यह निश्चित करना चाहिए कि मानव व्यक्तित्व में वह कौन-सा केन्द्र तत्त्व है जिसे न्याय सन्तुष्ट कर दे तो पूरा मानव व्यक्तित्व सन्तुष्ट हो जाता है।' ऋषिजन अलग अलग स्वतन्त्र चिन्तन करके एक ही निष्कर्ष पर निकले थे— "हर मानव व्यक्तित्व में वह केन्द्र तत्त्व आत्मा है जिसे न्याय सन्तुष्ट कर दे तो पूरा मानव व्यक्तित्व सन्तुष्ट हो जाता है।"

"रोमन कानून भारत में अँग्रेजों ने लागू किया। उसके साथ झूठी ईगो भी आ गयी। यह अत्यन्त आवश्यक है कि कानून आत्मा को केन्द्र समझे और उसकी जगह ईगाो को न लेने दे। ऐसा करना आसान है। जब वकीलो और जज का ध्यान अभियोगी और अभियोक्ता की आत्मा पर होगा तो वे आसानी से आत्मा और ईगो का अन्तर समझ जाएँगे। आत्मा को न्याय मिलने लगेगा तो अपराध बहुत कम हो जाएँगे। न्यायालय ईगो के नहीं आत्मा के स पर्क में रहेंगे। जब अदालत के हर काम में सत्य का बोलबाला होगा तो देश का वातावरण सुन्दर हो जाएगा। सत्य और सुन्दरम् की वृद्धि होगी न्यायालयों के हर कर्म से। न्यायालय आत्मज्ञान के विद्यालय हो जायेगे। प्राचीन रोमन साम्राज्य के झूठ और प्रपंच आज भी संसार के जनतन्त्रों को त्रस्त किये हुए है। वह सब समाप्त हो जाएगा।

"ऋषियों ने आत्मा को केन्द्र इस कारण बनाया कि इसे केन्द्र बनाने से व्यक्ति केवल अपने व्यक्तित्व का केन्द्र नहीं बनता। आत्मा को केन्द्र मानते ही मनुष्य को स्वत: यह ज्ञान भी हो जाता है कि जिस तरह उसकी आत्मा उसके व्यक्तित्व का केन्द्र है, उसी तरह परमात्मा समस्त ब्रह्मांड का केन्द्र है। ऋषियों का ज्ञान साम्राज्यवाद या किसी अन्य उद्देश्य की तृप्ति के लिए नहीं था। ऋषि जानते थे 'सत्य और न्याय के होने की पहचान है हृदय का शान्त हो जाना। जिस कानून से ईगो विजय का अनुभव करे, वह कानून न्याय नहीं कर सकता। जिस कानून से हर मनुष्य की आत्मा में स्थित न्याय तत्त्व विजय का अनुभव करे, वही न्याय कर सकता है।'

"ऋषियों ने हजारों साल की ध्यान साधना से यह जाना था कि मानव व्यक्तित्व का नश्वर रूप, यह देह, चौबीस विकृतियों का संगठन है। इनके बीच एक अमर तत्त्व आत्मा रहता है जो नित्य शुद्ध, बुद्ध और मुक्त है। आत्मा इन चौबीस शक्तियों के माध्यम से अपने में निहित सत्यं शिवं सुन्दरम् को नित्य प्रकट

करता है। ज्ञान, प्रेम या सेवा इन तीन मार्गों में कोई मार्ग अपना लो तो आत्मा में निहित ज्ञान कमल की तरह खिल उठेगा। इससे सरल और क्या हो सकता है जीवनपथ! इस तरह ईश्वर से आर भ हुई जीवन यात्रा ईश्वर में ही पूर्ण हो जाती है। यही एक मार्ग है संसार को स्वतन्त्र, मुक्त और सुसंस्कृत आत्माओं से भर देने का।''

''अँग्रेजों ने भारत को जो कानून दिया था वह उनके साम्राज्यवाद को दृढ़ करने हेतु था।

''ईगो असमान तत्त्व है। एक ईगो दूसरी ईगो के आगे या तो नीचा महसूस करती है या ऊँचा। ईगो किसी से बराबरी महसूस नहीं करती। जनतन्त्र इस आधार पर स्थित है कि आत्मा। यदि आत्मा सबको समान न समझती है तो जनतन्त्र का अस्तित्त्व ही नहीं रह सकता। वह एक खोखला ढ़ोल हेाकर रह जाता है, जिसे जो चाहे बजा ले। आत्मा राजा की हो या प्रजा की आत्मवत्, समझती है एक-दूसरे को। प्राचीन भारत में कानून की किताब नहीं थी, जज की आत्मा न्याय करती थी और भारत का न्याय प्रसिद्ध था सारे विश्व मे। जज और अपराधी की आत्माएँ आत्मवत् समझती थी एक-दूसरे को। जज अपराधी को 'आत्मवत्', अर्थात् 'अपना ही आत्मा विपरीत परिस्थिति मे' समझ ऐसे दंड देता था जैसे स्वयं को दंड दे रहा हो। आत्मा को बिना इन्द्रियों के जज के इस सहृदय न्याय का अनुभव हो जाता था।

''जज और अपराधी के बीच यह स बन्ध बना रहता था कि दोनों एक ही आत्मा के दो रूप है। जज की आत्मा न्याय और सत्य को जानती थी। अपराधी की आत्मा में न्याय और सत्य सोया होता था। जज के विवेचन से अपराधी समझ जाता था कि कहाँ और क्यों उसने गलती की। समाज में परस्पर विश्वास बना रहता था और व्यक्ति में समाज के प्रति आस्था बनी रहती थी।

''इसका प्रभाव यह था कि अपराध बहुत कम थे। अपराधी बस्तियों में नहीं,लज्जा के मारे बन में रहते थे।

''अन्य देशों में न्याय-क्षमता इस बात से आँकी जाती थी कि न्यायाधीश में मानव जीवन की हर अपराधिक परिस्थिति की कल्पना करके उसके लिए उपयुक्त दंड देने की विद्वता है या नही। वहाँ इस मान्यता का उपयोग नहीं किया जाता था कि सभी मनुष्यों के केन्द्र में एक ही सारतत्त्व आत्मा है। विद्वान जज और अपराधी दो विपरीत स्तरों पर रखे जाते थे। वहाँ न्याय व्यवस्था ईगो पर आश्रित थी। जज की ईगो को पवित्र और अपराधी की ईगो को अपवित्र माना जाता था।

जज अपनी ईगो के पैमाने से अपराधी की ईगो को न्याय और सत्य का द्रोही जानकर आत्मवत् नहीं महसूस करता था। उसकी ईगो मुकदमें के दौरान स भाषण अपराधी से करती थी, किन्तु उसका सुधारक प्रभाव नहीं पड़ता था। कारण केवल एक है। पश्चिम में ईगो केन्द्र था न्याय प्रणाली का, भारत में आत्मा।

''वह दिन स्वर्णिम होगा जब जज और जूरिस्ट मिलकर भारत की प्राचीन आत्मा-केन्द्रित न्याय-प्रणाली को स्थापित करेंगे। आत्मा-केन्द्रित न्याय-प्रणाली की विशेषता यह है कि इसमे न्याय ईगो के पाश से आत्मा का उद्धार भी करता है। एक आत्मा का उद्धार मानव मात्र की आत्माओं को उत्थान की अनुभूति कराता है, क्योंकि सब आत्माओं में एक ही आत्मा है। जज की आत्मा अपराधी की आत्मा से अभिन्न रह कर भी उसके अपराध से कुछ नहीं लेती, क्योंकि आत्मा को पाप छू नहीं सकता। आत्मा अपराध-ज्ञान को ज्ञान नहीं मानती। अपराध को असत मान कर दंड देने से जज की आत्मा अपराध से प्रभावित नहीं होती। उसके हृदय और मस्तिष्क स्वच्छ रहते है। इसके विपरीत, जज की ईगो अपराधी की ईगो से भिन्न रहते हुए भी अनेक अपराधी ईगो के अपराधों का विवेचन करते करते अपराध-ज्ञान को ज्ञान मानकर अपराध से आक्रान्त रहने लगती है। आत्मा-केन्द्रित न्याय प्रणाली उसके व्यक्तित्व को स्वतन्त्र रखती है, क्योंकि आत्मा अपराध को असत मान उससे लिप्त नहीं होती। ईगो-केन्द्रित वर्तमान न्याय-प्रणाली में, जज की ईगाो अपराध को सर्वव्यापी देखकर, और अपने अपराध-ज्ञान से घिरकर उदास रहने लगती है।

''यही कारण है कि सुकरात और ईसा मसीह की आत्मा को जज महसूस नहीं कर पाये और दोनों को मृत्युदंड दे दिया। ऐसी एक भी भूल प्राचीन भारत में नहीं हुई।

न्याय आत्मा को तृप्त करता है

एक विद्यार्थी विष्णुमनु ने पूछा, ''सर ज्ञानोदय कैसे होता है?''

प्रो. व्यास ने उत्तर दिया, ''सच्चा दर्शन, सच्चा ज्ञान और सच्चा चरित्र हो, और ईश्वर की कृपा हो जाय, तो ज्ञानोदय होता है।''

''जब मैं दृष्टि, ज्ञान और चरित्र को सच्चा कर लूँगा तो ईश्वर की कृपा की क्यों आवश्यकता है?''

प्रो. व्यास बोले, ''ये तीन गुण ईगो भी प्राप्त कर लेती है। किन्तु अभिमानी हो जाती है। अभिमानी में ज्ञानोदय नहीं होता। ज्ञानोदय के लिए भगवान के चरणों में अभिमान का विसर्जन करना आवश्यक है।''

विष्णु मनु ने परेशान होकर कहा, ''यह तो ईश्वर की ज्यादती है।''

''नहीं! ईश्वर में तु हारी आत्मा अपने ज्ञान सहित आत्मबलि दे और ईश्वर से पुनर्जन्म माँगे तो ज्ञानोदय होता है। बिना ईश्वर को समर्पित किये ज्ञान उल्टे काम करता है। आधुनिक लोग बिना ईश्वर को समर्पित किये अपने ज्ञान से काम ले रहे है। इसका फल यह है कि आधुनिक मनुष्य अपने ज्ञान से तीन काम कर रहा है–विनाशक शस्त्र निर्माण, विलास और ईगो जन्य राजनीति। ज्ञान ईश्वर को समर्पित करने से मानव स्वभाव मानवोचित होता है अन्यथा मानव-विरोधी।

''आधुनिक मनुष्य के ज्ञान से जन्में ये तीनों कर्म जनजीवन में अशान्ति भर रहे है। ज्ञानी की आत्मा जब ईश्वर में आत्मबलि देकर उनसे पुनर्जन्म लेती है तो उसके ज्ञान से शुभकर्म जन्म लेते है। शुभ कर्म करने से और भी ज्ञानोदय होता है। ज्ञानी सत्य को कर्म बनाने लगता है। सत्य को कर्म बनाकर ज्ञानी रागद्वेष, संकीर्णता, प्रतिशोध, निन्दा, घृणा, भय आदि अज्ञानजन्य दुराग्रहों से आत्मा को मुक्त करता है, ताकि जिस मनुष्य या वस्तु के विषय में जानना चाहता है उसे वैसा ही जाने जैसा वह व्यक्ति या वस्तु वास्तव में है। जानने वाले के पूर्वग्रह जानने में रुकावट न डालें।

पश्चिम में कांट ने भारत के इस चिन्तन जैसा चिन्तन पहली बार प्रचलित

किया अठारवीं शताब्दी में। भारत में इस चिन्तन का पहला पग है स यक् दर्शन, अर्थात 'वस्तु के स्वरूप को तटस्थ होकर जानो। उसे अपने रागद्वेष से रंग कर नहीं जान सकते। इसके अ यास से रागद्वेष, प्रतिशोध, निंदा, भय, घृणादि पूर्वग्रह और दुराग्रह समाप्त हो जाते है। ऐसे व्यक्ति को सच्ची दृष्टि प्राप्त हो जाती है। कांट ने भी अपने 'डिंग-आन-जिश' सिद्धान्त में यही कहा-'वस्तु के स्वरूप को देखो। वस्तु में अपने रागद्वेष मत देखो।' कांट ने अपनी पुस्तक 'क्रिटिक आफ प्योर रीजन' में आगे कहा 'विवेकी (रेशनल)चिन्तन से ज्ञान होता है, तर्क से नही। यही बात भारत का स यकज्ञान सिद्धान्त कहता है। 'क्रिटिक ऑफजजमेण्ट' में कांट कहता है कि सच्चे आचरण के बिना ज्ञान नहीं होता। ऋषियों का मानना था कि विवेकी बुद्धि और सच्ची दृष्टि के अलावा सच्चा आचरण भी आवश्यक है ज्ञान के लिये।

''कांट से पहले पश्चिमी दर्शन बचपन में था। बर्कले ने 'जगत मिथ्या' सिद्धान्त प्रस्तुत किया था इस आधार पर कि मैं आँख मीच लूं तो जगत है नहीं आँख खोल लूँ तो है। इसके मायने उसने निकाले कि जगत स्वतन्त्र सत्ता नहीं है। 'जगत मेरा विचार है।' डेविड ह्यूम का दर्शन बर्कले की काट था। उसने कहा बर्कले आँख मीच ले तो भी दूसरे लोग संसार को देख रहे है। इसके आगे पश्चिमी दर्शन बढ़ा दे कार्त के इस सिद्धान्त से कि 'मैं सोचता हूँ इस कारण मैं हूँ।'

''पश्चिम के इन चार प्रमुख दार्शनिकों के विचार बादरायण के दर्शन में है। यह कहना सही होगा कि इन चारों को विचार बादरायण पर परा से मिले, क्योंकि इनसे हजारों साल पहले पैदा हुआ बादरायण इनके विचार नहीं ले सकता था।

पश्चिम वालों को न जाने क्यों लज्जा लगती है कि इन्होंने कोई ज्ञान भारत से लिया। योग भारत से सिखा लेकिन उसका पश्चिमी 'योगा' बनाकर अपनी मौलिक खोज बता रहे हैं। उनका विज्ञान इतना अभिमानी हो गया है कि वे अब यह स्वीकार नहीं करते कि उन्हें ईश्वर से कोई ज्ञान प्राप्त हुआ। कहा जा रहा है कि ईश्वर कृत ब्रह्मांड की जगह पश्चिमी वैज्ञानिक विज्ञान से एक ब्रह्मांड बना रहे है जो ईश्वरकृत ब्रह्मांड से भिन्न होगा और उसकी जगह लेगा।

''आत्मा की जगह ईगो को कानूनी प्रक्रिया में स्थान देते हुए यह विचारा ही नहीं गया कि ईगो आत्मा को ही आच्छादित करने वाली मानसिक विकृति है, जिसका उद्‌देश्य अध्यात्मिक सत्य और न्याय को प्रतिष्ठित न करना है। ईगो की दृष्टि में जो भौतिक सत्य और न्याय है, ईगो का उद्‌देश्य उसे प्रतिष्ठित करना है।

ईगो पक्षपात करने वाली विकृति है। ईगो न्याय और सत्य से अपरिचित है।

''हर मुकदमा सत्य की एक पहेली है, कोई सरल तो कोई पेचीदी। इस पहेली को सुलझाने में अभियोगी, अभियुक्त, गवाह, लिखित सबूत और वकीलों की बुद्धि जज को अपने पक्ष में करना चाहती है। वह कानून न्याय नहीं कर सकता जो वकील के झूठ बोलने को कानूनी कर्म मानता है। सत्य की ज्योति हर जीव और जड़ मे, ग्रहो नक्षत्रों में, अन्न, फलों में, हर मनुष्य के हृदय में बसी है। हर मुकदमा उस ज्योति का आविष्कार है। न्याय उस सत्य की शब्द और कर्म में व्याकृति है। यदि हर मुकदमा उस ज्योति का आविष्कार नहीं करता तो कहना होगा कि न्याय ईश्वर की व्यवस्था को संसार में स्थापित न करने की छद्म कला है।

''मध्य काल में यूरोपी देशों के शासकों ने रोमन कानून को अपने हित में पाया और इसको अपना कानून बना लिया। हजार वर्ष पहले भारत में जब विदेशी शासन आया तो उसने भारतीयों को अपने जानमाल पर अधिकार से वंचित कर दिया। अँग्रेजों ने जब भारत के इस्लामी शासकों पर विजय प्राप्त की तो उन्होंने भी उन्हें अपने जान माल पर अधिकार से वंचित कर दिया। गुलाम बनाकर पालने का नशा मानवों को लगा दिया है रोम के सम्राटों ने। आश्चर्य नहीं हुआ किसी को जब स्वतन्त्रता प्राप्ति के बाद भारत को भी वही रोमन कानून दिये रखा जो अँग्रेजों ने दे रखा था। जनता को स्वतन्त्रता देना उनके जीवन को सरल करना और सत्य की ओर ले जाना है। किन्तु स्वतन्त्रता में विश्वास शहीदों के साथ जा चुका था। 1947 के बाद भारत के भारतीय शासकों में हि मत नहीं थी कि जनता को कोटा परमिट राज देकर छोटे-छोटे भ्रष्टाचारों में पगलाये न रखें। गाँधी जी की हत्या के लिए भारत के नब्बे प्रतिशत लोगों को अपराधी मानकर उनके जीवन में अपराध ग्रन्थि न डाले। अकारण भोले गरीबों को दोषी मानकर, और उन्हें कोटा परमिट राज देकर, उन्होंने उन्हें मानसिक गुलामी और उसकी भ्रष्टाचारी चतुराई के सहारे जीने के मार्ग पर धकेल दिया।

''वह समय था जब भारत की जनता में स्वतन्त्रता का स मान करने की योग्यता ने जन्म लिया था। किन्तु रोमन कानून के उच्चवर्ग को उठाने और जनसाधारण को कुचलने की नीयत ने जनता से मानसिक स्वतन्त्रता का दूसरा युद्ध लड़ने की अनिवार्यता को भुलवा दिया। हर ओर भ्रष्टाचार सफल होने लगा। उस समय के चापलूस इतिहासकारों और लेखकों को नेताओं ने उनके अधीन साहित्य, संस्कृति और इतिहास आदि विधाओं का राजा बना दिया। वही अपमान मिला

जीवन को सत्य की दिशा दिखाने वालों को जो उन्हें गरीबी में भी जीने नहीं देता।

''चापलूसी को सफल देख सरस्वती-साधना चली गयी। साहित्य साधना को मूक करने का प्रचलित तरीका बन गया—सरकार को चापलूस महान कहें और सरकार चापलूसों को। भंडारकर, मजूमदार, के.वी. जायसवाल, प्रसाद, निराला नाम ही नाम रह गये। उनकी नाम रूप की ईकाई से रूप को अलग करके बिगाड़ दिया। केवल नाम इस संसार को असत् से सत् की ओर नहीं ले जा सकता। नाम और रूप एक न रहे तो अकेला न नाम सच्चे मूल्य स्थापित कर पाता है समाज में न रूप।

''दास दास की पीड़ा से संवेदना नहीं करता। गुलामी एक नशा है। भ्रष्टाचार, बलात्कार, हत्या मानसिक गुलामी की कर्मेन्द्रियाँ है। मानसिक गुलामी के नशे में धनवान फकीर को भी अपने सर पर ताज नजर आता है। अन्ना हजारे के आन्दोलन से डरे, गुलाम-मानसिकता से जनता को ग्रस्त कराने वाले सांसदों को जनता को गुलाम बनाकर अपने सिरों पर ताज दिखाई देने लगा। जब जनता उनके घर पहुँच गयी तो उन्होंने एक-दूसरे से प्रश्न किया, ''हम तो 543 राजा है न भाई। जनता हमारी प्रजा है। अपनी औकात कैसे भूल गयी जनता।'' 'मानसिक स्वतन्त्रता' पाये बिना भारत में सही अर्थों में जनतन्त्र नहीं स्थापित किया जा सकता।

''उनके मन्त्री और सांसद बनने के पीछे स्वतन्त्रता का हाथ था। उस स्वतन्त्रता के लिए बलिदान दिया था शहीदों ने। शहीदों की समझ इनसे भिन्न थी। आज 2013 के दिन भी मुसीबत के दिन है। इनमें भी पार लगा देगी कोई स्वतन्त्र आत्मा। मुसीबत में सत्य की नाव ही पार लगाती है। सांसद अपनी सत्ता बनाये रखने वाला गुलाम समझ रहे थे सत्य को। जैसे—चाहते तोड़-मरोड़ लेते थे। सरहद पर शत्रु, युद्ध न होते हुए भी, घुसकर कुछ सैनिकों और नागरिकों को मारकर आ जा रहा था। कुछ की गर्दने साथ ले गया था।

''पड़ोसी शत्रु मानसिक गुलामी के कारण ही भारतीयों को मानसिक उन्माद की हालत में रखना चाहते है। भारत की आत्मा मानसिक स्वतन्त्रता के बिना सोती रहेगी। भारत के शत्रुओं की मानसिक गुलामी ने शताब्दियों से झूठ को सच और सच को झूठ बना रखा है। वे अफ्रीकी कबीलों की नकल करके स्वतन्त्रता का मूल्य भूल चुके है। इधर भारत में 543 सांसद अपने घरानों को जनतन्त्र में राजघराना बनाने के स्वप्न देखते रहते है। ऐसे लोग एक स्वतन्त्र जनता के चरित्र को नहीं समझ सकते। जो स्वयं को अति विशिष्ट माने हुए है वे जनता को अपने

भाई बहन नहीं समझ सकते। मानसिक स्वतन्त्रता लाये बिना जनतन्त्र निर्विघ्न काम नहीं कर सकता।

''आत्मा को मनुष्य के व्यक्तित्व का केन्द्र मानने वाले लोग ही जान सकते है कि समस्त भारतीयों को मानसिक स्वतन्त्रता ही स्वतन्त्रता का अनुभव करा सकती है। मानसिक गुलामी एक को स्वतन्त्र मानेगी तो अनेकों को गुलाम। ऐसी मानसिकता भारतमाता को सदा ही काँटों का ताज पहनाए रखेगी। राजनीतिज्ञ भारत को कभी धर्म के नाम पर लड़ाते रहेगे कभी वर्ण के नाम पर। मानसिक स्वतन्त्रता की भारत को तत्काल आवश्यकता है स्वतन्त्र वायु का अनुभव करने के लिये। लोग कलियुग को नाहक दोष देते है। दोष राजनीति करने वालों और धनवानों की मानसिकता में है जो जनता के स्वतन्त्र मानस को विकसित नहीं होने देना चाहते। एक हजार साल की गुलामी ने उन्हें जनता को गुलाम रखकर ही स्वतन्त्रता का मजा लेना सिखा दिया है। वे स्वतन्त्रता को जनसाधारण तक नहीं ले जाना चाहते। ऐसी विद्वेषी मानसिकता से सांसदों और पूँजीपतियों को मुक्त साहित्य, अध्यात्म और संस्कृति का पुनर्जागरण ही मार्ग दिखा सकता है। पश्चिम के देशो को रेनासाँ (पुनर्जागरण) ही मानसिक गुलामी से मुक्त करा पाया था।

एक व्यक्ति की आत्मा के प्रति किया गया न्याय सारे संसार की आत्माओं को आश्वस्त कर देता है कि संसार में न्याय है। किन्तु एक अहंकार के प्रति किया गया न्याय किसी अन्य अहंकार को ऐसा आश्वासन नहीं दे पाता। एक अहंकार (ईगो) के प्रति किया गया न्याय अन्य अहंकारों को केवल यह महसूस कराता है कि संसार में न्याय नहीं है। न्याय केवल आत्मा का विषय है, अहंकार का नही। आत्मा मनुष्य में वह अकेला तत्त्व है जो सब आत्माओं के अन्तरतम में और बाह्यतम में एक है।

''कहाँ है कलियुग का हाथ नेताओं की इस महत्त्वाकांक्षा में? यदि कलियुग का हाथ है सांसदों की मति को बदलने में तो अन्ना हजारे क्यों उससे बरी है? यह मनुष्य की सोची समझी चातुर्य कला है। जब चातुर्य जोर मारता है तो प्रकृति का भोलापन जो अनादि भोला है और भी भोला हो जाता है, इतना कि चातुर्य उसे अभेद्य पा थक जाता है।

''कलियुग में लाखों ईगो (अहंकारों) के साथ रोज न्याय होता है किन्तु लोग यही कहते मिलते है कि संसार में न्याय नहीं है, क्योंकि अहंकार के साथ हुआ न्याय किसी को न्याय नहीं लगता। आत्मा के साथ हुआ न्याय सबको न्याय लगता है।

''समस्त जीवों में व्याप्त एक ही आत्मा है। समस्त लोकों में व्याप्त, सृष्टि के कण कण में व्याप्त एक ही आत्मतत्त्व है। इस कारण एक आत्मा के साथ न्याय होता है तो समस्त आत्माओं को और समग्र पृथ्वी, जल, अग्नि, वायु, आकाश में व्याप्त आत्मतत्त्व को विदित हो जाता है कि संसार में न्याय है। वह न्याय अनन्त आत्माओं को और समग्र आत्मतत्त्व को ऐसी शान्ति और सुख पहुँचाता है, जिससे संसार में शान्ति और सौहार्द्र का प्रसार होता है। यह विश्वास संसार में न्याय है, पुष्ट होता है।

''इसी तरह एक आत्मा के साथ भी अन्याय होता है तो समग्र आत्माओं को और सृष्टि के कणकण में व्याप्त समग्र आत्मतत्त्व को लगता है कि उनके साथ अन्याय हुआ है। यहां तक कि न्याय देने वालो को भी लगता है कि अन्याय हो रहा है।''

धी, मेधा, प्रज्ञा, ऋत भरा का समन्वय

भगवान व्यास से बोले, ''सृष्टि रचने के बाद मैंने सृष्टि के सोलह तत्त्वों को अपने सुन्दरम् स्वरूप से स्पर्श करके सोलह कलाओं में बदला था। उन्हें आत्मयज्ञ द्वारा समन्वित किया तो वे एक अनोखे पदार्थ में बदल गये। वह पदार्थ पृथ्वी पर मनुष्यत्व बन जाता है और स्वर्ग में ईश्वरत्व। अपने मनुष्यत्व को जो लोग अपने हृदय में ढूँढ़ लेते है उन्हें लगता है कि मैं धरती पर ही रहता हूँ। महर्षि व्यास आप अपने हृदय में मुझे मनुष्यत्व रूप में सदा पाएँगे।'

व्यास बोले, ''प्रभु! भरद्वाज ऋषि के पुत्र सुकेशा से कोशल देश के राजकुमार हिरण्याभ ने प्रश्न पूछा था, 'क्या आप सोलह कलाओं वाले पुरुष को जानते है?' सुकेशा ने उत्तर दिया था, 'मैं इसे नहीं जानता। मैं असत्य नहीं कह रहा हूँ, क्योंकि वह मनुष्य जड़ से सूख जाता है जो असत्य बोलता है—एष: वै समूल: परिशुष्यति य अनृतम् अभिवदति।''

तब सुकेशा ने महर्षि पिप्पलाद के पास जाकर पूछा, ''क्या आप इस प्रश्न का उत्तर जानते है?'' महर्षि पिप्पलाद ने कहा, ''सौ य इस शरीर के भीतर ही वह पुरुष है जिसमें सोलह कलाएँ प्रकट होती है। सौ य अन्तशरीरे एवं स: पुरुष: यस्मिन् एता: षोड्श कला प्रभवन्ति।''

महामुनि व्यास ने कहा, ''हे अनाधिनिधनम्! मुझे विश्वास नहीं हो रहा है कि मुझे स्वयं परब्रह्म से परब्रह्म के विषय में शिक्षा पाने का सौभाग्य प्राप्त हो रहा है। हे गोविन्द मैं तो घोर विषाद में डूब गया था यह सोचकर कि आप मुझे पृथ्वी पर अकेला छोड़े जा रहे है। आप पृथ्वी पर जब तक थे आपके साक्षात् दर्शन करके मुझे विश्वास हो जाता था कि मैं जो व्या या लिख रहा हूँ वेदों और उपनिषदों की वह सत्य है।''

श्रीकृष्ण बोले, ''द्वापर में समय आ गया था कि शास्त्रों के अर्थों पर विवाद न रहे। कलियुग में संशयग्रस्त आत्माएँ सत्य पर सत्य-चिन्तन न करके अर्थ के अनर्थ कर रही हैं। कलियुग में धी-बुद्धि अत्यधिक विकसित हो गयी है। धी-

बुद्धि स्थूल बुद्धि है। गणित, तर्कविद्या और पदार्थों का विज्ञान धी-बुद्धि के अंग है। बुद्धि के तीन सूक्ष्म रूप—मेधा, प्रज्ञा और ऋत भरा—लोगों में विकसित नहीं हो रहे हैं।

"समय आ गया है कि भारत संसार को यह बताये कि बच्चे में जो बुद्धि जन्म के साथ सक्रिय हो जाती है वह तर्कबुद्धि या भौतिक बुद्धि नहीं, प्रज्ञा है। बच्चे की प्रज्ञा प्रकृति की अध्यात्मिक उपस्थिति का अनुभव कर उसे आश्वस्त रखती है। अकेला पालने में पड़ा बच्चा खेलता है, कभी उल्लास से भरी आवाज निकालता है। भौतिक वस्तुओं की पहचान उसका एकाकी और अँधेरे से भरा मस्तिष्क नहीं करता। उसकी प्रज्ञा करती है जो अध्यात्मिक और भौतिक दोनों तत्त्वों के अस्तित्त्व से परिचित है। बाद के वर्षों में प्रज्ञा से ही उसकी तर्कबुद्धि, गणित बुद्धि और भौतिक वस्तुओं को पहचानने वाली भौतिक बुद्धि निकल कर स्वतन्त्र रूप ले लेती है। तभी से उसका मस्तिष्क अशान्त रहने लगता है। जब तक वह पुनः प्रज्ञा का अवतरण न कर ले अपने मस्तिष्क में उसे शान्ति नहीं मिलती। अध्यात्मज्ञान, संगीत और सत्य शिव सुन्दर तीनों तत्त्वों को मानस में प्रतिष्ठित करने वाला साहित्य प्रज्ञावतरण कराने में सक्षम हैं।"

व्यास ने पूछा, "प्रज्ञा का अनुभव बचपन से करते रहने पर भी इक्कीसवीं शताब्दी के वैज्ञानिक केवल भौतिक बुद्धि को बुद्धि मानते है।"

भगवान ने उत्तर दिया, "प्रज्ञावतरण न होने के कारण। प्रज्ञा शिशु के साथ तो शैशव से रहती है। किन्तु जैसे-जैसे उसे खाद्य पदार्थों और खिलौनों में अपनी रूचि की वस्तुएँ छाँटना आ जाता है प्रज्ञा से भौतिक बुद्धि अलग हो जाती है। उसे कुछ पदार्थों में आसक्ति और कुछ में विरक्ति होने लगती है। वैज्ञानिक को अवसर ही नहीं मिलता प्रज्ञावतरण का। वह पदार्थ-ज्ञान में ही उलझा रहता है। प्रज्ञावतरण करा कर प्रज्ञा दोबारा प्राप्त की जा सकती है।"

व्यास बोले, "प्रभु! कलियुग में सूक्ष्म बुद्धियों के अविकसित होने का कारण है कलियुग में जीने वालों की बुद्धि पर लोभ का शासन। सूक्ष्मबुद्धि का उद्देश्य यदि धनलिप्सा तय करने लगे तो वह सूक्ष्मबुद्धि नहीं रहती। सूक्ष्म बुद्धियाँ—मेधा, प्रज्ञा और ऋत भरा-उसमें ही खिलती है जिसमें ईगो प्रतिष्ठित न हो, जो पदार्थों में आसक्त न हो। जो धन का सदबुद्धि से उपयोग करे। लोभ को बुद्धि पर शासन न करने दे। राजसत्ता पा जाय तो उसे अपने मनुष्यत्व पर हावी न होने दे।"

श्रीकृष्ण कुछ नहीं बोले।

व्यास उनके मौन से विचलित हो गये। कुछ देर प्रतीक्षा करने के बाद बोले, "मुझे विदित नहीं था प्रभु कि कलियुग स बन्धी अन्धविश्वास को लोगों का मन पकड़ कर बैठ जायेगा, और इससे लोगों के स्वभाव में इतना परिवर्तन आ जाएगा। द्वापर तक तो सारी पृथ्वी पर अध्यात्मिक ज्ञान को ही शिखर समझा जाता रहा था मनुष्य की उपलब्धि का। "प्रभु अन्य मत्सरों, काम-क्रोध-मद-मोह-भ्रान्ति-ईर्ष्यादि का कैसा प्रभाव रहेगा मनुष्यों पर कलियुग के प्रति इस अन्धविश्वास को पालने के कारण कि कलियुग बुरा ही बुरा करेगा।"

"आप स्वयं देख रहे है महर्षि कि कलियुग में मत्सर दैनिक क्रिया हो गये है और लोगों ने इन्हें मत्सर कहना बन्द कर दिया है। इन्हें लोग मानव स्वभाव मानने लगे है। आप यह भी जानते है कि कलियुग का कोई स्वभाव नहीं होता। मनुष्य इसकी काल शक्ति को अच्छाई में लगाना चाहे तो कलियुग अच्छा करने में लग जाएगा। बुरा करना चाहे तो बुरे में लग जाएगी इसकी काल शक्ति। आप लोगों को नेतृत्व दे कि वे इसे अच्छाई में लगाये रखे। कलियुग के प्रति अन्धविश्वास रचकर लोग अब स्वयं को विभ्रमित करना छोड़ दें। मानव केवल धी-बुद्धि तक सीमित न रहे। गणित, वैज्ञानिक खोजों और तर्कविद्या से धन की खूब प्राप्ति हो रहीहै। इसलिए मानव को लोभ इससे फुर्सत नहीं लेने देता। मनुष्य थोड़ा-सा अपरिग्रह करे तो लोभ बुद्धि पर शासन नहीं कर पाएगा। तीन सूक्ष्म बुद्धियों को विकसित किये बिना मनुष्य लोभादि मत्सरों से अपनी धी-बुद्धि को मुक्त नहीं कर सकता। तीन सूक्ष्मबुद्धियाँ, मेधा, प्रज्ञा, ऋत भरा को विकसित करने में आप मनुष्यों की सहायता करें मुनिवर तो मुझे प्रसन्नता होगी।"

"जगदीश्वर मुझे इनका क्रिया-कलाप समझाने की कृपा करें!"

"तीन सूक्ष्म बुद्धियाँ अपने साथ भौतिक बुद्धि (धी-बुद्धि) को भी, केवल भौतिक सत्य से निकालकर, स पूर्ण सत्य को खोजने के पथ पर लगाती है। दर्शन शास्त्र और साहित्य यही कार्य करते है। इससे मनुष्य का सर्वांग विकास होता है। सर्वांग विकास होने पर ही ह्रदयकमल खिलता और बन्द होता रहता है उनका भी जो योगी नहीं है किन्तु जिनकी नीयत साफ है और सदाचारी गृहस्थ है। खिलता है तो उन्हें प्रसन्नता होती है। बन्द हो जाता है तो उदास हो जाते है।

"धी-बुद्धि को प्राप्त पदार्थ ज्ञान अन्यथा देह के सुखों में लिप्त करके मानव के ह्रदयकमल को खिलने से रोक देता है। केवल पदार्थों का सुख मनुष्य की सूक्ष्म बुद्धियों को सुला देता है। अनन्त आनन्द से भरी, आधुनिक मानव की अध्यात्मिक बुद्धि, केवल विज्ञान और गणित में प्रवीण धी-बुद्धि में बन्द हो, बन्द कमल में

घुट रहे भँवरे की तरह, अचेत और भयभीत पड़ी है। आत्मा के जागृत होने पर हृदय में सो रही तीनों सूक्ष्म बुद्धियाँ (मेधा, प्रज्ञा और ऋत भरा) सक्रिय हो जाती है। आत्मा के जागृत न होने के कारण एक रोबोट जैसा जीवन जी रहे है आज अनेक सांसद, विधायक, मन्त्री, वकील, डॉक्टर, शासक, पुलिस, शिक्षक, गणितज्ञ और वैज्ञानिक।''

व्यास बोले, ''भगवन्! भारत में यह विनाश 1991 के बाद, भौतिक सुखों के खुले बाजार के साथ, कुल पच्चीस वर्षों में हो गया।''

श्रीकृष्ण ने कहा, ''भौतिक प्रगति के बढ़ते कदम पीछे हटाना उचित नहीं होगा। मार्ग केवल एक है—भौतिक प्रगति के साथ अपनी आत्मा को भी चैतन्य करे। इस योग्यता को आत्मयज्ञ से प्राप्त किया जा सकता है। हर व्यक्ति अपनी आत्मा से चारों बुद्धियों पर आत्मबलि देकर उन्हें भी एक-दूसरे पर आत्मबलि देकर एक-दूसरे से पुनर्जन्म लेने को कहे। आत्मा भी चारों से पुनर्जन्म ले। सारी कठिनाई आसान हो जाएगी।''

धी–बुद्धि का प्रपंच

व्यास ने कहा, ''प्रभु! मैंने स्थूल पदार्थों के चिन्तन को को मस्तिष्क के लिए हानिकारक पाकर उनका चिन्तन छोड़ दिया था। विज्ञान केवल धी बुद्धि का अनुचर हो गया है। केवल इन्द्रियों द्वारा बताए गये तथ्यों को यथार्थ मानता है। धी–बुद्धि के तर्कबुद्धि, गणित आदि अंगों को इक्कीसवीं शताब्दी के वैज्ञानिक निर्णायक बुद्धि मानकर मस्तिष्क की अतीन्द्रिय खिड़कियाँ बन्द किये बैठे है। बुद्धि को इस सीमा में बाँधने से बुद्धि विकृत हो गयी है और बड़ी सं या में आधुनिक लोग मानसिक रोगों से ग्रस्त हो गये है।''

श्रीकृष्ण बोले, ''ईश्वर, प्रकृति और आत्मा को अव्याकृत करने के कारण, पश्चिम के लोगों की जिज्ञासा इन अध्यात्मिक तत्त्वों से हटकर अतिप्राकृतिक भूत, प्रेत, वैताल, पिशाच, दैत्यादि तत्त्वों में चली गयी है। इनको अतिप्राकृतिक शक्तियाँ मानकर वे इनके समान बलवान, भयानक और क्रूर होकर जीने को सुरक्षित जीवन समझने लगे है। उनकी धी–बुद्धि अतिप्राकृतिक शक्तियों को अपने वश में करने का लोभ करने लगी है। लोभ बुद्धि को सही मार्ग पर नहीं चलने देता। अध्यात्म का त्याग करते ही धी–बुद्धि अति प्राकृतिक शक्तियों की ओर आकृष्ट हो जाती है।

''ऐसे मनुष्य का मस्तिष्क जीवन की मु य धारा से अलग हो जाता है। मु य धारा में मस्तिष्क का लौट आना आवश्यक है मस्तिष्क के सही विकास के लिये। मु यधारा में आए बिना बुद्धि की अगली सीढ़ी (मेधा) नहीं चढ़ी जा सकती। तीसरी सीढ़ी प्रज्ञा और चौथी सीढ़ी ऋत भरा प्रकट नहीं हो पाती। इस तरह आधुनिक विज्ञान मानव बुद्धि के विकास में रुकावट डाल रहा है।

''मेधा वह स्वतन्त्र बुद्धि है जो सृष्टि के रहस्यों को जानने के बाद न तो स्वयं सृष्टि का दोहन करती है न करने देती है। प्रज्ञा है अध्यात्मिक वस्तुओं के ज्ञान को भौतिक वस्तुओं के ज्ञान के साथ समन्वित करने वाली बुद्धि। अन्तःकरण में प्रज्ञा के जागने से ही अध्यात्मिक ज्ञान के द्वार खुलते है। ऋत भरा मनुष्य के अध्यात्मिक ज्ञान का दैनिक जीवन में सरलता से उपयोग करना सिखाती है। यह पार्थिव जीवन

को ही असत्य से विरक्त कर सत्य में अनुरक्त करती है। इससे राष्ट्र का भौतिक और चारित्रिक उत्थान साथ-साथ होने लगता है। नागरिकों में बुद्धि और भावना का अ युदय साथ-साथ होने लगता है। व्यक्ति में स्वहित और राष्ट्रहित को समान महत्त्व देने वाली चेतना जाग जाती है। ऋत भरा बुद्धि द्वारा कराये गये कर्म, कर्म होकर भी अकर्म है। इन्हें करने से मनुष्य में विवेक यति प्रकट होती है, जो समस्त चंचल चित्तवृत्तियों को निरूद्ध कर स्वयं भी निरूद्ध हो जाती है। वह व्यक्ति अस प्रज्ञात समाधि और कैवल्य को प्राप्त कर लेता है।

''ऐसे ही ज्ञानी आप है मुनिवर! ऐसे ज्ञानी की वाणी में 'अहं' शब्द उस चेतन तत्त्व को इंगित नहीं करता जो वह स्वयं है। वरन परमात्मा को इंगित करता है, जो योगी में, उसके द्वारा स्वयं का त्याग कर देने के बाद भी, रह जाता है।''

व्यास बोले, ''मस्तिष्क और हृदय जड़ पदार्थ है। फिर भी इन्हें आत्मा के अस्तित्त्व का आभास कैसे हो जाता है प्रभु? क्या इनके निर्माण में प्रकृति ने अंश रूप में अध्यात्मिक पदार्थ का भी उपयोग किया है?''

श्रीकृष्ण बोले, ''अन्ततः केवल एक तत्त्व है सृष्टि मे, आत्मतत्त्व। भौतिक तत्त्व आत्मतत्त्व का विघटित रूप है। केवल अध्यात्मतत्त्व ही से सृष्टि हुई है। भौतिक तत्त्वों को संगठित करने के लिए भी अध्यात्म तत्त्व का उपयोग आवश्यक है। हृदय और मस्तिष्क, के निर्माण में प्रकृति ने अध्यात्मिक पदार्थ का उपयोग हुआ है, ताकि हृदय और मस्तिष्क भौतिक पदार्थों का चिन्तन करते करते निरेभौतिक पदार्थ न हो जाएँ। यह एक विड बना है कि अतिप्राकृतिक (सुपरनेचुरल) के अस्तित्त्व को अनेक आधुनिक वैज्ञानिक मानते है किन्तु अध्यात्मिक (स्पीरिचुअल) सत्य के अस्तित्त्व को स्वीकार करने योग्य आस्था से वंचित है।''

''भगवन्! मैं आपके श्रीमुख से मनुष्यत्व और ईश्वरत्व के बीच क्या स बन्ध है यह जानाना चाहता हूँ।''

श्रीकृष्ण बोले, ''मनुष्यों का धर्म मनुष्यत्व है। मनुष्यत्व के विरुद्ध कर्म अपराधवृत्ति है। महर्षि व्यास! मनुष्यत्व का विकसित रूप ही ईश्वरत्व है। मनुष्यत्व ही वह सेतु है जो मनुष्य को ईश्वर से जोड़ता है। शीघ्र ही अधिकांश मनुष्य कलियुग में समझने लगेंगे कि प्रेम, करुणा, आत्मोत्सर्ग, क्षमादि भावनाएँ मनुष्य की कमजोरियाँ नहीं, अपराजेय शक्तियाँ है।''

''प्रकृति का अनुशासन ही ईश्वर का अनुशासन है। प्रकृति का उल्लंघन करने वाले अतिप्राकृतिक दिशा में चले जाते है। वे अतिप्राकृतिक (सुपरनेचुरल)

और अध्यात्मिक को एक ही वस्तु समझने लगते हैं। ईश्वरप्रेमी आत्मा मनुष्यत्व की रक्षा के लिए आत्मबलि देती है।''

व्यास ने उस रात सोलह कलाओं का स्मरण किया। एक के बाद एक वे सामने प्रकट हो गयी। पहली कला प्राण, दूसरी श्रद्धा। फिर पृथ्वी जल, अग्नि, वायु आकाश कलाओं के रूप मे। फिर मन और इन्द्रियाँ भी कला रूप में , अन्न, अन्नात्, वीर्य, तप, मन्त्र, लोक और नाम भी कला रूप मे। ये सोलह कलाएँ उनकी आत्मा की ओर नहीं, उनके पुरुष रूप की ओर गयी -''षोड्श कला पुरुषायणा: ।'' पुरुष को प्राप्त करके उसमे विलीन हो गयी—''पुरुषं प्राप्य अस्तं गच्छन्ति।''

भोले लोगों का संसार

व्यास ने भगवान से कहा, ''त्रेतायुग तक तो आत्मज्ञान से ही मनुष्यों को मुक्ति मिल जाती थी प्रभु। द्वापर में मुक्ति के लिए मन, इन्द्रियों और मानस को मत्सरों, दुर्भावनाओं और कुत्सित विचारो से मुक्त रखना पड़ता था। कलियुग में तो यही पता नहीं लोगों को कि क्या करना होगा मुक्ति के लिये ? कई धर्मों ने पिछली कुछ शताब्दियों में यह अज्ञान फैलाया है कि कलियुग में दुष्टों, झूठों और पापियों का राज होगा। लोगों में जान बूझ कर यह अन्धविश्वास फैलाया गया है कि कलियुग पाप करने वालों की सहायता करेगा और अच्छे लोगों को दुष्टों के आधीन कर देगा।''

श्रीकृष्ण ''यह असत्य है कि कलियुग में दुष्ट लोग शासन करे और सीधे सच्चे लोग उनकी सेवा करें। अच्छे, सच्चे और सुन्दर कर्म करने वालों के मार्ग में कलियुग काँटे नहीं बोता। कलियुग स्वयं कोई कर्म नहीं करता।''

व्यास ने कहा, ''प्रभु! कलियुग के विरुद्ध दुष्प्रचार इतना किया गया है कि भोले लोगों में जीने का साहस नहीं रहा। दुष्टों ने उन्हें डराकर अपने आधीन कर लिया है। अच्छे लोगों के मन में यह अन्धविश्वास बैठ गया है कि वे अच्छे कर्म करेंगे तो उन्हें इस संसार में सफलता नहीं मिलेगी, जो मनुष्यत्व को धर्म मानकर जीते है और जिनकी आत्मा जागृत है उन्हें संसार अपने विरुद्ध मिलता है।''

श्रीकृष्ण ने कहा, ''यह मनुष्यों के हाथ में है कि संसार अच्छो का साथ दे या बुरो का। मनुष्यों को संसारी शक्तियों को ऐसे नियंत्रित करना चाहिए जिससे अच्छे लोगों को संसार में विजय प्राप्त हो। महर्षि संसार का अपना कोई चरित्र नहीं है। इसे ज्ञानीजन या भोले लोग अपने अनुकूल बना ले तो यह सच्चे और भोले लोगों के अनुकूल हो जाएगा। संसार सच्चे और भोले लोगों के लिए ही बनाया गया है। दुर्जन संसार को जबर्दस्ती अपने अनुकूल किये हुए है। ज्ञानीजन ऐसे कर्म करे कि संसार दुष्टों के पाश से छूटे और भोले लोगों के अनुकूल बने। शासनिक, आर्थिक, सामाजिक, नैतिक और मनोरंजन-व्यवसाय के नियम ऐसे

बनें कि सीधे सच्चे लोगों को कठिनाई न हो। दुष्टों के हाथों में रहा नियम बनाना तो वे अपने साथ सबको नष्ट कर देगे। मनुष्य कलियुग में सत्य के अनुकूल कर्म करेगा तो कलियुग सत्य का सहयोग करेगा। कलियुग को जो लोग दुष्टों का सहयोगी मानकर अकर्मण्य हो जाते है वे उसे अपने विरुद्ध पाते है। कलियुग सत्य और धर्म का साथ देने के लिए बना है।''

व्यास बोले, ''कलियुग को मनुष्यत्व विरोधी प्रसिद्ध करके दुष्टों ने मनुष्यों के स्नायुओ, ग्रन्थियों, धमनियों, आहार यन्त्र और शिराओं के ऊपर भार बना कर अधर्म को बैठा दिया है। द्वापर तक स्नायु, ग्रन्थियाँ, धमनियाँ और आहार यन्त्र इन्द्रियों का कहना मानते थे और इन्द्रियाँ अन्तःकरण आत्मा का। दुष्टों ने इस प्राकृतिक नियम के विपरीत कर्म करके भारतीयों की देह को रोगी कर दिया है। अच्छे नारी-पुरुष युगल चिन्तित रहने लगे है। वे एक-दूसरे से आनन्द विनिमय नहीं कर पाते ?

''भारत में शासन ज्ञान के प्रतिकूल हो गया है और अज्ञान को नीति बनाये हुए है। इस कारण धमनियाँ, ग्रन्थियाँ, स्नायु और शिराएँ अन्तःकरण और इन्द्रियों का कहना नहीं मानते और विपर्यय बुद्धि के कहने में चल रहे है। विपर्यय बुद्धि को शासन ने अपना लिया है, क्योंकि राजनीति को सीधी बुद्धि नहीं विपर्यय बुद्धि पसन्द है। विदेशी शासकों ने शास्त्रों में हेरफेर करके आत्मा की जगह मन, बुद्धि, चित्त, अहंकार को अन्तःकरण मानकर इस चतुर्व्यूह में भारतीयों की इन्द्रियों आदि विकारों को पथभ्रष्ट कर दिया है। मानस को इन चार अन्तःकरणों की उलझनों में डाल दिया है।''

व्यास ने कहा, ''प्रभु! आत्मा काम का त्याग कर आत्मोत्थान नहीं कर पा रही है कलियुग मे। काम का अति और अवांछनीय उपयोग कर लिया है आधुनिक मानव ने, इतना अधिक कि कुछ ही वर्षों में काम ही मानव देह का त्याग कर देता है। वैवाहिक जीवन असफल हो रहे है और लोग दा पत्य जीवन सुखपूर्वक नहीं बिता पाते। गृहस्थों के संसारी कर्मों से जब तक पुनः सत्य शिव और सुन्दर जन्म नहीं लेगे, धर्म का यह कथन ही सिद्ध नहीं हो सकेगा कि सच्चा गृहस्थ जीवन मनुष्य को मोक्ष प्राप्त करा सकता है। गृहस्थ जीवन सफल नहीं है, इसलिए परिवार संगठित नहीं रहे और समाज बिखर गया है। मन, बुद्धि, चित्त, अहंकार को आत्मा का निदेशन चाहिए। अतः चौबीसों विकारों को आत्मा के आदेश के अनुसार कर्म करने की व्यवस्था कर दी जाए प्रभु! अत्यन्त कृपा होगी भारतीयों पर। आत्मा से प्रेरित होकर भारत के लोग कर्मभूमि संसार में अनिश्चित

हो भटकेंगे नहीं।''

''राजनीतिज्ञ अपनी असमर्थता स्वीकार कर समग्र भारतीयों का सहयोग प्राप्त नहीं करते, केवल भय और अभिमान के कारण। वे इतने अधिक असत्य और अनृत के पथ पर बढ़ चुके है कि सत्य को राजनीति का आधार बनाने का साहस उनमें नहीं रहा। केवल सत्य राजनीति का आधार बन कर सब कुछ ठीक कर सकता है। पर उनमे सत्यकर्म करने का हौसला नहीं रहा। वे सत्ता छिन जाने के भय से पाप और दुष्टता से मैत्री कर बैठे है। जनता उनका एक झूठ पकड़ती है तो वे लज्जित होने के बजाय निर्लज्ज हो सौ झूठ और बोलते है। हमारा देश स्वतन्त्र हुआ अध्यात्मिक सत्य के दम पर। शासक भी अध्यात्मिक सत्य को कर्म में उतारकर ही भारतीयों को एकता और निर्भयता प्राप्त करा सकता हैं। इसके लिए आत्मा को एकमात्र अन्तःकरण मानना आवश्यक है।

''भारतीयों की प्रथम आवश्यकता है एक हजार वर्षों तक निर्विघ्न चलते रहे विदेशी शासन से अपने स्नायुओं, ग्रन्थियों, आहार यन्त्र, धमनियों और शिराओं को मुक्त कराना। इन अंगों में हर मनुष्य की आत्मा आत्मयज्ञ करे। स्वतन्त्रता के बाद, कुटिल बुद्धि और कुटिल मन, कुटिल अहंकार या कुटिल चित्त वाले स्वदेशी लोग दासता की उस विदेशी नीति को ही चला रहे है। अँग्रेजों के जाने के बाद, अब भारत-जनतन्त्र के स्वदेशी शासक, अँग्रेजों की दास-शासक नीति को जनतन्त्र के ढाँचे में चला रहे है। उन्होंने चुनाव को विभाजन रेखा बना दिया है, जो थोड़े से लोग गाँव-स्तर से राष्ट्रीय-स्तर तक चुनाव के द्वारा चुन लिए जाते है वे शासक-जाति के हो जाते हैं। चुने गये लोग जनता को दास जाति का मानकर उनके साथ वह व्यवहार करने लगे है जो दासों के प्रति होता था। पुलिस को उनके साथ अमानुषिक व्यवहार करने की छूट दे दी गयी। उसी पुलिस को चुने गये प्रतिनिधियों ने अपना कवच बना लिया है। स्नायु आदि अंगों की स्वतः-स्फुरित प्रतिभा का दमन करके इनसे अपने दुष्ट आदेशों का पालन करा रहे है। इन अंगों में जो स्वतः स्फुरण होता है वह आत्मा की शक्ति से ही होता है। इनके स्वतः-स्फुरण का दमन करके मन और बुद्धि इनमें निहित आत्मा के सत्य का सहयोग प्राप्त नहीं कर पाते। मन और विपर्यय बुद्धि स्नायु आदि को अपने ज्ञान से चलाना चाहते है। किन्तु ये केवल आत्मज्ञान से चलते है अन्यथा। इनमें विद्रोह पनपता है और मानव व्यक्तित्व में गृहयुद्ध छिड़ जाता है।

कलियुग ने इस गृहयुद्ध को उजागर करके मनुष्य को केवल सचेत किया है कि मन और बुद्धि ग्रन्थियों, स्नायुओं इन्द्रियों आदि का सहयोग प्राप्त करे। इनके

दमन की नीति भारतीयों के व्यक्तित्व को विघटित कर रही है। व्यक्तित्व में गृहयुद्ध छिड़ा रहा तो मानव अपनी देह की समस्याओं में फँसा रह जाएगा। केवल मानव योनि में मनुष्य को अवसर मिलता है कि दासता से सर्वथा मुक्त होकर—परा प्रकृति और आत्मा के स्तर पर—जीये।

"पहले उच्च वर्ण जन्म से प्राप्त होता था, अब चुनाव जीतने से प्राप्त होता है। दोनों में अन्तर कुछ नहीं है। दोनों ज्ञान का वहिष्कार कर, अज्ञान को ज्ञान मानकर अज्ञान में जीने के बहाने हैं। जनतन्त्र का दूसरा सिद्धान्त कहता है 'बहुमत की इच्छा के अनुसार चुने गये प्रतिनिधि शासन चलाएँगे।' यह सिद्धान्त चुने गये प्रतिनिधियों को बहुमत का सेवक बनाता है। इस सिद्धान्त से स्वयं को भारत के चुने गये प्रतिनिधियों ने धूर्तता का एक और सहारा लेकर मुक्त कर लिया है। उन्होंने प्रेस के माध्यम से भारत के बहुमत को बदनाम कर दिया है फासिस्ट कह कर। बहुमत के सारे स्वतन्त्र अधिकार चुने हुए प्रतिनिधियों ने अपने हाथों में ले लिए है। अल्पमत को विशेष संरक्षण का प्रलोभन देकर, बहुमत को उसके सारे स्वतन्त्र अधिकारों से वंचित करके, भारतीयों को सत्ताधारी दल का दास बना दिया है।

"भारतीय राजनीति में धूर्तता ज्ञान को नीचे गिराकर उसके स्थान पर शासन कर रही है।"

भगवान बोले, "मुनिवर मानव-व्यक्तित्व में आत्मा ही एकमात्र ऐसा ज्ञानी तत्त्व है, जो मानव व्यक्तित्व के समस्त मानसिक, दैहिक और अध्यात्मिक तत्त्वों को, संगठित कर सकता है। आत्मा धूर्तता, छल कपट से अपरिचित है। आत्मा हर मानव हृदय में रहने वाला ईश्वर है, सत्य आचरण करता है, सत्य को स्थापित करता है। आत्मा का आचरण ही मेरा आचरण है, जिससे समग्र ब्रह्मांडों को संचालित करने में हर छोटी से छोटी शक्ति का सहयोग प्राप्त हो जाता है। मेरे इस आचरण का अनुसरण ही ब्रह्मचर्य है। केवल काम-निषेध ब्रह्मचर्य नहीं है। अन्यथा ब्रह्मा काम पर आधारित सृष्टि न रचते।

"मानव व्यक्तित्व में आत्मा ही ऐसा तत्त्व है जिसे सुप्त-ब्रह्म कहा जा सकता है, क्योंकि जो कुछ ब्रह्म में है वह आत्मा में भी है। आत्मा ही एकमात्र ऐसा तत्त्व है जो स्नायुओं ग्रन्थियों आदि को अन्धकार के शासन से मुक्त करके, बिना दमन किये, ब्रह्म की तरह सबको नियन्त्रित और परस्पर समन्वित रख सकता है।

"सारे अंग आत्मा को मिले है आत्मा की सेवा करने के लिये। आत्मा का केवल एक लक्ष्य है ब्रह्म से सायुज्यता प्राप्त करना। सायुज्यता प्राप्त तभी होती है

जब केवलज्ञान प्राप्त हो, हृदय निर्मल हो, और सब जीवो से मैत्रीभाव हो। आत्मा में प्रेम प्रकट तब होता है जब आत्मा सारे भेदभावों के उद्गम, अज्ञानी हिंसक जीवों से भरे इस संसार को, और उन जीवों के द्वारा बनाये गये अज्ञान सागर को तैर कर पार निकल जाती है।

आत्मा सारे संसार से सेवा प्रात करती है बिना दमन किये, बिना झूठ और साम-दाम-दंड-भेद का सहारा लिये। उल्टे अपनी बलि देती है आत्मा मामूली या विशिष्ट समझे जाने वाले सभी जीवों पर। आत्मयज्ञ से ज्ञानी आत्मा सारे संसार को अपने अनुकूल करती है। स्वयं को मिली मानव देह के छोटे से छोटे अवयव को भी आदेश नहीं देती ज्ञानी आत्मा, आत्मबलि देती है उससे अपने प्रयोजन को पूर्ण कराने के लिए।

''आत्मा का नाश नहीं होता। आत्मबलि से आत्मा की मृत्यु नहीं होती। जिस अवयव पर आत्मा आत्मबलि देती है उसमे प्रविष्ट होकर आत्मा उसके आन्तरिक अँधेरे में अपनी अमरता, पवित्रता, ज्ञान और स्वाधीनता का उजाला कर देती है। आत्मा के आकर्षक उजाले को देख, ये अंग स्वतः उसके अनुयायी हो जाते है। कभी अवज्ञा नहीं करते, क्योंकि जो उनकी आवश्यकताएँ है उनकी पूर्ति आत्मा के अतिरिक्त और कोई नहीं कर सकता। आत्मबलि के बाद आत्मा व्यक्तित्व के जिस अंग से भी पुनर्जन्म लेती है, उस अंग को आत्मा पर ऐसा प्यार आता है जैसा माता को अपने गर्भ से जन्म देकर शिशु पर आता है।

'अध्यात्मिक अज्ञान संसार में इतना फैल गया है कि अब आवश्यकता है कि सभी मनुष्य अपनी आत्मा से कहे कि वे अपने व्यक्तित्व के सभी अंगों पर आत्मबलि देकर उनसे पुनर्जन्म ले। इस तरह सारे अंग अपनी प्रकृति-प्रदत्त स्मृति को प्राप्त कर लेते है जिसे आज प्रचलित अज्ञान ढ़के हुए है। ज्ञानी की देह के सारे अंग स्वेच्छा से उसकी आत्मा के नियन्त्रण में आ जाते है जैसे माँ अपनी सुशील सन्तान के आधीन हो जाती है, स्वेच्छा से, प्रेम के कारण। इस तरह स्नायुओं, ग्रन्थियों, आहार यन्त्र, धमनियों, शिराओं आदि पर जो अधर्म ने शासन कर रखा है वह समाप्त हो जाएगा। इसके लिए कलियुग को दोष देने से तो लोग अज्ञान में भटके रहेगे।

''मानव व्यक्तित्व में अनेक परते है। सतयुग में ब्रह्म स्वयं ही सब परतों में उजाला कर देते है। त्रेतायुग में राम बनकर उन्होंने बताया कैसे मनुष्य मनुष्यत्व को सुदृढ़ करे। मनुष्यत्व ब्रह्म का एक रूप है, आत्मा दूसरा। दोनों में भिन्न-भिन्न उजाले है। इन दो उजालों से ही मनुष्य को मुझ सत्य तक पहुँचने का मार्ग मिलता

है। केवल एक उजाले से काम नहीं चलता।

"द्वापर में मुझ ब्रह्म ने कृष्ण और राधा बनकर पुरुष और नारी से कहा एक-दूसरे के जीवन में उजाला करो, जैसा हम दोनों ने कर रखा है। स्त्री पुरुष दो रूप है मनुष्यत्व के जिनके देह, हृदय आत्मा एक-दूसरे से एक हो जाएँ तो दोनों पर अधर्म, असत्य, अनृत शासन नहीं कर सकते। कलियुग में स्त्री पुरुष प्रेमी युगलों को चाहिए कि अपने अपने स्नायुओं, ग्रन्थियों, आहार यन्त्रों, धमनियों और शिराओं में आत्मबलि देकर इन सभी से पुनर्जन्म ले। ऐसा करने से मनुष्यों के सारे अंग अन्तरतम में फूटते प्रकाश से भर जाएँगे। जो स्त्री-पुरुष युगल एक-दूसरे से ऐसा निष्कपट व्यवहार नहीं करेंगे उनका एकाकी हुआ अज्ञानी जीवन एक-दूसरे को हताश कर देगा।

"महर्षि! आप लोगों को भूला हुआ आत्मयज्ञ याद दिलाएँ। मुझमें आत्मबलि देकर उनकी आत्माएँ मुझसे पुनर्जन्म लें। इस तरह वे मेरी शक्तियाँ पा जाएँगे, और सत्य का शासन दुनिया में स्थापित हो जाएगा। आप लोगों को कहे कि वे संसार में अधर्म और अनृत का शासन स्थापित न होने दे। कलियुग को गलती से पाप प्रेरक मानकर मनुष्य दुर्बल हो गया है। आप उसकी भ्रान्ति दूर करें। मानव मस्तिष्क मेरे मस्तिष्क में अपनी नीव प्राप्त करे।

"महर्षि व्यास! यदि मनुष्य चाहे तो सत्यपथ पर आसानी से चल सकता है, और इस संसार को अपने सपनो का संसार बना सकता है। मनुष्य याद रखे, संसार मेरा स्वप्न है और मैं कभी दुःस्वप्न नहीं देखता।"

व्यास बोले, "प्रभु! मैं धन्य हूँ कि आपके श्रीमुख से मुझे यह सुन्दर वाक्य सुनने को मिला—"संसार मेरा स्वप्न है और मैं कभी दुःस्वप्न नहीं देखता।"

"परम सत्य को कर्मों में अभिव्यक्त करना ही मेरा धर्म है और सदा रहेगा। इसमें कभी चूक नहीं होगी। प्रमादी मनुष्य ऐसा करने को कठिन मान बैठे है। सत्य सरल है। परमसत्य और भी सरल है। अभिमान और झूठ का पथ कठिन है। भारत के राजनीतिज्ञों ने घोर अज्ञान और स्वार्थवश अपनी पार्टी को राष्ट्र से भी ऊँचा मान कर झूठ का कठिन पथ चुन लिया है। प्रभु! मन, बुद्धि, चित्त, अहंकार भटके हुए यात्री हैं। ये स्वयं को उजाला नहीं दिखा सकते, इन्द्रियों को क्या उजाला दिखाएँगे। इन्हें आत्मा के उजाले की आवश्यकता है। तभी ये राष्ट्रहित में, मानव हित में काम कर सकेंगे। प्रभु! आत्मा को एकमात्र अन्तःकरण बता दीजिये। आपकी असीम कृपा होगी।"

भगवान बोले, "तथास्तु!"

‘‘राजनीतिज्ञों ने स्वयं को और भारतीयों को निर्लज्ज कर दिया है। लज्जा के बिना सत्य का न तो अनुभव हो सकता है न पालन। लज्जा के बिना कर्मों में सत्य को व्यवहृत नहीं किया जा सकता। लज्जा पुरुष को सुशील बनाती है और नारी को चरित्रवान।’’ इससे आगे व्यास बोले, ‘‘प्रभु भारतीय संसद में निर्लज्ज और अधर्मी राजनीति को देखकर हृदय जुगुप्सा से भर गया है। कुछ दिन इन सब कर्मों से दूर कहीं और रह आने की आज्ञा चाहता हूँ।’’

श्रीकृष्ण बोले, ‘‘ऐसी जगह तो वृन्दावन ही हो सकती है। वृन्दावन के भीतर एक और वृन्दावन है। वह आप जैसे ज्ञानी को अवश्य मिल जाएगा। वहाँ गोपियाँ आपको द्वापरकालीन प्रेमावस्था में जीती हुई मिल जाएँगी। प्रेम का इतना उग्र तप किया है उन्होंने कि पृथ्वी पर ही उनके लिए एक अनन्य स्थान बन गया है। वहाँ काल का आना जाना नहीं है। वहाँ केवल वे प्रेमी जा पाते है जिनके हृदय निर्मल हैं। और आप तो हैं ही निर्मल हृदय!’’

गोपियों का कृष्ण प्रेम

वृन्दावन पहुँचते ही प्रो. व्यास को एक प्रौढ़ साध्वी के दर्शन हुए। वे बोली, ''युवा यात्री! सच्चे प्रेम का झोंका आया है तु हारे साथ। मेरे नेत्र धन्य हो गये तु हारे दर्शन से।'' व्यास को साध्वी अपनी कुटिया में ले गयी।

जलपान कराते हुए साध्वी बोली ''मुझे माँ कहो।''

प्रो. व्यास ने कहा, ''माँ!''

''लोगों को यह शिक्षा क्यों नहीं देते कि नारी की जो रक्षा करता है केवल वह पुरुष है। आर्यावर्त तो सारा यह जानता था। तु हारी पीढ़ी क्यों भूल गयी?''

''माँ! और न कहो। मैं स्वयं सन्तप्त हूँ—ये आर्यवीर नहीं है। उनके कलंक है।''

''नारी पर विश्वास नहीं तो दूर रहें। बलात्कार! हत्या! ऐसे कायर नहीं रहते थे भारत मे। कृष्ण! कृष्ण! यह किसकी नजर लग गयी स्वर्ग सरीखी भारत भूमि को!''

व्यास कुछ नहीं बोले।

''विदेशी भी क्या अपनी स्त्रियों के साथ ऐसा व्यवहार करते हैं?''

व्यास बोले, ''माँ! आपके प्रश्न का उत्तर मेरे पास नहीं है।''

साध्वी माता बोली, ''भारतीय पुरुष अपनी सत्यनिष्ठा से नारी का हृदय जीतते थे। नारी केवल ऐसे पुरुष से सच्चा प्रेम कर सकती है।''

''मैं सहमत हूँ माँ!''

वह नारी उदास हो गयी और बोली, ''जिसके हृदय ने सखी के हृदय को नहीं समझा वह श्रीकृष्ण को नहीं समझ सकता। क्यों आते है वृन्दावन लोग? श्रीकृष्ण से प्रेम कैसे हो सकता है उन्हें जो नारी को नहीं समझते? भारतीयों के सोये पुरुषार्थ को जगाओ पुत्र!''

इतना कहकर साध्वी अलोप हो गयी।

मार्ग में इस विचित्र घटना पर प्रो. व्यास के मन में तरह तरह के विचार उठते

रहे : ''काग भुशुंडी का ध्यान आया। श्रीराम ने उन्हें मोक्ष दिया तो लेने से इनकार कर दिया। बालक श्री राम के मुह से गिरे रोटी के टुकड़े चुगने को वे मोक्ष मानते है। यह अज्ञान चरम ज्ञान है! भगवान श्रीराम से केवल इतना सुख माँगते है—हर कल्प में बस उनके जूठे टुकड़े चुगने का सुख मिल जाय! इसके लिए पूरे कल्प काग रूप में प्रतीक्षा करने को तत्पर हैं काग भुशुंडी। प्रेम की यह कैसी गति है परम प्रभु!'' यही सोच कर आँसू निकल आये व्यास महामुनि के।

''श्रीराम के मुख से गिरे टुकड़े चुगने का सुख तो एक कल्प में केवल कुछ वर्ष मिलने वाला सुख है। उसके लिए पूरे कल्प प्रतीक्षा करने को तैयार है! बिना मानव देह के, पक्षी-देह की अज्ञान-अवस्था में रहते हुए, पक्षी-योनी में उपलब्ध प्रेम को निस्सीम कर लेगे काग भुशुंडी! कैसा अद्‌भुत आत्मविश्वास है! भगवान उन्हें मानव देह देने को तैयार है, किन्तु काग भुशुंडी लेने से इनकार कर देते है। कैसा दृढ़ विश्वास है ईश्वर के और अपने पक्षीत्व के बीच जन्मे प्रेम में! हर कल्प में प्रतीक्षा करते रहेगे अगले कल्प की काग भुशुंडी, पक्षी के प्रेम के उस स पूर्ण प्रेम में विकसित हो जाने की जो बिना ज्ञान के भी मुक्ति प्राप्त कराने में सक्षम हो! न जाने कितने मन्वन्तरों तक, हर कल्प के बाद अगले कल्प की प्रतीक्षा करनी पड़े, काग भुशुंडी तैयार है पक्षी के प्रेम को प्रेमयोगी मानव के प्रेम के समान विकसित करने के लिये। ऐसे तप के कष्टों से गुजर लेने को तैयार हैं जो अपूर्व और अभावी है, जो उनसे पहले और उनके बाद किसी ने नहीं किया!

भगवान के मुख से गिरे टुकड़ों के रस में एकाग्रचित्त हो गये हैं काग भुशुंडी !उस एक रस के माध्यम से भगवान से पूर्ण सायुज्यता प्राप्त करने की लगन लग गयी है! अद्‌भुत ही नहीं, कैसा सत्यनिष्ठ, कैसा भव्यप्रेम है काग भुशुंडी का!

काग भुशुंडी के लिए कल्प क्या, काल क्या, भव चक्र क्या! वह तो इन सबसे पार पहले ही जा चुके है। वह तो मोक्ष प्राप्ति से भी आगे उड़ने वाले परम हंस है! वे मोक्षप्राप्ति के परमसुख को भी त्याग कर, मोक्षप्राप्ति के उस रोमांचक क्षण का बार-बार अनुभव करने के अभिलाषी है!

वे मोक्ष प्राप्ति के परम सुख के क्षण का बार बार अनुभव करने का वरदान माँग रहे है, जिससे मोक्ष के सुख से भी निवृत्ति हो जाय।

चलते-चलते प्रो. व्यास के ध्यान में किशोरी राधिका का प्रेम एक दीये जैसी अल्प ज्योति बन कर आया। उनके हृदय को किशोरी राधिका के प्रेम में किसी ऐसे गूढ़ तत्त्व की अनुभूति हुई जिसे न अध्यात्मज्ञानी समझ सकता है न कोई

आधुनिक वैज्ञानिक। उन्हें लगा उनके प्रेम को समझने के लिए बाँके बिहारी जैसा केवल प्रेम को सत्य मानने वाला हृदय ही चाहिए। कोई सरल रेखा है किशोरी राधिका के प्रेम मे, जिसकी गहराई का बोध समग्र ब्रह्मांडों के समस्त आकाशों को अपने में समा लेने की सामर्थ वाले हृदय में भी नहीं होता।

''किशोरी राधिका के सरल रेखा जैसे सरल प्रेम में कोई वस्तु है जिसका रहस्य वैज्ञानिक नहीं जान सकते जिनके ज्ञान की सीमा यह वैज्ञानिक सत्य है—'वक्र रेखा में सरल रेखा से अधिक आकाश होता है।'

''प्रेम को समझने वाला यंत्र केवल हृदय है, जो प्रेम से आगे कुछ नहीं जानता। प्रेम से आगे निकलते ही हृदय भटक जाता है। हृदय के लिए प्रेम से आगे केवल अज्ञान का अँधेरा है। जो हृदय प्रेम से आगे निकल जाता है वह प्रेम के लिए धड़कना बन्द कर देता है। प्रेम से आगे हृदय को केवल अँधेरा दिखाई देता है। प्रेम को लाँघकर पाया गया वैभव और विलास सच्चे प्रेम में धड़कते हृदय को अमावस्या की काली रात दिखता है। प्रेम की सीमा से बाहर निकले हृदय में जो धड़कन होती है वह भय की, पागलपन की, घोर अज्ञान की धड़कन है। वह हृदय यदि वापस न लौटे और आगे बढ़ता जाए तो वह ईश्वर से, प्रेम से, सत्य से, सुन्दर और शिव तत्त्व से दूर होता जाता है। वह क्षेत्र ही भूत, प्रेत, राक्षस आदि का क्षेत्र है जहाँ सारे सुख बेहिसाब पड़े दिखते हैं, किन्तु महसूस नहीं होते। वह मृत्यु का क्षेत्र है। वहाँ न न्यग्रोध वृक्ष है न अश्वस्थ वृक्ष। वेद कहता है सारी सृष्टि ईश्वर ने इन दो वृक्षो के आकार में की है। उससे आगे केवल अशनाया है। अशनाया शून्य की वह तड़प है जिसपर ईश्वर की कृपा नहीं होती। ईश्वर सर्वज्ञ–ज्ञानी है। अशनाया अज्ञान है, जिससे ईश्वर स पर्क नहीं करता। ईश्वर के सहयोग के बिना अशनाया होने की तड़प झूठी प्रसव–पीड़ा जैसी है, जिसमे तड़पने वाली माँ को सन्तान सुख प्राप्त नहीं होता।

''अशनाया की तड़प से ईश्वर नहीं पसीजता। ज्ञानी मनुष्य ईश्वर का अनुसरण करता है। वह ईश्वर कृपा से जान जाता है यह ईर्ष्या, द्वेष, प्रतिशोध, लोभ, क्रोध, मद, मोह, अतृप्त काम की तड़प है, जिसमे फँसे हुओ के लिए सुख शान्ति के सारे द्वार बन्द हो जाते है।

ज्ञानी हृदय प्रेम की धड़कन से आगे या प्रेम से पीछे की किसी धड़कन से मोहित नहीं होता। ज्ञानी हृदय में ही सामर्थ है जब चाहे बन्द कली बन जाए और जब चाहे उत्फुल्ल कमल।

''प्रेमी हृदय सारी जिन्दगी बन्द कली रह कर काट लेता है। आघात,

अपमान, ग्लानि या अभिमानवश नही। उसे केवल प्रेम की धड़कन की पहचान है। प्रेम के बिना वह नहीं खिलता। संसार का ज्ञान प्राप्त नहीं करता। इसे संसारी-ज्ञानी नहीं बनाया जा सकता। सच्चाई, भोलापन, सुन्दर आचरण हृदय-कलि को भाते है, किन्तु केवल प्रेम इसे खिला पाता है।''

तभी एक रिक्शे वाला सवारियों को रिक्शे में लिए 'राधे! राधे!' करता धूल उड़ाता निकल गया। व्यास के मानस प्रवाह में यह रिक्शे वाला भी कुछ छोड़ गया। बृज में आज भी अनेक भक्त केवल 'राधे! राधे!' जपते है। राधा के प्रेम में कैसा आकर्षण था कि परब्रह्म श्रीकृष्ण को बैकुंठ नहीं भाया। गोलोकधाम की रचना करनी पड़ी, राधा के साथ रहने को।

व्यास ध्यानमग्न हो गये हृदय में आ जा रही इन बातों में : श्रीकृष्ण ने मोक्ष को भी बृज प्रेमिकाओं के चरणों की धूल से ऊँचा नहीं माना। उनके पीछे चलते थे श्रीकृष्ण, सिर्फ इसलिए कि गोपियों के चलने से उड़ने वाली धूल उनके सर पर पड़ती रहे।

अन्य देश वालों ने नारी को वासना के शिखरों पर खिचने वाला आकर्षण माना। किन्तु वासना के मार्ग से ही वासना के बन्धनों से मुक्त करने वाली अद्‌भुत शक्ति है नारी। अन्य देश वालों की प्रेम के बारे में अज्ञानी उक्तियाँ आधुनिक भारतीयों को प्रेम का सत्य नहीं भुलवा सकी।

प्रेमपथ की पथिक गोपियों को प्रेम की मोक्ष-अवस्था में व्यास ने पाया था जब वे वृन्दावन में गोपियों को यह दुखद सूचना देने गये थे कि श्रीकृष्ण गोलोकधाम चले गये। श्रीकृष्ण के धरा छोड़ जाने का गोपियों पर कोई प्रभाव नहीं पड़ा था। यह देख उनके अपने आँसू बहते बहते रुक गये थे। गोपियों की सूरतों पर यह विश्वास अमिट था—श्रीकृष्ण मर नहीं सकते

पथ पर जितने भी साधू आ जा रहे थे सब महर्षि व्यास से आयु में कम-से-कम पाँच हजार वर्ष छोटे थे। किन्तु जबसे उन्हें फिर से यौवन प्राप्त हुआ था और वे प्रो. व्यास बने थे, उनके हृदय में वृद्ध साधुओं के आगे यौवन-सुलभ लज्जा और विनय के भाव प्रकट होने लगे थे, और वे सबको उनसे पहले प्रणाम करने लगे थे।

आज इस प्रौढ़ साध्वी ने उन्हें प्रेम का एक और पथ दिखाया था। व्यास आश्चर्य में पड़ गये—क्या यही रहस्यपथ है? घने वृक्षों के बीच वन की भूमि पर पड़े पवित्र धूप के टुकड़े जैसी साध्वी उनके ध्यान में सारे रास्ते बार-बार आती रही। एक जगह रुक जाने की प्रेरणा भी उसी से आयी। जैसे ही उनके हृदय ने

उनसे एक स्थान पर रुकने को कहा वे रुक गये।

फिर वन में अनेक पगडंडियाँ एक स्थान पर दिखी, जिनमें से एक चुननी थी। जैसे ही उन्होंने दिशा चुनने का प्रयत्न किया हवा के एक तीव्र झोंके ने उन्हें एक दिशा में मोड़ दिया। इसे भी उन्होंने उस प्रौढ़ साध्वी की कृपा मान कर मन ही मन उसे प्रणाम किया। उस दिशा में मुड़ते ही फूलों की अद्‌भुत गन्ध चारों ओर से आने लगी, किन्तु फूल कही नहीं दिख रहे थे। हवा सहसा बदल गयी। पृथ्वी पर चलते हुए ही जैसे उनका स्वर्ग में आरोहण हो गया हो। उन्हें गोलोकधाम याद आ गया जहां श्रीकृष्ण उन्हें ले गये थे और जहाँ वे उनके साथ पाँच हजार वर्ष रहे थे।

आगे चल कर फूल भी दिखने लगे और प्रकृति के स्वर्गिक दृश्य भी। ऐसे सुन्दर दृश्य उन्होंने पहले भी देखे थे। किन्तु आज उनका महत्त्व समझ में आ रहा था।

वहाँ कोई घर था न झोपड़ी। द्रुमों की छाया थी। फूलों की छते, दीवारें और खिड़कियाँ थी। कुछ सखियाँ तुलसी वन में थी। तुलसी के पौधे-पेड़ो जैसे ल बे थे। फूलों की गिनती नहीं थी, न किस्मों की गिनती थी। कोई गोपी कृष्ण के लिए रसोई बना रही थी। कोई ऐसे भाव में निमग्न थी कि मोहन उनके पास बैठे है और वह अपने हाथ से उन्हें खिला रही है। कोई भरे दिन को साँझ समझ दीप जलाए अभिसार हेतु शृंगार कर रही थी। भगवान श्रीकृष्ण से इतने ल बे वियोग ने गोपियों के प्रेम को जरा भी क्षीण नहीं किया था। उनके प्रेम में एक अद्‌भुत गुण जाग गया था, जिसने श्रीकृष्ण की अनुपस्थिति को ही उपस्थिति में बदल दिया था। उनकी जीवन चर्या सामान्य थी। किन्तु इसके क्षण-क्षण में कृष्ण बसे थे।

उनकी भोर शुरू होती श्रीकृष्ण की आराधना के लिए फूल चुनने से। प्रत्येक गोपी उनके लिए वन से सुन्दर महकते फूल चुनकर लाती। फिर उनके कंठ को, बाहुओं को और शीष को सुशोभित करने के लिए छोटी बड़ी मालाएँ बनाती। गायों को दुह कर उनके लिए खीर, मक्खन, छाछ, मलाई और भोजन बनाने में लग जाती। श्रीकृष्ण को जिमाने का ढंग भी अनोखा था। वे ही एक-दूसरे का श्रृंगार श्रीकृष्ण मानकर करती। कभी गायों बछड़ों में श्रीकृष्ण की छवि स्थापित करके उन्हें पूरे भाव और जतन से भोजन कराती। और फिर रात्रि में रास खेलकर एक-दूसरे को कृष्ण मान, शैया पर सुलाकर, स्वयं भूमि पर सो जाती। वे चिर कुमारी गोप बालाएँ श्रीकृष्ण के विरह को मिलन बनाये हुए थी।

गोपियों के व्यक्तित्व केवल श्रीकृष्ण के ध्यान और प्रेम में एकाग्र हो गये थे। उन्हें न किसी तप की आवश्यकता थी न साधना की। उनकी सांसे तप हो गयी

थी, भाव भंगिमाएँ साधना। इस एकाग्रता में जो भी विविधता थी वह कृष्ण के रूपों की विविधता थी। श्रीकृष्ण के अतिरिक्त और कोई चिन्ता न होने के कारण गोपियों को सहज ही अपने भौतिक व्यक्तित्व के मूल, स्नायविक-अस्तित्त्व का मन्थन करने का अवसर मिल गया। अपने स्नायविक व्यक्तित्व को जान लेने से उन्हें मनुष्य के नश्वर दैहिक और मानसिक व्यक्तित्व को भी समझने का पूरा अवसर मिल गया।

एक गोपी यही भूल गयी कि ज्ञानियों के ज्ञानी महर्षि व्यास उसके सामने है। वह महर्षि को ही अपना स्नायु-विज्ञान बताने लगी। उसे लगा कि यह उसका मौलिक ज्ञान है जो शायद महर्षि को विदित न हो। वह बोली, "नारी का मूल व्यक्तित्व स्नायु व्यक्तित्व है। स्नायु छुपे रहना चाहते हैं। ये लज्जाशील और संकोची हैं। नारी को समाज मजबूर करता है संकोच छोड़कर बाहर आने को, संसार और इसकी राजनीति का उपयोगी हिस्सा बनने को। संसार में पहचान बनाने के लिए नारी को अपना सीधा सच्चा स्नायु व्यक्तित्व त्यागना पड़ता है। स्नायु व्यक्तित्व तो केवल प्रेमी के आगे बोलता है, संसारी के आगे नही। नारी किसी भी तरह संसार में स्थान नहीं बना पाती जब तक अपने सच्चे संकोची स्नायु व्यक्तित्व से बाहर निकल कर अपनी इन्द्रियों, मन, बुद्धि, चित्त, अहंकार से बने व्यक्तित्व में न फँसे। यह व्यक्तित्व हमारे चरित्र को बनावटी कर देता है। कृष्ण ने हमे सिखाया कैसे हम इस संसार में अपना स्नायु व्यक्तित्व जीयें। वह नारी का मौलिक व्यक्तित्व है।"

एक अन्य गोपी बोली, 'श्रीकृष्ण से नेहा होने से मेरा अंजुलीभर का हृदय सागर हो गया। कृष्ण प्रेम के सागर में झाँका तो मेरा 'मैं' भी पानी में गिरकर पानी पानी हो गया। न संसारी दुख रहे न संसारी चिन्ता। अब प्रेम के दुख हैं और प्रेम का हुमकता उल्लास। कैसा जादू किया नन्दकिशोर ने। ऐसा अपनाया कि मुझमें मेरा कुछ नहीं छोड़ा। हृदय कृष्ण से नैना लड़ने से पहले गहरा नहीं था। बस लहरे जोर मारती थी। नैना क्या लड़े मुझे पता चल गया जो कृष्ण है वही मैं हूँ। वे गहरे तो मैं गहरी, वे छिछोरे छोरे तो मैं छिछोरी। केवल श्रीकृष्ण में समग्र संसार समाया नहीं रहा, मुझमें भी समाने लगा। जो कृष्ण के साथ हुआ वही मेरे साथ भी। बस अन्तर यह कि वे सर्वोच्च शिखर पर रहने वाले मेरे प्रेमी, मैं पृथ्वी पर रहने वाली उनकी सखी, जिससे मिलने उन्हें पृथ्वी पर आना पड़ता है।"

एक अन्य सखी बोली, "कृष्ण से आँखें लड़ाकर मैं अनेक मंजिलों वाला महल हो गयी। जमीन की मंजिल नसो, शिराओ और धमनियों से बनी। मेरी इन

कमजोर चीजों को नीव बना दिया मोहन मुरारी ने। इन पर अस्थियों का भारी ढांचा खड़ा कर दिया मेरे बांकेबिहारी ने। कोटरो, कोठो, संकरी गलियों और खाईयों से किलेबन्दी कर दी देह की। उन्हें पाने के लिए मैंने दिया जलाया प्रेम का वक्ष के चौबारे मे। पहले मैंने कहा, 'मोहन प्यारे! बहुत जलन है रे प्रेम के ताप मे।' वे बोले, 'उल्टा दिया रख दे लौ के ऊपर विरह रूपी कजरा बटोरने को।' मैंने रख दिया। मगर करनी तो देखो बाँकेचोर की! एक क्षण में सारी व्यूह रचना तोड़ अपने हिय में मेरे हिय को उठाकर ऐसे छुपा लिया कि देखने को तरस गयी। मैंने कहा, ''साँवरे प्यारे जो हिया चुरा लिया, झलक तो दिखा दो उसकी। कलेजे में से तो निकाल कर ले गये। जीएगा कैसे वह बिन मेरे।'' बोले, 'जैसे मैं जी लेता हूँ तेरे हृदय में अपने हृदय को छुपा कर।' दूर तक गयी मनुहार करती, 'तरस खाओ गोविन्द! ऐसे निर्दयी न बनो।' एक नहीं सुनी छलिया ने। अपना निर्मोही मुह फेर लिया। मुस्करा कर चले गये। कौन देस गये, नहीं जानती।''

एक और सखी बोली, ''मैं तो कृष्ण में ही जीने लगी। हृदय की सुध बिसार दी। हृदय रहा किसी हृदय वाली का उसके पास जो मेरा हृदय मेरे पास रहता! कृष्ण को ही हृदय का स्वामी मान लिया। जिसका था उस घनश्याम के ही पास चला गया। जब ऐसे सोचने लगी तब चैन पड़ी। यही सोच सोच कर दुखी रहती—'जाने कैसे जी रहा होगा छोटा-सा जीयरा।' नन्द के छोरा ने अपने कलेजे में छुपा लिया। अब उसको किसी की नजर नहीं लगने देगा नन्द का छोरा। बहुत प्रेम करने वाला है बलदाऊ का भ्राता। पहले मैं भी सुबह उठ कर ढूंढ़ती फिरती थी कहाँ खो गया जीउड़ा मेरा? पर सखी कंगन हो, हंसली हो, कोई मिलने की चीज हो तो मिले। वो तो जीउड़ो है, जिसमे सबकी जान बँधी है। मोहे घर की छोड़ी सांवरिया ने ना घाट की। अच्छा किया जो कही की न छोड़ी। एक सांवरे की सूरत मन में रह गयी, और सब छिन गया। समझ तब आयी कि मुझे तो सबकुछ दे दिया कान्हा ने। कान्हा मेरा हो गया तो ही उड़े की सारी बस्ती बस गयी। नहीं तो जिधर भी जाती थी लगता था आधी हूँ मैं बिन अपने हीउड़े के।''

एक और गोपी बोली, ''बेबस हो निर्लज्ज सी मुरली की धुन के पीछे खिंची चली जाती हूँ। रोज सोचती हूँ अब कभी न जाऊँगी। अटारी में सोया करूँगी। सीढ़ी तोड़ दूँगी। चाहे दिन रात मुरली बजाते रहें। पर क्या करूँ सखी! मेरे जीउड़े की जगह जुल्मी ने अपनी सूरत के लिए खाली जगह रख छोड़ी है। उसकी सूरत बैठने नहीं देती। उसे देखने को जगह जगह भटकना पड़ता है। न भटकूँ तो चैन नहीं पड़ती। जहाँ कहीं से खबर आती है कि उस ठौर कन्हैया है

वही पहुँच जाती हूँ। माँ कहती है, 'ना बडो की लाज रही, न कुल-कुटु ब की आन रख पायी तू।' सौभाग्य थे मेरे कि कल मुझे दर्शन हो गये मेरे प्यारे श्याम साँवरे के। ग्वालबालो के बीच बैठा था निर्मोही। इतना क्रोध आ रहा था मुझे, पर उसे देखते ही क्रोध प्यासी आँखो के जल में बदल गया। मैंने रोकर कहा 'कान्हा यह कोई अच्छी बात नहीं की तुमने।' 'आगे मत बोलो', मेरे मुह पर हाथ रख बोले, 'तु हारी मेरी बात है, दूसरे जान जाएँगे।' उसकी आँखो में भी आँसू थे।

दूसरी सखी बोली, ''दया आती कैसे नही! तू जी छोटा मत कर। वो पुरुष होकर भी स्त्री है। एक दिन तो मुझे गुमान करा दिया निष्ठुर ने कि मैं पुरुष हू और वह स्त्री। ऐसे रो रो कर अपने हुदय की व्यथा सुनाई कि उसे कंठ से लगा कर उसके आँसू पोछते-पोछते रात बीत गयी। उससे अपनी ही क्रूरता की शिकायत सुनती रही। वह मेरी ही बुराई करता रहा मुझसे और मैं एक टुक सुनती रही। ऐसी नीति चली सखी साँवरे ने कि मुझसे मेरे विरुद्ध गवाही दिलवा दी। कब सताया मैंने उसे? और उसके सामने उसके आँसू देख मुझे सचमुच लगा कि मैंने उसे सताया है। निष्ठुर ने पूछा, 'बताओ हृदय के बिना सांस ले सकती हो तुम?' और मैं बावरी बोलती गयी जो वो बुलवाते गये। फिर उन्हें ही दया आयी बोले, 'अभी तु हारा चित्त ठिकाने नहीं है। लगता है कोई बुरा सपना देख लिया है। कल सुबह तु हारे घर आऊँगा, तब बात करेगे।'

तीसरी सखी बोली, 'वह तो बहुत ही छलिया है सखी मेरे साथ तो और भी धोखा हुआ। मैंने बड़ा जोगजतन किया था। व्रत रखकर, नौ दिन निराहार रहकर, सारे अन्तःकरण और इन्द्रियों को साधा था। कन्हैया का ध्यान भी मन में नहीं आने दिया था, ना उसका नाम जीभ पर आने दिया था। पर दसवीं सुबह उठते ही मेरा ही हृदय मुझे धिक्कारता मिला, 'कैसी निर्दयी है तू! जब से तू निराहार है कन्हैया भी निराहार है।' दौड़ी-दौड़ी मन्दिर गयी। पूजा करके सबसे पहले कान्हा के घर गयी। यशोदा मैंय्या ने बताया, 'नौ दिन से कुछ नहीं खाया कान्हा ने। तू यही व्रत समापन कर ले यही वह भी कर लेगा। रोज कह देता था 'तभी व्रत तोड़ूँगा जब कृष्णा तोड़ेगी।' सारे गोकुल में पता चलाया। कृष्णा नाम की कोई गोपी ही नहीं। तू आन गाँव की है। अब समझी तुझे कृष्णा कहता है बावरा।''

राजनीति और धर्म

रविवार था। रोज की तरह, सुबह से ही लोग प्रो. व्यास के पास आ रहे थे अपने प्रश्नों के उत्तर पाने के लिए। सबसे पहले प्रश्न किया सजनी ने जो एम.ए. राजनीति की छात्रा थी। उसने प्रश्न किया, ''प्रोफेसर साहब! राजनीति और धर्म को कैसे अलग-अलग रखा जा सकता है।''

व्यास, ''राजनीति और धर्म को कोई भी अलग रखने में सफल नहीं हो सका। ये कभी पृथक नहीं हो सकते। जनता का पालन धर्मात्मा शासक ही कर सकता है। धर्मविहीन शासक स यता का मुखौटा लगाकर जनता को लूट लेता है। जहाँ धर्म को शासक अपने व्यक्तित्व से अलग कर देते हैं, जैसे धर्म-निरपेक्ष जनतन्त्रों में, वहाँ शासक झूठे और भ्रष्टाचारी हो जाते है।''

एक राजनीतिज्ञ बोला, ''लेकिन प्रोफेसर पश्चिमी सेकुलरइज्म पश्चिम को धर्मनिरपेक्ष बनाये हुए है।''

एक युवा विद्यार्थी विष्णुमनु बोला, ''सा यवाद धर्म को अफीम मानता है। किन्तु सा यवादी शासक लज्जाजनक क्रूरता करके भी रूस और चीन में धर्म और राजनीति को अधिक दिनों तक अलग नहीं रख सके। भारत देश के नेता यह प्रयोग कर रहे है। जितना यह प्रयोग कर रहे है उतने ही पाखंडी कहलाते जा रहे है, क्योंकि वे केवल सनातन धर्म को नष्ट करने को धर्म-निरपेक्षता समझते है। विश्व में उनका इतना भी मान नहीं रह गया है जितना सामान्य भारतीयों का है। विश्व के दो कट्टर धर्म जो विदेशों से भारत में आये उनकी एक नहीं सुनते। शेष विश्व में पश्चिम के ये दो कट्टर धर्म बहुमत में है। ये दोनों धर्म इतने कट्टर है कि इनके अनुयायी केवल अपने धर्म को धर्म मानते है। एक-दूसरे को भी अधर्म कहते है। दोनों ने चार सौ वर्षो तक लगातार एक-दूसरे को मिटाने के लिए युद्ध लड़ा। किन्तु अन्त में इसे अस भव समझ छोड़ दिया। जब दोनों एक-दूसरे की हिंसक प्रवृत्ति से हार गये तब से दोनों भारत जैसे उदार देशों में लोगों का धर्म परिवर्तन के काम में लगे हुए है।

''ये दोनों अपने अलावा विश्व के किसी धर्म को धर्म नहीं मानते। इन्होंने भारतीयों की अहिंसा, संशयविहीनता और मैत्री का बहुत अनुचित लाभ उठाया। पिछले एक हजार वर्षों से इन दो कट्टर धर्मों का शासन भारत पर रहा है। दोनों में अन्धविश्वास व्याप्त है कि यदि ये भारतीयों का धर्म परिवर्तित करा देंगे तो बिना कोई शुभकर्म किये इन्हें स्वर्ग मिल जाएगा। इस छूट से उन्मक्त इनके अनुयायियों ने किसी भी तरह—साम, दाम, दंड, भेद से –पिछले एक हजार वर्षों में करोड़ों सनातनियों के धर्म बदल दिये या हत्या की।

''दोनों सेकुलरइज्म का नारा लगाते है और पाखंडवश अपने–अपने धर्म को राजनीति से ऊँचा स्थान दिये हुए है, ताकि सेकुलरइज्म का नारा उनके धर्म को न निगल ले। धर्म निरपेक्षता/सेकुलरइज्म के विरुद्ध दोनों ने नाकाबन्दी कर रखी है। इस नाकाबन्दी के कारण जब भी ये भारत में सेकुलरइज्म का नारा बुलन्द करते है यह नारा इन दो धर्मों के अनुयायियों के धार्मिक उन्माद को बढ़ाता है और सनातनियों के स्वधर्म पालन को अपराधी भावना से ग्रस्त कर देता है।

''सनातन धर्म सभी धर्मों को समान महत्व देता है। इसका लाभ उठाकर ये दोनों कट्टर धर्म जब भी मौका मिलता है निर्धन और अशिक्षित सनातनियों का धर्म बदल देते है।

''पश्चिमी सेकुलरइज्म एक झुनझुना है जो पश्चिमी कूटनीतिज्ञों ने भारतीय नेताओ को थमा दिया है, बजाने के लिए। भारत में 82 प्रतिशत लोग सनातन धर्म को मानते है। शेष विश्व में सनातनी अल्पमत है। जब कट्टर धर्म वाले सनातनियों के धर्म बदलते है तो कोई यह झुनझुना नहीं बजाता। भारत को छोड़कर विश्व के किसी देश में यह झुनझुना नहीं बजाया जाता।

''जब भी सनातन धर्म के अनुयायियों को यह धूर्तता अखरती है तो भारत के राज्यलोभी राजनीतिज्ञ, जो बहुमत का शासन भारत में नहीं चाहते, यह झुनझुना बजाने लगते है। इससे प्रभावित होकर अल्प सं यक इन्हें अपना हमदर्द मान इन्हें एकमुश्त वोट देकर इनकी सरकार बनवा देते हैं।

''विश्व की राजनीति पर एक हजार वर्ष से ये दो कट्टर धर्म हावी है। भारत के राजनीतिज्ञों को, इनके शासन में हुए इनके जुल्मो का भय, आँखमूद कर इन्हें धर्मनिरपेक्ष मानने को मजबूर कर देता है। उन्हें इनका पक्ष लेने की आदत पड़ चुकी है। इनकी सनक से डरे भारत के नेताओं को स्वतन्त्रता के बाद धर्म त्याग कर बर्बर युग से शुरू करना पड़ा था।

जुल्म करने वाले स्वयं के भय में यह भी भूल गये कि भावनाओं, विचारों,

विश्वासों में नित्य उत्पन्न होने वाले मैल के प्रक्षालन और निष्पक्ष, निर्मल शासन की समझ भारतीयों की नित्य धर्मचेतना से आती है। धर्म का त्याग करके भारतीयों को स्वस्थ देह और स्वस्थ मन के लाले न पड़ जाएँ। भारतीयों के देह और मन इतने रोगी रहने लगे जितने पहले कभी न थे। भारत के धर्म किसी पुस्तक, विश्वास या कर्म से नहीं जन्मे। ये प्रकृति से सीखे गये आचरण है। इनका त्याग बहुत आसानी से किया जा सकता है। किन्तु त्यागने के दुष्परिणाम कई पीढ़ियों को ले डूबेंगे।

"कट्टर धर्मों का भय, एक सहस्र वर्षों की गुलामी के कारण, भारतीय नेताओं की चेतना पर भी चढ़ आया है। स्वतन्त्रता के बाद से ही वे सनातन धर्म को, पुण्यभूमि भारत से ही, सूर्योदय की ओर नहीं अस्ताचल की ओर भेजने लगे थे। कुछ राजनीतिज्ञों ने योजना बना ली थी कि भारतीयों को फिर कभी यदि धर्म की आवश्यकता पड़े तो उन्हें विदेशों से आये दो कट्टर धर्मों में से एक को चुनना पड़े। उनका अन्धविश्वास है कि ऐसा कर लिया तो वे—जो आज कही के नेता नहीं है—विदेशी धर्म अपनाकर विश्व-स्तर के नेता हो जाएँगे।

"प्रकृति उनकी गति से नहीं चलती, क्योंकि प्रकृति के हर पग के साथ सनातन धर्म चल रहा है अनन्त काल से। प्रकृति यदि मौन सत्य है तो सनातन धर्म उस सत्य का उद्घोष है।"

आगे चर्चा इसी दिशा में चलती रही। अन्त में प्रो. व्यास बोले, "भारत के धर्म भारतीयों की अध्यात्म-दृष्टि, योग, समाधि, साधना, दर्शन, संस्कृति, स यता, विज्ञान, साहित्य, संगीत और नृत्यकला से जन्मे हैं। ये सत्य के साक्षात्कार है। भारतीयों द्वारा अनुभव किये गये सत्य, शिव और सुन्दर एक-दूसरे से नित नया जन्म लेते है। भारत के धर्म भारतीयों की कल्पना से जन्म लेते हैं तो भारतीयों के यथार्थ से भी जन्म लेते है। खेतों खलिहानों, हल, बैल से, मिट्टी में किये गये श्रम और पसीने से, भारतीय परिवारों, ग्रामों, नगरों की जीवन शैली से भारत के धर्म निरन्तर जन्म ले रहे है। इस कारण सबसे प्राचीन होकर भी रोज नये हो जाते है।

"अनेक आक्रमणकारी आये जिन्होंने भारत के धर्मों को समूल मिटाने की चेष्टा की। उन्होंने एक मूल को मिटाया तो धर्म की कोपले दूसरे मूल में फूटने लगी। कोई वस्तु नहीं जिसे मिटाने से भारतीय धर्म मिट जाएँ। विश्व के जिस कोने में भी एक भारतीय जी रहा है वहीं भारत के धर्म जन्म ले लेते है। वे किसी से कुछ नहीं चाहते और सबको सुख शान्ति देते है। भारत के धर्म केवल मनुष्यों की नहीं, सब जीवो की, वनस्पति की, धरती आकाश की, सूर्य, चन्द्रादि ग्रहों-

नक्षत्रों की भी अमृत–कामना करते है।''

सजनी ने प्रो. व्यास से पूछा, ''प्रोफेसर,भारत के राजनीतिज्ञ भारतीय धर्मों को क्यों नष्ट कर देना चाहते है?''

व्यास : ''भारतीय धर्म व्यक्ति को इतना नैतिक बना देते हैं कि जनतन्त्र के राजनीतिज्ञों के पास कोई अनुशासन नहीं है जिसका अनुपालन वे पहले से ही न कर रहे हों। राजनीतिज्ञ यह सोचकर जनता को अनैतिकता और सकीर्णता सिखाते है कि ऐसा करने से भारत के सनातन धर्म नष्ट हो जाएँगे। जनता गरीबी और अशिक्षा के कारण अनैतिकता और संकीर्णता उनसे सिखती तो है, किन्तु उल्टा ज्ञान देने के कारण नेताओं से घृणा भी करती है। भारत के नेता सनातन धर्म को ही मिटा देना चाहते है, क्योंकि यह जनता को सत्य और धर्म का ज्ञान कराता है।''

सजनी बोली, ''स्वतन्त्रता के बाद भारत के स्वदेशी शासकों ने वीरोचित कार्य किया अल्पमत को भारत में निर्भय होकर जीने का हौसला देकर। किन्तु यह वीरता पाखंड और अव्यवहारिक लगती है जब हम इसे देखते है पाकिस्तान में अल्पसं यकों पर, उनकी स्त्रियों, कन्याओं पर अत्याचार होते रहे, उनकी कन्याएँ रोती रही और अदालतो से न्याय माँगती रही, किन्तु उनका विवाह जबर्दस्ती विधर्मियों से कराया गया। भारत सरकार इसे पाकिस्तान का निजी मामला कह कर चुप हो गयी। यह निजी मामला नहीं था। विभाजन–कानून के अनुसार अँग्रेजों ने धर्म के आधार पर विभाजन किया। भारत सरकार को उन्होंने सत्ता सौपी थी। भारत सरकार की जि मेदारी थी कि भारतीय धर्म को मानने वाले हर उस व्यक्ति को भारत सरकार भारत में लाती जिस पर पाकिस्तान में धर्म के कारण जुल्म हो रहा था।

''भारत के राजनीतिज्ञों को भारतीय धर्मों का यह कथन कष्टदायी लगता है कि उन्हें जनता के हित में त्याग और बलिदान करना चाहिए। वे जनता से आज्ञापालन चाहते है और राजाओं जैसा जीवन जीना चाहते हैं। इस कारण वे राजनीति कोझूठ बोलने की, छल, कपट, भ्रष्टाचार और व्यभिचार की स्वतन्त्रता समझे हुए है।

''वे सेकुलरइज्म को धर्म का एवज मानते है। किन्तु जब अनुभव बताता है कि सेकुलरइज्म सच्चे प्रेम को खा जाने वाला रोग है, तो सेकुलर राजनीतिज्ञ स्त्रियों को राजनीति–तन्त्र के मन्त्रों से उप–पुरुष बना देते है। अब उन्हें स्त्रियों के प्रेम की आवश्यकता नहीं रहती। अब स्त्रियाँ उनके चक्कर काटती रहती है

उनकी कृपादृष्टि पाने को, गुजर बसर के लिए।

"सेकुलरइज्म शक्तिशाली राष्ट्रों की निर्लज्ज स्वार्थ साधना का माध्यम हो गया। सेकुलर राजनीति छोटे राष्ट्रों की स्वतन्त्रता का सफाया कर चुकी। भारत जैसे प्राचीन देश की संस्कृति वह पौधा नहीं जिसे जहरीली साँसें सुखा सके। भारत का दर्शन और साहित्यिक पर पराएँ, कलाएँ ईश्वरकृत है। ये वो तबले नहीं जिसे तबलची तोड़ सके। प्रेम, संवेदना, मैत्री, आत्मा, ब्रह्म शब्द नहीं जिन्हें त ती पर लिखकर मिटाया जा सके। इन्हें मिटाने वालों की पीढ़ियाँ मिट गयी, किन्तु इन अक्षरो का एक अक्षर नहीं जो मिटाया जा सका। दिव्य शक्तियाँ सिर पर चढ़ जाती हैं उनके जो उन्हें पैरों से रौंदते है। वे देवमूर्तियाँ जिन्हें तोड़ा गया उनके और उनकी पीढ़ियों के दिलो में बस गयी है जिन्होंने उन्हें तोड़ा।

प्रो. व्यास भी उन सबकी तरह अवाक् रह गये जो उस लड़की की प्रज्ञा के वचन सुन रहे थे।

उन्हें चुप देख विष्णु मनु ने विषय बदल दिया, "प्रो. साहब सांसदों और विधायकों में अच्छे, सुन्दर और सच्चे संस्कारों की कमी को संसद क्यों दूर नहीं करती? वे अच्छे संस्कारों से बँधे तो जनता भी उनका अनुसरण करके स्वयं को अच्छे संस्कारों से बाँधेगी।"

"ऐसे ये राजकाज–कारीगर जो राज कर रहे है, राजनीतिज्ञ नही। राजनीतिज्ञ थे कृष्ण, राम, भीष्म, विदुर, युधिष्ठिर। उनका ही तो राजनीतिज्ञान है जो आज प्रबुद्ध और स पन्न जनतन्त्रों में चल रहा है। राजनीतिज्ञ उन्हें कहा जाता है जो राजकाज–कारीगरों के कार्यों का सिंहावलोकन करते हैं। उनके कुछ मूल्य है जिनपर वे उनके कार्य का मूल्यांकन करते है। वे सत्ताधारी के मनुष्यत्व और सत्य को प्रतिष्ठित करने वाले कर्म का समर्थन करते हैं। पहली प्राथमिकता देते है राष्ट्र को संगठित करने और न्याय द्वारा शासित करने की क्षमता को। ऐसे राजनीतिज्ञ थे मान्धाता, पृथु, बेन, भगीरथ, हरिश्चन्द्र। राजनीतिज्ञ सत्ता का भोग नहीं करता। अपना समय राज्य को सुदृढ़, सुरक्षित और सामान्य जन के मनुष्यत्व की रक्षा करने योग्य बनाने में ध्यान लगाता है। राजनीतिज्ञ उस ज्ञान को खोजता है जो सत्य को अनुकरणीय कर्म बनाकर नागरिको के जीवन में स्थापित कर दे।"

नीलकान्त नाम के एक विद्यार्थी ने पूछा, "राज सत्ता पाने के लोभ में लगे हुए भारत के आधुनिक नेताओं को क्या करना उचित है?"

"उनका पहला उचित कर्म होगा कि वे स्वयं को राजनीतिज्ञ न कहे। उन्हें राज भोक्ता कहना उचित होगा। वे चुनाव में विपक्ष को हरा कर भारत में वही

कर्म करते है जो विदेशी हमलावर भारतीयों को हरा कर भारत में करते थे। वे और ये शासक बन कर राष्ट्र का धन, शक्ति और स मान लूटते है। जनता को भयग्रस्त, अभावग्रस्त और मानसिक रोगग्रस्त रखते है। एक हजार वर्ष तक चलते रहे विदेशी हमलावरो के शासन ने, क्रूरता से लगातार दमन करके, भारतीयों के स्वतन्त्र मानस को विकृत करके गुलाम मानस में बदल दिया है। उन्हें अ यस्त कर दिया है ऐसे शासकों से प्रेम करने का जो उनसे घृणा करते है और उन पर जुल्म करते है। यह एक मानसिक बीमारी है, जिसका नाम है स्टाकहोम सिंड्रोम। राष्ट्र का अहित करकेजो शासक धनवान हो जाते है, उन्हें स्टाकहोम सिंड्रोम से ग्रस्त जनता अपनी शक्ति और श्रद्धा भी समर्पित कर देती है।

''भारत के विधायक और सांसद राष्ट्रसेवक कहलाना अपमान समझते है। राष्ट्र की शक्ति को अपने आधीन करके वे बिना भेदभाव के सारी जनता की सेवा नहीं करना चाहते। वे अपने वोटरों को शेष जनता पर पुलिस की मदद से हावी कराये रखना पसन्द करते है। वर्तमान में उनके उद्देश्य हो गये है परिवार का राजसी पालन, स्वजाति पालन, बहुमत की उपेक्षा और अल्पमतों को संगठित करके बहुमत को दासता के चक्र में फँसाना। पशुपक्षियों के अधिकारों और नागरिकों के अधिकारों को राजनीति का विषय न मानना।''

नीलकान्त ने पूछा, ''जनतन्त्र में शासक-धर्म क्या है ?''

''शासक-धर्म का मूल सिद्धान्त है—जनता का हित करना। शासक वह गृहपति है जो अपने सुख के लिए नहीं, जनता के सुख के लिए कर्म करता है। अपनी सुरक्षा से पहले प्रजा की सुरक्षा का प्रबंध करता है। जनता को भयमुक्त करने के बाद वोट देने को कहता है।''

नीलकान्त ने पूछा, ''राज कर्मचारी क्या करे जिससे उन्हें निस्वार्थ सेवक माना जाय ?''

''राजकर्मचारी—चाहे प्रधानमन्त्री हो, विधायक हो, अफसर हो या बाबू हो—अपनी सात्विक प्रकृति का पालन करे। राष्ट्र में और विश्व मे, मनुष्यत्व को बलवान बनाने वाले कर्म करे। अपना स्वार्थ, अपने परिवार और अपनी जाति का स्वार्थ कभी सिद्ध न करे।''

प्रो. व्यास से मिलने वालो की मुश्किलें

प्रोफेसर होने के साथ व्यास लोगों को परामर्श देते थे कैसे इस संसार में सुसंस्कृत और मानसिक स्वतन्त्रता प्राप्त नागरिक सुखपूर्वक जी सकता है। उनका परामर्श लेने के इच्छुक सब तरह के लोग थे—प्रोफेसर, वकील, डॉक्टर, उद्योगपति, फिल्मकार, मन्त्री, युवा प्रेमी, विवाहित द पति आदि।

एक फिल्मकार ने कहा, ''मेरे कपड़े उतरवाये गये न्यूयार्क हवाई अडडे पर यह निश्चय करने के लिए कि मैं आतंकवादी तो नहीं। मैंने जब कहा कि मुझ भगवान के बन्दे के साथ ऐसा दुर्व्यवहार मानवीय नहीं है तो बोले, 'यह फरियाद जाकर सुनाना अपने भाई बन्दों के देश में जहाँ चर्च में कोरल भी गाने नहीं देते।' तब से मेरे दिमाग में क्रोध भरा रहता है। मेरे दिल ने इनसानियत में विश्वास करना बन्द कर दिया है।''

प्रो. व्यास ने उत्तर दिया, ''जब तक सार्वजनिक हित की बेड़ियों से अपने क्रोधी मस्तिष्क और निरंकुश इच्छाओं को बन्दी नहीं बनाओगे, जब तक निर्धन लोगों के जीवन को अपने जीवन के तुल्य मूल्यवान नहीं समझोगे, तब तक पश्चिमी जनतन्त्र तुममे उनसे हीन होने की भावना जगाने वाले बौद्धिक खेल खेलते रहेंगे। तुम चिढ़ कर बन्द घर में उन्हें गालियाँ देते रहने के अलावा कुछ नहीं कर सकोगे। इस तरह भड़ास निकाल कर तुम और नीचे गिरते चले जाओगे।''

लोग निजी–जीवन की समस्याएँ लेकर भी उनके पास आते। जो समस्याएँ उनसे बरसो में न सुलझ सकी थी, उन समस्याओं को व्यास कुछ देर में ही सुलझा देते, इतनी सरलता से कि लोग चमत्कृत हो जाते। वे दुखी हृदय लेकर आते और उल्लसित हृदय लेकर जाते थे, जो जीवन पहाड़ जैसा दुरूह हो गया था, उनके लिए सरल हो जाता। जिस जीवन को वे काँटों की सेज समझ जीवन से डरने लगे थे, प्रो. व्यास से बात करके वही जीवन रूचिकर और आकर्षक लगने लगता।

लोग उनके परामर्श से लाभान्वित होकर भी उनके परामर्श का समाज में

जिक्र न करते, क्योंकि हर एक को वे परम स्नेही और निजी मित्र लगते थे। वे डरते थे कि अगर उन्होंने उनका जिक्र कर दिया तो लोग उन्हें उनसे छीन न लें।

उन्हें लोग प्रो. व्यास के नाम से जानते थे। किसी को कल्पना में भी यह नहीं सूझा कि ये वही व्यासमुनि हैं जिन्होंने वेदों का संकलन और विभाजन किया था, वेदों के भाष्य लिखे थे, महाभारत और अठारह पुराण लिखे थे। ऋषियों वाले वस्त्र तो उन्होंने प्रोफेसर होने के बाद ही छोड़ दिये थे। अवसर के अनुकूल वेशभूषा अपना लेते थे। वे युग और अपने व्यवसाय से भिन्न नहीं लगना चाहते थे। उन्हें अंतरंग होना था क्योंकि उन्हें श्रीहरि ने काम दिया था—लोगों को सिखाएँ सत्य को कर्म में व्याकृत करना। इससे लोगों का चरित्र दृढ़ होगा और मानव मात्र को सर्वांगीय विकास का पथ मिल जाएगा।

एक नेता ने आकर कहा, ''मैं बेरोजगार हो गया हूँ। अब मेरे जैसे नेताओं के लिए राजनीति में कोई जगह नहीं रही। जो राह आर भ से भारत के ज्ञानी महापुरुषों ने चुनी थी, वह राह स्वतन्त्रता संग्राम तक नेता अपनाये रहे। स्वतन्त्रता के चौंसठ वर्षों में नेताओं, मीडिया, बुद्धिजीवियों और फिल्म वालो ने हथौड़े मार-मार कर वह राह तोड़ दी है। वे राजनीति को झूठ और छल कपट का व्यापार समझते है। ऐसे में मैं क्या करूँ?''

प्रो. व्यास बोले, ''हताश न हों। सत्य को निर्भय हो कर्म में व्यक्त करिये। इससे सुन्दर कोई और कर्म नहीं है। इससे शुभ क्षण जन्म लेगे आपके जीवन मे। आपकी विजय होगी, किन्तु तब जब आप निर्भय हो केवल सत्य को अपने कर्म में अभिव्यक्ति देगे। यदि आपका नेता या दल भी सत्य का विरोध करे तो भी केवल सत्य को कर्म बनाइये। करोड़ों लोगों के असत्य कर्म एक व्यक्ति के सत्य कर्म के आगे बेअसर हो जाएँगे। सृष्टि पर कोई लकीर नहीं खीच सकता केवल सत्यदृष्टा के।''

हताश नेता बोला, ''मैं गाँधी नहीं हूँ। न वह समय है जब गाँधी सफल हुए। अब समय का मिजाज बदल गया है।''

प्रो. व्यास ने कहा, ''समय कोई मनुष्य नहीं जो बदल जाय। समय एक शक्ति है। अधिक लोग झूठ को अपनाएँगे तो समय बहुमत के साथ चलेगा। समय मानव शक्ति के साथ चलता है। सच्चा नेता बहुमत की शक्ति से नहीं डरता। वह जानता है कि अरबों लोग झूठ के पथ पर चले और एक व्यक्ति सत्य के पथ पर चले तो समय सत्य के साथ चलने लगेगा, क्योंकि सत्यपथ पर चलने वाले के साथ ईश्वर चलता है।''

हताश नेता बोला, "सत्य के पथ पर दुख ही दुख है।"

व्यास ने पूछा, "अच्छा बताइये आज जो झूठे राजनैतिक दलों के झूठे पथ पर करोड़ों लोग चल रहे है क्या वे सुखी है?"

हताश नेता बोला, "उनके पास खूब धन है। धन सब सुखों की कुंजी है।"

प्रो. व्यास ने कहा, "आप दुखी इस कारण नहीं है कि नेताओं ने स्वतन्त्रता संग्राम वाला सत्यपथ छोड़ दिया। आपको ईर्ष्या है बेईमानी से धनवान बने नेताओं से। आपके ईर्ष्या रोग का इलाज है उनके जीवन को भीतर से देखे। आप पाएँगे कि बेईमानी से वे जितने धनवान हुए उतने ही दुखी भी। यदि आप सत्य को कर्म बनाएँगे आज से ही तो अपने दोनों लक्ष्य प्राप्त कर लेगे। इस संसार को सुन्दर और सच्चा लोक बनाने का गौरव आपको बहुत सुख देगा। इतना ही नहीं आप इस दुनिया में सत्य की राह चलेगे तो दूसरी दुनिया में आपकी आत्मा मोक्ष की राह पर चल रही होगी। आपको दोनों दुनिया के सुख प्राप्त हो जाएँगे। मोक्ष प्राप्त करके सब दुखों से सदा के लिए छुटकारा हो जाएगा। सत्य को कर्म बनाने से सारी मुश्किलें सहल हो जाती है—व्यक्तिगत, राष्ट्रीय और अन्तर्राष्ट्रीय।"

एक दिन विदेश मन्त्री उनके पास आये और बोले, "भारत की कूटनीति सत्यपथ पर है और सारी दुनिया का हित करती है। किन्तु बात चलती है शक्तिशाली राष्ट्रो की जो केवल अपने स्वार्थ की पूर्ति करते है। कोई भी विवाद तय नहीं हो पाता, क्योंकि सारे राष्ट्र अपनी अपनी राजनैतिक और धार्मिक मान्यताओं के अनुसार सारे विवादो को सुलझाने का प्रयत्न करते है। उनके सारे संसारी सिद्धान्त स्वार्थ को प्राथमिकता देते है। स्वार्थ किसी भी विवाद का अन्त नहीं होने देता। हर पक्ष स्वार्थ के कारण दूसरे पक्ष के साथ न्याय नहीं करना चाहता। दूसरे को तर्क-वितर्क-कुतर्क से पराजित कर देने में लग जाते हैं। मानवीय विवादों को स्वार्थ, ईर्ष्या, द्वेष आदि संकीर्णताएँ हल नहीं कर पाती।"

व्यास बोले, "मानजाति में विवाद धर्मों और राजनीति से पैदा हुए विद्वेषों के कारण है। अध्यात्मिक सत्य सबके एक से है। इस कारण यदि धर्म की जगह अध्यात्म को विवादों का निर्णय करने की कसौटी बनाया जाय तो राष्ट्रों और नागरिकों के बीच विवाद आसानी से निपटाये जा सकते है, क्योंकि निर्णय मानवीय मूल्यों के आधार पर होगे। संसार में रहकर संसारी दृष्टिकोण से न्याय नहीं हो सकता, क्योंकि संसारी दृष्टिकोण सबसे पहले अध्यात्मिक दृष्टिकोण को निरादर करके बाहर निकाल देता है। उसके निकलते ही संसारी दृष्टिकोण को

अहंकार और लोभ अपना दास बना लेते है।''

सामान्य जन मानते कि प्रो. व्यास अद्‌भुत विद्वान और परामर्शदाता हैं। विद्वान भी ऐसा ही महसूस करते थे। किन्तु आधे-विद्वान, धनवान, मीडियावान और सत्तावान अपने से ऊपर किसी को पाते हैं तो उसे भूल जाना बेहतर मानते है। प्रो. व्यास को भूल जाना तो बहुत आसान था क्योंकि वे किसी से कुछ नहीं चाहते थे।

विदेश मन्त्री ने प्रो. व्यास से कहा, ''अगर आप हमारी राजनैतिक शक्ति से स पन्न कोई पद स्वीकार कर ले तो समाज में जो स्वयं को विद्वान मनवाये हुए है उन सबके ऊपर आपका नाम आ जाएगा। वास्तव में विद्वान तो केवल आप है। किन्तु केवल सत्ताधारी विद्वान न होने के कारण, प्रतिष्ठा प्राप्त विद्वान आपको आज मानते है तो कल भूल जाते है। जहाँ किसी एवार्ड की बात होती है आपके बारे में सारे विद्वान, निर्णायक-मंडल चुप्पी साध लेते है।

''साहित्य अकादमी के सर्वोच्च एवार्ड का निर्णय हो जाने के बाद मैंने एक बार एक बड़े विद्वान को बुलाकर पूछा, 'क्या आपको अपने से ग्लानि नहीं होती कि आप पूरे वर्ष मुझसे प्रो. व्यास की तारीफ करते रहे किन्तु एवार्ड के समय उनका नाम तक नहीं लिया।' वे बोले, 'सत्य तो यह है कि जितना मैं प्रो. व्यास का नाम अपने हृदय में दबाये हुए था उतना ही मेरा हृदय मेरे कानों में प्रो. व्यास के नाम का जाप कर रहा था। मेरी बुद्धि भी मुझे धिक्कार रही थी इस बौद्धिक कायरता के लिए। उनका नाम कोई भी ले लेता तो सब मान जाते। कोई उनकी प्रतिभा का सामना करने का साहस न करता। किन्तु इक्कीसवीं शताब्दी हट कर है। इसमें योग्यता की ठेकेदारी मीडिया ने खरीद ली है। पश्चिम इतना धनवान हो गया है कि अपनी संस्कृति और अध्यात्म को अटलांटिक में डूबा कर मारने के बाद अब वह भारत के मीडिया को ठेका दिये हुए है भारत के धर्म, संस्कृति और अध्यात्म को मार डालने का।' मैंने पूछा, 'उन्हें छोड़िये! आप क्यों चुप रहे?' वे बोले, 'राजनैतिक शक्ति प्राप्त करने और आत्म-प्रचार करके राष्ट्र में प्रतिष्ठा प्राप्त करने के दो मूलमन्त्र है। बहुत से लोग प्रो. व्यास को फ्रीक मानते हैं। कहते है अद्‌भुत विद्वान लगता है मगर है नहीं; होता तो सरकार की नजर से छुपा न रहता, क्योंकि सरकार तो तरस रही है योग्य लोगों को साथ लेकर चलने के लिए। सरकार भी क्या करे? सरकार के पास जो विद्वानों की लिस्ट है वह उनकी है जिनकी नेता सिफारिश करते है। 'मैं समझ गया वह मुझे ही इस अन्याय का दोषी' बता रहा था।''

प्रो. व्यास चुप रहे। कुछ देर बाद विदेश मन्त्री बोले, ''मेरी तो विनती है जो

पद सरकार देना चाहे उसे आप स्वीकार कर ले। इससे मुझे बड़ी तसल्ली होगी, क्योंकि तब आपको एवार्ड ही एवार्ड मिलने लगेगे।''

प्रो. व्यास को अब भी चुप देख वे कुछ नरवस हुए और खिसियाए से स्वर में बोले, ''क्या बताये उदारीकरण के साथ भारतीय जीवन में हर चीज बिकाऊ हो गयी है। वही हाल हो गया है जो पश्चिम के धनवान और स य देशों का है। पश्चिम का सारा ढोंग और प्रपंच भारत में आ गया है। भारतीय विद्वान भी, अँग्रेजों की नकल में, प्रसिद्धि को आत्म-प्रचार का फल मानने लगे है। कहते हैं हर वस्तु की एक कीमत है। प्रसिद्धि की भी एक कीमत है। अदा करो और प्रसिद्ध हो जाओ। मगर इस झगड़े में आप न पड़ें। आप तो बस मेरा प्रस्ताव स्वीकार कर लें। शेष मुझ पर छोड़ दीजिये।''

एक दिन भारत के एक प्रसिद्ध अँग्रेजी लेखक प्रो. व्यास के पास आये प्रो. व्यास के भाषणों की पुस्तक लेकर, और बोले, ''आप अच्छा लिखते है। सचमुच अच्छा! अच्छा यह बताइये क्या व्यास नाम के हर लेखक की किताब गणेशजी लिखते है, जैसे महर्षि व्यास की किताबें गणेश जी ही लिखते थे?'' प्रशंसा और विद्रूप दोनों बराबर वजन के थे।

प्रो. व्यास बोले, ''भारत में सत्य लिखने की अनुमति तब भी थी। यह बताइये कि भारत के अंग्रेजी में लिखने वालों को आज का पश्चिम दो शर्तों पर मान्यता देता है। पहली शर्त: उन्होंने अपनी पुस्तकों में भारत की संस्कृति, धर्म और दर्शन की हँसी उड़ाई हो। दूसरी शर्त: वे अश्लील लेखन के माहिर हों।''

वे बोले, ''अँग्रेज शेष भारत में आने से सौ साल पहले से बंगाल में रह रहे थे। उनका मजाक बहुत बारीक होता है। वह भी हँसता है जिसका वे मजाक उड़ाते हैं। अँग्रेज कवि येट्स ने ही रवीन्द्रनाथ ठाकुर की गीतांजलि का अँग्रेजी में अनुवाद किया। वे अनुवाद न करते तो क्या उन्हें नोबल प्राइज़ मिलता?''

व्यास ने कहा, ''सुना है पश्चिमी विद्वान् जिसकी तारीफ करते है उसे ही गिराते है। उसी येट्स ने बाद में उनका और उनकी कविताओं का मजाक उड़ाते हुए कहा था, 'वह स्कूल मास्टर का लबादा पहनने वाला। नेताजी बोस के पीछे पड़े रहे कि मिल जाएँ तो देशद्रोह, मित्रराष्ट्रो से गद्दारी और हिटलर से वफादारी के आरोप लगाकर उन्हें फाँसी दे दें। आजकल आप देख ही रहे होगे अमेरिकी विद्वान अमेरिका में विवेकानन्द की प्रसिद्धि को मिटाने में लगे है।''

जो शब्द सोचकर ये विद्वान आये थे नहीं बोल सके। कुछ और बोलने लगे, ''क्या मैं आपको अँग्रेजों की मानसिक दासता से ग्रस्त मानसिक रोगी दिखाई देता

हूँ ? क्या भारतीयों को मानसिक रूप से दास बना कर ही मैं अपनी अँग्रेजी का हौव्वा बैठाये हुए हूँ ? क्या मैं अंग्रजो का गुर्गा हूँ ? अँग्रेजों का स्वार्थ सिद्ध कर रहा हूँ भारतीयों के मानस को अँग्रेजी का गुलाम बनाये रखकर ?''

''मैंने ऐसा नहीं कहा। मैं तो चाहता हूँ कि हम सब मिलकर जैसे कभी भारत में राजनैतिक स्वतन्त्रता लाये थे, वैसे ही अब मिलकर मानसिक दासता से भारत को मुक्त करे। भारतवासियों को ज्ञान की विपुल स पदा मिली है पूर्वजों से। क्यों न हम सब मिलकर भारतीय दर्शन, संस्कृति, कला और धर्म का पुनर्जागरण करे। हम सब अपनी अपनी भाषाओं में केवल सत्यम्, शिवम् सुन्दरम् का रेनासॉलाएँ ? हमारी मानसिक संकीर्णता दूर हो। क्या उसके बाद भी भारत को कोई पिछड़ा हुआ देश कह सकेगा ? भारत सारी मानवता के हित में सदा अग्रणी रहा है। एक बार फिर आओ मिलकर मानवजाति के हृदय में उजाला कर दे। सारी मानवजाति भेदभाव भूलकर सत्य को कर्म बनाये। कोई भी नकारात्मक भाव मानव हृदय में उत्पन्न न हो। हम भारतीय लेखक मिलकर ऐसा कर सकते है।''

मेहमान विद्वान को जोश आ गया। वह बोला, ''महोदय ! यदि अँग्रेजों ने इटली की गुलामी करने के बाद राजनैतिक स्वाधीनता प्राप्त करके अँग्रेजी भाषा का रेनासॉ संयोजित न किया होता तो अँग्रेज विद्वान आज भी इटैलियन विद्वानों के मानसिक गुलाम बने रहते। वे अपनी संस्कृति, भाषा और चिन्तन में अपने जीवन का सत्य व्यक्त न करके इटली वालो के जीवन को ऐसे दर्शाते होते जैसे एक नौकर नौकरों की सभा में अपने मालिक का चरित्र चित्रण करके अन्य नौकरों का मनोरंजन करता है। यदि चासर, शेक्सपीयर, मिल्टन, वर्डस्वर्थ, लै ब, कीटस्, डिकेन्स, टेनीसन, डॉ. जानसन, मैंथ्यु आर्नल्ड, येट्स और अन्य हजारों अँग्रेजों ने अँग्रेज मानसिकता को स्वतन्त्र करने के लिए साहित्यिक तप न किया होता तो अँग्रेज इटैलियन भाषा के आज भी ऐसे ही मानसिक गुलाम बने रहते जैसे राजनैतिक स्वतन्त्रता प्राप्त करने के छियासठ वर्ष बाद आज भी भारतवासी अँग्रेजी दिमाग से जन्मे विचारों के गुलाम है। भारत के हजारों वर्षों से चले आ रहे सारी मानवता का उत्थान करने वाले चिन्तन को संस्कृत, प्राकृत, मैंथिल, हिन्दी, बांग्ला, ओड़िया और तमिल आदि भाषाओं में आगे बढ़ायें। स्वतन्त्र मानस लेकर इस युग की समस्याओं को केवल आर्थिक दृष्टि से न देखें। हमारी चेष्टा हो कि मानव सत्य के सूरज तक जाने से न डरे।''

यार मुनि और प्रो. एन. बनर्जी

प्रोफेसर एन. बनर्जी क्लब में दो पेग पीकर प्रसन्नता से भर खूब मुखर हो गये। ब्रिज खेलना छोड़ भाषण देने लगे,''भारत में वर्तमान युग स्वतन्त्रता को समर्पित है। मस्ती छाई रहती है जब युवाजन इकट्ठे होते है। अकेले होते है तो भी मस्ती छाई रहती है। युगों बाद भारत के युवाजन ने अपने जीवन को स्वतन्त्र पाया है। जिस तरह भी वे जीना चाहे वे स्वाधीन हैं। ईश्वर से प्रार्थना है भारत का यौवन सदा स्वाधीन रहे। इसे पूज्य देवताओं, ऋषियों के अलावा कभी किसी के आगे सर न झुकाना पड़े। भारत के यौवन की स्वतन्त्रता कभी स्वच्छन्दता में न बदले। युवाजन में मातृभूमि भारत के प्रति श्रद्धा और विश्वास बढ़ता रहे। वे भारत के दर्शन, संस्कृति, धर्म और सौ य आचरण को कभी न त्यागे। बच्चों, स्त्रियों और वृद्धों को कभी असहाय और असुरक्षित न महसूस कराएँ। याद रखे भारत की संस्कृति ही भारत का मेरूदंड है। इसे पुराना समझ इसका नवीनीकरण न करे। इसे मर मत की जरूरत नहीं पड़ती। यह हवाओं, मौसमों और भारत के दर्शन से पोषित होती रही है। आज भी इसे इनसे पोषित होने दे और भविष्य में भी ऐसे ही पोषित होने दे। यह कभी पुरानी नहीं होती, न नयी होती है। यह चिर कुमारी है, चिर युवा है। वह साँस जो भारत की भूमि, जल, हवाएँ और आकाश लेते है ज्ञान और सदाचार के फूलों से महकती है।''

प्रोफेसर एन. बनर्जी जे.एन.यू. मे केमिस्ट्री के प्रोफेसर थे। डेढ़ वर्ष से दिमाग के भारीपन से परेशान थे। उन्होंनें गंभीर विचार-चिन्तन-सृजन छोड़ रखा था एक वर्ष से, मगर सिर भारी का भारी था। उन्हें मस्तिष्क की नस नस, मस्तिष्क में भरे अन्य पदार्थ, रसायन और विद्युत तरंगें दर्द से कराहते महसूस होते। वे ल बी छुट्टी लेकर स्वास्थ लाभ के लिए हिमालय आ गये थे। क्लब के मे बर हो गये थे और अपना ज्यादा समय बिलियर्ड और ब्रिज खेलने में बिताते थे। क्लब बहुत बड़ा था। मे बर कम थे। नया नया और आलीशान था। क्लब के ही एक कमरे में प्रो. बनर्जी रहते थे।

वे प्रो. व्यास की सहायता चाहते थे अपने मस्तिष्क की उलझन को सुलझाने के लिये। उनका दर्द सुनकर प्रो. व्यास ने कहा, "भ्राताजी! इस दर्द का मूल कारण आपकी आत्मा है, जो आपके मस्तिष्क के प्रति उदासीन हो गयी है।"

"ऐसा क्यों है यार मुनि? अगर यह स बोधन अच्छा न लगे तो कह दीजिये। बात यह है कि यह मुझे बहुत सही लगा आपको देखते ही। आपके चेहरे पर ज्ञान की ग भीरता है किन्तु हाव भाव सच्चे यारो के लगते है। यारों के यार लगते हो प्यारे। बुरा लगे तो बता देना अपनी दोस्ती को कितना करीब लाऊँ आपके और कहाँ जबान पर लगाम लगाऊँ!"

उत्तर में प्रो. व्यास को विषय तक सीमित रहना सही लगा। वे बोले, "देखिये मानव-मस्तिष्क में विचार करने वाली बुद्धि है, और दर्द और खुशी महसूस करने वाली शक्ति भी है। किन्तु ये सब उतना ही काम कर पाते है जितनी चेतना आत्मा इन्हें देती है। आत्मा इन्हें अपनी चेतना का पांच प्रतिशत ही देती है।"

"ज्यादा चेतना क्यों नहीं देती?"

"क्योंकि ज्यादा चेतना देने से मस्तिष्क जान जाएगा कि वह आत्मा का सहायक मात्र है और वह जानने का, ज्ञान प्राप्त करने का सारा भार आत्मा पर डाल देगा। स्वयं बस उतना ही काम करेगा जितना काम आत्मा उसे सौंपेंगी।"

प्रोफेसर कुछ नाराज होकर बोला, "मिस्टर मुनि! मुझे साहित्य एकेडमी पुरस्कार, रेमन मेग्सेसे पुरस्कार, पुलित्जर पुरस्कार, बुकर पुरस्कार मिल चुके है। नोबल पुरस्कार पश्चिमी-राजनीति के कारण नहीं मिल पाया है। वह भी मिल जाएगा। आप स्वयं अपनी जाँच पर दुबारा गौर कर ले। क्या आत्मा की चेतना का पाँच प्रतिशत पाने वाला मस्तिष्क यह सब प्राप्त कर सकता है?"

व्यासमुनि बोले, "प्रोफेसर! मानव-मस्तिष्क को उसकी आत्मा पाँच प्रतिशत के अधिक चेतना नहीं देती। यह अवश्य आपके विषय में दूसरा सत्य है कि आप अपने मस्तिष्क पर बहुत जोर डालते है। मस्तिष्क आत्मा द्वारा निर्धारित सीमा का उल्लंघन न करने के लिए प्रकृति द्वारा प्रोग्रेमित है। मस्तिष्क पर जोर डालकर जो कुछ भी लिखा जाता है वह नवीन हो सकता है मगर सत्य नहीं। उन लोगों को जो प्रगतिशील है आपके विचार बहुत अच्छे लगते होंगे। वे उन्हें अपने जीवन पर लागू भी करते होंगे। मगर जोर डालने से दिमाग उत्तेजित होता है, प्रकाशित नहीं होता। भारी होकर दर्द करने लगता है, क्योंकि जोर डालकर मस्तिष्क से जो ऊर्जा आप पैदा करते है वह ऊर्जा आपके नवीन विचारों में प्रकट होकर आपके

मस्तिष्क को प्रफुल्लित नहीं करती। प्रफुल्लित केवल वे विचार कर सकते है जिनसे आत्मा की चेतना शक्ति प्रफुल्लित हो। मस्तिष्क प्रफुल्लित तब होगा जब आपके विचार मस्तिष्क पर दवाब डालने से नहीं, आत्मा की शक्ति, चेतना, के स्पर्श से जगे होंगे।''

प्रो. बनर्जी बोले, ''यह सच है कि मस्तिष्क को ठप पड़ा देख, इतने श्रम से जो ऊर्जा मेरा मस्तिष्क उत्पन्न करता है वह मेरे मस्तिष्क पर जोर डालती है और नये विचार प्रकट होते है। मेरा मस्तिष्क विगत जरो pent Forbe बनकर pent jomib fuel हो Heay water हो जाता है।'' यह कहकर उन्होंने अपने आपको और बोलने से रोक लिया। उनके चेहरे पर शर्मिन्दगी की लाली आ गयी और उनकी आँखों के कोरों से दो आँसू ढुलक पड़े।

प्रो. बनर्जी की वेदना असह्य थी। संवेदना के आँसुओं से प्रो. व्यास की आँखें भी भर आयी।

प्रो. बनर्जी बोले, ''ऐसे ही आलप्स माउण्टेन्स् के पचास हजार या लाखों साल पहले लूसी के जमाने के, आदि मानव के गाँव में बोले जाने वाले फारेनडाइलेक्ट के वाक्य मेरे मुख से निकलने लगते है। इन्हें रोकता हूँ तो भारी होकर मेरे मस्तिष्क में बैठ जाते है। उसी भार को वहन करके मेरा मस्तिष्क दुखने लगा है और भारी रहता है।'' सहसा झुंझलाकर प्रो. बनर्जी ने कहा, ''आपके पास उपचार हो तो करिये, अन्यथा मेरी असलियत पर आँसू बहाकर मुझे लज्जित न कीजिये।''

व्यास बोले, ''फोरेन डाइलेक्ट नहीं है। इतना पुराना भी नहीं। ऐसे शब्द क प्यूटर पर आ जाते है जब गलत 'की' दब जाए। आपका मस्तिष्क बहुत तेज है। उसे ये मजेदार लगे बच्चों को हँसाने के लिए और मस्तिष्क ने इन्हें रट लिया। यह आपके मस्तिष्क के भारी रहने का राज है। ऐसे शब्दों में आपकी आत्मा आत्मबलि देकर पुनर्जन्म ले। आपका मस्तिष्क हल्का हो जाएगा।''

''देखो मजाक तो करो मत यारमुनि! तुमने बता दिया, मैंने सुन लिया। बात खत्म हो गयी। अब तुम पुनर्जन्म की बात करो और नरभक्षियों के द्वारा किये जाने वाली आत्मा की बलि की बात करो तो कोई अफ्रीकी जादूगर तो नहीं हो? वूडू जादू!'' प्रो. बनर्जी आँखें मटकाते हुए उठे और कमर आगे झुकाकर अफ्रीकी कबीलों का नाच करने लगे और गाने लगे, हो! हा! हूलू हूलू! स बा हो श बा!''

प्रो. व्यास ने उन्हें पकड़कर बैठाया और पानी पीने को दिया। वे कुछ शान्त हुए तो व्यास बोले, ''अब उपचार की बात कर लें। मैं चार प्रश्न पूछूंगा। उनके उत्तर

दीजिए । 1. आपको सिर में सबसे पहले असह्य दर्द कब हुआ और कितने समय रहा?''

''इन्दिरा गाँधी की हत्या के बाद, जब पढ़े लिखे राजतन्त्रियों को देखा हिंसक भीड़ों का उग्र-नेतृत्व करते हुए दिल्ली की सड़कों पर। वे मृत मनुष्यत्व के अवशेष लगे मुझे और मेरे मस्तिष्क में भीषण दर्द हुआ।''

''आपको भावनात्मक पीड़ा हुई या आपके मस्तिष्क में दैहिक दर्द हुआ?''

''मेरे मस्तिष्क के स्नायुओं में असह्य दैहिक दर्द उठा। मानो किसी ने मेरे मस्तिष्क में बर्फभर दिया हो, जैसे चुस्कीवाला बर्फकी सील्ली पर रंदा चलाकर थोड़ा बर्फका चूरा निकाल कर गिलासी में भर लेता है। फिर उसमें सींक लगाकर बोतलो से रंगबिरंगा शरबत डालकर बच्चों को देता है। मेरे मस्तिष्क के स्नायुओं से वह बर्फ की ठंड बर्दाश्त नहीं हो रही थी। किन्तु वह असह्य दर्द मुझे 36 घंटे तक सहना पड़ा। किसी दवाई से नहीं रुका। डाक्टर को मैंने जाने नहीं दिया। अपने पास ही बैठाये रखा कि बर्फसे घुटकर मेरा दम ही न निकल जाये।

2. ''यह बताईये कि जब आपका दिमाग भारी हो जाता है तो आपके मस्तिष्क में क्या निद्रा छा जाती है? क्या उस समय आपका मन सो जाने को करता है? वह समय यदि क्लास का हो तो क्या लेक्चर देने से नींद गायब हो जाती है?''

प्रोफेसर बनर्जी, ''लेक्चर में मन हो तब भी तन्द्रासत रहता है मस्तिष्क। नीद और पीड़ा दोनों साथ-साथ छाये रहते है। पीड़ा किसी बात से न हो रही हो तो भी पीड़ित महसूस करना मेरे मस्तिष्क का स्वभाव हो गया है।''

व्यास, ''यानि आत्मा की चेतना शक्ति रहती है मगर मस्तिष्क को चैतन्य नहीं करती?''

''हाँ! यों कह लीजिये।''

3. ''मेरा तीसरा प्रश्न है, क्या ऐसा होता है ऐसी दर्द तन्द्रा में कि आप इन आर्गेनिक केमिस्ट्री पढ़ा रहे हो और आर्गेनिक पढ़ा देते है?''

प्रो. बनर्जी, ''ऐसा अक्सर हो जाता है। तब मेरी रूचि ही नहीं रहती लेक्चर देने में। मुझे विज्ञान ही नहीं, दर्शन, अर्थशास्त्र सभी व्यर्थ की वस्तुलगने लगते है। जी उचट जाता है हर बात और राह से। ऐसे मौके पर मेरे मस्तिष्क की ऊपरी सतह के स्नायु खड़े हो जाते है एंटीना की तरह। एण्टीना उर्ध्व दिशा में खीचता है मेरे मस्तिष्क को, नष्ट करने के लिए। न कोई विचार रह जाता है मस्तिष्क में और न कोई भावना हृदय में।''

4. मेरा चौथा प्रश्न है कि क्या आप बैचेन हो उठते है अपने मस्तिष्क के

एण्टीना को बन्द कर देने के लिये? या आप उस समय चाहते है कि आपके आस–पास कोई न रहे? जब आपका एण्टीना किसी भी तरह बन्द न हो रहा हो तो क्या यह विचार आपके मस्तिष्क में उठा कभी कि आप कोई बड़ा पाप कर डाले, ताकि नर्क आपके मस्तिष्क को नीचे खींचे? क्या तब आपको यह आशा हुई कि उस शक्ति को जो आपके मस्तिष्क को आकाश की ओर खींचती है यह नर्क की ओर खींचने वाली शक्ति सन्तुलित कर देगी और आपके मस्तिष्क में न भारीपन रहेगा न दबाव।''

प्रो. बनर्जी का चेहरा प्रसन्नता से खिल उठा। वे बोले, ''यह आपने कैसे जाना? ओई माँ! चमोत्कार! बिल्कुल यही आशा बँधी। आप यह गुप्त बात कैसे जान गये? आप मन की बात कैसे जान गये? आप तो सिद्ध पुरुष हैं। आप जरूर मुझे ठीक कर देंगे। मगर अब आत्मबलि की बात मत करना। मुझे मरना नहीं है।''

''आप कल्पना करिये कि आत्मा आपके हृदय में रहती है जैसे आप गणित में त्रिकोण की कल्पना करते है। आपका स्वभाव हँसमुख है। जो मैं कह रहा हूँ आपको अच्छा लगेगा। अपनी आत्मा से कहिये कि आपसे कहे, ''कुर्बान जाऊँ तेरे दिमाग पर प्यारे नील मणि। तू मुझे खाले। मुझे तू खा नहीं सकता। कोई नहीं खा सकता। तेरा दिमाग मेरी कुर्बानी ले या न ले, मैं तेरे मस्तिष्क में जा रही हूँ एक सेकेण्ड के लिए। मेरा उससे बाहर निकलना ही दर्शन की भाषा में पुनर्जन्म कहलाता है। एक सेकेंड तेरा दिमाग मुझे अपने अन्दर रख लेगा तो तेरे दिमाग को वे सारे प्राकृतिक सत्य याद आ जाएँगे जो तू आधुनिक कृत्रिम जीवन जीकर भूल गया है। इस तरह तेरा दिमाग अनर्गल की पकड़ से मुक्त हो जाएगा।''

कृतज्ञता और स्वास्थ लाभ की आशा के आवेग में प्रो. बनर्जी के आँसू निकल आये और वे प्रो. व्यास के चरणो में गिर पड़े। प्रो. व्यास ने उन्हें उठाया और कुर्सी पर बैठाया और कहा, ''हरिकृपा से आप अवश्य इस रोग से मुक्त हो जायेगे।'' प्रो. बनर्जी उत्साह से भर उन्हें अपने रोग के अन्य लक्षण भी बताने लगे। वे बोले, ''जब मेरा मस्तिष्क एंटीना बन जाता है तो मुझे लगता है मैं अन्तरिक्ष में उस स्थान पर पहुँच गया हूँ जहाँ त्रिशंकू लटक रहा है। विश्वामित्र ने तप के बल से उसे स्वर्ग में भेजा। किन्तु इन्द्रदेव ने अपने वज्र के प्रभाव से उसे स्वर्ग में नहीं घुसने दिया। परेशान त्रिशंकू अन्तरिक्ष में जैसे लटक रहा है वही स्थिति मेरी है। दर्द और तन्द्रा से परेशान होकर मेरा मस्तिष्क सुख के लिए स्वर्ग की ओर उठने लगा तो अंतरिक्ष में पहुँच गया। तब से त्रिशंकू की तरह अन्तरिक्ष

में लटका हुआ हूँ। सोचता हूँ कोई भयानक दुष्कर्म कर दूँ जो मुझे नर्क की ओर खींचने लगे। एक ओर से त्रिशंकू लोक मुझे ऊपर अपनी ओर खींचेगा अन्तरिक्ष मे। दूसरी ओर धरती के नीचे बना नर्क मुझे मेरे दुष्कर्म के कारण पाताल से भी नीचे खींचेगा। ये दोनों विपरीत खिचाव मुझे पृथ्वी पर टिका देंगे।''

व्यास बोले, ''बहुत अच्छे! उत्कृष्ट! प्रोफेसर आपकी देह और मन में चार गतियाँ लग गयी है। 1. पहली है जागृत गति जो आपके मस्तिष्क को इस संसार की दुर्दशा दिखाकर असह्य पीड़ा से भर देती है। यह पीड़ा आपके मस्तिष्क को पृथ्वी से बांध देती है। 2. दूसरी है स्वप्नगति। वह तन्द्रा, जो आपके मस्तिष्क की घनीभूत पीड़ा पर छा जाती है, मस्तिष्क को स्वप्न लोक की ओर खींचती हे। 3. आपके मस्तिष्क की तीसरी गति है सुषुप्त लोक की ओर पलायन। सुषुप्त लोक ही मस्तिष्क का स्वर्ग है, क्योंकि वहाँ मस्तिष्क को कोई उद्यम नहीं करना पड़ता। वहाँ वह शुभकर्मों के फलों का आनन्द लेता है। 4. चौथी गति जो आपके मस्तिष्क में लग गयी है वह है नरकगति/अधोगति। उर्ध्वगति और अधोगति के बीच खींचतान लगी हुई है आपके मस्तिष्क में। आपकी नरकगति मोक्ष की विपरीत है। आपने मोक्ष को अपना लक्ष्य नहीं बनाया। आपने नरक का चयन किया। यह चयन अशुभ दुस्साहस है।''

प्रोफेसर झुंझलाकर बोला, ''यार मुनि! मेरी दुर्गति हो चुकी है। मैं इन चार तूफानी ताकतों का शिकार हो गया हूँ। ये मुझे झिंझोड़ती है। कभी एक-दूसरे की ओर मेरे मस्तिष्क को वॉलीबाल की तरह फेंकती है। कभी इसे खा जाती है। मगर गजब यह है कि किस्सा खत्म नहीं होता। एक रात गुजरती है मेरे मस्तिष्क के खाए जाने के बाद इस आस में कि अब मेरी मृत्यु हो जाएगी। अगली सुबह जब मेरी आँख खुलती है तो सूर्य रश्मियों को खिड़की से भीतर आता देख मेरी मृत्यु-आशा निराश-जीवन में बदल जाती है। अब तुम ही मुझे पार लगाओ। अनन्त काल तक चिराग के जिन्न की तरह तु हारी सेवा करूँगा।''

''स्वयं को इस वचन से मत बाँधो। हमेशा आत्मा की स्वतन्त्रा की ओर बढ़ते रहो। तु हारा इलाज बहुत आसान है प्रो. एन. बनर्जी। अभी हो जाएगा एक क्षण में अगर निष्ठा से कहोंगे जो मैं कह रहा हूँ। अपनी आत्मा को स बोधित करके बोलो, 'हे आत्मा! मैं एन. बनर्जी इस देहरूपी टीम का कप्तान हूँ। तुम इस टीम के सबसे ज्ञानी और सर्वोत्तम खिलाड़ी हो। तुम ईश्वरीय विधान में बँधे हो और मैं भी। इस विधान के अनुसार तुम मेरे आदेश का उल्लंघन नहीं करोगे। भले ही मैं नीलमणि बनर्जी नश्वर हूँ और तुम अमर हो। तुम अपनी ओर आकर्षित करो इन

चारों तूफानी उपद्रवों को। आत्मा जब तुम ऐसा करोगे तो ये चारों उपद्रव मेरे मस्तिष्क को छोड़, तुम पर आक्रमण करेगे। तु हारा ये कुछ नहीं बिगाड़ पाएँगे। तुम इनसे हजार गुना शक्तिशाली हो। तु हें कोई नहीं मार सकता। उन्माद, रोग, मृत्यु, शक्ति आदि तु हारा कुछ नहीं बिगाड़ सकते। आत्मा तुम नित्य, शुद्ध, बुद्ध, मुक्त हो। मेरे मस्तिष्क को मुक्त करोगे तो तु हारी भी मुक्ति होगी।''

कुछ क्षण बाद व्यास बोले, ''नीलमणि बनर्जी तु हारी अमर आत्मा के आधीन ये चारो शक्तियाँ हो गयी है जिन पर अभी तु हारी आत्मा ने बलि दी है। अब तु हारी आत्मा इन चारो शक्तियों को आदेश देकर ये एक-दूसरे से न लड़ें न जुड़ें। सिर्फआत्मबलि दें एक-दूसरे पर और एक-दूसरे से पुर्नजन्म ले। इस तरह ये चारो शक्तियाँ जो शून्य से आयी थी शून्य में ही विलीन हो जायेगी।''

प्रो. एन. बनर्जी को आत्मयज्ञ करते ही अपनी हालत में जमीन आसमान का अन्तर लगने लगा। वह हँसा, फिर उसने अट्टहास किया, फिर ठहाका मारा और व्यास की पीठ पर दोस्ती का धौल जड़ते हुए बोला, ''कमाल की चीज है यार तू! पहले क्यों नहीं मिला ? इतने दिन मुझे भयानक निराशा में काटने पड़े। तु हारा यह नुस्खा तो अचूक रामबाण है। अपना विज्ञापन क्यों नहीं देते ? कितने लोगों का कल्याण होगा और तुम मालामाल हो जाओगे।''

इसके बाद प्रो. बनर्जी उल्लास के मारे खिलखिलाता, किलकियाँ मारता, ठहाके लगाता हुआ निकल गया।

चन्द्रमोहिनी

छः महीने बाद प्रो. एन. बनर्जी फिर आया व्यासमुनि के पास। इस बार उसके साथ एक लड़की थी, लगभग 22-23, वर्ष की। वह बड़ी गरम जोशी से मिला और बोला, ''देखो प्यारे मुनि अब तुम मेरे दोस्त बन गये हो। जैसे मेरी जान दोस्तों के लिए हाजिर रहती है वैसे ही तु हारे लिए भी रहेगी। तुमसे कुछ छिपाना फिजूल है। तु हारी आँखों की चमक एक्सरे है। बाहर भीतर सब देख लेती है। देखो यह मेरी रिसर्च स्कॉलर है मिस चन्द्रमोहिनी। उदारतावाद के इस युग ने हमे भी प्रेरित किया और हम गुरु शिष्या होने के साथ प्रेमी प्रेमिका भी हो गये। ज्ञानदान एक आत्मीयता है। इसी तरह प्रेम भी एक आत्मीयता है। शिष्या से प्रेम स बन्ध हो गये। ज्ञान की हमारी आत्मीयता हमारे प्रेम की आत्मीयता से जुड़ गयी। अब यह आत्मीयता बहुत गहरी हो गयी है। हम लोगों के बीच यारों की बेतक्कलुफी हो गयी है। अब कुछ भी हमारे बीच छुपा ढँका नहीं रह गया है। प्यार तो मिल गया मगर खुशी न मिली। स्वर्ग मिल गया मगर खुशी न मिल सकी। तु हारे जैसा निश्छल अकारण उल्लास हमे कैसे प्राप्त हो? यह जानने के लिए हम आए है।''

''बहुत आसान है प्रोफेसर!'' व्यास ने सौहार्द के साथ हँसते हुए कहा। ''बस तुम एक गलती कर गये। स्त्री-पुरुष का प्रेम आध्यात्मिक घटना है। आध्यात्मिक घटना में विष का काम करता है गणित—जोड़ घटा गुणा भाग। तुमने ज्ञान से बने अध्यात्मिक स बन्ध और प्रेम से बने अध्यात्मिक स बन्ध को जोड़कर अनर्थ कर दिया। दूसरा तूफान मोल ले लिया।''

प्रो. बनर्जी बोले, ''क्या बकवास कर रहे हो! आत्मीयता आत्मीयता से मिली, पानी-पानी में मिल गया। गंगा यमुना में मिल गयी। इसमे बुरा क्या हुआ?''

चन्द्रमोहिनी बोली, ''विश्वास कीजिये मिस्टर मुनि हमारे इरादे पवित्र थे। हमें प्रेम और ज्ञान की चोटियों पर पहुँचकर बहुत जल्दी निर्वाण हो जाना चाहिए

था। किन्तु ऐसा न होकर, हमारा मोहभंग हो गया। प्रेम का भ्रम जाल टूट गया। हमे अज्ञान के बन्धनों ने जकड़ लिया है। हम एक–दूसरे से अलग नहीं हो सकते, किन्तु एक–दूसरे से निश्छल प्रेम भी नहीं कर पाते। कोशिश करते है, किन्तु हमारे अनचाहे ही उद्दंड वाक्य और क्रियाएँ हमारी आत्मीयता को अज्ञान, क्रोध और मोह से भर देते है। हमें इस पतन से बचने का कोई उपाय बताइये।''

इतना कहते कहते उसने अपने बेग से हजार–हजार के पचास नोट निकालकर प्रो. व्यास के सामने रख दिये और बोली, ''उपचार कर दीजिए। या तो हमारे बन्धन में प्रेम की सच्चाई और पवित्रता आ जाए या फिर हमारी आत्माओं को एक–दूसरे से छुटकारा दिला दीजिए । हम एक–दूसरे के लिए जी का जंजाल नहीं बनना चाहते। उपचार के बाद आपको आसानी से एक करोड़ और दे दूँगी। मेरे पिता के लिए धन कोई सीमा नहीं है।''

''ज्ञान और प्रेम दोनों अध्यात्मिक शक्तियों को एक–दूसरे से अलग समझो क्योंकि प्रत्येक में पूर्ण ब्रह्म है। तु हारी आत्माएँ दोनों आध्यात्मिक शक्तियों पर आत्मबलि दें और दोनों से कहें कि एक–दूसरे पर आत्मबलि दें और एक–दूसरे से पुनर्जन्म ले, और तु हारी आत्माओं को भी पुनर्जन्म दें। इस आत्मयज्ञ से दोनों शक्तियाँ द्वैत से एकत्व को प्राप्त कर लेगी। गणित की विधि से जोड़ोगे तो मारक बन जाएँगी।''

व्यास ने कहा, ''चन्द्रमोहिनी अपना धन उठा लीजिये। देह की जीविका चलाना मेरा धर्म हैं। विश्वविद्यालय के वेतन से मेरी जीविका चल रही है। किसी को अध्यात्मिक प्रकाश देकर मैं धन कमाऊँ ऐसा मजबूर नहीं हूँ। आपका धन आपको शुभ कर्मों की प्रेरणा दे।''

चन्द्रमोहिनी अर्चा भत हो गयी। यह आदमी कैसा है इस दौर में, जब डॉक्टर चील, गिद्ध और बाज के शागिर्द बने हुए है! उसने सोचा यह आदमी जरूर किसी पिछड़े इलाके का रहने वाला है जो घोर कलियुग में धर्म की बात कर रहा है। क्या इसे पता नहीं कि नेताओं ने धर्म को संविधान से बहिष्कृत कर दिया है? पाप और अधर्म दोनों को संविधान ने अधिकार दे दिया है धर्म को बेआबरू करके राजनीति और शासन से बाहर कर दें! केवल धर्म को बहिष्कृत करने के कारण, पाप और अधर्म को अधिकार मिल गया है राजनीति और शासन के हाथ बनने का। लगता है विनाशकाल आ गया। तभी तो विपरीत बुद्धि हो गयी है शासकों की। धन्य हूँ मैं कि ऐसे सच्चे पुरुष से भेंट हो गयी। वरना नीलमणि तो मुझे पाप में डुबा देता। आज इस व्यक्ति ने जो ज्ञान दिया उसने मुझे एक झटके में

पाप के गड्ढे से बाहर निकाल दिया। नील मणि को कैसे पाप के गड्ढे से बाहर खींचू? किसी और दिन व्यास जी से आकर पुछूँगी।

व्यास ने उसके हृदय के भावों के अक्षर अक्षर पढ़ लिये। किन्तु इन्हें जानकर भी, व्यास का अनुशासित चित्त 'शान्त, घोर और मूढ़' ही बना रहा। उनके चित्त में कोई चित्त वृत्ति उत्पन्न नहीं हुई। उन्होंने कहा, "आपकी समस्या अभी दूर हो जाएगी। आप दोनों मेरे प्रश्नों के उत्तर दें। कृपया सत्य बोलिएगा।"

"मुझे सत्य से भय नहीं है मिस्टर मुनि। मुझे उस सत्य की आवश्यकता है जो आप बताएँगे। मैं सत्य ही कहूँगी। मुझे प्रोफेसर एन. बनर्जी से कोई शिकायत है न शिकवा। मैं जान गयी हूँ कि हमारा यह प्रणय मारक निकला। इसका मुझे दुख नहीं है कि मैंने समाज के नियमों का उल्लंघन किया। मेरा दुख एक झूठे अन्यायी समाज का नियम भंग करने से नहीं उपजा। यह उपजा है अज्ञान से। उस अज्ञान का निवारण कर दीजिये। मेरे दो रूप, शिष्या और प्रेमिका, एक-दूसरे के अत्यन्त निकट आ गये है और एक-दूसरे से घृणा करते है। इन्हें अलग-अलग कर दीजिये।"

प्रो. व्यास बोले, "अपनी आत्मा से कहिये कि आपके शिष्या और प्रिया रूपों में आत्मबलि दे और उनसे कहे कि वे भी एक-दूसरे पर आत्मबलि दे और एक-दूसरे से पुनर्जन्म ले। दोनों रूप आपकी आत्मा को भी पुनर्जन्म दे।"

चन्द्रमोहिनी ने पूछा, "क्या मेरी आत्मा मेरा कहना मानेगी?"

"यह एक अटल अध्यात्मिक नियम है। आप आत्मयज्ञ करके इस सत्य का अनुभव कर सकती है। जो व्यक्ति अपनी आत्मा को पुकारेगा उसकी आत्मा जो वह कहेगा वह करेगी। अपनी आत्मा से कहिये कि वह आपकी शिष्या और प्रिया दोनों रूपों पर आत्मबलि दे और दोनों से कहे कि वे भी एक-दूसरे पर आत्मबलि दें और एक-दूसरे से पुर्नजन्म लें और तु हारी आत्मा को पुर्नजन्म दें।"

"आत्मा पवित्र है मैं अपवित्र। पवित्र अपवित्र का आदेश क्यों मानेगा?"

"यह दूसरा नियम है अध्यात्मिक दुनिया का : जो आत्मा अपनी आत्मबलि देगी किसी पदार्थ या आत्मा पर, उसे उसकी आत्मबलि स्वीकार करनी होगी। आपका अध्यात्मिक व्यक्तित्व जो सो रहा था आत्मा की आत्मबलि के बाद जाग चुका है। आपकी आत्मा की आत्मबलि स्वीकार करके आपके शिष्या और प्रिया रूप अब आपकी आत्मा के आधीन है। आत्मा आनन्द महसूस करता है सत्य के अधीन होकर। आपकी आत्मा ने जो आदेश आपके शिष्या और प्रिया रूपों को

दिया है उसका अनुपालन तत्काल हो चुका है। ये एक-दूसरे से पुर्नजन्म ले चुके है। अब इनसे कहिये कि भविष्य में आपके शिष्या और प्रिया रूप न तो एक-दूसरे से जुड़े न लड़े।''

चन्द्रमोहिनी की रूचि ध्यान करने में व्यास के शब्द सुनने मात्र से बहुत बढ़ गयी। वह देर तक ध्यानमग्न रही।

प्रो. बनर्जी क्लब चले गये।

चन्द्रमोहिनी बोली, ''यह स्पष्ट कर दीजिए आचार्य कि आपने मेरे शिष्या और प्रिया रूपों से आत्मा को पुर्नजन्म क्यों दिलवाया?''

व्यास बोले, ''आपकी आत्मा ने आपके शिष्या और प्रिया दोनों रूपों में आत्मयज्ञ करके उन्हें बिना जोड़े एक कर दिया, अपनी आत्मबलि देकर। आपकी आत्मा को आपके दोनों रूपों से पुनर्जन्म दिलाना इस कारण आवश्यक है कि आत्मा इस कार्य से मुक्त हो।''

''याद रखिये हर मनुष्य का सबसे बड़ा वैद्य उसकी आत्मा है और उसका हर ईलाज आत्मयज्ञ में निहित है। मनुष्य के देह, मन और आत्मा में आए विकारों का सच्चा और पूर्ण उपचार केवल उसकी आत्मा कर सकती है। मूलतः अज्ञान ही सभी रोगों का कारण है। कितने आश्चर्य की बात है कि वह आत्मा, जो सर्वज्ञता को अपने में अंकुर की तरह धारण किये हुए है, प्रमाद के कारण सत्य, शिव, सुन्दर, प्रेम और ज्ञान के सरल पथ को छोड़ देती है; अज्ञान, अनृत, असत्य, अधर्म की काँटों भरी राहो पर भटकती रहती है; तथा काम, क्रोध, लोभ, मद, प्रतिशोध, विश्वासघात, ईर्ष्या आदि मत्सरों को पाल कर नाना प्रकार के दुखों को सहती है।

''वह अपने में स्वतः उगे ज्ञान के अंकुर को फूल नहीं बनने देती। क्षणभंगुर दैहिक, मानसिक और बौद्धिक सुखों की लालसा में स्वयं को परेशान किये रहती है, और उन आत्माओं को परेशान किये रहती है जो उससे मैत्री करती है।

''जब हरिकृपा से, या प्रेम पीड़ा से या दुखो के ताप से या प्रकृति प्रेम से या काल के प्रभाव से या भक्ति की महिमा से आत्मा की प्रमाद-निद्रा टूटती है तो इसे ब्रह्म-सरोवर में स्नान करके शुद्ध होने की तीव्र कामना होती है। तब इसमे स्वतः ब्रह्म में आत्मबलि देने की और ब्रह्म से पुनर्जन्म लेकर अपने प्रमाद, अज्ञान और अशुभ कर्मों से मुक्त होने की कामना जगती है।''

चन्द्रमोहिनी बोली, ''यह बताइये कि कैसे चुनाव करे किस देवता, आत्मा या समस्या में कब आत्मबलि दे आत्मा?''

व्यास, "जीवन के दुख या समस्याएँ समूह में आकर हृदय को घेरते है। सामान्यत: एक समय में दुख, अज्ञान, अनृत के पाश तीन, चार, सात, आठ, या ग्यारह के समूह में आते है। इन्हें अलग-अलग करना आवश्यक है क्योंकि दुख या समस्याएँ एक-दूसरे से तरह तरह के स बन्ध बनाकर अत्यन्त कठोर दीवारें बन हृदय को घेर लेती है। हृदय का अमर और अनन्त बल वाला मित्र, आत्मा, निरन्तर हृदय में ही सोया रहता है। हृदय हर शत्रु का दमन करने में समर्थ अपने मित्र आत्मा से कहे, 'मेरी इन सब समस्याओं और दुखों पर आत्मबलि दो और इनसे कहो कि ये भी एक-दूसरे पर आत्मबलि दें। ये एक-दूसरे से जुड़ने की चेष्टा न करें। सब एक-दूसरे को अपना कारण या कार्य पहचानकर जुड़े रहने का प्रयत्न करेंगे। या फिर एक-दूसरे को दोष देकर लड़ना चाहेंगे। आत्मा इनको आदेश दे, 'न तो जुडो़ न लड़ो। एक-दूसरे पर आत्मबलि दो और एक-दूसरे से पुर्नजन्म लो।'

"ऐसा करने से दुखों और समस्याओं की शक्ति क्षीण होने लगेंगी। इनके क्षीण होने के साथ हृदय और मस्तिष्क की शक्तियाँ प्रकट होने लगेंगी और हृदय और मस्तिष्क का साहस बढ़ने लगेगा। ये दुख और समस्याएँ ही हृदय और मस्तिष्क के साहस को दबाए रखते हैं।"

चन्द्रमोहिनी बोली, "यदि दुख और समस्याएँ आत्मा का कहना न माने तो क्या करें?"

"ऐसी कोई शक्ति नहीं है सृष्टि में जो आत्मा की आज्ञा का उल्लंघन कर सके। इस सृष्टि में सर्वाधिक शक्तिशाली तत्त्व केवल तु हारी आत्मा है। यह आत्मा सभी मनुष्यों मे, सभी जीवों में वास करती है। समस्त आत्माओं में ब्रह्म अंकुर रूप में बसा है। इसलिए इनमें न कोई बड़ा है, न छोटा। आत्मा को कोई शक्ति हरा नहीं सकती।"

चन्द्रमोहिनी ने पूछा, "अगर बड़े छोटे का अंतर नहीं है आत्माओं में तो इनमे अनुशासन-सोपान कैसे बनेगा? बिना अनुशासन-सोपान के न तो कोई किसी को गुरु मानेगा, न नेता। न स्वामी होगा न सेवक। फिर सुचारू सामाजिक व्यवस्था कैसे बनेगी?"

व्यास बोले, "सब आत्माओं में ब्रह्म-अंकुर समान रूप से विकसित नहीं होता। जो बड़ा उद्यमी और आत्मयज्ञी है उसका ज्ञान अधिक विकसित होगा। उसमें सत्य अधिक दीप्त होगा। उसका अध्यात्मिक सौन्दर्य औरों से अधिक स्वयं दिख जाएगा।"

चन्द्रमोहिनी ने पूछा, ''अध्यात्मिक सौन्दर्य और दैहिक सौन्दर्य में क्या अन्तर है आचार्य ?''

प्रो. व्यास, ''यह शब्दों में नहीं समझाया जा सकता। यह सिर्फ अध्यात्मिक दृष्टि को दिखाई देता है।''

चन्द्रमोहिनी, ''अध्यात्मिक दृष्टि कैसे प्राप्त होगी ?''

प्रो. व्यास, ''आत्मयज्ञ करने से तु हारी आँखों में ही, तु हारी वर्तमान दृष्टि की जगह अध्यात्मिक दृष्टि ले लेगी। तु हें स्वतः ही चेहरों पर दैहिक, बौद्धिक, भावना जन्य और अध्यात्मिक सौन्दर्य अलग-अलग दिखने लगेंगे। इसी तरह किसके चरित्र में कितना शुभ तत्त्व या शिवतत्त्व जाग गया है वह भी तु हें स्पष्ट दिखने लगेगा। केवल आत्मयज्ञी जानता है कि अध्यात्मिक ज्ञान, सौन्दर्य और शिवतत्त्व ही अनुशासन के स्रोत है। आत्मयज्ञी की संसार-बुद्धि उद्दंड नहीं होती। उसमे अनुशासन-सोपान आत्मज्ञान होते ही स्वतः बन जायेगा। जो आत्मयज्ञी आत्माएँ आत्मयज्ञी के आसपास होंगी स्वतः ही प्रेम का संगठन बना लेगी। सर्वाधिक ज्ञानी को वे सबसे ऊपर स्थान देगी, दूसरा स्थान उससे कम ज्ञानी को। इस तरह सब आत्माएँ स्वेच्छा से केवल वही स्थान लेंगी जिसके योग्य वे है। आत्माओं को आत्म विकास की चिन्ता होती है। वे जानती है कि ज्ञानी को नीचे और अज्ञानी को ऊपर करके आत्मविकास में बाधा पड़ती हैं।''

चन्द्रमोहिनी बोली, ''अब यह बता दीजिये, एक समय में दुख या समस्याएँ तीन, चार ,सात ,आठ, ग्यारह के समूह में क्यों आते है ? इन समूहों में क्या अन्तर है?''

व्यास बोले, ''सबसे सरल समस्याएँ वे है जो तीन के समूह में आती है। ये सरल इस कारण है कि ये प्राकृतिक है। प्रकृति तीन गुणों में खेलती है। प्रकृति सरल है और सहायता करती है तीनो से छुटकारा दिलाने मे। जब दुखों की सं या चार होती है तो जान लो कि ये संसारी मानवकृत समस्याएँ है। जब सात हो तो भी प्राकृतिक होगी। ये एक-दूसरे में आत्मबलि देकर विलीन हो जाएगी, जैसे इन्द्रधनुष के रंग एक-दूसरे में विलीन होकर धूप में बदल जाते है । आठ की सं या में आने वाली समस्याएँ अनन्त चक्र बनाती है। इनसे घिरकर ऐसा लगता है मनुष्य को कि इनसे छुटकारा नहीं मिलेगा। आत्मयज्ञी जानता है कि उसे न उत्तेजित होना है न विचलित। ये आठों हठ करेंगे किन्तु आत्मा इनमें आत्मबलि देती जाये। इन्हें टूटना ही होगा। धूर्तता या माया आत्मा से अधिक शक्तिशाली नहीं

हो सकती। कुछ भी आत्मा से अधिक शक्तिशाली नहीं है। अक्सर प्रेमी स्त्री-पुरुष के चार-चार उपद्रव मिलकर आठ हो जाते है। अनन्त लगने के कारण ये प्रेमबन्धन जैसे लगते है। किन्तु यह अज्ञान द्वारा निर्मित झूठा बन्धन है। इसे प्रेम बन्धन नहीं कहते। ये आठ उपद्रव है जिन्हें खोल कर ही पुरुष और स्त्री एक-दूसरे से सच्चा प्रेम कर सकते हैं। दोनों को एक-दूसरे से सत्य छुपाने की अविद्या का त्याग करना होगा।

''ग्यारह की सं या में जब अज्ञान-ग्रन्थियाँ अर्थात् उपद्रव जुड़ जाते है तो वे रूद्र-चक्र बना लेते है। ये सबको रूलाते है। खुद भी रोते है। आत्मयज्ञी की आत्मा से निकलते अकारण उल्लास की छटा में ये ग्यारह उपद्रव भौंचक्के से रह जाते है। आत्मा इनसे न डरे और इनमें आत्मबलि दे। आत्मा इनसे भी एक-दूसरे पर आत्मबलि देने को कहे। ये छिन्न-भिन्न होकर एक-दूसरे में आत्मबलि देने लगते है। एक दुख को या एक रोग को दूसरा रोग या दुख काट देता है। आत्मयज्ञ करते चलो। जैसे जहर-जहर को काटता है। ऐसे ही एक दुख दूसरे दुख को एक रोग दूसरे को काट देता है।

''आत्मबलि आत्मा दे अपनी। देह की बलि नहीं देनी है। पशु बलि हत्या है। याद रखो पशु में भी आत्मा है। किसी भी आत्मा को यह अधिकार परमात्मा या प्रकृति ने नहीं दिया है कि वह किसी की देह या आत्मा की बलि दे। यदि तु हारी आत्मा किसी की आत्मा पर आत्मबलि दे तो उसे अधिकार होगा कि उस आत्मा से कहे कि तुम भी मुझ आत्मा पर आत्मबलि दो। उसे आत्मबलि देनी होगी। इस तरह दोनों के एक-दूसरे से स बद्ध दुख, रोग, कर्म, उपद्रव कट जाएँगें। निर्भ्रान्त, रश्मियों से घिरी उनकी आत्माएँ हीरों की तरह दमकने लगेंगी। वह समाज या राष्ट्र जिसमें आत्मयज्ञी आत्माएँ इस प्रकार आत्मयज्ञ करेंगी कदापि परतन्त्र नहीं हो सकता। वहाँ अकाल नहीं पड़ सकता। जल की कमी नहीं हो सकती। अग्नि उसके अन्न भंडारों आदि को नष्ट नहीं करती। प्रभंजन ऐसी आत्माओं के ग्रामों और नगरों को वीरान नहीं करता। उस देश की हवाएँ भी ब्रह्म के गीत गुनगुनाती है।

''यह मनुष्यों के हाथ में है कि वे पृथ्वी को ही ब्रह्मलोक बना दें। तब पृथ्वी पर स्वतः ही अकारण उल्लास वायु बन प्रवाहित होने लगेगा। प्रेमीजन स्वतः ही निस्वार्थता की होड़ लगाने लगेंगे। आत्मा दूसरे के लिए सारे सुखों का त्याग करेगी। जिनता सुख त्यागेगी उतना ही सुखो की भीड़ उसे आत्मविभोर कर

देगी।''

''क्या स्त्री, पुरुष के काम स बन्धों में पवित्रता स भव है प्रो. व्यास?''

''है, और रति सुख के लिए अनिवार्य भी है। यदि काम स बन्धों में पवित्रता नहीं है तो विक्षिप्तता पकड़ लेती है काम को।''

व्यास और घनानन्दनन्दन

विकी लीक्स ने 2013 में सुराग दिया देश को कि कल सुबह उठोगे तो तु हारे नाम बदले होंगे हर स्थान पर। आर्य नाम हटाकर सबके नाम क्रिश्चियन या इस्लामी लिख दिये जाएँगे। हर एक का नाम रूप खंडित कर दिया जाएगा। वंश पर परा, गोत्रादि मिटा दिये जाएँगे। उसने सरकारी सूत्रों का हवाला देते हुए सरकारी धमकी भी छाप दी। 'नाम से ही पहचान करेगी दुनिया तु हारी। अन्यथा तुम गुमनाम जीओगे। या तु हें ऐसे ठंडे स्थानों पर भेज दिया जाएगा जहाँ से लौट नहीं पाओगे। हमें कोई मुश्किल नहीं होगी लोगों की पहचान एक दिन में समाप्त कर देने में।'

चारों ओर लोग आक्रोश से भरे बोल रहे थे, "मजाक बना लिया इस सरकार ने हमारी जिन्दगी का!"

"यह जनतन्त्र नहीं हिटलर शाही है!"

"देखते हैं कौन माई का लाल या माई की लल्ली नाम बदलती है हमारे! उसका ही नाम बदल कर रख देगे हम!"

व्यास ऋृषिकेश एक गोष्ठी में आमन्त्रित थे। वहाँ एक अमेरिकी कृष्णभक्त घनानन्दनन्दन भाषण दे रहा था : "अरबों ने 712 ई. में जो आक्रमण किया था वह पूर्ण आक्रमण था जिसका उद्देश्य था आर्यों के मनुष्यत्व को सदा के लिए जहन्नुम में दफना देना। इसके लिए उन्होंने अपूर्व नरसंहार तो किया ही जिसमे उन्होंने नगर के नगर रिक्त कर दिये 15 से 50 वर्ष तक के पुरुषों से, जो बचे रहे उन्होंने उनके हृदय को मानसिक अन्धकार और हताशा से भर दिया। ऐसी परिस्थितियों में उन्हें रखा कि उन्हें नर्क जाना अच्छा लगने लगा, उस जीवन की अपेक्षा जो वे सिन्ध में जी रहे थे। उनका स्नायुमंडल विक्षिप्त हो गया। उनकी आत्मा दुख के मारे अपनी अनन्त शक्ति को भूल गयी।"

एक व्यक्ति ने आपत्ति की, "आत्मा तो सोती रहती है अमरता के नशे में। देह मन आदि से कोई स बन्ध नहीं मानती। वह दुख से कातर कैसे हो गयी?"

घनानन्दनन्दन बोला, ''आत्मा और मनुष्यत्व दोनों श्रीकृष्ण और अर्जुन की तरह मित्र है। उनकी मैत्री मिट नहीं सकती। सिन्ध के लोग स्वार्थ, संकीर्णता, जातिगत भेदभाव और देशद्रोह के कारण पतित हो चुके थे, किन्तु फिर भी आत्मा और मनुष्यत्व की मैत्री का पाठ जो श्रीकृष्ण ने पढ़ाया था वह उनके अर्धचेतन में बसा हुआ था। वे भूले नहीं थे कि प्रत्येक मनुष्य के हृदय में आत्मा और मनुष्यत्व नर और नारायण की तरह रहते है। उनमे मैत्री जगी रहती है तो उन्हें राक्षसी-मानुस पराजित नहीं कर सकते। अन्यथा उनके मोहान्धार का शोषण करके कोई भी क्रूर, वहशी आक्रमणकारी उन पर शासन करने लगता है। सिन्धवासियों की आत्मा और मनुष्यत्व की मैत्री उनके अर्धचेतन में पड़ी थी, जागृत नहीं थी। उनके मनुष्यत्व को जितना वीभत्स जीवन अरबों ने दिया उस पाप के फलस्वरूप अरब आज भी खुलकर हंस नहीं पाते। जब सब कुछ मिट गया, सिन्ध का धर्म, जीवन और संस्कृति मिट गये तो सिन्ध की आत्मा जगी। उसने अपने परम सखा मनुष्यतत्त्व को गन्दगी के कुंड में पड़े हुए देखा। मनुष्यत्व के अपार दुख की कल्पना से आत्मा मूर्च्छित हो गयी। उस मूर्च्छा को अरबों ने गैब का वरदान माना और उसे तोड़ने की चेष्टा नहीं की। वह मूर्छा आज तक सिन्ध की आत्मा पर छाई हुई है। इतनी पीढ़ियाँ गुजर गयी 712 ई. के बाद। किन्तु सिन्ध की हर पीढ़ी का मनुष्यत्व स्वयं को नर्क में रखना पसन्द करता है और उनकी आत्मा मूर्छित रहने को जागने से बेहतर समझती है।''

व्यास ने पूछा, ''घनानन्दनन्दन जी क्या आप कोई उपाय जानते हैं जो मनुष्यत्व को नर्क से निकाल सके, आत्मा की मूर्छा तोड़ सके और आत्मा और मनुष्यत्व की मैत्री को सुषुप्त अवस्था से इस संसार में जागृत कर सके ?''

''नहीं मैं नहीं जानता प्रोफेसर व्यास। आप बताइये।'' घनानन्दनन्दन ने कहा। वह प्रो. व्यास से मिल चुका था। उनकी प्रतिभा और मेधा का स मान करता था। किन्तु यह नहीं जानता था कि यह वही व्यास है जो पाँच हजार वर्ष पहले थे।

व्यास ने कहा, ''पहले अपना भाषण पूरा कर लीजिये।'' उनके भाषण के बाद, सभाध्यक्ष ने प्रो. व्यास का सभा से संक्षिप्त परिचय कराकर उन्हें भाषण देने के लिए आमंत्रित किया।

व्यास बोले, ''जब दुख अपरिभित हो जाता है तो कोमल हृदय होने के कारण मनुष्यत्व सो जाता है, एक अनाथ बालक की तरह। आज बाल मजदूरों पर जो जुल्म भारत में हो रहे हैं वे अरबों द्वारा सिन्ध के मनुष्यत्व पर किये गये पापों की पुनरावृत्ति है। यह पुनरावृत्ति भारतीय ही कर रहे है। यह विड बना है कि जिस

जुल्म को मनुष्य निर्विरोध सह लेता है वह जुल्म उसकी सन्तान को भी विरासत में मिल जाता है। जालिम शासक अपनी जालिम प्रवृति का उत्तराधिकारी पीड़ित को बनाता है, और यह हसरत लेकर मरता है कि काश वह मजलूम की सारी पीढ़ियों को भी अपने जुल्म की ताकत दिखा सकता। उसकी यह हसरत प्रकृति के नियम पूरा कर देते है। जालिम को उसके कर्मों की सजा मिलती है। और भी जुल्म करने की हसरत जिसके जी में है उसकी आत्मा मनुष्यत्व पर मानसिक रूप से और भी जुल्म कर चुकी है। उसका पाप घनीभूत हो रहा है। वही पाप का अँधेरा उसे महसूस कराता है कि वह जीवित है।

''फिल्में उसकी दारुण स्थिति को जैसी है वैसा न दिखाकर उल्टा दिखाती है। फिल्मों में जालिम सच्चा प्रेमी भी हो सकता है, यथार्थ में नहीं, जो जालिम अपने अज्ञान कर्मों के कारण विक्षिप्त है वह प्रेम नहीं कर सकता। अपना हरम बन्दी सुन्दरियों से भरने वाला सुल्तान प्रेमी नहीं हो सकता। और जो प्रेम नहीं कर सकता उसका अपराध क्षमा नहीं होता। सब आराम होते हुए भी वह प्रेम के अभाव से त्रस्त रहता है, जो दूसरों के सुखों में आग लगाता है वह नहीं जानता कि दूसरों के सुखों में आग लगाने वाले व्यक्ति के सुख भी उसी आग में जल जाते है।''

एक श्रोता ने पूछा, ''अन्य धर्म वालो की हत्या करके क्या स्वर्ग मिल सकता है?''

प्रो. व्यास बोले, ''यह विश्वास कि अन्य धर्म वालों की हत्या करने से स्वर्ग मिलता है अन्धविश्वास की चरम सीमा है। जो व्यक्ति ऐसे झूठ में विश्वास कर सकता है उसका मस्तिष्क फिर चुका है। वह सत्य में विश्वास कर ही नहीं सकता। उसके व्यक्तित्व में ऐसे परिवर्तन आ जाते है जिनके कारण वह स्वर्ग तो क्या साधारण मानवीय सुखों का भी अनुभव नहीं कर पाता।''

दूसरे श्रोता ने प्रश्न किया, ''पीड़ित जनता के शासक का हृदय क्यों दुखी रहता है?''

प्रो. व्यास ने उत्तर दिया, ''उसका अपराध यह है कि उसने स्वयं को और अपने देशवासियों को अत्याचार से मुक्त करने के लिए अपनी सामर्थ के अनुसार पुरुषार्थ नहीं किया। पीड़ित लोगों के शासक का प्रथम कर्त्तव्य है कि वह चुपचार पीड़ा को न सहे। अपने देश और समाज को संगठित करके, ज्ञान का पूरा उपयोग करके, सबसे पहले अपने देश और समाज को मुक्त कराये। पुरुषार्थ न करना और चुपचाप जुल्म सहना अहिंसा नहीं पाप है। ऐसा व्यक्ति कभी भी न तो स्वयं

को क्षमाकर पाता है न अत्याचारी को। वह मन को निराशा में डूबाने का दोषी है और स्वतन्त्रता के लिए पुरुषार्थ न करने का दोषी है।''

''पीड़ित मनुष्य किसको पुकारे सहायता के लिए?''

पीड़ित मनुष्य का मनुष्यत्व सबसे पहले अपने अमर मित्र आत्मा को पुकारे, 'हे सखा तुम आत्मा हो, अजर-अमर। मेरी पीड़ा से कहो मुझे छोड़ दे और तु हारा सामना करे। यह तु हारा कुछ नहीं बिगाड़ सकती। मेरा उद्धार तु हारा कर्तव्य है। इसी देह में तु हें भगवान ने बसाया है संकट में मेरा उद्धार करने के लिए।'

''यह अध्यात्मिक नियम है कि आत्मा को मनुष्यत्व का कहना मानना पड़ेगा। जब दुख मनुष्यत्व को छोड़ दें और आत्मा को घेर लें तो आत्मा से कहो कि वह इन दुखों में आत्मबलि दे और दुखों से भी कहे कि वे एक-दूसरे पर आत्मबलि दें और एक-दूसरे से पुर्नजन्म लें और मुझ आत्मा को भी पुर्नजन्म दें। इन दुखों को आत्मा का आदेश मानना पड़ेगा। मनुष्यत्व के उद्धार के लिए, मनुष्यत्व के दुखों में आत्मयज्ञ करके पुनर्जन्म लेने से आत्मा अपने ब्रह्मस्वरूप को जान जाता है, और उसकी शक्ति अपरिमित हो जाती है। मनुष्यत्व और आत्मा, दो अमर मित्र, सब विरोधी शक्तियों पर विजय प्राप्त करके इस संसार को ही स्वर्ग बनाते रहे हैं।''

सत्तातन्त्र या जनतन्त्र

प्रो. व्यास से मिलने कुछ भारी भरकम से लोग आए, जिनकी मूँछे बड़ी-बड़ी थी और रजवाड़े लगते थे। उनके राज्य छिन चुके थे। उन्होंने चन्द्रमोहिनी से उनके ज्ञान की चर्चा सुनी थी।

उनके वक्ता पुरुष ने हाथ जोड़कर कहा, ''श्रीमन् हम उस महामानव के दर्शन करने आए है, जिसके ज्ञान की महक दिशाओं में फैल रही है।''

व्यास बोले, ''मुझे यह चिन्ता है कि दुखों की अधिकता के कारण मनुष्य मनुष्यत्व न खो दे।''

उनमे से एक व्यक्ति, मातबर सिंह बघेल, ने कहा,'' प्रचेता पुरुष! यह आपकी विनम्रता है। सृष्टि जबसे बनी है बड़े और छोटे लोग इसमें रहे हे। इसी कारण चार वर्ण बने।''

''यह बताइये इनमें बड़े वर्ण कौन से है और छोटे वर्ण कौन से।''

''हम आपसे ज्यादा नहीं जान सकते प्रोफेसर साहब। ब्राह्मण क्षत्रिय बड़े वर्ण हैं, वैश्य उनसे कम, और शूद्र नीच वर्ण।''

''नीच किस दृष्टि से?''

''उनके आचार-विचार, रहन-सहन, स्वभाव आदि सभी दृष्टियों से।'

''महोदय यदि सब लोग मुझे नीच समझने लगें। इस बात का याल न रखे कि मैं निर्बल या निर्धन हूँ, इस कारण आपसे निरन्तर मिल रहे अपमान का जवाब नहीं दे सकता, तो कुछ वर्षो में ही क्या मैं वास्तव में नीच रहन-सहन, खानपान, आचार-विचार वाला व्यक्ति नहीं हो जाऊँगा?'

वे निरुत्तर हो गये।

व्यास बोले, ''ज्ञानी पूर्वजों ने हम आर्यों को व्यवसाय कुशल बनाने के लिए वर्णाश्रम व्यवस्था बनायी थी, बड़े और छोटे वर्णों में भेद स्थापित करने के लिए नहीं। वह प्रयोजन सिद्ध नहीं हुआ। हममें अधिकांश लोग स्वयं को हीन मानते मानते हीन हो गये। यही कारण है कि हत्या लूटपाट, विश्वासघात छल कपट,

क्रूरता, प्रतिशोध आदि नीच कर्म करने वालो ने आकर हमारे उच्च वर्णों को भी अपना गुलाम बना लिया। गुलाम सबसे निकृष्ट वर्ण है। उन्होंने ब्राह्मणों और क्षत्रियों को भी अपने नीच कर्म, आचार-विचार, छलकपट अपनाने को मजबूर कर दिया, क्योंकि गुलाम को नीच मालिक के आदेशों का पालन करना पड़ता है। इस तरह समग्र आर्य जन सबसे निकृष्ट वर्ण के हो गये। यदि उच्चवर्ण वाले सचमुच उच्च थे तो एक हजार वर्षों तक उनको यह विचार क्यों नहीं आया कि विदेशियों के गुलाम से निकृष्ट तो कोई वर्ण ही नहीं होता ?''

वे सब लोग बड़े उत्फुल्ल चेहरे लेकर आए थे। उनके सर छोटे लगने लगे और मुख मलिन हो गये। दिल उदास और भारी हो गये। जो जोश और उर्ध्व आचरण धारण करके वे आए थे, भाग गया। उनमे उच्च आचरण, सिद्धान्तों और आदर्शों पर चलने के कारण प्राप्त की गयी आन्तरिक दृढ़ता का अभाव देखकर व्यास दुख से भर गये।

व्यास बोले, ''छोटे-छोटे देश के शासक भारत से वहाँ जाकर नौकरी करने वाले स्त्री पुरुषों का अपमान करते है, और 2013 की भारत सरकार में प्रवासी नागरिकों के लिए इतनी संवेदना भी नहीं है कि वहाँ के शासकों को लिखे कि वे भारतीयों को मानवोचित स मान के साथ रखें।''

कुछ देर मौन रहने के बाद व्यास बोले, ''आज आर्यों में स मान का अकाल क्यों पड़ गया है ? किसी कन्या के स मान की रक्षा करने का भी किसी में उत्साह नही। पुरुष नारी से बलात्कार करके और उसकी हत्या करके अपने पौरुष को कलंकित कर रहे है। क्या यह वही देश है जिसके वासियों ने अपनी एक सीता का अपहरण करने वाले को ऐतिहासिक दंड दिया था।''

आगन्तुक फिर भारी चिन्तन और उदासी के बोझ तले दब गये और बोझे के कारण जमीन में धँसते से महसूस करने लगे। व्यास ने कहा, ''कैसा रहेगा यदि भारत के सभी लोग अपने वर्णों का त्याग कर दे, केवल उन्हें महान माने जिनकी आत्मा और मनुष्यत्व में अखंड मैत्री हो। हम यदि आत्मा और मनुष्यत्व की एकता को महानता का केन्द्र नहीं मानेंगे तो सत्ताधारियों, घनवानों और दुर्जनों को महानता का केन्द्र मानना पड़ेगा, क्योंकि उन्होंने मौका देखकर अपने आपको समाज का केन्द्र बना लिया है। 2004-13 के बीच के शासकों ने हमारे देश की मान मर्यादा को कूड़ेदान में डाल दिया है। क्या किसी भुजा में दम नहीं है जो इन्हें रोके ?''

विड बना यह थी कि क्षेत्रीय पार्टियों में सारे भारत को एक राष्ट्र समझने का ज्ञान ही नहीं था। उनकी शक्ति उन्हें केन्द्र को कमजोर करने में दिखती थी। असम के मु यमन्त्री सोनिया गाँधी के आज्ञाकारी थे। जीवन पर्यन्त मु यमन्त्री बने

रहने के लोभ ने उन्हें दीवाना बना दिया था। सोनिया जी के आदेशानुसार वे असम में बांग्ला देश के घुसपैठियों को असम की नागरिकता बाँट रहे थे ताकि असम में मुस्लिम आबादी बहुमत हो जाए और सोनिया जी की सरकार चलती रहे जीवन पर्यन्त, हो सके तो अनन्त काल तक।

मातबर बोला, ''प्रोफेसर साहब! मनुष्यत्व की बात करते हो। मनुष्यत्व माना चीज है अच्छी, मगर बहुत कमजोर है। इतनी कमजोर चीज को सबसे उपर करके भारत नहीं चल सकेगा।''

व्यास बोले, ''कौन-सी चीज सबसे मजबूत समझते है आप जिसे सबसे ऊपर रखा जाए।''

मातबर, ''सत्तातन्त्र सबसे मजबूत है आजकल।''

व्यास, ''सत्तातन्त्र के मायने क्या है?''

मातबर, ''सत्तातन्त्र के मायने है—न्याय और ईमानदारी को एक तरफरखो। अन्याय और बेईमानी से सत्ता हाथ लगे तो ले लो। जनता को न्याय और ईमानदारी न मिले तो भी काम चल जाएगा। सत्ता में आकर हम जनता को सत्ता में हिस्सा दे देंगे। अब जनता भी नेताओं की तरह सत्ता की भूखी हो गयी है। जनता भी अन्यायी और बेईमान हो गयी है। जनता चाहती है कि जब जनता के लोग अन्याय और बेईमानी करते पकड़े जाए तो अन्यायी और बेईमान मन्त्री उन्हें जेल से निकलवा दें।''

उस रात प्रो. व्यास को देर तक नींद नहीं आयी। हृदय में रहने वाला मनुष्यत्व बहुत नाजुक था। इक्कीसवीं शताब्दी में मनुष्यत्व को आघात लगने की स भावना बहुत बढ़ गयी थी। ईश्वर के गुणों का मनुष्य में अंश मनुष्यत्व कहलाता है। ईश्वर तो सर्वशक्तिमान और सर्वज्ञ है, इस कारण उनके क्षमा, करुणा, भोलापन आदि गुणों का कोई दुष्ट शोषण नहीं कर सकता, न उनके ईश्वरत्व को मानसिक आघात पहुँचा सकता है। किन्तु प्रो. व्यास मनुष्य है। उसके मनुष्यत्व को कोई भी दुष्ट आघात पहुँचा सकता है 2013 के इस भारत में। भारत के शासक स्वयं को भारतीय कहते थे किन्तु उनके हृदय विदेशी थे। द्वापर मे शासक मनुष्यत्व का आदर करते थे। ज्ञानियों और ऋषियों का स मान करते थे। किन्तु 1991-2013 के शासकों ने भारत से सत्य, मनुष्यत्व, आत्मा, ऋत्, स्वधर्म, दर्शन, संस्कृति और साहित्य को अलविदा कह दिया था। इन तेईस वर्षों में भारतीयों की पर परागत सौ य-स यक् बुद्धि गायब हो गयी थी। ऐसा तभी हो सकता था जब शासन इस विनाश को प्रोत्साहित करे।

योग और विनियोग

सुदूर पर्वतों में आ गये प्रो. व्यास मनुष्यत्व की थकान दूर करने के लिए। वहाँ गुफाओं में योगीजन रह रहे थे। उनमे से एक ने प्रो. व्यास को पहचान कर प्रश्न किया, ''योग और विनियोग में क्या अन्तर है?''

व्यास बोले,''मनुष्य विनियोग कर सकता है ईश्वर से। ईश्वर या ईश्वरी की कृपा के बिना मनुष्य ईश्वर/ईश्वरी से योग नहीं कर सकता।मनुष्यों के बीच योग हो सकता है। दो व्यक्तियों के बीच योग समान गुणों या सच्चे प्रेम के आधार पर हो सकता है।''

एक तपस्वी ने कहा, ''भारत के धर्म मोक्ष प्राप्त करने का आरंभिक अनुशासन सिखाते है। वे शिक्षा देते है सदाचार क्या है और सब जीवो के प्रति करुणा, अहिंसा, निस्वार्थता, मैत्री, शुद्धता, सफाई, शुचिता स्वार्थ त्याग आदि गुण कैसे जगाये जाते है। यह भी बताते हैं सच्चा जीवन जीने के लिए ये गुण अपने में उत्पन्न करना क्यों आवश्यक है। वे यह भी बताते है कि जब व्यक्ति संकीर्णता, स्वार्थ, नीचता, प्रतिशोध, विश्वासघात, क्रोध, मद, लोभ, मोह, कामुकता, ईर्ष्या, द्वेष आदि दुर्गुणों से मुक्त हो जाय तो उसे क्यों धर्म की आवश्यकता नहीं रहती।

''इसके आगे अध्यात्म मार्ग है, जो हर व्यक्ति की आत्मा को अकेले पार करना होता है। वहाँ मन, बुद्धि, चित्त, अहंकार और इन्द्रियाँ सहायता नहीं कर सकते। वहाँ केवल आत्मा, परमात्मा और पराप्रकृति के स्वरूप का ज्ञान काम आता है। इनका ज्ञान बुद्धि को प्राप्त नहीं होता। इसे प्राप्त करने के लिए मनुष्य को आत्मा के अलावा अपने व्यक्तित्व की सभी शक्तियों का त्याग करना पड़ता है। इसके आगे केवल वह व्यक्ति चल सकता है जिसकी आत्मा अध्यात्मिक सत्य का ज्ञान पाने के लिए इस संसार का त्याग कर देती है। विदेशों का कोई भी धर्म मोक्ष को अपना लक्ष्य नहीं समझता। विदेशी धर्मों के अनुयायी भारत में आकर राज्य करने लगे तो उन्होंने मोक्षप्राप्ति में लगे मुनियों और ऋषियों का सम्मान उसी तरह किया जैसे भारत के लोग करते थे और उनके मार्ग में हस्तक्षेप नहीं किया।

सिकन्दर, सेल्युकस, मिनेंडर, डिमेट्रियस, कनिष्क, हूण, शक सब उनके तप, त्याग और ज्ञान से प्रभावित हो नत मस्तक हुए। उनकी आत्मा ने भारत के धर्मों के मोक्षमार्ग में अपना आश्रय पाया।

''यह कहानी बिल्कुल बदल गयी जब अरबों ने सिन्ध पर राज्य किया। उन्हें स्वर्ग से आगे कुछ नहीं चाहिए था। मोक्ष का उन्हें ज्ञान ही नहीं था। उन्हें जीते जी पृथ्वी के सारे सुख चाहिए थे और मरने के बाद स्वर्ग के। उनको उनके गुरुओं ने बताया था कि यदि वे उनके धर्म को भारत में खुशी से या जोर जबर्दस्ती से फैला देंगे और मन्दिरों को तोड़ कर अपने धर्मस्थल बना लेगे तो उन्हें ईश्वर पृथ्वी के सारे सुख उपलब्ध कराएगा और मरने के बाद सदा के लिए स्वर्ग में रखेगा। उन्होंने भारतीय समाज और परिवारों को भी नष्ट किया और वीरो और स्त्रियों को बहुत सताया।

''भारतीय समाज को उन्होंने अशान्त कर दिया। अपना धर्म भारतीयों पर आरोपित करने के लिए वे हत्याकाण्ड करते रहे। भारतीय धर्म परस्पर विपरीत नहीं है क्योंकि वे सब आत्मा की मोक्षप्राप्ति को लक्ष्य मानते है। विदेशों से जितने भी धर्म आये वे आर्य धर्मों से झगड़ते ही रहे। न जाने उन्हें क्या ईर्ष्या थी। भारतीय धर्मों को किसी विदेशी धर्म से कभी ईर्ष्या नहीं हुई। विदेशी धर्मों को अपने धर्म का विपरीत देखकर, और उन्हें भारतीय धर्मों के संहार में अनुरक्त देखकर भारत के लोग समझ गये कि विदेशी धर्म भारतीय धर्मों से मिलकर रहना नहीं चाहते। अत: सामाजिक शान्ति का मार्ग केवल एक है—दोनों एक-दूसरे को विपरीत धर्म समझ कर रहे। एक-दूसरे के शत्रु न बने।''

दूसरा तपस्वी बोला, ''भारत के राजनीतिज्ञों की नीति रहती है सबको जबरदस्ती एकता के सूत्र में बाँधना और अपना वोटर बनाना। इससे एकता का नाटक जन्म लेता है, एकता नही। विपरीतों को विपरीत रहने दो। दोनों को आवश्यकता होगी तो विपरीत होकर भी एकता का मार्ग ढूँढ़ेंगे। अन्यथा दो विपरीत स्वभाव वाले स य लोगों की तरह रहेंगे। जिनकी किताब अन्य धर्मों को कुफ्र कहती है और उनके नाश को अपने धर्म का कर्तव्य मानती है—वे तु हारी बात मानेगे या अपने गुरुओं की? दो परस्पर विरोधी बात कहने वालों को एक करने की चेष्टा करना अस भव के पीछे भागना है। यह बात भारत के राजनीतिज्ञ जानते है, किन्तु वोट के लोभ के कारण झूठी लगने वाली वाणी में एकता की बात करके दोनों समुदायों को और भी दूर कर रहे है। वे विश्वास करने लगे है कि असत्य आचरण करके ही उन्हें सत्ता प्राप्त होगी। असत्य से कभी किसी देश का

कल्याण नहीं हुआ है। राजनीतिज्ञों के असत्य वचन से हिंसा पनपती है, एकता नहीं। सत्य को अपनाने से ही संसार के सब स प्रदायों का कल्याण होगा। आर्थिक और राजनैतिक आधार पर एकता भी बढ़ेगी। आज यदि सत्य कड़वा है तो इसे स्वीकार करके यह आशा की जा सकती है कि एक दिन कड़वा सत्य, और सत्य जान लेने पर, मीठा हो जाएगा। असत्य बोलकर मीठा किया गया कड़वा सत्य कभी मीठा नहीं होता।''

तीसरे तपस्वी ने कहा, '' 'सर्व धर्म समन्वय' सभी धर्मों को मानव हित में एक-दूसरे से जोड़ने का विकल्प था। धर्मों को जोड़ना स भव नहीं हो सका, क्योंकि कुछ धर्म किसी अन्य धर्म को धर्म नहीं मानते। उनमे धर्म के मूल लक्षण ही नहीं है। उनमे मानवीय सिद्धान्तों का अभाव है, इसलिए, संकीर्णता का भेद खुल जाने के भय से, किसी भी धर्म से जुड़ना पसन्द नहीं करते। कुछ धर्म अपने धर्म को राजनीति का शस्त्र बनाये रखना चाहते हैं। धर्मों का योग स भव नहीं है।''

''स्वतन्त्रता के पश्चात् भारतीयों ने बहुत चेष्टा की सब धर्मों का समन्वय करने की। इससे सर्वाधिक हानि भारत की हुई। जितना ये धर्म समन्वय की चेष्टा करते रहे, इस उदारता का लाभ उठाकर कुछ धर्मों ने गरीब और अशिक्षित आर्यों का दुष्टतापूर्वक धर्म परिवर्तित कर दिया। विदेशी धर्म अपने अनुयायियों से कहते है दूसरों का धर्म परिवर्तित करोगे तो भगवान तु हें स्वर्ग देगा।

इसके विपरीत भारत का कोई धर्म किसी का धर्म परिवर्तित करने का उपदेश नहीं देता। सत्य के विरुद्ध अड़ियल हो जाना स्पष्ट करता है कि विदेशी धर्मों का उद्देश्य है भारत का राज्य हड़प लेना। उन्हें मानव चरित्र को उन्नत करने में कोई रुचि नहीं है।

चौथे योगी ने व्यास से पूछा, ''विपरीत धर्मों के बीच विनियोग कैसे करें ?''

प्रो. व्यास ने कहा, ''विभिन्न उद्देश्यों की पूर्ति में लगे लोग जब किसी एक साझे के उद्देश्य की पूर्ति के लिए एक सूत्र में बँधते हैं, स्वार्थ अलग-अलग होते हुए भी, साझे के उद्देश्य की पूर्ति के लिए सहयोग करते है। यही विनियोग है। दुर्गा की उपासना में एक ऋषि एक छन्द, एक देवता, एक मन्त्र, यजमान, पुरोहित इकट्ठे होते है और देवी को प्रसन्न करने के लिए पाठ करते है। विनियोग से असमान तत्त्व असमान रहते हुए एक-दूसरे से सहयोग करते है। अराध्य और पुजारी में स बन्ध समानता का नहीं होता। पुजारी दास भाव से उपासना करता है देवता की। विनियोग में व्यक्तित्वों के बीच भिन्नता रहती है।''

तपस्वियों को यह वार्तालाप सार्थक लगा। पाँचवें योगी ने उपसंहार किया, ''ईश्वर एक है। सब भिन्न-भिन्न ढंग से उसे पूजते है। ईश्वर आराधना में सबकी भिन्नता बनी रहे, किन्तु नीयत सत्य अर्थात् ईश्वर प्राप्ति की हो तो एकता का सूत्र मिल जाएगा। ईश्वर का स्वरूप सबके हृदयों में एक सा होना आवश्यक है एकता के लिये। कुछ लोगों ने तो ईश्वर को ऐसा रूप दे रखा है जैसे वह उनके स्वार्थ, की पूर्ति को धर्म कहकर संरक्षण देता हो। निर्दोष अन्य धर्म वालो की हत्या करने के बदले उन्हें स्वर्ग देता हो। अगर दुनिया भर के धर्मों में एक धर्म भी ऐसा हो तो वह सबका जीना मुश्किल कर सकता है। ऐसे धर्म को धर्म कहलाने का अधिकार नहीं होना चाहिए। ईश्वर ऐसा अधिकार किसी धर्म को नहीं देता।

व्यास हिमालय में

हिमालय की चोटियों के बीच बने प्रो. व्यास के बँगले में सात सुन्दर और विशाल शयनकक्ष थे। करीब साठ फुट का एक ल बां बरांडा था जिससे लगा हुआ लान था। लान के बाद देवदारों, बांझ, बुरास, पदम, जंगली नाशपाती आदि वृक्षो से भरा एक बन था। इस बन में शेर, भालू लोमड़ी, हरिण, सर्प आदि रहते थे। लान और जंगल के बीच घर के साठ फुट ल बे बरांडे में आठ फीट ऊँची और चार फीट चौड़ी दूर तक काँच की खिड़कियाँ थी। जब शरद ऋतु में सेव, खुबानी आदि से लदे वृक्ष झूम रहे होते, भोर की बेला में खिड़कियों से आती भीगी सुनहरी धूप बरांडे को सुनहरे पानी की झील में बदल देती थी।

अक्टूबर की उस सुबह वे बरांडे में ही बैठे थे। वे पौ फटते ही वहाँ आ गये थे, छिपते तारोके कारवाँ को देखने। अरुणाये सफेद बादलों ने काले बादलों से जन्म लेकर अँधेरा दूर करना शुरू कर दिया था। हिमाच्छादित चोटियों की बर्फ जो कुछ देर पहले ज्वालामुखी की सलेटी राख जैसी लग रही थी अब कमल की सफेद पंखड़ियों जैसी पवित्र और कोमल लग रही थी। बर्फपर सूर्योदय से पहले की लाली थी, जिससे बर्फ का रंग सुर य हो गया था और देवताओं की याद दिला रहा था। न जाने क्यों प्रो. व्यास को लग रहा था कि पिछली रात पार्वती और महादेव ने अपने विवाह की वर्षगाँठ इस घर में मनाई थी। पवित्र, सुवसित उत्सव की समाप्ति के बाद रह जाने वाली, चित्त को विमूढ़ करती, कस्तूरी सुगन्ध हवाओं में थी। कस्तूरी की गन्ध से बौराई पवन मृगी की तरह सारे घर में डोल रही थी।

कलियुग में हजारों बार शैशव में ही मनुष्यों के ही हाथों मारा गया मनुष्यत्व यौवन नहीं देख पाया था। शिव-पार्वती के प्रणय से पुनर्जन्म पाकर मनुष्यत्व आश्वस्त था कि इस बार वह अवश्य युवा हो जाएगा। आशा की कोपले मुट्ठी में लिए, गुड़लियों चलता हुआ मनुष्यत्व-शिशु व्यास शिखर पर पहुँच गया था। शिशु का यह अद य साहस देख पतझड़ की भोर ने अपने सोने और ताँबे की तरह

दमकते होठों से एक नीले पहाड़ को चूम लिया। चारों ओर ऐसे सुर य दृश्य देख प्रो. व्यास आत्मविभोर हो गये।

प्रोफेसर व्यास नील कमल की तरह सुन्दर थे। यह देखकर ही विद्यार्थियों ने उन्हें नीलकमलनाम दे रखा था। यह नाम केवल विद्यार्थियों के बीच चलता था। किसी और को यह पता नहीं था कि विद्यार्थी प्रो. व्यास को नीलकमल कहते थे। व्यास ज्ञानमार्ग और प्रेममार्ग से मुक्ति प्राप्त कर लेने के बाद, भगवान श्रीकृष्ण के आदेशानुसार कर्म मार्ग से मुक्ति प्राप्त करने पृथ्वी पर रह रहे थे। मोक्ष तो वे पहले ही प्राप्त कर चुके थे। वे बैकुंठ आदि किसी भी लोक में रह सकते थे। किन्तु श्रीहरि ने मनुष्यत्व-धर्म के हित में उनका निवास पृथ्वी निश्चित कर रखा था।

व्यास के ज्ञान ने कभी भी उनके भोलेपन को नहीं छेड़ा था। न बुद्धि ने उनकी प्रकृति को छेड़ने की धृष्टता की थी। मनुष्य उन्हें एक बड़े फानूस के टूटे टुकड़ों जैसे लगते थे। किन्तु आज रात भर जो चिन्तन उनके हृदय में चला था अद्‌भुत था। काल के चिन्तन से सर्वथा मुक्त, वे आश्वस्त थे कि इस बार मनुष्यत्व युवा हो जाएगा।

व्यास का मस्तिष्क भी निराला था जिसने स्वयं ही जल बनकर अभिमान के मैल को अपने प्रवाह से बाहर कर दिया था। मनुष्य अपने मनुष्यत्व को पालपोष कर युवा नहीं कर पाये तो क्या! व्यास उनकी सहायता करते रहने को प्रतिबद्ध थे। वे चाहते थे अनन्त काल तक मनुष्यत्व शासन करे मानवजाति पर और कोई नही। व्यास विद्यार्थियों को पढ़ाने लगे, "किसी भी धर्म का मनुष्यत्व पर शासन इतना ही बड़ा छल है मनुष्यत्व के साथ जितना सेकुलरवाद।"

कोई गन्धर्व चितेरा बाहर बन में बैठा संगीत का चित्र बना रहा था-क्षीर सागर की लहरें थी और अनन्तकोटि सूर्यों की किरणें उन लहरों से खेल रही थी। भगवान विष्णु चित्र में खड़े चित्रित किये थे गन्धर्व चितेरे ने। व्यास के हृदय में उल्लास की एक हिलोर उठी, 'नीलकान्त मणि को भी कान्ति देने वाले विष्णु शेष-शैया से उठ खड़े हुए है तो मनुष्यत्व अवश्य युवा होने वाला है।'

भगवान विष्णु को अपने समक्ष देख व्यास ने स्तुति की और फिर प्रार्थना, "प्रभु! कलियुग में चेतना ही दूषित हो गयी है मनुष्य की। कृत्रिम अध्यात्म, कृत्रिम प्रेम और कृत्रिम सत्य का जो जाल धूर्तों ने बुना उस जाल में वे स्वयं फँस गये है। उस कृत्रिम जाल का विसर्जन करना नहीं जान पाये है। जितना कोई उसे त्यागता है उतना ही वह उससे चिपटता जाता है। वानप्रस्थ भी उसे उद्विग्न कर देता है क्योंकि जाल में फँसी उसकी आत्मा को वानप्रस्थ भी व्यवधान लगने लगता है।

संन्यास ले लेता है तो उसकी आत्मा को निवृत्ति और प्रवृत्ति दोनों उलझाने वाले रास्ते लगने लगते है।''

व्यास ने पूछा, ''प्रभु! कलियुग में संसारियों की चेतना में आत्मा के प्रति श्रद्धा कैसे जगाऊँ?''

श्री हरि बोले, ''मुनिवर! जैसे ब्रह्मा जी को सृष्टि रचते हुए केवल अपने ऊपर आश्रित होना पड़ता है, ऐसे ही मनुष्यत्व को विजय दिलाने के लिये, प्रश्नों के उत्तर प्रश्नों में आत्मबलि देकर आपकी आत्मा को ही ढूँढ़ने होगे।'' व्यास बोले, ''प्रभु! कलियुगी मनुष्य की चेतना भटकी हुई नारी की तरह संसारी शक्तियों से स बन्ध बनाती फिर रही है। चेतना अपने स्वामी आत्मा को भूल गयी है। चेतना यह भी भूल गयी है कि वह केवल आत्मा का काम करने आयी है संसार मे। आत्मा की किसी आज्ञा का पालन करने के बाद चेतना को तुरन्त आत्मा में आत्मबलि देकर आत्मा में विलीन हो जाना चाहिए। जो भी काम दे आत्मा चेतना को उसे पूरा करके उसे हर बार वापस आत्मा में समा जाना चाहिए।''

भगवान ने कहा, ''महामुनि यह कार्य तो आपको ही करना है।''

भगवान से कई प्रश्न पूछने को मन कर रहा था। ऐसे प्रश्न भी थे जिनके उत्तर विदित थे। भगवान के मुख से उत्तर सुनने का सुख और ही था। अध्यात्मिक प्रेम को सच्चे प्रेमियों में चेतना की जगह स्थापित किया है श्रीहरि ने। उस अध्यात्मिक प्रेम को संसारी दैहिक प्रेम से क्यों जुड़ जाने दिया श्रीहरि ने? पृथ्वी पर दैहिक प्रेम और कृत्रिम प्रेम का बोलबाला क्यों हो जाने दिया? क्यों अध्यात्मिक प्रेम प्राकृतिक प्रेम में शुरू होता है? क्यों कलियुग में मानव अपनी वासना को प्राकृतिक प्रेम से सन्तुष्ट नहीं करता? क्यों मनुष्य आधिभौतिक और आधिदैविक कामवासना के पीछे भागता है, जो कृत्रिम है, जो वासना ही नहीं है।''

ये प्रश्न अभी मस्तिष्क में घूम ही रहे थे कि भगवान बोले, ''महामुने! आपको कलियुग में धर्म-अधर्म के प्रश्नों के बीच मार्ग बनाना होगा मनुष्यत्व का। कलियुग में मायाजाल ज्ञानियों को भी विचलित कर देगा। उसे छिन्न-भिन्न कर, प्रकाश खोजना होगा। उस प्रकाश मार्ग का उपदेश मनुष्यों को देते हुए ही आपको कर्म मार्ग से कैवल्य प्राप्त करना है।''

व्यासजी के नेत्र प्रेम के आँसुओं से भर आए। वे बोले, ''प्रभु! मैं जानता हूँ कि आप मुझ अज्ञानी का पथ-प्रदर्शन करते रहेगे।''

भगवान विष्णु बोले, ''आपको संन्यासियों को भी बताना होगा कि वे

गृहस्थों को सच्चा गृहस्थ होना सिखाये। गृहस्थ विद्रोही और अधर्मी होते जा रहे हैं, ज्ञान के अभाव मे। संन्यासी गृहस्थों को बता रहे हैं कि मुनिचर्या का अनुसरण करके ही उनकी सद्‌गति हो सकती है अन्यथा नहीं। मुनिचर्या का अधूरा पालन कराकर, मुनिजन गृहस्थों की दुर्गति न कराये। आपको गृहस्थ रहते हुए, बिना गृहस्थ जीवन की चर्या का त्याग किये, उसी दूषित वातावरण में सत्य-आचरण करके तीसरी बार मोक्ष प्राप्त करना है। इसकी आवश्यकता आपको नहीं मनुष्यों को है। आप तीनों मार्गों से मोक्ष पा लेंगे तो मानवों को ये तीनों मार्ग स्पष्ट दिखने लगेंगे।''

महामुनि व्यास ने कलियुग का घ्यान करके कहा, ''धन्य हो कलि देवता! आपने तो संसार का संविधान ही बदल दिया।''

हाथ जोड़कर कलियुग ने कहा, 'ऐसी धृष्ठता मैं कैसे कर सकता हूँ महर्षि! मैं तो पलो का प्रवाह हूँ। प्रवाह क्या जानता है कौन-सा पल उसे अपने आवेग में किस ओर ले जायेगा? ये तो चित्तवृत्तियाँ है जिनका संग करके चेतना अश्लील हो गयी।''

अध्यात्मज्ञान को अव्याकृत करना

'श्रीमद् भागवतम्' लिखते हुए गोपियों की विरह वेदना महर्षि व्यास के हृदय में उजागर हुई थी। अपूर्व संवेदना ने उसे उजागर किया था। गोपियों की विचित्र विरह दशा और निर्मल विरह वेदना को देखकर व्यास के हृदय ने उनके प्रेम जैसे प्रेम की कामना की थी। वह प्रेम उन्हें मिल गया। पर वह विरह-ज्वाला से सुलगता संतप्त प्रेम निकला। ऐसी विरह वेदना नारी का हृदय ही सह सकता है। व्यास नहीं सह पा रहे थे। यह परिहास ही था नियति का कि जब उन्होंने गोपियों जैसा निर्मल प्रेम पाने की कामना की तो सच्चे प्रेम का उल्लास नहीं सच्चे प्रेम की वेदना मिली।

गोपियों की विरह पीड़ा को अपनी निजी प्रेमपीर के रूप में अनुभव करने की बस एक बार उनके संन्यासी हृदय ने कामना की थी। श्रीकृष्ण कैसे विनोदी है! उन्होंने अब कलियुग में जी रहे व्यास को वह वेदना दे दी जो उन्होंने द्वापर में मांगी थी। अब जब व्यास अमर प्रेम का रस पी चुके थे, जब व्यास उपनिषदों के रहस्यों को टीका में प्रकट करते करते अध्यात्मिक प्रेम में जी लिए थे, अब प्रभु ने वह प्रेमवेदना उनको दी जो अबोध गोपबालाओं के हृदयों में तब जगी थी जब कृष्ण उनकी आँखों से बहते आँसुओं को पोंछ कर्मभूमि में चले गये थे।

उन्होंने उस सरल प्रेम को जान लिया था जिसका स्थान विज्ञान ही नहीं अध्यात्मिक प्रेम से भी ऊँचा है। गोपियों का प्रेम इतनी विरह वेदना सह सका था क्योंकि उनके प्रेम का उद्‌गम वही था जो सृष्टि के कण-कण में व्याप्त अकारण उल्लास का है। इसमे प्रेम की तीव्र वेदना एक क्षण को भी अकेली नहीं रहती। हमेशा अकारण उल्लास भी इसके साथ रहता है। अकारण उल्लास निरी पीड़ा के कांटे प्रेम गली से चुन लेता था।

प्रो. व्यास अध्यात्मिक प्रेम को विद्यार्थियों को समझाने के लिए हर बार नये रूप में अध्यात्म प्रेम को व्याकृत करते थे। उनके भाषण सुनने के मोह में उन्हें

लाइन्स, रोटरी और अन्य संस्थाएँ आमन्त्रित करती। उनके श्रोता यह सुनकर हर्षित होते कि अध्यात्मिक सत्य केवल सनातन, कालातीत सत्य नहीं है। कालदेश से बनी इस दुनिया में भी ऋत् बनकर व्यक्त होता है।

व्यास चाहते कि वे इस पूर्ण सत्य को अपने जीवन और कर्म में व्यवहृत करें। उन्हें विश्वास था कि भारतीय दर्शन और संस्कृति ही 21वीं सदी में भौतिक सुखों की ओर भागते जीवन में मानव जीवन के शाश्वत मूल्यों के प्रति श्रद्धा जगायेगी। अन्यथा निरी भौतिकता का अति भयानक पक्ष मानव के सामने आ जाएगा। भोजन और औषधियों के माध्यम से विज्ञान मानवों में जेनेटिक परिवर्तन कर देगा। मानव मशीनी रोबोटों के बीच एक कमजोर रोबोट होकर रह जाएगा।

वे सबसे अधिक इस बात से चिन्तित थे कि आत्मा और अध्यात्मिक शक्तियाँ अलौकिक तत्त्व है। ये हर शरीर में व्याकृत नहीं होते, किन्तु यदि ये दुखी है तो इनके दुखों से शरीर परेशान और रोगी रहता है। जिसने सूक्ष्म ज्ञान और साधना से आत्मा को अपनी देह में प्रकट (व्याकृत) कर लिया केवल वह जानता है कि उसकी आत्मा उसके अस्तित्त्व का सार है। यदि वह इसे मत्सरों से स्वतन्त्र कर ले तो यह दुखों से मुक्त हो जाएगी। इसके मुक्त होने के साथ उस व्यक्ति की देह, मन, हृदय, मस्तिष्क इन्द्रियाँ भी दुखो से मुक्त हो जाएँगे। उस मनुष्य का पूर्ण व्यक्तित्व संसार के दुखों से मुक्त हो जाएगा। अन्यथा उसे बार-बार पशु पक्षी या मनुष्य होकर संसार में आना पड़ेगा और दुख सहने पड़ेगे। आत्मा को मुक्त करके वह सदा के लिए संसार के दुखों से मुक्त होकर इस संसार को अपनी सन्तान और भावी मानवो के लिए सुन्दर बनाने के काम में लग सकता है।

प्रो. व्यास कक्षा में प्रवचन दे रहे थे : "आत्मा को अपने में अनुभव करने के लिए मानव को न जाने कितने जन्म लगे थे। यदि आत्मा अप्रकट (अव्याकृत) हो गयी तो उसे पता भी नहीं चलेगा कि उसमे आत्मा है। आत्मा का अनुभव न होने के कारण वह उसकी मुक्ति के लिए प्रयत्न नहीं कर सकेगा। तब केवल मानव शरीर को आत्मा के दुख भुगतने पड़ेंगे, शारीरिक दुखों के रूप में।

"तप, जप और शुभ कर्मों से मानवदेह में व्याकृत होती है आत्मा। ऋषिजन अपने अध्यात्मिक ज्ञान का उपयोग कर शिष्यों की बुद्धि को उनकी आत्माओं के निकट लाते थे। इसे ही उपनयन संस्कार कहा जाता था। रोबोटिक मानव के विज्ञान द्वारा रचित व्यक्तित्व में आत्मा और अध्यात्मिक शक्तियों को महसूस करने वाली चेतना नहीं होती। किन्तु रोबोट की कृत्रिम बुद्धि में यह जड़ता होती है कि वह मनुष्य की केवल बुद्धि से वार्तालाप करता है। जिस वैज्ञानिक ने उसे

बनाया उसकी केवल बुद्धि को वह पहचानता है; उसकी आत्मा को वह महसूस नहीं करता। अत: उस वैज्ञानिक की आत्मा व्याकृत होते हुए भी उसके लिए अव्याकृत रहती है।

"रोबोटिक मानव और उसके वैज्ञानिक के बीच ल बे अरसे तक केवल बुद्धि का स बन्ध होने के कारण उसकी कृत्रिम बुद्धि वैज्ञानिक की प्राकृतिक बुद्धि को दबा देती है। वैज्ञानिक को भी लगने लगता है कि उसमे आत्मा नहीं है। अव्याकृत होने के बाद भी, आत्मा तो रहती है देह में ही, किन्तु वैज्ञानिक को ही नहीं किसी भी मनुष्य कोअपनी आत्मा का अनुभव नहीं होता, यदि आत्मा देह में अव्याकृत है। इस कारण कुछ वैज्ञानिकों ने-जो केवल विज्ञान को ज्ञान मानते है— अध्यात्म को नहीं, बेधड़क यह बयान दिया है कि आत्मा, ईश्वर और प्रकृति का अस्तित्त्व ही नहीं है। आज के मनुष्य की बुद्धि अगर किन्ही मनुष्यों की बुद्धि पर सहज ही दृढ़ विश्वास करती है तो वे है वैज्ञानिक, क्योंकि उन्होंने अपनी आविष्कृत वस्तुओं से मानव जीवन की मौज मस्ती को खूब बढ़ा दिया है, और जीवन की अनेक कठिनाइयाँ दूर की है।

"जब वैज्ञानिक की बुद्धि अपनी आत्मा का अनुभव नहीं कर पाती, और वह अध्यात्मिक सत्यों के विरुद्ध बयान देता है तो कोई आश्चर्य नहीं कि आधुनिक मानव, जो क प्यूटर, मोबाइल और टी.वी. आदि मशीनों में खोया रहता है, मान ले कि आत्मा, ईश्वर और प्रकृति का अस्तित्त्व नहीं होता। वैज्ञानिकों की बुद्धि में विश्वास के कारण अधिकांश लोगों का जीवन केवल भौतिकता में सिमटकर रह गया है। ऐसे में मनुष्य को मनुष्य में किसी अध्यात्मिक अमर तत्त्व के होने की अपेक्षा नहीं रहती। आधुनिक मनुष्य को जब दूसरों का सार तत्त्व आत्मा महसूस नहीं होता तो उसे अपना व्यक्तित्व भी खाली और खोखला महसूस होता है। आत्मा के उसकी देह में व्याकृत न होने के कारण दुखों को धैर्य के साथ सहने वाली आत्मा की शक्ति पश्चिमी मानव में नहीं होती। उसे अपना छोटा सा दुख भी अनन्त वेदना की तरह सारे व्यक्तित्व में छाया महसूस होता है।

"आत्मा का भान न होने के कारण ही ईगो आत्मा के गुणों का विकृत योग करके आत्मा की जगह ले लेती है। जब ईगो को आत्मा के अस्तित्त्व का भान ही नहीं होता तो धीरे-धीरे ईगो भी मिट जाती है और उन्माद उसके व्यक्तित्व का नेतृत्व करने लगता है।

"ऐसी स्थिति में मनुष्य की अन्य मनुष्यों और जीवों के प्रति संवेदना विक्षिप्त हो मन की गहराई में डूब जाती है। विक्षिप्त संवेदना को मन, बुद्धि, चित्त,

अहंकार गहराई में डूबा छोड़कर ऊपर सतह पर आ जाते हैं, जैसे मृतक को दफना कर सगे स बन्धी घर लौट आते हैं। मनोचिकित्सक उस विक्षिप्त संवेदना को खोदकर यदि सतह पर ले आया तो विक्षिप्त संवेदना जीवित लोगों को ठंडेपन, अकेलेपन, शून्य और चुप्पी से आक्रान्त कर देती है।

''आत्मा और मनुष्यत्व की सच्ची मैत्री आत्माओं को अनन्त ज्ञान, अनन्त प्रेम, अनन्त उल्लास (मोक्ष/निर्वाण) प्राप्त करने का मार्ग दिखाती है। इनकी प्रगाढ़ मैत्री ऐसे रोगी को कामविहीन ठंडेपन, अकेलेपन, शून्य और चुप्पी के भँवर से निकाल सकती है।

''जहाँ पश्चिम में आत्मा को अव्याकृत करने का आन्दोलन कुछ वैज्ञानिक चला रहे हैं, वहाँ भारत सरकार, मीडिया और टीवी ने 1991 से आज 2013 तक सनातन धर्म को अव्याकृत करने का अभियान चला रखा है। भारत में बच्चों के कोर्स की किताबों में भारत के देवी देवताओं को लांछित करने का अभियान चलाया जा रहा है। भारत सरकार ऐसे लोगों को स मानित करती रही है। ऐसे काम बिना षड्यन्त्र के नहीं किये जा सकते। धर्म परिवर्तन करने को अपने धर्म का बहुमूल्य कर्म समझने वाले दो पश्चिमी धर्मों के अनुयायियों को यदि भारत के सनातनी—जो भारत की जनसं या के 82 प्रतिशत है—सत्ता में सर्वोच्च पद सौंपे हुए है तो इससे बड़ा उनकी उदारता का प्रमाण और क्या चाहिए भारत की सरकार को। ऐसी उदारता का दुरूपयोग यदि सनातन धर्म को लांछित करने में किया जाय तो इसे विश्वासघात या देशद्रोह कहने के अलावा और क्या कहा जाय। बहुसं यकों को इसे चुपचाप सहने को कहना ठंडेपन, अकेलेपन, शून्य और चुप्पी के मानसिक भँवर में धकेलने जैसा है। ऐसी सहनशीलता तो भारत के चरित्र को नष्ट कर देगी।

''भारत के शासकों के पीछे छुपे असली शासक—जो सुबह शाम सेकुलरइज्म की कसम खाती है, जिनसे सारा मन्त्रिमंडल डरता है—यदि वोट माँगने सा प्रदायिक नेता के घर पहुँचे तो मिसरा समझ में आता है—'ऐ हिन्दोस्ताँ वालो तु हारी बर्बादियों के मशविरे है आसमानो में' ।

''मनुष्य की नजर काफी नहीं होती ईश्वर के कर्म को समझने के लिए। केवल एक धर्म की निन्दा कराने वाला राष्ट्रीय स्तर का नेता असत्य के घर में सत्य को अपमानित करता है। जनमानस हताश होता है यह देख कर कि शासन और मिडिया का इरादा नैतिक उत्थान नहीं, बहुमत के धर्म को अधर्म साबित करना है। जिस धर्म ने विश्व के समस्त स प्रदायों को मनुष्यत्व धर्म सिखाया, जिस धर्म को

भारत के ही नहीं समस्त विश्व के महापुरुषों और ज्ञानियों ने सरमाथे पर रखा उसकी निन्दा केवल वह राजनीतिज्ञ करा सकता है जो झूठ को सत्य से ज्यादा उपयोगी समझता है।

''जिस देश के टीवी प्रचारक देश के पचासी प्रतिशत आस्थावान मूलतः अहिंसक लोगों को अपमानित करे, क्योंकि उन्हें उनसे हिंसा का भय नहीं है, और बारह प्रतिशत लोगों की हिंसकवृत्ति से भयभीत हो उनके अभिमान को पाले पोषे, उसे सर्वजन हितकारी टीवी नहीं कहा जा सकता। टीवी के कुछ कर्मचारियों के संकीर्ण विचारों को यदि टीवी छद्मपूर्वक जनता के विचार कहकर प्रस्तुत करे तो टीवी मानव जाति के उत्थान की सँकरी पगडंडी को तोड़ रहा है।''

व्यास की मानसिक वेदना

भारत की दशा देखकर प्रो. व्यास की मानसिक वेदना विद्यार्थियों को दिये प्रवचनों में व्यक्त होने लगी—"जनस्मृति क्षणभंगुर होती है। किसी स प्रदाय के कुछ अनुयायियों का आचरण धर्म का दर्पण नहीं होता। सत्य को कर्म में व्याकृत करने को धर्म कहते है। जिन्होंने सत्य को कर्म में व्याकृत किया उनके कर्म को दुनिया याद रखती है। शेष को काल प्रवाह बहा ले जाता है।

"भारत के राजनीतिज्ञ क्यों धर्म के पीछे पड़े है। वे धर्म के सिंहासन को खाली कर देना चाहते हैं क्योंकि धर्म के सिंहासन को खाली देख जनता के हृदय में शून्य बन जाता है। शून्य से अधिक क्षणभंगुर कुछ नहीं होता। शून्य बनते ही जो उसके निकट है उसे शून्य संकर्षित करके स्वयं को भर लेता है। शून्य के निकट धर्म की जगह धर्म का नाश करने वाला हमलावर होता है। शून्य उसे हृदय में संकर्षित कर लेता है। ऐसे हमलावर में आत्मा नहीं होती।

"सा यवाद ने यही सत्ता का खेल खेला था रूस और चीन में, ईश्वर के अस्तित्त्व को नकार कर। ईश्वर की सत्ता श्रद्धा जगाती है। ईश्वर का शासन श्रद्धा से चलता है। राजनीतिज्ञ भय से शासन चलाता है।

"1991 से 2013 तक भयभीत माताओं और पिताओं ने रो-रोकर प्रार्थना की थी सरकार से अपनी बेटियों की दरिन्दों से रक्षा करने को, और सरकार ने उनकी श्रद्धा का तिरस्कार कर, उनके मन में भय को स्थापित कर दिया। सरकार ने कह दिया था कि लड़कियों की रक्षा सरकार नहीं कर सकती। देश के माता-पिता इतने भयभीत हो गये थे कि उनके हृदयों में शून्य बन गया था। वह शून्य सरकार ने बनाया था, जिससे जनता ईश्वर में श्रद्धा खो दे। सरकार जानती थी कि शून्य अधिक देर तक नहीं रह सकता। ईश्वर से आशा टूटते ही, जनता के हृदय में नेता घुस जाता है।

"नेताओं ने ईश्वर को हटाते ही उसकी जगह स्वयं को पाया। किन्तु ईश्वर का स्थान पाकर नेता ईश्वर की तरह जनता के हृदय में श्रद्धा को नहीं पा सकता।

व्यास जान गये थे कि देवी देवताओं की छवि पर अपनी छवि आरोपित करने वाले राजनीतिज्ञों की नीति थी—''लड़कियों को और भी असुरक्षित और भयभीत करके जनता से जनता की शक्ति भुलवा दो!'' व्यास दर्शन पढ़ाने के साथ आधुनिक भारत में सत्य को कर्म बनाना भी सिखा रहे थे।

वे कक्षा में बोले, ''लड़कियों की सुरक्षा को लेकर माता पिता के भय को और बढ़ाना सरकार का नियोजित कर्म था। जनता की मति पलटने वाली, सरकार की भयावनी महत्त्वाकांक्षा का परिणाम था। रूस और चीन के राजनीतिज्ञों ने सबसे पहले धर्म और ईश्वर की निन्दा करके जनता के हृदय से धर्म और ईश्वर को निकाला था। जनता से हृदय का शून्य सहा नहीं गया तो रूसी और चीनी जनता ने अपने सर्वोच्च शासक लेनिन और माओ को ईश्वर की जगह अपने हृदय में पाया। इसी तरह जनता के हृदयों में भगवान का स्थान लेने की तैयारी भारत के शासक 1991 से आज 2013 तक करते रहे है।

''सत्तावान पर मोह और मद हावी हो जाता है। मनमानी करने से केवल ईश्वर का भय रोकता आया है सत्तावान को। पहले नेताओं ने देवी देवताओं की छवि धरकर अपने पोस्टर लगवाये। जब जनता ने विरोध नहीं किया तो मोह और मद ने नेताओं के मन में महत्वाकांक्षा को जगा दिया—'क्यों न हम देवी देवताओं का स्थान ले ले! तब हमारे बाद हमारी सन्तान को राज्य करने से कोई नहीं रोक पाएगा।'

''जिस देश में भी अध्यात्मिक सत्य को मिटाया गया वही राजनेता गरीबों के हृदयों में ईश्वर का स्थान पा गये। ईश्वर बनकर वे अहंकार से पागल हो गये और गरीबों की हत्या करने लगे। लेनिन, स्टालिन और माओ ने भी असं य हत्याएँ करायीं। जर्मनी में अध्यात्म पर राजनीति के हावी होते ही हिटलर की छवि ईश्वर की जगह जर्मन जनता के हृदय में बस गयी। इटली में भी मुसोलिनी ने ईश्वर का स्थान ले लिया। पड़ोसी चीन में जैसे ही बुद्ध की मूर्तियाँ और मन्दिर तोड़े लाल सेना ने, माओ बुद्ध की जगह चीनी हृदयों में बस गया। माओ की मनमानी ने चीन से सत्य और स्वतन्त्रता भुलवा दी। नयी शताब्दी के तेरह वर्षों में ही सत्तावान नेताओं और उनके अनुयायियों को ब्रह्मा विष्णु महेश की मूर्तियों की जगह मन्दिरों में मुसोलिनी जैसे क्रूर इटैलियन चेहरे नजर आने लगे थे।

''यह प्रयोग मानव जाति कर चुकी थी और भारत की जनता भी नेताओं की ऐसी भीषण महत्त्वाकांक्षा के प्रति सतर्क हो चुकी है। भारत में ऐसे प्रयोग कई बार असफल हो चुके थे। प्राचीन भारत में हिरण्यकशिपु, रावण, मधु कैटभ, शु भ

निशु भ, कंस आदि अनेक महत्त्वाकांक्षी चेहरे जिस दिशा में उदित हुए उसी दिशा में अस्त कर दिये गये। विदेशी धर्म उनके धर्म ग्रन्थों में समाये हुए हैं। भारत में जन्मे धर्म धर्मग्रन्थों में नहीं रहते। मानव हृदयों में रहते हैं। भारत में मन्दिरों में अध्यात्मिक सत्य रहता है। सत्य को जो शूरमा या ज्ञानी कर्म में व्यवहृत करता है उसके उस कर्म को भारतीय चेतना धर्म कहती है। उस कर्म का नाश नहीं होता।

''हिंसक धर्मों के भय से भारत के राजनीतिज्ञों ने भारत के धर्मों को संविधान से निकालकर अलग रख दिया था। उन्हें आशा थी कि भारत के लोग राजनीतिज्ञों को देवी देवता मान लेगे। उन्हें समझना चाहिए कि सत्य न भारतीय है न विदेशी। सत्य सभी मानव हृदयों में एक–सा है। केवल उनमें नहीं है जिन्होंने अपने हृदय से सत्य को हटाकर, सत्य की जगह अपने धर्म को रख लिया है। वे सत्य को सत्य नहीं मानते, केवल अपने धर्म को सत्य मानते है।

''भारत के लोग धर्म को सत्य नहीं मानते। सत्य को संसार मे, मनुष्य कर्म बनाकर प्रकट करता है। उस कर्म को भारत के लोग धर्म कहते है।''

कुछ दिन बाद प्रो. व्यास विद्यार्थियों से कह रहे थे ''धार्मिक या राजनैतिक कट्टरता सत्य को हृदय से निकालकर स्वयं सत्य की जगह बैठ जाती है। कट्टरवादियों को सत्य की प्रतीति होनी बन्द हो जाती है। रूस ने सत्तर वर्ष खोये यह जानने में कि जिस सा यवाद को उसने सत्य की जगह स्थापित किया था वह अधर्म निकला। हृदय में बसाया गया धर्म भी एक दिन धोखा दे देता है, सत्य की जगह स्थापित होकर। केवल सत्य में शक्ति है पलपल नया होने की। यह पल-पल नवीन होने की शक्ति किसी भी धर्म या सिद्धान्त में नहीं है, जो धर्म सत्य को हटाकर उसकी जगह बैठ जाए मानव मात्र की उसमे श्रद्धा नहीं रहती। यही कारण है कि भारत में कृष्ण, बुद्ध और ऋषभ देव ने कहा कि सत्य को प्राप्त करना है तो धर्म की नाव से नीचे उतर आओ।''

प्रो. व्यास को अक्सर अपना महर्षि व्यास रूप याद आने लगा था। जब भी बहुत दुख से भर जाते, वे गंगा, यमुना या सरस्वती को अपनी आत्मकथा सुनाते और फिर तट के बालु पर थक कर सो जाते। इतना लिखा था उन्होंने, सभी उनके नाम से परिचित थे। सत्य से परिचित कराने वाले उनके वेदों और उपनिषदों के भाष्यों में केवल कुछ ऋषियों, विश्वविद्यालयों के प्रोफेसर्स्, दर्शन शास्त्र के विद्यार्थियों को रूचि थी। व्यास ने अपना ही जीवन अपने लिए नहीं जीया था। जीवन भर मानव जाति को व्यवहारिक सत्य और परमार्थिक सत्य इन दो मार्गों पर चलना सिखाया था। उन्होंने रात रात भर जाग कर वह शैली विकसित की थी

जिससे सारी मानवजाति समझ सके कि कैसे सत्य को कर्म बनाने से हर कर्म सुखकारी हो जाता है। जीवन के उस पार भी सुखकारी होता है ऐसा कर्म। यह विश्वास भारत के ज्ञानियों में हजारों वर्षों से चला आ रहा है। ऐसे ज्ञानी व्यास को दुख और निराशा ने क्यों घेर रखा है, यह पूछने वाला अपार जनसमूह में कोई नहीं था।

उनका सारा ज्ञान विवश था। यह नहीं बता पा रहा था कि यह क्या अध्यात्म पथ पर उनकी कोई विकट परीक्षा थी। व्यास दुख से भर जाते क्या यही दिखाने के लिए प्रभु ने मुझे गोलोकधाम के उस सुख से वंचित रखा जिससे उन्होंने किसी सच्चे साधक को वंचित नहीं किया!

उनके भाष्य विवादों को शान्त कर देते थे। किन्तु उनके द्वारा दिये गये गहरे प्रश्नो के उत्तर समझने का कष्ट आज का युवा वर्ग नहीं उठाना चाहता था। अधर्म को धर्म कहने वाले धर्मों को भी उदारतावश धर्म कह देने से प्रमाद और असत्य आकर भारतीयों के हृदयों पर बैठ गये थे। ज्ञान पाने के प्रति आलस्य ने निढाल कर दिया था। सत्य को जीवन में पुनर्स्थापित करने से मन विमुख हो गया था भारतीयों का।

विद्यार्थी विज्ञान की सामान्य नयी रिसर्च को समझने मे, जटिल भाषा की चिन्ता किये बिना, पूरी-पूरी रात बिन सोए, विज्ञान के अध्ययन में निकाल कर भी, और परिश्रम करने को तैयार रहते, क्योंकि इससे धन उपलब्ध हो रहा था। किन्तु अध्यात्म ज्ञान को समझने का न धैर्य था न रूचि, क्योंकि उससे धन उपलब्ध नहीं होता। व्यास की कल्पना देखती कि यदि यही जिज्ञासा अध्यात्म ज्ञान के लिए भी भारत की युवा पीढ़ी में होती तो भारत विज्ञान और अध्यात्म दोनों मार्गों से बढ़ कर मानव संस्कृति और स यता को उस शिखर पर पहुँचा देता जहाँ से फिर कभी मानव का पतन न होता।

उन्हें स्वप्न जैसे लगते द्वापर के वे दिन जब अज्ञान के बीच ऋषि कुमारों ने ही नहीं, सभी वर्णों के कुमारों और कुमारियों ने और सभी वर्णों के भारतीयों ने, निस्वार्थ ज्ञान का पथ बनाया था। आज उसी भारत के कुमारों और कुमारियों में अध्यात्म ज्ञान के लिए श्रद्धा या ललक नहीं थी। सत्ता में रहने और धन स पदा में पलने की राजनीतिज्ञों की लालसा ने शिक्षा पद्धति को ऐसे विकृत कर दिया था कि आज के बच्चे भी शिक्षित होकर राजनीतिज्ञों की लालसा पूरी करे। विज्ञान पढ़े लिखे लोग राजनीतिज्ञों के गुलाम पैदा करे, जिन्हे वैज्ञानिक कर्मों से इतनी फुर्सत ही न मिले कि वे अपने हृदय, मस्तिष्क और आत्मा की स्वाधीनता की बात

सोच सके। केवल विज्ञान की शिक्षा पर जोर देकर यूरोप और अमेरिका की सरकारों ने भारतीय सत्ताधारियों को मार्ग दिखा दिया था कि जनतन्त्र में तानाशाही के मजे चाहो तो केवल विज्ञान की शिक्षा पर जोर दो। संस्कृति, दर्शन और साहित्य को साधना नहीं विशुद्ध मनोरंजन बना दो। हर क्षेत्र में कीमती पुरस्कार दो और पुरस्कार किसको दे यह निर्णय निष्पक्ष विद्वान नहीं विशुद्ध राजनीतिज्ञ करे। हर क्षेत्र में जनता और जनहित का हब्वा दिखाकर अपने राजनैतिक स्वार्थ का निर्लज्जता के साथ पोषण करो। तब तु हें तानाशाह बनने की जरूरत नहीं रह जायगी। तानाशाह तु हारा पानी भरने की नौकरी पाने के लिए तु हारे घर के बाहर खड़े मिलेंगे।

व्यास दुख से भरे सारे भारत में भ्रमण कर देख रहे थे कि केवल विज्ञान की शिक्षा वह करिश्मा है जो मस्तिष्क को मनुष्यत्व के विकास के प्रति उदासीन कर देता है। विज्ञान की शिक्षा स्वतन्त्रता, समानता और बन्धुत्व को तीन चिड़िया बनाकर खुले आसमान में उड़ने के लिए छोड़ देती हैं। केवल विज्ञान की शिक्षा मस्तिष्क की अखरोट जैसी आकृति को ब्लैकबोर्ड में बदल देती है, और जिन्दगी को त्रिमूर्ति (थ्रीडाईमेंशनल) से दोमुही (टूडाईमेंशनल) कर देती है। मस्तिष्क की तरलता और वायवीय गति गणित की इक्वेशन्स में अटक कर रह जाती है। सीजोफ्रेनिया, साइकोसिस और मेगालोमेनिया जैसे रोग मस्तिष्क और हृदय को ऐसा उर्ध्वमुखी बना देते है कि आकाश वेतन का भारी पैकेज हो जाता है, और देश विदेश की फ्री यात्राएँ धरती पर पाँव नहीं टिकने देती।

ऐसे देश के क प्यूटर-नौनिहालो को अध्यात्म, केवल विज्ञान द्वारा लगाये गये मानसिक रोगों का उपचार नहीं, फेंटेसी लगने लगता है। उस देश की दर्शन, सुरुचि-रचेता साहित्य और मानस को बल देने वाली संस्कृति बेकद्री के कारण शिथिल हो जाती है। पश्चिमी देशों से आत्मा और मनुष्यत्व का पोषण करने वाली उपन्यास कला का—जिसे तुर्गनेव, डिकेंस, डयूमाज, अनातोले फ्रांस, और टॉल्सटाय मानव जीवन को उन्नत करने वाली कला बना चुके थे—पचास वर्षों के केवलविज्ञान उन्माद ने पश्चिमी साहित्य से ऐसे भगा दिया जैसे वह कोई देवी नहीं राक्षसी थी।

व्यास देखते भारत सरकार कुछ पतित साधुओ का प्रचार टी.वी. पर इस नीयत से करा रही थी कि भारत का हजारों वर्षों से बना अध्यात्मपथ ही टूट कर कालप्रवाह में बह जाय। स्वतन्त्रता के बाद भारत में भक्ति-पर परा द्वारा बनाया गया अध्यात्मपथ शताब्दियों से भारत के पुत्रों की प्रतीक्षा कर रहा था। आशा थी

कि स्वतन्त्रता के बाद उसे जन साधारण के और निकट लाकर, वैज्ञानिक उपलब्धियों का मानवोचित उपयोग करके, भारत मनुष्यत्व की मंजिल की ओर बढ़ेगा। मानवजीवन की प्रगति होगी, उपभोगवादी स यता की नहीं, जिसने पश्चिमी जीवन को सुखों से दूर भोगवादजन्य उदासी और नैराश्य तिमिर से भर दिया है। भारत ही नहीं संसार प्रतीक्षा करता ही रह गया कि अध्यात्म में पले बढ़े भारत के वीर उन्हें अध्यात्मपथ फिर से उपलब्ध कराएँगे।

व्यास कक्षा में प्रवचन दे रहे थे, "भारत में आचार्यों और प्रोफेसर्स् का आकाश भी छोटा हो गया। दास बनाने वाले विदेशी शासकों ने विगत दस शताब्दियों में नर्क को अधोलोक से उठाकर भारत भूमि पर ही उनके पास रख दिया था। वे इतने डर चुके थे कि अपने तप से उन विदेशियों को नर्क उठाकर अपने साथ ले जाने के लिए मजबूर न कर सके। नाक और आँख मूँद कर यह विश्वास किये बैठे रहे कि जब उनकी इन्द्रियाँ बन्द है तो बराबर में धरा नर्क भी भारतीयों पर अपना असर नहीं डालेगा।

"विदेशों से आये धर्मों के साथ हमलावरों की विजय-वीभत्सता स मलित थी। यह विजय उस एकमात्र देश भारत के विरुद्ध थी जो मानवजीवन के मूल्यों और उद्‌देश्य के निस्वार्थ अन्वेषण में लगा हुआ था। शत्रु के विरुद्ध मारक क्षमता और युद्ध शैली विकसित करने में जिसकी कोई रुचि नहीं थी। तोप बनाने की तकनीक अशोक के स्त भ बनाने में सवा दो हजार साल पहले विकसित करके भी भारत ने तोप नहीं बनायी थी। कारण था भारत का आदर्श। युद्ध को भारत वीरों के शौर्य और स यक् चरित्र की परीक्षा मानता था। तोपे लगाकर, बिना शौर्य के, शत्रु सेना के विनाश को कायरता मानता था।

"ईसाई और इस्लामी देशों के संगठनों ने एक-दूसरे के विरुद्ध जेहाद् नामक युद्ध चार सौ वर्षों तक लड़ा। झगड़ा इस कारण था कि दोनों स्वयं को ईश्वर के चुने हुए धर्मात्मा और एक-दूसरे को नास्तिक (काफिर) मानते थे। उस जेहाद के बाद दोनों ने धर्म जैसी शान्त वस्तु के नाम पर क्रूरता भरे युद्धों का अखाड़ा दुनिया भर के राष्ट्रों को बनाये रखा। दोनों ने यह अन्धविश्वास बनाये रखा कि जो लोग इनके गुरु को एकमात्र सच्चा गुरु नहीं मानते वे नास्तिक है। दूसरा अन्धविश्वास अपने अनुयायियों के लिए यह बनाया कि यदि वे मृत्यु के बाद स्वर्ग चाहते हो तो कोई मनुष्यत्व के हित का काम करो या न करो, अन्य धर्म वालों का धर्म अवश्य नष्ट कर दो। उन्हें अपने धर्म में दीक्षित कर लो या उनकी हत्या कर दो। स्वर्ग पाने का यह रास्ता उन्हें बहुत आसान लगा। उन्होंने सारी दुनिया में कोहराम मचा

दिया। इनके अनुयायियों की सं या इतनी बढ़ गयी कि दोनों धर्म विश्व की दो महाशक्तियाँ बन गये। विश्व की राजनीति इन दोनों के चारों ओर घूम रही है तब से।

''आत्मा को संसार पर शासन करने के मोहजाल से मुक्त करके परमात्मा से सायुज्यता प्राप्त करने का धर्मपथ दिखाने वाला देश केवल भारत रह गया। यह मानवजाति के नेताओं की पराजय है कि उन्हें यह याल कभी नहीं आया कि भारत की स्वतन्त्रता को अक्षुण्य रखकर ही संसार अध्यात्मिकता की धूम्रविहीन ज्योति को जलाये रख सकता है। भारत की धर्मान्धों के हाथों पराजय विश्व के अकेले अध्यात्मिक हौसले की पराजय बन गयी। तब से कुछ धर्म आतंकवादी होकर मनुष्यत्व और ईश्वर से और भी दूर हो गये।

''दूसरो पर अपना धर्म थोपने वालो ने शताब्दियाँ इस अज्ञान के पीछे खो दी कि कैसे अपने क्रूर शासन से विश्व की भोली जनता को मजबूर कर दे कि स्वधर्म छोड़कर विदेशी शासकों का धर्म अपनाये। अपने नर्क से नीचे और अपने स्वर्ग से ऊपर, अनन्त मे, जहाँ स्वर्ग और नर्क दोनों आत्मा को अस्थायी आवास नजर आने लगते है, देखने वाली अध्यात्मिक जागृति उनमें नहीं थी।

''मध्यकाल में विदेशी कबीलों वाले भारत के शासक बन गये थे। वे शासक बनकर भी इन्द्रियों के सुख से ऊपर के सुखों से अपरिचित रहे, क्योंकि उन्होंने अपने भगवान को अपनी ढ़ाल और राक्षसत्व को अपनी तलवार बना लिया था। उनका आसमान छोटा था, नीयत खोटी थी, जमीन तंग थी। उनको तो शौक था दूसरों की बर्बादी देखने का, उन्हें अध्यात्म क्या देता! नर्क को देखने के लिए दूर्बीने काम नहीं आती। दिल की रोशनी स्वर्ग देख सकती है। वह जालिमो और मनुष्यत्व के हत्यारों में नहीं होती।

''भारत ने सन् 1700 तक आर्थिक उन्नति करके मनुष्यत्व में आशा जगाई थी कि ऋषियों की सन्तान उनका कथन नहीं भूलेगी कि सच्चा प्रेम और अध्यात्मिक ज्ञान ही मनुष्यत्व को स्थायी ऐश्वर्य दे सकते है। 2008 में धनवान माने जाने ने भारत के कंगाल शासकों के लोभ के हौसले बुलन्द कर दिये। उनकी आत्मा को सुला दिया। सुबह होने से पहले ही उन्होंने भोर की लाली को लूट लिया। अनादि अनन्त सत्य के ज्ञान के प्रतीक ऋषियों को और सत्य को स्थापित करने के साहस से भरे प्राचीन राजाओं, पृथु मान्धाता और राम, को पूर्वज मानने में उन्हें भय होने लगा। उनके आदर्श को अपने लोभ, मोह और मद पर विजय दिलाने के बजाय, भारत के वर्तमान राजनीतिज्ञ शासक विदेशी लुटेरे सा प्रदायिक शासकों, को ही

अपना पूर्वज मानने लगे।

''बलात्कार की रोज शिकार हो रही भारत की कन्याओं के उघड़े अंग ढँकने के लिए शासक-नेताओं ने अपनी कंगाली के जमाने की फटी चादरे दे दी। फटी चादरे नग्नता क्या ढँकती! उधर अरबपति बने, हृदय से कंगाल, नेताओं का विलास इतना बढ़ा कि वे भारत की पुत्रियों के तन से फटी चादरे भी खिचने लगे। सारी दुनिया जुगुप्सा के मारे ऐसे दूर भाग गयी कि कुछ दिनों के लिए फिर से धनवान बने भारत के यश के सितारे ही डूब गये। तब से भारत माता की साँसों को घोटने वाले भारत के शासक और उनकी पुलिस मनुष्यत्व को भूली रही। दुष्कर्म करने के कारण राक्षस वृत्ति उन पर हावी हो गयी।

''एक कृतघ्न, लोभान्ध, अज्ञानग्रसित पीढ़ी के भुला देने पर आश्रित नहीं है भारतमाता का अस्तित्त्व। वह तो उकेरा है ब्रह्मा ने हर भारतीय हृदय में उन तत्त्वों से जिनसे प्रलय में भी नष्ट न होने वाला अध्यात्मिक संसार बना है।

''भारत सरकार जिन इतिहासकारों से बच्चों के लिए भारत का इतिहास लिखाती रही है वे संकीर्ण राजनीति या सा प्रदायिक विद्वेष से मतान्ध है। देश के महान इतिहासकारों के ग्रन्थों से ही अंश एकत्रित करके बच्चों के पाठ्यक्रम में रखना हितकर होता है। महान इतिहासकार का उद्देश्य मनुष्यत्व का हित, विश्व का हित और राष्ट्र के हितों का समन्वय होता है। उसका दृष्टिकोण मनुष्यत्व को झूठ से ज मी करना नहीं होता। वह किसी जाति या नायक की गौरवगाथा सुनाने वाला चारण या भाट नहीं होता। वह विजय का जिक्र करते हुए पराजित की क्षति में मनुष्यत्व की जो क्षति हुई उसका भी जिक्र करता है। उसका उद्देश्य होता है सारी मानवजाति के पग सत्य, शिव सुन्दर की ओर बढ़ते जाएँ। संकीर्ण और पूर्वग्रह से ग्रस्त इतिहासकार के व्यक्तित्व का प्रभाव बच्चों पर न पड़े —यह सुनिश्चित करना बच्चों को शिक्षित करने से कम महत्त्वपूर्ण नहीं है। महान इतिहासकरों की भाषा बच्चों के हृदय को ज्ञान से फूल की तरह खिलाती है। उनके हृदय कमल की पंखड़ियाँ विद्वेष, अनृत, और अधर्म के विष से कु हला न जाएँ—यह सावधानी बरतती है।

''जो सरकार यह नहीं जानती कि सा प्रदायिक सौहार्द इतिहास का कटु सत्य छुपाकर असत्य बच्चों को पढ़ाने से नहीं बनता, वह सरकार भारत के भविष्य के प्रति सजग नहीं कही जा सकती। कोई भी जनतन्त्र आगे नहीं बढ़ सकता जिसके बच्चों ने अपने अतीत को सत्य की आँखों से नहीं देखा। जो जनतन्त्र यह आधारभूत सावधानी नहीं बरतता कि सत्य वर्तमान में उतरे वह जनतन्त्र नहीं

परतन्त्र है। वह जनतन्त्र तानाशाही का विकृत रूप है। वह अपनी ही सन्तान को असत्य का विष पिला रहा है, जो असत्य पर पलते है वे असत्य कर्म करते है। असत्य से बँधी जाति से अधिक पराधीन कोई जाति नहीं होती।

''स प्रदायों के बीच सच्चे स बन्ध अतीत के कटु सत्य की उपेक्षा करने से नहीं बनते। अतीत के कटु सत्य को जानने और उन त्रुटियों को दोहराना बन्द करने से बनते है। वर्तमान जीवन की कठिनाइयों को एक-दूसरे के सहयोग से हल करने से बनते है। एक-दूसरे के प्रति ऐसा कर्म करने से बनते है जिससे सभी स प्रदायों में प्राकृतिक सौहार्द और सद्भावना उत्पन्न हो।सभी स प्रदाय जब राष्ट्र के हित को सर्वोपरि रखे तभी सच्चे स बन्ध बनते है। राजनैतिक दलों का किसी स प्रदाय को रिझाना और किसी की उपेक्षा करना निषिद्ध करने से सौहार्द बनता है। राजनैतिक नेता अपनी अपनी पार्टी को मजबूती केवल राष्ट्रहित के कर्म करके दे सकते हैं। पार्टी को मजबूत करके एक और स प्रदाय बना कर नहीं। राजनैतिक दल में शक्ति केवल तब आती है जब वह स्वयं को देश का प्रहरी बनाये। अपने दल को देश का भाग्यविधाता बनाने वाले दल ऐसे नष्ट हो जाते है जैसे सोवियत रूस का सा यवादी दल। स प्रदायों और जातियों में सौहार्द सत्य को स्वीकार करके ही बनता है। सच्चे स बन्ध वालों में ही एक-दूसरे के प्रति संवेदना होती है।''

निर्मल हृदय व्यास और गोपियाँ

पाँच हजार से अधिक वर्ष हो चुके थे श्री कृष्ण को इस संसार में धर्म की ग्लानि दूर करके, दुष्कर्मियों को दंडित करके, धर्म का अ युत्थान और साधुओं का परित्राण करके गोलोकधाम लौटे हुए। विलक्षण थे व्यास मुनियों में भी। वे अपरा और परा प्रकृति के दोनों रूपों में एक साथ जी सकते थे। कौन सा द्वार था लौकिक ज्ञान का जो उन्होंने नहीं खोला था। युद्ध-विज्ञान, महाविनाश करने वाले शस्त्रों का निर्माण और संधान वे करके त्याग चुके थे, क्योंकि युद्ध को उन्होंने मानवीय समस्याओं का निदान नहीं, उलझाने वाला पाया था। देव, यक्ष, गन्धर्व नाग, विद्याधर, राक्षस योनियों वाले जीव उनसे परामर्श करते थे।

व्यास परा प्रकृति में उत्तीर्ण होकर वर्षों तीनों गुणों से अतीत और अनछुआ कर लेते थे स्वयं को। कभी मौज आती तो तीनों गुणों द्वारा एक-दूसरे का स्थान छिनवा कर उन्हें व्याकृत से अव्याकृत कर देते। कभी तीनो गुणो के परस्पर मेल और सौहार्द को उद्वेलित करके ऐसा सुखमय संसार बनाकर उसमे रहने लगते जैसा काल और देश में यथार्थ नहीं हो पाया था। वह एक ऐसा सुखमय संसार होता जिसके आगे स्वर्ग भी देवताओं को फीका लगने लगता। फिर भी वे अभिमानी नहीं थे कि इन्द्रदेव के वैभव को चुनौती देते। वे जितने ज्ञानी-विज्ञानी-कवि थे उतने ही विनम्र भी थे। वे अपने मानस-पिता ब्रह्मा की सृष्टि के होते दूसरी सृष्टि रचने का अनावश्यक कर्म कैसे कर सकते थे!

व्यास सन्तुष्ट थे अपने परिपूर्ण मनुष्यत्व से जिसमें उन्हें प्रेम मार्ग अपनाने के बाद श्रीहरि ने अवस्थित कर दिया था। अब श्री हरि ने उन्हें अमरता धारण करने का विकल्प दे दिया था। किन्तु वह विकल्प श्रीहरि की उदार भाषा में था। महामुनि की दृष्टि में तो वह श्रीहरि की इच्छा थी जो महामुनि की दृष्टि में सर्वोपरि थी। शीर्ष पर धारण करने योग्य आदेश था। वे उनसे यह पूछना भी धृष्ठता समझते थे कि 'यह अनोखी इच्छा उन्हें क्यों हुई कि मुझे मानव योनी में ही अमर कर दें और अमरता के सारे सुख भी दे दें।' किन्तु इस सुख में वे कैसे जी

सकते थे इतनी संवेदना लेकर, जो उन्हें किसी भी प्राणी के दुख से ऐसे विचलित कर देती थी जैसे स्वयं उनका दु:ख हो! यह तो ऐसा ही था जैसे किसी को स्वर्ग में रहने की स्वतन्त्रता और पृथ्वीवासियों से अत्यंत प्रेम एक साथ दे दिये जाएँ।

व्यास सोचने लगे, 'यही विषम स्थिति महाराज युधिष्ठिर की रही होगी। वह घटना मेरी कल्पना में आ गयी थी, क्या इस कारण ही उस घटना की मेरे जीवन में व्याकृति अनिवार्य थी? यदि यह अनिवार्य है तो राक्षस भी तो मेरी कल्पना में आ चुके है। इस हिसाब से तो मुझे राक्षस योनी में जाकर उसका भी स्वयं अनुभव करना होगा? किन्तु श्रीहरि के लिए तो अनिवार्य शब्द का उपयोग करना ही दुरूपयोग है।'

अ बा और अ बालिका को मैं ऋषि नहीं असुर लग रहा था। संवेदना ने उनकी मानसिक पीड़ा को मेरे हृदय में उतार दिया था। माता सत्यवती के आदेश का पालन अनिवार्य था। एक सुन्दरी ने आँखें मीच ली थी। दूसरी भय से पीली पड़ गयी थी। राजमाता सत्यवती चाहती थी उनका वंश राज करे।

मानवीय दृष्टिकोण से नियोग वाली घटना का पूर्ण विवेचन करते हुए भी, व्यास नहीं भूले कि यह विवेचन माता सत्यवती के चरित्र में दोष का साक्षी न बना दे उन्हें। एक क्षण के लिए भी वे नहीं भूले कि मानव जीवन को उद्वेलित करने वाले माता सत्यवती के कर्म उनके चारित्रिक दोष नहीं थे। माता सत्यवती साक्षात् अपरा प्रकृति है। अपरा प्रकृति में तीनों गुणों के बीच वर्चस्व के लिए निरन्तर संघर्ष होता रहता है। जिस घड़ी तामसिक गुण वर्चस्वता पा जाता है उस घड़ी वे तामसिक गुण को अपने कर्म में अभिव्यक्त करती है। जब सात्विक गुण प्रभावी होता है उस समय उसी निस्पृह भाव से वे सात्विक गुण को अभिव्यक्ति देती हैं।

उस अन्याय को कभी कोई नहीं जान पाया था जो व्यास के साथ हुआ था—एक उर्ध्वरेता मुनि को अधोरेता होने का आदेश पालन करने से। वह भी उन स्त्रियों के साथ जो उस मुनि के प्रति अप्रिय भाव से भरी हुई थी। माँ के किसी भी आदेश को न्याय-अन्याय की तुला पर नहीं तोला था उर्ध्वरेता मुनि व्यास ने।

माता सत्यवती ने व्यास को जो आदेश दिया था वह एक मुनि के सारे तप को नष्ट कर देने के लिए पर्याप्त था। उर्ध्वरेता होने के बाद अधोरेता होना वैसे ही लगभग अस भव है। अपने मानसपुत्रों सनत, सनक, सनातन, सनन्दन को परमपिता ब्रह्मा ने आदेश दिया था स्त्री से प्रणयकर्म करके सन्तानोत्पत्ति करने का। किन्तु उन उर्ध्वरेता मुनियों ने सृष्टिकर्म में सहयोग करने से इन्कार कर दिया था, क्योंकि वे उर्ध्वरेता थे और अधोरेता नहीं हो सकते थे। पार्थिव वीर्य को अपार्थिव वीर्यम्

में उत्तीर्ण करके ही कामवासना से मुक्ति पाता है मुनि। इसके अतिरिक्त कामज्वाला से मुक्ति पाने की समस्त विधियों ने मनुष्य के मनुष्यत्व को विकृत किया है।

ऐसे महाबली काम पर विजय पाने के बाद फिर से वीर्यम् को वीर्य में बदलना इससे भी अधिक कठिन रहा था। इस दुर्गम पहाड़ को भी महर्षि व्यास माँ की भक्ति के सहारे पार कर गये थे। यह काम वही कर सकता है जो माता के गुणदोष न देखने वाला, अपरा प्रकृति की प्रतिरूप माता सत्यवती के हर अनुचित आदेश में भी ज्ञान की छटा पाने वाला ज्ञानी पुत्र व्यास हो। इतना ही नहीं व्यास को इस संसर्ग के बाद फिर से उर्ध्वरेता हो जाने में कुछ देर नहीं लगी थी।

नारी को सभी देशों के ज्ञानियों ने क्षीणमति छलना कहा। यूनान ही नहीं, विश्व के किसी भी देश मे, भारत से बाहर वे दीवाने पैदा नहीं हुए जो नारी के प्रेम के साथ मिले मोहजाल की वेदना में आत्मयज्ञ करके नारी को उसके मोहजाल से मुक्त कराने में सफल हुए हों। राधिका के प्रेम में कोई तत्त्व ऐसा पूर्ण और मादक अवश्य था कि श्रीकृष्ण ने बैकुंठ, को छोड़कर राधिका और अन्य बृज सुन्दरियों के साथ प्रेमचर्या को बनाये रखने के लिए एक दिव्य गोलोकधाम बनवाया योगमाया से। सभी भोगो में भाग लेकर भी वे सदा निर्लिप्त रहे थे। उन्होंने वास्तव में कभी कोई भोग ग्रहण नहीं किया था।

अन्य देशो में ज्ञानियों ने नारी को वासना के शिखरों पर खिचने वाला प्रकाश तो माना किन्तु उस प्रकाश को निस्सार भी कहा। भारत में ऐसे असं य ज्ञान के दीवाने तो हुए ही जिन्होंने मोक्ष के लिए नारी के प्रेम का त्याग किया। मगर कृष्ण जैसे वीतराग प्रेमी भी हुए जिन्होंने अपने प्रेम से युगलों को यह महसूस करा दिया कि अपनी कामासक्ति से ऊपर उठ जाएँ प्रेम के धवल शिखरो पर दोनों तो स्वयं को और अपने प्रेमी को हर बन्धन से मुक्त करा सकते है। उस भव्यता को उनका प्रेम छू लेता है जहाँ प्रेम स्वत:—प्रवाहित आनन्द निर्झर हो जाता है।

व्यास संसार के दुखों से त्रस्त हो गये तो एक बार फिर श्रीकृष्ण ने उन्हें वृन्दावन भेजा उस अदृश्य गोलोकधाम में कुछ दिन रह आने के लिए, जिससे महर्षि व्यास का हृदय विषाद मुक्त हो जाए। व्यास कहते है ब्रह्म से सायुज्यता कराने के ये तीनपथ तो मुझे विदित थे—प्रेमपथ, कर्मपथ, ज्ञानपथ। किन्तु रहस्यपथ मैंने जाना जब इस बार मैं वृन्दावन गया। उनकी सूरतों पर अमिट विश्वास था कि श्रीकृष्ण उन्हें छोड़कर कही नहीं जा सकते। मुझे लगा श्रीकृष्ण कही भी रहे गोपियों को ऐसा ही लगता है कि वे उन्हीं के गोकुल में रह रहे है। उनके लिए तो वे जहाँ है

वही श्रीकृष्ण है। कोई उनके लिए रसोई बना रही थी, कोई ऐसे भाव में निमग्न थी कि मोहन उसके घर बैठे उसके हाथ से कौर खा रहे है। कोई भरे दिन को साँझ समझ दीप जलाए उनके साथ अभिसार हेतु शृंगार कर रही थी। भगवान श्रीकृष्ण से इतने ल बे वियोग ने उनके प्रेम को जरा भी क्षीण नहीं किया था। गोपियों के प्रेम में एक अद्‌भुत गुण जाग गया था। श्रीकृष्ण की अनुपस्थिति को ही उनके प्रेम की शक्ति ने उपस्थिति में बदल लिया था। उनकी जीवन चर्या के पोर-पोर में कृष्ण पुर गये थे जैसे माला के धागे में मोती। उनकी भोर शुरू होती श्रीकृष्ण की आराधना के लिए फूल चुनने से। प्रत्येक गोपी उनके लिए वन से सुन्दर फूल चुनकर लाती। फिर उनके कंठ को, बाहुओं को और शीष को सुशोभित करने के लिए छोटी बड़ी मालाएँ बनाती। गायों को दुह कर उनके लिए खीर, मक्खन, छाछ, मलाई और अन्य भोजन बनाने में लग जाती। श्रीकृष्ण को जिमाने का ढंग भी अनोखा था। वे ही एक-दूसरे का शृंगार श्रीकृष्ण मानकर करती। कभी गायों बछड़ों में श्रीकृष्ण की छवि स्थापित करके उन्हें पूरे भाव और जतन के माधुर्य से भरा भोजन कराती। और फिर रात्रि में रास खेलकर एक-दूसरे को कृष्ण मानकर अपनी शैय्या पर सुला देती और स्वयं भूमि पर सो जाती। वे चिर कुमारी गोपबालाएँ श्रीकृष्ण के विरह को विरह नहीं मिलन बनाये रखती थी।

गोपियों का व्यक्तित्व केवल श्रीकृष्ण चिन्तन और प्रेमध्याान में बँधकर एकाग्र हो गया था। इस एकाग्रता में जो विविधता थी वह श्रीकृष्ण के रूपों की ही विविधता थी। श्रीकृष्ण के अतिरिक्त और कोई चिन्ता न होने के कारण गोपियों को सहज ही अपने भौतिक व्यक्तित्व के मूल स्नायविक रूप का मंथन करने का अवसर मिल गया। अपने स्नायविक व्यक्तित्व को जान लेने के बाद मनुष्य के नश्वर दैहिक और मानसिक व्यक्तित्व स्वत: उनकी समझ में आ गये।

एक गोपी ने बताया, 'मेरा व्यक्तित्व श्रीकृण से नेहा लड़ने से पहले गहरा नहीं था। मुझे पता ही नहीं था कि केवल श्रीकृष्ण में समग्र संसार समाया हुआ नहीं है, मुझमे भी समाया हुआ है। मैंने पाया मेरा व्यक्तित्व भी अनेक तल्लों वाला है। सबसे पहला तल्ला नसों, शिराओं और धमनियों को बुनकर बड़ी जुगत से बना रखा है प्रकृति माँ ने। बहुतेरे जतन करके भी मैं उनके द्वारा की गयी मेरे व्यक्तित्व के पहले तल्ले की रचना न जान सकी। मगर चितचोर कान्हा एक क्षण में व्यूह रचना को तोड़ मेरे हृदय पर अधिकार कर बैठे। मेरी सांस बाहर की बाहर भीतर की भीतर रह गयी। मैं विवश, निर्लज्ज सी, बजती मुरलिया के पीछे खिंची

चली गयी। ना बडो की लाज रही, न कुल-कुटु ब की। कोई नहीं रोक पाया। जैसे नागिन सपेरे की धुन के पीछे खिची चली जाती है, वैसे ही मैं मोहन की मुरली सुन मुग्ध चलती चलती गवालबालों के बीच पहुँच गयी।

वहाँ पहुँच कर मैं बोली, ''कान्हा यह कोई अच्छी बात नहीं की तुमने। मेरे देखते-देखते मेरे हृदय को चुरा कर ले गये। इतना भी नहीं सोचा कैसे जीएगी कोई हृदय विन।'' ढीठ चितचोर हँसकर बोले, 'जाओ जाओ! किसी और पर लगाना झूठे दोष। मैं तु हारी झूठी बातो में आने वाला नहीं! बोलो मेरे हृदय के टुकड़ों, मेरे घेनुचरैया भाइयों हृदय भी चुरा सकता है कोई किसी का? स्वयं के सँभाले तो सँभलता नहीं बेचारी का हृदय। छूट गया होगा किसी गली में या खिसक गया होगा बेचारी का हृदय पनघट के पानी मे! मुझे दोष दे रही है। मेरा तो भाग्य ही खोटा है! माँ भी इन्ही गोपियों की बात में आकर इतने मोटे-सोटे से मारती है कि मेरा बदन सुबह तक दुखता रहता है। अगर तुम लोग बुलाने न आओ तो मैं बिस्तरे से भी न उठ पाऊँ, इतना मारती है मेरी निर्दयी माँ! गोपियों ने दुर्गति करा रखी है मेरी।' सखी! ऐसा झूठा तो तीनों जगत में नहीं होगा कोई। सबको फुसला लिया एक क्षण में।''

दूसरी सखी ने पूछा, ''फिर आयी लाज निर्मोही को।''

वह बोली, ''रात जब सब सो रहे थे। ढ़ीठ को देखो सीधा मेरी चारपाई तक आया और मुझे उठा कर ले गया जमुना तट। वहाँ बोला, 'मंजरी! मुझे झूठ बोलने की आदत पड़ गयी है। तू ही छुड़वा सकती है। तू ही तो अकेली सच बोलती है सारे ब्रज मे। ये ले तेरा हृदय!' और अपने हृदय के आगे मुट्ठी भींच कर मेरे हृदय के आगे लाकर खोल दी। सचमुच मुझे लगा जैसे खोया हृदय वापस आ गया। मगर वापस पाकर अच्छा नहीं लगा। उसके पास ही अच्छा था मेरा हृदय। मेरे पास आते ही मुझे तंग करने लगा, कभी झगड़ना कभी रोना। मैंने कहा, 'कान्हा तू ही ले जा इसे। तूने बिगाड़ दिया इसे। अब यह मेरा नहीं रहा।' अरे देखो निर्लज्ज ढ़ीट को। वापस न ले कर दे। मैं रोई, गिड़गिड़ाई तो वापस लेने से पहले मुझसे वचन लिया कि फिर कभी वापस नहीं माँगूँगी उससे।''

दूसरी बोली, ''अच्छा ही किया तूने सखी जो हृदय कान्हा के पास ही रहने दिया। सारे जग में एक कान्हा ही तो अपना है। कुछ भी करले, हमारे आँसू नहीं देख सकता। धरती आकाश एक कर दिया था जब कालिया नाग ने हमारी जान आफत में कर दी थी। जब हमने रो-रो कर कान्हा को अपना डर बताया था कालिया नाग का। उसने इतना डरा दिया था कि साँस लेनी मुश्किल हो गयी थी।

तब तो उसी दिन कान्हा ने उसे बींध दिया था। कैसा भयावना प्यारा-प्यारा लग रहा था कालिया के विष से लथपथ, कालिया के ही फण पर नाचता कन्हैया!''

तीसरी ने कहा, ''पुरुष होकर भी पुरुषों से न्यारा है हमारा कान्हा! नारी जैसा हृदय भी उतना ही है कान्हा का जितना पुरुष जैसा।''

चौथी सखी बोली, ''जानती हो अपना हृदय खोकर मैं बावरी हो गयी थी। मेरी सहायता में ढूँढ़ता रहा वह मेरे साथ झाड़ी-झाड़ी, ताल-तलैया, कुंज-कुंज, जहाँ-जहाँ मैंने कहा, जहाँ-जहाँ मुझे शक था। दिन छिप गया तो उसने पूछा, 'कल फिर ढूँढ़ना है क्या?' 'हाँ!' मैंने कहा।

उसने पूछा, 'अच्छा बता दो कैसे रंग का है तु हारा हृदय? साँवरी सुनैना ने कहा था, 'साँवरी हूँ तो साँवरा ही होगा। तुम गोरी हो तो तु हारा गोरा होगा?' 'हाँ और क्या!' मैंने कह दिया। वह बोला, 'लो अपना हृदय ले लो। वरना कल भी मुझे दिन भर भटकाओगी!' और बिना कुछ दिये चला गया।

''मैं कुछ नहीं बोली। सिर झुका लिया। मेरे आँसू निकल आये, नये-नये बने बादल से झरती बूँदों की तरह। मैंने क्यों माँग लिया उससे! बावरी थी मैं! मुझे पता नहीं था कि मेरा हृदय भी उसके ही पास था। मैं तो सब गोपियों से कह दूँगी कान्हा को हृदय दे दो। कान्हा के हृदय जैसा सुन्दर कोई स्थान नहीं है हमारे हृदयों के रहने के लिए।''

तीसरी बोली, ''तभी तू कल रात गली में न जाने कितनी बार आयी गयी। हमारी गाय बिहा रही थी। मैं और माँ जागते रहे जब तक बछिया नहीं हो ली। माँ ने कहा, 'देख इस कणिका को। रात बिरात गली में घूम रही है।' मैंने माँ का मुह बन्द किया क्यों बदनाम करती हो पराई जायी को। अच्छी बात नहीं है माँ! 'दीये में माँ की और मेरी परछाईं हिल रही थी सामने के घर की दीवार पर। ''अब समझी मैं तुझे डर क्यों नहीं लग रहा था। जिसका हृदय कन्हैया ने चुरा रखा हो उसे डर किसका!''

पाँचवीं सखी बोली, ''बड़ा ही छलिया है कृष्ण सखी! ना-ना करते हुए भी न जाने कब हृदय में आकर बैठ जाय। मेरे साथ तो बड़ा ही धोखा हुआ! मैंने तो बड़ा जोगजतन किया था। कन्हैया मुझसे प्रेम न करे, यह माँग कर मैंने व्रत रखकर नौ दिन निराहार रहकर अन्त:करण और इन्द्रियों को तपाया था। कन्हैया का ध्यान भी मन में नहीं आने दिया था, ना नाम जीभ पर आने दिया था। पर दसवीं सुबह उठते ही मेरा ही हृदय मुझे धिक्कारता मिला, ''कैसी निर्दयी है तू! जब से तू निराहार है कन्हैया भी निराहार है।'' दौड़ी-दौड़ी मन्दिर गयी। पूजा करके जैसे ही

व्रत तोड़ा सबसे पहले यशोदा मैंया के पास पहुँची तो मैंया ने कहा, 'क्या बताऊँ केतकी नौ दिन के बाद अभी व्रत तोड़ रहा है। नौ दिन तक यही कह देता था 'जब कोई मेरे लिए व्रत रखे हुए है तो मैं कैसे खा लूँ ? तभी खाऊँगा जब वह खाएगी।' अभी थोड़ी देर पहले बोला, माँ व्रत तोड़ने को दही मिश्री दे दे।' मेरे ब्रत तोड़ने के बाद ही कान्हा ने ब्रत तोड़ा यह जानते ही मेरा हृदय प्रसन्नता से जरा-सा क्या खुला चितचोर उतनी सी देर में ही हृदय में घुस गया। नहीं निकला! नहीं निकल के दिया! फिर मेरा ही हृदय कहने लगा, कैसी बावरी है तू! सारी दुनिया जिसे हृदय में रखने को तरसती है उसे तू बाहर निकाल रही है।''

व्यास इन गोपियों की बाते सुन उन दुखों को साथ ले जाना भूल गये जिन्हे साथ लेकर वृन्दावन आये थे। यही कहते वापस गये, ''धन्य है गोपियाँ! धन्य है कृष्ण! धन्य है उनका प्रेम!''

अराजनैतिक पार्टी का जलसा

अराजनैतिक पार्टी का एक नेता 2013 की कड़ाके की सर्दी में नोएडा के बुद्ध पार्क में भाषण दे रहा था, "सत्तामद सत्य को असत्य से गर्भित करके सूचना बना देता है, जो आधी सच होती है आधी झूठ। जैसे मोती पर पानी चढ़ाती है प्रकृति उसी तरह नारी और पुरुष की देह पर नारीत्व और पौरुष का पानी चढ़ाती है। संस्कृति उस पानी की रक्षाकरती है, स यता नाश।

"आधुनिक स यता के दलाल है फैशन डिजाइनर ।सत्य का पानी प्रकृति चढ़ाती है शासन पर तो वह देश का यश बढ़ाता है। मन्त्री और सांसद उसे उतार, अपने लोभ की चिकनाई चढ़ा रहे है। जिस राष्ट्र में शासन भ्रष्ट हो जाता है उसमे अपराधी शासक बन जाते है और सत्यनिष्ठ लोग जीवन से धकेले जाकर मृत्यु को जीते है। सर चढ़े भ्रष्टाचार के नशे में एक बेईमान मु य मन्त्री रात में काला चश्मा लगाकर भगवान को धमकी दे रहा था, 'बिन इंजीनियरी पास किये रामसेतु बनाया ? गिर तार करा दूँ ?'

"यह स्वतन्त्र भारत है या गुलामी का शानदार विज्ञापन! गुलाम शासकों ने जनता को दुर्भाग्य के हवाले कर रखा है। यहां सांस्कृतिक संस्थाओं के अधिपति बेईमान मुँह की बदबू को झूठ के पान से महकाये रहते है। साहित्यिक श्रेष्ठता को अपमानित करते है। बेईमानों को पुरस्कार के साथ अपनी पीक से भरे उगालदान भी देते हैं थामे रखने को। साहित्यिक संस्थाएँ और एकेडमियाँ राजनीति की पंचायते हो गयी है। भारत के अध्यात्मिक सत्य को अमृत से मृत करने की कीमियागरी की जा रही है। राजनीतिज्ञ तय कर रहे है कि अध्यात्मिकता को मारे या एक साँस चलती छोड़ दे। सोई आत्माएँ इतिहास लिख रही है नौनिहालों की आत्माओं को सुलाने के लिये। भारतीय आत्मा झूठ सुनकर सो जाती है। झूठ पर सच की चोट नहीं करती।

"एक भारत और है, जो टीवी और फिल्मों ने बना रखा है। टीवी पर ऐसे धारावाहिक दिखाये जाते है जिन्हें देखकर लगता है पश्चिम से निकाले गये लोग भारत में बस गये है, और पश्चिमी सोसाइटी भारतीय लिबास में नौटंकी कर रही

है। साहिब और साहिबाँ अपने सांस्कृतिक सूनेपन को ठहाकों से गूँजाकर बेहूदगी को तारीफका टानिक पिला रहे है। वे असत्य के अनुयायी है, केवल सत्य से शत्रुता रखते है। वे धूर्त और देशद्रोही है। वे निस्सीम महानता की सीमा तक पहुँच जाना चाहते है। उनकी अक्ल की सीमा है—चुनाव जीत जाना। महानता की सीमा है मन्त्री बन जाना। वे झूठ, पैसे और प्रचार से यथार्थ को बना रहे है। मीडिया और मीडियोकर मिलकर कोशिश कर रहे है कि कोई नेता इतना ऊँचा न हो जाय कि मीडिया और मीडियोकर दोनों को उनकी मंजिल दिखा दे।

''सनातन सत्य की माला बुद्धों, ऋषियों और तीर्थंकरों ने पहनाई भारतमाता को। कुछ मन्त्रियों ने झूठे-यथार्थ की माला पहनाई भारतमाता को। इसने रक्त चूस कर भारतमाता को अर्धमृत कर दिया है।''

''सफलता या असफलता किसी को प्राप्त हों तो दोनों मौकों पर लोग कहते 'किस्मत का खेल है!' किस्मत का खेलमानोगे तो न जीवन रहेगा न पौरुष।

''महाराज परीक्षित के बाद भारतीयों की भावना, बुद्धि और कल्पना के दो टुकड़े हो गये। यक्ष भावना और राक्षस भावना, यक्ष बुद्धि और राक्षस बुद्धि, यक्ष कल्पना और राक्षस कल्पना। प्रकृति से जन्मी बुद्धि, भावना और कल्पना की नदी सूख गयी। यक्ष प्रवाह और राक्षस प्रवाह प्रकट हो गये। यक्ष प्रणय क्रीड़ा, सुख, धन और सोम के रसिया थे। वे न हत्या करते थे न पाप। केवल सुख में डूबे रहते थे। मनुष्यों को सताना, छल, प्रपंच, धूर्तता यक्षों के आचरण नहीं थे। किन्तु आत्मतत्त्व से अनभिज्ञ होने के कारण उनकी सुख समृद्धि से भरी जीवन शैली अधिक काल तक निर्विरोध न रह सकी।

''यक्षों के भाई राक्षस स्वभाव से दुष्ट, क्रूर और मायावी थे, यक्षों के उल्टे। विपरीत एक-दूसरे को आकर्षित करते हैं। आत्मा के सो जाने के बाद, भारत के शासको ने यक्षों का आमोदी प्रमोदी जीवन अपना लिया। उनके भाई राक्षसों जैसे क्रूर, छल कपट में प्रवीण, कुछ पड़ौसी देशों के वासी भी भाई-भाई कहते हुए यक्षों के पास आने लगे। विदेशी भाइयों ने अवसर पाकर यक्षों जैसे भारत के शासकों को मार डाला और भारत के अधिपति हो गये।

''आर्थिक उदारतावाद ने अच्छा किया शिक्षको को भी धनवान कर दिया। पर ज्ञानदान-प्रवृत्ति छीनकर धन-कमाने की प्रवृत्ति भी दे दी। शिक्षकों के रूप में ऐसे लोग आ गये जो जिस काम में भी लगते है धन कमाते है। ज्ञानदान देने वालों को शिक्षकों के पद मिलने बन्द हो गये।

''अध्यात्मिक ज्ञान और साहित्यिक सौन्दर्य के ज्ञान-संस्करण का स्थान

व्यापारी-संस्करण ले चुका था पश्चिम में। किन्तु भारत के नेताओं को जो मजा गलती दोहराने में आता है वह पश्चिम की गल्ती से सबक सिखने में नहीं आया।

''पश्चिमी दर्शन द्वितीय विश्वयुद्ध के बाद विज्ञान की नकल करता करता मर गया। बट्रेण्ड रसेल और वाईटहेड को सनक चढ़ गयी थी दर्शन में गणित को घुसाने की। इस सनक ने उनके मस्तिष्कों को तो सुखाया ही, पश्चिमी दर्शन की भी हत्या कर दी। उन्होंने दर्शन को गणित की शैली में क्या ढाला, दार्शनिक जिज्ञासा ही लुप्त हो गयी पश्चिम से। पश्चिमी दर्शन के मरने के साथ साहित्यिक सौन्दर्य भी मर गया पश्चिम में। साहित्य और दर्शन के लुप्त होने के साथ मानवीय दयालुता और संवेदनाएँ भी समाप्त हो गयी पश्चिम मे। विज्ञान की तरह नपा तुला और भावनाओं से रिक्त जीवन पश्चिमी जीवन हो गया। सब कुछ औपचारिकता में सिमट आया।

''क्षणभंगुर साहित्य छपने और बिकने लगा पश्चिम मे। उनका कहना था कि युगों तक उनका साहित्य भले ही न रहे, कुछ दिन की जिन्दगानी है कुछ दिन तो रहेगा। साहित्यिक सौन्दर्य और अध्यात्मिक सत्य दो ही मार्ग है क्षण ंगुर जीवन में अमरता प्राप्त करने के—साहित्य को केवल धन कमाने का व्यवसाय बनाने वाले प्रकाशकों और लेखकों ने इस सत्य को छुपा दिया जनता की आँखों से।

''उनका आदर्श था—जीवन एक झूठ है। इसके झूठ को कुछ दिन जो और जिन्दा रख सके वही साहित्य है, वही दर्शन है। पश्चिम में सब निराशावादी हो गये हैं और नैराश्य तिमिर में जी रहे थे, फुलझड़ियों की रोशनी के जरिये। पूरब वालों! उनको नैराश्य तिमिर से निकालो। वे तु हारे बड़े भाई है।

''मगर पूरब वालों को आदत पड़ गयी है पश्चिम की नकल करने की। पश्चिम की नकल करने के कारण लोगों के मस्तिष्क सिकुड़ने लगे है। उनके हृदय निराशा में डूबने लगे है। लोग मनमानी करने लगे। सरकार मनमानी करने की छूट देकर वोट बटोरने में लग गयी। कोई प्रबन्ध करने की आवश्यकता नहीं पड़ती उसे।

''एक सरकार है, दूसरी छाया-सरकार। पाँच वर्ष की जिन्दगानी एक की है पाँच वर्ष की दूसरी की। आम तौर से पाँच वर्ष एक को छाया सरकार बन कर रहना पड़ता है पाँच वर्ष दूसरी को। पाँच वर्ष एक की सरकार झूठे वायदे करने और उन्हें पूरा करने में आयी अड़चनों को गिनाने में पूरा कर लेती है। पाँच वर्ष दूसरी यही काम करती है। और बातों-बातों में दोनों पाँच वर्ष सत्ता के बाहर आराम से रहने का

प्रबन्ध कर लेती हैं। पाँच वर्षों तक जनता को भ्रमित किये रहें। इतना काफी है शेष जीवन सुखपूर्वक काटने के लिये। बाद में किसने देखा क्या होता है, होता रहे जो होना है!

''झूठी वाणी सम्राज्ञी है। उसकी सत्ता हर क्षेत्र में है। झूठी वाणी ही खेल रही है। सत्य आहत, अपमानित, मौन बैठा है दर्शकों में।

''कभी वाराणसी में, कभी न्यूयार्क, कभी मु बई, कभी लन्दन, कभी अक्षरधाम में, कभी जर्मन बेकरी में हत्योन्माद देख देखकर हृदय मौन हो गया है। मनुष्यत्व शुद्ध आत्माओं का कल्पनालोक हो गया है, जिसमे, झूठ से आहत, जनसाधारण प्रवेश करने का मार्ग भूल गये है। वे अन्धों की तरह बराबर की दीवार में द्वार टटोल कर निराश चले जाते हैं।''

डार्विन का असत्य : प्रकृति केवल तामसिक है

सिलीगुड़ी विश्वविद्यालय डार्विन जयन्ती मना रहा था। वहाँ प्रो. व्यास भी आमंत्रित थे। वहाँ कुछ विद्वान विशेष रूप से आमंत्रित थे जो प्रेम को जीवन का सत्य नहीं मानते थे। सिलीगुड़ी के चायघरों में भी बंगाली बौद्धिक जन एकत्रित थे। सेमिनार शुरू होने में एक घंटा था। प्रो. व्यास एक चायघर में घुसे चाय पीने। वहाँ बहस चल रही थी। कुछ बौद्धिकजन कह रहे थे ''जो भारत कल जानेगा वह बंगाल आज जानता है।'' कुछ कह रहे थे ''ऐसा है तो भारत पर संकट जब-जब आये एक दिन पहले क्यों नहीं बता दिया भारत को?'' इससे आगे बात नहीं बढ़ पा रही थी। इसके आगे हाथापाई के लिए लोग आस्तीने चढ़ाए बैठे थे। अच्छा था कि मार-पिटायी नहीं हो रही थी।' व्यास ने मुहावरा सुन रखा था कि बंगाल में आदमी काम नहीं करता, या तो क्रान्ति करता है या बहस। हर मुहावरे की तरह यह भी एक मजाक था।

कार्यक्रम शुरू हुआ एक बड़े ग भीर अन्दाज में। प्रेम को केवल प्रजनन की भूमिका मानने वाले, डार्विन को एकमात्र केवलज्ञानी कहने वाले, अनेक आसपास के विश्वविद्यालयों और कालेजों के प्रोफेसर्स और 'प्रगतिशील विचारक' एकत्रित थे। सबसे आकर्षक वह मार्च था जिसके माध्यम से समारोह के आयोजकों ने हाल के मु य द्वार से सामने मंच तक का रास्ता तय किया। वे सब इंग्लैंड के कांसटेबिलों की काले रंग की बिना क्रीज की, तंग पाजामे जैसी पतलून, लाल रंग का बन्द गले का कोट जिसमे सिल्वर पालिश वाले बटन गले से नीचे तक और कलाइयों पर थे। सर पर बकिंघम राजभवन के पहरेदारों जैसी नकली समूर के काले लगभग एक फीट ऊँचे टोप। टोप पर बिल्ले की जगह तस्वीर थी डार्विन की। उन सबके चेहरे एक ऐसी स्थिर और भारी मुद्रा बनाये हुए थे मानो उनके सिरों पर डार्विन की तस्वीर नहीं डार्विन हो, और उनका सारा ध्यान उन मूर्तियों पर हो कि वे गिर न जाएँ। लग रहा था कि उनकी विश्वास तन्द्रा तभी टूटेगी जब वे समारोह के बाद, सिर पर लिए लिये, जाकर अपने टोप हुगली के

जल में प्रवाहित कर देगे।

खचाखच भरे हाल के बाहर नि न और मध्यमवर्ग के लोग बड़ी सं या में जमा हो गये थे। उनमें बहुतों के कन्धों पर बच्चे बैठे हुए थे। बच्चों के हाथों में ब्रिटिश झंडा था, जिसके बीच में डार्विन का चित्र छपा था। ये छोटे झंडे आयोजकों ने तैयार कराए थे। उन पर गोर्खाली और बांग्ला में लिखा था, ''महात्मा डार्विन जिन्दाबाद' । डार्विन की ल बी दाढ़ी देखकर बहुत-सी अबोध माताओं ने वह झंडा अपनी खोली की दीवार में एक त ता ठोककर बनाये मन्दिर में चिपका लिया था, डार्विन को महात्मा समझ कर। स मेलन का प्रचार कई दिनों तक इतनी निष्ठा से हुआ था और 'डार्विन जिन्दाबाद' नारा इतना गूंजा था कि बच्चों को भी याद हो गया था। बस बच्चों ने लोकल बोली जाने वाली बंगला और गोर्खाली भाषाओं को मिलाकर ''डोरबे-ना ठाकुर जिन्दाबाद'' बना लिया था। बच्चे भूत प्रेत से डरते थे। उनके हृदयों को डोरबे-ना नाम भा गया था। भोली बाल-चेतना ने ऐसे महात्मा को जो उन्हें 'डरो मत(डोरबे-ना) कह रहा था 'ठाकुर' उपाधि श्रद्धावश दे दी थी।

प्रशंसा से भरे तीन भाषणों के बाद, एक वक्ता ने कहा, ''ऐसा नहीं कि सारा पश्चिम डार्विन को सत्य का स्रोत मानता हो। उसी जमाने में ह्यूगो, तुर्गनेव, टाल्सटाय, टेनिसन, दोस्तोयेवस्की आदि विद्वान भी थे पश्चिम में जो डार्विन से सर्वथा विपरीत बात कहते थे। यह मानने वाले भी करोड़ों थे पश्चिम में कि प्रेम मृत्यु के बाद भी रहता है। प्रेम अमर करने वाला तत्त्व है। प्रेम करने का हौसला ईश्वरीय देन है। हत्यारे का हौसला राजनीति की देन है। दुनिया से प्रेम के हौसले को मिटा नहीं सकता कोई। अध्यात्मिक प्रेम को अधिकांश पश्चिम के विद्वानों ने सराहा है। वे भी अमरप्रेम को कल्पना नहीं सत्य मानते थे। जब नीत्शे से इकबाल ने बाज बनना सीखा काश तभी गेटे से अमरप्रेम भी सीख लेता।

''डार्विन ने सच्चे प्रेम को नहीं कामक्रीड़ा को महत्त्व दिया। डारविन के बाद पश्चिमी विद्वानों के सुर बदल गये। वे कामवासना को प्रेम से ऊपर महत्त्व देने लगे। इस परिवर्तन के साथ ही पश्चिम में मानव संस्कृति को घुन लग गया। काम निर्लज्ज हो गया। काम को ही परम सत्य मानने वाले पश्चिमी विद्वान काम की निर्लज्जता से प्रभावित होकर, लज्जा को नारी का गुण नहीं, नारी की हीनभावना मानने लगे। विश्व सुन्दरी कहती है 'कुआरी लड्की आज के जमाने में एक झूठ है।' वे मुझसे पूछें लाखों हैं आज भी भारत में। हीन वो है जो नारी की लज्जा को नारी का आभूषण नहीं हीनताभावना मानते है।''

कुछ लोग सोटे और हाकियाँ लेकर मंच पर चढ़ आये वक्ता को पीटने। वाइस चान्सलर ने उनसे बांग्ला में अपील की, "यह विद्वानों की सभा है जिनके हृदय में बहस को सहने की ताकत नहीं है वे कृपया बाहर चले जाएँ। यह विश्वविद्यालय है मछली बाजार नहीं।"

वे लोग वाइस चान्सलर की ओर बढ़े गालियाँ देते हुए। डीन ने तभी उठकर लड़को को ललकारा, "क्या अब यही देखना रह गया बूढ़ी आँखों को कि शिक्षकों को उनके पढ़ाए पुत्रों के सामने गलियों के गुंडे पीटें ?"

यह ललकार सुनकर भारी डीलडौल वाला बीरेन सुब्बा पीछे से बेंचों पर फाँदता, चिल्लाता हुआ 'ईस्साला गुंडा!' मंच पर आकर गुंडों पर टूट पड़ा। फिर क्या था। विश्वविद्यालय का बॉक्सिंग चैं पियन और न जाने कौन-कौन जाँडे और साधारण देह वाले विद्यार्थी मरने मारने के इरादे लिए मंच पर आ गये। हालत बिगड़ी तो गुंडे कूदते-फाँदते भाग गये।

अब विद्वसभा रंग में आयी। फारसी के प्रोफेसर अबूहसन गुलदावदी का भाषण शुरू हो गया। वे सर्दियों में सिर्फगुलदावदी के फूल उगाते थे अपने बँगले में। इसलिए गुलदावदी नाम जुड़ गया था उनके नाम के साथ। वे बोले, "पहले इकबाल का सुर भी विश्वशान्ति और मनुष्यत्व का वही सुर था जो विश्व के विद्वानों का सुर रहा है। लेकिन बर्लिन और लन्दन में रहकर पढ़ते हुए इकबाल के सुर पर नीत्शे और डार्विन का सुर ऐसा चढ़ा कि फिर अंत तक उनका अपना सुर सुनने को नहीं मिला। उन्होंने भारत के विभाजन को आवश्यक माना। शिकव-ए-जिब्रील में वे सा प्रदायिक हो गये। वीर मनुष्य को बाज की संज्ञा दे दी, जो मासूम चिड़ियों को गिरहे लगाकर आतंकित करता है, मारने से पहले। वे भूल गये इनसान चिड़िया नहीं होता। उसमे एक रूह होती है जो जग जाये तो बाज कोई चीज नहीं रहता।

"ये भयानक स्वप्न थे इकबाल के। गाँधीजी ने एकता का जो स्वप्न हमें दिखाया वह ऐसा नहीं है जो किसी कवि के जनून से मिट जाय। वह सपना केवल ऋषियों और सम्राट अशोक ने नहीं देखा था। उस सपने को मीर, अमीर खुसरों, अनीस, बादशाह जफर और मिर्जा गालिब ने भी अपने-अपने समय में देखा था।

"अल्लामा इकबाल जैसे बड़े शायर का सुरसंकीर्ण हो गया था। जब इतने बड़े शायर का सुर संकीर्ण हो जाय तो कौमो की किस्मत बिगड़ जाती है। शायर पूर्ण सत्य से भागने लगता है। डारविन ने अपनी गल्ती वृद्धावस्था में स्वीकार करते हुए लिखा,"मनुष्य में मनुष्य को मारकर स्वयं जीने की नीच लालसा ही नहीं

होती। महान इच्छाएँ भी होती है जो दूसरों के हित में प्राण तक न्यौछावर करा देती है।''

''जवानी में तो इन्सान के चरित्र का बण्टाधार कर गया जालिम डार्विन! सब कुछ लुटा के होश में आए तो क्या! पाछे पछताएँ क्या होत है जब चिड़िया चुग गयी खेत!' पशु जीवन को निकट से देखने का बहुत शौकीन था युवा डार्विन। उसने युवावस्था में इतने करीब से देखा था पशुजीवन को कि उसे मानव जीवन में पशुजीवन की बहुत गुंजाइश दिखाई दी थी।''

जीव विज्ञान के प्रोफेसर क्षेत्रेश चट्टोपाध्याय के भाषण ने काफी जानकारी दी डार्विन के बारे में। ''डार्विन युवा और निर्धन था। पशु जीवन को निकट से देखने के शौक में बिना सोचे विचारे उसने एक हिंसक और अर्द्ध विक्षिप्त, अमीर अँग्रेज फिट्जरॉय का प्रस्ताव स्वीकार कर लिया था। वह पाँच वर्ष की एक ल बी जलयात्रा पर उसे साथ ले गया। नाव में सिर्फ उन दो को साथ-साथ पाँच वर्षों तक समुद्रों की यात्रा करनी थी। काम कैसे दुस्साहस का था, इसका पता डार्विन की लेखनी देती है। उसके अनुसार हर दिन यह खतरा रहता था कि न जाने किस घड़ी वह पागल अमीर उसकी हत्या कर दे। वह अनुभव काफी हतोत्साहित करने वाला था। इस तरह के आदमी के साथ अकेले पाँच वर्षों तक समुद्रों के चक्कर काटने के बाद डार्विन का घूमने का शौक ही गायब हो गया। उसके बाद डार्विन अपना घर छोड़कर जीवन भर इंग्लैंड के बाहर नहीं गया। किन्तु मानव जाति उसके द्वारा प्रशस्त किये गये हिंसा के मार्ग पर उससे आगे निकल गयी।

''इकबाल और हिटलर ने नीत्शे को अपना मानस-पिता समझा था। नीत्शे का उद्देश्य सर्वथा विपरीत था हिटलर और इकबाल के उद्देश्यों से। नीत्शे आज भी निर्मल उद्देश्य वालों को परम सत्य की ओर पुकारता है, जबकि हिटलर और उसके नाजी लाखों निर्दोषों को मारकर स्वयं भी नष्ट हो गये।''

प्रो. व्यास को उस सभा में भाषण देने का अवसर ही नहीं मिला। आसपास के विद्वान इतने अधिक थे, पहले उन्हें अवसर देना था।

भारत का सांस्कृतिक वैभव

'इण्डिया इण्टरनेशनल' में एक जर्मन विद्वान कुर्ट वैलडाईम महर्षि व्यास पर व्या यान दे रहा था, ''आप भारतीय जन सौभाग्यशाली है कि व्यास जैसा धर्म-निरपेक्ष धर्मज्ञ भारत में पाँच हजार वर्ष पहले ही जन्म ले चुका था। व्यास की धर्मदृष्टि दूसरों का धर्म परिवर्तित कराने की लालसा से सर्वथा मुक्त थी। इसी लालसा ने पश्चिमी धर्मों को धर्म का असली मर्म नहीं जानने दिया। मुझे लज्जा आयी हाल ही में कुछ पत्र और दस्तावेज बर्लिन विश्वविद्यालय की लाइब्रेरी में देखकर कि मेरे ही देशबन्धु मैंक्समूलर, जिन्हे मैं ऋषितुल्य समझता था, कुछ अर्थों में धर्म-परिवर्तन करने को ही धर्म समझने वाले पादरियों और मुल्लाओं जैसे थे। उन्होंने स्वीकार किया कुछ पत्रों में कि वेदो और उपनिषदों की व्या या उन्होंने इस दृष्टि से की कि पोप को सनातन धर्म को नष्ट करके भारतीयों को ईसाई बनाने में सहायता मिले। मुझे शर्म आ रही है उनकी बौद्धिक बेईमानी पर। बौद्धिक बेईमानी ज्ञान की दुनिया में जहर है।

''दूसरो का धर्म हर उल्टे तरीके से परिवर्तित करने का जनून एक मानसिक रोग है संसार के उन धर्मों का जिन्हे मार्कटुवेन ने भारतीय धर्मों की गहराई के आगे बचकाना कहा। जब भी वे भारत की अपेक्षा अधिक शक्तिशाली हुए, उन्होंने नरसंहार करके अन्य लोगों के साथ भारतीयों का धर्म भी परिवर्तित करने की कोशिश की। वे अपने धर्म के अध्यात्मिक खोखलेपन को केवल एक तरह से छुपा सकते थे। वह तरीका था हिंसा का जिसका सच्चे धर्म से कोई स बन्ध नहीं होता। सत्य की जोत भारत के मनीषियों ने जलायी है। उन्होंने ईश्वर जैसा काम किया है पृथ्वी पर। मैं उन्हें शत् शत प्रणाम करता हूँ। अगर सेकुलरवाद की राजनीति विश्व की धर्म-जिज्ञासा को नहीं खा पाई तो इसका श्रेय भारत के निस्वार्थ सन्तों को है। वे धरती पर ऐसे जीये है जैसे ईश्वर आसमान में जीता है। ईश्वर के कर्म को कोई नहीं मिटा सकता। जिसने उसे बुझाने का हठ किया नष्ट हो गया।

‘‘अध्यात्मिक सत्य को मिटाने की चेष्टा को मनुष्यत्व के प्रति अपराध घोषित करना चाहिए संयुक्त राष्ट्र संघ को। धर्म परिवर्तन करने वालों को भी मानवता का अपराधी घोषित करे संयुक्त राष्ट्र संघ। कोई स्वेच्छा से धर्म परिवर्तन नहीं करता। जो स्वेच्छा से करता है वह उन ओछी हरकतों को बर्दाश्त नहीं कर सकता जो धर्म बदलने वाले ईश्वर द्रोही करते हैं।

‘‘एक प्रमुख अन्तर भारतीय मूल के धर्मों और पश्चिमी मूल के धर्मों में है काम स बन्धी पाखंड का। भारत के धर्मों में स्त्री पुरुष के बीच परस्पर प्रेम और स मान के साथ हुए काम को पुरुषार्थ का दर्जा दिया गया है। जिस तरह धर्म एक पुरुषार्थ माना गया है भारत में काम को भी पुरुषार्थ माना गया है। पुरुषार्थ सिद्ध तभी होता है जब मनुष्य सत्य की सीमा में रह कर कर्म करे।

‘‘यह कितना व्यवहारिक और उज्ज्वल दृष्टिकोण है उस पश्चिमी दृष्टिकोण की अपेक्षा जिसमें भगवान ने एडम और ईव को काम स बन्ध के कारण स्वर्ग से निकाला। इस अव्यवहारिक धार्मिक वर्जना के रहते पश्चिम में काम आज भी पुरुषार्थ नहीं माना जाता। सप्रेम और सहर्ष हुए काम के प्रति ऋषिकण्व की स्वीकृति को देखकर जर्मनी के सबसे बड़े कवि गेटे ने लिखा कि यदि तुम पृथ्वी के फलों और स्वर्ग के फूलों को एक स्थान पर देखना चाहों तो कालिदास के नाटक ‘अभिज्ञान शाकुन्तलम्’ में देख सकते हो।

‘‘मुझे आश्चर्य हुआ दिल्ली आने पर भारतीयों में आक्रोश देखकर कि एक पश्चिमी लेखिका ने बडी अश्लील व्या या की है भारतीय देवी देवताओं के प्रेम स बन्धों की। उन्हें तो तरस खाना चाहिए उस महिला के संकीर्ण मानस पर, जिस पर उसका वश नहीं है, क्योंकि उसके धर्म के अनुसार उसका जन्म भी उसके वैध माता पिता के पाप के कारण हुआ। पश्चिमी धर्मों में धर्म और काम समान स्तर के पुरुषार्थ नहीं माने गये है, बल्कि काम को मानव का सबसे बड़ा, अक्ष य, प्रथम पाप माना गया है। इस तरह हर पश्चिमी युगल पापी है और हर बच्चे का जन्म पाप है। इतनी संकीर्ण मनोवृत्ति वाले लोग भारतीय धर्मों को नहीं समझ सकते।

‘‘अपने धर्म को गहरा और व्यवहारिक बनाने के लिए एक और निन्दनीय चेष्टा कुछ, विद्वता-धर्म से अनभिज्ञ, पश्चिमी विद्वान कर रहे है। वे भारतीय अध्यात्म और योग की पुस्तकों में से भारतीय सन्दर्भ हटाकर उनके विचारों को तोड़ मोड़ कर अपने नाम से छपा रहे हैं।

‘‘व्यास से उत्तराधिकार में आप लोगों को ज्ञान के हीरों की खान मिली थी।

मगर हजार साल की गुलामी ऐसा विष है जो आपको ही नहीं किसी भी प्रबुद्ध जाति से अपनी अमूल्य विरासत का मोल भुलवा देता। आप लोगों को विश्वास था भी और नहीं भी कि महर्षि व्यास ज्ञान के हीरों की खान है। उनके समान धर्म और अध्यात्म का सच्चा स्वरूप समझाने वाला विद्वान विश्व में दूसरा नहीं हुआ। मध्य एशिया और यूरोप से जो हमलावर आये, उनके हाथ यह हीरों की खान लग गयी। मानस की मिट्टी में से हीरे निकालने का हुनर भूल जाने के कारण आप लोग एक हजार वर्षो से उनकी चाकरी करके अपने परिवार पाल रहे है। अब आप आजाद हो गये है। मेरी आप लोगों से प्रार्थना है कि मानवता के हित के लिए आप लोग जल्दी से जल्दि गुलामी की आदतो से ऊपर उठें।

गुलाम बनाने वाले आजाद करने से पहले गुलामों को ऐसा करके जाते है कि वे अगर कभी बराबरी करने की कोशिश करे तो उन्हें ऐसा लगे कि वे अपने भूतपूर्व आकाओ का अपमान कर रहे है। और सहम कर वे फिर से उन आकाओं के मानसिक गुलाम हो जाएँ।

''अपरा प्रकृति के राज्य में क्यों कुटिल, कुमार्गी, पापी और अधर्मी सफल हो जाते है और सत्यनिष्ठ लोग असफल हो जाते है? भारत जैसे मनुष्यत्व-परायण देश को क्यों आतंकवाद का शिकार बनना पड़ा? इस प्रश्न पर मैं कुछ प्रकाश डालना चाहूँगा।

''इसका कारण यह है कि भारतीयों ने कंकाल को शान्त नहीं किया, जो मनुष्य को अकाल मृत्यु देते है वे कंकाल को जगाते है। आतंकवादियों ने कंकाल को जगा रखा है। मृत्यु को कोई नहीं देखता, किन्तु कंकाल को देखते ही मनुष्य को मृत्यु का याल आता है। जीवन से ज्यादा स्थायी, किन्तु असत्, कंकाल है। अस्थिपिंजर की खोपड़ी को देखो तो लगता है हंस रहा है। ऐसा लगता है मानो मृत्यु जीवन पर हंस रही है एक भयानक हँसी। यही उदगम है मनुष्य में भूत प्रेत के भय का। ये सब भय की अँधेरी दुनिया की उत्पत्ति हैं।

''पश्चिम की नकल करके एक अन्धविश्वास भारत के फिल्मी जन ने भारतीयों को दे दिया है। वे प्रेत को आत्मा कहने लगे है। प्रेत तो सबसे उपयुक्त शब्द है संस्कृत में मरे हुए व्यक्ति के लिए, जिसकी आत्मा तो पुनर्जन्म ले चुकी हो, किन्तु मानस किसी मोहवश पृथ्वी पर भटक रहा हो। प्रेत को आत्मा तो अज्ञानी लोग कहते हैं जिनका अन्धविश्वास है कि आत्मा मरने के बाद भी कब्र में कैद रहती है, मृत शरीर मे। उन्होंने आत्मा जैसे ज्ञानमय अमर तत्त्व को भी भय का उदगम बना लिया है।

"कंकाल के सात लक्षणों में आत्मयज्ञ करके भारतीयों की आत्मा एक नई सुबह का आह्वान करे। जो आतंकवाद में लिप्त है वे भी मानवोचित कर्म करे। उनके क्लेश का भी अंत हो।

"कंकाल के सात लक्षण है : 1. रिक्तता, 2. बैचैनी, 3. पश्चाताप, 4. भार, 5. कठोरता, 6. क्रूरता, 7. नैराश्यतिमिर। भारत के लोग पश्चिम के इन सात दुर्भाग्यों में आत्मयज्ञ करे। इस तरह सारी मानव जाति कंकाल के जाल से निकल कर ज्ञान के आलोक में जीएगी तो मनुष्य मनुष्य के प्रति क्रूरता तज देगा।

"आतंकवादी का लक्ष्य अपनी आत्मा को संसार गति से स्वतन्त्र करना नहीं होता। वह संसार गति में जीने वाला प्राणी है और उसी संसार को मिटा देना चाहता है जो उसके जीवन का एकमात्र आधार है। उसने ईश्वर के बारे में सुना है लेकिन उसे ईश्वर के गुणों का आभास नहीं है, अन्यथा वह ईश्वर की रचना को नष्ट करने के कर्म न करता। वह नाम ईश्वर का लेता है किन्तु ईश्वर का अनुयायी नहीं है। भारत एक मात्र ऐसा देश है जिसके लोग स्वभाव से ईश्वर के अनुयायी हैं।

"राक्षस स्वभाव से दुष्ट, क्रूर और मायावी माने गये हैं। राक्षसों के राजा रावण और यक्षों के राजा कुबेर को भाई–भाई माना गया है। किन्तु दोनों के चरित्र एक–दूसरे के विपरीत है।

"यूनान में यक्षों के चरित्र वाले देवता डियोनिसस को पश्चिम में संगीत और काव्य का भी देवता माना जाता है। उसका दूसरा नाम बेकस है। बेकस स पन्न और जंगली जातियों के विचित्र धार्मिक अनुष्ठानों का देवता था। उसके सामने लोग अमर्यादित मस्ती करते थे।

"भारत में यक्षों को राक्षसों से सर्वथा अलग माना गया है, जबकि यूनान और इटली में यह सावधानी नहीं बरती गयी। यह बिन्दु सबसे अनोखा है भारत में क्योंकि यहाँ मस्ती के आलम में भी संस्कृति थी, अश्लीलता नही। यक्षों की मस्ती और डियोनिसस की मस्ती के बीच यह अन्तर था। इस अन्तर को भारतीय संस्कृति ने मिटने नहीं दिया। यही इसकी सबसे बड़ी शक्ति और विशेषता है।

"कभी व्यास ने इतिहास सुनाया था अपने देशवासियों को उनका। स्वतन्त्र भारत की सरकार ने जो इतिहासकार नियुक्त किये वे भारत की सुसंस्कृत जीवन शैली को हमलावरों के वहशी चश्मे से देखते है। इससे ज्यादा झूठ से अपनापा और मातृभूमि के प्रति कृतघ्नता और क्या होगी कि उनकी लोभी लेखनी मातृभूमि की निदा करे, और अपनी ही सन्तान को झूठा इतिहास पढ़ाये।

''कुछ लोग मनुष्यत्वनाश को धर्म बना बैठे है। मनुष्यत्व ईश्वरत्व का अंश है। उसका नाश नहीं होता। वे अपना जीवन व्यर्थ कर रहे है ईश्वर विरोधी कर्म में।

''भारत को खुला बाजार बनाने के बाद पच्चीस वर्षो में हुई सांस्कृतिक अवनति से भारत के नेताओं ने कुछ नहीं सीखा। धन को ही सब समस्याओं का हल समझने वाले रूसी क्रान्ति के नेताओं की निराशा से भी कुछ नहीं सीखा। जिस त्रृटि ने पश्चिम की संस्कृति को नष्ट कर दिया, उसी त्रुटि को सीने से लगाये घूम रहे है, खुला-बाजार संस्कृति के भारतीय प्रणेता। उन्हें सचमुच अपने देशवासियों से प्रेम होता तो वे प्रणेता पश्चिम की हर गलती को न दोहराते। भारतीय संस्कृति का जल्दी जल्दी सर्वनाश करने में लगे हैं, अपनी इस गलती को ढँकने के लिए कि उन्होंने मानसिक स्वतन्त्रता का युद्ध नहीं लड़ा। राजनीति को स्वतन्त्र करा लिया और मानसिक गुलामी को बनाये रखा। कर्णधार बन गये देश के और झूठ को सच से अलग करना नहीं आया। उन्हें अपने घर में आया विनाशकारी परिवर्तन भी नहीं दिखता। उन्हें यह भी ज्ञान नहीं कि नारी की रक्षा न करने वालों को कायर मानेगी उनकी ही सन्तान, वे चाहे कोई भी पद पा जाएँ अपनी राजनैतिक चौपाल में।

''जब मैं आ रहा था मु बई से ट्रेन में तो कुछ लोग ट्रेन में कह रहे थे बच्चे नशा करने लगे थे। मगर कोई यह नहीं कह रहा था कि ऐसी कौन सी मुसीबत या गम है जो उनके भोलेपन से नशा कराती है। कुछ औरतें थी जो इज्जत लेकर तो चली थी घर से मगर उनकी इज्जत खो गयी। पुलिस उन्हें बचा नहीं सकी नेताओं की जीहुजूरी के लिए चुस्त दुरूस्त रहने की कोशिश मे। किसी शासक को लज्जा नहीं कि बस एक माँ है जो निर्धन होकर भी बच्चे को ज्ञान दिलाने का कर्तव्य पूरा कर रही है। कहारिन माँ हो तो भी अपने बच्चों को स्कूल भेज कर आती है क्योंकि वह ज्ञान की महिमा को नहीं भूलती।

''भारत के ज्ञानियों का संवाद अर्थशास्त्रियों को इस सत्य के निकट नहीं ला सका—''दुख से बचना चाहो तो दुखियों से आत्मसात हो जाओ।''

स्वच्छन्द रति और वितृष्णा

प्रो. व्यास का हृदय श्रीकृष्ण प्रेम का अनुभव करके शान्ति और अकारण उल्लास से भरा रहता था। किन्तु 2013 के भारत को देख अब व्यास के हृदय को बस एक ही साध थी श्रीकृष्ण में अपनी आत्मा का विलय करने की।

पहले व्यास की भावना थी श्रीकृष्ण के हृदय में उमड़ने वाला प्रेम उनके हृदय में भी उमड़े। श्रीकृष्ण की प्रेमगति को उन्होंने संसारगति, उर्ध्वगति और अधोगति तीनों से निराला पाया था। श्रीकृष्ण स्वयं निराले थे, उनके सभी कर्म निराले थे, उनकी प्रेमगति भी निराली थी! उनके प्रेम का प्रथम गुण था अभाव का अभाव। व्यास ने जाना था अभाव का अभाव ही प्रेम गति है।

परब्रह्म श्रीकृष्ण का प्रेम काममय और कामविहीन दोनों से परे था। देह और मन तो प्रेममय थे ही, आत्मा भी प्रेममय थी। वे प्रेम की उस सीमा के भी पार थे जहाँ तक प्रेम आत्मा का कर्म होता है। वे पूर्णकाम थे। श्रीकृष्ण से दूर स्वतन्त्र रहकर अपनी गति न भूल जाऊँ, यह चिन्ता प्रो. व्यास को लग गयी।

श्रीकृष्ण में सतत हो रहा चरमोल्लास ही उद्‌गम है मनुष्य में अकारण उल्लास का। वह चरमोल्लास श्रीकृष्ण में स्वत: स्फुरित नित्य तत्त्व है! इसे कोई अन्य तत्त्व या कर्म उत्पन्न नहीं करता। इस कारण अकारण उल्लास कहलाता है।

अकारण उल्लास को परमात्मा कहा ज्ञानियों ने। इसके उद्‌गम को जाना नहीं जा सकता, क्योंकि जानना, जानने वाला और जिसे जाना जाता है ये तीनों इस अकारण उल्लास से पहले नहीं थे। ये भी अकारण उल्लास से उत्पन्न हुए।

रति के चरम क्षण में आत्मा, चेतना, ज्ञान, प्रेम, अस्तित्त्व को लुप्त करता हुआ उल्लसित प्रकाश टूटे तारे की तरह खूब चमकते ही लुप्त हो जाता है। इसकी साक्षी चेतना भी नहीं, आत्मा भी नही। इसका कोई साक्षी नहीं होता। रति की लाज है कि रति के चरम का कोई साक्षी न हो। इस कारण रति की यह लज्जा मानव संस्कृति का अभिन्न अंग बन गयी। पश्चिम की लुट-चुकी स यता और संस्कृति ने रति की सुर य लाज को हीनता-भाव कह कर लज्जित किया तो काम

हर्ष भी पश्चिमी स यता को छोड़कर चला गया।

श्रीकृष्ण को चिन्ता होने लगी कि 21वीं शताब्दी के लोग अपने निर्लज्ज आचरण से व्यास को प्रेम से विरक्त न कर दें। निर्लज्जता मानसिक स्वतन्त्रता नहीं होती। पश्चिम पर्दा हटाने को ज्ञान मानता है। किन्तु रति क्रीड़ा को प्रकृति ने पर्दे में पाला था उसकी लाज रखने के लिये। इसे हटाने वाले को प्रकृति त्याग देती है, जैसे घोसले से गिरे बच्चे को चिड़िया त्याग देती है। प्रकृति माँ द्वारा त्यागा मनुष्य ढ़ीट हो जाता है या निर्लज्ज। ज्ञान और अकारण उल्लास न ढीठ को प्राप्त होता है न निर्लज्ज को।

सब नारियाँ जिन्होंने श्रीकृष्ण से प्रेम किया उनके नित्य अकारण उल्लास का महत्व नहीं समझ सकी। इस कारण उन्हें उनसे सायुज्यता प्राप्त नहीं हुई। जो सायुज्यता प्राप्त कर पाई उनकी चेतना चेतना न रह कर प्रेम में उत्तीर्ण हो गयी। प्रेम चेतना का उच्चतम सोपान है, जहाँ स्व की, पर की, हर वस्तु की चेतना लुप्त हो जाती है। सारी चेतनाएँ अभाव की अनुभूति को उकेरती है। राधे कृष्ण का प्रेम हर तरह के अभाव से मुक्त है। ब्रह्मानन्द में सभी चेतनाएँ समा जाती है, किन्तु ब्रह्मानन्द को कोई चेतना अपने में नहीं समा पाती।

रति क्रीड़ा से जन्मा सुख पुरुष और स्त्री की एक-दूसरे से सायुज्यता प्राप्त करने की चाहत से जन्मा है। सायुज्यता की प्राप्ति ही काम को पूर्णकाम करती है। स्त्री पुरुष को सायुज्यता का भ्रम होता है, काम क्रीड़ा मे, सायुज्यता प्राप्त नहीं होती। काम से जितनी आशा इक्कीसवीं शताब्दी के लोगों ने लगाई इतनी किसी युग के लोगों ने नहीं लगायी। प्रेम, शुचिता और सच्चरित्रता का बलिदान कर डाला कामतृष्णा के पीछे। कामतृष्णा बढ़ती गयी, प्रेम दूर होता गया। इतना सामूहिक बलिदान तो किसी भी युग में नारी पुरुष ने नहीं किया। काम से देह, आत्मा और मन की एकता की झूठी आशा मे, 21वीं शताब्दी ने भुलवा दिया कि सायुज्यता प्रेमतप से प्राप्त होती है। प्रेमतप के अभाव में स्त्रीपुरुष में दूरी बढ़ती है कामक्रीड़ा से। जितनी दूरी बढ़ती है उतना ही द्वैत क्रूर होता जाता है। कुछ नारी पुरुष तो एक-दूसरे के प्रति वितृष्णा के मारे प्रेम-स्फुरणविहीन हो जाते हैं। लज्जा को परपुरुषों और परनारियों के आगे उतार कर न अपेक्षित स्वतन्त्रता मिली न प्रेम। निर्लज्जता को वाचाल देख प्रकृति ने हृदयों पर ताले डाल दिये। प्रेम करने की क्षमता ही छीन ली।

आत्मा, देह और मन से पुरुष और नारी का एक हो जाना ही श्रीकृष्ण का प्रेम है। मन जो चंचलता और निर्बाध चाहत का आगार है, उसको प्रेम योगी बना देना

अनोखा कर्म है जो श्रीकृष्ण भक्तों ने किया। मन जो स्वेच्छाचारी और काम कलुषित है, चंचल है और कठोर है, वह मन भी श्रीकृष्ण की छवि का दर्पण होकर प्रेमयोगी हो गया।

जो विविध रमणियों से सकाम प्रेम के बाद मुक्ति के लिए व्यग्र हो जाता है, वह मन तो छलिया है। उस मन को भी प्रेमपथ पर लगा दिया श्रीकृष्ण ने।

श्रीकृष्ण को व्यास की चिन्ता

श्रीकृष्ण को चिन्ता थी महामुनि व्यास की क्योंकि व्यास अत्यन्त संवेदनशील, निर्मल हृदय और निष्पाप थे। उन्हें चिन्ता थी 21वीं शताब्दी का जीवन में सत्य-असत्य के मिश्रण को प्रतिष्ठित करने वाला समाज महर्षि व्यास के केवल सत्य को मानव जीवन में प्रतिष्ठित करने के प्रयास की निन्दा, अवहेलना और विरोध न करने लगे। इसे अव्यवहारिक कह कर उनके सत्य-यज्ञ में विघ्न न डाले। उनकी पाँच हजार साल की सत्य-साधना को अपने दुराग्रह, नकार और असहयोग से केवल उनके निजी जीवन का प्रयास बना कर न रख दे।

अत: श्रीकृष्ण सोचने लगे क्या करे कि महामुनि का संसार में रहना उनकी आत्मा के लिए भी उतना श्रेय सिद्ध हो जितना सारी मानव जाति के लिए। उन्हें लगे कि उनके कर्ममार्ग से मोक्ष प्राप्त करने से मोक्षप्राप्ति जनसाधरण के लिए सरल हो गयी। कर्म मार्ग से मोक्ष प्राप्त करके उन्होंने ज्ञान और प्रेम मार्ग को भी जनसाधारण के लिए सरल कर दिया। उनके तीन मार्गों से मोक्ष प्राप्त करने से मोक्ष गृहस्थो को भी सुलभ हो गया। गृहस्थ अपने गृहस्थ कर्मों और कर्तव्यों को सत्यनिष्ठा से पूरा करके ही मोक्ष प्राप्त कर लेगे। मानव जान जाए कि यदि वह मन, वचन, कर्म से पूरी सत्यनिष्ठा के साथ असत्य, अनृत और असुन्दर का त्याग कर दे तो हर व्यवसाय में लगा व्यक्ति इस जन्म में ही मोक्ष प्राप्त कर सकता है।

मत्सरो और नकारात्मक भावनाओं में 21वीं शताब्दी के लोग डूबते जा रहे थे। ऐसे धर्म अनेकों थे जो अपने अनुयायियों के देश और उनके स प्रदाय की स्वार्थसिद्धी को ही परम धर्म बनाये हुए थे। स्वार्थ साधना को अधिकांश मनुष्यों, राष्ट्रों और स प्रदायों ने हर्षित हो जय-जयकार के साथ अपना लिया था। जो धर्म मनुष्यत्व को मनुष्य का प्रथम धर्म समझते थे स्वार्थियों के बहुमत के आगे निस्तेज और प्रभाहीन हो गये थे।

श्रीकृष्ण देख रहे थे कि अधिकतर धर्म राजनीति के शस्त्र बन चुके हैं। जो धर्म राजनीति जैसी संकीर्ण नीति का शस्त्र बन जाता है वह अपने अनुयायियों के

मनुष्यत्व को बचपन में ही मार डालता है। ऐसे घरों में मनुष्यत्व युवा नहीं हो पाता। जो पुरुष अन्य स प्रदायों के प्रति धार्मिक हिंसा भाव रखता है किन्तु उनकी सुन्दरियों के प्रति लालायित रहता है वह स यता का शत्रु है। वह सामाजिक प्राणी नहीं है। वह कभी भी मनुष्यत्व की हत्या कर सकता है। अभिभावकों का और समाज का कर्तव्य है कि ऐसे पुरुष को अपने बच्चों और स्त्रियों से दूर रखे। जो हिंसक है वह प्रेमी नहीं हो सकता। प्रेमी तो मरना जानता है, मारना नही।

21वीं शताब्दी में स्वार्थ और राजनीति सर्वत्र फैल गये थे। स्वार्थ को सिद्धान्त बनाने वाले नेता शिक्षकों, मीडिया, डॉक्टरों, अभिनेताओं, बुद्धिजीवियों, अफसरों उद्योगपतियों को स्वार्थ के हरे भरे चरागाह की ओर हांक रहे थे। राजनीतिज्ञ वोट के लिए, और सभी धर्मों का समर्थन पाने के लिए, सच और झूठ का अन्तर भूल चुके थे। ऐसे झूठे अर्थहीन जीवन को भी भोले निर्धन लोग हँस खेल कर जी रहे थे। श्रीकृष्ण के हस्तक्षेप का समय आ गया था।

विश्व में बहुत से समाज सत्य, प्रेम, सुन्दरम्, शिवम् को अपने जीवन से लुप्त कर चुके थे। अब उनके पास खोने को कुछ नहीं बचा था। इसलिए हर व्यक्ति अपने जीवन को एक ऐसे नाटक की तरह खेल रहा है जिसमे संगीत, कथा, चरित्रचित्रण सब बड़े विशाल पैमाने पर थे, किन्तु गुण के कारण नही। सब शोर मचा कर वृहद आकार लिए हुए थे। वे भी जानते थे कि उनके हर आयोजन में केवल एक तत्त्व—सत्य—के न होने से सब अर्थहीन कर्म थे।

प्राचीन काल में जब अज्ञान फैला तो ज्ञान का प्रकाश लेकर ऋषि आए। जब अधर्म फैला तो मनुष्यत्व का अ युदय हुआ, जो एक घड़ी धर्म लगता तो दूसरी घड़ी संस्कृति। 21वीं शताब्दी में ज्ञान, धर्म और संस्कृति सब थे। पर इन तत्त्वों में से सत्य निकल चुका था। बस किसी तरह इन तीन नामों को चलाये रखने की जिद्द रह गयी थी।

भगवान कृष्ण को सब तत्त्व अव्याकृत होते दिख रहे थे। व्यास को इसका पता नहीं था, क्योंकि उनमे कोई गुण अव्याकृत नहीं हुआ था। मानव जाति में प्रेम, ज्ञान और कर्तव्य की गति बनाए रखने को व्यास ने अपना जीवन समर्पित कर दिया था। उनका धर्म था दूसरो के जीवन में उजाला करना। अपने घर में उजाला करने वाला मनुष्य धर्मात्मा तभी कहलाता है जब दूसरों के घरों में बुझे दीप अपने हृदय की जोत से प्रज्वलित करे। व्यास अकेले चाहते थे सारे विश्व में उजाला हो। पशुओ के जीवन में भी उजाला हो।

सन् 2013 के भारत में राजनीतिज्ञों ने पार्टी हित को राष्ट्र हित के स्थान पर

हृदय में बसा लिया था। ऐसा करते ही राष्ट्र के प्रति सत्य निष्ठा ने उनका साथ छोड़ दिया था। वे अपने अपने दल की दलदल में फँसते चले गये। पार्टी हित ने उन्हें सुझाया कि सेकुलरवाद बहुमत में फैलाओं और सा प्रदायिकता अल्पमत में। किन्तु 1991 के उदारीकरण के बाद जनता में और ज्ञान फैला हो या नहीं, राजनीति के दावपेंच समझने की योग्यता खूब फैल गयी थी। लोग समझ गये इस दोहरी नीति का कारण राष्ट्र से द्रोह और बदनीयती थी। पार्टी हित को राष्ट्रहित से ऊपर रखने वाले नेताओं को लोभ ने अज्ञानी बना दिया था। उनकी समझ पार्टी की संकीर्णता में फँसकर इतनी रिक्त हो चुकी थी कि इतनी समझ भी नहीं रह गयी थी कि विश्व राष्ट्र को यूनिट मानता है, अल्प-सं यक, प्रान्त और पार्टी को नही। नेताओं को अनुभव जरा देर से हुआ कि जिस तरह विशाल हृदयता निस्सीम विशालता दे देती है हृदय को उसी तरह संकीर्ण हृदयता निस्सीम संकीर्णता देती है। अन्ततः हृदय को इतना संकीर्ण कर देती है कि उसमें सिवाय 'मैं' के और कुछ नहीं रह पाता।

राजनैतिक परिवार बन गये ताकि राजनीतिज्ञों के बच्चे भी उनकी तरह जनता पर शासन करे और सुख समृद्धि में जी सके। स्वतन्त्रता-संग्राम के दिनों में देश के लिए बलिदान देना और निर्धन जीना राजनीति की परिभाषा थी। अब देश का धन अपना धन बनाकर धनवान होना और पीतल का चेहरा लगाकर सफेद झूठ बोलना राष्ट्र नायक की पहचान बना दी गयी थी। शासन चलाने वाले नेताओं के हृदय इतने संकीर्ण हो चुके थे कि उन्हें सवा अरब मानव केवल वोटर नजर आते थे। उनका राजनीति से नाता केवल इतना था कि पाँचवे वर्ष निर्देशानुसार वोट दे। जनतन्त्र में जनता की भागेदारी, 'वोट देना है राजा को,' बस यह होकर रह गयी थी।

राजनीतिज्ञों ने सारी जनता को अपनी प्रजा मान लिया था, स्वतन्त्र नागरिक नही। उन्हें अपने सेवकों के रूप में देखने की नयी पर परा डाल ली थी। मु य सचिव से लेकर चपरासी तक का कर्तव्य हो गया था राजनीतिज्ञों के आदेशों का पालन वफादार सेवकों की तरह करना। आदेश उचित है या अनुचित यह देखना उनका काम नहीं रहा। जिन्होंने ऐसा नहीं किया उनका जीवन दुख, अपमान और झूठे सच्चे आरोपों की दास्ताँ बन कर गुजरा। उनका रूतबा युद्ध बन्दियों के स्तर का हो गया। राजनीतिज्ञों का मान घटता जा रहा था, क्योंकि उन्होंने उच्च अधिकारियों की गरिमा को नष्ट करके शासन को अप्रभावी कर दिया था। मगर यथार्थ की उन्हें चिन्ता नहीं थी, क्योंकि उनकी स्वयं को अतिविशिष्ट जन

कहलाने की प्यास देश तृप्त कर रहा था।

किसानों, मजदूरों, बेरोजगारों को सरकारी राजनीतिज्ञ (विधायक, मन्त्री आदि)उस स्तर के नागरिक नहीं समझते थे जिस स्तर के नागरिक क्षेत्रिय दबंग-अपराधियों को समझते थे। दबंग अपराधी जनता को डराकर उन्हें चुनाव जितवाते थे। मुसोलिनी के जमाने से जो रूतबा इटली में दबंगों को हासिल था वही रूतबा भारत की शाही-खानदानी राजनीति ने भारत के दबंगों को दे दिया था। वे मन्त्रियों और सांसदों के ईमान्दारी के ढ़ोग के हमराज थे। इसलिए मन्त्री, सांसद और विधायक—जो सारे देश की जनता को डरा कर रखने का हुनर सीख गये थे, अपने पालतू दबंगों से डर कर काम करने लगे थे। जब शासक नेता दबंग अपराधियों से डरने लगे तो उनके अधीन अधिकारियों को भी उनसे डर लगने लगा। ऐसे देश में कन्याएँ और बच्चे असुरक्षित हो जाते है। उनके असुरक्षित होते ही उस देश का मान संसार से मिट जाता है।

जनतन्त्र का अलिखित समझौता होता है राष्ट्र के हर नागरिक के साथ कि वह हर व्यक्ति को न्याय, सुरक्षा और स मान देगा। लेकिन सत्ता में बैठे राजनीतिज्ञ राजाओं और बिगड़े रईसों जैसा व्यवहार करने लगे थे। और उनकी शै पर जनतन्त्र की पुलिस स्वतन्त्र नागरिकों को प्रजा के साँचे में ढ़ाल रहा थी। विचित्र दशा हो गयी थी भारत मे। यहाँ जनतन्त्रियों को राजशाही का शौक लग गया था। नागरिकों का क्षितिज संकरा कर दिया गया था, अवैध राजशाही पनप रही थी। सारा बाग परेशान था आम की बहार बन्दरों ने खरीद ली थी कोयल से।

पिछले एक हजार वर्षों में जुल्मों ने भारतीयों को इतना हैरान कर दिया था कि उन्हें कुछ नहीं सूझता था सिवाय इसके कि जो विदेशी कबीला युद्ध जीत जाय उसके वफादार हो जाओ। राजनैतिक चेतना भारतीय जनता में नहीं थी। स्वतन्त्रता जान देकर भी बचायी जा सके तो सौदा महँगा नहीं है-ये उदगार थे, मगर संगठन नहीं था। जिन व्यक्तियों में था उनकी उपेक्षा करके शासन ने उन्हें अनचाहा सहयात्री बना दिया था। सारे भारत को एक करके शत्रुओं को बाहर करने का जो देश प्रेम चन्द्रगुप्त मौर्य में जगा था उस प्रेम को किसी भारतीय सम्राट का हृदय नहीं मिला सातवीं शताब्दी के बाद बसने को। देशप्रेम का बीज खिला 1947 मे। पर स्वतन्त्रता संग्राम लड़ने वाले निस्वार्थ वीरों के बलिदान के बीज की फसल नहीं उगने दी स्वतन्त्र भारत के नेताओं ने। मानसिक स्वतन्त्रता का युद्ध नहीं शुरू किया। उर्वरा धरती जैसे बिन वर्षा के तरसती है जन कल्याण के लिये, भारत माँ तरसती ही रह गयी जनता की मानसिक स्वतन्त्रता के लिए।

1991–2013 के बीच मानसिक स्वतन्त्रता प्राप्त कराये बिना बाजार को मुक्त कर दिया तो बाजारू नीयत भी मुक्त हो गयी। मानसिक बन्धन बने रहे मगर बाजारूपन और बदनीयत मुक्त हो गये। लोगों को बता दिया व्यापार करके अमीर हो जाओ। मानसिक स्वतन्त्रता के बिना लोग यही समझे हर वस्तु बिकाऊ होती है। इस समझ ने भारत के सांस्कृतिक पतन का मार्ग खोल दिया। हर वस्तु को बिकाऊ बनाने के पिशाचोन्माद में, मानस को मुक्त करने वाली मानसिक स्वतन्त्रता को भूल गये शासक-नेता। शासन की बागडोर किसी पुराने कोट की जेब में रखकर भूल चुके थे देश के मन्त्री गण। अवैध धन से मोहित हुए देश के कर्णधार धूम्रलोचन बन गये थे। बलात्कार के बाद मारी गयी कन्याओं की लाशे देख कर यदि मन्त्रीगण को अपनी पुत्री की याद आ जाती थी तो भी कर्तव्य याद नहीं आता था। गैरत मर चुकी थी। शासन की देखा देखी, सत्य और कर्तव्य के अर्थ ही भूल चुके थे लोग। आजादी नहीं, आजादी की काली घटाये ऐसी घिर कर आयी कि न घर दिख रहा था न देश। सब कुछ बाजार बना दिया था अर्थशास्त्रियों की सरकार ने। संस्कृति के दीये बुझ गये थे। बाजार की न्योन लाइट भोली जनता के होश उड़ाये लिए जा रही थी। भारतीय संस्कृति, धर्म और ऋत् बुहार कर कूड़े के ढेर में फेंक दिये गये थे। किसी को नहीं सुध थी कि स पन्न अभिनेता देश की संस्कृति से डरते है।

स्वतन्त्रता के बाद भंडारकर और मजूमदार जैसे निष्पक्ष और सत्यनिष्ठ इतिहासकार सरकार को नहीं भाए। नेहरूजी को डर था कि इतिहास का सत्य बच्चो को पढ़ाया गया तो वह उन्हें अल्पसं यकों के प्रति विद्वेष से भर देगा। नेहरू बँटवारे के दौरान हुई लाखों निर्दोष लोगों की आहुति के कारण बहुत आहत हुए थे। उन्हें यह भ्रान्ति हो गयी थी कि यदि बहुसं यकों का साहस बढ़ गया तो वे सा प्रदायिक न हो जाएँ। इसलिए उन्होंने इरफान हबीब, रामचन्द्र गुहा और प्रोमिला थापर आदि सा यवाद को समर्पित-विचारधारा वाले इतिहासकारों को बच्चों के लिए इतिहास की पुस्तकें लिखने का काम दिया। इतने महान होकर भी दुख की घड़ी में वे भूल गये कि दुख की घड़ी हो या सुख की सत्यनिष्ठ व्यक्ति ही गुरु का दायित्व निभा सकता है, और कटु सत्य का विकल्प मीठा झूठ नहीं होता। शुभकामना से प्रेरित हो बच्चों को झूठ पढ़ाना घर में विषबेल उगाने जैसा कर्म है।

जो इतिहास बच्चों को पढ़ने के लिए दिया गया वह पूर्वग्रह के कारण बच्चों के हृदयों में देश प्रेम की कलियों को फूलों में विकसित न कर सका। पुराणों को उन्होंने इतिहास नहीं माना, क्योंकि उन्हें डर था कि पुराणों की सत्य को कर्म

बनाने की पर परा के आगे राजनैतिक असत्य का पर्दा खुल जाएगा।

मार्क्स जैसा विद्वान भी यह भूल कर बैठा डायलेक्टिक्स (तर्क-वितर्क-समन्वय) सिद्धान्त में अन्धविश्वास करके। डायलेक्टिक्स प्रगतिशील खुशफहमी निकला और सोवियत रूस को धोखा दे गया। रूस की सा यवादी एकता मानचित्र पर टुकड़ो में बिखर कर रह गयी। बात झूठी निकली कि तर्क और वितर्क जब झगड़ते हैं तो समन्वय हो जाता है।

पुराण भारत के मानसिक, बौद्धिक और अध्यात्मिक विकास और पतन की सच्ची गाथा है। वे किसी बौद्धिक सिद्धान्त को सिद्ध करने के लिए नहीं लिखे गये। वे वास्तविक घटनाओं की गाथा है, जो दर्शाते है कि कौन से कर्म सफल हुए और कौन से असफल। निर्णय पाठक पर छोड़ दिया था पुराण लेखकों ने।

यूनान और इटली के गल्पों से इतिहास के बीज चुने उनके इतिहासकारों ने। किन्तु भारत का इतिहास लिखते हुए उन्होंने ऐसा नहीं किया, क्योंकि उनका पेशा नहीं था भारतीयों को नींद से जगाना। भारतीय गल्पों से इतिहास के बीज चुनने का काम आधुनिक भारतीय इतिहासकारों का था, जो उन्होंने नहीं किया। विदेशी इतिहासकारों ने भारत का इतिहास वहाँ से शुरू किया जहाँ से भारत की बरबादी शुरू हुई, क्योंकि उनका उद्देश्य था भारत में एक विदेशी धर्म का साम्राज्य स्थापित करना।

'अहिंसावादी होने के कारण हम गुलाम हुए'—देशवासी इस झूठ पर आकर चर्चा रोक देते है। आगे मस्तिष्क को रास्ता दिखना बन्द हो जाता है। यह अंधविश्वास है। सत्य से पलायन है। हिंसा आत्मा को गुलाम बनाती है, अहिंसा आजाद करती है। सन् 1947 में महात्मा गाँधी की आत्मा में जगी अहिंसा ही आजादी लायी। अहिंसा को उन्होंने सबसे बड़ी वीरता कहा।

व्यास ने कहा जो कर्म जनता को सत्य का अनुयायी बनाये वह कर्म धर्म है। राष्ट्रीय जीवन की गति तेजी से पलटती रहती है जैसे मछलियों की चाल सागर मे। इसमे सत्य पर आँख लगी रहनी जरूरी है। जीवन की तेज गति जीते हुए जिसकी आँख उसमें व्यक्त होते सत्य पर लगी रहती है वही सत्य की सेना का सेनापति होता है। देश का नायक तेजी से बदलते जीवन के बीच सत्य का प्रकाश स्त भ खड़ा करता है।

व्यास दुखी थे यह देखकर कि भारत के नेता सत्य के प्रकाश स्त भ को तोड़ रहे थे ताकि भारत के आधुनिक जीवन का पानी सत्य के साथ न बहे, अज्ञान, असत्य, अनृत और अभिमान के गदले पानी में फँसा रहे, और झूठे नेता राज करते

रहे।

21वीं शताब्दी के उत्तरार्ध में भारत की संस्कृति, साहित्य और धर्म–जिज्ञासा के विनाश का नया रास्ता ढूँढ़ लिया विनाशी तत्त्वों ने। स्कूली पुस्तकों से सत्य शिव सुन्दर को दीप्त करने वाले साहित्य को हटाकर ऐसे साहित्य को रख दिया गया जिसमे बच्चो को प्रेरित करने की शक्ति नहीं है। सत्य की पर परा को बीसवीं शताब्दी से 21वीं में नहीं आने दिया, जिससे विद्यार्थी जान न पाएँ कहाँ से प्रकाश आता है और कहाँ से अँधेरा।

2013 में भारत सरकार उस संस्कृतिनाशी बवंडर को भारत में लाने के लिए रास्ता साफकर रही थी, जिसने पश्चिमी संस्कृति, साहित्य और दर्शन की सभी पर पराओं को नष्ट कर दिया था। भारत के शासको को आशा थी कि उस बवंडर को भारत की ओर मोड़ने में पश्चिमी देश उनकी खूब सहायता करेगे। किन्तु पश्चिमी नेताओं को दुख था कि कुछ मसखरो की बातों में आकर पश्चिम अपनी संस्कृति, साहित्य और दर्शन की पर परा को खो बैठा था बीसवीं शताब्दी में। वे भारतीय संस्कृति के दीये से पश्चिमी संस्कृति का बुझा दीया जलाने की आस कर रहे थे।

सत्य की जगह असत्य को लाने का फल यह हुआ कि 1991–2013 के भारत के शासकों में इतना बल भी नहीं रह गया है कि बिना काँपे खड़े रह सके जब तक हर नेता की सुरक्षा के लिए कई बन्दूकची साथ न हो। अंटागाफिल नेताओं के भी नेता उन्हें हाँककर पश्चिम की ओर ले गये। उन चरवाहों को गुमान था अपनी योग्यता का, किन्तु जब रेवड़ के सामने समस्या आयी तो चरवाहे ऐसा अन्धा नेतृत्व देने लगे जैसा मुसोलिनी ने दिया था इटली को। व्यास की आवाज वे सुनना नहीं चाहते थे।

प्रो. व्यास उन दिनों अपने विद्यार्थियों को झझकोर रहे थे: ''केवल भारत वह देश है जिसकी संस्कृति, धर्म और दर्शन कहते है सारी मानव जाति एक परिवार है। तुम सारे संसार को साथ लेकर चलो। सारे देशों के एक–दूसरे से टूटे स बन्धों को जोड़ो। इस अँधेरे में एक–दूसरे को आवाज देते चलो जिससे हर यात्री को लगे कि वह अकेला नहीं है। सबकी टूटती हि मत को सहारा दो। ये सूने दिन आशा से भर जाएँगे। शुभकर्म करो शुभ फल स्वत: आएगा। फल का ध्यान करके कर्म करोगे तो कारण और कार्य की आदि काल से बनी शृंखला चेतना को बन्दी बना लेगी। बन्दी चेतना का चाहा पूरा नहीं होता। अहिंसा करो किन्तु इस चेतना के पीछे मत चलो कि तु हारा विशेष गुण अहिंसा है। इस चेतना के पीछे

चलोगे तो तुम स्वयं को अहिंसक होने के अभिमान के पीछे चलता हुआ पाओगे। अभिमान करोगे तो तु हारा सर झुक जाएगा। अहिंसा को शुभ कर्म मानकर करो। इसे अपना स्वभाव मत बनने दो। स्वभाव बना लोगे तो जग तु हारी उपेक्षा करेगा।''

प्रो. व्यास बाँह उठाकर विद्यार्थियों का आहवान करते हुए बोले, ''आज हमारे जीवन में उठ रही ये अनर्गल लहरे एक क्षण में व्यवस्थित हो जाएँगी, एक बार अपनी आत्मा से कहो तो, 'हे अजर-अमर आत्मा तेरा कुछ नहीं बिगड़ेगा, अनर्गल बने राष्ट्रीय जीवन में आत्मबलि दे और इससे कह कि यह अनर्गल जीवन तुझ आत्मा को अपने गर्भ से पुनर्जन्म दे।' आत्मा को पुनर्जन्म देकर अनर्गल ही सद्बुद्धि में बदल जाएगा। देखते ही देखते राष्ट्र में सब अपना अपना कर्तव्य करने लगेंगे।''

विश्वोद्धार

अगली सुबह प्रो. व्यास का विषय नया था। उन्होंने विद्याार्थियों से नि न प्रार्थना कराई, "हे ईश्वर सृष्टि के आर भ में केवल आप थे। न जाने कब अज्ञानवश मनुष्य ने अज्ञान, अनृत, असत्य और पाप का सेवन कर लिया। तब से शिक्षा उस ज्ञान को ढूँढ़ रही है जो अज्ञान, अनृत, असत्य और पाप से मुक्त करा दे। पूर्ण सत्य, पूर्ण ज्ञान, पूर्ण स्वतन्त्रता, पूर्ण सुख केवल आप हैं। मुझे अपनी शरण में ले लीजिये। जिस रास्ते पर चाहे ले चलिये। मैं अपनी स्वतन्त्रता आपके चरणों में समर्पित करता हूँ।"

इसके बाद वे बोले, "हर मनुष्य में कोई विशेष गुण होता है। किन्तु कुछ समय बाद उसे अपने उस गुण की चेतना हो जाती है। उस चेतना में आकर अभिमान बस जाता है, जैसे किसी मीठे आम में कीड़ा लग जाता है। वह मनुष्य अपने उस गुण के अभिमान की चेतना के पीछे चलने लगता है। कभी अभिमान की चेतना का लाभ उठाता है, कभी चेतना से अभिमान को अलग करने की चेष्टा करता है। अभिमान उस कीड़े की तरह है जो फल में लग जाए तो वह फल चाहे कितना मीठा हो लोग उसे फेंक देते है। तु हारे जिस गुण में 'मैं' बस जाता है वह गुण लोगों को बुरा लगने लगता है। लोग तु हारे उस प्रमुख गुण की उपेक्षा करने लगते है और उनकी उपेक्षा तु हारी चेतना को दुख देने लगती है। तु हारी समझ में नहीं आता कि यह गुण जो सबको प्यारा लगता था क्यों अब बुरा लगने लगा है। तुम आकर ईर्ष्या पर टिक जाते हो कि लोगों के दिल जल रहे है तु हारे गुण को लेकर। लोग तब सचमुच तु हारे गुण से ईर्ष्या करने लगते है। तुम अज्ञान के एक रूप, अभिमान, को अनदेखा करके आगे बढ़े तो अज्ञान के दूसरे रूप ईर्ष्या में आकर फँस गये।

इस तरह तु हारे गुण ने तु हारी चेतना को चार विकारो में बदल दिया— प्रशंसा, अभिमान, उपेक्षा, ईर्ष्या। आत्मा के गुणों का कोई वर्णन करे तो आत्मा को विकार लगता है, क्योंकि आत्मा में अनन्त गुण है और प्रत्येक गुण अनन्त है। कोई

भी वाणी आत्मा के गुणों का वर्णन नहीं कर सकती। किन्तु आत्मा की शक्ति चेतना को समझना है कि वह आत्मा का ही ऊर्जा रूप है, किन्तु उसे यह ज्ञान सुलभ नहीं कि आत्मा के अनन्त गुण उसमें भी है। इस कारण चेतना प्रशंसा सुनने को लालायित रहती है। आत्मा का ही कर्तव्य है कि वह चेतना को भी ज्ञान करा दे कि उसमें भी वे सारे अनन्त गुण हैं जो आत्मा में है। एक गुण की भी चेतना, चेतना के चार टुकड़े कर देती है—प्रशंसा, अभिमान, उपेक्षा और ईर्ष्या। चेतना को इन टुकड़ों से मुक्त करना आत्मा का काम है। जो आत्मा अपनी चेतना के इन चार टुकड़ों में आत्मबलि देकर चारों को शून्य में विलीन कर लेती है, उसकी चेतना आवारगर्दी छोड़कर घर लौट आती है, आत्मा में विलीन हो जाती है।

व्यास की देह, मस्तिष्क और हृदय बेचैन हो गये कि इतने केवलियों के धरती पर जन्म लेने के बाद भी क्यों हिंसा, आतंक, विश्वासघात और असंवेदना को शक्ति समझने वाले आज संसार पर शासन कर रहे हैं? इसका कारण उन्हें केवल एक नजर आया—पश्चिम के मनुष्य ने ईश्वर को केवल सर्वज्ञ माना है और ईविल को सर्वशक्तिमान माना है। गेटे का नायक फास्ट कहता है, ''बिना ईविल की मदद के कोई महान कार्य नहीं हो सकता।''

''इसके विपरीत भारत के नायक सदा से कहते आये है 'शिव ही सर्वशक्तिमान है। केवल अच्छाई से महान कार्य होते है।' महात्मा गाँधी इसके आधुनिक प्रमाण हैं।

''पश्चिम ने अनुभव किया इंग्लैंड की औद्योगिक क्रान्ति के दौरान कि यदि निर्धन के प्रति संवेदना त्याग दो तो अमीरी बहुत जल्दि आती है। इंग्लैंड में फैक्ट्रियाँ लगाने के लिए प्रकृति को उजाड़ा गया। एक ओर निर्धनता बढ़ी दूसरी ओर भोगवाद। इंग्लैंड और फ्रांस आगे बढ़ गये, जर्मनी पीछे रह गया। जर्मनी के सर्वाधिक मान्य दार्शनिक नीत्शे ने समझा इंग्लैंड और फ्रांस की उन्नति आक्रामक प्रवृत्ति अपनाने के कारण हुई है। जर्मनी ने भी उल्टा रास्ता पकड़ लिया। नतीजा बुरा निकला। सुख चैन चला गया। जर्मनी के मनुष्यत्व को हिटलर ने निगल लिया। उधर दो विश्वयुद्ध लड़कर इंग्लैंड और फ्रांस निर्धन हो गये। पश्चिम के केन्द्र बन गये अमेरिका और रूस। सारे पश्चिम की स्वस्थ साहित्य पर पराये नष्ट हो गयी। मनुष्य हताशा और नर्क को सत्य मानने लगा। पश्चिम के सारे आदर्श खोखले हो गये। वर्तमान पश्चिम में साहित्य और संस्कृति नहीं रहते।

''भारत के कर्णधारों के लिए अवसर था कि वे टूटे हारे पश्चिम को उँगली पकड़ कर कहना सिखाये, 'सर्वशक्तिमान शिव है, अच्छाई है।' महात्मा गाँधी यह

करते अगर कुछ दिन और जीये होते। जवाहर लाल मनुष्यत्व का मार्ग प्रशस्त नहीं कर सके, क्योंकि वे स्वयं टूटे हारे पश्चिम से मार्ग निदेशन के अभिलाषी थे। वे यह नहीं देख सके कि पश्चिम अपना आधा गुरु भगवान को और आधा गुरु शैतान को मान चुका है। अब भगवान उसके मन में नहीं रहते, क्योंकि जहाँ ईविल रहता है वहाँ भगवान नहीं रहता।

महात्मा गाँधी का विश्वास कि शिव सर्वशक्तिमान है अँग्रेजों के उस भयानक मजाक से भी नहीं टूटा जिसमें लपेटकर अँग्रेज ने नेहरू को आजादी सौंपी थी। करोड़ों लोगों को केवल मजहब के कारण अपना घर और भूमि छोड़कर पराये देश जाना था। कितना क्रोध और निराशा उनके दिलों में होगी! अँग्रेजों को भारतवर्ष में सा प्रदायिक दंगों पर प्रशासन को हावी करने का ल बा अनुभव था। वे ऐसी गलती सहबन नहीं कर सकते थे।

"अँग्रेज आबादी का तबादला अपनी देख-रेख में बिना नरसंहार के करा सकता था, क्योंकि उसके पास संयुक्त भारत का प्रशासन भी था और सेना भी। मगर अँग्रेज ईविल को आधा गुरु मान चुका था। उसे तमाशा बनाना था करोड़ों भोले भारत उपनिवेश वासियों का, जिन्होंने अँग्रेजों को इतना स मान दिया था जितना उन्हें पूरे इतिहास में नहीं मिला। उन्होंने भयानक मजाक किया जिसे न जिन्नाने देखा न नेहरू ने। फौज और प्रशासन को दो नये देशों का सक्रिय नियन्त्रण सौपे बिना,संयुक्त भारत के नक्शे को लाईने खींच कर दो देशों में बाँट दिया अँग्रेज बहादुर ने। यह भी नहीं सोचा कि करोड़ों हताश और क्रूद्ध लोगों को दो नये देशों में, बिना सेना और प्रशासन को व्यवस्थित किये, भेजना मृत्यु के मुँह में धकेलना था।

"आजादी की वह शुरुआत बहुत दुर्भाग्यपूर्ण थी, क्योंकि अँग्रेजों ने उस अवसर का दुरूपयोग किया ईविल को सबूत देने के लिए कि वे उसे आधा गुरु मानते है। उसके साथ पश्चिम ने अपनी यह नास्तिकता पूरब में भी फैला दी। इस नास्तिकता का उन्मूलन किये बिना मनुष्य आगे नहीं बढ़ सकता। केवल ईश्वर सर्वशक्तिमान और सर्वज्ञ है और कोई नही।

"इस अनहोनि को दर्शनशास्त्र अनहुआ कर सकता है। मनुष्य को चाहिए कि आत्मयज्ञ द्वारा अपने मानस को उन प्रभावों से मुक्त करता रहे जो जीवन-संघर्ष में मनुष्य को ईश्वर से दूर करते हैं। मनुष्य अपनी शक्ति ईश्वर को पूर्णत: प्राप्त करने में लगाकर ही अपनी शक्ति को बुराई की शक्ति बनने से रोक सकता है। यही रहस्य था जिसने भारतीयों को अपनी शक्ति ईश्वर में केन्द्रित करके भी

जहाँगीर के समय तक विश्व का सबसे धनवान देश बना रखा था।

"भारतीयों का यह विश्वास हजारों वर्षों से सफल होता आया है कि मनुष्य ईश्वर की शरण में रहे तभी लक्ष्मी का सच्चा रूप उसे प्राप्त होता है। जो दुष्टता से धन प्राप्त करते है उन्हें राक्षसो की लक्ष्मी निऋृति प्राप्त होती है, जो उन्हें चिन्ता, भय और रोगो से भर देती है।

"कहने की आवश्यकता नहीं कि 1991–2013 के बीच भारत की प्रगति संस्कारों का नाश करके, संस्कृति को बाजारू नर्तकी बना कर प्राप्त हुई। यदि हम धन को ईश्वर के मार्ग पर प्राप्त करने की अपनी मौलिक योग्यता को खो देंगे तो हम पश्चिमी दोगलेपन के अनुयायी होकर रह जायेगे। पश्चिम आज स्वच्छन्दता और दुराचार की आजादी को मस्ती मानने के भ्रम में जी रहा है। पश्चिमी विद्वानों ने ईश्वर को सर्वज्ञ माना और ईश्वर का सर्वशक्तिमान गुण अपनी कल्पना में ईविल को देकर कल्पना में ईश्वर के दो टुकड़े करने का पाप किया। कोई ईश्वर के दो टुकड़े नहीं कर सकता। जो ऐसा करते है, कल्पना में भी, वे ईश्वर को खो देते है। उनके हृदय में ईश्वर नहीं रहता।

"पश्चिम ने ईश्वर से द्रोह करके अपने लिए अज्ञान मोल ले लिया है। भारत आदि उपनिवेशों की स पदा का अपहरण करने के लिए उन्होंने ईश्वर का अपमान किया। तब से झूठ और स्वच्छन्दता उनके चरित्र में बस गये है। ऐसे लोग धनवान हो सकते है किन्तु धन उन्हें आनन्द नहीं दे पाता। इस पाप के कारण उनका ध्यान बलात् सच्चे और अच्छे लोगों से हटकर झूठे और दुष्ट लोगों पर लगा रहता है। आज उनका सारा ध्यान आतंकवाद और न्यूकलीयर ज्ञान की चोरी के भय पर लगा हुआ है।

"आधुनिक पश्चिम ने अपनी विज्ञानजनित स यता को बनाने से पहले ईविल को सर्वशक्तिमान मान लिया था। पश्चिम के युगान्तकारी नाटक 'फास्ट' मे, गेटे कानायक फास्ट, ईविल मेफिस्टो के बहकावे में आकर, मशीनी प्रगति के लिए जनसेवक फिलेमन और बॉसिस,के घर को तुड़वा देता है। ईविल मेफिस्टो कहता है, 'प्रगति के लिए मनुष्यत्व का खून करना पड़ता है!' भारत कहता है 'मनुष्यत्व का खून कोई नहीं कर सकता, क्योंकि ईश्वरत्व ही धरती पर मनुष्यत्व है।'

ईविल को सर्वशक्तिमान मानकर पश्चिम ने अपनी तीन हजार साल पुरानी संस्कृति की बलि दे दी स यता के लिए, और स यता और संस्कृति को परस्पर सहयोगी से विरोधी बना दिया। मनुष्यत्व का युग समाप्त हो गया पश्चिम में।

स्वार्थ और लोभ धर्म का स्थान पा गये। ईश्वर को वे सर्वज्ञ किन्तु अशक्त समझने लगे। इस त्रुटि ने उनकी दुनिया से संस्कृति चली गयी उनके जीवन से संस्कार गायब हो गये। वे कोई भी बुरा कर्म बिना सोचे समझे करने लगे हैं।

''जब आपका हृदय आपके कर्म में रूचि न ले तो समझ लीजिये ईश्वर अब आपके आसपास भी नहीं रहता। प्रेम के कारण ही तो ईश्वर मनुष्य में रूचि लेते है। मनुष्य का कोई भी गुण उन्हें प्रभावित नहीं करता, क्योंकि हर गुण उनमे मनुष्य से अनन्त गुना अधिक है। प्रेम एकमात्र ऐसा गुण है जो उनमे अनन्त होकर भी मनुष्य के एक बूँद प्रेम में अपने अनन्त स्वरूप को ही देखता है, जो मनुष्य अपने हृदय में एक बूँद सच्चा प्रेम जगा ले उसकी वह एक बूँद अनन्त प्रेम से भरे ईश्वर को समर्पित होते ही अनन्त हो जाती है।

''नास्तिक यह नहीं जान पाते कि ईश्वर की सर्वशक्तिमत्ता में अविश्वास हो जाना उनके दुष्कर्मों का फल है। उनका दुष्टता की शक्ति में विश्वास उनकी नास्तिकता से जन्मा अभिमान है। उनकी सीमित बुद्धि में यह कमी हो जाना उनकी सबसे बड़ी समस्या है। इस कमी के प्रति गाफिल उनकी आत्मा सो रही है।

''जो लोग अपनी आत्मा को सर्वज्ञ और अपनी बुराई को सर्वशक्तिमान मान लेते है, वे स्वयं को ईश्वर से छिन्न कर चुके है। ईश्वर सर्वज्ञ और सर्वशक्तिमान है—इस सत्य को मनुष्य जाने या न जाने यह सत्य है, सत्य रहा है और सत्य रहेगा। ईश्वर की सर्वज्ञता और सर्वशक्तिमत्ता को जानने न जानने का प्रभाव मनुष्य पर पड़ता है, ईश्वर पर नही। आतंक, हत्या आदि बुरे कर्म मनुष्य की अच्छाई को भयभीत कर दें तो यह उस मनुष्य की नास्तिकता का दोष है। ईश्वर की सर्वज्ञ दृष्टि में बुराई अच्छाई की विकृति मात्र है। भारत के धर्म बुराई का स्वतन्त्र अस्तित्त्व नहीं मानते।

भारत सरकार भी 1991-2013 के बीच ईविल के स्वतन्त्र अस्तित्त्व में अन्धविश्वास कर बैठी थी। इस अन्धविश्वास का शीघ्र विसर्जन आवश्यक है। इस अंधविश्वास में सरकार और जनता आत्मयज्ञ करे तो 1991-2013 के बीच धारण किये गये नैतिक पतन और अज्ञान को हम इस तरह छोड़ सकते है कि इसका लेशमात्र असर हमारे मानस पर न रहे।''

महर्षि व्यास और अनन्त हरिकृपा

इस चिन्तन के बाद व्यास सो न पाये। वे चिन्तन करते रहे कैसे विश्व को सच्ची आस्तिकता प्राप्त हो। अचानक कक्ष में सुनहरा प्रकाश फैल गया। एक क्षण पूर्ण शान्ति का बीता। जब व्यास ने आँखें खोली तो देखा श्रीकृष्ण खड़े थे।

व्यास भगवान के चरणों में लेट गये।

श्रीकृष्ण बोले, ''महामुनि आपने बहुत शुभ प्रवचन दिया आज विद्यार्थियों को। मेरा मन किया विद्यार्थियों के बीच विद्यार्थी बन बैठ जाऊँ। किन्तु रुक गया यह सोचकर कि आपकी संवेदन शक्ति मेरी उपस्थिति को जान लेगी, और तब स्व के प्रति सचेत होकर आपकी वाणी यह निर्मल प्रवाह न खो दे। महर्षि ! संसार में असत्य, अनृत और अशुभ कर्म इतने व्यापक हो गये हैं कि लगता है मानव जाति में सत्य, ऋत् या शुभ को कर्म में व्यक्त करने का कोई उत्साह नहीं रहा। देख रहा हूँ कि आपको सत्य को आचरण और विचार बनाते देख लोग आपका सहयोग नहीं करते। उलटे आपसे ईर्ष्या करने लगे है।

''आपके साथ सत्य को कर्म बनाने वाले कुछ सत्यनिष्ठ विद्वान पृथ्वी पर होने चाहिए। आपके विचार जानकर मानवजाति इस अन्धविश्वास को तज देगी कि अब मानव जीवन का पतन अनिवार्य है और इस कल्प का अन्त अनिवार्य है।''

महार्षि व्यास के नेत्र भर आये, यह देखकर कि प्रभु उनकी समस्या से पूरी तरह भिज्ञ है।

भगवान बोले, ''महर्षि संसार मेरी कल्पना है और काल की कल्प व्यवस्था भी मेरी कल्पना है। आप यह याद रखे महर्षि कि मनुष्य स यक चिन्तन, भावना और कल्पना से यदि चाहे कि पृथ्वी पर सदा सतयुग बना रहे तो मुझे कल्पना नहीं करनी पड़ेगी संसार के विषय मे। मैं मानवजाति का यह सहयोग चाहता हूँ कि यदि वे संसार में सुख समृद्धि चाहते है तो सत्य पथ पर चले। तब मुझे संसार की कल्पना नहीं करनी पड़ेगी। संसार सद्‌भावनाओं, सद्‌विचारों, सद्‌कल्पना का

खेल है। हर मनुष्य में ये तीन शक्तिये है। जो इन तीन शक्तियों का उपयोग न करके केवल धीबुद्धि के गणित, तर्क और विज्ञान की पटुता से जीना चाहते हैं उन्हें यह सत्य नजर नहीं आता कि गणित, तर्क और विज्ञान के बाहर भी सत्य है।

"जब मैंने संसार की कल्पना की थी तब से मानव चरित्र का पतन होते देखा, सतयुग का त्रेता मे, और त्रेता का द्वापर में। कलियुग में आपको संसार में रखने का रहस्य यही था कि आप लोगों को यह बताएँ कि वे स्वतन्त्र है संसार को सच्चा रखे या पापों से भरा। आर भ में मनुष्यों को यह पता नहीं था कि सत्य को कर्म बना कर और असत्य को आत्मयज्ञ द्वारा शून्य में विलीन कर मानवजाति सदा सतयुग बनाये रख सकती है पृथ्वी पर।

"महर्षि! मैंने आपकी समस्या का निदान करने के लिए एक योजना बनायी है। स्वर्गलोक में असं य लोग हैं जो स्वर्ग के सुखों से संतुष्ट नहीं है, क्योंकि उनकी आत्मा में उन्नत कर्म करने की प्रवृत्ति है। केवल सुख से उनका काम नहीं चलता। उन्हें स्वर्ग के अद्भुत सुखों को भोगते हुए बहुत समय बीत गया है। वे मनुष्य रह चुके है और पृथ्वी पर फैले अनाचार को दूर करने के लिए मानवजाति की सेवा करना चाहते है। वे चाहते है कि उन्हें पृथ्वी पर जाकर सत्य को कर्म बनाने में आपकी सहायता करने का अवसर दिया जाय। इस तरह उनकी ऊर्जा केवल सुख भोगने में नहीं खर्च होगी, और उन्हें अपनी स्वर्ग-अवधि में ही, पृथ्वी पर आकर, अच्छे मनुष्यों की तरह, निस्वार्थ शुभ कर्म करने का अवसर मिल जाएगा। इस तरह वे स्वर्ग से ही मोक्ष प्राप्त कर लेगे। उन्हें निर्वाण प्राप्त करने के लिए मानव-योनी में नहीं आना पड़ेगा।"

व्यास बोले, "प्रभु! यह योजना समयानुकूल है। पृथ्वी पर मनुष्य असत्य, अनृत और अशुभ कर्म करने को स्वतन्त्रता समझने लगे है। इस कारण ही शायद स्वर्गवासी जीवों में इन शुभ भावों का उदय हुआ है। मानव जाति को ज्ञानियों की जगह नेता-अभिनेता, जो पहले से प्रिय थे, श्रद्धेय भी हो गये है। निस्वार्थ ज्ञानियों के गुण देखने की और उनके सत्यकर्म को अपनाकर, उनके एकाकीपन को मानवीय सौहार्द से मुक्त करने की शक्ति ही उनकी उलझी आत्माओं में नहीं है। उन धर्मों का बोलबाला है जो काम, क्रोध, मद, लोभ, मोह, ईर्ष्या, द्वेष, प्रतिशोध और विश्वासघात आदि मत्सरो को मानव-स्वभाव की विविधता मानते है, गिरा हुआ कर्म नहीं मानते। सेकुलर राजनीति एक ऐसा ही नया धर्म है जिसके प्रणेता राजनीतिज्ञ है। सेकुलर राजनीति को उन्होंने सबसे सशक्त धर्म बना लिया है। यह धर्म मानवीय सिद्धान्तो से दूर रहना सिखाता है और सर्वजन हिताय धर्मों को भी

अछूत मानता है।"

व्यास हाथ जोड़ कर विनती करने लगे, "मित्रविहीन इस संसार में अकेला कैसे रहूँ प्रभु ? मुझे अपने चरणों में रख लीजिये।"

श्रीकृष्ण बोले, "आप स्वर्गादि लोको में घूम आइये महामुने। उनमें आपको अद्वितीय विद्वान, साहित्यकार, संगीतज्ञ, कलाकार, वैज्ञानिक आदि मिलेंगे। वहाँ आपको बहुत से लोग अपने जैसे मिल जाएँगे। जहाँ जो भी आपको सहयोगी लगें उनसे पूछ लीजिये कि क्या वे पृथ्वीवासियों के हित के लिए आपके साथ पृथ्वी पर रहना चाहते है ? क्या मानव जाति को असत्य, अनृत, अशुभ आचरण और नकारात्मक भावनाओ पर विजय दिलाने के लिए आपके महायज्ञ में भाग लेना चाहेगे ? जो सहमत हों उन सबको आप अपने साथ ले आाइये। आपको कुछ नहीं करना पड़ेगा। आप जब भी उन्हें लेकर पृथ्वी पर आना चाहेगे आप उन सहित स्वयं को पृथ्वी पर पाएँगे। उनके रहने के लिए आपके निकट हिमालय में ही भवन बनाना, उनके आहार, सुख-सुविधा का प्रबन्ध स्वयं देवलोक के कर्मचारी उनके वहाँ पहुँचने से पहले ही कर देगे।"

व्यास की पृथ्वी पर और रहने की अनिच्छा उनके मुख पर थी। उसे अनदेखी करते हुए श्रीकृष्ण बोले, "आपने मुझ परब्रह्म को अपने हृदय से झरते प्रेम-निर्झर में रोज नहला कर आधा पृथ्वीवासी बना लिया। ज्ञानी को मैं ज्ञानी दिखने लगा और गोपबाला को उसका प्रेमी। प्रेम का ऐसा अद्‌भुत चित्रण किया कि स्त्री पुरुष सभी मेरे प्रेम के मर्म को जानने की कामना करने लगे। उनकी ईर्ष्या मुझे छलिया कहती है किन्तु उनका हृदय छलिया नहीं मानता।

" महामुनि आपकी साथियों के अभाव की समस्या पूरी हो गयी। किन्तु आप जैसा दूसरा व्यास नहीं मिल पाया! मेरे बनाने की वस्तु नहीं है व्यास। वह तो कोई ज्ञानी, तपस्वी, निर्मल हृदय स्वयं ही बनना चाहे तो बन सकता है।"

यह सुनते सुनते महामुनि व्यास के मुख से पृथ्वी पर न रहने की इच्छा तिरोहित हो गयी। बस ये विनम्र शब्द निकले, "आप हैं ही ऐसे गोविन्द! आपकी छवि जैसी हृदय में पड़ी वैसी ही शब्दों में उतर गयी। छवि भी आपकी शब्द भी आपके। न कुछ लिया न दिया। 'त्वदीयं वस्तु गोविन्दं तु यमेव समर्पयामि!' आपकी दी हुई वस्तु आपको समर्पित कर दी। मेरा तो कुछ नहीं था, कुछ नहीं है इस जगत मे। आप ही है मेरे चहुँ ओर और मुझमें। मैं भी तो अपना नहीं। आपका आदेश ही तो मेरा सौभाग्य है। उसकी पूर्ति करना ही तो मेरा परम सौभाग्य है। आप न बसते मेरी वाणी में तो मेरी रचना झूठी हो जाती! मेरे वाक्य मन्त्र न बन पाते। मन्त्र भी हो जाते तो उनमे आपका वास न होता, और वे सूने रह जाते।"

व्यास त्रिशंकु लोक में

प्रातः गंगोत्री में गंगा स्नान करने के बाद महर्षि व्यास ने स्वर्ग जाने की इच्छा की। इच्छा करते ही वे तीव्र गति से ऊपर उठने लगे। उन्हें लगा उनका स्वयं पर नियन्त्रण नहीं है। उन्हें लगा गति के बारे में उनका कोई स्पष्ट आदेश न होने के कारण शायद गति ने बढ़ते बढ़ते चक्रवात का रूप ले लिया है। चक्रवात के अंधेरे में उन्हें दिखना बन्द हो गया।

किसी भयानक स्थिति से महर्षि व्यास कभी भयभीत नहीं हुए थे। मृत्यु उनकी दृष्टि में जीवन का विराम नहीं अनन्त जीवन का द्वार थी। मृत्यु को जीवन से पृथक सत्य मान, मृत्यु पर चिन्तन उन्होंने कभी नहीं किया था। चक्रवात जितना प्रचंड हो रहा था उतना ही वे जीवन के किसी अब तक न हुए नये अनुभव की आशा से रोमांचित हो रहे थे। उनका नियन्त्रण नहीं रहा अपनी गति पर तो क्या! उन्हें विश्वास था कि उन्हें गोविन्द किसी नयी जगह ले जा रहे हैं।

चक्रवात उन्हें स्वर्ग में नहीं, भटका कर त्रिशंकु लोक में ले आया।

उन्हें पता नहीं था कि वे त्रिशंकु लोक में आ गये है। उन्होंने सोचा हो सकता है भगवान की इच्छा हो कि मैं इस लोक का अन्वेषण करूँ। चारों ओर कोई दीवार नहीं थी जो उनका रास्ता रोक रही हो। कोई हवा नहीं थी ऐसी जो उन पर जोर जबर्दस्ती कर रही हो। चारों ओर, ऊपर और नीचे दिशाएँ खुली थी। मार्ग ही मार्ग थे। किन्तु एक रुकावट थी कही जाने मे। उनके आसपास का वातावरण शेष वातावरण से कुछ अलग था। किसी अत्यन्त सूक्ष्म पारदर्शी पदार्थ के अवरोध के कारण वे इस लोक में अधिक दूर तक नहीं जा पा रहे हैं। त्रिशंकु लोक से बाहर निकलने का मार्ग ढूँढ़ते-ढूँढ़ते बहुत देर हो गयी।

सहसा उनकी प्रज्ञा में ज्ञान उदित हुआ कि यह नकली स्वर्ग है जो महर्षि विश्वामित्र ने अपने शिष्य त्रिशंकु के लिए बनाया था, जहां वह आज भी रह रहा है। इन्द्रदेव उसे स्वर्ग में आने नहीं देते और पृथ्वी का गुरुत्वाकर्षण वहाँ काम नहीं करता, जो त्रिशंकु को खींचकर फिर से पृथ्वी पर ले आये।

त्रिशंकु के सब दोषों के प्रति करुणा और क्षमा की एक लहर उनके हृदय में उठी। वे समझ गये कि प्रभु त्रिशंकु का उद्धार करने का निर्णय कर चुके हैं और उनके हाथों यह शुभ कर्म कराना चाह रहे है।

वे त्रिशंकु को खोजने लगे।

उस दुद्धर्ष वीर पुरुष त्रिशंकु के प्रति महर्षि व्यास संवेदना से भर उठे। उसकी महर्षि विश्वामित्र में आस्था इतनी प्रचण्ड थी कि उसने सृष्टि के विधान की परवाह नहीं की, और विश्वामित्र को अपने अस्तित्त्व पर पूर्ण अधिकार दे दिया था—जैसा चाहे वैसा अपने ज्ञान, तप और साधना का र्प्रयोग वे उसके अस्तित्त्व पर करे! उन्हें लगा ऐसा व्यक्ति पृथ्वी पर दूसरा नहीं हुआ जो स्वर्ग की चाह में अपने अस्तित्त्व के प्रति इतना निश्चिन्त हो गया हो। न सृष्टि से बाहर धकेले जाने की पर्वाह थी उसे, न सृष्टि और मोक्ष दोनों से वहिष्कृत होकर अशनाया के अन्धकार भरे झूले में सदा के लिए झूलते रहने की। त्रिशंकु की महर्षि विश्वामित्र से मैत्री और उनमें विश्वास अखंड थे। उसने एक बार भी शंका प्रकट नहीं की महर्षि विश्वामित्र के समक्ष कि यदि वे उसे स्वर्ग में उत्तीर्ण न कर सके और उसकी दुर्गति हो गयी तो!

एक स्थान पर निर्मल हृदय व्यास को, अपने अस्तित्त्व के प्रति सर्वथा निर्मोही, सूर्यवंशी राजा त्रिशंकु उल्टे लटके हुए मिले। उनकी चित्तवृत्तियाँ न तो निरुद्ध थी न एकाग्र। निर्मल हृदयव्यास ने कुछ समय त्रिशंकु के चित्त और अस्तित्त्व की अवस्था को समझने में व्यतीत किया।

युगों तक अकर्मंय, हताश और अकेला रहकर, त्रिशंकु की आदत तन्द्रासत और भ्रमित रहने की हो गयी थी। इस अवस्था से बीच-बीच में जब भी वह निकलते तो उनका चित्त क्षिप्तावस्था में रहना पसन्द करता। वह दुख, चिन्ता, चंचलता और शोक से भर कभी रोते, कभी हँसते, कभी ईश्वर को पुकारते। महर्षि ने देखा कि ऊषा काल आने पर वे हँसे। उन्होंने प्रसन्नता और मैत्रीभाव से जगमगाते नेत्रों से डूबते तारों और उजलती भोर के प्रकाश में व्यास की ओर देखा और पूछा, 'प्रिय पराशर पुत्र! तुम कैसे इस दुर्धर्ष, दुरत्यय और अप्राप्य लोक को प्राप्त हो गये?'

व्यास ने अनुत्साह दर्शाना उचित समझा, यद्यपि उनका हदय द्रवित हो रहा था त्रिशंकु के सारे दुखों को अपनी संवेदना के लेप से सहने योग्य बनाने को। किन्तु वे एक कृत्रिम हताश स्थिति से दूसरी कृत्रिम आसभरी अवस्था में नहीं लाना चाहते थे उन्हें। वे उनकी नैराश्यतिमिर में तन्द्रासत अवस्था का उपयोग

करना चाहते थे, उन्हें और स्वयं को इस लोक से, प्राकृतिक नियमों का उल्लंघन किये बिना, निकालने मे। वे अपनी चमत्कारी शक्ति का प्रयोग नहीं करना चाहते थे। चमत्कारी शक्ति का प्रयोग उन्होंने कई बार किया था पुराणो को और महाभारत को लिखते हुए। किन्तु चमत्कारी शक्तियों से उनका मोहभंग हो गया था श्रीमद्भागवतम् की रचना करते हुए। वे किसी भी दशा में अब अपने हृदय में जगे प्रेम तत्त्व की उपेक्षा करके कुछ भी प्राप्त न करने का संकल्प ले चुके थे। अभी उनके हृदय में त्रिशंकु के लिए करुणा तो थी किन्तु प्रेम नहीं था। इस कारण वे उसे त्रिशंकुदशा से निकालने की आकुलता से त्रस्त नहीं थे।

व्यास ने त्रिशंकु से पूछा, ''आप उल्टे लटके रहना क्यों पसन्द करते हैं महाराज त्रिशंकु?''

''इसलिए कि मेरा शीष पृथ्वी की ओर रहे स्वर्ग की ओर नही। स्वर्ग की ओर शीर्ष करके मैंने सब कुछ खो दिया। पृथ्वी की ओर शीर्ष करके गर्भ से बाहर निकला था तो सब कुछ पा लिया था।''

''ऐसा क्या था पृथ्वी पर जो आपको जन्म लेते ही मिल गया था और जिसे आप 'सबकुछ' कह रहे हैं।''

''धरती का स्पर्श!''

''धरती का स्पर्श?'' व्यास ने आश्चर्य से पूछा।

''हाँ धरती का स्पर्श प्रिय पराशरपुत्र! धरती का स्पर्श ही वह वस्तु है जिसका अभाव मेरा रोम-रोम महसूस करता है। मेरी देह तरसती है, मेरा हृदय प्यासा है धरती का स्पर्श करने को। तुम एक मुठ्ठी मिट्टी क्यों अपने साथ नहीं ले आये पराशर पुत्र देवताओं की भूमि से भी पवित्र भारत भूमि की।!''

''मैं निर्णय करके यहाँ नहीं आया! दूसरे मुझे पता नहीं था कि आप भारत भूमि की एक मुट्ठी मिट्टी के लिए व्यग्र है।'' व्यास ने कहा, ''राजा त्रिशंकु मैं आपकी यहाँ से निकलने में सहायता करूँगा।''

त्रिशंकु ने कहा, ''महामुनि आप मेरा उपकार न भी करे तो भी मैं आपका कहना मानूंगा और जो भी बन सकेगा करूँगा, क्योंकि इतने युगों तक यहाँ उल्टा लटक कर मुझे परोपकार करने में सुख मिला है। केवल वही एकमात्र सुख मुझे इस अवस्था में मिला है, और कोई सुख नहीं। किन्तु आप यहाँ कैसे पहुँचे, आपने बताया नहीं।''

व्यास बोले, ''मैं तो धरती पर फैले दुखों के बीच रहते मनुष्यों के परस्पर बैर, प्रतिशोध, द भ, हिंसा अप्रेम आदि से ऊब कर स्वर्गलोक जा रहा था,

भगवान श्रीकृष्ण की कृपा से। किन्तु प्रचंड वायु का एक चक्रवात मुझे यहाँ ले आया।''

''आप दंड के कारण यहाँ नहीं आये है। आप सौभाग्यशाली है पराशर पुत्र। आपको कोई न कोई मार्ग अवश्य उपलब्ध हो जाएगा। मेरी शुभकामनाएँ ले लीजिये। फिर भेंट हो न हो।''

''मैं आपको लेकर ही यहाँ से जाऊँगा। अवश्य कोई न कोई मार्ग होगा आपके निकलने का। आपकी यह दशा देखकर आपको इस स्थिति में छोड़कर नहीं जा सकता मैं।''

अपने प्रति इतनी प्रबल संवेदना का अनुभव कर पहली बार त्रिशंकु के नेत्रों में पानी भर आया। बोले, ''इतना संवेदनाशील हृदय लेकर आप कृतघ्न पृथ्वी वासियों के साथ कैसे रह रहे है, जो पालन करने वाली पृथ्वी माता के साथ भी द्रोह कर रहे है? आपको ये उदगार शुभ हो।''

व्यास बोले, ''राजन! आपकी सहायता करने से पहले मुझे आपकी सहायता माँगनी पड़ रही है। त्रिशंकु राजा! मुझे बहुत ठंड लग रही है। मुझे कोई वस्त्र दो। मैं योग द्वारा शीत का निरोध नहीं करना चाहता, क्योंकि प्रेमव्रत ले चुका हूँ। मेरी नाव भी प्रेम है और खिवैया भी प्रेम ही। जितना भी निवाच है मेरे अस्तित्त्व में वह सब प्रेम में एकाग्र है। उसका उपयोग किसी और काम में नहीं कर सकता।''

त्रिशंकु बोले, ''आर भ में मैं सोचता था मेरी देह इस शीत में मर जायगी और मैं इस दुर्गति से निकल जाऊँगा। लेकिन युग बीतते चले गये, और मुझे कुछ नहीं हुआ, कोई रोग भी नहीं। तब मैंने जाना त्रिशंकु लोक मेरा भला चाहता है। इसके पास जो कुछ है यह मुझे दे रहा है।''

''यहाँ क्या कोई और भी रह रहा है?'' व्यास ने कौतूहलवश पूछा।

''यहाँ करोड़ों लोग रहते हैं। यहाँ सब तरह के सुख प्राप्त हैं जो स्वर्ग लोक में प्राप्त हैं। बस यहाँ हदय प्यासे रहते हैं। यहाँ सुन्दरियों की कमी नही। यहाँ पौरुष भी भरपूर है। रमण और विलास इतने उन्मुक्त हैं जिसकी कल्पना भी मनुष्य नहीं कर सकते। नहीं है तो प्रेम नहीं है। यहाँ किसी को किसी से प्रेम नहीं होता। काम क्रीडा में जो उन्मादजन्य आसक्ति है, पृथ्वी पर रहते मैं उसे प्रेम समझता था। किन्तु यहाँ अनुभव से जाना वह प्रेम नहीं है। वह तृष्णा है। यहाँ तृष्णा ही तृष्णा है। यहां तृष्णा अनन्त लगती है और लक्ष्यविहीन भी। बस यह पता नहीं चलता कि तृष्णा किस चीज की है क्योंकि सुख सब उपलब्ध है। जो सुख स्वर्ग

में उपलब्ध है वे सब यहाँ उपलब्ध है। पर तृष्णा है, तृप्ति नही। क्षणिक तृप्ति है। फिर वही तृष्णा। पहले मैं आपके लिए वस्त्र ले आऊँ!''

त्रिशंकु वृक्ष पर उल्टे लटके हुए थे। एक क्षण में पैरो पर आ गये और दूसरे क्षण वस्त्रों का एक बैग लिए वापस आ गये। एक कोमल क बल पर उन्होंने वस्त्र उलट दिये।

महर्षि व्यास ने जो वस्त्र पहनने थे पहन लिए। महाराज त्रिशंकु भी उनके पास बैठ गये। व्यास को कौतुहल हुआ कि जब इन्हें बैठने की सुविधा प्राप्त है तो क्यों उल्टे लटके रहे इतनी देर।

व्यास ने पूछा, ''मुझे तो यहां कोई नजर नहीं आता। आपने कहा यहाँ करोड़ों लोग रहते हैं।''

''जहाँ तुम मुझे मिले हो मित्र यह स्थान मेरी एकान्त शाला है। मैं तु हें मित्र मानने लगा हूँ, इसलिए तु हें तुम कहूँगा। तुम भी मुझे तुम कहोगे तो मुझे अच्छा लगेगा। यहाँ प्रत्येक निवासी को एक एकान्तशाला प्राप्त है, जहाँ वे आमोद-प्रमोद से थक कर अपना समय एकान्त में बीता सकते हैं। सभी हृदय से अकेले हैं। सबको अध्यात्मिक ज्ञान प्राप्त करने की चाह है किन्तु वह उत्साह और साहस नहीं जो इसके लिए आवश्यक है। सबके हृदयों को अध्यात्म के सूने आकाश में उड़ते-उड़ते थकान घेर लेती है। इस लोक में आ तो जाते हैं लोग मगर आज तक कोई निकलता नहीं दिखा। किसी भी दिशा में जाओ, चाहे शताब्दियाँ बीता दो यात्रा मे, इस लोक से बाहर निकलने का कोई द्वार नहीं मिलता।''

त्रिशंकु लोक में दुनिया के सभी देशों के लोग थे। वे सभी दुःसाहसी वीर जन थे, जिनमें किसी के पौरुष/स्त्रीत्व ने सूर्य से टक्कर ली थी, किसी ने पवन से, कोई कड़कती विद्युत से टकराये थे। किसी ने अग्नि का सामना किया था। कुछ वैज्ञानिक थे जिन्होंने भौतिक सूक्ष्म ऊर्जाओं के तुमुल को संसार की ठोस वस्तुओं का सत्य और ठोस वस्तुओं की ठोसता को भ्रम कहा था। सूक्ष्म ऊर्जाओं के मोह ने उन्हें इतना भरमाया था कि वे सूक्ष्म ऊर्जाओं के मोह में संसार को छोड़ त्रिशंकु लोक में आ गये थे। यहाँ उन्होंने मिलकर एक नयी सामाजिक व्यवस्था की स्थापना कर ली थी। विज्ञान के द्वारा भयानक शीत और निबिड़ अन्धकार से अपने लोक में रहने वालों को मुक्ति दे दी थी।

त्रिशंकु लोक के वासी अध्यात्म ज्ञान की चाह रखते थे किन्तु अध्यात्मतत्त्वों के अस्तित्त्व को नहीं मानते थे, न ईश्वर के अस्तित्त्व को, न प्रकृति या आत्मा के अस्तित्त्व को। उनके संज्ञान में सृष्टि में कोई भी ऐसा तत्त्व नहीं था जो मनुष्य की

चेतना को शुद्ध कर सके। वे चेतना को बुद्धि की शक्ति मानते थे, आत्मा की नहीं। चेतना उनके लिए आत्मा की शक्ति नहीं थी। उन्हें ज्ञान नहीं था मोक्षमार्ग का। वे नहीं जानते थे कि मन, बुद्धि चित्त अहंकार, देह, इन्द्रियों, बुद्धि, वासना आदि को आत्मा केवल आत्मबलि से अपने वश में करती है। वे नहीं जानते थे कि संसार की ओर उन्मुख मनुष्य की इन सब शक्तियों को बलपूर्वक नहीं, आत्मबलि से आत्मा जब अपने वश में कर लेती है तो इनकी सहायता से पूर्ण स्वाधीनता, अर्थात् मोक्ष, प्राप्त करती है। तब अकारण उल्लास, ज्ञान, प्रेम, प्रतिभा, ऐश्वर्य, अखंड सौभाग्य और अजेय पौरुष के स्रोत खुलते हैं आत्मा मे।

त्रिशंकु लोक के वासी अपने वैज्ञानिक यन्त्रों, वस्तुओं के विश्लेषण और सूक्ष्म दुर्बीनों से परीक्षण को ही सत्य के प्रमाण मानते थे। वे प्रज्ञा को और हृदय में जगे अध्यात्मिक प्रकाश को भ्रम कहते थे। कोई भी यन्त्र उनके पास ऐसा नहीं था जो ईश्वर, आत्मा, शिवम्, सत्यम् सुन्दरम् का अनुभव करा सके। उन्हें अपने वैज्ञानिक उपकरणों पर अन्धविश्वास था। जब महर्षि व्यास ने उनसे कहा कि ये यन्त्र सक्षम नहीं है ईश्वर के दर्शन कराने में तो उन्होंने कहा जो इन यन्त्रों में दिखाई नहीं देता वह होता ही नही। व्यास समझ गये कि इस लोक को त्रिशंकु लोक अकारण नहीं कहा गया।

वहाँ मुश्किल ऐसे लोगों की थी जिनकी आत्माओं में कुछ अध्यात्मिक ज्ञान जग गया था पृथ्वी पर रहते हुए और वे किसी लोभ, मद या हिंसावश त्रिशंकु लोक में आ गये थे। यहाँ ऐसे लोगों को हेय दृष्टि से देखा जाता था। ऐसे लोगों की यहाँ दुर्गति थी, क्योंकि उन्हें यहां की शासन और शैक्षिक व्यवस्था भ्रमित और भटके हुए जीव मानती थी। उनका न स मान था, न उनकी बातों को कोई मानता था। अकेले पड़कर और स्वजनों से तिरस्कार पाकर, निन्दा और उपहास के पात्र बनकर भी उनमे अनेक अध्यात्म की खोज करते रहते थे। पर सब व्यर्थ जा रहा था क्योंकि यहाँ के मनुष्यों में किसी अध्यात्मिक तत्त्व में ध्यान लगाने की शक्ति ही नहीं थी।

व्यास ने देखा, मुसोलिनी तेजी से जा रहा है और उसके पीछे पीछे लंगड़ाता हुआ हिटलर भागा भागा जा रहा है। हिटलर मुसोलिनी को आवाजे दे रहा है मगर मुसोलिनी पलटकर भी नहीं देख रहा है। त्रिशंकु ने कहा, ''यहाँ सारे शक्तिशाली लोग आ जाते है, जो पृथ्वी पर शक्ति पाकर उन्मक्त हो गये थे और जिन्होंने शक्ति का दुरूपयोग किया था। यहाँ किसी को शक्ति की जरूरत नहीं है। यहाँ सर्वाधिक उपलब्ध वस्तु शक्ति है। किन्तु किसी को यहाँ शक्ति की तलाश नहीं

है। बहुत से लोग यहाँ अपने घर को स्वयं बुहारते है ताकि शक्ति को निकाल कर बाहर फेंक दे। यहाँ ज्ञान की तलाश है। ये यह भी जानते है कि अध्यात्मज्ञान ही इन्हें यहाँ से निकाल सकता है, किन्तु अध्यात्म ज्ञान से ये ऐसे डरते है जैसे पृथ्वीवासी जंगली जानवरो से। फिर भी सबको यह अन्धविश्वास है कि अधर में लटके इन लोगों को अगर कभी कोई निकाल पाएगा तो कोई ज्ञानी व्यक्ति ही निकाल पायेगा, शक्तिशाली व्यक्ति नही।''

असत्य, अनृत और अधर्म

त्रिशंकु के साथ कुछ त्रिशंकु लोक निवासी अगले दिन व्यास के पास आए। उनमें एक डॉक्टर, एक वैज्ञानिक और एक अधिकारी था। त्रिशंकु ने अलग ले जाकर व्यास को बताया, ''इस लोक में वे डॉक्टर आते है जिन्होंने प्रसव के लिए आयी निर्धन स्त्रियों की धन न होने के कारण सहायता नहीं की और उनकी मृत्यु हुई। गरीब बच्चों का इलाज नहीं किया और उनकी अकाल मृत्यु हुई। दुर्घटना में घायल लोगों की तुरन्त चिकित्सा न करके लिखा-पढ़ी में समय गँवाया, जिससे घायल मर गये। लोभ या शत्रुता आदि के कारण इस तरह के और अनेक अमानुषिक कर्म किये।''

उन लोगों ने महर्षि व्यास का टेढ़ी और फीकी मुस्कान के साथ अपने आने का उद्‌देश्य बताने की औपचारिकता पूरी की। उन्होंने यह बताया कि त्रिशंकु लोक के नियमों के अनुसार उन्हें उनके स्वास्थ का परीक्षण करना है।

डाक्टर ने सबसे पहले महर्षि व्यास में ढूँढ़े आत्मग्लानि के चिह्न। फिर उन्होंने देखा उनमे हीनता ग्रंथि है या श्रेष्ठता ग्रंथि। इसी तरह के कुछ और चिह्न उन्होंने मिलकर ढूँढ़े। पर उन्हें नहीं मिले तो उन्हें हैरानी हुई कि यह नवागन्तुक उनके लोक में कैसे आ गया। वैज्ञानिक भी अपने यंत्रो से उनका परीक्षण करके चकित था। महर्षि व्यास के पोर-पोर में अकारण उल्लास, प्रेम, ऐश्वर्य और विलक्षण प्रतिभा को व्याप्त देखकर। उनमे जो अतीन्द्रिय ज्ञान था उसे मापने में उनके कुछ यन्त्र टूट गये, क्योंकि वह अध्यात्मिक ज्ञान था, जो उनकी दुनिया में ज्ञान नहीं माना जाता था। वे विज्ञान से आगे के हर ज्ञान को अन्धविश्वास मानते थे। फिर भी महामुनि के पास से वे हट नहीं रहे थे, क्योंकि उनके पास उन्हें अद्‌भुत शान्ति और प्रसन्नता का अनुभव हो रहा था। यह नया अनुभव था जो उन्हें इस लोक में आने के बाद कभी नहीं हुआ था। अधिकारी ने उनसे कहा कि ऐसी शान्ति और प्रसन्नता उन्हें पूर्वजन्म में हुआ करती थी जब वे पृथ्वी लोक में रहते थे।

डॉक्टर बोला, ''वैज्ञानिक ज्ञान सत्य है। उसे हम अपने हर कर्म में प्रयुक्त करते हैं। फिर भी हमारे चेहरे आपकी तरह प्रफुल्ल और नेत्र प्रेम से भरे क्यों नहीं हैं?''

महर्षि व्यास ने उत्तर दिया, ''पदार्थ का सत्य जान लेना विज्ञान है, ज्ञान नहीं। ज्ञान केवल अध्यात्मिक तत्त्वों के ज्ञान को कहते है।''

वैज्ञानिक ने उनके उत्तर को परीक्षण रिपोर्ट में लिखा, और पूछा, ''अपने उत्तर को विज्ञान से सिद्ध कीजिये।''

''विज्ञान मेरे उत्तर को सिद्ध नहीं कर सकता, क्योंकि यह केवल भौतिक पदार्थो का अध्ययन करता है।''

अधिकारी ने प्रश्न किया, ''पदार्थ का सत्य जानकर मनुष्य क्यों ज्ञान प्राप्त नहीं कर सकता?''

''पदार्थ का ज्ञान प्राप्त करके ही मनुष्य ने स यता का निर्माण किया। सुख-सुविधा प्रदान करने वाली भौतिक मशीनों का निर्माण किया। देह, मन मस्तिष्क आदि भौतिक जीवित पदार्थों के रोगों का उपचार किया। युद्ध में हजारों लोगों को एक ही वार से मारने के यन्त्र बनाये। अन्य मरने मारने के यन्त्र बनाये। किन्तु मनुष्य केवल भौतिक जन्तु नहीं है। उसमें केवल देह, पंचभूत, इन्द्रियाँ, मन, बुद्धि, अहंकार आदि मर जाने वाले पदार्थ नहीं होते। ये सब मिलाकर मानव व्यक्तित्व का केवल दसवाँ भाग बनता है जो केवल सतही है। इनके उपचार से पूरे व्यक्तित्व को शान्ति और सुख नहीं मिलते। मानव व्यक्तित्व के दस में से नौ भाग मानव व्यक्तित्व की गहराई में रहते है। इन नौ हिस्सों को केवल आत्मा में जन्म लेने वाला अध्यात्मिक ज्ञान संचालित और नियंत्रित कर सकता है। आध्यात्मिक ज्ञान से युक्त व्यक्ति अपने व्यक्तित्व की गहराई में छिपे इन नौ हिस्सों का उपचार करके मनुष्य को निरन्तर अकारण उल्लास से भरे रख सकता है।''

अधिकारी ने पूछा, ''इससे समाज और प्रशासन को क्या लाभ होता है?''

''आत्मा के जागृत हो जाने पर मनुष्य को सभी जीवों में छुपी आत्मा के दर्शन हो जाते है। ऐसे लोग सारे जीवों के जीवन को खुशियों से भर सकते है। शासन सत्य को कर्म बनाकर समाज को अहिंसा, प्रेम, शान्ति की ओर ले जा सकता है। व्यक्ति और समाज को अध्यात्मिक ज्ञान से अकारण उल्लास, प्रेम, ज्ञान, गुरुत्व, ऐश्वर्य, मैत्री आदि अनन्त गुणो की प्राप्ति हो जाती है।''

वे सब अपने अपने यन्त्र कानों में लगाये हुए थे जिनके कारण उन्हें व्यास की संस्कृत उनकी अपनी अपनी भाषाओं में अनुदित होकर सुनाई दे रही थी।

उन्होंने अपनी बातें भी अपने अनुवादक यन्त्र से संस्कृत में अनूदित करके महर्षि व्यास को सुनायी। उन सबका कहना था "आपकी बातें सुनकर हमे शान्ति, खुशी और आत्मविश्वास का अनुभव हो रहा है। किन्तु यह हमारा अन्धविश्वास लगता है। अग्रजों और बुद्धिजीवियों से आपकी बात कराकर ही हम आपके बारे में कोई निर्णय लेगे।"

अगले दिन वे अपने अग्रजों और विद्वानों को लेकर आए। उनके प्रमुख शासक ने उनसे कहा, "आपने जो बातें इन्हें कल कही वे हमारे रिकार्ड में है। आप अपने सारे ज्ञान को कुछ वाक्यों में सुनाइये।" प्रमुख शासक ही प्रमुख वैज्ञानिक भी था।

व्यास ने कहा, "ब्रह्म, परा प्रकृति और आत्मा अमर तत्त्व है। इनका ज्ञान ही ज्ञान कहलाता है। आप जिसे ज्ञान समझ रहे है वह विज्ञान है। विज्ञान संसारी जीवन को सुखमय करता है। लेकिन इसे ज्ञान मान लेने के कारण आपकी अतीन्द्रियों, प्रज्ञा, ऋत भरा आदि बुद्धियों, प्रेम भावना और आत्मा की चेतन शक्ति ने काम करना बन्द कर दिया है।"

प्रमुख शासक ने पूछा, "वह एक ज्ञान बताइये जिसे जानकर हम आप जैसे ज्ञानी हो सकते है।"

व्यास बोले, "ब्रह्म ही समस्त तत्त्वों का तत्त्व है। वह आपको जान ले या आप उससे सायुज्यता प्राप्त कर ले—ये दो रास्ते है उसे जानने के। ब्रह्म को जानने के बाद कुछ भी जानना शेष नहीं रह जाता।"

अग्रज ने पूछा, "क्या आपने ब्रह्म को जान लिया है?"

व्यास बोले, "मैंने ब्रह्म को नहीं जाना। ब्रह्म से सायुज्यता प्राप्त की। तबसे ब्रह्ममय हो गया।"

"क्या इसके अलावा आप कुछ और जानते है?"

"ब्रह्म के अतिरिक्त जो कुछ जाना वह बताना महत्त्वपूर्ण नहीं है! ब्रह्म ज्ञान के उदित हो जाने पर सकल अध्यात्मिक तत्त्वों का ज्ञान हो जाता है।"

अग्रज ने कहा, "एक वाक्य में बताएँ ब्रह्म को जानने के बाद आपको कोई वाक्य सूझा हो तो बताइये।"

महर्षि बोले, यह सूझा, 'ईश्वर सत्य है, सत्य ही सुन्दर है, सुन्दर ही शिव है, शिव ही सत्य है। प्रेम से जन्य शुभ कर्म ही सत्य और सुन्दर है।"

"आपने चार नये शब्द बोले है यह कहने के बाद कि आप और कुछ नहीं

जानते। हमारे कानून के अनुसार झूठ बोलने के कारण आप पर अभियोग चलाया जाएगा!''

व्यास को बन्दी बना लिया गया।

अगले दिन जब आरोप पढ़कर सुनाया गया तो महर्षि व्यास ने आरोप का खंडन किया और कहा, ''मैंने सत्य कहा था। सत्य को कर्म बनाना मेरा धर्म है।''

''जो बातें आपने कही अन्धविश्वास है। विज्ञान को ही प्रथम और अन्तिम सत्य ज्ञात है।''

''जो सत्य मैंने कहा है यह सत्य एक दिन आपके वैज्ञानिक भी कहेगे। आपकी आत्मा स्वयं इस सत्य का उद्घोष करेगी।''

अग्रज ने कहा, ''हम ईश्वर को नहीं मानते। ऐसा कोई अस्तित्त्व हमारे सामने प्रकट नहीं होता। हमने उसे सैकड़ों बार पुकार कर देख लिया। हबल दुर्बीन से भी सशक्त दुर्बीन हमने बना रखी है। उससे हमने अन्तरिक्ष छान मारा है, मगर ईश्वर नहीं मिला। अगर होता तो प्रकट होता। वह है तो प्रकट क्यों नहीं होता? सत्य होने के लिए उसका हमारे नेत्रों को दिखना आवश्यक है।''

व्यास ने कहा, ''ईश्वर को वे भी नहीं देख पाते जिन्हें उसके अस्तित्त्व में अखंड विश्वास है। ईश्वर की दृष्टि में मनुष्य का उसमे विश्वास महत्त्वपूर्ण है। दर्शन देना न देना ईश्वर की स्वेच्छा पर निर्भर है। वह अपना सबूत देने आपके सामने कभी नहीं आएगा। कोई भी उसके अस्तित्त्व को न माने तो भी वह रहता है। उसे अनुयायियों की आवश्यकता नहीं है। वह ज्ञानी और निर्मल हृदय वालों से मिलता है। वह उन लोगों से भी मिला है जिनमें उससे मिलने की अमिट प्यास लग जाती है। लेकिन मैं नहीं कह सकता कि वह आधुनिक वैज्ञानिकों से मिलेगा या नही।''

''प्यास मिटाने के लिए हमारे पास पानी के अलावा और भी बहुत कुछ है। हम प्यास बुझाना जानते है। हमे किसी से मिलने की प्यास नहीं लगती। हम ए पीरिकल वैज्ञानिक है। जो वस्तु इन्द्रियों से स पर्क नहीं बना सकती उसके अस्तित्त्व को हम नहीं मानते। इन्द्रियों से डेटा (विवरण) मिलता है, बुद्धि विश्लेषण करती है—जो वस्तु है वह लेबोरेटरी में रह जाती है। ब्रह्म, पराप्रकृति और आत्मा उन तत्त्वो में नहीं है जो हमारे वैज्ञानिकों ने प्रमाणित किये है। इस कारण ये अन्धविश्वास है। हम ब्रह्मांड का मॉडल बनाये हुए हैं। इसके मायने यह नहीं कि हमारा माडल उस ब्रह्मांड से मिलता जुलता हो जो मौजूद है।''

व्यास, ''क्या आपको ब्रह्म का सबसे अनोखा गुण ज्ञात है? यदि आप

अपने क्लोन को वास्तविक और स्वयं को काल्पनिक मान ले तो ब्रह्म आपको वास्तविक सिद्ध करने के लिए कुछ नहीं करेगा। आप मृत्यु के समय अव्याकृत हो जाएँगे। जीवित रहते हुए भी आप स्वयं को अपने क्लोनकी छाया महसूस करने लगेगे।''

प्रमुख नाराज हो गया और बोला, ''आप हम पर आरोप लगा रहे है कि हम असली ब्रह्मांड को हटाकर उसकी जगह नकली ब्रह्मांड रख रहे हैं। क्या आप जानते है हम पर आरोप लगाने के कारण आपको सूली पर चढ़ाया जा सकता है।''

व्यास ग भीर हो गये और बोले, ''थोड़ी देर पहले आप मुझ पर मुकदमा चला रहे थे झूठ बोलने का आरोप लगाकर, जिसकी सजा आपने मौत बताई थी। अब कह रहे है सूली पर चढ़ाने वाला अपराध कर दिया है मैंने। आप जो चाहे करे। मैंने कोई अपराध नहीं किया है।''

''पृथ्वीवासी जो करते है वह प्रकृति पर आधारित है। हम अप्राकृतिक को महत्त्व देते है प्राकृतिक को नही। हम भविष्य दृष्टा है। हमारा ध्यान वर्तमान से ज्यादा भविष्य पर है। आप मानते है कि एक दिन सृष्टि नष्ट हो जायगी। जैसे ही नष्ट होगी हमारा अप्राकृतिक मॉडल उसकी जगह ले लेगा।''

''क्या आप भी उस दिन ईश्वर की जगह ले लेगे ?''

''जैसे आज आपका ब्रह्म ब्रह्मांड का कर्ता धर्ता है, वैसे ही प्राकृतिक ब्रह्मांड नष्ट होगा और जब हमारा मॉडल उसकी जगह ले लेगा तो हमारा मॉडल बनाने वाला ब्रह्म हो जाएगा। आपके ब्रह्म को तब अपना मुँह हमे दिखाना होगा। जो आज हमारी दुर्बीन में नहीं दिखता उस दिन छुप नहीं पाएगा। उस दिन देख लेगे आपके ब्रह्म को भी।''

''क्या अमर भी हो जाएगा मॉडल बनाने वाला ?''

''अमर मॉडल तो हम पहले ही बना चुके है। हम देह को अमर करना जान गये है। जब देह अमर होने लगेगी तो आत्मा जैसी फालतू वस्तु की आवश्यकता ही नहीं रहेगी।''

व्यास कुछ नहीं बोले।

अग्रज ने महर्षि व्यास के मौन को अपना अपमान समझ क्रोधपूर्वक कहा, ''इन्हें सूली पर चढ़ाया जाय। मृत्युदंड !''

एक चमकता चक्र घुमता हुआ आया और महर्षि की गर्दन के आरपार हो गया। उन लोगों के कंठ से एक चीख निकली जो दो दिन पहले महर्षि से मिले

थे। अग्रज क्रोध से भरकर बोला, ''यह मानवीय चीख प्रमाण है कि आप यहाँ के कुछ लोगों को अपने अन्धविश्वास से भ्रष्ट कर चुके है। नियम यह है कि एक ही वार किया जाता है यहाँ मृत्यु का। जो बच जाते है उनमे से बहुत से अन्धविश्वासी रोते है कि इस लोक से छुटकारा मिल रहा था नहीं मिला। लेकिन आपको तब तक मृत्युदंड दिया जाएगा जब तक आपकी मृत्यु नहीं हो जाती, क्योंकि आप ईश्वर और ब्रह्म नामक अध्यात्मज्ञान का प्रसारण करने वालो में विश्वास करते है। हमारा लक्ष्य है उस ज्ञान को नष्ट कर देना जो विज्ञान को परमसत्य नहीं मानता।''

चक्र फिर आया और महर्षि व्यास के वक्ष के आरपार हो गया किन्तु वे जीवित रहे। अग्रज को बहुत क्रोध आया और उसने बधिक को कोई इशारा किया। उसके बाद चक्र महामुनि की देह के चरणों से शीष तक छोटे-छोटे सौ टुकड़े करने के लिए उनके चरणों पिंडलियों, घुटनो आदि अंगों के आरपार निकला, थोड़ी-थोड़ी दूरी पर। अन्त में उनके शीष से ऊपर उर्ध्वदिशा में जाकर गायब हो गया। उन अभिमानियों को समझते देर न लगी कि ईश्वरीय लीला थी यह जिसने महर्षि व्यास की रक्षा की। किन्तु ईश्वर, आत्मा और प्रकृति को श्रेय देना वर्जित था त्रिशंकु लोक में।

अग्रज ने कहा, ''आज से प्रमुख वैज्ञानिक का पद मैं हिरण्याक्ष को देता हूँ।''

महर्षि व्यास के न मरने से वैज्ञानिक नाराज हो गये। श्रीकृष्ण द्वारा किये गये इस चमत्कार की उपेक्षा करके वैज्ञानिको का अभिमान चरम सीमा पर पहुँच चुका था। त्रिशंकु की मनोदशा भी त्रिशंकु लोकवासियों की मनोदशा के अनुकूल और सत्य विरोधी हो गयी थी।

व्यास सत्य को लेकर इतने सतर्क थे कि उन्होंने निन्दा के योग्य इन लोगों के प्रति अपने में जगी निन्दा को ज्ञान नहीं माना। चित्तवृत्ति ही माना। और इस चित्तवृत्ति में उनकी आत्मा ने आत्मबलि देकर पुनर्जन्म लिया। जैसे ही व्यास ने उपरोक्त योगानुशासन से अपनी चित्तवृत्ति को स्वयं से अलग किया वैसे ही त्रिशंकु को झटका लगा और उसे बोध हो गया कि महर्षि व्यास ने उसे त्याग दिया है और वह अपनी दुर्दशा में अकेला रह गया है, क्योंकि त्रिशंकु लोकवासी दुर्दशा में किसी का साथ नहीं देते। उसे विश्वास हो गया कि व्यास की करुणा और कृपा पर भी सन्देह करने वाली उसकी बुद्धि उसकी सबसे बड़ी शत्रु है।

व्यास ने अपनी आत्मा से कहा इन अभिमानी वैज्ञानिकों को क्षमा कर दे। किन्तु आत्मा से अधिक बलवान कोई नहीं तो आत्मा जैसा ससंज्ञ भी कोई नही।

जरा से तिरस्कार से जैसे देवता चले जाते हैं वैसे ही व्यास की आत्मा भी उनकी देह रूपी ब्रह्मांड के किसी एकान्त में जाकर सो गयी। उनकी आत्मा त्रिशंकु और वैज्ञानिकों से बात भी नहीं करना चाहती थी, उनसे मिले तिरस्कार के कारण। व्यास ने स्वयं से पूछा, 'आत्मा बहुत माननि है। मैं इसे कैसे प्रेरित करूँ कि वह नास्तिकों को आस्तिक बनाए?' उनके हृदय ने उत्तर दिया, 'आत्मा केवल उनको अपने ज्ञान से कृत कृत्य करती है जो कृतज्ञ हैं,जिनके नेत्रों में हृदयों मे, हाथों में ईश्वर के प्रति श्रद्धा के फूल होते है।'

महर्षि व्यास को त्रिशंकु लोक के सर्वोच्च शासक ने आरोप से मुक्त कर दिया। उन्हें चमत्कारी अमर पुरुष और अपने समाज का एक प्रतिष्ठित अतिथि मान लिया। उन्हें अधिकार दे दिया कि जब तक चाहें त्रिशंकु लोक में रहे।

महर्षि व्यास को अब एक ही फिक्र थी कैसे इस लोक से निकलकर पृथ्वी पर जाऊँ। पृथ्वी पर फैले दुराचार, अनृत और झूठ से विह्वल होकर ही उन्होंने स्वर्गारोहण का निर्णय लिया था। अब उनके हृदय में पृथ्वीवासियों के प्रति करुणा भर आयी और पृथ्वी पर जाने की धुन लग गयी।

निर्वाण की चाँदनी छिटकी त्रिशंकु के हृदय में

"त्रिशंकु ने व्यास से कहा कि मैं आपको पराशर पुत्र नहीं महर्षि व्यास कहूँ।"

"तु हारा हदय ऐसा क्यों कहता है?"

"प्रभो! पहले मेरा प्रणाम स्वीकार कीजिये। उस दिन जब आप जन सभा में बोल रहे थे तो आपके आनन पर दिव्य छटा थी, जैसे स्वयं चन्द्रदेव आपके चेहरे में उदित हो गये हों। कुछ देर बाद मुझे लगा सूर्य रश्मियाँ भी आपके मुखमंडल से विकिरित हो रही हैं। सूर्य और चन्द्र दोनों अपनी ऊष्मा और शीतलता लिए आप में विराज रहे थे। तब मैंने स्वयं को उस भावतन्द्रा से झझकोरा था कि मैं अपनी कल्पना आप के चेहरे पर आरोपित कर रहा हूँ। तब से रोज यह प्रश्न मेरे सामने आ जाता है। मेरे हृदय में कोई कहता है, 'कैसा मूर्ख है रे तू सत्यव्रत त्रिशंकु!' व्यास विष्णुरूपाय व्यास रूपाय विष्णवे!" महामन्त्र को साक्षात् मानव रूप में पाकर भी नाव खोज रहा है। इस शून्य लोक में मेरा उद्धार करने ही आप श्रीहरि-स्वरूप पधारे हैं।"

महर्षि व्यास को मौन देख उसके नेत्रों से अश्रुधारा फूट पड़ी। उसे उसका भटका जीवन आँखों के आगे चलचित्र की तरह प्रकट होकर आज पाँच हजार वर्षों में पहली बार रूलाने आ गया था। वह लज्जा के मारे वहाँ से उठ कर वीराने में चला गया और अपने राजकुमार और राजा काल की स्मृतियों को याद कर फूट-फूटकर रोने लगा।

"कितना सुन्दर था मैं! कामदेव भी मुझे सुन्दर कहते थे। इस सुन्दर देह का मोह इतना था कि स्वर्ग में भी सशरीर ही जाना चाहता था। मेरी प्रिय पत्नी सत्यार्थ मुझे कितना समझाती थी कि अपने सौन्दर्य से मदमत्त हो ईश्वर के गुण, मनुष्यत्व, का तिरस्कार न करो। न जाने कहाँ होगी अब मेरी सहचरी सत्यार्थ! पाँच हजार वर्ष बीत गये!"

वह बिलख बिलख कर रोने लगा। तभी उसे अपने प्रतापी पिता महाराज पृथु की महानता याद आयी और उनके प्रति उसकी अपनी नीचता खड़ी नजर

आयी। उन दृश्यों को याद करके रूलाई का आवेग और भी तीव्र हो गया। ''जब मेरे पहले पाप पर न्यायी पिता ने मुझे राज्य की सीमा से बाहर बन में जाकर एक वर्ष तक रहने का आदेश दिया, मुझे समझ लेना चाहिए था कि मनस्वी प्रतापी पिता मुझे पाप से निकाल रहे थे। दंड नहीं दे रहे थे। मेरे पिता ब्रह्मर्षि वसिष्ठ के शिष्य थे। मैंने ब्रह्मर्षि वसिष्ठ को भी उनके सामने बुरा भला कहा। मैंने तीन घोर पाप किये जिनका ध्यान आता है तो कांप उठता हूँ। उन पापों के कारण लोग मुझे त्रिशंकु कहने लगे। धीरे-धीरे लोग मेरा नाम भूल गये, जो वात्सल्य से भरे मेरे पिता ने मुझे दिया था। वे भूल गये कि मेरे पिता ने मुझे सत्यव्रत कह कर पुकारा था।''

रूदन समाप्त कर त्रिशंकु महर्षि व्यास के पास लौट आया और उनके चरण पकड़, आँखो में आँसू भरे विह्वल स्वर में बोला, ''उद्धार कर दीजिए मेरा महर्षि!''

त्रिशंकु पर जो आक्रोश था वह एक क्षण में दूर हो गया।

महर्षि व्यास बोले, ''उपाय है त्रिशंकु! कर सकोगे?''

''जो भी मेरी समर्थ में है अवश्य करूँगा। अन्यथा आपकी शरण लूँगा। आपके चरण नहीं छोड़ूँगा मुनिवर! निर्वाण की चाँदनी छिटकी है पहली बार मेरे हृदय के चौराहे पर। दीन असहाय त्रिशंकु को ऐसी बेला में न छोड़िये प्रभु! अन्यथा जब आप आकाश मार्ग से जाने लगेगे आपके चरण पकड़ कर लटक जाऊँगा। चरण हाथो से छूट गये तो अन्तरिक्ष में भले ही खो जाऊँ यहाँ से तो निकल जाउंगा।''

महर्षि व्यास बोले, ''मैं वचन दे चुका हूँ तु हारी सहायता करूँगा। त्रिशंकु! अवश्य तु हारी सहायता करूँगा। तु हारी मुक्ति की बेला आ गयी है। अन्यथा जब मैं भगवान श्रीकृष्ण के आदेश की पूर्ति करने स्वर्ग जा रहा था, प्रबल चक्रवात मुझे तु हारे लोक में न लाता। उस यात्रा में विघ्न केवल ईश्वरेच्छा से पड़ सकता था, किसी अन्य की इच्छा से नही। वह प्रबल चक्रवात श्रीकृष्ण-कृपा थी तुम पर। भगवान चाहते है कि तु हें यहाँ से निकालने का काम मैं करूँ। उपाय सरल है साहस करोगे?''

''प्रभु अपनी सारी सामर्थ लगा दूँगा।''

देखो और ध्यान से सुनो। तु हारे इस लोक में पृथ्वी का गुरुत्वाकर्षण काम नहीं करता। यहाँ शून्य है। इस शून्य से खींचने का काम नरक जैसे प्रबल शून्य की गुरुत्वाकर्षण शक्ति ही कर सकती है। यमदूत तु हें धरती के नीचे नर्क में खींचे।

त्रिशंकुलोक का शून्य तु हें अपने गुरुत्वाकर्षण से पृथ्वी के ऊपर खींचे। तुम इन दोनों में से किसी स्थान पर नहीं जा सकोगे। दोनों के बीच में पृथ्वी है। यमदूतों के पास कोई विकल्प नहीं होगा सिवाय तु हें पृथ्वी पर छोड़ने के।''

त्रिशंकु ग भीर हो गया। प्रो. व्यास ने उसकी ग भीरता को अपना विस्तृत और गहन आकार लेने के लिए अकेला छोड़ दिया।

यह देखकर कि व्यास जिससे भी बात करते थे उसके दुख उन्हें याद रहते थे, श्रद्धा और कृतज्ञता के सात्विक भाव त्रिशंकु के चित्त में हजारों वर्षों के बाद उदित हुए। उसका चित्त मूढ़ता, क्षिप्तता, विक्षिप्तता आदि अवस्थाओं को पार करके स्वाभाविक एकाग्र अवस्था में स्थित हुआ। क्लेश, अज्ञान अधर्म के अँधेरे में युगों तक रहे त्रिशंकु के चित्त को पहली बार शुचिता, पवित्रता और निष्पन्नता की अनुभूति ने उल्लास से ऐसे आन्दोलित कर दिया जैसे घने बन के अन्धकार को शरद ऋतु का सूर्य सुनहरी किरणों से आंदोलित कर देता है।

अश्रुओं का प्रवाह उसकी आँखों में उमड़ा और गालों पर ढुलकता चला गया। बालक की तरह रोने में कितना आनन्द है यह वही अनाथ पुरुष अनुभव कर सकता है जिसे राजा ने दत्तक पुत्र बना लिया हो।

साष्टांग प्रणाम कर जब वह उठा तो उसकी मनोदशा समझने में महर्षि व्यास को देर नहीं लगी। श्रीकृष्ण का स्मरण कर उन्होंने अपना हाथ त्रिशंकु के शीष पर रख दिया। बोले कुछ नही।

''प्रभो!'' त्रिशंकु ने कहा, ''इस लोक में अनेक हैं जो मेरी तरह कृत कृत्य होना चाहेंगे। मैं अवकाश चाहता हूँ ताकि उन्हें यह आसभरा संवाद सुना सकूँ। उन्हें भी इस नयी भोर के उजाले की अनुभूति हो।''

महर्षि व्यास मुस्कराते रहे। छलकता आनन्द कलश आकाश से रस बरसा रहा था।

त्रिशंकु लोक आबाद था हताश आत्माओं से। त्रिशंकु ने उन्हें बताया,'' भारत से बाहर कुछ धर्म प्रवर्तक ऐसे भी हुए जो प्रेम करुणा और क्षमा से काम नहीं लेते थे। वे उनकी हत्या कर देते थे जो उनका धर्म स्वीकार नहीं करते थे। उन्होंने अपने को धर्म-प्रवर्तक पद का उपयोग मनुष्य को निर्भय करने में नहीं किया। उनकी हत्या करने से पहले वे उन्हें डरा कर उनमे अन्धविश्वास भर देते थे कि उन्हें अनन्त काल के लिए नर्क में रहना पड़ेगा यदि वे उनके धर्म में परिवर्तित नहीं हुए। अनन्त काल तक उनका उद्धार कोई नहीं कर सकेगा।''

ऐसे करोड़ों लोग महर्षि व्यास को त्रिशंकु लोक में मिले। उन्हें आश्चर्य

हुआ देखकर कि भय मनुष्य की बुद्धि को भी नष्ट कर देता है। उन्होंने भारतीय धर्म जाने थे जिनमे पापी को केवल कुछ समय के लिए नर्क में रहना पड़ता है। कुछ समय के बाद नारकी फिर से पृथ्वी पर जन्म पा जाते है। ईश्वर किसी से द्वेष नहीं करता। वह हर मनुष्य को बार बार पृथ्वी पर जन्म देता है जिससे वे शुभ कर्म करके स्वर्ग जा सकें।

त्रिशंकु लोक में व्यास को पता चला कि विदेशो में जन्मे कुछ अधर्म धर्म बने हुए है, जिनकी असत्य मान्यताएँ भारतीय धर्म वालों को डराकर उनका धर्म परिवर्तित करनेके उद्देश्य से गढ़ी गयी है। वे यह नहीं मानते कि शुभ कर्म करने से स्वर्ग मिलता है और दुष्कर्म करने से नर्क। वे कहते है कि जो उनका धर्म मानेगा उसे स्वर्ग मिलेगा चाहे वह कितना भी पाप करे। ऐसे झूठ को कोई भी भारतीय धर्म मान्यता नहीं दे सकता, क्योंकि उनके लिए सबसे बड़ा धर्म है सत्य आचरण। अपने अनुयायियों की सं या बढ़ाने के लिए अधर्म को धर्म, असत्य को सत्य बनाने का क्या फल है, यह तो ऐसे धर्म-प्रवर्तकों को परलोक जाकर ही पता चला होगा। पृथ्वी पर रहने वालों को तो यही पता चल सकता है कि ऐसे लोगों के न हृदय में उजाला होता है न मस्तिष्क मे।

त्रिशंकु ने व्यास को बताया कि कुछ विदेशों से आये धर्म यह प्रचार भी करते है कि जो भारतीय धर्मों को मानेगा नर्क में जाएगा चाहे वह कितने शुभ कर्म कर ले। अज्ञानी और दरिद्र लोगों को विश्वास दिलाना कि अन्य धर्मों के अनुयायियों के शुभ कर्म भी उन्हें नर्क में ले जाते है, और उनके अनुयायियों को दुष्कर्म भी स्वर्ग ले जाते है—धर्मों के स बन्ध में ऐसे असत्य वचन बोलने वाले अनेक लोग त्रिशंकु लोक में थे।

महर्षिव्यास ने त्रिशंकु लोक के एक विद्यालय में प्रवचन दिया, ''जिन बच्चों को स्कूल में वाणी की शिष्टता और आचरण की दुष्टता पढ़ाई और सिखायी जाती है वे बड़े होने तक भूल जाते है कि वे मनुष्य है, क्योंकि दोगली शिक्षा के कारण, उनके हृदयों में मनुष्यत्व विकसित नहीं हो पाता। हृदय में बैठा मनुष्यत्व ही वह गुरु है जो हर बच्चे को रोज मानवीय सदाचार सिखाता है।''

जैसे भोर का सूर्य काले बादलो को विदीर्ण कर पृथ्वी को प्रकाश से जगमगा देता है, त्रिशंकुलोकवासियों को विश्वास हो गया कि उन्होंने जिस श्रद्धा से शताब्दियों तक यह नर्क झेला है यह पर्याप्त है उन्हें स्वर्ग भेजने के लिए। उनके हृदयों ने उत्सुकता से महर्षि व्यास के इस प्रवचन को अपने में बसा लिया कि त्रिशंकु लोक के निवासी सत्य को कर्म बनाएँगे तो उन्हें स्वर्ग मिल जाएगा। उनके

एक-दूसरे उपदेश ने उनके हृदयों में आशा की कलिए खिला दी—''त्रिशंकु लोकवासियों को हर पुनर्जन्म में अवसर मिलेगा शुभ कर्म करके स्वर्ग जाने का। जो एक बार नर्क गया वह हमेशा के लिए नर्क में नहीं रहता। भगवान का उद्देश्य है एक दिन हर आत्मा को मुक्ति दिलाना, स्वर्ग ही नहीं मोक्ष भी प्राप्त कराना।''

व्यास ने त्रिशंकु लोक वासियों से कहा, ''बाज वीर नहीं क्रूर पक्षी है वह हवा में गिरहें मारकर, छोटे पक्षियों को डरा-डराकर मारता है। बाज का अनुसरण करने वाले लोग इतने धृष्ठ और कृतघ्न है कि अपने भगवान के रास्ते पर नहीं चलते, उल्टे अपने रास्ते पर भगवान को चलाते है।''

अगले दिन त्रिशंकु लोगों की एक बड़ी भीड़ लेकर महर्षि व्यास के पास आया। सारे बिना हाथ वाले थे। वे हाल के, और हजार साल पहले के आतंकवादी थे। त्रिशंकु लोक में आने पर उनके शरीरों को केवल भुजा प्राप्त नहीं हुई थी, क्योंकि उन्होंने अपने और दूसरे लोगों के मनुष्यत्व का नाश किया था।

यहाँ खाने पीने के सामान की और विलास की अपार उपलब्धि देख त्रिशंकुलोक में आये आतंकवादी त्रिशंकु लोक को ही स्वर्ग समझते थे। किन्तु इतना सामान होते हुए भी उनके हृदय में ईश्वर के प्रति कटुता थी। उन्हें लगता कि सब कुछ देकर भी ईश्वर ने उन्हें छल लिया। बीच-बीच में वे वीराने में जाते और ईश्वर की निन्दा करके अपने दिल की भड़ास निकाल आते। त्रिशंकु लोक में प्रतिध्वनि नहीं होती। तब वे एकान्त में आकर उल्टे लटक जाते थे। उल्टे लटककर ही उन्हें आराम मिलता। कुछ तो सैकड़ों वर्षों से उल्टे ही लटके हुए थे, क्योंकि इस तरह शान्ति मिलती थी। पैरों पर खड़े होते ही अशान्ति, हैरानी और ईश्वर के प्रति प्रतिशोध ज्वाला धधकने लगती।

इनके अलावा कुछ सत्ताधारी पुरुष भी थे जिन्हे यह विश्वास था कि जिस मनुष्यत्व को उन्होंने पृथ्वी पर मार दिया था वह फिर कभी जिन्दा नहीं होगा।लोगों के अनुरोध पर सबको महर्षि व्यास ने उपदेश दिया, ''क्या आप लोगों को यह आश्चर्य नहीं होता कि धरती पर बार-बार मनुष्यत्व की हत्या होती है, मगर वह कभी नहीं मरता। फिर उदित हो जाता है, बालरवि जैसा भोला, पिछली हत्याओं से बेखबर।

''ताजे नये फूल जैसी मनुष्यत्व की अमरता अनोखी है। आत्मा की अमरता तो स्पष्ट है -आत्मा न मरती है न मारी जा सकती है। मनुष्यत्व तो मरता है और आसानी से मारा जा सकता है। फिर भी मनुष्यत्व मानव हृदय मे, मरने के कुछ दिन

बाद, फिर उग आता है। यह मरणशील अमरता मनुष्यत्व में रहती है। यदि सबका कल्याण चाहते हो तो मनुष्यत्व को पनपने दो।

''मनुष्यत्व और आत्मा—इन दो रूपों में ईश्वर हर मनुष्य के हृदय में रहता है, शायद यह बताने को कि यदि मनुष्य के हदय में दो तरह की ये अमरताएँ एक-दूसरे के लिए जीयें, अपने लिए नहीं,तो कोई भी दुष्ट-शक्ति मनुष्य को परास्त नहीं कर सकेगी। आत्मा और मनुष्यत्व की सच्ची मैत्री धरा से राक्षसों का राज्य विलुप्त कर देगी। मनुष्यत्व ही मानव जाति का सच्चा संविधान और न्याय है।

''आत्मा और मनुष्यत्व का केवल अपने-अपने लिए जीना अपरा अवस्था है प्रकृति की। अपरा बदलती रहती है, कभी तामसिक हो जाती है, कभी सात्विक, कभी राजसिक। मानव स्वभाव का अपना रूप परा प्रकृति में है, अपरा प्रकृति में नही। परा में मानव स्वभाव सदा सात्विक रहता है।

''मनुष्य प्रकृति के विरुद्ध न चले। आत्मयज्ञ करके मनुष्य की आत्मा उसके स्वभाव को अपरा से परा में उत्तीर्ण करा दे। ऐसा करने से चित्त में तामसिक और राजसिक वृत्तिये नहीं रहती। केवल सात्विक वृत्ति रह जाती है।''

आशा

त्रिशंकु लोक से विभ्रमित अनेकों लोगों ने, जो वहाँ उपलब्ध सुखों के कारण उसे स्वर्ग समझते थे, महर्षि व्यास से प्रार्थना की कि उनके साथ त्रिशंकु लोक में रहे। वहाँ पहुँचे सभी मनुष्य जान गये थे कि पुनर्जन्म एक यथार्थ है। वे उनसे बस इतना चाहते थे कि उन्हें भवचक्र से मुक्ति का अवसर प्राप्त कराते रहे। उनका कहना था कि महर्षि के भाषणों से वे अच्छी तरह समझ गये है कि स्वर्ग के सुखों में भी दुख है। मोक्ष ही दुखों से पूर्ण मुक्ति करा सकता है। वे यह मानने को तैयार नहीं थे कि त्रिशंकु लोक स्वर्ग नहीं है। यह स्वर्ग है जिससे आगे मोक्षप्राप्त करके ही आत्मा अकारण उल्लास, अनन्त ज्ञान और स पूर्ण शक्तियाँ प्राप्त करके पूरी तरह स्वाधीन, ईश्वर तुल्य, हो जाती है। उसे कोई दुख नहीं दे सकता, न कोई भयभीत कर सकता है। उसका कोई शत्रु नहीं होता।

वे यह भी समझ गये थे कि मोक्ष प्राप्त करने वाले की आत्मा में अनन्त ज्ञान, अनन्त प्रेम, अनन्त सौन्दर्य, अनन्त कौमार्य, अनन्त बल, अनन्त आरोग्य और अनन्त सुखो के नित नूतन हो जाने वाले स्रोत प्रस्फुटित हो जाते है। न वह ऊबता है जीवन से, न उसे कुछ प्राप्त करने की इच्छा होती है जिसे वह प्राप्त नहीं कर पाता। उसके सारे गुण ऐसे खिलते है जैसे बहारे। बहारे हर वर्ष आती जाती रहती है। उनका आना ही नहीं, उनका आना जाना अच्छा लगता है। लोग प्रतीक्षा करते है सावन और शिशिर की उसी चाव से जैसे वसन्त की। स्थिर या चलायमान दोनों दशाओ से परे है मोक्ष। वहाँ न किसी वस्तु की कमी है न आवश्यकता।

वे चाहते थे कि व्यास उनके साथ रहें। त्रिशंकु लोक में ही रहकर उन्हें मोक्ष प्राप्त करायें। वे पृथ्वी पर नहीं जाना चाहते थे। व्यास उन्हें बता देते थे कि यह स भव नहीं है।

करोड़ों भटकी आत्माओं से उठते आशा और विश्वास की अनाहद धुन ने व्यास की कठिनाई सहसा दूर कर दी। वे अभी तक जिस गुरुत्वकर्षण शक्ति की

सहायता से त्रिशंकु को पृथ्वी लोक ले जाने की सोच रहे थे वह सहसा अनावश्यक लगने लगा। कोई मधुर स्वर में उनके कानों में गा रहा था।

त्रिशंकु लोक में दिन भी होता था रात भी, किन्तु सूर्य के कारण नहीं। वह लोक हमारे ब्रह्मांड से बाहर था। पदार्थ कण जब एक तरह से जुड़ते तो उजाला हो जाता, दूसरी तरह जुड़ने पर रात हो जाती । उष्मा भी थी, शीत भी। गर्मियों में शीतल और सर्दियों में वातावरण को गर्म रखने का, पृथ्वी से कही अधिक उन्नत, वैज्ञानिक प्रबन्ध था।

रात के समय मध्यकालीन आतंकवादियों का एक जत्था उनके पास आया। उनके दो नेता खड़े-खड़े व्यास के चरणों में गिर पड़े। फिर घुटनों के सहारे बैठ गये, चुप, उदास। उनकी भुजाविहीन देह और आँसुओं से भीगे मूक चेहरे बता रहे थे पहली बार उन्हें व्यास में अपना हमदर्द मिला था।

उन्होंने सबके समक्ष योजना रखी : ''बन्धुओं! आप सभी वाममार्ग से अच्छी तरह परिचित हैं। सभी ने कुछ न कुछ उल्टे कर्म किये हैं इस आशा में कि फल अच्छे होंगे मगर हुए नहीं, क्योंकि आतंकवाद का मूलस्रोत नरक है।

''मुझे तु हें भाई कहने में कोई लज्जा नही। जिस परमात्मा ने तु हें सत्कर्म करना सिखाया उसी ने मुझे तु हारे हाथों से अपराधों की जड़ उखड़वाना भी सिखाया। इतने वर्षों तक त्रिशंकु लोक में रहकर आप सभी सत्य को कर्मों में उतारने का महत्व समझ गये हैं। मनुष्य का एक ही कर्म है-सत्य में आत्मा की आहुति दे। उस आहुति से आत्मा मरेगी नही। सत्य की अग्नि में तप कर, सत्य को अपने में जागृत कर आत्मा और भी ज्ञानी और तेजस्वी हो जायेगी।

''नरक की अग्नि में भी आत्मबलि दे तु हारी आत्मा। डरे नहीं। ऐसी साहसी आत्मा को नरक नहीं रख सकता।''

त्रिशंकु लोकवासी कुछ और ऐतिहासिक लोग जिन्होंने दुष्टता की थी और अब दुष्टता त्यागना चाहते थे व्यास के आत्मयज्ञ में शामिल हो गये। हिटलर, मुसोलिनी स्टालिन, पोलपोट जैसे मुर्दादिलों में भी व्यास की सहायता से त्रिशंकु लोक से निकलने की आशा ने उत्साह भर दिया।

त्रिशंकु लोकवासियों के जत्थे के जत्थे आने लगे महर्षि व्यास के प्रवचन सुनने। रोज हर ओर मनुष्य ही मनुष्य दिखाई देने लगे जहाँ पहले वीराना था। त्रिशंकु लोक में अरबों लोगों को समा लेने की जगह थी। पर उनकी कल्पना सीमित थी। उनकी कल्पना सत्य से प्रकाशित नहीं हो सकी थी। वे इस असत्य से ही चिपटे हुए थे कि उनका त्रिशंकु लोक ही स्वर्ग है। वे इसे छोड़कर जन्म मरण

के भवचक्र में पड़ने के इच्छुक नहीं थे। उन्हें पृथ्वीवासी उलझे हुए लोग लगते थे जिनके धर्म भी उनकी आवश्यकता से जन्म लेते थे, सत्य से नही। कुछ लोग हत्या को धर्म समझते थे तो कुछ दुखियों की सेवा को। पृथ्वी लोक के लाभ उन्हें जीवन व्यर्थ करने की वस्तुएँ लगते थे।

व्यास को विश्वास था कि कोई सूरत निकल आएगी जिससे पृथ्वी पर भावी पीढ़ियों का जीवन इतना दुखद और हिंसा से भरा नहीं होगा जैसा अब है।

त्रिशंकु उनके साथ पृथ्वी पर जाने को उत्सुक था। उसे अब अच्छा नहीं लगता था त्रिशंकु कहलाना। वह अपने पिता महाराज पृथु से प्राप्त सत्यव्रत नाम को धारण कर चुका था। महर्षि के भाषणो ने उसकी आँखें खोल दी थी। उसके हृदय में अपने पिता की तरह पृथ्वी की सेवा करने की इच्छा बलवती हो गयी थी।

□□□